# EUROPARECHT

Hemmer/Wüst/Hutka

# Juristisches Repetitorium hemmer

# KURSORTE IM ÜBERBLICK

**AUGSBURG**
Wüst
Mergentheimer Str. 44
97082 Würzburg
Tel.: (0931) 79 78 230
Fax: (0931) 79 78 234
Mail: augsburg@hemmer.de

**BAYREUTH**
Daxhammer/d'Alquen
Parkweg 7
97944 Boxberg
Tel.: (07930) 99 23 38
Fax: (07930) 99 22 51
Mail: bayreuth@hemmer.de

**BERLIN-DAHLEM**
Gast
Schumannstraße 18
10117 Berlin
Tel.: (030) 240 45 738
Fax: (030) 240 47 671
Mail: mitte@hemmer-berlin.de

**BERLIN-MITTE**
Gast
Schumannstraße 18
10117 Berlin
Tel.: (030) 240 45 738
Fax: (030) 240 47 671
Mail: mitte@hemmer-berlin.de

**BIELEFELD**
Lück
Salzstr. 14/15
48143 Münster
Tel.: (0251) 67 49 89 70
Fax.: (0251) 67 49 89 71
Mail: bielefeld@hemmer.de

**BOCHUM**
Schlömer/Sperl
Salzstr. 14/15
48143 Münster
Tel.: (0251) 67 49 89 70
Fax.: (0251) 67 49 89 71
Mail: bochum@hemmer.de

**BONN**
Ronneberg/Clobes/Geron
Simrockstr. 5
53113 Bonn
Tel.: (0228) 91 14 125
Fax: (0228) 91 14 141
Mail: bonn@hemmer.de

**BREMEN**
Kulke/Hermann
Mergentheimer Str. 44
97082 Würzburg
Tel.: (0931) 79 78 257
Fax: (0931) 79 78 240
Mail: bremen@hemmer.de

**DRESDEN**
Stock
Zweinaundorfer Str. 2
04318 Leipzig
Tel.: (0341) 6 88 44 90
Fax: (0341) 6 88 44 96
Mail: dresden@hemmer.de

**DÜSSELDORF**
Ronneberg/Clobes/Geron
Simrockstr. 5
53113 Bonn
Tel.: (0228) 91 14 125
Fax: (0228) 91 14 141
Mail: duesseldorf@hemmer.de

**ERLANGEN**
Grieger/Tyroller
Mergentheimer Str. 44
97082 Würzburg
Tel.: (0931) 79 78 230
Fax: (0931) 79 78 234
Mail: erlangen@hemmer.de

**FRANKFURT/M.**
Geron
Dreifaltigkeitsweg 49
53489 Sinzig
Tel.: (02642) 61 44
Fax: (02642) 61 44
Mail: frankfurt.main@hemmer.de

**FRANKFURT/O.**
Gast
Schumannstraße 18
10117 Berlin
Tel.: (030) 240 45 738
Fax: (030) 240 47 671
Mail: mitte@hemmer-berlin.de

**FREIBURG**
Behler/Rausch
Rohrbacher Str. 3
69115 Heidelberg
Tel.: (06221) 65 33 66
Fax: (06221) 65 33 30
Mail: freiburg@hemmer.de

**GIEßEN**
Sperl
Parkweg 7
97944 Boxberg
Tel.: (07930) 99 23 38
Fax: (07930) 99 22 51
Mail: giessen@hemmer.de

**GÖTTINGEN**
Schlömer/Sperl
Kirchhofgärten 22
74635 Kupferzell
Tel.: (07944) 94 11 05
Fax: (07944) 94 11 08
Mail: goettingen@hemmer.de

**GREIFSWALD**
Burke/Lück
Buchbinderstr. 17
18055 Rostock
Tel.: (0381) 3 77 74 00
Fax: (0381) 3 77 74 01
Mail: greifswald@hemmer.de

**HALLE**
Ra. J. Luke
Rödelstr. 13
04229 Leipzig
Tel.: (0341) 49 25 54 70
Fax: (0341) 49 25 54 71
Mail: halle@hemmer.de

**HAMBURG**
Schlömer/Sperl
Steinhöft 5-7
20459 Hamburg
Tel.: (040) 317 669 17
Fax: (040) 317 669 20
Mail: hamburg@hemmer.de

**HANNOVER**
Daxhammer/Sperl
Matzenhecke 23
97204 Höchberg
Tel.: (0931) 400 337
Fax: (0931) 404 3109
Mail: hannover@hemmer.de

**HEIDELBERG**
Behler/Rausch
Rohrbacher Str. 3
69115 Heidelberg
Tel.: (06221) 65 33 66
Fax: (06221) 65 33 30
Mail: heidelberg@hemmer.de

**JENA**
Hemmer/Wüst
Mergentheimer Str. 44
97082 Würzburg
Tel.: (0931) 79 78 257
Fax: (0931) 79 78 240
Mail: jena@hemmer.de

**KIEL**
Schlömer/Sperl
Kirchhofgärten 22
74635 Kupferzell
Tel.: (07944) 94 11 05
Fax: (07944) 94 11 08
Mail: kiel@hemmer.de

**KÖLN**
Ronneberg/Clobes/Geron
Simrockstr. 5
53113 Bonn
Tel.: (0228) 91 14 125
Fax: (0228) 91 14 141
Mail: koeln@hemmer.de

**KONSTANZ**
Guldin/Kaiser
Hindenburgstr. 15
78467 Konstanz
Tel.: (07531) 69 63 63
Fax: (07531) 69 63 64
Mail: konstanz@hemmer.de

**LEIPZIG**
Ra. J. Luke
Rödelstr. 13
04229 Leipzig
Tel.: (0341) 49 25 54 70
Fax: (0341) 49 25 54 71
Mail: leipzig@hemmer.de

**MAINZ**
Geron
Dreifaltigkeitsweg 49
53489 Sinzig
Tel.: (02642) 61 44
Fax: (02642) 61 44
Mail: mainz@hemmer.de

**MANNHEIM**
Behler/Rausch
Rohrbacher Str. 3
69115 Heidelberg
Tel.: (06221) 65 33 66
Fax: (06221) 65 33 30
Mail: mannheim@hemmer.de

**MARBURG**
Sperl
Parkweg 7
97944 Boxberg
Tel.: (07930) 99 23 38
Fax: (07930) 99 22 51
Mail: marburg@hemmer.de

**MÜNCHEN**
Wüst
Mergentheimer Str. 44
97082 Würzburg
Tel.: (0931) 79 78 230
Fax: (0931) 79 78 234
Mail: muenchen@hemmer.de

**MÜNSTER**
Schlömer/Sperl
Salzstr. 14/15
48143 Münster
Tel.: (0251) 67 49 89 70
Fax.: (0251) 67 49 89 71
Mail: muenster@hemmer.de

**OSNABRÜCK**
Fethke
Liebknechtstr. 35
99086 Erfurt
Tel.: (0541) 18 55 21 79
Fax.: ---
Mail: osnabrueck@hemmer.de

**PASSAU**
Köhn/Rath
Mergentheimer Str. 44
97082 Würzburg
Tel.: (0931) 79 78 230
Fax: (0931) 79 78 234
Mail: passau@hemmer.de

**POTSDAM**
Gast
Schumannstraße 18
10117 Berlin
Tel.: (030) 240 45 738
Fax: (030) 240 47 671
Mail: mitte@hemmer-berlin.de

**REGENSBURG**
Daxhammer/d'Alquen
Parkweg 7
97944 Boxberg
Tel.: (07930) 99 23 38
Fax: (07930) 99 22 51
Mail: regensburg@hemmer.de

**ROSTOCK**
Burke/Lück
Buchbinderstr. 17
18055 Rostock
Tel.: (0381) 3777 400
Fax: (0381) 3777 401
Mail: rostock@hemmer.de

**SAARBRÜCKEN**
Bold
Preslesstraße 2
66987 Thaleischweiler-Fröschen
Tel.: (06334) 98 42 83
Fax: (06334) 98 42 83
Mail: saarbruecken@hemmer.de

**TRIER**
Geron
Dreifaltigkeitsweg 49
53489 Sinzig
Tel.: (02642) 61 44
Fax: (02642) 61 44
Mail: trier@hemmer.de

**TÜBINGEN**
Guldin/Kaiser
Hindenburgstr. 15
78465 Konstanz
Tel.: (07531) 69 63 63
Fax: (07531) 69 63 64
Mail: tuebingen@hemmer.de

**WÜRZBURG**
**- ZENTRALE -**
Mergentheimer Str. 44
97082 Würzburg
Tel.: (0931) 79 78 230
Fax: (0931) 79 78 234
Mail: wuerzburg@hemmer.de

**VORBEREITUNG AUF DAS ZWEITE STAATSEXAMEN**

# ASSESSORKURSORTE IM ÜBERBLICK

### BAYERN
**WÜRZBURG/MÜNCHEN/NÜRNBERG/ REGENSBURG/POSTVERSAND**

RA I. Gold
Mergentheimer Str. 44
97082 Würzburg
Tel.: (0931) 79 78 2-50
Fax: (0931) 79 78 2-51
Mail: assessor@hemmer.de

### BADEN-WÜRTTEMBERG
**KONSTANZ/TÜBINGEN/ STUTTGART/POSTVERSAND**

Rae F. Guldin/B. Kaiser
Hindenburgstr. 15
78467 Konstanz
Tel.: (07531) 69 63 63
Fax: (07531) 69 63 64
Mail: konstanz@hemmer.de

**HEIDELBERG/FREIBURG**

RAe Behler/Rausch
Rohrbacherstr. 3
69115 Heidelberg
Tel.: (06221) 65 33 66
Fax: (06221) 65 33 30
Mail: heidelberg@hemmer.de

### BERLIN/POTSDAM/BRANDENBURG
**BERLIN**

RA L. Gast
Schumannstr. 18
10117 Berlin
Tel.: (030) 24 04 57 38
Fax: (030) 24 04 76 71
Mail: mitte@hemmer-berlin.de

### BREMEN/HAMBURG
**HAMBURG/POSTVERSAND**

Rae M. Sperl/Clobes/Dr.Schlömer
Kirchhofgärten 22
74635 Kupferzell
Tel.: (07944) 94 11 05
Fax: (07944) 94 11 08
Mail: assessor-nord@hemmer.de

### HESSEN
**FRANKFURT**

RA A. Geron
Dreifaltigkeitsweg 49
53489 Sinzig
Tel.: (02642) 61 44
Fax: (02642) 61 44
Mail: frankfurt.main@hemmer.de

### MECKLENBURG-VORPOMMERN
**POSTVERSAND**

Ludger Burke/Johannes Lück
Buchbinderstr. 17
18055 Rostock
Tel.: (0381) 37 77 40 0
Fax: (0381) 37 77 40 1
Mail: rostock@hemmer.de

### RHEINLAND-PFALZ
**POSTVERSAND**

RA A. Geron
Dreifaltigkeitsweg 49
53489 Sinzig
Tel.: (02642) 61 44
Fax: (02642) 61 44
Mail: trier@hemmer.de

### NIEDERSACHSEN
**HANNOVER**

RAe M. Sperl/Dr. Schlömer
Steinhöft 5 - 7
20459 Hamburg
Tel.: (040) 317 669 17
Fax: (040) 317 669 20
Mail: assessor-nord@hemmer.de

**HANNOVER POSTVERSAND**

RAe M. Sperl/Clobes/Dr. Schlömer
Kirchhofgärten 22
74635 Kupferzell
Tel.: (07944) 94 11 05
Fax: (07944) 94 11 08
Mail: assessor-nord@hemmer.de

### NORDRHEIN-WESTFALEN
**KÖLN/BONN/DORTMUND/DÜSSELDORF/ POSTVERSAND**

Dr. A. Ronneberg
Simrockstr. 5
53113 Bonn
Tel.: (0228) 91 14 125
Fax: (0228) 91 14 141
Mail: koeln@hemmer.de

### SCHLESWIG-HOLSTEIN
**POSTVERSAND**

RAe M. Sperl/Clobes/Dr. Schlömer
Kirchhofgärten 22
74635 Kupferzell
Tel.: (07944) 94 11 05
Fax: (07944) 94 11 08
Mail: assessor-nord@hemmer.de

### THÜRINGEN
**POSTVERSAND**

RA Stock, RA Hunger & Kollegen
Zweinaundorfer Str. 2
04318 Leipzig
Tel.: (0341) 6 88 44 90 oder -93
Fax: (0341) 6 88 44 96
Mail: dresden@hemmer.de

### SACHSEN
**DRESDEN/LEIPZIG/POSTVERSAND**

RA Stock, RA Hunger & Kollegen
Zweinaundorfer Str. 2
04318 Leipzig
Tel.: (0341) 6 88 44 90 oder -93
Fax: (0341) 6 88 44 96
Mail: dresden@hemmer.de

### SACHSEN-ANHALT
**POSTVERSAND**

RA Stock, RA Hunger & Kollegen
Zweinaundorfer Str. 2
04318 Leipzig
Tel.: (0341) 6 88 44 90 oder -93
Fax: (0341) 6 88 44 96
Mail: dresden@hemmer.de

# EUROPARECHT

Hemmer/Wüst/Hutka

Hemmer/Wüst Verlagsgesellschaft
Hemmer/Wüst, Europarecht

**ISBN 978-3-86193-463-9**

**12. Auflage 2016**

gedruckt auf chlorfrei gebleichtem Papier
von Schleunungdruck GmbH, Marktheidenfeld

# Europarecht mit der hemmer-Methode

Wer in vier Jahren sein Studium abschließen will, kann sich einen Irrtum in Bezug auf Stoffauswahl und -aneignung nicht leisten. Hoffen Sie nicht auf leichte Rezepte und den einfachen Rechtsprechungsfall. Hüten Sie sich vor Übervereinfachung beim Lernen. Stellen Sie deswegen frühzeitig die Weichen richtig.

EU-Recht ist in immer stärkerem Maß Prüfungsstoff des Ersten und Zweiten Staatsexamens. Begriffe wie Supranationalität, Kommission, Europäisches Parlament, „Die vier Grundfreiheiten" oder Haftung bei unterbliebener oder mangelhafter Richtlinienumsetzung müssen deshalb bekannt sein und ausgefüllt werden können. Wichtig ist auch die Kenntnis vom Verhältnis des Unionsrechts zum mitgliedstaatlichen Recht, ebenso wie die Frage des Vollzugs des Europarechts. Das Skript **Europarecht** vermittelt diese Rechtsmaterien und stellt die wichtigsten Probleme in examenstypischer Art und Weise dar. Ergänzt durch die Darstellung des Rechtsschutzsystems im Bereich des Europarechts ist dieses Skript ein unverzichtbares Hilfsmittel zur Vorbereitung auf die Staatsexamina.

Die **hemmer-Methode** vermittelt Ihnen die **erste richtige Einordnung** und das **Problembewusstsein**, welches Sie brauchen, um an einer Klausur bzw. dem Ersteller nicht vorbeizuschreiben. Häufig ist dem Studenten nicht klar, warum er schlechte Klausuren schreibt. Wir geben Ihnen **gezielte Tipps!** Vertrauen Sie auf unsere **Expertenkniffe.**

Durch die ständige Diskussion mit unseren Kursteilnehmern ist uns als erfahrenen Repetitoren klar geworden, welche **Probleme** der Student hat, sein **Wissen anzuwenden.** Wir haben aber auch von unseren Kursteilnehmern profitiert und von ihnen erfahren, welche **Argumentationsketten** in der Prüfung zum Erfolg geführt haben.

Die **hemmer-Methode** gibt **jahrelange Erfahrung** weiter, erspart Ihnen viele schmerzliche Irrtümer, setzt richtungsweisende Maßstäbe und begleitet Sie als **Gebrauchsanweisung** in Ihrer Ausbildung:

## 1. Grundwissen:

Die **Grundwissenskripten** sind für den Studenten in den ersten Semestern gedacht. In den Theoriebänden Grundwissen werden leicht verständlich und kurz die wichtigsten Rechtsinstitute vorgestellt und das notwendige Grundwissen vermittelt. Die Skripten werden durch den jeweiligen Band unserer **Reihe „Die wichtigsten Fälle"** ergänzt.

## 2. Basics:

Das Grundwerk für Studium und Examen. Es schafft schnell **Einordnungswissen** und mittels der hemmer-Methode richtiges Problembewusstsein für Klausur und Hausarbeit. Wichtig ist, **wann und wie** Wissen in der Klausur angewendet wird.

## 3. Skriptenreihe:

**Vertiefendes Prüfungswissen:** Über 1.000 Klausuren wurden auf ihre „essentials" abgeklopft.

Anwendungsorientiert werden die für die Prüfung nötigen Zusammenhänge umfassend aufgezeigt und wiederkehrende Argumentationsketten eingeübt.

Gleichzeitig wird durch die **hemmer-Methode** auf **anspruchsvollem Niveau** vermittelt, nach welchen Kriterien Prüfungsfälle beurteilt werden. Mit dem Verstehen wächst die Zustimmung zu Ihrem Studium. Spaß und Motivation beim Lernen entstehen erst durch Verständnis.

Lernen Sie, durch Verstehen am juristischen Sprachspiel teilzunehmen. Wir schaffen den „background", mit dem Sie die innere Struktur von Klausur und Hausarbeit erkennen: **„Problem erkannt, Gefahr gebannt".** Profitieren Sie von unserem **strategischen Wissen.** Wir werden Sie mit unserem know-how auf das Anforderungsprofil einstimmen, das Sie in Klausur und Hausarbeit erwartet. Die Theoriebände Grundwissen, die Basics, die Skriptenreihe und der Hauptkurs sind als **modernes, offenes und flexibles Lernsystem** aufeinander abgestimmt und ergänzen sich ideal. Die **studentenfreundliche Preisgestaltung** ermöglicht den **Erwerb als Gesamtwerk.**

## 4. Hauptkurs:

**Schulung am examenstypischen Fall mit der Assoziationsmethode.** Trainieren Sie unter professioneller Anleitung, was Sie im Examen erwartet und wie Sie bestmöglich mit dem Examensfall umgehen.

Nur wer die Dramaturgie eines Falles verstanden hat, ist in Klausur und Hausarbeit auf der sicheren Seite! Häufig hören wir von unseren Kursteilnehmern: **„Erst jetzt hat Jura richtig Spaß gemacht".**

Die Ergebnisse unserer Kursteilnehmer geben uns Recht. Maßstab ist der Erfolg. Die Examensergebnisse zeigen, dass unsere Kursteilnehmer überdurchschnittlich abschneiden.

**Die Examensergebnisse unserer Kursteilnehmer können auch Ansporn für Sie sein, intelligent zu lernen: Wer nur auf vier Punkte lernt, landet leicht bei drei.**
**Lassen Sie sich aber nicht von diesen Supernoten verschrecken, sehen Sie dieses Niveau als Ansporn für Ihre Ausbildung.**

Wir hoffen, als Repetitoren mit unserem Gesamtangebot bei der Konkretisierung des Rechts mitzuwirken und wünschen Ihnen **viel Spaß beim Durcharbeiten** unserer Skripten.

Wir würden uns freuen, mit Ihnen als Hauptkursteilnehmer mit der **hemmer-Methode** gemeinsam Verständnis an der Juristerei zu trainieren. Nur wer erlernt, was ihn im Examen erwartet, lernt richtig!

So leicht ist es, uns kennenzulernen: Probehören ist jederzeit in den jeweiligen Kursorten möglich.

**Karl-Edmund Hemmer & Achim Wüst**

**Kommentare:**

| | |
|---|---|
| *Calliess/Ruffert (Herausgeber)* | EUV/AEUV |
| *Dauses (Hrsg.)* | Handbuch des EU-Wirtschaftsrechts |
| *Geiger* | EG-Vertrag, Kommentar zu dem Vertrag zur Gründung der Europäischen Gemeinschaft |
| *Grabitz (Hrsg.)* | Kommentar zum EU- und EG-Vertrag, zitiert: Grabitz |
| *v.d. Groeben/Schwarze* | Kommentar zum EUV/EGV |

**Lehrbücher:**

| | |
|---|---|
| *Borchardt* | Europarecht |
| *Hobe* | Europarecht |
| *Oppermann* | Europarecht |
| *Schweitzer/Hummer/Obwexer* | Europarecht |
| *Streinz* | Europarecht |

**Weitere Literaturhinweise in den Fußnoten.**

## EUROPARECHT

*Begriff des Europarechts*

Der Begriff des Europarechts lässt sich in einem weiteren und einem engeren Sinn verstehen.[1] Unter Europarecht im weiteren Sinn versteht man das Recht aller europäischen internationalen Organisationen und Pakte (z.B. Europarat, OECD, OSZE). Die „Konvention zum Schutz der Menschenrechte und Grundfreiheiten" (EMRK) des Europarates, über deren Einhaltung der Europäische Gerichtshof für Menschenrechte (EGMR) wacht, ist das wichtigste und bekannteste Übereinkommen, das zum Europarecht im weiteren Sinne gehört.

Die Justizausbildungsordnungen der Länder stellen dagegen auf den engen Europarechtsbegriff ab. Europarecht im engeren Sinn ist das Recht der Europäischen Union, kurz EU. Hierzu gehören insbesondere der EU-Vertrag (EUV), der Vertrag über die Arbeitsweise der Europäischen Union (AEUV), die Europäische Grundrechtecharta (EGRCh), die völkerrechtlichen Verträge der Union und das Recht, das die Organe der EU erlassen (Sekundärrecht, Art. 288 AEUV).

Bis zum Inkrafttreten des **Reformvertrags von Lissabon** am 01.12.2009 war die EU nach dem Drei-Säulen-Modell die Dachorganisation, innerhalb derer die verschiedenen Verträge und Politikbereiche eingeordnet wurden. Innerhalb dieses Modells wurden in der ersten Säule der Vertrag über die Europäische Gemeinschaft (EG) und der Vertrag über die Europäische Atomgemeinschaft (EAG) zusammengefasst. In der zweiten Säule fand sich die Gemeinsame Außen- und Sicherheitspolitik der Union (GASP), in der dritten Säule die Polizeiliche und Justizielle Zusammenarbeit in Strafsachen (PJZS). Die Union als Dachorganisation hatte selbst keine Rechtspersönlichkeit[2].

Mit dem **Reformvertrag von Lissabon** wurde dieses Modell aufgegeben. Nunmehr gibt es hauptsächlich zwei Verträge (sowie deren Anhänge und Protokolle), die das Recht der Europäischen Union regeln: den EU-Vertrag (EUV) und den Vertrag über die Arbeitsweise der Europäischen Union (AEUV). Die PJZS wurde in den AEUV integriert, die GASP in den EUV. Die EU an sich ist Rechtsnachfolgerin der EG geworden und hat seit dem 01.12.2009 eigene Rechtspersönlichkeit, Art. 1 III S. 3 EUV. Das originäre Recht der Europäischen Union wird als Europarecht im engeren Sinne verstanden. Hierzu zählen nicht nur die Verträge über die Europäische Union (Primärrecht), sondern auch das Recht, das die Organe der Europäischen Union erlassen (Sekundärrecht).

**hemmer-Methode: Examensrelevant sind insbesondere der EUV, der AEUV mitsamt Anhängen und Protokollen sowie das von der Europäischen Union erlassene Sekundärrecht. Bis zum Inkrafttreten des Vertrages über die EU (01.11.1993) trug die Europäische Gemeinschaft den Namen „Europäische Wirtschaftsgemeinschaft" (EWG). Später trug sie den Namen Europäische Gemeinschaft (EG). Seit dem Inkrafttreten des Reformvertrags von Lissabon wurde die EG aufgelöst, ihre Rechtsnachfolgerin ist nunmehr die EU, vgl. Art. 1 III S. 3 EUV.[3] Das Skript verweist fortan auf die aktuellen Bestimmungen des EUV und des AEUV.[4]**

*1*

---

1    Siehe hierzu Streinz, Rn. 1.

2    Zur früheren Terminologie etwa Diehm, JuS 2007, 209 ff.

3    So wurde bisher stets von der Gemeinschaft gesprochen (z.B. „Gemeinschaftsorgane"), da vor Inkrafttreten des Reformvertrags von Lissabon allein dieser Rechtspersönlichkeit zukam. Nach Auflösung der EG muss nunmehr von der Union gesprochen werden (z.B. „Unionsorgane"). Beachten Sie dies vor allem bei der Heranziehung älterer Literatur und Rechtsprechung.

4    In den Zitaten älterer Rechtsprechung werden überwiegend die Originalartikel mit Verweis auf die aktuellen Bestimmungen beibehalten.

## § 1 ENTSTEHUNG UND ABLAUF DER EUROPÄISCHEN INTEGRATION[5]

*Entstehung und Ablauf der europäischen Integration*

Die Entstehung und der Ablauf der europäischen Integration war ein langer, von Erfolgen und Rückschlägen gekennzeichneter Prozess.

**2**

*Schuman-Plan; Gründung der EGKS (18.04.1951)*

In Gang gesetzt wurde die europäische Integration durch ein kurz nach Beendigung des Zweiten Weltkrieges entstandenes Konzept des Franzosen Jean Monnet von 1950, das der damalige französische Außenminister Robert Schuman aufgriff (**„Schuman-Plan"**). Grundgedanke war es, die deutsche Produktion von Kohle und Stahl, der eine erhebliche militärische und wirtschaftliche Bedeutung beigemessen wurde, unter eine internationale Kontrolle zu bringen. Dadurch sollte eine Bedrohung des europäischen Friedens durch ein wieder erstarkendes Deutschland ausgeschlossen werden.[6] Angesichts des aufkommenden „Ost-West-Konfliktes" und der negativen Erfahrungen mit dem „Versailler Vertrag" erschien ein solches Vorgehen nur dann Frieden sichernd und Erfolg versprechend, wenn Deutschland gemeinsam mit anderen europäischen Staaten in ein supranationales[7] System eingegliedert würde. So kam es am 18.04.1951 in Paris zur Gründung der **Europäischen Gemeinschaft für Kohle und Stahl** (**EGKS**, sog. **„Montanunion"**) zwischen Deutschland, Frankreich, Italien und den Benelux-Staaten. Der Vertrag zur Gründung der EGKS, der als einziger Gemeinschaftsvertrag befristet für die Dauer von 50 Jahren abgeschlossen wurde (Art. 97 EGKSV), trat am 23.07.1952 in Kraft und ist mittlerweile ausgelaufen.

**3**

*Gründung der EWG und EAG (23.03.1957)*

Um die europäische Integration voranzutreiben, erfolgten weitere Vorschläge zur Gründung europäischer Gemeinschaften in Teilbereichen der Politik. Die Gründung einer Europäischen Verteidigungsgemeinschaft (EVG, 27.05.1952) scheiterte jedoch 1954 am Veto des französischen Parlaments.

Am 25.03.1957 wurden schließlich die Verträge über die **Europäische Wirtschaftsgemeinschaft (EWG)** und die **Europäische Atomgemeinschaft (EAG)**[8] in Rom unterzeichnet (**„Römische Verträge"**), die am 01.01.1958 in Kraft getreten sind. Unterzeichner waren die sechs bereits an der EGKS beteiligten Staaten.

**4**

*Gemeinsamer Markt*

In der Folgezeit wurden die wichtigsten Ziele des EWGV - Errichtung eines **„Gemeinsamen Zolltarifs" (GZT)**[9] im Verhältnis zu Drittstaaten und Freizügigkeit von Waren, Personen und Dienstleistungen zwischen den Mitgliedstaaten (**„Gemeinsamer Markt"**) - stufenweise verwirklicht (früher Art. 7 EGV, jetzt Art. 26 AEUV). Die Jahre nach Gründung der EWG waren indes auch von zahlreichen Krisen und einer Stagnation des europäischen Integrationsprozesses gekennzeichnet.

**5**

*Fusionsvertrag*

Durch den **„Fusionsvertrag"** vom 08.04.1965 wurden die bis dahin noch getrennt bestehenden Organe der Gemeinschaften (EWG, EAG, EGKS) zu einem gemeinsamen Rat und einer gemeinsamen Kommission zusammengeschlossen („fusioniert").[10] Die rechtliche Selbstständigkeit der Gemeinschaften blieb davon unberührt.

**6**

---

5    Die wichtigsten Eckdaten und ihre Bedeutung sollte man für die mündliche Prüfung kennen.
6    Wilmowsky, JURA 1992, 337.
7    Zum Begriff der Supranationalität siehe Rn. 26.
8    Ziel der EAG ist die friedliche Nutzung der Kernenergie.
9    Zur Bedeutung des „Gemeinsamen Zolltarifs" siehe Rn. 414.
10   Der Gerichtshof und die Versammlung (= EP) wurden bereits bei den „Römischen Verträgen" vereint.

| | | |
|---|---|---|
| *Erweiterung der Gemeinschaft*<br>• *01.01.1973*<br>• *01.01.1981*<br>• *01.01.1986* | Am 01.01.1973 wurden Großbritannien, Irland und Dänemark Mitglieder der Europäischen Gemeinschaften (**„Europa der Neun"**). Die Süderweiterung erfolgte durch den Beitritt Griechenlands am 01.01.1981 sowie Spaniens und Portugals am 01.01.1986 (**„Europa der Zwölf"**). | **7** |

*Einheitliche Europäische Akte (EEA) ⇨ Binnenmarkt*

Ein wichtiges Ereignis für die europäische Integration war die Verabschiedung der **Einheitlichen Europäischen Akte (EEA)** am 28.02.1986, die wegen verschiedener Verzögerungen der Ratifikation erst am 01.07.1987 in Kraft getreten ist. Durch sie wurde die „Verwirklichung eines europäischen Binnenmarktes" (vgl. heute Art. 3 III EUV)[11] als Vertragsziel in den EWGV aufgenommen und die Gemeinschaftstätigkeit auf weitere Politikbereiche ausgedehnt (z.B. Umweltschutz). Zahlreiche Änderungen des EWGV sollten den Integrationsprozess flexibler gestalten (z.B. Art. 100a EGV a.F. = Art. 114, 115 AEUV). Der europäische Binnenmarkt trat am 01.01.1993 in Kraft.

**8**

*Europäische Politische Zusammenarbeit (EPZ)*

Ferner wurde die **Europäische Politische Zusammenarbeit (EPZ)** auf dem Gebiet der Außen- und Sicherheitspolitik, die bis dahin nur in politischen Absichtserklärungen enthalten war, ausdrücklich in der EEA geregelt.[12] Auch wurde erstmals die Schaffung einer „Europäischen Union" als Ziel herausgestellt (Art. 1 I EEA).

*Europäischer Unionsvertrag (EU) („Maastricht-Vertrag") v. 07.02.1992*

Die Unterzeichnung des **„Vertrages über die Europäische Union" (EU, „Maastricht-Vertrag")** am 07.02.1992 stellte dann eine neue Stufe europäischer Integration dar. Der Vertrag, der am 01.11.1993 in Kraft trat, enthielt wesentliche Änderungen des EWGV, der ab diesem Moment **„Vertrag zur Gründung der Europäischen Gemeinschaft" (EGV)** hieß.

**9**

Durch die Aufnahme neuer Aufgaben und Ziele (Art. 3 EUV) wurde die Gemeinschaftstätigkeit auf neue Politikbereiche ausgeweitet. Hierzu zählen insbesondere die Verwirklichung einer **„Wirtschafts- und Währungsunion"** (**WWU**, jetzt Art. 120 ff, 136 ff. AEUV) und die Einführung einer **„Unionsbürgerschaft"** (Art. 20 ff. AEUV).

Weiterhin erfolgt eine engere **Zusammenarbeit in den Bereichen der Außen- und Sicherheitspolitik (**„GASP"**, jetzt Art. 23 ff. EUV) sowie die **Zusammenarbeit in den Bereichen der Justiz- und Innenpolitik (**„ZBJI"** vgl. jetzt hierzu Dritter Teil - Titel V des AEUV „Raum der Freiheit, der Sicherheit und des Rechts").

Schließlich wurde die Rolle des Europäischen Parlaments (EP) und damit die demokratische Legitimation der Gemeinschaft im Rechtsetzungsverfahren durch die Einführung des Verfahrens der Mitentscheidung (Art. 251 EG, jetzt sog. **„ordentliches Gesetzgebungsverfahren"**, Art. 289, 294 AEUV) wesentlich gestärkt.[13]

*Erweiterung der Union (01.01.1995)*

Einen weiteren wichtigen Schritt stellte die Erweiterung der EU durch den Beitritt Schwedens, Finnlands und Österreichs zum 01.01.1995 dar (**„Europa der Fünfzehn"**).

**10**

*Amsterdamer Vertrag v. 02.10.1997*

Die nächste wesentliche Änderung der Verträge erfolgte durch den am 02.10.1997 unterzeichneten und am 01.05.1999 in Kraft getretenen **„Amsterdamer Vertrag"**.[14]

**10a**

---

11 Zum Begriff des Binnenmarktes siehe Rn. 20.

12 Dieser Vereinigung von Bestimmungen über die EPZ und den EWGV verdankt die EEA ihren Namen („Einheitliche Akte").

13 Zum ordentlichen Gesetzgebungsverfahren nach Art. 289, 294 AEUV, das ein echtes Zustimmungserfordernis des EP begründet, siehe unten Rn. 208.

14 Siehe allgemein zum Amsterdamer Vertrag Hilf/Pache, NJW 1998, 705.

Durch den „Amsterdamer Vertrag" wurden unter dem Begriff „Raum der Freiheit, der Sicherheit und des Rechts" (jetzt Dritter Teil - Titel V AEUV) wichtige Bereiche der bislang nur in der dritten Säule des Vertrags über die Europäische Union geregelten Zusammenarbeit in der Justiz- und Innenpolitik in die erste Säule überführt (sog. **Vergemeinschaftung**).[15] Vergemeinschaftet wurden etwa die Einwanderungs- und Asylpolitik, der freie Personenverkehr von Drittstaatsangehörigen sowie die justizielle Zusammenarbeit in Zivilsachen (Art. 81 AEUV).

Die **polizeiliche und justizielle Zusammenarbeit in Strafsachen** („**PJZS**") wurde dagegen in der intergouvernemental ausgestalteten dritten Säule des Vertrags über die Europäische Union belassen (Art. 29 ff. EU, heute Art. 82 ff. AEUV). Weiter wurden durch die Aufnahme des bisherigen Sozialprotokolls in den Gemeinschaftsvertrag (Art. 136 ff. EG, jetzt Art. 151 ff. AEUV) der Gemeinschaft zahlreiche weitere Kompetenzen auf dem Gebiet der Sozialpolitik verliehen (z.B. Gesundheit und Sicherheit der Arbeitnehmer, Arbeitsbedingungen). Als Neuerung enthielt das Vertragswerk auch die Möglichkeit der Sanktionierung von Mitgliedstaaten, welche die in Art. 6 EUV enthaltenen, die Europäische Union begründenden rechtsstaatlichen und demokratischen Grundsätze missachten (jetzt Art. 7 EUV, Art. 354 AEUV).

*10b* In institutioneller Hinsicht wurden die Rechte des EP im europäischen Rechtsetzungsprozess wesentlich verstärkt, indem der Anwendungsbereich des Mitentscheidungsverfahrens (Art. 251 EG, jetzt Art. 289, 294 AEUV)[16] erneut erheblich ausgeweitet wurde (damals z.B. auf das allgemeine Diskriminierungsverbot ex Art. 12 EG, die Umweltpolitik ex Art. 175 EG, die soziale Sicherheit ex Art. 42 EG).

*10c* Durch den „Amsterdamer Vertrag" wurde weiter das sog. „**Prinzip der Flexibilität**" eingeführt. Durch das „Prinzip der Flexibilität", das sowohl für die Politikbereiche des EU (ex Art. 40, 43 ff. EU) als auch für die Politikbereiche des EG (ex Art. 11 EG) vorgesehen war, kann in bestimmten Sachgebieten und unter bestimmten Voraussetzungen eine Mehrheit der Mitgliedstaaten eine engere Zusammenarbeit vereinbaren, auf die dann ebenfalls das institutionelle Gemeinschaftsgefüge Anwendung findet. Auf diesem Wege sollte eine verstärkte Integration nur einiger Mitgliedstaaten ermöglicht werden, da in der Vergangenheit zahlreiche Integrationsschritte oftmals am Erfordernis der Übereinstimmung aller Mitgliedstaaten scheiterten. Mittlerweile findet sich das „Prinzip der Flexibilität" in den Vorschriften über die „**Verstärkte Zusammenarbeit**" in Art. 326 ff. AEUV.

*10d* Schließlich einigten sich die Mitgliedstaaten anlässlich des „**Amsterdamer Vertrags**" darauf, im Interesse der Übersichtlichkeit der Verträge hinfällig gewordene Vertragsbestimmungen zu streichen und die Artikel des EU sowie des EG neu zu nummerieren. Zeitgleich zum Inkrafttreten des „Amsterdamer Vertrages" am 01.05.1999 führte der EuGH sodann auch eine neue Zitierweise für die Bezeichnung der Verträge ein.[17] An Artikel eines Vertrages in der nach dem 01.05.1999 geltenden Fassung wurden zwei Buchstaben angefügt (statt bisher drei), die den jeweiligen Vertrag bezeichnen. So wurde der Vertrag über die Europäische Union mit „EU" (statt bisher EUV), der EG-Vertrag mit „EG" (statt bisher EGV), der EGKS-Vertrag mit „KS" (statt bisher EGKSV) und der EAG-Vertrag mit „EA" (statt bisher EAGV) bezeichnet, soweit die nach dem 01.05.1999 geltende Fassung in Bezug genommen wurde.[18]

---

15  Zum durch den Vertrag über die Europäische Union eingeführten sog. „Drei-Säulen-Konzept" siehe unten Rn. 13 ff.

16  Zum ordentlichen Gesetzgebungsverfahren nach Art. 289, 294 AEUV siehe unten Rn. 208.

17  Abgedruckt etwa in JuS 2000, 99 f. Zweck der neuen Zitierweise war es, eine Verwechslung der vor und nach dem 01.05.1999 geltenden Vertragsfassungen auszuschließen.

18  Das Skript legt bei Zitierung alter EU- und EG-Vorschriften aus Vereinfachungsgründen grundsätzlich die nach dem 01.05.1999 geltende Zitierweise zu Grunde. Auf die heute geltenden Vorschriften des EUV und des AEUV wird dabei hingewiesen.

| | | |
|---|---|---|
| *Ablauf des Vertrags zur Gründung der Europäischen Gemeinschaft für Kohle und Stahl (KS)* | Zum 23.07.2002 lief der **„Vertrag zur Gründung der Europäischen Gemeinschaft für Kohle und Stahl"** aus. Er war der einzige Gemeinschaftsvertrag, der befristet (50 Jahre nach Inkrafttreten) abgeschlossen wurde (Art. 97 KS). Mit Ablauf des 23.07.2002 ging das Vermögen der Europäischen Gemeinschaft für Kohle und Stahl auf die EG über. Für die Politikbereiche Kohle und Stahl galt seitdem der EG-Vertrag. | 10e |

*Vertrag von Nizza v. 26.02.2001*

Der am 26.02.2001 unterzeichnete **„Vertrag von Nizza"**, der am 01.02.2003 in Kraft getreten ist, enthielt einige wesentliche institutionelle Reformen im Hinblick auf die damals geplante Erweiterung der Europäischen Union.[19] So wurde bei der Kommission neben einer Stärkung der Befugnisse des Kommissionspräsidenten insbesondere die künftige Zahl der Kommissionsmitglieder geregelt (ex Art. 213 EG). Die Zahl der Mitglieder des EP wurde auf höchstens 732 festgesetzt (ex Art. 189 II EG). Was den Rat angeht, so wurde die Stimmgewichtung bei Entscheidungen mit qualifizierter Mehrheit neu festgelegt und einem komplizierten Verfahren unterworfen (ex Art. 205 EG).

10f

Die grundsätzlichsten Änderungen erfuhr damals allerdings die europäische Gerichtsbarkeit. So wurde zunächst das Europäische Gericht 1. Instanz (EuG), das bisher dem EuGH (lediglich) „beigeordnet" war, diesem statusrechtlich gleichgestellt (ex Art. 220 EG, jetzt Art. 251, 254 AEUV). Des Weiteren wurde beim EuG 1. Instanz die Einführung gerichtlicher Kammern auf Grund einstimmigen Ratsbeschlusses für Klagen in bestimmten Sachgebieten vorgesehen, wobei das EuG 1. Instanz insoweit Rechtsmittelinstanz ist (vgl. ex Art. 225a EG, jetzt Art. 257 AEUV).

Der „Vertrag von Nizza" sah aber auch jenseits institutioneller Fragen bedeutende Änderungen vor. So wurde etwa in zahlreichen Bereichen vom Einstimmigkeitsprinzip zur Entscheidung mit qualifizierter Mehrheit übergegangen. Schließlich wurde dem „Vertrag von Nizza" eine „Erklärung zur Zukunft der Europäischen Union" beigefügt, die eine weiter gehende Reformdiskussion einleitete (sog. **„Post-Nizza-Prozess"**).

*Weitere Erweiterung der Europäischen Union*

Zum 01.05.2004 wurde die Europäische Union durch die Aufnahme von zehn neuen Mitgliedstaaten erweitert.[20] Am 01.01.2007 fand bereits die nächste Erweiterung durch die Aufnahme Rumäniens und Bulgariens statt. Danach hatte die EU 27 Mitgliedstaaten. Die aktuellen **28 Mitgliedstaaten** ergeben sich aus dem Beitritt Kroatiens am 1. Juli 2013.

10g

Schwierig und politisch außerordentlich umstritten ist schließlich die Frage eines Beitritts der Türkei. Der Europäische Rat hat am 17.12.2004 der Aufnahme von Beitrittsverhandlungen jedenfalls grundsätzlich zugestimmt.[21]

*Konvent zur Zukunft Europas, „Verfassungsvertrag", Verfassung für Europa*

Damit die Europäische Union auch mit einer Mitgliederzahl von 28 und mehr Mitgliedstaaten handlungs- und funktionsfähig bleibt, bedurfte es aber einer wesentlichen Reform der (ursprünglich nur auf sechs Mitgliedstaaten zugeschnittenen) Verträge. Hieran knüpfte der **„Konvent zur Zukunft der Europäischen Union"** an,[22] der grundlegende Änderungen des gesamten europäischen Vertragswerks in die Wege leiten sollte.

10h

---

19  Vgl. dazu Krenberger, **Life&Law 2001, VIII (Life)**; Pache/Schorkopf, NJW 2001, 1377; Epiney, DVBl. 2001, 941; Gnan, BayVBl. 2001, 449; Wiedmann, JuS 2001, 846; Schäfer, BayVBl. 2001, 460. - Auf die wesentlichen Änderungen wird im Skript an den jeweils einschlägigen Stellen bereits hingewiesen werden. **Unser Service-Angebot an Sie: kostenlos hemmer-club-Mitglied werden (www.hemmer-club.de) und Entscheidungen der Life&Law lesen und downloaden.**

20  Estland, Litauen, Lettland, Polen, Tschechien, Slowakei, Slowenien, Ungarn, Malta, Zypern. – Mit dem Beitritt wurden die genannten Staaten grundsätzlich Vollmitglieder der Europäischen Union. In einigen Bereichen gelten allerdings Ausnahmen: So kann für längstens 7 Jahre die Arbeitnehmerfreizügigkeit eingeschränkt werden, ebenso bestimmte Bereiche der Dienstleistungsfreiheit (z.B. Baugewerbe, Gebäudereinigung).

21  Behalten Sie auch den künftigen Erweiterungs- und den davor geschalteten Assoziierungsprozess im Auge.

22  Vgl. dazu allgemein Oppermann, DVBl. 2003, 1 ff.; Schwarze, NJW 2002, 993 f.

Sein vom Europäischen Rat in Laeken im Dezember 2001 gegebenes Mandat bezog sich vor allem auf die Neuordnung der Kompetenzen der Europäischen Union, die Reform der Handlungsinstrumente und Rechtsetzungsverfahren mit dem Ziel der Vereinfachung, die Reform der Organe, die Aufnahme der Grundrechtscharta der Europäischen Union vom 07.12.2000 in das europäische Recht sowie die Rolle bzw. Einbindung der nationalen Parlamente. Am 18.07.2003 legte der Konvent den Entwurf eines „Verfassungsvertrages" für Europa vor, der die bestehenden Verträge ablösen sollte.[23] Der Europäische Rat hat diese **„Verfassung für Europa"** am 29.10.2004 in Rom unterzeichnet. Sie bedurfte für ihr Inkrafttreten allerdings der Annahme durch die Mitgliedstaaten gemäß den jeweiligen Verfassungsordnungen (vgl. ex Art. 48 III EU, jetzt Art. 48 IV UAbs. 2 EUV). Im Hinblick insbesondere auf in zahlreichen Mitgliedstaaten geplante Volksabstimmungen war der Erfolg der Verfassung für Europa von Anfang an allerdings ungewiss. Nachdem sich die Bevölkerung Frankreichs (29.05.2005) und der Niederlande (01.06.2005) in Referenden gegen die Verfassung ausgesprochen hatte, war das Projekt einer europäischen Verfassung zunächst gescheitert.

*Reformvertrag von Lissabon*

Um die Arbeitsfähigkeit der Union nach dem Scheitern des Verfassungsvertrages dennoch zu erhalten, wurden aus dem gescheiterten Verfassungsvertrag strittige Punkte, insbesondere staatstypische Symbole wie Hymne und Flagge, gestrichen und der Begriff „Verfassung" durch „Vertrag" ersetzt. Der so entstandene **Vertrag von Lissabon** (ursprünglich auch EU-Grundlagenvertrag bzw. Reformvertrag genannt) sollte der Europäischen Union eine einheitliche Struktur geben und die institutionell und kompetenzrechtlich notwendigen Reformen ermöglichen. Beim EU-Gipfel am 18. und 19.10.2007 einigten sich die Staats- und Regierungschefs auf den endgültigen Vertragstext, der am 13.12.2007 in Lissabon unterzeichnet wurde. Das nach Art. 59 II, 23 I S. 2 u. S. 3 GG erforderliche deutsche Zustimmungsgesetz wurde im Mai 2008 mit großen Mehrheiten in Bundestag und Bundesrat verabschiedet. Es wurde jedoch vom Bundespräsidenten nicht ausgefertigt, da mehrere Anträge, u.a. eine Verfassungsbeschwerde, gegen das deutsche Zustimmungsgesetz beim BVerfG erhoben wurden. In seiner umfangreichen Entscheidung vom 30.06.2009 erklärte das BVerfG zwar nicht den Reformvertrag selbst für verfassungswidrig. Jedoch forderte es, dass die Beteiligungsrechte der nationalen Gesetzgebungsorgane, insbesondere des Bundestages und des Bundesrates, gestärkt werden mussten, erklärte damit das Zustimmungsgesetz des Deutschen Bundestages zum Reformvertrag als teilweise verfassungswidrig und forderte Nachbesserungen. Diese bezogen sich v.a. auf die Mitwirkung der Deutschen Parlamente bei drohenden „schleichenden" Kompetenzübertragungen auf die Union.[24] Um diesen Vorgaben Folge zu leisten wurde das sogenannte **„Begleitgesetz"** neu gefasst und am 08.09.2009 in zweiter und dritter Lesung vom Bundestag angenommen. Der Bundesrat stimmte dem Begleitgesetz am 18.09.2009 zu.

Auch in anderen Mitgliedstaaten gab es Probleme bei der Umsetzung des Reformvertrages, sodass lange Zeit das Inkrafttreten dieses Vertrages nicht gewährleistet war. So hatten sich beispielsweise die Iren in einem ersten Referendum gegen den Reformvertrag ausgesprochen. Das Referendum wurde im Herbst 2009 mit positivem Ausgang wiederholt. Erst als gemäß Art. 48 III EUV alle Mitgliedstaaten innerstaatlich der Vertragsänderung zugestimmt hatten, konnte der Reformvertrag von Lissabon am 01.12.2009 in Kraft treten.

*10i*

---

23    Vgl. dazu Oppermann, DVBl. 2003, 1165 ff. und 1234 ff.; Wuermeling, BayVBl. 2004, 577 ff.

24    BVerfG, NJW 2009, 2267 = **Life&Law 2009, 618** = jurisbyhemmer. (Wenn dieses Logo hinter einer Fundstelle abgedruckt wird, finden Sie die Entscheidung online unter „juris by hemmer": www.hemmer.de.)

*Wichtigste Neuerungen durch den Reformvertrag von Lissabon*

Die wichtigsten Neuerungen, die durch den Reformvertrag von Lissabon erzielt wurden, sind:

    ⇨  die Abschaffung des Drei-Säulen-Modells

    ⇨  die EU als Rechtsnachfolgerin der EG, vgl. Art. 1 III S. 3 EUV

    ⇨  die Rechtsverbindlichkeit der Europäischen Grundrechtecharta, Art. 6 I EUV (nicht für Großbritannien und Polen[25])

    ⇨  die Einführung eines hauptamtlichen Präsidenten des Europäischen Rates für jeweils zweieinhalb Jahre (einmalige Wiederwahloption), Art. 15 V, VI EUV

    ⇨  die deutliche Aufwertung des Hohen Vertreters für Außen- und Sicherheitspolitik, Art. 27 EUV

    ⇨  mehr – und dadurch erleichterte – Abstimmungen nach qualifizierter Mehrheit (statt Einstimmigkeit)

    ⇨  die Einführung der doppelten Mehrheit ab 2014 im Rat, Art. 16 IV EUV

    ⇨  die Stärkung der Mitentscheidungsrechte des Europäischen Parlaments, indem in den meisten Gesetzgebungsverfahren nach Art. 289, 294 AEUV vorzugehen ist (früher Mitentscheidungsverfahren)

    ⇨  stärkere Einbeziehung der nationalen Parlamente: Die Parlamente der Mitgliedstaaten haben mehr Möglichkeiten, sich in die Arbeit der EU einzubringen. Es wird noch mehr darauf geachtet, dass die Europäische Union nur dann tätig wird, wenn auf Ebene der EU bessere Ergebnisse erzielt werden können. Die Einhaltung dieses „Subsidiaritätsprinzips" wird mit Hilfe einer neu geschaffenen Regelung verstärkt kontrolliert. Dies und die Tatsache, dass auch das Europäische Parlament mehr Gewicht erhält, sorgen für einen Zuwachs an Demokratie und Legitimität in der Funktionsweise der EU, Art. 12 EUV

    ⇨  stärkeres Mitspracherecht der Bürger: Dank der Bürgerinitiative haben eine Million Bürger aus verschiedenen Mitgliedstaaten die Möglichkeit, die Kommission aufzufordern, neue politische Vorschläge zu unterbreiten, Art. 11 IV EUV

    ⇨  freiwilliger Austritt aus der Union: Der Vertrag von Lissabon sieht erstmals die Möglichkeit zum Austritt eines Mitgliedstaates aus der Union vor, Art. 50 EUV

*Europäischer Wirtschaftsraum (EWR)*

Erwähnenswert ist abschließend auch die Schaffung eines **„Europäischen Wirtschaftsraums" (EWR)** durch Vertrag zwischen der EU und den EFTA-Staaten (14.05.1992). Ziel des EWR ist es, binnenmarktähnliche Verhältnisse zwischen den Staaten der Europäischen Union und den EFTA-Staaten (v.a. Norwegen, Island) zu schaffen.[26]

**10j**

**11**

---

25   Vgl. Protokoll über die Anwendung der Charta der Grundrechte der Europäischen Union auf Polen und das Vereinigte Königreich.

26   Siehe hierzu **Geiger, Art. 217 AEUV, Rn. 25 f**. m.w.N. Die Schweiz lehnte einen Beitritt zu dem Abkommen ab, schloss später jedoch mehrere Abkommen mit der EU, bspw. in den Bereichen Personenfreizügigkeit und Luftverkehr.

## § 2 WESEN DER EUROPÄISCHEN UNION (EU) UND DES UNIONSRECHTS

*Gründung der Europäischen Union (EU)*

Durch den **„Maastricht-Vertrag"** haben die Mitgliedstaaten der EG die Europäische Union gegründet, Art. 1 I EUV. Die Union stellt eine neue Stufe bei der Vereinigung der Völker Europas dar und hat sich Grundwerten wie der Achtung der Menschenwürde, der Freiheit, der Demokratie, der Gleichheit und der Rechtsstaatlichkeit verpflichtet, Art. 1 II, 2 EUV. Die Ziele der Union sind die Förderung des Friedens und des Wohlergehens ihrer Völker. Diese Ziele sollen im Wesentlichen durch die Errichtung des Raums der Freiheit, der Sicherheit und des Rechts sowie durch die Errichtung eines Binnenmarktes und einer gemeinsamen Zollunion nach außen erreicht werden, vgl. Art. 3 EUV.

**12**

### A) Allgemeines

### I. Früheres Verhältnis der Europäischen Union (EU) zur Europäischen Gemeinschaft (EG)

*Früher:*
*EG, EAG (,EGKS)*
*rechtlich selbstständig, EU keine eigene Rechtspersönlichkeit*

Wie bereits eingangs angedeutet, hatte die EU an sich bis zum Inkrafttreten des Reformvertrags von Lissabon keine eigenständige Rechtspersönlichkeit. Sie fungierte vielmehr als eine Art Dachorganisation, innerhalb derer die einzelnen Verträge rund um die Gründung der verschiedenen Gemeinschaften und die Verträge über die Zusammenarbeit in den verschiedenen Politikbereichen eingeordnet wurden. Man sprach damals vom Drei-Säulen-Modell: die Union als Dachverband wurde von drei Säulen getragen. Innerhalb dieser Säulen ordnete man die verschiedenen Gemeinschaftsverträge (EG, EAG und anfangs noch den EGKS, der dann auslief) der ersten Säule zu. Der zweiten Säule wurde der Politikbereich „Gemeinsame Außen- und Sicherheitspolitik" (GASP), der dritten Säule die „Polizeiliche und Justizielle Zusammenarbeit in Strafsachen" (PJZS) zugeordnet. Die Gemeinschaften der ersten Säule hatten Rechtspersönlichkeit (vgl. für die EG bspw. ex Art. 281 EG).

**13**

*„GASP" und „Polizeiliche und justizielle Zusammenarbeit in Strafsachen"*
*⇨ intergouvernementale Zusammenarbeit*

Die Politikbereiche GASP und PJZS stellten keinen integrierenden Bestandteil des Gemeinschaftsrechts dar. Sie waren vielmehr Absichtserklärungen der Zusammenarbeit der Mitgliedstaaten auf diesen Gebieten, sogenannte intergouvernementale Zusammenarbeit. Sie nahmen nicht am supranationalen Charakter teil, der den Gemeinschaften zukam. Das bedeutet, dass die Union auf den Gebieten der GASP und der PJZS keine Hoheitsrechte hatte und keine „Gesetze" (Richtlinien oder Verordnungen, sog. Sekundärrecht) erlassen konnte. Vielmehr war eine intergouvernementale Abstimmung und Kooperation zwischen den Regierungen der Mitgliedstaaten erforderlich. So hatte auch der EuGH im Bereich der Gemeinsamen Sicherheits- und Außenpolitik keine, im Bereich der polizeilichen und justiziellen Zusammenarbeit in Strafsachen nur bedingt Rechtsprechungsgewalt (vgl. ex Art. 46 EU).[27] Das Unionsrecht war damit trotz des fortgeschrittenen Integrationsstandes weiterhin eine Teilrechtsordnung, die vom BVerfG bewusst dem Völkerrecht zugeordnet wurde.[28]

**14**

---

27   Bei der polizeilichen und justiziellen Zusammenarbeit in Strafsachen sah ex Art. 35 VI EU für Rahmenbeschlüsse und Beschlüsse generell eine Art Nichtigkeitsklage zum EuGH vor. Die Zuständigkeit des EuGH zur Auslegung solcher Beschlüsse im Rahmen einer Art Vorabentscheidungsverfahren hing dagegen von einer entsprechenden Erklärung jedes Mitgliedstaats ab, ex Art. 35 I, II EU.

28   BVerfG, NJW 2005, 2289, 2292 (Europäischer Haftbefehl) = **juris**byhemmer.

**hemmer-Methode: Bei der Zusammenarbeit im Bereich der „GASP" (ex Art. 11 – 28 EU) und der „polizeilichen und justiziellen Zusammenarbeit in Strafsachen" (ex Art. 29 – 45 EU) handelte es sich im Wesentlichen lediglich um eine intergouvernementale Zusammenarbeit im Sinne des Völkerrechts, für welche die Besonderheiten des Gemeinschaftsrechts nicht galten. In den genannten Politikbereichen erfolgte keine Übertragung von Hoheitsbefugnissen auf die EU. Teilweise war eine Zuständigkeitsübertragung jedoch bereits angelegt (siehe z.B. ex Art. 42 EU, sog. „Evolutivklauseln").**

Die EU ruhte damit vormals auf „drei Pfeilern":[29]                                    **15**

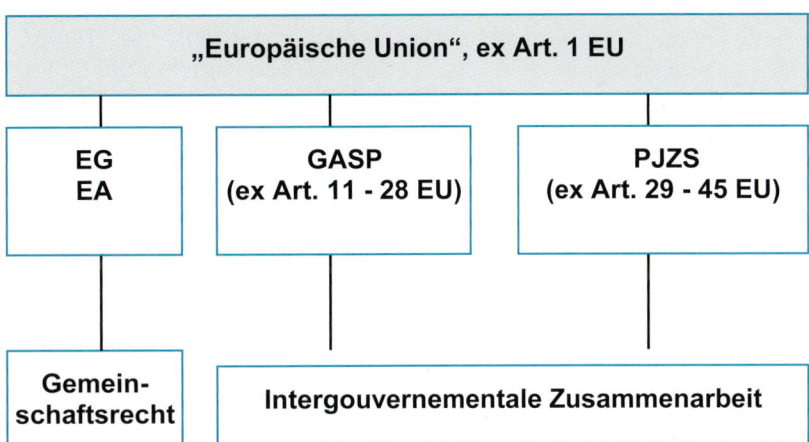

EG als wichtigster Vertrag,            Wichtigster Vertrag dieser Säulenstruktur war der EG-Vertrag mit      **16**
Verhältnis EG, EA                      der auf seiner Grundlage errichteten Europäischen Gemeinschaft
                                       (EG). Er zielte auf eine Zusammenarbeit der Mitgliedstaaten in allen
                                       Bereichen der Wirtschaft sowie in bestimmten, nichtwirtschaftlichen
                                       Bereichen und damit auf eine umfassende Integration ab. Der EA
                                       bezog sich im Wesentlichen auf die friedliche Nutzung der Atom-
                                       energie.

## II.  Änderungen durch den Reformvertrag von Lissabon

Aufgabe des Drei-Säulen-Modells,       Diese Einteilung in supranationale und intergouvernementale Berei-    **17**
                                       che und das Drei-Säulen-Modell wurden durch den Reformvertrag
EU eigenen Rechtspersönlichkeit        von Lissabon im Wesentlichen aufgegeben. Die Europäische Union
und Rechtsnachfolgerin der EG,         wurde Rechtsnachfolgerin der EG, Art. 1 III S. 3 EUV, und hat nun-
                                       mehr eigene Rechtspersönlichkeit, vgl. Art. 47 EUV. Die verschiede-
PJZS im AEUV,                          nen Verträge und Politikbereiche wurden in den jetzigen AEUV inte-
                                       griert. In diesem finden sich im Wesentlichen die Bestimmungen des
GASP weiterhin intergouvernemental     ehemaligen EG wieder sowie jetzt in Art. 81 ff. AEUV die vormals in-
im EUV                                 tergouvernementalen Bestimmungen über die Polizeiliche und Justi-
                                       zielle Zusammenarbeit in Strafsachen (PJZS). Lediglich die GASP
                                       behielt ihren intergouvernementalen Charakter und findet sich wei-
                                       terhin im EUV, genauer in Art. 23 ff. EUV. Dies wurde in letzter Mi-
                                       nute von den Mitgliedstaaten entschieden, die wohl die (eigene) Si-
                                       cherheits- und Außenpolitik als Ausdruck ihrer staatlichen Souverä-
                                       nität empfanden.

                                       Im Wesentlichen kann man sagen, dass der EUV die Rahmenbedin-
                                       gungen für die Zusammenarbeit der Mitgliedstaaten innerhalb der
                                       Union nennt und die Ziele sowie die Grundsatzbestimmungen vor-
                                       gibt. Im AEUV finden sich, wie der Name „Vertrag über die Arbeits-
                                       weise der Europäischen Union" schon sagt, detaillierte Bestimmun-
                                       gen über die Befugnisse der Europäischen Union (Kompetenzkata-
                                       log) sowie die Zusammensetzung und die Handlungsweise der Or-
                                       gane (Rechtsetzungsverfahren).

---

29  Der Vertrag zur Gründung der Europäischen Gemeinschaft für Kohle und Stahl lief zum 23.07.2002 aus (vgl. Rn. 10e).

## III.  Aufgaben und Ziele der Europäischen Union

*Aufgaben u. Ziele der EU*

Die Aufgaben und Ziele der EU sind in Art. 3 bis 6 EUV näher umschrieben. Detailliertere Bestimmungen, wie diese Ziele erreicht werden können, finden sich im AEUV und damit im Primärrecht sowie im Sekundärrecht, das von den Organen der Union erlassen wird. **18**

Aufgabe der Union ist die Verwirklichung eines Binnenmarktes (Art. 3 III EUV) und einer Wirtschafts- und Währungsunion (Art. 3 IV EUV) sowie die Durchführung der in Titel II und Titel V genannten Grundsätze und Politikbereiche (Titel II: Bestimmungen über demokratische Grundsätze, Titel V: allgemeine Bestimmungen über das auswärtige Handeln der Union). **19**

*Gemeinsamer Markt – Binnenmarkt, Art. 26 ff. AEUV*

1. Während man in den früheren Verträgen noch die Begriffe „Gemeinsamer Markt" und „Binnenmarkt" findet, wird nach der Neufassung der Verträge nur noch der Begriff des **Binnenmarktes** verwendet und damit auch mit der Abgrenzungsschwierigkeit dieser beiden Begriffe aufgeräumt. **20**

*Grundfreiheiten*

Der Begriff des „Binnenmarktes", erstmalig eingeführt durch die EEA, wird in Art. 26 II AEUV näher umschrieben als ein Raum ohne Binnengrenzen, in dem der freie Verkehr von Waren, Personen, Dienstleistungen und Kapital gewährleistet ist. Die wirtschaftliche Integration der Mitgliedstaaten erfolgt demnach insbesondere durch die Beseitigung zwischenstaatlicher Hindernisse im Bereich des Waren-, Personen-, Dienstleistungs- und Kapitalverkehrs (= „die vier Grundfreiheiten").[30] Unterstützend sollen auch Maßnahmen in den anderen genannten Politikbereichen wie z.B. Einreise und Personenverkehr von Drittstaatsangehörigen, Umweltpolitik, Förderung der Forschung, Verbesserung des Verbraucherschutzes u.Ä. zur Verwirklichung des Binnenmarktes beitragen.

*Wirtschafts- und Währungsunion, Art. 119 ff. AEUV*

2. Neben der Verwirklichung des Binnenmarktes als wirtschaftliche Grundlage der Union soll durch Koordinierung der mitgliedstaatlichen Wirtschaftspolitiken eine gemeinsame Wirtschaftspolitik eingeführt werden, Art. 3 IV EUV, Art. 119 ff. AEUV (**„Wirtschaftsunion"**). Parallel hierzu wird die Währungspolitik mit Einführung einer einheitlichen europäischen Währung („Euro") vereinheitlicht (**„Währungsunion"**). **21**

*Der Raum der Freiheit, der Sicherheit und des Rechts, Art. 67 ff. AEUV*

3. Daneben soll innerhalb der Union für die Unionsbürger (Art. 20 ff. AEUV) ein Raum der Freiheit, der Sicherheit und des Rechts geschaffen werden, Art. 3 II EUV. Der Verwirklichung dieses Zieles widmen sich die Vorschriften Art. 67 ff. AEUV. Hier finden sich insbesondere Vorschriften zur Terrorismusbekämpfung (Art. 75 AEUV), zur Asyl- und Einwanderungspolitik (Art. 77 ff. AEUV), zur justiziellen Zusammenarbeit in Zivil- und Strafsachen (Art. 81 ff. AEUV) und zur Entwicklung grenzüberschreitender polizeilicher Zusammenarbeit (Art. 87 ff. AEUV). **22**

4. Der Verwirklichung eines Binnenmarktes sollen zudem Vorschriften über eine gemeinsame Verkehrspolitik (Art. 90 ff. AEUV) und eine gemeinsame Wettbewerbspolitik dienen (Art. 101 ff. AEUV). Zudem zu nennen sind diverse weitere Politikbereiche wie eine gemeinsame Sozialpolitik (Art. 151 ff. AEUV), Bildung, Kultur, Gesundheitswesen, Verbraucherschutz und Forschung und Umwelt.

---

30    Zu den Grundfreiheiten siehe Rn. 384 ff.

*Gemeinsame Handelspolitik*

**5.** Neben den Vorschriften zur Entwicklung des Binnenmarktes und des Raumes der Freiheit, der Sicherheit und des Rechts innerhalb der Union, ist die Union um eine Gemeinsame Handels- und Entwicklungspolitik mit Drittstaaten bemüht. Die Vorschriften über das auswärtige Handeln der Union finden sich in Art. 205 ff. AEUV (supranationaler Politikbereich) sowie bezüglich der GASP in Art. 23 ff. EUV (intergouvernementaler Politikbereich).

*Aufbau und Struktur des EUV und des AEUV*

**hemmer-Methode:** Verschaffen Sie sich zunächst an Hand des Inhaltsverzeichnisses Ihres Gesetzestextes einen Überblick über den Aufbau des EUV sowie des AEUV! Führen Sie sich dabei vor Augen, dass der EUV die grundsätzlichen Ziele der Union sowie die intergouvernementalen Politikbereiche (hauptsächlich GASP) enthält. Der AEUV hingegen enthält detailliertere Regelungen über die Art und Weise der Verwirklichung der Unionsaufgaben und bestimmt auch näher die Zusammensetzung der Organe und deren Arbeitsweise.

Der AEUV besteht aus der Präambel, dem eigentlichen Vertragstext und den Anhängen. Die beigefügten Protokolle sind Bestandteil der Verträge, vgl. Art. 51 EUV. Der Vertragstext des AEUV ist in sieben Teile gegliedert.

Im ersten Teil (Art. 1 - 17 AEUV) wird vor allem im Rahmen von Kompetenzkatalogen die Zuständigkeitsverteilung zwischen Union und Mitgliedstaaten geklärt; dort finden sich auch allgemeine Bestimmungen. In diese Vorschriften müssen Sie hineinschauen, um zu bestimmen ob die Union für ein bestimmtes Handeln überhaupt die Kompetenz hat.

Der zweite Teil (Art. 18 - 25 AEUV) widmet sich dem Prinzip der Nichtdiskriminierung (allg. Diskriminierungsverbot) und der Unionsbürgerschaft.

Im dritten Teil (Art. 26 - 197 AEUV), dem inhaltlich umfangreichsten Teil, finden sich die internen Politiken und Maßnahmen, die die Union zur Erreichung ihrer Ziele ergreifen kann. Insbesondere finden sich Vorschriften, um das Funktionieren eines Binnenmarktes zu gewährleisten, die sehr examensrelevanten Grundfreiheiten (Art. 34 - 66 AEUV) und die Wettbewerbspolitik.

Der vierte Teil (Art. 198 - 204 AEUV) regelt die Assoziierung der Überseeischen Länder und Hoheitsgebiete, während sich der fünfte Teil (Art. 205 - 222 AEUV) dem auswärtigen (wirtschaftlichen und entwicklungspolitischen) Handeln der Union widmet.

Im sechsten Teil (Art. 223 - 334 AEUV) finden sich die sehr wichtigen und examensrelevanten institutionellen Bestimmungen über die Zusammensetzung und das Handeln der Organe (vgl. zu den Organen auch Art. 13 EUV), über die Zuständigkeit und die Verfahrensarten vor dem EuGH und dem EuG (Art. 251 ff. AEUV), über die Gesetzgebungsverfahren (Art. 288, 293 ff. AEUV) sowie die Finanz- und Haushaltsvorschriften der Union. In diesem Abschnitt steht auch das Verfahren der Verstärkten Zusammenarbeit einzelner Mitgliedstaaten. Im siebten Teil (Art. 335 - 358 AEUV) schließlich finden sich allgemeine und Schlussbestimmungen. In diesem letzten Teil sind als wichtige Vorschriften Art. 335 AEUV (Rechts- und Geschäftsfähigkeit der Union), Art. 340 AEUV (Haftung der Union und ihrer Bediensteten) und Art. 352 AEUV (die Vertragsabrundungskompetenz) enthalten.

Der EUV enthält in Art. 1 - 12 EUV allgemeine Bestimmungen über die Ziele, Aufgaben und das Tätigwerden der EU, sowie Bestimmungen über demokratische Grundsätze. In Art. 13 - 19 finden sich Regelungen zu den Organen, in Art. 20 EUV die verstärkte Zusammenarbeit. Art. 23 ff. EUV widmen sich der GASP, Art. 42 ff. EUV der gemeinsamen Sicherheits- und Verteidigungspolitik. In den Schlussbestimmungen sind besonders relevant Art. 47 EUV (Rechtspersönlichkeit der Union), Art. 48 EUV (Vertragsänderungsverfahren), sowie Art. 49 und 50 EUV (Bei- und der Austritt aus der Union).

**23**

## B) Rechtsnatur der Europäischen Union und des Unionsrechts

*Rechtsnatur*

Die Rechtsnatur der Europäischen Union und des Unionsrechts war bis zum Inkrafttreten des Reformvertrags von Lissabon umstritten.[31]

**24**

---

31    Siehe zur bisherigen Rechtslage Streinz, 129 ff.; Hobe, § 6 Rn. 9 ff.; ausführlich unten Rn. 37 ff.

Mit dessen Inkrafttreten hat die Europäische Union nunmehr eigene Rechtspersönlichkeit enthalten, Art. 47 EUV.[32] Eine solche kam nach bisheriger Rechtslage nicht der EU, jedoch aber der Europäischen Gemeinschaft (EG) zu, ex Art. 281 EG. Aber auch deren Rechtsnatur war umstritten. Die dabei vertretenen Ansichten lassen sich auf die heutige Union als Rechtsnachfolgerin der EG übertragen.[33] Einigkeit besteht dabei über die Supranationalität der Union.

## I.  Supranationalität der Europäischen Union

*EU = supranationale internationale Organisation*

Nach allgemeiner Ansicht ist die Europäische Union eine supranationale, internationale Organisation.[34] Durch das Merkmal der Supranationalität unterscheidet sie sich von den meisten anderen internationalen Organisationen (z.B. OSZE, UNO).

**25**

## 1.  Begriff der Supranationalität

*Begriff der Supranationalität*

**a)** Unter Supranationalität versteht man das Recht einer internationalen Organisation, autonom von der Willensbildung in den Mitgliedstaaten in bestimmten übertragenen Bereichen für diese verbindliche Rechtsregeln selbstständig zu erlassen.[35]

**26**

Supranationale Organisationen üben daher eine gegenüber den Mitgliedstaaten selbstständige und unabhängige öffentliche Gewalt aus.

*Merkmale der Supranationalität der EU*

**b)** Die Mitgliedstaaten der EU haben ursprünglich in ihre Hoheitsgewalt fallende Zuständigkeiten auf die EU zu deren selbstständiger Wahrnehmung übertragen. Dies ist überhaupt die Voraussetzung dafür, dass die Gesetzgebungsorgane der Union Rechtsakte erlassen können, vgl. Art. 288 ff. AEUV.

**27**

Der AEUV sieht vor, dass in der Mehrheit der Fälle das Parlament und der Rat gemeinsam im ordentlichen Gesetzgebungsverfahren die Gesetzgebungsakte der EU erlassen, Art. 289, 294 AEUV[36]. Nach Art. 290 AEUV können Gesetzgebungsbefugnisse im ordentlichen Gesetzgebungsverfahren von Rat und Parlament gemeinsam auf die Kommission übertragen werden. Diese von der Kommission erlassenen Rechtsakte haben dann keinen Gesetzescharakter. Ziele, Inhalte, Geltungsbereich und Dauer müssen in der Befugnisübertragung ausdrücklich festgelegt werden.

Die Supranationalität der EU zeigt sich vor allem aber darin, dass insbesondere Verordnungen (Art. 288 II AEUV) ohne vorherige Umsetzung durch die Mitgliedstaaten in deren Hoheitsbereich verbindlich wirken, sodass sie von den Gerichten und der Verwaltung als unmittelbar geltendes Recht anzuwenden sind („unmittelbare Wirkung", „unmittelbare Anwendbarkeit").[37]

## 2.  Übertragung von Hoheitsrechten auf die „Europäische Union" nach Art. 23 I GG

*Übertragung von Hoheitsrechten ⇨ „Europaartikel 23 GG" (früher Art. 24 I GG)*

Eine Übertragung von Hoheitsrechten auf eine zwischenstaatliche Einrichtung war durch das Grundgesetz stets in Art. 24 I GG vorgesehen (sog. **„Integrationshebel"**).

**28**

---

32   Hobe, § 6 Rn. 17; Streinz, Rn. 139 f.

33   Siehe unten Rn. 37 ff.

34   So das BVerfG zur Europäischen Gemeinschaft, deren Rechtsnachfolgerin die EU nunmehr ist, vgl. Art. 1 III S. 3 AEUV, BVerfG, NJW 1993, 3047 Leitsatz 7; Borchardt, Rn. 133; Hobe, § 6 Rn. 12; Streinz, Rn. 129 f.

35   Streinz, Rn. 129.

36   Zum ordentlichen Gesetzgebungsverfahren nach Art. 289, 294 AEUV siehe unten Rn. 208.

37   Zum Begriff und zur Bedeutung der unmittelbaren Anwendbarkeit des Unionsrechts siehe Rn. 53 ff., 266 ff.

Der Verfassungsgeber richtete demnach das Grundgesetz integrationsfreundlich aus. Die Übertragung von Hoheitsrechten auf die EU erfolgte früher auf Grundlage des Art. 24 I GG.

Im Jahre 1992 wurde im Wege einer Verfassungsänderung der sog. **„Europaartikel 23 GG"** eingefügt. Eine Übertragung von Hoheitsrechten auf die „Europäische Union" erfolgt seitdem allein auf Grundlage des Art. 23 I GG.

Der Begriff der „Übertragung von Hoheitsrechten" ist nicht in dem Sinn wörtlich zu verstehen, dass die Hoheitsrechte („gleichsam dinglich") auf die EU übergehen. Vielmehr handelt es sich um einen „Ausübungsverzicht" mit der Folge, dass die Hoheitsrechte als solche bei der Bundesrepublik verbleiben, ihre Ausübung jedoch durch die EU erfolgt.[38]

## a) Verfahren bei der Übertragung von Hoheitsrechten

*Regelungsgehalt des Art. 23 GG*

**aa)** Art. 23 GG unterscheidet sich von der Integrationsbestimmung des Art. 24 GG in mehrfacher Hinsicht. Zum einen wurde die Übertragung von Hoheitsrechten auf die EU verfahrensrechtlich erschwert (Art. 23 I S. 2 u. 3 GG), zum anderen wurde die Mitwirkung von Bundestag und vor allem Bundesrat in Angelegenheiten der EU detailliert geregelt, Art. 23 II - VI GG.[39]

29

Schließlich wurde die Entwicklung der EU als konkretes Staatsziel in das Grundgesetz aufgenommen (Art. 23 I S. 1 GG).

**hemmer-Methode:** Art. 23 GG ist eine lange und zunächst unübersichtliche Bestimmung. Lesen Sie zunächst den Artikel und machen Sie sich bewusst, dass die Norm zwei unterschiedliche Regelungsgegenstände hat. Während Art. 23 I GG die Übertragung neuer Hoheitsrechte auf die EU regelt, enthält Art. 23 II - VI GG Bestimmungen über die Mitwirkung von Bundestag und insbesondere Bundesrat an Rechtsetzungsakten der EU (Art. 23 III GG für den Bundestag, Art. 23 IV - VI GG für den Bundesrat).[40]

*Bundesgesetz mit Zustimmung des Bundesrates, Art. 23 I S. 2 GG*

**bb)** Eine Übertragung von Hoheitsrechten auf die EU erfolgt grundsätzlich durch einfaches Bundesgesetz, das jedoch stets der Zustimmung des Bundesrates bedarf, Art. 23 I S. 2 GG.

30

Wichtig ist, dass Art. 23 I GG dem Bund auch die Kompetenz verleiht, Hoheitsrechte der Länder auf die EU zu übertragen (z.B. Bildungspolitik).[41]

*Bundesgesetz mit verfassungsändernder ²/₃-Mehrheit, Art. 23 I S. 3 GG i.V.m. Art. 79 II GG*

**cc)** Für die Begründung der EU,[42] für Änderungen ihrer vertraglichen Grundlagen sowie für vergleichbare Regelungen, durch die das Grundgesetz seinem Inhalt nach geändert oder ergänzt wird oder solche Änderungen oder Ergänzungen ermöglicht werden, bedarf es eines Gesetzes mit verfassungsändernder Zweidrittelmehrheit gem. Art. 79 II GG, das an die Grenzen des Art. 79 III GG gebunden ist, Art. 23 I S. 3 GG.

31

---

38    Vgl. etwa Klein, VVDStRL 50 (1991), 56, 63 u. 66, Maunz/Dürig, Art. 24 GG, Rn. 57 ff.

39    BVerfG, NJW 2009, 2267 = **Life&Law 2009, 618** = jurisbyhemmer.

40    Zur Beteiligung der Bundesländer und des Bundestages in europarechtlichen Angelegenheiten siehe Rn. 235 ff.

41    Zu den Grenzen siehe aber Rn. 34.

42    Art. 23 I S. 3 Alt. 1 GG („Begründung der EU") ist seit der Ratifizierung des „Maastricht-Vertrags" gegenstandslos.

Keine Anwendung findet indes Art. 79 I GG, sodass materielle Verfassungsänderungen durch Übertragung von Hoheitsrechten auch künftig zulässig sind, ohne dass der Wortlaut des Grundgesetzes geändert werden muss.

*Begriff der Vertragsänderung*

**(1)** Der Begriff der „Änderungen der vertraglichen Grundlagen" der EU zielt auf Vertragsänderungen nach Art. 48 EUV ab.

**32**

Erfasst werden demnach Änderungen des EUV und des AEUV, soweit sie materiell zu einer Grundgesetzänderung führen oder eine solche ermöglichen.

> *Bsp.: Durch die Errichtung der EZB (Art. 282 ff. AEUV) sowie die Einführung des Kommunalwahlrechts für Angehörige der Mitgliedstaaten (Art. 22 AEUV) wäre das Grundgesetz materiell geändert worden (Art. 88, 28 I GG). Allerdings erfolgte insoweit bereits eine klarstellende Grundgesetzänderung durch den Gesetzgeber. - Streitig ist, ob nicht jede Hoheitsrechtsübertragung auf die EU inhaltlich zu einer Grundgesetzänderung i.S.d. Art. 23 I GG führt, da hierdurch die in Art. 70 ff. GG niedergelegte Zuständigkeitsverteilung der Sache nach zu Gunsten der EU geändert wird. Bejaht man dies mit der wohl überwiegenden Literaturmeinung, bedarf jede Hoheitsrechtsübertragung auf die EU eines Gesetzes mit verfassungsändernder Zweidrittelmehrheit nach Art. 23 I S. 3 GG.*

*Begriff der vergleichbaren Regelung*

**(2)** Der Begriff der „vergleichbaren Regelungen" zielt auf die sog. „Evolutivklauseln" im europäischen Vertragsrecht ab.[43] Evolutivklauseln sind vertragliche Bestimmungen, die in einem abgekürzten Verfahren eine Ergänzung des Unionsrechts durch einstimmigen Ratsbeschluss mit anschließender Annahme durch die Mitgliedstaaten nach deren verfassungsrechtlichen Bestimmungen vorsehen (Vertragserweiterungen bzw. -ergänzungen wie z.B. Art. 25 II AEUV).

**33**

Soweit die Anwendung einer Evolutivklausel zu einer materiellen Grundgesetzänderung führt oder eine solche ermöglicht, gilt das Verfahren des Art. 23 I S. 3 GG i.V.m. Art. 79 II GG (= jeweils Zwei-Drittel-Mehrheit im Bundestag und Bundesrat).

## b) Grenzen der Übertragung von Hoheitsrechten

*Grenzen der Übertragung von Hoheitsrechten*
*⇨ Art. 23 I S. 3 GG i.V.m. Art. 79 III GG*

**aa)** Art. 23 GG räumt dem Gesetzgeber zwar ein weites Ermessen ein,[44] jedoch ist eine Übertragung von Hoheitsrechten auf die EU nach deutschem Verfassungsrecht nicht unbegrenzt möglich. Art. 23 I S. 3 GG unterstellt die Integrationsgewalt ausdrücklich den Grenzen des Art. 79 III GG.

**34**

Dem Integrationsgesetzgeber ist es daher untersagt, durch eine Übertragung von Hoheitsrechten das „Grundgefüge der Verfassung" anzutasten und die wesentlichen Strukturen des Grundgesetzes auszuhöhlen.[45] Zu dem Grundgefüge der Verfassung gehören insbesondere die in Art. 1 GG („Schutz der Menschenwürde") und Art. 20 GG niedergelegten Grundsätze („Bundesstaatsprinzip", „Rechtsstaatsprinzip", „Demokratieprinzip", etc.).

> *Bsp.: Art. 23 I GG gestattet nur eine Übertragung einzelner Hoheitsrechte, nicht aber die Übertragung der gesamten Staatsgewalt. Denn die souveräne Existenz der Bundesrepublik ist Voraussetzung für die Gewährleistung der in Art. 79 III GG enthaltenen Verfassungsprinzipien.[46]*

---

43  Magiera, JURA 1994, 1, 8 f.

44  BVerfGE 58, 1, 28 zu Art. 24 GG = **juris**byhemmer.

45  Magiera, JURA 1994, 1, 3; BVerfGE 37, 271, 277; 73, 339, 375 zu Art. 24 GG.

46  Magiera, JURA 1994, 1, 8.

*Unzulässig wäre wohl auch die Ersetzung der deutschen Staatsbürger-schaft durch eine europäische Unionsbürgerschaft.[47] Auch das Bundes-staatsprinzip gehört zum Grundgefüge der Verfassung. Zwar kann der Bund auch Länderkompetenzen auf die EU übertragen, jedoch muss den Bundesländern ein notwendiger Kernbestand an Hoheitsrechten verblei-ben.[48]*

*Zum unabänderbaren Kern der Verfassung gehören weiterhin die den Grundrechten zugrunde liegenden Rechtsprinzipien („unabdingbare Grundrechtsstandards").[49]*

*„Maastricht-Urteil"*
*⇨ Demokratieprinzip als Grenze*

Das Demokratieprinzip verlangt, dass mangels vergleichbarer de-mokratischer Legitimation der EU, dem Bundestag hinreichende Ge-setzgebungsrechte verbleiben müssen. So führte das BVerfG - unter Hinweis auf die untergeordnete Rolle des Europäischen Parlaments - in seinem „Maastricht-Urteil" aus:[50]

**35**

*„Das Demokratieprinzip hindert Deutschland nicht an einer Mitgliedschaft in einer - supranational organisierten - zwischenstaatlichen Gemein-schaft. Voraussetzung der Mitgliedschaft ist aber, dass eine vom Volk ausgehende Legitimation und Einflussnahme innerhalb des Staatenver-bundes gesichert ist [...].*

*Im Staatenverbund der EU erfolgt mithin demokratische Legitimation notwendig durch die Rückkoppelung des Handelns europäischer Organe an die Parlamente der Mitgliedstaaten; hinzu tritt das EP [...]. Vermitteln die Staatsvölker - wie gegenwärtig - über die nationalen Parlamente de-mokratische Legitimation, sind mithin der Ausdehnung der Aufgaben und Befugnisse der Europäischen Gemeinschaften vom demokratischen Prinzip her Grenzen gesetzt. Die Staaten bedürfen hinreichend bedeut-samer eigener Aufgabenfelder. Aus alledem folgt, dass dem Deutschen Bundestag Aufgaben und Befugnisse von substanziellem Gewicht ver-bleiben müssen."*

*zulässig: „sachgerechte Modifizierungen"*

**bb)** Die Bestimmung der Grenzen der Integrationsgewalt bereitet Schwierigkeiten. Nicht bereits jede sachgerechte Modifizierung des Grundrechtsstandards oder der in Art. 20 GG genannten Prinzipien führt zu einem Verstoß gegen Art. 79 III GG.

**36**

Dies folgt aus der Integrationsoffenheit des Grundgesetzes. Art. 79 III GG ist daher in Zusammenhang mit Art. 23 I GG zu sehen, sodass nach wohl überwiegender Ansicht lediglich die prinzipielle Preisgabe der dort genannten Grundsätze untersagt ist.[51]

Entsprechend lassen sich auch die Äußerungen des BVerfG zum Demokratieprinzip in seinem „Maastricht-Urteil" verstehen:[52]

*„Die Einräumung von Hoheitsbefugnissen hat zur Folge, dass deren Wahrnehmung nicht mehr stets vom Willen eines Mitgliedstaats allein abhängt. Hierin eine Verletzung des grundgesetzlichen Demokratieprin-zips zu sehen, widerspräche nicht nur der Integrationsoffenheit des Grundgesetzes, die der Verfassungsgeber des Jahres 1949 gewollt und zum Ausdruck gebracht hat; es legt auch eine Vorstellung von Demokra-tie zugrunde, die jeden demokratischen Staat jenseits des Einstimmig-keitsprinzips integrationsunfähig machte."*

Die Grundsätze des „Maastricht-Urteils" hat das BVerfG in seiner Entscheidung zum **Vertrag vom Lissabon** übernommen und weiter präzisiert und ausgebaut.[53]

---

47   BVerfG, NJW 2005, 2289, 2291 (Europäischer Haftbefehl) = **juris**byhemmer.

48   Siehe auch Magiera, JURA 1994, 1, 5 ff.

49   BVerfGE 37, 271, 280; 73, 339, 376; BVerfG, NJW 1993, 3047, 3049; siehe auch Rn. 293, 299, 301.

50   BVerfG, NJW 1993, 3047, 3051; Hervorhebungen vom Verfasser = **juris**byhemmer.

51   Vgl. Magiera, JURA 1994, 1, 4; Maunz/Dürig, Art. 24 GG, Rn. 204.

52   BVerfG, NJW 1993, 3047, 3051 = **juris**byhemmer.

53   BVerfG, NJW 2009, 2267 = **Life&Law 2009, 618** = **juris**byhemmer.

Die wesentlichen **Leitsätze dieser Entscheidung** lauten wie folgt:

*„1. Das Grundgesetz ermächtigt mit Art. 23 GG zur Beteiligung und Entwicklung einer als Staatenverbund konzipierten Europäischen Union. Der Begriff des Verbundes erfasst eine enge, auf Dauer angelegte Verbindung souverän bleibender Staaten, die auf vertraglicher Grundlage öffentliche Gewalt ausübt, deren Grundordnung jedoch allein der Verfügung der Mitgliedstaaten unterliegt und in der die Völker - das heißt die staatsangehörigen Bürger - der Mitgliedstaaten die Subjekte demokratischer Legitimation bleiben.*

*2a) Sofern die Mitgliedstaaten das Vertragsrecht so ausgestalten, dass unter grundsätzlicher Fortgeltung des Prinzips der begrenzten Einzelermächtigung eine Veränderung des Vertragsrechts ohne Ratifikationsverfahren herbeigeführt werden kann, obliegt neben der Bundesregierung den gesetzgebenden Körperschaften eine besondere Verantwortung im Rahmen der Mitwirkung, die in Deutschland innerstaatlich den Anforderungen des Art. 23 Abs. 1 GG genügen muss (Integrationsverantwortung) und gegebenenfalls in einem verfassungsgerichtlichen Verfahren eingefordert werden kann.*

*2b) Ein Gesetz im Sinne des Art. 23 Abs. 1 Satz 2 GG ist nicht erforderlich, soweit spezielle Brückenklauseln sich auf Sachbereiche beschränken, die durch den Vertrag von Lissabon bereits hinreichend bestimmt sind. Auch in diesen Fällen obliegt es allerdings dem Bundestag und - soweit die Gesetzgebungsbefugnisse der Länder betroffen sind, dem Bundesrat - seine Integrationsverantwortung in anderer geeigneter Weise wahrzunehmen.*

*3. Die europäische Vereinigung auf der Grundlage einer Vertragsunion souveräner Staaten darf nicht so verwirklicht werden, dass in den Mitgliedstaaten kein ausreichender Raum zur politischen Gestaltung der wirtschaftlichen, kulturellen und sozialen Lebensverhältnisse mehr bleibt. Dies gilt insbesondere für Sachbereiche, die die Lebensumstände der Bürger, vor allem ihren von den Grundrechten geschützten privaten Raum der Eigenverantwortung und der persönlichen und sozialen Sicherheit prägen, sowie für solche politischen Entscheidungen, die in besonderer Weise auf kulturelle, historische und sprachliche Vorverständnisse angewiesen sind, und die sich im parteipolitisch und parlamentarisch organisierten Raum einer politischen Öffentlichkeit diskursiv entfalten.*

*4. Das Bundesverfassungsgericht prüft, ob Rechtsakte der europäischen Organe und Einrichtungen sich unter Wahrung des unionsrechtlichen Subsidiaritätsprinzips (Art. 5 Abs. 1 Satz 2 und Abs. 3 EUV) in den Grenzen der ihnen im Wege der begrenzten Einzelermächtigung eingeräumten Hoheitsrechte halten (Art. 5 Abs. 1 S. 1, Abs. 2 EUV). Darüber hinaus prüft das Bundesverfassungsgericht, ob der unantastbare Kerngehalt der Verfassungsidentität des Grundgesetzes nach Art. 23 Abs. 1 Satz 3 in Verbindung mit Art. 79 Abs. 3 GG gewahrt ist. Die Ausübung dieser verfassungsrechtlich radizierten Prüfungskompetenz folgt dem Grundsatz der Europarechtsfreundlichkeit des Grundgesetzes, und sie widerspricht deshalb auch nicht dem Grundsatz der loyalen Zusammenarbeit (Art. 4 Abs. 3 EUV); anders können die von Art. 4 Abs. 2 S. 1 EUV anerkannten grundlegenden politischen und verfassungsmäßigen Strukturen souveräner Mitgliedstaaten bei fortschreitender Integration nicht gewahrt werden. Insoweit gehen die verfassungs- und die unionsrechtliche Gewährleistung der nationalen Verfassungsidentität im europäischen Rechtsraum Hand in Hand."*[54]

## II. Die EU als „Union eigener Art" und das Unionsrecht als „eigenständige Rechtsordnung"

*Rechtsnatur der EU*

**1.** Über die Rechtsnatur der Europäischen Union gab es vor Inkrafttreten des Reformvertrags von Lissabon verschiedene Ansichten.[55]

37

---

54  BVerfG, NJW 2009, 2267 = **Life&Law 2009, 618**; zu den Auswirkungen dieser Entscheidung vgl. auch unten Rn. 280 ff. = **juris**byhemmer.

55  Siehe die Übersichten bei Hobe, § 6 Rn. 5. Zur gegenwärtigen Struktur Hobe, § 6 Rn. 7; Streinz, Rn. 89.

Aber auch die Rechtsnatur der Europäischen Gemeinschaft (EG), deren Rechtsnachfolger die Union nunmehr ist und der – wie der Union heute – bereits zuvor Rechtspersönlichkeit zukam (vgl. ex Art. 281 EG), war umstritten. Die vertretenen Theorien lassen sich dabei auf die heutige Union als Nachfolger der EG übertragen.

*Völkerrechtstheorie (-)*

**a)** Nach der früher teilweise vertretenen „Völkerrechtstheorie" stellt die Union danach einen intergouvernementalen Zusammenschluss souveräner Staaten dar, der sich nur geringfügig von sonstigen internationalen Organisationen unterscheide (nämlich über die „Supranationalität"). Dementsprechend sei das Unionsrecht als Völkerrecht zu behandeln.

Dieser Ansicht ist zwar zuzugeben, dass dem Grunde nach die EU durch einen völkerrechtlichen Vertrag zustande kam. Sie kann jedoch die Besonderheiten des Unionsrechts („unmittelbare Anwendbarkeit", „Anwendungsvorrang" des Unionsrechts)[56] nicht hinreichend erklären.[57]

*Bundesstaatstheorie (-)*

**b)** Nach der vereinzelt vertretenen „Bundesstaatstheorie" habe die Union bundesstaatlichen oder zumindest bundesstaatsähnlichen Charakter. Dementsprechend sei das Unionsrecht im Verhältnis zu mitgliedstaatlichem Recht genauso zu behandeln wie Bundesrecht im Verhältnis zu Landesrecht.

*38*

Diese Ansicht übersieht, dass der Union wesentliche Elemente eines (Bundes-)Staates fehlen. Der EU sind Hoheitsrechte nur auf einzelnen, begrenzten Sachgebieten übertragen worden. Zudem ist sie nicht befugt, ihre Kompetenzen allein durch Beschlüsse ihrer Organe zu erweitern. Damit fehlt der EU sowohl die einen (Bundes-)Staat kennzeichnende Allzuständigkeit sowie die Befugnis, neue Zuständigkeiten zu schaffen (sog. „Kompetenzkompetenz").[58]

Weiter existiert kein einheitliches europäisches Staatsvolk. Schließlich ist nach dem Willen der Mitgliedstaaten die Schaffung „Vereinigter Staaten von Europa" wie z.B. nach dem Vorbild der USA derzeit nicht beabsichtigt.[59]

*unionsrechtliche Theorie (+)*

**c)** Nach herrschender „unionsrechtlicher Theorie" stellt die EU eine neue Form der Verbindung von Staaten dar, die zwischen einem Staat im herkömmlichen Sinn und einer internationalen Organisation einzuordnen ist. Sie ist ein eigenständiges, keiner Rechtsordnung zuzuordnendes Gebilde, eine Staatenverbindung eigener Art mit einer Rechtsordnung eigener Art.[60]

*39*

Dieser Ansicht, die vor allem die Besonderheiten des Unionsrechts zu berücksichtigen versucht, hat sich auch das BVerfG angeschlossen:

> *„Die Gemeinschaft (jetzt Union) ist selbst kein Staat, auch kein Bundesstaat. Sie ist eine im Prozess fortschreitender Integration stehende Gemeinschaft eigener Art".[61]*

In seinem „Maastricht-Urteil" hat das BVerfG für die EU schließlich den Begriff **„Staatenverbund"** eingeführt:[62]

---

56    Zum Begriff des „Anwendungsvorrangs" siehe Rn. 278.

57    Zu weiteren Argumenten gegen die heute nicht mehr vertretene „Völkerrechtstheorie" ausführlich Bleckmann, Rn. 153 ff.

58    Kritisch zu dieser Diskussion Zuleeg, NJW 2000, 2846, 2851.

59    Siehe auch BVerfG, NJW 1993, 3047.

60    Borchardt, Rn. 112 f.; Hobe, § 6 Rn. 15.; Streinz, Rn. 123.

61    BVerfGE 37, 271, 278 f. = **juris**byhemmer.

62    BVerfG, NJW 1993, 3047 Leitsatz 8 = **juris**byhemmer.

*„Der EU-Vertrag begründet einen Staatenverbund zur Verwirklichung ei- 40
ner immer engeren Union der - staatlich organisierten - Völker Europas
(Art. 1 EU), keinen sich auf ein europäisches Staatsvolk stützenden
Staat".*

*Unionsrecht*
*= eigenständige Rechtsordnung*

**2.** Für die Rechtsnatur des Unionsrechts folgt aus der Supranationa- 41
lität der Union nach der Rechtsprechung des EuGH, dass durch die
Verträge der Union (EUV, AEUV) im Unterschied zu gewöhnlichen
völkerrechtlichen Verträgen eine „eigene Rechtsordnung" bzw. eine
„autonome Rechtsquelle" geschaffen wurde.[63] Entsprechende Formulierungen finden sich auch in der Rechtsprechung des BVerfG.[64]

## C) Die Rechtsfähigkeit der Europäischen Union

*Rechtsfähigkeit der EU*

Hinsichtlich der Rechtsfähigkeit ist zwischen der Privatrechtsfähig- 42
keit und der Völkerrechtsfähigkeit der Union zu unterscheiden.

*partielle Völkerrechts-*
*subjektivität*

**1.** Gemäß Art. 47 EUV besitzt die Union Rechtspersönlichkeit. Damit
ist ihr durch die Mitgliedstaaten **Völkerrechtsfähigkeit** (= Völkerrechtssubjektivität) verliehen worden.

Auch allein nach völkerrechtlichen Maßstäben bemessen erfüllt die
EU die Voraussetzungen der Völkerrechtsfähigkeit.[65] Demnach kann
die Union Trägerin völkerrechtlicher Rechte und Pflichten sein und
folglich völkerrechtliche Verträge abschließen (vgl. Art. 216 ff.
AEUV).[66]

Völkerrechtsfähigkeit besitzt die Union aber nur in den Bereichen, in
denen eine Zuständigkeitsübertragung seitens der Mitgliedstaaten
erfolgt ist. Sie ist deshalb nicht umfassend, sondern nur in Teilbereichen völkerrechtsfähig (**„partielle Völkerrechtssubjektivität"**). Sie
hat in den in Art. 216 I AEUV aufgeführten Fällen die völkerrechtliche Vertragsschlusskompetenz.

*Privatrechtsfähigkeit*

**2.** Die **Privatrechtsfähigkeit** der Union ergibt sich aus Art. 335 S. 1 43
AEUV. Demnach besitzt sie in jedem Mitgliedstaat die weitgehends-
te Rechts- und Geschäftsfähigkeit, die juristischen Personen nach
dessen Rechtsordnung zuerkannt ist. Vertreten wird die Union durch
die Kommission, Art. 335 S. 2 AEUV.

## D) Beitritt zur Union und Austritt aus der Union

*Beitritt zur EU*

### I.   Beitritt zur Union, Art. 49 EUV

Jeder europäische Staat, der die in Art. 2 EUV genannten demokra- 44
tischen und rechtsstaatlichen Prinzipien und Werte achtet und fördert, kann beantragen, Mitglied der EU zu werden, Art. 49 I S. 1
EUV. Das hierfür vorgesehene Verfahren ist in Art. 49 I S. 2, II EUV
geregelt. Grundprinzip des Beitritts, dem regelmäßig Assoziierungsabkommen i.S.d. Art. 217 AEUV vorausgehen, ist die Übernahme
des gesamten bisherigen Unionsrechts[67] (sog. **„unionaler Besitz-
stand"** oder „acquis communautaire").

---

63   EuGH, Rs. 6/64, Costa/ENEL, Slg. 1964, 1251, 1269 f.

64   BVerfGE 22, 293, 296; 31, 145, 173.

65   Völkerrechtsfähig ist eine internationale Organisation dann, wenn es sich um einen freiwilligen Zusammenschluss mehrerer Staaten auf dem Gebiet
     des Völkerrechts handelt, wobei der Organisation ein eigener Aufgabenbereich zugewiesen ist, in dem sie durch Organe einen von den Mitgliedstaa-
     ten unabhängigen Willen bilden kann.

66   Zum Abschluss völkerrechtlicher Verträge siehe Rn. 228 ff.

67   Zu den Wirkungen des Beitritts vgl. auch Geiger, Art. 49 EUV, Rn. 21 ff.

## II. Austritt aus der Union, Art. 50 EUV

*Austritt aus der EU*

Der Vertrag von Lissabon sieht erstmalig auch die Möglichkeit des Austritts aus der Union vor, vgl. Art. 50 EUV. Zuvor wurde diese Frage in der Literatur kontrovers diskutiert. Bedeutung hatte dieses Problem durch die Ausführungen des BVerfG im Urteil über den „Maastricht-Vertrag" gewonnen:[68]

**45**

*Maastricht-Urteil*

> *„Die Bundesrepublik Deutschland ist somit auch nach dem Inkrafttreten des EU-Vertrages Mitglied in einem Staatenverbund, dessen Gemeinschaftsgewalt (jetzt Unionsgewalt) sich von den Mitgliedstaaten ableitet und im deutschen Hoheitsbereich nur kraft des deutschen Rechtsanwendungsbefehls verbindlich wirken kann.*
>
> *Deutschland ist einer der „Herren der Verträge", die ihre Gebundenheit an den „auf unbegrenzte Zeit" geschlossenen EU-Vertrag (Art. 51 EU) mit dem Willen zur langfristigen Mitgliedschaft begründet haben, diese Zugehörigkeit aber letztlich durch einen gegenläufigen Akt auch wieder aufheben können. Geltung und Anwendung des Gemeinschaftsrechts hängen von dem Rechtsanwendungsbefehl des Zustimmungsgesetzes ab. Deutschland wahrt damit die Qualität eines souveränen Staates aus eigenem Recht und den Status der souveränen Gleichheit mit anderen Staaten i.S.d. Art. 2 I UN-Satzung."[69]*

*Austritt nach einseitiger Entscheidung, aber Austrittsvertrag im gegenseitigen Einvernehmen (+)*

**1.** Das Austrittsverfahren ist in Art. 50 EUV geregelt. Jeder Mitgliedstaat kann selbst einseitig entscheiden, ob er austreten möchte. Das Austrittsabkommen jedoch muss vom austretenden Mitgliedstaat mit dem Rat der Europäischen Union abgeschlossen werden, der nach Zustimmung des Parlaments mit qualifizierter Mehrheit beschließt. Mit der Aufnahme dieser Bestimmung dürfte auch ein zweiter früherer Streit obsolet geworden sein, nämlich die Frage danach, ob die Mitgliedschaft auch einseitig beendet werden kann.

**46**

*Austritt kann faktisch nicht verhindert werden*

**2.** Ungeachtet rechtlicher Fragen ist jedoch festzuhalten, dass die EU den Austritt eines Mitgliedstaates faktisch nicht verhindern könnte.[70] Die rechtlichen Möglichkeiten der EU auf einen vollzogenen, einseitigen Austritt zu reagieren, wären beschränkt. In Betracht käme allein die Durchführung eines Vertragsverletzungsverfahrens nach Art. 258 AEUV, eventuell auch Repressalien nach allgemeinen völkerrechtlichen Grundsätzen.

**47-49**

---

68  BVerfG, NJW 1993, 3047, 3052 = **juris**byhemmer.

69  Zum Ausscheiden der Bundesrepublik speziell aus der WWU siehe BVerfG, NJW 1993, 3047, 3056, sowie allgemein Tomuschat, EuGRZ 1993, 489, 495; Götz, JZ 1993, 1081, 1085; Schröder, DVBl. 1994, 316, 325.

70  Zuleeg, NJW 2000, 2846, 2851.

## § 3 RECHTSQUELLEN DES UNIONSRECHTS

Die Rechtsquellen des Unionsrechts werden grundsätzlich nach geschriebenem und ungeschriebenem primärem und geschriebenem sekundärem sowie tertiärem Unionsrecht unterschieden. Das sekundäre Unionsrecht wird, gemeinsam mit dem tertiären Unionsrecht, auch als – von den Verträgen – „abgeleitetes Unionsrecht" bezeichnet.[71] Hinzu treten die von der Union selbst abgeschlossenen völkerrechtlichen Verträge (Art. 216 ff. AEUV).[72]

**50**

### A) Primäres Unionsrecht

*primäres Unionsrecht*

Das primäre Unionsrecht steht an der Spitze der unionsrechtlichen Normenhierarchie.

**51**

*EUV, AEUV, EGRCh und ungeschriebene Rechtsgrundsätze*

Zum primären Unionsrecht gehören der Vertrag über die Europäische Union (EUV) sowie der Vertrag über die Arbeitsweise der Europäischen Union (AEUV) samt ihrer Anhänge und Protokolle (Art. 51 EUV). Grundsätzlich würde hierunter auch noch der Euratom-Vertrag fallen, der jedoch nicht Examensstoff ist. Die Unionsverträge wurden seit ihrem Inkrafttreten mehrfach geändert, so etwa durch den Vertrag über die Europäische Union („Maastricht-Vertrag", EU), den Vertrag von Amsterdam, den Vertrag von Nizza und zuletzt durch den (Reform-)Vertrag von Lissabon.[73] Sämtliche Änderungen und Ergänzungen der Verträge teilen den Rang des primären Unionsrechts, soweit sie Änderungen und Ergänzungen der ursprünglichen Unionsverträge enthalten (z.B. des AEUV).

Daneben zählt zum Primärrecht die mit dem Vertrag von Lissabon rechtsverbindlich gewordene Charta der Grundrechte der Europäischen Union (EGRCh), vgl. Art. 6 I HS 2 EUV.

Auch die (ungeschriebenen) allgemeinen Rechtsgrundsätze wie bspw. die Grundsätze des Vertrauensschutzes oder der Rechtssicherheit zählen zum Primärrecht.[74] Aus Gründen der Übersichtlichkeit werden diese im Rahmen dieses Skriptes allerdings gesondert dargestellt.[75]

### I. EUV und AEUV

*Rechtssubjekte im AEUV*

**1.** Die Bestimmungen des AEUV regeln überwiegend die Rechte und Pflichten der Mitgliedstaaten und der Unionsorgane sowie die vom AEUV erfassten Politikbereiche.

**52**

*natürliche und juristische Personen ⇨ unmittelbare Anwendbarkeit*

**2.** Die Unionsverträge (EUV/AEUV) sind völkerrechtliche Verträge und begründen nur ausnahmsweise ausdrücklich Rechte und Pflichten für natürliche und juristische Personen, so beispielsweise die Bestimmungen über die Unionsbürgerschaft (Art. 20 f. AEUV) oder im Wettbewerbsrecht (Art. 101 f. AEUV).[76] Man spricht dann von der „unmittelbaren Wirkung" oder „unmittelbaren Anwendbarkeit" des Unionsrechts.

**53**

---

71  Streinz, Rn. 4.

72  Zum sog. „begleitenden Unionsrecht" siehe Rn. 124.

73  Siehe Rn. 9 ff.

74  Geiger, Art. 6 EUV, Rn. 35 ff. Daher auch „ungeschriebenes Primärrecht".

75  Siehe Rn. 117 ff.

76  Zur Auslegung und unmittelbaren Anwendbarkeit des Art. 157 AEUV im Arbeitsrecht siehe Rn. 558 ff.

*Begriff und Bedeutung der unmittelbaren Anwendbarkeit*

**hemmer-Methode: „Unmittelbare Wirkung" oder „unmittelbare Anwendbarkeit" bedeutet zunächst nur, dass eine Unionsrechtsnorm unmittelbar von den innerstaatlichen Organen anzuwenden ist, sie dabei insbesondere den Einzelnen unmittelbar Rechte verleihen und Pflichten auferlegen kann. Subjekte der Unionsrechtsordnung sind also nicht nur die Mitgliedstaaten und die Unionsorgane, sondern auch natürliche und juristische Personen.**

**So kann das Unionsrecht - vor allem in Verordnungen (Art. 288 II AEUV) - Rechte und Pflichten der Einzelnen begründen. Soweit eine Unionsrechtsnorm unmittelbar anwendbar ist, ist sie von den mitgliedstaatlichen Behörden und Gerichten als unmittelbar geltendes Recht zu beachten. Die Terminologie in der Literatur ist nicht einheitlich.[77] Teilweise wird auch von „Durchgriffswirkung" und „unmittelbarer Geltung" gesprochen. Das Skript wird im Wesentlichen die Ausdrücke „unmittelbare Wirkung" und „unmittelbare Anwendbarkeit" verwenden.**

54

*unmittelbare Anwendbarkeit von Bestimmungen des AEUV*

**3.** Der EuGH hat jedoch frühzeitig entschieden, dass auch solche Bestimmungen des AEUV, die ihrem Wortlaut nach nur an die Mitgliedstaaten gerichtet sind, unter bestimmten Voraussetzungen unmittelbar anwendbar sein können.[78] Dies gilt insbesondere beim allgemeinen Diskriminierungsverbot (Art. 18 AEUV) und bei den Grundfreiheiten (Art. 28 ff. AEUV). Diese Entscheidung des EuGH verdeutlicht eine der Besonderheiten des Unionsrecht: Im herkömmlichen Völkerrecht kann sich das Individuum nur in Ausnahmefällen (zumeist Menschenrechtspakte) auf Bestimmungen aus völkerrechtlichen zwischenstaatlichen Verträgen berufen, da die Verträge grundsätzlich nur die Staaten als Vertragsparteien berechtigen und verpflichten.

55

---

**Eine Bestimmung des AEUV ist dann unmittelbar anwendbar, wenn sie**

**a) „rechtlich vollkommen" ist,**

= die Bestimmung muss klar und hinreichend genau formuliert sein, sodass sie ohne jede weitere Konkretisierung anwendbar ist

**b) inhaltlich unbedingt ist**

= die Bestimmung darf mit keinem Vorbehalt oder zeitlichen Aufschub versehen sein. Insbesondere darf ihre Anwendbarkeit nicht von weiteren Rechtsakten der Union oder der Mitgliedstaaten abhängig sein

**c) und den Mitgliedstaaten Handlungs- oder Unterlassungspflichten auferlegt.**

---

Bestimmungen des AEUV sind demnach vor allem dann unmittelbar anwendbar, wenn den Mitgliedstaaten hinreichend bestimmte und unbedingte Handlungs- oder Unterlassungspflichten auferlegt werden, die auf eine Verbesserung der Rechtsstellung des Einzelnen abzielen. Inwieweit einer Norm des Primärrechts diese Eigenschaft zukommt, ist durch Auslegung zu ermitteln. Die unmittelbare Anwendbarkeit einer Norm des Primärrechts scheidet regelmäßig dann aus, wenn den Mitgliedstaaten ein Beurteilungs- oder Ermessensspielraum hinsichtlich des „Ob" und des „Wie" zukommt. Entsprechend den genannten Voraussetzungen hat der EuGH etwa die Bestimmungen der Art. 18, 28, 30, 34, 35, 37 I u. II, 45, 49, 56 I, 57, 110 I u. II, 157 AEUV für unmittelbar anwendbar erklärt. Die mitgliedstaatlichen Behörden und Gerichte haben diese Bestimmungen anzuwenden.

**hemmer-Methode: Soweit es in der Klausur auf eine der genannten Bestimmungen des AEUV ankommt, müssen Sie die Voraussetzungen der unmittelbaren Anwendbarkeit nicht mehr gesondert prüfen. Dass etwa die Grundfreiheiten unmittelbar anwendbar sind, ist seit langem „europäisches Gemeinwissen".**

---

77  Vgl. Jarass, NJW 1990, 2420 f.

78  EuGH, Rs. 26/62 (van Gend & Loos), Slg. 1963, 1 ff.; Rs. 57/65 (Lütticke), Slg. 1966, 257.

> Sie können daher einfach feststellen: „Art. 34 AEUV ist unmittelbar anwendbar." - Anders wäre es nur dann, wenn in der Klausur - etwa unter Hinweis auf den Wortlaut - die unmittelbare Anwendbarkeit der Grundfreiheiten ausdrücklich in Zweifel gezogen wird.

*horizontale Wirkung*

Da nach den genannten Voraussetzungen die Bestimmungen des AEUV nur dann unmittelbare Wirkung entfalten, wenn sie den Einzelnen Rechte gegenüber den Mitgliedstaaten verleihen, kam nach herkömmlicher Auffassung eine unmittelbare Einwirkung des Primärrechts auf Rechtsverhältnisse zwischen Privatpersonen („horizontale Wirkung") grundsätzlich nur dann in Betracht, wenn der Vertrag dies für die Einzelnen ausdrücklich vorsah (z.B. Art. 101 f. AEUV). **56**

Lediglich bei dem - seinem Wortlaut nach nur die Mitgliedstaaten verpflichtenden - „Grundsatz der Lohngleichheit von Mann und Frau" (Art. 157 AEUV) hatte der EuGH frühzeitig eine unmittelbare Wirkung auch in Privatrechtsverhältnissen festgestellt.[79] Mittlerweile hat der EuGH seine Rechtsprechung aber erweitert und zumindest der Arbeitnehmerfreizügigkeit nach Art. 45 AEUV grundsätzlich horizontale Wirkung zuerkannt.[80] Im Bereich der Dienstleistungs- und Niederlassungsfreiheit gilt dies wenigstens für die Rechtsetzung durch private Verbände, also beim Vorliegen kollektiver Regelungen.[81] Bei der Warenverkehrsfreiheit hingegen lehnt der EuGH eine unmittelbare horizontale Wirkung ab.[82]

> **hemmer-Methode: Eine unmittelbare Drittwirkung der Warenverkehrsfreiheit, also eine direkte Anwendung zwischen zwei Privaten, würde zu untragbaren Ergebnissen führen. Spezialisiert sich bspw. ein Weinhandel auf fränkischen Weißwein, müsste er hierfür einen Rechtfertigungsgrund im Sinne der Art. 34, 36 AEUV anführen können, da diese Spezialisierung eine offene Diskriminierung aller anderen Weißweinproduzenten darstellt.**

## II. Grundrechte auf Unionsebene

*Europäische Grundrechtecharta als rechtsverbindlicher Grundrechtekatalog*

**1.** Bis zum Inkrafttreten der Europäischen Grundrechtecharta (EGRCh) wurden die Grundrechte auf Unionsebene als ungeschriebenes Unionsrecht aus den gemeinsamen Verfassungsüberlieferungen der Mitgliedstaaten unter Beachtung der EMRK hergeleitet, vgl. ex Art. 6 II EU. Im Laufe der Jahrzehnte entwickelte sich so eine umfangreiche Grundrechterechtsprechung des EuGH, es fehlte jedoch an einem geschriebenen verbindlichen Grundrechtekatalog. Mit dem Reformvertrag von Lissabon trat die EGRCh als geschriebener primärrechtlicher Grundrechtekatalog in Kraft, vgl. Art. 6 I EUV. Die EGRCh teilt damit den Rang des Unionsprimärrechts. **57**

*Beitritt der Union zur EMRK*

**2.** Darüber hinaus ist ein Beitritt der Union zur Europäischen Menschenrechtskonvention (EMRK) vorgesehen, Art. 6 II EUV. Hierfür war zunächst eine Vertragsänderung der EMRK notwendig, die grundsätzlich nur für Staaten beitrittsoffen war, nicht aber für einen Zusammenschluss von Staaten. Seit Inkrafttreten des 14. Zusatzprotokolls zur EMRK am 01.06.2010 ist ein Beitritt der Union zur EMRK grundsätzlich möglich.[83] Abzuwarten bleibt, wie sich das Verhältnis EGMR und EuGH einpendeln wird. Zu beachten ist jedoch, dass ein Beitritt zur EMRK völkerrechtliche Vertragsbeziehungen auslösen würde. Völkerrechtliche Verträge sind nicht dem Primärrecht zuzuordnen, sondern stehen vielmehr im Rang zwischen diesem und dem Sekundärrecht.[84] **58**

---

79  Siehe Rn. 559.

80  EuGH Rs. C-281/98 (Angonese/Cassa di Risparmio di Bolzano), DVBl. 2000, 1268 f. mit Anm. Streinz, JuS 2000, 1111 ff.; s. auch unten Rn. 395.

81  Zur horizontalen Wirkung der Grundfreiheiten siehe unten Rn. 395.

82  Callies/Ruffert, ex Art. 28 EG, Rn. 112; so auch Grabitz, ex Art. 28 EG, Rn. 44.

83  Behalten Sie die Entwicklungen des Unionsbeitritts zur EMRK im Auge.

84  Steht beispielsweise die Europarechtsmäßigkeit eines anderen völkerrechtlichen Vertrages im Raum, so kann die EMRK als Prüfungsmaßstab wegen

In seinem Gutachten (Art. 218 IX AEUV) vom Dezember 2014[85] hat der EuGH einen Beitritt der EU zur EMRK zwar für möglich gehalten, allerdings die gegenwärtige Übereinkunft als nicht mit Art. 6 II EUV vereinbar angesehen. So darf nach Ansicht des EuGH durch den Beitritt keine Veränderung der festgelegten Zuständigkeiten eintreten. Durch den Beitritt wären aber auch alle EU-Organe der EMRK direkt unterworfen – einschließlich des EuGH, was wohl ein Grund für die ablehnende Haltung sein dürfte, nachdem alle anderen Organe hierin kein Problem gesehen haben.[86]

*EMRK und gemeinsame Verfassungsüberlieferungen der Mitgliedstaaten als Grundsätze des Unionsrechts*

**3.** Zudem sind die EMRK und die gemeinsamen Verfassungsüberlieferungen der Mitgliedstaaten als allgemeine Grundsätze Teil des Unionsrechts, Art. 6 III EUV.

**59**

**hemmer-Methode: Dieses Dreigestirn aus EGRCh, EMRK und den Verfassungsüberlieferungen stellt den künftigen Grundrechtsschutz innerhalb der Union dar. Bestimmend wird aber wohl die EGRCh als originärer geschriebener Grundrechtekatalog der Union sein. Diesen können und sollten sie künftig in der Klausur zitieren. In dieser ist in Art. 52 III und IV EGRCh im Wesentlichen ein Gleichlauf des Grundrechtsschutzes dieser drei Grundrechte-Erkenntnisquellen festgehalten.**

*umfassender Grundrechtsschutz*

**4.** Die EGRCh bietet einen umfassenden Grundrechtsschutz ähnlich demjenigen des Grundgesetzes. Neben ausführlichen Bestimmungen zur Menschenwürde, die auch auf moderne Entwicklungen in Biologie und Medizin eingehen, enthält sie die üblichen Freiheits- und Gleichheitsgrundrechte. Daneben kennt Sie Bürgerrechte (Wahlrecht), justizielle Grundrechte und Solidaritätsgrundsätze. Letzteren kommt nicht der gleiche Gehalt wie Grundrechten zu.

**60**

*Anwendungsbereich, Art. 51 EGRCh*

**5.** Die EGRCh gilt für die Organe, Einrichtungen und sonstigen Stellen der Union wenn sie Unionsrecht erlassen oder vollziehen.

**61**

*Geltung für Mitgliedstaaten*

Zudem gilt sie auch für die Mitgliedstaaten, wenn sie Unionsrecht vollziehen. Das bedeutet insbesondere, dass die Grundrechtecharta für die Mitgliedstaaten bei Vollzug und (soweit zulässiger) Einschränkung von Primär- und Sekundärrechtsnormen gilt.[87] Insbesondere dürfen beim Vollzug von Rechtsakten, die mit der EGRCh im Einklang stehen, keine nationalen Grundrechte entgegen gehalten werden (Art. 53 I EGRCh).[88] Die Unionsgrundrechte binden aber vor allem die Organe der Union bei Erlass sekundären Unionsrechts. Die Vereinbarkeit von Unionsrechtsakten mit den Grundrechten der EGRCh ist damit Rechtmäßigkeitsvoraussetzung für den Sekundärrechtsakt. Soweit sekundäres Unionsrecht die Grundrechte verletzt, kann dies zur Nichtigerklärung des betreffenden Rechtsakts durch den EuGH führen (Art. 263 AEUV).

**62**

**Achtung: Bevor Sie auf die EGRCh zurückgreifen, müssen Sie immer kurz prüfen, ob deren Anwendungsbereich im konkreten Fall überhaupt eröffnet ist!**

*Schranken: Ziele der Union*

**6.** Die Unionsgrundrechte gelten jedoch nicht schrankenlos. Gemäß Art. 52 I S. 1 EGRCh müssen Eingriffe in die Bestimmungen der EGRCh gesetzlich vorgesehen sein und den Wesensgehalt der Grundrechte beachten.

**63**

---

des insofern gleichen Ranges nicht direkt über Art. 6 II EUV als Prüfungsmaßstab herangezogen werden, wohl aber als ungeschriebener Grundsatz i.R.d. Art. 6 III EUV. Zur Rangordnung s.u. Rn. 125.

85    EuGH, Gutachten vom 18.12.2014 – C-2/13.

86    Vgl. Streinz, JuS 2015, 567 (570). Weiterführend auch Tomuschat, EuGRZ 2015, 133 ff.

87    EuGH, Rs. C-617/10 (Åkerberg Fransson) vom 26.02.2013 = Life&Law 2013, 528 ff. = **juris**byhemmer.

88    EuGH, Rs. C-399/11 (Melloni/Fiscal) vom 26.02.2013.

Eingriffe dürfen im Sinne des Verhältnismäßigkeitsprinzips nur vorgenommen werden, wenn sie erforderlich sind und den von der Union anerkannten dem Gemeinwohl dienenden Zielsetzungen oder Erfordernissen des Schutzes der Rechte und Freiheiten anderer entsprechen, vgl. Art. 52 I S. 2 EGRCh.

Bislang war es so, dass diese „Schranke" der Unionsgrundrechte weit zu verstehen war. Eingriffe in den Schutzbereich waren regelmäßig schon dann gerechtfertigt, wenn der betreffende Unionsrechtsakt der Verwirklichung eines der Ziele des Unionsrechts diente (z.B. Maßnahmen zur Stabilisierung des Marktpreises im Agrarbereich). Es ist nicht zu erwarten, dass dieses Verhältnis von Grundrechten und Grundfreiheiten sich in Zukunft anders gestalten wird.

Das Zusammenspiel von EMRK und EGRCh ist zudem ebenfalls noch weitgehend offen. In einer Entscheidung zum Doppelbestrafungsverbot, das in Art. 4 II des 7. Protokolls zur EMRK wie auch in Art. 50 EGRCh vorgesehen ist, hatte der EuGH im Zusammenhang mit dem Schengener Durchführungsübereinkommen (SDÜ) Gelegenheit, hierzu Stellung zu nehmen.[89] Zu berücksichtigen hatte der Gerichtshof insoweit insbesondere Art. 52 III EGRCh. Danach sind Grundrechte der Charta, soweit sie den Menschenrechten der EMRK entsprechen, so auszulegen, dass sie wenigstens den gleichen Schutz wie die EMRK gewährleisten. Art. 52 III S. 2 EGRCh erlaubt allerdings auch einen weitergehenden Schutz durch die Charta.

**hemmer-Methode:** Soweit es in einer Klausur auf die Vereinbarkeit eines Unionsrechtsakts (z.B. Verordnung) mit Grundrechten ankommt, müssen Sie zunächst klarstellen, dass Prüfungsmaßstab allein die Unionsgrundrechte und nicht die nationalen Grundrechte sind! Denn die Unionsorgane sind beim Erlass von Rechtsakten nicht an die Grundrechte des Grundgesetzes gebunden.
Hinsichtlich des Inhalts des jeweiligen Unionsgrundrechts kann man sich an den entsprechenden deutschen Grundrechten orientieren. Niemand erwartet von Ihnen, dass Sie die Rechtsprechung des EuGH zum Inhalt der Grundrechte kennen. Haben Sie sodann den Schutzbereich definiert, prüfen Sie zunächst den Eingriff und stellen klar, dass die Unionsgrundrechte nicht schrankenlos sind. Eingriffe können durch die dem Allgemeinwohl dienenden Ziele der Union gerechtfertigt sein, soweit sie verhältnismäßig sind und den Wesensgehalt des Grundrechts nicht antasten. Alles in allem können Sie daher in leicht modifizierter Form das Ihnen bekannte „Grundrechtsprüfungsschema" verwenden.

*ausnahmsweise auch Bindung der Mitgliedstaaten*

**7.** Die Mitgliedstaaten sind beim Erlass nationalen Rechts grundsätzlich nicht an die Unionsgrundrechte gebunden. Diese sind daher grundsätzlich kein unmittelbarer Prüfungsmaßstab für nationales Recht. Denn die Unionsgrundrechte schützen hauptsächlich den Einzelnen vor Übergriffen durch die Unionsorgane.

**64**

Der EuGH hat jedoch entschieden, dass mitgliedstaatliche Regelungen dann an den Unionsgrundrechten zu messen und unter deren Berücksichtigung auszulegen sind, wenn sie im Anwendungsbereich des AEUV erlassen werden oder ansonsten eine Beurteilung nach unionsrechtlichen Maßstäben erforderlich ist.[90]

Dies ist zum einen der Fall, wenn nationale Rechtsvorschriften in Ausfüllung der im AEUV enthaltenen (Art. 34, 45, 49, 56 AEUV) oder von der Rechtsprechung des EuGH anerkannten („Cassis-Rechtsprechung") mitgliedstaatlichen Vorbehalte die Grundfreiheiten einschränken.[91]

---

89  EuGH, Rs. C-398/12, Urt. v. 05.06.2014 = Life&Law 2015, 35 ff. = **juris**byhemmer.

90  Penski/Elsner, DÖV 2001, 265, 266 ff. m.w.N.; Kingreen, JuS 2000, 857, 864 f.

91  EuGH, Rs. C-60/00 (Carpenter/Secretary of State), DVBl. 2002, 1342, 1343; Rs. C-368/95 (Vereinigte Familiapress/Heinrich Bauer Verlag), Slg. 1997, I-3709; Rs. C-260/89 (ERT), Slg. 1991, I-2925, 2964.

Für die Rechtsanwendung im innerstaatlichen Bereich können die Unionsgrundrechte zum anderen aber „mittelbar" von erheblicher Bedeutung sein, insbesondere im unmittelbaren mitgliedstaatlichen Vollzug des Unionsrechts.[92] Vollziehen die deutschen Behörden eine Verordnung (Art. 288 II AEUV), kann es im Einzelfall auf deren Vereinbarkeit mit Unionsgrundrechten ankommen, was wiederum für die Rechtmäßigkeit eines auf Grundlage der Verordnung ergangenen deutschen Verwaltungsakts erheblich wäre.

Die Unionsgrundrechte können demnach grundsätzlich nur bei Einschränkung und Vollzug anderweitigen Unionsrechts für mitgliedstaatliche Maßnahmen von Bedeutung sein. Die innerstaatlichen Grundrechte sind demgegenüber nicht relevant.

## B) Sekundäres Unionsrecht

*sekundäres Unionsrecht*
*⇨ von den Organen*
*geschaffenes Recht*
*mit Gesetzescharakter*

Unter sekundärem Unionsrecht versteht man das von den Organen der Union nach Maßgabe der Vorschriften des AEUV geschaffene Recht, das Gesetzescharakter hat.[93] Die gängigen Handlungsformen der Union werden in Art. 288 AEUV genannt (Verordnung, Richtlinie, Beschluss, Empfehlungen und Stellungnahmen).

**65**

## I.   Verordnung, Art. 288 II AEUV

*Verordnung Art. 288 II AEUV*

Verordnungen i.S.d. Art. 288 II AEUV sind die „Gesetze der Union".

**66**

**1.** Nach der Legaldefinition des Art. 288 II AEUV hat die Verordnung allgemeine Geltung, sie ist in allen ihren Teilen verbindlich und gilt unmittelbar in jedem Mitgliedstaat.

*generell-abstrakte Regelung*
*⇨ Rechtssatzqualität*

**a)** „Allgemeine Geltung" bedeutet, dass die Verordnung eine unbestimmte Vielzahl von Sachverhalten **generell und abstrakt** regelt und **in allen Mitgliedstaaten** gilt.

**67**

*Abgrenzung zum Beschluss und zur Richtlinie*

Durch diese „Rechtssatzqualität" grenzt sich die Verordnung vom Beschluss (Art. 288 IV S. 2 AEUV) ab, der auch an einen konkret-individuellen Adressaten gerichtet sein kann.[94] Von der Richtlinie grenzt sie sich insofern ab, als dass Richtlinien an die Mitgliedstaaten gerichtet sind und von diesen erst noch umgesetzt werden müssen, um innerstaatliche Geltung zu erlangen, vgl. Art. 288 III AEUV.

*Gesamtverbindlichkeit*

**b)** Die Verordnung ist hinsichtlich ihrer Wirkung „in allen ihren Teilen verbindlich" („Gesamtverbindlichkeit").

**68**

„Verbindlichkeit" bedeutet, dass jeder, der von der Verordnung tatbestandsmäßig erfasst wird, die Regelungen befolgen muss bzw. sich auf diese berufen kann. Durch die „Verbindlichkeit" unterscheidet sich die Verordnung von den unverbindlichen Empfehlungen und Stellungnahmen (Art. 288 V AEUV).

„Verbindlichkeit in allen Teilen" bedeutet, dass jede einzelne Regelung der Verordnung als geltendes Recht zu beachten ist. Auch hierdurch grenzt sich die Verordnung von der Richtlinie ab, die nur hinsichtlich ihrer Zielbestimmung verbindlich ist (Art. 288 III AEUV).

---

92   Zum unmittelbaren mitgliedstaatlichen Vollzug siehe unten Rn. 257 ff.

93   Teilweise wird auch die Bezeichnung „abgeleitetes Unionsrecht" verwendet, wobei damit dann aber oftmals auch das tertiäre Unionsrecht umfasst wird.

94   Näher dazu Rn. 610 ff.

*unmittelbare Anwendbarkeit*

**c)** Die Verordnung gilt ferner **unmittelbar** in den Mitgliedstaaten. Dies bedeutet, dass die Verordnung nach ihrem Inkrafttreten zugunsten oder zu Lasten der einzelnen Rechtssubjekte Anwendung findet, ohne dass es zur ihrer Wirksamkeit eines Umsetzungsakts des nationalen Gesetzgebers bedarf (**„unmittelbare Anwendbarkeit"**).[95] Auch insofern unterscheidet sich die Verordnung von der Richtlinie, die allein hinsichtlich ihrer Zielbestimmungen verbindlich ist und erst noch in nationales Recht umgesetzt werden muss, um innerstaatliche Geltung zu erlangen.

**69**

*keine Beeinträchtigung der Wirksamkeit einer Verordnung (Art. 4 III EUV)*

**2.** Die allgemeine und die unmittelbare Anwendbarkeit der Verordnung sichert die einheitliche Anwendung des Unionsrechts in allen Mitgliedstaaten. Zugleich schließt sie mitgliedstaatliche Regelungen aus, die inhaltlich mit dem Regelungsgegenstand der Verordnung unvereinbar sind.[96] Mitgliedstaatliche Rechts- und Verwaltungsvorschriften sind nur insoweit zulässig, als dies in der Verordnung vorgesehen ist oder sonst zu ihrer wirksamen Durchführung erforderlich ist.[97] Allerdings dürfen die mitgliedstaatlichen Durchführungsvorschriften die Reichweite und Wirksamkeit einer Verordnung nicht verändern oder ergänzen. Diese Pflicht folgt aus Art. 4 III EUV.[98]

**70**

*Art. 4 III EUV/Grundsatz der Unionstreue*

hemmer-Methode: Art. 4 III EUV (ex Art. 10 EG) ist im Unionsrecht von großer Bedeutung. Er regelt in allgemeiner Form die Grundpflichten der Mitgliedstaaten gegenüber der Union. Die Summe der aus Art. 4 III EUV für die Mitgliedstaaten resultierenden Pflichten lässt sich allgemein unter dem Begriff „Grundsatz der Unionstreue" zusammenfassen.[99]
Wichtig ist, dass der EuGH aus Art. 4 III EUV nicht nur konkrete Pflichten für die Mitgliedstaaten als solche, sondern gerade auch für die innerstaatlichen Organe in den Mitgliedstaaten hergeleitet hat (z.B. Pflicht zur unionsrechtskonformen Auslegung des mitgliedstaatlichen Rechts, Pflicht zum effektiven Vollzug des Unionsrechts). Gerade in Zusammenhang mit der Pflicht zur unionsrechtskonformen Auslegung hat der EuGH immer wieder betont, dass „die Pflicht der Mitgliedstaaten gem. Art. 4 III EUV alle zur Erfüllung dieser Verpflichtung geeigneten Maßnahmen allgemeiner oder besonderer Art zu treffen, allen Trägern öffentlicher Gewalt obliegt, und zwar im Rahmen ihrer Zuständigkeiten auch den Gerichten".[100] In der Praxis stellt der EuGH häufig eine Verletzung des Art. 4 III EUV durch mitgliedstaatliche Maßnahmen fest. Neben diesen ausdrücklich verankerten Unterlassungs- und Mitwirkungspflichten der Mitgliedstaaten besteht nach dem Gedanken des Art. 4 III EUV auch eine Verpflichtung der Unionsorgane zur loyalen Zusammenarbeit mit den Mitgliedstaaten.[101]

**71**

## II.  Richtlinie, Art. 288 III AEUV

*Richtlinie, Art. 288 III AEUV*

Die Richtlinie ist neben der Verordnung das wichtigste Handlungsinstrument der Union.

**72**

## 1. Allgemeines

Nach Art. 288 III AEUV ist die Richtlinie für jeden Mitgliedstaat, an den sie gerichtet ist, hinsichtlich des zu erreichenden Ziels verbindlich, überlässt jedoch den innerstaatlichen Stellen die Wahl der Form und der Mittel. Richtlinien enthalten demnach regelmäßig nur allgemeine Zielvorgaben, die durch den mitgliedstaatlichen Gesetzgeber in geeigneter Form in innerstaatliches Recht umzusetzen sind. Adressaten können allein die Mitgliedstaaten sein.

---

95   EuGH, Rs. 34/73 (Variola), Slg. 1973, 981, 990; 1978, 2429, 2444.

96   EuGH, Rs. 65/75 (Tasac), Slg. 1976, 291, 309.

97   EuGH, Rs. 272/83 (Erzeugergemeinschaften), Slg. 1985, 1057, 1074; Borchardt, Rn. 518.

98   EuGH, Slg. 1976, 19, 32 = **juris**byhemmer.

99   Vgl. Zuleeg, NJW 2000, 2846.

100  EuGH, Rs. C -91/92 (Paola Faccini Dori/Recreb Srl), Slg. 1994, I-3325, 3357 Tz. 26.

101  EuGH, Slg. 1990, 3367 ff.; BVerfG, NJW 1993, 3047, 3055 = **juris**byhemmer.

*Verbindlichkeit nur für die Mitgliedstaaten und hinsichtlich des genannten Ziels*

**a)** Die Verbindlichkeit der Richtlinie gilt lediglich für den oder die bezeichneten Mitgliedstaaten und nur hinsichtlich des genannten Ziels. Insoweit unterscheidet sich die Richtlinie von der Verordnung, die allgemein und unmittelbar gilt sowie in allen ihren Teilen verbindlich ist.

73

*Umsetzung durch die Mitgliedstaaten („zweistufiges Rechtsetzungsverfahren")*

**aa)** Die Regelungen einer Richtlinie sind grundsätzlich nicht unmittelbar anwendbar, vielmehr werden die Mitgliedstaaten verpflichtet, ihr innerstaatliches Recht an die Unionsbestimmungen anzupassen. Zur Wirksamkeit einer Richtlinie im Verhältnis zu den einzelnen Bürgern bedarf es demnach eines Umsetzungsakts durch die Mitgliedstaaten (**„zweistufiges Rechtsetzungsverfahren"**).[102] Grundsätzlich werden erst durch die Umsetzung in innerstaatliches Recht die Einzelnen berechtigt und verpflichtet.

74

*Gestaltungsspielraum der Mitgliedstaaten*

**bb)** Den Mitgliedstaaten verbleibt bei der Umsetzung der Richtlinien regelmäßig ein Gestaltungsspielraum, wodurch den jeweiligen Besonderheiten in den Mitgliedstaaten Rechnung getragen werden soll. Vorrangiges Ziel der Richtlinie ist demnach nicht wie bei Verordnungen die Rechtsvereinheitlichung, sondern die Rechtsangleichung („Harmonisierung").

75

*„detaillierte Richtlinien"*

Die Grenzen der Regelungsintensität einer Richtlinie sind im AEUV jedoch nicht näher bestimmt. In der Praxis der EU existieren auch Richtlinien, die bestimmte Sachverhalte konkret und abschließend regeln, sodass den Mitgliedstaaten hinsichtlich der inhaltlichen Ausgestaltung der Zielvorgabe kein Spielraum mehr verbleibt.

76

Die Zulässigkeit solcher sog. **„detaillierter Richtlinien"** ist allgemein anerkannt.[103] Von der Verordnung unterscheiden sich solche Richtlinien nur noch dadurch, dass ihre Regelungen erst aufgrund einer innerstaatlichen Umsetzungsmaßnahme in den betreffenden Mitgliedstaaten, insbesondere auf Einzelne, anwendbar werden.[104]

*Umsetzungspflicht (Art. 288 III AEUV, Art. 4 III EUV), Umsetzungsfrist*

**b)** Aus der Verbindlichkeit für die bezeichneten Mitgliedstaaten folgt, dass diese die Richtlinie genau und fristgerecht umzusetzen haben (**„Umsetzungspflicht"**). Die Umsetzungspflicht der Mitgliedstaaten ergibt sich aus Art. 288 III AEUV, Art. 4 III EUV, auch ist sie in der Richtlinie grundsätzlich selbst festgelegt.[105]

77

Soweit ein Mitgliedstaat eine Richtlinie nicht fristgerecht oder ordnungsgemäß umsetzt, leitet die Kommission regelmäßig das Vertragsverletzungsverfahren nach Art. 258 AEUV ein.[106] Insbesondere an die Einhaltung der Umsetzungsfristen stellt der EuGH strenge Anforderungen. Kein Mitgliedstaat kann sich auf Bestimmungen, Übungen oder Umstände seiner internen Rechtsordnung berufen, um damit die Nichtbeachtung der Umsetzungspflicht und Umsetzungsfristen zu rechtfertigen (z.B. schwerfälliges Gesetzgebungsverfahren).[107] Eine Rechtfertigungsmöglichkeit für die Nichtumsetzung einer Richtlinie besteht damit grundsätzlich nicht.[108]

Schließlich ist es den Mitgliedstaaten grundsätzlich zwar unbenommen, die Umsetzungsfrist auszuschöpfen, allerdings dürfen sie während der Umsetzungsfrist keine Maßnahmen ergreifen, die geeignet sind, die (rechtzeitige) Erreichung des in der Richtlinie vorgeschriebenen Ziels ernstlich in Frage zu stellen.

---

102 1. Stufe (Unionsebene): Erlass der Richtlinie; 2. Stufe (Mitgliedstaaten): Umsetzung in mitgliedstaatliches Recht.

103 EuGH, Slg. 1987, 4069, 4088 f.; „Detaillierte Richtlinien" existieren vor allem im Bereich technischer Normen und im Umweltschutz = **juris**byhemmer.

104 Magiera, JURA 1989, 595, 600.

105 Streinz, HdbStR, Band VII, § 182, Rn. 11. Vgl. allgemein zur Umsetzung von Richtlinien Jarass/Beljin, NVwZ 2004, 1, 6 ff.

106 Siehe zum Vertragsverletzungsverfahren Rn. 577 ff.

107 EuGH, Slg. 1987, 2995, 3002.

108 Siehe auch Rn. 594. Schwierigkeiten bei der Umsetzung einer Richtlinie kann nur auf Unionsebene abgeholfen werden, z.B. durch Fristverlängerung (EuGH, Rs. 52/75, Gemüse-Richtlinie, Slg. 1976, 277, 285).

Das wäre aber etwa bei Erlass richtlinienwidriger Rechtsvorschriften, die eine endgültige Umsetzung der Richtlinie darstellen sollen, auch vor Ablauf der Umsetzungsfrist der Fall, wenn eine rechtzeitige Änderung der Vorschriften nicht mehr möglich oder nicht beabsichtigt ist.[109]

*Gewährleistung der praktischen Wirksamkeit (Art. 4 III EUV)*

**c)** Bei der Umsetzung von Richtlinien müssen die Mitgliedstaaten diejenigen innerstaatlichen Handlungsformen wählen, die für die Gewährleistung der praktischen Wirksamkeit des Unionsrechts (**„effet utile"**) am besten geeignet sind (Art. 4 III EUV).[110]     78

*verbindliche und klare Rechtsvorschriften*

**aa)** Richtlinien müssen daher in verbindliche innerstaatliche Rechtsvorschriften umgesetzt werden, die den Erfordernissen der Rechtsklarheit und Rechtssicherheit genügen.[111] Schlichte Verwaltungspraktiken, die als solche durch die Exekutive beliebig geändert werden können, genügen nicht.[112] Vor allem bei Richtlinien im Bereich des Umweltschutzes, die Ansprüche Privater begründen sollen, muss die nationale Umsetzungsnorm dem Einzelnen klare Kenntnis seiner Rechte sowie deren gerichtliche Durchsetzung ermöglichen (z.B. Gesetze, Verordnungen i.S.d. Art. 80 GG).[113]     79

*Problem: Umsetzung durch Verwaltungsvorschriften*

Problematisch war aus deutscher Sicht insbesondere die Umsetzung von Richtlinien durch Verwaltungsvorschriften.     80

Diese Frage war Gegenstand eines von der Kommission gegen Deutschland angestrengten Vertragsverletzungsverfahrens nach Art. 258 AEUV.

In zwei immissionsschutzrechtlichen Richtlinien des Rates (RL 80/779/EWG; RL 82/884/EWG) waren für die Bundesrepublik verbindliche Grenzwerte hinsichtlich der Luftbelastung mit bestimmten Schadstoffen vorgegeben, die bis Ende 1982 bzw. 1984 in deutsches Recht umzusetzen waren. Die Bundesrepublik setzte die genannten Richtlinien im Wesentlichen durch die auf Grundlage des § 48 BImSchG erlassene TA-Luft (= Verwaltungsvorschrift) um.[114] Der EuGH hatte in seinem Urteil[115] darüber zu befinden, ob der in der TA-Luft enthaltene Richtlinieninhalt ausreichende Umsetzung in deutsches Recht erfahren hat. Ausgangspunkt des Streits war demnach die mitgliedstaatliche Umsetzungspflicht aus Art. 288 III AEUV, Art. 4 III EUV.

*EuGH: keine ausreichende Umsetzung (keine gesicherte Verbindlichkeit, Außenwirkung)*

Nach ständiger Rechtsprechung des EuGH müssen mitgliedstaatliche Umsetzungsmaßnahmen die praktische Wirksamkeit („effet utile") einer Richtlinie ebenso gewährleisten wie die Eindeutigkeit und Bestimmtheit des von ihr gewollten Rechtszustands.[116]

Dies gilt insbesondere für Richtlinien, die eine Regelung der Rechtsstellung der Einzelnen vorsehen und zur Einräumung rechtserheblicher Begünstigungen verpflichten.[117] Die mitgliedstaatlichen Umsetzungsmaßnahmen müssen die Rechte und Pflichten aus den Vorschriften einer Richtlinie hinreichend klar und bestimmt erkennen lassen, sodass für den Unionsbürger die Möglichkeit gegeben ist, sie vor den nationalen Gerichten geltend zu machen oder sich gegen sie zur Wehr zu setzen.[118]

---

109  EuGH, Rs. C-129/96 (Inter-Environnement Wallonie), Slg. 1997, I-7411.

110  EuGH, Slg. 1976, 497, 517; Hobe, § 10 Rn. 49 f.; Streinz, Rn. 175, 486 f.

111  Streinz, HdbStR, Band VII, § 182, Rn. 15.

112  EuGH, Rs. 168/85 (Journalisten, Reiseführer, Apotheker), Slg. 1986, 2945, 2961.

113  EuGH, Rs. C-96/95 (Kommission/Bundesrepublik), Slg. 1997, I-1668 (Aufenthaltsrecht RL 90/364 u. 365/EWG).

114  Zum Meinungsstreit hinsichtlich der Rechtsnatur der „TA-Luft" siehe Maurer, Allgemeines Verwaltungsrecht, § 24.

115  EuGH, Rs. C-361/88 (TA-Luft), Slg. 1991, I-2567; 1991, I-2607 = EuZW 1991, 440 = NVwZ 1991, 866 = DVBl. 1991, 869.

116  EuGH, Rs. 48/75 (Royer), Slg. 1976, 497, 517; Rs. 102/79 (EWG-Betriebserlaubnis für Kraftfahrzeuge), Slg. 1980, 1473, 1486.

117  EuGH, Rs. C-96/95 (Kommission/Bundesrepublik), Slg. 1997, I-1668 (Aufenthaltsrecht RL 90/364 u. 365/EWG); Scherzberg, JURA 1992, 572, 577.

118  EuGH, Rs. C-96/95 (Kommission/Bundesrepublik), Slg. 1997, I-1668 (Aufenthaltsrecht RL 90/364 u. 365/EWG).

Grundsätzlich muss also für den Einzelnen durch Erlass eines unstreitig zwingenden Rechtsakts des Außenrechts eine einklagbare Rechtsposition begründet werden.

Da nach der Rechtsprechung der deutschen Gerichte[119] einer Verwaltungsvorschrift die Bindungskraft eines verbindlichen Rechtssatzes des Außenrechts nicht zukommt und eine Bindungswirkung nur eingeschränkt angenommen wird,[120] hatte die Bundesrepublik gegen ihre Umsetzungspflicht aus Art. 4 III EUV verstoßen. Denn von der vom EuGH geforderten „bestimmten, klaren und durchschaubaren Rechtslage" kann bei Verwaltungsvorschriften keine Rede sein.[121]

Der deutsche Gesetzgeber hat diesen europarechtlichen Anforderungen durch die Verordnungsermächtigung des § 48a BImSchG Rechnung getragen.

*Sanktionen für Richtlinienverstöße müssen effektiv und abschreckend sein*

**bb)** Soweit eine Richtlinie die Mitgliedstaaten verpflichtet, alle erforderlichen Maßnahmen zur Erreichung des Richtlinienziels zu ergreifen und ausreichende Rechtsschutzmöglichkeiten für die durch die Richtlinie Begünstigten vorzusehen, müssen die vom Mitgliedstaat getroffenen Maßnahmen im Interesse der praktischen Wirksamkeit des Unionsrechts hinreichend effektiv sein.

Insbesondere müssen Entschädigungsansprüche, die nach mitgliedstaatlichem Recht als Sanktion für Richtlinienverstöße vorgesehen sind, „zur Gewährleistung eines tatsächlichen und wirksamen Rechtsschutzes geeignet [sein], eine wirklich abschreckende Wirkung [...] haben und auf jeden Fall in einem angemessenen Verhältnis zum erlittenen Schaden stehen".[122]

Eine rein symbolische Entschädigung wird den Erfordernissen einer wirksamen Richtlinienumsetzung keinesfalls gerecht. Im Übrigen müssen die Unionsrechtsverstöße nach ähnlichen sachlichen und verfahrensrechtlichen Regeln geahndet werden wie nach Art und Schwere gleichartige Verstöße gegen nationales Recht.

Art. 17 der RL 2006/54/EG („Gleichbehandlungsrichtlinie"; ex Art. 6 der RL 76/207/EWG)[123] verpflichtet die Mitgliedstaaten zum Erlass von Vorschriften, die im Fall einer Diskriminierung aus Gründen des Geschlechts beim Zugang zu einer Beschäftigung (Art. 3 RL 2006/54/EG; ex Art. 3 RL 76/207/EWG) den Betroffenen die Möglichkeit einräumen, ihre Rechte gerichtlich geltend zu machen (z.B. Schadensersatzanspruch).

§ 611a II S. 1 BGB a.F. bestimmte in Umsetzung der Richtlinie, dass der Stellenbewerber bei einem schuldhaften Verstoß des Arbeitgebers gegen das in § 611a I BGB enthaltene Benachteiligungsverbot „eine angemessene Entschädigung in Geld in Höhe von höchstens drei Monatsverdiensten" verlangen kann.

Nach Auffassung des EuGH wurde § 611a II S. 1 BGB a.F. den Anforderungen an eine ordnungsgemäße Richtlinienumsetzung in zweifacher Hinsicht nicht gerecht.[124]

*81*

---

119  BVerwG, NVwZ 1988, 822, 824.

120  Die Rechtsprechung bejaht eine Außenwirkung v.a. bei einer „Selbstbindung der Verwaltung" (Art. 3 GG), vgl. BVerwGE 61, 15, 18. Zum Meinungsstreit über die Außenwirkung einer Verwaltungsvorschrift siehe Maurer, Allgemeines Verwaltungsrecht, § 24, Rn. 20 ff.

121  Streinz, HdbStR, Band VII, § 182, Rn. 15.

122  EuGH, Rs. C-180/95 (Draehmpaehl/Urania Immobilienservice OHG), Slg. 1997, I-2212; vgl. auch Rs. 14/83 (von Colson und Kamann), Slg. 1984, 1891 = NJW 1984, 2021 ff.

123  RL zur „Verwirklichung des Grundsatzes der Gleichbehandlung von Männern und Frauen hinsichtlich des Zugangs zur Beschäftigung" (Sartorius II, Nr. 187a). Siehe dazu auch unten Rn. 560.

124  EuGH, Rs. C-180/95 (Draehmpaehl/Urania Immobilienservice OHG), Slg. 1997, I-2212: Entsprechendes galt für die Vorgängerregelung (§ 611a II BGB a.F.), die lediglich den Ersatz des Vertrauensschadens (Bewerbungskosten wie z.B. Portokosten) vorsah; vgl. Rs. 14/83 (von Colson u. Kamann), Slg. 1984, 1891, sowie zur richtlinienkonformen Auslegung der § 611a II BGB a.F. und §§ 823, 847 BGB: BAG, NJW 1990, 65 ff.

Zum einen genügt nach den Bestimmungen der RL 2006/54/EG (ex RL 76/207/EWG) der objektive Verstoß gegen das Diskriminierungsverbot, sodass die Haftung des Arbeitgebers keineswegs vom Nachweis des Verschuldens abhängig gemacht werden kann. Zum anderen steht die Haftungshöchstgrenze von drei Monatsgehältern, die im Einzelfall möglicherweise hinter dem tatsächlich entstandenen Schaden zurückbleibt, im Gegensatz zu den sonstigen vergleichbaren, deutschen zivil- und arbeitsrechtlichen Schadensersatzregelungen und ist daher unionsrechtswidrig, soweit der Bewerber bei diskriminierungsfreier Auswahl die zu besetzende Stelle erhalten hätte.

Demgegenüber ist eine Haftungshöchstgrenze von drei Monatsgehältern für Bewerber, die auch bei diskriminierungsfreier Auswahl wegen der besseren Qualifikation des eingestellten Bewerbers die zu besetzende Stelle nicht erhalten hätten, wegen des ungleich geringeren Schadens nicht unangemessen und mit dem Unionsrecht vereinbar. Allerdings muss der Arbeitgeber beweisen, dass der Bewerber die zu besetzende Stelle auch dann nicht erhalten hätte, wenn keine Diskriminierung stattgefunden hätte.

Der Gesetzgeber hat § 611a BGB mittlerweile den unionsrechtlichen Anforderungen entsprechend angepasst bzw. die entsprechenden Fragen im AGG geregelt.

*„Sperrwirkung der Richtlinie"*

**cc)** Die aufgrund einer Richtlinie angepassten Rechtsvorschriften stehen nicht mehr zur Disposition des nationalen Gesetzgebers. Sie dürfen nicht mehr entgegen den Richtlinienvorgaben abgeändert werden („Sperrwirkung der Richtlinie"). **82**

## 2. Unmittelbare Anwendbarkeit
**83**

*unmittelbare Anwendbarkeit von Richtlinienbestimmungen*

Richtlinien sind gemäß Art. 288 III AEUV, Art. 4 III EUV von den Mitgliedstaaten in innerstaatliches Recht umzusetzen. Sie sind daher grundsätzlich nicht unmittelbar anwendbar.

### a) Grundvoraussetzungen und Folgen der unmittelbaren Anwendbarkeit

Der EuGH[125] hat jedoch entschieden, dass auch einzelne Bestimmungen einer Richtlinie in Ausnahmefällen unter ähnlichen Voraussetzungen wie Bestimmungen des Primärrechts unmittelbar anwendbar sein können, ohne dass es zuvor eines Umsetzungsakts der Mitgliedstaaten bedarf. **84**

> **Die Bestimmungen einer Richtlinie können dann unmittelbar anwendbar sein, wenn:**
> 1. die Umsetzungsfrist abgelaufen ist und die Richtlinie nicht oder unzulänglich umgesetzt wurde,
> 2. die Bestimmungen der Richtlinie inhaltlich unbedingt und hinreichend genau sind.

*Folge der unmittelbaren Anwendbarkeit*

**aa)** Folge der unmittelbaren Anwendbarkeit einer Richtlinie ist, dass die nationalen Behörden bis hinab zur untersten Verwaltungsebene (z.B. Gemeinden) sowie die Gerichte verpflichtet sind, die betreffende Richtlinienbestimmung als geltendes Recht zu beachten.[126] **85**

---

125  St. Rspr. seit EuGH, Rs. 41/74 (van Duyn/Home Office), Slg. 1974, 1337. - Diese Rechtsprechung wurde vom BVerfG als „im Rahmen richterlicher Rechtsfortbildung liegend" gebilligt, BVerfGE 75, 223, 245.

126  EuGH, Rs. 103/88 (Fratelli Costanzo), Slg. 1989, 1839, 1870 f. = NVwZ 1990, 649 = DVBl. 1990, 690.

Der Einzelne kann sich damit unter den genannten Voraussetzungen gegenüber allen Trägern öffentlicher Gewalt auf die Richtlinienbestimmung auch dann berufen, wenn der Mitgliedstaat die Richtlinie nicht, nicht fristgemäß oder nur unzulänglich in innerstaatliches Recht umgesetzt hat.[127] Dabei spielt es keine Rolle, in welcher Eigenschaft der Staat handelt. Dementsprechend kann auch eine juristische Person des Privatrechts verpflichtet sein, wenn der Staat dieser juristischen Person eine Aufgabe übertragen hat und der Staat sie unmittelbar oder mittelbar kontrolliert.[128]

*Beachtung v.A.w.*

**hemmer-Methode: Der EuGH spricht in seinen Urteilen meist davon, dass sich der Einzelne auf die unmittelbar anwendbaren Bestimmungen einer Richtlinie „berufen kann". Dies darf jedoch nicht dahin missverstanden werden, dass die unmittelbare Anwendbarkeit einer Richtlinie „nur auf Einrede" zu beachten ist. Vielmehr müssen Richtlinienbestimmungen, denen unmittelbare Wirkung zukommt, von den mitgliedstaatlichen Verwaltungen und Gerichten „von Amts wegen" beachtet und angewendet werden.[129]**

*Verstoß gegen die Umsetzungspflicht*

**bb)** Eine unmittelbare Anwendbarkeit von Richtlinienbestimmungen kommt zunächst nur dann in Betracht, wenn die **Umsetzungsfrist abgelaufen** ist und der Mitgliedstaat die Richtlinie **nicht oder nicht ordnungsgemäß umgesetzt** hat. Nicht ordnungsgemäß umgesetzt ist eine Richtlinie dann, wenn die mitgliedstaatliche Umsetzungsmaßnahme hinter den inhaltlichen Anforderungen der Richtlinie zurückbleibt.

*86*

*Richtlinienbestimmung ist ...*

**cc)** Voraussetzung ist weiterhin, dass die Richtlinie „**inhaltlich unbedingt**" und „**hinreichend genau**" ist.[130]

*„inhaltlich unbedingt"*

**(1)** „**Inhaltlich unbedingt**" ist eine Richtlinienbestimmung dann, wenn sie weder mit einem Vorbehalt noch mit einer sonstigen Bedingung versehen ist, sodass es keiner weiteren gestaltenden Maßnahme der Mitgliedstaaten oder der Unionsorgane bedarf.[131]

*87*

*„hinreichend genau"*

**(2)** Die Richtlinienbestimmung muss ferner „**hinreichend genau**" sein. So müssen der von ihr begünstigte Personenkreis (z.B. „Arbeitnehmer") sowie die Rechte, die dem Einzelnen gewährt werden sollen, hinreichend bestimmbar sein. Die Richtlinie muss also ohne weitere Konkretisierung durch Gerichte und Behörden angewendet werden können. Zielt eine Richtlinie auf die Begründung von Leistungsansprüchen ab, so muss neben dem Inhalt der Rechte und dem begünstigten Personenkreis feststehen, wer durch die Richtlinienbestimmung verpflichtet werden soll (z.B. wer bei Geldleistungen Schuldner ist).

*88*

*kein Beurteilungs-/Ermessensspielraum*

Inwieweit eine Richtlinienbestimmung „inhaltlich unbedingt" und „hinreichend genau" ist, ist durch Auslegung zu ermitteln. Die unmittelbare Anwendbarkeit kommt regelmäßig dann nicht in Betracht, wenn den Mitgliedstaaten durch die Richtlinie ein echter Beurteilungs- oder Ermessensspielraum hinsichtlich des „Ob" und des „Wie" eingeräumt wird.

*89*

*Rechte gegenüber den Mitgliedstaaten*

**dd)** Eine Richtlinienbestimmung ist schließlich - wie aus der differenzierten Begründung des EuGH folgt - grundsätzlich nur dann unmittelbar anwendbar, wenn sie dem Einzelnen gegenüber den Mitgliedstaaten **Rechte verleiht**. Dem von der Richtlinie Begünstigten ist durch die jeweils zuständige staatliche Stelle diejenige Rechtsstellung einzuräumen, die er bei ordnungsgemäßer Umsetzung aufgrund innerstaatlichen Rechts innehaben würde.[132]

127 EuGH, Rs. 80/86 (Kolpinghuis Nijmegen), Slg. 1987, 3969, 3985; Rs. 103/88 (Fratelli Costanzo), Slg. 1989, 1839, 1870 f.

128 EuGH, Rs. C-157/02 (Rieser Internationale transporte GmbH/Asfinag), NVwZ 2004, 715 f.

129 Scherzberg, JURA 1993, 225, 226 f.; Streinz, HdbStR, Band VII, § 182, Rn. 14.

130 Scherzberg, JURA 1993, 225, 226; vgl. auch hierzu Jarass, NJW 1990, 2420, 2423 f.

131 Scherzberg, JURA 1993, 225, 226.

132 EuGH, Rs. 8/81 (Becker), Slg. 1982, 53, 71; Rs. C-201/02 (Wells/Secretary of State), DVBl. 2004, 1287.

## b) Begründung der unmittelbaren Anwendbarkeit

*Begründung der unmittel-
baren Anwendbarkeit*

Seine Rechtsprechung zur unmittelbaren Anwendbarkeit von Richtlinienbestimmungen begründete der EuGH zunächst mit dem Gedanken des „effet utile". Denn die praktische Wirksamkeit des Unionsrechts wäre beeinträchtigt, wenn der Eintritt der Rechtswirkungen einer Richtlinie allein davon abhinge, dass die Mitgliedstaaten ihrer Umsetzungsverpflichtung nachkommen (Art. 288 III AEUV, Art. 4 III EUV).[133]

**90**

Später führte der EuGH auch den Gedanken des „Verbots widersprüchlichen Verhaltens" an, wonach es den Mitgliedstaaten verwehrt sei, dem Einzelnen nationale Regelungen unter Verletzung unionsrechtlicher Verpflichtungen entgegenzuhalten.[134] Der Vertragsverstoß könne zudem nur dadurch hinreichend sanktioniert werden, wenn sich der Einzelne trotz Nichtumsetzung auf unbedingte und hinreichend genaue Bestimmungen einer Richtlinie berufen könne. Denn ein Mitgliedstaat soll sich nicht durch Verstreichenlassen der Umsetzungsfrist seinen unionsrechtlichen Verpflichtungen entziehen können (**„Sanktionsgedanke"**).[135]

Schließlich diene die unmittelbare Anwendbarkeit einer Richtlinie auch dem Schutz der Rechte, die dem Einzelnen durch das Unionsrecht verliehen werden (**„Rechtsschutzgedanke"**).[136] Unerheblich ist, ob nur einer oder mehrere Mitgliedstaaten gegen ihre Umsetzungspflicht verstoßen.[137]

**91**

## c) Umfang der unmittelbaren Anwendbarkeit

Die differenzierte Begründung des EuGH lässt erkennen, dass eine unmittelbare Anwendbarkeit von Richtlinien nur eingeschränkt in Betracht kommt.

*„vertikale Direktwirkung" (+)*

**aa)** Die unmittelbare Anwendbarkeit einer Richtlinie kommt zunächst nur im Verhältnis Einzelner/Mitgliedstaat in Betracht (**„vertikale Direktwirkung"**). Die Mitgliedstaaten können sich indes bei fehlender Umsetzung nicht auf Bestimmungen einer Richtlinie berufen, die Privaten Pflichten auferlegen und so zu ihren Lasten wirken würden. Denn Verbindlichkeit entfaltet die Richtlinie nur für den betreffenden Mitgliedstaat (Art. 288 III AEUV),[138] sodass eine Privatperson auch nicht der „Vorwurf widersprüchlichen Verhaltens" treffe. Zudem widerspräche eine unmittelbare Wirkung im Verhältnis Mitgliedstaat/Einzelner dem „Sanktionsgedanken".

**92**

*„horizontale Direktwirkung"*

**bb)** Fraglich ist aber, ob auch Richtlinien, welche die Rechtsverhältnisse zwischen Privatpersonen untereinander regeln (privatrechtliche Regelungen), unmittelbar anwendbar sein können (**„horizontale Wirkung"**).

**93**

> *Bsp.: Durch die RL 85/374/EWG erfolgte eine Angleichung der mitgliedstaatlichen Rechtsvorschriften im Bereich der „Produkthaftung". Die Richtlinie wurde auch durch das ProdHaftG ordnungsgemäß in deutsches Recht umgesetzt. Demnach besteht eine „Gefährdungshaftung" der Hersteller für Produktfehler (§ 1 ProdHaftG).*

---

133  EuGH, Rs. 41/74 (van Duyn/Home Office), Slg. 1974, 1337, 1348; Scherzberg, JURA 1993, 225, 226.

134  EuGH, Rs. 148/78 (Ratti), Slg. 1979, 1629, 1642.

135  Streinz, HdbStR, Band VII, § 182, Rn. 14.

136  Scherzberg, JURA 1993, 225, 226; Jarass, NJW 1990, 2420, 2422.

137  EuGH, Rs. 52/75 (Kommission/Italien), Slg. 1976, 277.

138  EuGH, Rs. 152/84 (Marshall I), Slg. 1986, 723, 749; Rs. 80/86 (Kolpinghuis Nijmegen), Slg. 1987, 3969, 3986; 1987, 2141, 2159; Scherzberg, JURA 1993, 225, 227; Jarass, NJW 1991, 2665, 2667.

*Angenommen, eine Umsetzung wäre nicht erfolgt, und dem A wäre infolge eines „Produktfehlers" ein Schaden entstanden. A meint nun, er habe gegen den Hersteller des Produkts einen Anspruch auf Schadensersatz unmittelbar auf Grundlage der RL.*

*EuGH/h.M. : (-)*

Der EuGH und die h.M. lehnen eine unmittelbare Anwendbarkeit von Richtlinien in den Rechtsbeziehungen zwischen Privaten ab.[139]

Denn eine Richtlinie könne keine Verpflichtungen für den Einzelnen begründen und dieser daher auch nicht gegenüber Privatpersonen in Anspruch genommen werden. Die Direktwirkung von Richtlinien habe zudem Sanktionscharakter gegenüber den Mitgliedstaaten. Diese Wirkung könne nicht auch unter Privaten eingreifen, da diese nicht für Versäumnisse des Mitgliedstaates verantwortlich gemacht werden können.

Private müssen vielmehr darauf vertrauen dürfen, dass ihnen nachteilige Wirkungen einer Richtlinie nur nach Maßgabe der nationalen Umsetzungsmaßnahmen entgegengehalten werden (Rechtssicherheit).[140] Zudem würden sonst die Unterschiede zwischen Verordnungen und Richtlinien völlig verwischt.[141]

Dass eine horizontale Wirkung von Richtlinien nicht in Betracht kommt, hat der EuGH in neueren Entscheidungen ausdrücklich bekräftigt und dies zudem mit dem im Vertrag niedergelegten Kompetenzsystem begründet. Eine Ausdehnung der unmittelbaren Wirkung auf die Rechtsbeziehungen zwischen Privatpersonen hieße - so der EuGH - „der Gemeinschaft (jetzt Union) die Befugnis zuzuerkennen, mit unmittelbarer Wirkung zu Lasten der Bürger Verpflichtungen anzuordnen, obwohl sie dies nur darf, wo ihr die Befugnis zum Erlass von Verordnungen zugewiesen ist".[142]

*Richtlinien mit Doppelwirkungen, objektivrechtliche Richtlinien*

**cc)** Die Reichweite der unmittelbaren Anwendbarkeit von Richtlinien ist aber immer noch nicht abschließend geklärt, die Rechtsprechung des EuGH wieder in Bewegung geraten.[143]

94

Nach dem Gesagten entfalten Richtlinien nach gefestigter Rechtsprechung des EuGH zwar keine „horizontale Wirkung", d.h. sie sind in den Rechtsbeziehungen zwischen Privatpersonen nicht unmittelbar anwendbar (privatrechtliche Regelungen). Stellt man aber maßgeblich darauf ab, ob die unmittelbare Anwendbarkeit dazu führt, dass von einer staatlichen Stelle oder einer Privatperson etwas verlangt wird, so bleibt zweifelhaft, ob auch solche Richtlinienbestimmungen, die für die eine Privatperson im Verhältnis zum Staat begünstigende Auswirkungen haben, aber zu rechtserheblichen Nachteilen bei einer anderen Privatperson führen, unmittelbar anwendbar sein können. Solche sog. „Richtlinien mit Doppelwirkung" verpflichten die Mitgliedstaaten zum Erlass von öffentlich-rechtlichen Regelungen, welche die Rechtsstellung der einen Privatperson auf Kosten einer anderen Privatperson verbessern.

Man begegnet ihnen vor allem im Bereich des Umweltrechts, z.B.: „Zum Schutz der Gesundheit von Menschen dürfen private oder öffentliche Anlagen im Sinne des Art. 2 folgende Grenzwerte an Schadstoffausstößen nicht überschreiten: [...]. Die Mitgliedstaaten treffen alle hierzu erforderlichen Maßnahmen."

---

139  EuGH, Rs. 152/84 (Marshall I), Slg. 1986, 723, 749; Rs. C-106/89 (Marleasing), Slg. 1990, I-4135, 4158; Rs. C-91/92 (Paola Faccini Dori/Recreb Srl); Slg. 1994, I-3325; Rs. C-397/01 (Pfeiffer/Deutsches Rotes Kreuz), NJW 2004, 3547 ff.; Jarass, NJW 1991, 2665, 2666 f.; Scherzberg, JURA 1993, 225, 228.

140  In Betracht kommt aber ein Haftungsanspruch gegen den Mitgliedstaat, siehe dazu unten Rn. 101, 397c ff.

141  Jarass, NJW 1991, 2665, 2666.

142  EuGH, Rs. C-91/92 (Paola Faccini Dori/Recreb Srl); Slg. 1994, I-3325, 3356, Tz.24. - Vgl. zudem unlängst EuGH Rs. C-397/01 bis C-403/01 (Pfeiffer u.a./DRK), NJW 2004, 354 7ff. mit Anm. Frenz, DVBl. 2005, 40 ff. EuGH Rs. C-555/07 (Swedex), NJW 2010, 427 m. Anm. Link. NJW 2010, 430 f.

143  Vgl. v.a. EuGH Rs. C-443/98 (Unilever Italia SpA/Central Food SpA) mit Anm. Streinz, JuS 2001, 809; dazu auch Brenner/Huber DVBl. 2001, 1013, 1014. Weiter EuGH Rs. C-201/02 (Wells/Secretary of State), DVBl. 2004, 1287 mit Anm. Kerkmann 1288 ff. Zur Vertiefung weiter Gellermann, DÖV 1996, 433 ff., Epiney, NVwZ 2006, 407, 417 f.

Konsequenz der unmittelbaren Anwendbarkeit solcher Richtlinien wäre, dass der davon Begünstigte („Nachbar") vom Staat die Einhaltung der Richtlinienbestimmungen („Grenzwerte") und gegebenenfalls ein Einschreiten des Staates gegen den zuwiderhandelnden Dritten („Anlagenbetreiber") verlangen kann (z.B. Genehmigungsversagung, Betriebsuntersagung). Wichtig: Anders als bei einer „horizontalen Wirkung" ist hier der Staat als Verpflichteter zwischengeschaltet, die Richtlinie wird also nicht unmittelbar gegenüber einer Privatperson in Anspruch genommen.

Wie die Frage der unmittelbaren Anwendbarkeit solcher „Richtlinien mit Doppelwirkung" zu beantworten ist, ist in der Literatur heftigst umstritten.[144] Für die unmittelbare Anwendbarkeit lassen sich anführen die praktische Wirksamkeit des Unionsrechts („effet utile"), das „Verbot widersprüchlichen Verhaltens" sowie der „Sanktionsgedanke" hinsichtlich des Mitgliedstaats.

Gegen die unmittelbare Anwendbarkeit sprechen die „Verbindlichkeit von Richtlinien nur für die Mitgliedstaaten" (keine Verantwortlichkeit der belasteten Privatperson für mitgliedstaatliche Säumnisse), die Rechtssicherheit sowie der Gedanke, dass auf diesem Weg die Union doch - wenn auch durch Zwischenschaltung des Mitgliedstaats - über Richtlinien unmittelbar Pflichten der Einzelnen begründen könnte und so - entgegen Art. 288 AEUV - der Unterschied zwischen Verordnungen und Richtlinien weiter eingeebnet würde.

Der EuGH hat das Problem der „Richtlinien mit Doppelwirkung" wohl noch nicht abschließend entschieden. In zwei neueren Entscheidungen lässt sich jedoch eine gewisse Linie bzw. Differenzierung erkennen.[145] Beide Entscheidungen betrafen die RL 85/374/EWG über die „Umweltverträglichkeitsprüfung bei bestimmten öffentlichen und privaten Projekten".

*EuGH*
*(„Umweltverträglichkeitsprüfung")*

In der ersten Entscheidung[146] ging es um die Frage, ob die deutschen Behörden mit Ablauf der Umsetzungsfrist der RL 85/374/EWG über die „Umweltverträglichkeitsprüfung bei bestimmten öffentlichen und privaten Projekten" trotz nicht rechtzeitiger Umsetzung zur Durchführung von Umweltverträglichkeitsprüfungen verpflichtet waren.[147] Der EuGH hat diese Frage bejaht, ohne weiter zu problematisieren, dass hierdurch private Anlagebetreiber die Durchführung einer Umweltverträglichkeitsprüfung trotz Nichtumsetzung der Richtlinie dulden mussten (= rechtserheblicher Nachteil). Weiter hat der EuGH sogar die Frage offengelassen, ob die Richtlinie überhaupt den Einzelnen Rechte verleiht. Denn die Pflicht der deutschen Behörden zur Durchführung einer Umweltverträglichkeitsprüfung habe mit der Frage des individualschützenden Charakters der Richtlinie „nichts zu tun" gehabt.[148] Damit hat der EuGH in Erweiterung seiner bisherigen Rechtsprechung die unmittelbare Anwendbarkeit jedenfalls solcher Richtlinien anerkannt, die nicht die Rechtsstellung der Einzelnen betreffen, sondern ohne Individualbezug ausschließlich Pflichten der innerstaatlichen Stellen begründen (z.B. Pflicht zur Aufstellung von Plänen und Programmen oder eben Umweltverträglichkeitsprüfungen).

---

144 Befürwortend etwa Fischer, NVwZ 1992, 635, 638; Jarass, NJW 1991, 2665, 2668; Langenfeld, DÖV 1992, 955, 960 f. Ablehnend etwa Classen, EuZW 1993, 83, 85 ff.; Haneklaus, DVBl. 1993, 129, 133 f.; Scherzberg, JURA 1993, 225, 228.

145 Vgl. EuGH, Rs. 103/88 (Costanzo/Stadt Mailand), Slg. 1989, 1839. Andererseits aber Rs. C-221/88 (Busseni), Slg. 1990, I-495, 525 f.

146 EuGH, Rs. C-431/92 (Kommission/Deutschland), Slg. 1995, I-2189 („Umweltverträglichkeitsprüfung"). Hierzu umfassend Gellermann, DÖV 1996, 433 ff.

147 Zwischenzeitlich wurde die Richtlinie in deutsches Recht durch das UVPG (Sartorius I, Nr. 295) umgesetzt.

148 Vgl. auch BVerwGE 100, 238, 242, sowie zur Vogelschutzrichtlinie BVerwG, NVwZ 1998, 616, 620.

In der weiteren Entscheidung[149] hat der EuGH seine Rechtsprechung nun weiter konkretisiert. Danach steht der Grundsatz der Rechtssicherheit der Begründung von Verpflichtungen für die Einzelnen unmittelbar durch eine Richtlinie grundsätzlich entgegen. Gegenüber Einzelnen können die Bestimmungen einer Richtlinie nur Rechte begründen. Dementsprechend scheidet eine unmittelbare Anwendbarkeit auch dann aus, wenn zwar der Staat verpflichtet wird, die Erfüllung der Verpflichtung allerdings in unmittelbarem Zusammenhang mit einer Verpflichtung eines Dritten auf der Grundlage der Richtlinie steht. Bloße negative Auswirkungen auf die Rechte Dritter stehen der unmittelbaren Anwendbarkeit einer Richtlinie demgegenüber nicht entgegen. Bei der Pflicht des Betreibers einer Anlage zur Duldung einer Umweltverträglichkeitsprüfung handelt es sich aber um eine bloße negative Auswirkung, nicht um die Erfüllung einer Verpflichtung durch den Anlagenbetreiber auf Grund der Richtlinie. - Damit dürfte danach zu unterscheiden sein, ob die Verpflichtung des Dritten unmittelbar in der Richtlinie vorgesehen oder nur „faktische Nebenfolge" der Verpflichtung des Mitgliedstaates ist.

## 3. Pflicht zur richtlinienkonformen Auslegung

*Belastungen Einzelner durch richtlinienkonforme Auslegung (Art. 4 III EUV)*

Richtlinien entfalten nach dem Gesagten zwar grundsätzlich keine unmittelbare Wirkung zu Lasten Einzelner oder im Verhältnis der Einzelnen zueinander. Insbesondere können Richtlinien keine unmittelbare Wirkung zwischen Privaten entfalten, wie der EuGH nunmehr ausdrücklich klargestellt hat.[150]     **95**

Sie können jedoch zugunsten wie zulasten Einzelner oder auf die Rechtsbeziehungen Privater dadurch Auswirkungen haben, dass mitgliedstaatliches Recht, das den von einer Richtlinie geregelten Sachbereich direkt oder indirekt betrifft, richtlinienkonform auszulegen ist.[151]

Anders als bei einer unmittelbaren Wirkung zulasten Einzelner tritt hier eine bestehende Norm des mitgliedstaatlichen Rechts dazwischen, der die Belastung letztlich zuzurechnen ist.

**a)** Die Pflicht zur richtlinienkonformen Auslegung mitgliedstaatlichen Rechts folgt aus Art. 4 III EUV (ex Art. 10 EG). So formuliert der EuGH in ständiger Rechtsprechung, dass     **96**

> *„die sich aus einer Richtlinie ergebende Verpflichtung der Mitgliedstaaten, das in dieser vorgesehene Ziel zu erreichen, sowie die Pflicht der Mitgliedstaaten gemäß Art. 5 EWGV (jetzt Art. 4 III EUV), alle zur Erfüllung dieser Verpflichtung geeigneten Maßnahmen allgemeiner oder besonderer Art zu treffen, allen Trägern öffentlicher Gewalt obliegen, und zwar im Rahmen ihrer Zuständigkeiten auch den Gerichten.*

> *Wie sich aus den Urteilen des Gerichtshofs [...] ergibt, muss ein nationales Gericht, soweit es bei der Anwendung des nationalen Rechts - gleich, ob es sich um vor oder nach Erlass der Richtlinie erlassene Vorschriften handelt - dieses Recht auszulegen hat, seine Auslegung soweit wie möglich am Wortlaut und Zweck der Richtlinie ausrichten, um das mit der Richtlinie verfolgte Ziel zu erreichen und auf diese Weise Art. 189 III EWGV (= nunmehr Art. 288 III AEUV) nachzukommen."[152]*

---

149  EuGH, Rs. C-201/02 (Wells/Secretary of State), DVBl. 2004, 1287 mit Anm. Kerkmann 1288 ff., dazu auch Epiney, NVwZ 2006, 407, 417 f.; vgl. auch Rs. C-397/01 (Pfeiffer/Deutsches Rotes Kreuz), NJW 2004, 3547 ff.

150  Vgl. EuGH, Rs. C-176/12 (Association de mediation sociale), Urt. v. 15.01.2014 = Life&Law 2014, 445 ff. = jurisbyhemmer.

151  Vgl. EuGH, Rs. C-456/98 (Centrosteel Srl/Adipol GmbH), NJW 2000, 3267 f.; Rs. C-397/01 (Pfeiffer/Deutsches Rotes Kreuz), NJW 2004, 3547 ff. mit Anm. Frenz, DVBl. 2005, 40 ff. - Zur richtlinienkonformen Auslegung siehe allgemein Jarass, EuR 1991, 211 ff.; Nettesheim, AöR 119 (1994), 261 ff.; Scherzberg, JURA 1993, 225, 232 ff.; Speziell zur richtlinienkonformen Auslegung im Zivilrecht siehe Grundmann, JuS 2002, 768 ff.

152  EuGH, Rs. C-91/92 (Paola Faccini Dori/Recreb Srl), Slg. 1994, I-3325, 3356 f. Tz. 26.

*allgemeine Pflicht zur unionsrechts-
konformen Auslegung mitgliedstaatlichen Rechts*

**hemmer-Methode: Die Pflicht zur richtlinienkonformen Auslegung, die alle Träger öffentlicher Gewalt (Gerichte, Verwaltung) trifft, stellt nur einen - wenngleich den praktisch wichtigsten - Unterfall des allgemeinen Gebots der unionsrechtskonformen Auslegung mitgliedstaatlichen Rechts dar. Mitgliedstaatliches Recht muss selbstverständlich über den Bereich der Richtlinien hinaus auch unter Beachtung von Verordnungen, Entscheidungen und des Vertragsrechts unionsrechtskonform ausgelegt werden. Die für den Bereich der richtlinienkonformen Auslegung dargestellten Grundsätze lassen sich auf die anderen Arten von Unionsrechtsnormen ohne weiteres übertragen.**[153]

**b)** Die Pflicht zur richtlinienkonformen Auslegung bezieht sich nach den Formulierungen des EuGH nicht nur auf solche Rechtsvorschriften, die konkret zur Ausführung einer Richtlinie ergangen sind („gleich, ob es sich um vor oder nach Erlass der Richtlinie erlassene Vorschriften handelt"). Richtlinienkonform auszulegen sind daher nicht nur Richtlinienumsetzungsgesetze, sondern vielmehr jegliches, damit auch bereits bei Erlass einer Richtlinie bestehendes mitgliedstaatliches Recht, soweit es nur von deren Wirkungsbereich erfasst wird.

97

> **Bspe.:** *Einige (wenige) Beispiele für unionsrechtlich veranlasste deutsche Rechtsvorschriften sind: §§ 491 ff., 488 ff., 355 ff. BGB; §§ 312, 312a, 355 ff. BGB; §§ 651a ff. BGB; AGG; ProdHaftG.*
>
> *Schließlich die wesentlichen Änderungen des BGB aufgrund der RL 1999/44/EG zu bestimmten Aspekten des Verbrauchsgüterkaufs und der Garantien für Verbrauchsgüter, die bis zum 01.01.2002 in deutsches Recht umzusetzen waren und erhebliche Änderungen des Gewährleistungsrechts zur Folge hatten.*[154]

*Ablauf der Umsetzungsfrist*

**c)** Das Pflicht zur richtlinienkonformen Auslegung gilt nach Ablauf der Umsetzungsfrist.[155] In keinem Fall kann auf den Zeitpunkt des Inkrafttretens der Richtlinie selbst abgestellt werden.[156] Andernfalls wäre nicht nur der jeweils vorgesehene Zeitraum für ihre Umsetzung, die Umsetzungsfrist, obsolet. Auch würde sonst einer Richtlinie unmittelbare Wirkung auf die innerstaatliche Rechtsordnung zukommen, ohne dass es gegebenenfalls überhaupt noch einer Umsetzung bedürfte. Damit wäre, vergleichbar mit der Frage der horizontalen Drittwirkung, der Unterschied zwischen Verordnung und Richtlinie aufgehoben.

98

*Grenzen richtlinienkonformer Auslegung*

**d)** Die Pflicht zur richtlinienkonformen Auslegung ist allerdings nicht grenzenlos.

99

*Grenze der Auslegungsfähigkeit*

**aa)** Sie findet vielmehr zum einen - wie aus den Formulierungen des EuGH folgt - ihre Grenzen in der Auslegungsfähigkeit des mitgliedstaatlichen Rechts („soweit wie möglich am Zweck und Wortlaut der Richtlinie").[157]

100

Das Ergebnis einer richtlinienkonformen Auslegung muss daher eine nach mitgliedstaatlichen Auslegungsregeln vertretbare Lösung darstellen. Die Begrenzung auf die mitgliedstaatlichen Auslegungsregeln ist auch geboten, da andernfalls die Gerichte rechtsschöpferisch tätig und so in den Zuständigkeitsbereich des Gesetzgebers (Art. 20 II S. 2 GG) eingreifen würden („und zwar im Rahmen ihrer Zuständigkeit auch den Gerichten").

---

153 EuGH Rs. C-105/03 (Pupino), NJW 2005, 2839 ff.; vgl. dazu Baddenhausen/Pietsch, DVBl. 2005, 1562 ff., v. Unger, NVwZ 2006, 46 ff.

154 Die RL 1999/44/EG ist abgedruckt in NJW 1999, 2421; umfassend etwa Staudenmayer, NJW 1999, 2393 ff.

155 EuGH Rs. C-212/04 (Adeneler), Slg. 2006, I-6057. Bach, JZ 1990, 1108, 1112; Everling, ZGR 1992, 376, 383.

156 So aber Lenz, DVBl 1990, 903, 908; Lutter, JZ 1992, 593, 605.

157 Vgl. ausdrücklich, wenn auch für einen Rahmenbeschluss nach ex Art. 34 II S. 2b EU, EuGH Rs. C-105/03 (Pupino), NJW 2005, 2839, 2341; hierzu Baddenhausen/Pietsch, DVBl. 2005, 1562 ff.; v. Unger, NVwZ 2006, 46, 47. Siehe ferner etwa BGH, NJW 2002, 1881, 1882 f.

Für die Rechtsanwendung durch die deutschen Gerichte folgt daraus, dass - in Anlehnung an die Grenzen der verfassungskonformen Auslegung - jedenfalls einer nach Wortlaut und Sinn eindeutigen deutschen Rechtsvorschrift kein entgegengesetzter Sinn verliehen werden darf.

Die richtlinienkonforme Auslegung findet somit vor allem im Wortlaut einer deutschen Rechtsvorschrift ihre Grenzen.[158]

*Grenzen durch unionsrechtl. Rechts-grundsätze*

**bb)** Zum anderen sind der richtlinienkonformen Auslegung mitgliedstaatlichen Rechts auch durch die allgemeinen Rechtsgrundsätze des Unionsrechts Grenzen gesetzt (v.a. unionsrechtliche Rechtsstaatsprinzipien).[159] Soweit es um eine richtlinienkonforme Auslegung zu Lasten Einzelner geht, sind insbesondere der Grundsatz der Rechtssicherheit und das Verbot der Rückwirkung von Gesetzen zu beachten.[160] Daher darf die richtlinienkonforme Auslegung beispielsweise nicht dazu führen, dass die strafrechtliche Verantwortung Einzelner neu festgelegt und gegenüber der innerstaatlichen Rechtslage verschärft wird.[161]

*101*

*Haustürgeschäfte, RL 2011/83/EU ex RL 577/85/EWG*

Ein praktisch wichtiger und durchaus examensrelevanter Fall zur richtlinienkonformen Auslegung ist folgendes Beispiel:[162]

> *Bsp.: A benötigt dringend ein Darlehen für den Kauf eines Pkw zum privaten Gebrauch. Die X-Bank macht die Gewährung des Darlehens allerdings davon abhängig, dass sich B - der Vater des A - selbstschuldnerisch für die Rückgewähr des Darlehens verbürgt. Ein Mitarbeiter der X-Bank besucht daraufhin nach telefonischer Voranmeldung den B in dessen Privatwohnung. Im Laufe des Gesprächs erklärt sich B bereit, die Bürgschaft zu übernehmen und unterschreibt eine Bürgschaftsurkunde. Eine Belehrung über ein Widerrufsrecht erfolgte nicht.*
>
> *Als die Rückzahlung des Darlehens fällig wird, nimmt die X-Bank den B in Anspruch (§ 765 I BGB i.V.m. § 488 I S. 2 BGB). B widerruft seine Bürgschaftserklärung unter Hinweis auf §§ 312 I S. 1 Nr. 1, 355 BGB sowie Art. 1, 5 I RL 577/85/EWG (jetzt Art. 3 I, 9 I RL 2011/83/EU) und verweigert jegliche Zahlung. Wie ist die Rechtslage?*
>
> *Hinweis: §§ 312, 312a, 355 ff. BGB (vormals insoweit HaustürWG) sind zur Umsetzung der Richtlinie 577/85/EWG (jetzt RL 2011/83/EU) ergangen (vormals „Richtlinie betreffend den Verbraucherschutz im Fall von außerhalb von Geschäftsräumen geschlossenen Verträgen"; jetzt „Richtlinie über die Rechte der Verbraucher"). Nach Art. 1 I galt die Richtlinie für „Verträge, die zwischen einem Gewerbetreibenden, der Waren liefert oder Dienstleistungen erbringt, und einem Verbraucher [...] anlässlich eines Besuchs des Gewerbetreibenden beim Verbraucher in seiner Wohnung [...] geschlossen werden" (jetzt Art. 3 I). Art. 2 I definiert(e) den Verbraucher als „eine natürliche oder juristische Person, die bei den von dieser Richtlinie erfassten Geschäften zu einem Zweck handelt, der nicht ihrer beruflichen oder gewerblichen Tätigkeit zugerechnet werden kann". Art. 5 I (jetzt Art. 9 I), dem insoweit § 312 I BGB entspricht, sah ein Widerrufsrecht des Verbrauchers vor.*

---

158  Vgl. Jarass, EuR 1991, 211, 217; Langenfeld, DÖV 1992, 955, 965.

159  Zu den allgemeinen Grundsätzen des Unionsrechts siehe unten Rn. 117 ff.

160  Vgl. Jarass, Grundfragen, 96; Langenfeld, DÖV 1992, 955, 965.

161  EuGH, Rs. 80/86 (Kolpinghuis Nijmegen), Slg. 1987, 3969, 3986 f.

162  Siehe EuGH, Rs. C-45/96 (Bayerische Hypotheken- und Wechselbank AG/Edgar Dietzinger), ZIP 1998, 554 mit Bspr. von Reinicke/Tiedtke, ZIP 1998, 893, und BGH, WM 1998, 1388; vgl. auch BGH (XI. Senat), NJW 1993, 1594; 1996, 55; umfassend zur Anwendbarkeit des ehemaligen HaustürWG und VerbrKrG auf die Bürgschaft Riehm, JuS 2000, 138 ff., sowie **Life&Law 2000, 449 f.**; das HaustürWG wurde mittlerweile durch §§ 312, 312a, 355 ff. BGB, das VerbrKrG durch §§ 491 ff. 488 ff., 355 ff. BGB ersetzt. Das Skript überträgt die Rechtsprechung sinngemäß auf die nunmehr geltenden Bestimmungen.

Lösung:

Der Bürgschaftsvertrag könnte durch die Ausübung des Widerrufsrechts unwirksam geworden sein.[163] Die einmonatige Widerrufsfrist (§ 355 II S. 3 BGB) wäre auch noch nicht abgelaufen, da sie erst mit der Belehrung über das Widerrufsrecht beginnt (§ 355 III BGB). Eine diesbezügliche Belehrung ist aber unterblieben.

1. Fraglich ist aber, ob § 312 I BGB überhaupt auf Bürgschaftsverträge anwendbar ist. Nach § 312 I BGB fallen nur Verträge über „entgeltliche Leistungen" in den Schutzbereich der Bestimmung. Der Bürgschaftsvertrag ist jedoch ein einseitig verpflichtender Vertrag.[164]

Er ist kein gegenseitiger Vertrag i.S.d. §§ 320 ff. BGB, da der Darlehensvertrag zwischen Gläubiger und Schuldner rechtlich selbstständig und die Darlehensgewährung nicht als Gegenleistung für die Bürgschaftsgewährung zu qualifizieren ist. Dementsprechend hat es der BGH in anfangs ständiger - wenngleich sehr umstrittener - Rechtsprechung abgelehnt, den Bürgschaftsvertrag als Vertrag über eine entgeltliche Leistung i.S.d. § 312 I S. 1 BGB (vormals insoweit § 1 HaustürWG) zu qualifizieren.[165]

Folgte man dieser Auffassung, wäre § 312 I S. 1 BGB vorliegend nicht anwendbar. Mangels Widerrufsrechts wäre B zur Zahlung nach § 765 BGB i.V.m. § 488 I S. 2 BGB verpflichtet.

2. Allerdings ist zu beachten, dass § 312 I S. 1 BGB zur Umsetzung der Richtlinie 577/85/EWG (*jetzt RL 2011/83/EU*) ergangen ist.

Die Richtlinie enthält keinen Ausschluss einseitig verpflichtender Verträge oder eine Beschränkung auf entgeltliche Verträge, sondern erfasst in Art. 1 I ganz allgemein „Verträge zwischen einem Gewerbetreibenden, der Waren oder Dienstleistungen erbringt, und einem Verbraucher". Auch der Schutzzweck der Richtlinie spricht nicht von vornherein gegen eine Einbeziehung des Bürgschaftsvertrags. Zwar schützt die Richtlinie ihrem Wortlaut nach „Verbraucher", wobei unter „Verbraucher" in erster Linie der Empfänger von Waren oder Dienstleistungen zu verstehen ist. Der Geltungsbereich der Richtlinie ist aber nicht nach der Art der Waren oder Dienstleistungen, die Gegenstand des Vertrags sind, beschränkt, sofern die Waren oder Dienstleistungen zum privaten Verbrauch bestimmt sind. Die Gewährung eines Kredits stellt eine Dienstleistung dar, der Bürgschaftsvertrag ist meist in dem Sinne nur akzessorisch, als er in der Praxis sehr oft Voraussetzung für die Kreditgewährung ist. Weiter enthält die Richtlinie keinen Hinweis darauf, dass derjenige, der den Vertrag über die Waren oder Dienstleistungen geschlossen hat, selbst der Empfänger dieser Waren oder Dienstleitungen sein müsste. Vielmehr kann unter Berücksichtigung des Schutzzwecks der Richtlinie - Schutz des Verbrauchers vor Überrumpelung - ein Vertrag, der einem Dritten zugutekommt, nicht allein deshalb vom Anwendungsbereich der Richtlinie ausgenommen werden, weil die Waren oder Dienstleistungen für den Dritten, der nicht Partei des betreffenden Vertragsverhältnisses ist, bestimmt sind.

Aus dem Wortlaut von Art. 1 (*jetzt Art. 3 I*) der Richtlinie und dem akzessorischen Charakter der Bürgschaft folgt jedoch nach Auffassung des EuGH, dass unter die RL nur eine Bürgschaft für eine Verbindlichkeit fallen kann, die ein Verbraucher im Rahmen eines Haustürgeschäfts gegenüber einem Gewerbetreibenden als Gegenleistung für Waren oder Dienstleistungen eingegangen ist. Da die RL außerdem nur die Verbraucher schützen soll, kann sie nur einen Bürgen erfassen, der sich gemäß Art. 2 RL zu einem Zweck verpflichtet hat, der nicht seiner beruflichen oder gewerblichen Tätigkeit zugerechnet werden kann.

Nach einer späteren – allerdings fragwürdigen – Entscheidung des BGH[166] folgt aus alledem, dass die RL nur dann einen Bürgschaftsvertrag erfasst, wenn sowohl der Bürgschaftsvertrag als auch die durch ihn gesicherte Hauptverbindlichkeit auf einem Verbraucher- und Haustürgeschäft beruhen.

---

163   Zur Rechtsnatur des Widerrufsrechts nach §§ 312 I S. 1, 355 BGB siehe Palandt, § 355 BGB, Rn. 1 ff.

164   Palandt, Einf v § 765 BGB, Rn. 1.

165   Vgl. etwa BGHZ 113, 287; NJW 1996, 930.

166   BGHZ 139, 21; NJW 1998, 2356 = **juris**byhemmer.

3. Im vorliegenden Fall hat sich B als Verbraucher im Rahmen eines Haustürgeschäfts für die Darlehensverbindlichkeit des A verbürgt. Nach Auffassung des BGH müsste aber auch A die Darlehensverbindlichkeit als Verbraucher im Rahmen eines Haustürgeschäfts eingegangen sein, damit die RL auf B Anwendung findet. Zwar handelte A bei Abschluss des Darlehensvertrages als „Verbraucher", allerdings lässt sich dem Sachverhalt nicht entnehmen, ob der Abschluss des Darlehensvertrages auch im Rahmen eines Haustürgeschäfts erfolgte. Sollte A den Darlehensvertrag im Rahmen eines Haustürgeschäftes abgeschlossen haben, würde die Bürgschaft des B in den Schutzbereich der RL fallen und es bestünde ein Widerspruch zwischen dem in Auslegung der RL und dem in Auslegung des § 312 I S. 1 BGB gefundenen Ergebnis.

4. Dieser Widerspruch könnte über eine richtlinienkonforme Auslegung des § 312 I S. 1 BGB zu lösen sein. Nach ständiger Rechtsprechung des EuGH müssen alle Träger öffentlicher Gewalt und damit auch die mitgliedstaatlichen Gerichte innerstaatliches Recht soweit wie möglich am Maßstab von Richtlinien auslegen, um das mit der Richtlinie verfolgte Ziel zu erreichen. Diese Pflicht zur richtlinienkonformen Auslegung findet allerdings in den Auslegungsregeln, insbesondere im Wortlaut des mitgliedstaatlichen Rechts ihre Grenzen. Demnach müsste § 312 I S. 1 BGB nach den Auslegungsregeln des deutschen Rechts vertretbar dahingehend ausgelegt werden können, dass auch Bürgschaftsverträge als einseitig verpflichtende Verträge unter den genannten Voraussetzungen von dieser Bestimmung erfasst werden.

Eine solche Auslegung ist möglich.[167]

Für das Merkmal der „entgeltlichen Leistung" i.S.d. § 312 I S. 1 BGB muss es jedenfalls ausreichen, wenn der Sicherungsgeber die Verpflichtung zur Sicherheitsgewährung in der - dem Gegner erkennbaren - Erwartung übernimmt, ihm selbst oder einem bestimmten Dritten werde daraus irgendein Vorteil erwachsen (hier: Kreditgewährung an einen Dritten). Das Merkmal der „Entgeltlichkeit" i.S.d. § 312 I S. 1 BGB ist daher nicht nur bei einem synallagmatischen Vertrag, sondern im Anwendungsbereich der RL auch bei der - in der Regel gegebenen - kausalen Verknüpfung der Sicherheitsgewährung mit der Darlehensgewährung des Gläubigers an den Hauptschuldner erfüllt. Eine solche Auslegung gebietet auch der Schutzzweck des § 312 I S. 1 BGB, da bei einseitigen Leistungsverpflichtungen des Verbrauchers dessen Bedürfnis nach Schutz vor Überrumpelung noch größer ist als bei Verträgen, die eine Gegenleistung des Vertragspartners vorsehen. Es ist nicht einzusehen, weshalb derjenige, dem die andere Vertragspartei keinerlei Entgelt zu gewähren habe, weniger vor Überrumpelungen zu schützen sein könnte, als der, dem vertraglich eine Gegenleistung versprochen ist. Es ist nicht anzunehmen, dass der Gesetzgeber beim Erlass des § 312 I S. 1 BGB hinter den Anforderungen der Richtlinie zurückbleiben wollte.

Nach alledem werden in richtlinienkonformer Auslegung des § 312 I S. 1 BGB Bürgschaftsverträge dann von den Bestimmungen über Haustürgeschäfte erfasst, wenn sowohl der Bürgschaftsvertrag als auch die durch ihn gesicherte Hauptverbindlichkeit auf einem Verbraucher- und Haustürgeschäft beruhen, d.h. sowohl Bürge wie auch Hauptschuldner Verbraucher sind und beide Verträge im Rahmen von Haustürgeschäften abgeschlossen worden sind.

**hemmer-Methode: In ihren Entscheidungen haben der EuGH bzw. BGH hinsichtlich der Einbeziehung von Bürgschaftsverträgen in den Schutzbereich der RL 577/85/EWG (jetzt RL 2011/83/EU) somit folgende Einschränkung gemacht: Wegen des Wortlauts des Art. 1 der Richtlinie sowie des akzessorischen Charakters der Bürgschaft im Verhältnis zur Hauptverbindlichkeit sollen unter die Richtlinie nur Bürgschaften eines Verbrauchers i.S.d. Art. 2 I der RL für Hauptverbindlichkeiten, die ihrerseits ein Verbraucher im Rahmen eines Haustürgeschäfts gegenüber einem Gewerbetreibenden eingegangen ist, fallen.[168]**

---

167  BGH, NJW 1993, 1594; NJW 1996, 55 = **juris**byhemmer.

168  Siehe EuGH, Rs. C-45/96 (Bayerische Hypotheken- und Wechselbank AG/Edgar Dietzinger), ZIP 1998, 554, mit Bspr. von Reinicke/Tiedtke, ZIP 1998, 893, und Kulke, JR 1999, 485 ff.; dazu auch Riehm, JuS 2000, 138 ff., 142 ff.

Daraus folgt, dass ein Bürge dann nicht in den Schutzbereich der Richtlinie fällt, wenn der Schuldner der Hauptverbindlichkeit Gewerbetreibender oder die Hauptverbindlichkeit nicht im Rahmen eines Haustürgeschäfts begründet worden ist. Diese Einschränkungen vermögen nicht zu überzeugen und sind zu Recht auf Kritik gestoßen, da der Bürge, soweit allein er die Verbrauchereigenschaft besitzt oder nur er ein Haustürgeschäft abschließt, genauso schutzwürdig ist.[169] Der BGH hat seine frühere Rechtsprechung daher mittlerweile ausdrücklich aufgegeben; das Widerrufsrecht hänge nicht von der Verbrauchereigenschaft des persönlichen Schuldners ab.[170] Der BGH geht damit über die einschränkende Auslegung durch den EuGH hinaus. Daran ist er auch nicht gehindert, da es nach Art. 8 I RL 577/85 den Mitgliedstaaten gestattet ist, günstigere Verbraucherschutzvorschriften zu erlassen oder beizubehalten;[171] Art. 4 RL 2011/83/EU gestattet dies nicht mehr. Ein Bürgschaftsvertrag fällt darüber hinaus nach der Rechtsprechung des EuGH von vornherein nicht in den Anwendungsbereich der RL 87/102/EWG (mittlerweile RL 2008/48/EG) zur Angleichung der Rechts- und Verwaltungsvorschriften der Mitgliedstaaten über den Verbraucherkredit (in Deutschland umgesetzt durch §§ 491 ff., 488 ff., 355 ff. BGB), da von ihr – anders als bei der RL 577/85/EWG betreffend Haustürgeschäfte – nur Kreditverträge erfasst werden sollen.[172] – Schließlich unterfielen aber Realkreditverträge dem Anwendungs- und Schutzbereich der RL 577/85/EWG über Haustürgeschäfte;[173] jetzt der RL 2011/83/EU.

## 4. Schadensersatzpflicht bei gänzlich unterbliebener oder nicht ordnungsgemäßer Richtlinienumsetzung

*Schadensersatzpflicht der Mitgliedstaaten*

**hemmer-Methode: Im Folgenden sollen zunächst nur einige wichtige Grundsätze der unionsrechtlichen Staatshaftung konkret wegen Verstößen der Mitgliedstaaten gegen die Pflicht zur Richtlinienumsetzung dargestellt werden. Eine umfassende Erörterung der unionsrechtlich gebotenen Staatshaftung wird später unter § 8 des Skripts erfolgen.**

*Haftungsvoraussetzungen*

Um die volle Wirksamkeit des Unionsrechts („effet utile") zu gewährleisten und die Rechte zu schützen, die das Unionsrecht dem Einzelnen verleiht, hat der EuGH[174] in richterlicher Rechtsfortbildung eine Schadensersatzpflicht der Mitgliedstaaten zunächst für den Fall der gänzlich unterbliebenen Umsetzung einer Richtlinie begründet, diese Haftung aber auch auf den Fall einer zwar erfolgten, aber inhaltlich fehlerhaften Richtlinienumsetzung erweitert.

*101*

Der ersten Entscheidung des EuGH („**Francovich und Bonifaci**") zur unionsrechtlich gebotenen Staatshaftung lag folgender Sachverhalt zugrunde:

*Nach der RL 80/987/EWG sollen Arbeitnehmer bei Zahlungsunfähigkeit ihres Arbeitgebers für eine bestimmte Zeit Zahlungsansprüche gegen eine Garantieeinrichtung wegen entgangenen Entgelts erhalten („Konkursausfallgeld").*

*Die Mittel für die Garantieeinrichtung waren von den Arbeitgebern und/oder der öffentlichen Hand aufzubringen. Der italienische Staat hatte die Richtlinie lange Zeit nach dem Ablauf der gesetzten Frist noch immer nicht in nationales Recht umgesetzt. Nachdem eine italienische Firma in Konkurs gefallen war, wandten sich zwei betroffene Arbeitnehmer an den italienischen Staat.*

---

169 Siehe nur Reinicke/Tiedtke, ZIP 1998, 893, 894 ff.; ablehnend auch Riehm, a.a.O.

170 BGH, NJW 2006, 845; mit Bspr. von Kulke, NJW 2006, 2223; vgl. hierzu auch Masuch, MüKo, § 312 BGB, Rn. 26 = **juris**byhemmer.

171 Zutreffend Reinicke/Tiedtke, ZIP 1998, 893, 896 f.

172 EuGH, Rs.C-208/98 (Berliner Kindl Brauerei AG/Andreas Siepert), NJW 2000, 1323 = **Life&Law 2000, 445 ff.**; Becker/Dietrich, NJW 2000, 2798.

173 EuGH, Rs.C-481/99 (Heininger/Bayer. Hypo- und Vereinsbank AG), Slg. 2002, 281 und BGH, NJW 2002, 1881 ff.; s. dazu umfassend Kulke, ZBB 2002, 33 ff.

174 EuGH, Rs. C-6/90 u. C-9/90 (Francovich), Slg. 1991, 5357 ff. = EuZW 1991, 758 ff. = NJW 1992, 165; siehe nunmehr auch EuGH, Rs. C-334/92, Slg. 1993, I-6911; Rs. C-91/92 (Paola Faccini Dori/Recreb Srl), Slg. 1994, I-3325; Verb.Rsn. C-178/94 (Dillenkofer u.a.), NJW 1996, 3141 („MP Travel Line").

Das zuständige Gericht legte dem EuGH im Verfahren nach Art. 234 EG (jetzt Art. 267 AEUV) die Frage vor, ob die RL 80/987/EWG (jetzt RL 2008/94/EG) unmittelbar anwendbar sei und - hilfsweise - ob das Unionsrecht im Falle der Nichtumsetzung einer Richtlinie eine Schadensersatzpflicht des Mitgliedstaates gebiete. Die Richtlinie zielte zwar darauf ab, den einzelnen Arbeitnehmern ein Recht auf Fortzahlung des Arbeitsentgelts aus den Mitteln der zu schaffenden Garantieeinrichtung einzuräumen. Eine unmittelbare Anwendbarkeit der Richtlinienbestimmungen kam jedoch mangels „hinreichender Genauigkeit" nicht Betracht, da die genaue Bestimmung des Schuldners für die zu leistenden Zahlungen des Konkursausfallgelds fehlte. Somit musste sich der EuGH mit der Frage nach einer Schadensersatzpflicht der Mitgliedstaaten befassen.

*EuGH: Haftung der Mitgliedstaaten als Grundsatz des Unionsrechts*

Der EuGH führte zunächst aus, dass es ein Grundsatz des Unionsrechts sei, dass die Mitgliedstaaten zum Ersatz der Schäden verpflichtet sind, die den Einzelnen durch Verstöße gegen das Unionsrecht entstehen, die diesen Staaten zuzurechnen sind. Diese unionsrechtlich gebotene Staatshaftung begründet der EuGH mit dem „effet utile" des Unionsrechts, dem unionsrechtlichen Rechtsschutzgebot und ergänzend mit Art. 4 III EUV:

102

> „Die volle Wirksamkeit der gemeinschaftsrechtlichen (jetzt unionsrechtlichen) Bestimmungen wäre beeinträchtigt und der Schutz der durch sie begründeten Rechte gemindert, wenn der Einzelne nicht die Möglichkeit hätte, für den Fall eine Entschädigung zu verlangen, dass seine Rechte durch einen Verstoß gegen Gemeinschaftsrecht verletzt werden, die einem Mitgliedstaat zuzurechnen sind." Aus Art. 4 III EUV folge dann die Verpflichtung des Mitgliedstaates, „die rechtswidrigen Folgen seines Handelns zu beheben".

*Voraussetzungen der Haftung*

In einem weiteren Schritt legte der EuGH dann die Voraussetzungen fest, bei deren Vorliegen die Mitgliedstaaten für Verstöße gegen die Pflicht zur ordnungsgemäßen Richtlinienumsetzung haften.

103

---

**Entstehungsvoraussetzungen der unionsrechtlich gebotenen Schadensersatzpflicht der Mitgliedstaaten sind unter Berücksichtigung der neueren Rspr. des EuGH,[175] dass:**

1. die Richtlinie auf die Verleihung von Rechten an Einzelne abzielt und der Inhalt dieser Rechte auf Grundlage der Richtlinie bestimmt werden kann,

2. ein unmittelbarer Kausalzusammenhang zwischen dem Verstoß gegen die Umsetzungspflicht und dem bei dem Einzelnen eingetretenen Schaden besteht

3. das zuständige Gesetzgebungsorgan „hinreichend qualifiziert", das heißt „offenkundig und erheblich" gegen die Pflicht zur ordnungsgemäßen Richtlinienumsetzung verstoßen hat.

---

Damit hat der EuGH die Entstehungsvoraussetzungen der unionsrechtlich gebotenen Staatshaftung wegen gänzlich unterbliebener oder zwar erfolgter, aber inhaltlich fehlerhafter Umsetzung einer Richtlinie abschließend bestimmt.

---

175 In den Verb.Rsn. „Francovich u.a.", Slg. 1991, 5357 = EuZW 1991, 758 = NJW 1992, hatte der EuGH das Erfordernis eines „hinreichend qualifizierten" Unionsrechtsverstoßes für den Fall einer gänzlich unterbliebenen Richtlinienumsetzung noch nicht ausdrücklich genannt; erstmals in den Verb.Rsn. C-46/93 u. C-48/93 (Brasserie du pêcheur / Bundesrepublik u.a.), NJW 1996, 1267 („Bier-Urteil"), führte der EuGH aus, dass - allgemein - eine mitgliedstaatliche Staatshaftung für Unionsrechtsverstöße der Gesetzgebungsorgane nur unter der Voraussetzung eines „hinreichend qualifizierten" Unionsrechtsverstoßes in Betracht komme. In den Verb.Rsn. C-178/94 u.a. (Dillenkofer u.a.), NJW 1996, 3141, 3142 Tz. 21 ff. („MP Travel Line") stellte der EuGH aber schließlich klar, dass in den Verb.Rsn. „Francovich u.a." die Voraussetzung eines hinreichend qualifizierten Unionsrechtsverstoßes nur deshalb unerwähnt blieb, weil in Fällen einer gänzlich unterbliebenen Richtlinienumsetzung ein qualifizierter Unionsrechtsverstoß stets offenkundig vorliegt.

Die Haftungsvoraussetzungen sind im Einzelnen:

*Verstoß gegen die Umsetzungs-*
*pflicht*

**a)** Der Mitgliedstaat muss zunächst gegen seine Umsetzungspflicht (Art. 288 III AEUV, Art. 4 III EUV) verstoßen haben. Dies ist zum einen der Fall, wenn der Mitgliedstaat zur Umsetzung einer Richtlinie trotz Ablaufs der Umsetzungsfrist überhaupt nicht tätig geworden ist, eine Richtlinienumsetzung also gänzlich unterblieben ist. Zum anderen liegt ein Verstoß gegen die Umsetzungspflicht aber auch dann vor, wenn der Mitgliedstaat eine Richtlinie zwar umgesetzt hat, die Umsetzung aber fehlerhaft ist (z.B. weil das Gesetz inhaltlich hinter den Anforderungen der Richtlinie zurückbleibt).

*104*

*hinreichend bestimmbare Rechte*

**b)** Weiterhin muss die verletzte Richtlinie bezwecken, dem Einzelnen Rechte zu verleihen, das heißt sie muss auf eine Verbesserung seiner Rechtsstellung abzielen. Der Inhalt dieser Rechte muss hinreichend bestimmbar sein. So müssen der begünstigte Personenkreis und der Inhalt der Verpflichtung hinreichend abgrenzbar sein, um einen Schadensersatzanspruch auslösen zu können.[176] Insoweit sind die Voraussetzungen ganz ähnlich wie bei der unmittelbaren Anwendbarkeit von Richtlinien zu bestimmen.

*105*

Wichtig ist, dass - anders als bei der unmittelbaren Wirkung von Richtlinien - ein Schadensersatzanspruch auch dann gegeben sein kann, wenn die Richtlinie die Rechtsverhältnisse zwischen Privatpersonen regelt. Denn eine Belastung von Privatpersonen ergibt sich hieraus nicht, da sich der Schadensersatzanspruch stets gegen den Mitgliedstaat richtet.

**hemmer-Methode: Im Beispielsfall Rn. 93 wäre daher bei Nichtumsetzung der „Produkthaftungsrichtlinie" ein unionsrechtlich gebotener Schadensersatzanspruch gegen die Bundesrepublik gegeben. - Schadensersatzansprüche gegen die Bundesrepublik konnten folglich auch die Reisenden geltend machen, die durch den Konkurs des Reiseveranstalters „MP Travel Line" geschädigt wurden. Art. 7, 8 RL 90/314/EWG („Pauschalreiserichtlinie") verpflichtete die Mitgliedstaaten zum Erlass von Rechtsvorschriften, die Ansprüche von Reisenden im Fall der Zahlungsunfähigkeit des Reiseveranstalters sicherstellen. Die Bundesrepublik hat die RL 90/314/EWG, deren Umsetzung bis zum 31.12.1992 zu erfolgen hatte, erst durch Gesetz vom 24.06.1994 ordnungsgemäß in deutsches Recht umgesetzt (§ 651k BGB). Der EuGH hat eine Haftung der Bundesrepublik unter Zugrundelegung der oben genannten Haftungsvoraussetzungen ohne weiteres bejaht.[177]**

*unmittelbarer Kausalzusammenhang*

**c)** Zwischen dem Verstoß gegen die Umsetzungspflicht und dem eingetretenen Schaden muss weiter ein unmittelbarer Kausalzusammenhang bestehen. Insoweit dürfte man sich an der Rechtsprechung des EuGH zur Haftung der Union (Art. 340 II AEUV) zu orientieren haben, bei der der EuGH hinsichtlich des Kausalzusammenhangs einer weit gefassten Adäquanztheorie folgt.

*106*

Ausreichend ist daher, dass der Verstoß gegen die Pflicht zur ordnungsgemäßen Richtlinienumsetzung für einen verständig denkenden Beobachter den Schaden herbeiführen konnte.[178]

*hinreichend qualifizierter Unions-*
*rechtsverstoß*

**d)** Schließlich muss der Mitgliedstaat - genauer: das innerstaatlich zuständige Gesetzgebungsorgan - „hinreichend qualifiziert", das heißt „offenkundig und erheblich" gegen die Pflicht zur ordnungsgemäßen Richtlinienumsetzung verstoßen haben.[179]

*107*

---

176　Jarass, NJW 1994, 881, 883.

177　EuGH, Verb.Rsn. C-178/94 u.a. (Dillenkofer u.a.), NJW 1996, 3141, 3142, Tz. 28 („MP Travel Line") mit Bspr. von Huff, NJW 1996, 3190 f.

178　Jarass, NJW 1994, 881, 883; vgl. auch BGH, NJW 1997, 123, 125 („Bier-Urteil").

179　EuGH, Verb.Rsn. C-46/93 u. C-48/93 (Brasserie du pêcheur/Bundesrepublik u.a.), NJW 1996, 1267, 1271, Tz. 78 ff.

Für die Beurteilung der Frage, ob ein Verstoß gegen die Umsetzungspflicht als „hinreichend qualifiziert" zu werten ist, kommt es entscheidend darauf an, ob den Mitgliedstaaten bei der Richtlinienumsetzung ein Ermessensspielraum eingeräumt ist und wie weit dieser reicht. Insoweit ist nun grundlegend zwischen Fällen einer gänzlich unterbliebenen Richtlinienumsetzung und Fällen einer zwar erfolgten, aber inhaltlich fehlerhaften Richtlinienumsetzung zu unterscheiden.

*gänzlich unterbliebene Richtlinienumsetzung*

**(aa)** Trifft ein Mitgliedstaat unter Verstoß gegen Art. 288 III AEUV, Art. 4 III EUV bis zum Ablauf der in einer Richtlinie festgesetzten Umsetzungsfrist keinerlei Maßnahmen und ist eine Richtlinienumsetzung daher gänzlich unterblieben (**„Francovich", „MP Travel Line"**), so ist dieser Unionsrechtsverstoß stets als „offenkundig und erheblich" zu qualifizieren.[180]

*108*

Denn hier verfügt der Mitgliedstaat insoweit über keinerlei Ermessensspielraum, als er die Richtlinie innerhalb der vorgeschriebenen Umsetzungsfrist unbedingt in innerstaatliches Recht umzusetzen hat.

Dabei ist vor allem zu berücksichtigen, dass die Mitgliedstaaten eine gänzlich unterbliebene Richtlinienumsetzung unter keinen Umständen rechtfertigen oder entschuldigen können. So machte die Bundesrepublik in der Rechtssache **„Dillenkofer u.a." („MP Travel Line")** unter anderem geltend, dass die in der „Pauschalreiserichtlinie" vorgesehene Umsetzungsfrist zu kurz gewesen sei; insbesondere habe die Umsetzung nicht durch bloße Gesetzesänderungen erreicht werden können, da die Mitwirkung privater Dritter (Reiseveranstalter, Versicherungsbranche) nach innerstaatlichem Recht erforderlich gewesen sei.

Der EuGH führte zu diesem Vorbringen aus:[181]

> „Ein solcher Umstand kann es nicht rechtfertigen, dass eine Richtlinie nicht innerhalb der vorgeschriebenen Frist umgesetzt wird. Denn nach gefestigter Rechtsprechung kann sich ein Mitgliedstaat nicht auf Bestimmungen, Übungen oder Umstände seiner internen Rechtsordnung berufen, um die Nichteinhaltung der in einer Richtlinie festgesetzten Verpflichtungen und Fristen zu rechtfertigen [...]. Im Übrigen besteht für den Fall, dass sich die Frist für die Umsetzung einer Richtlinie als zu kurz erweist, der einzige, mit dem Gemeinschaftsrecht (jetzt Unionsrecht) zu vereinbarende Weg für den betreffenden Mitgliedstaat darin, die geeigneten Schritte auf Gemeinschaftsebene (jetzt Unionsebene) zu unternehmen, um das zuständige Gemeinschaftsorgan zur der notwendigen Verlängerung der Frist zu veranlassen [...]".

*erfolgte, aber inhaltlich fehlerhafte Richtlinienumsetzung*

**(bb)** Setzt ein Mitgliedstaat eine Richtlinie innerhalb der Umsetzungsfrist in innerstaatliches Recht um, ist die Richtlinienumsetzung aber inhaltlich fehlerhaft,[182] kommt ebenfalls ein Staatshaftungsanspruch in Betracht. Schwierig ist hierbei jedoch die Beurteilung, ob der Verstoß „hinreichend qualifiziert", das heißt „offenkundig und erheblich" war. Denn den Mitgliedstaaten kann hinsichtlich der konkreten Ausgestaltung des von einer Richtlinie erfassten Regelungsbereichs ein Ermessensspielraum eingeräumt sein, auch kann die Reichweite des Regelungsprogramms einer Richtlinie oder die Auslegung ihres Inhalts schwierig zu bestimmen sein.

*109*

Dementsprechend bedarf es in Fällen einer zwar erfolgten, aber inhaltlich fehlerhaften Richtlinienumsetzung stets einer gesonderten Prüfung der Frage, ob der Verstoß gegen die Pflicht zur ordnungsgemäßen Richtlinienumsetzung als „offenkundig und erheblich" zu bewerten ist.

---

180 EuGH, Verb.Rsn. C-178/94 u.a. (Dillenkofer u.a.), NJW 1996, 3141, 3142, Tz. 25 f. („MP Travel Line").
181 EuGH, Verb.Rsn. C-178/94 u.a. (Dillenkofer u.a.), NJW 1996, 3141, 3144, Tz. 53 f. („MP Travel Line").
182 Hierzu EuGH (British Telecommunications), EuZW 1996, 274.

Die hinsichtlich des Vorliegens eines „hinreichend qualifizierten", das heißt „offenkundigen und erheblichen" Unionsrechtsverstoßes maßgeblichen Kriterien hat der EuGH selbst näher konkretisiert:[183]

So sind insbesondere zu berücksichtigen

*„das Maß an Klarheit und Genauigkeit der verletzten Vorschrift, der Umfang des Ermessensspielraums, den die verletzte Vorschrift den nationalen oder Gemeinschaftsbehörden belässt, die Frage, ob der Verstoß vorsätzlich oder nicht vorsätzlich begangen oder der Schaden vorsätzlich oder nicht vorsätzlich zugefügt wurde, die Entschuldbarkeit oder Unentschuldbarkeit eines etwaigen Rechtsirrtums und der Umstand, dass die Verhaltensweisen eines Gemeinschaftsorgans (jetzt Unionsorgans) möglicherweise dazu beigetragen haben, dass nationale Maßnahmen oder Praktiken in gemeinschaftsrechtswidriger Weise unterlassen, eingeführt oder aufrechterhalten wurden.*

*Jedenfalls ist ein Verstoß gegen das Unionsrecht offenkundig qualifiziert, wenn er trotz des Erlasses eines Urteils, in dem der zur Last gelegte Verstoß festgestellt wird, oder eines Urteils im Vorabentscheidungsverfahren oder aber einer gefestigten einschlägigen Rechtsprechung des Gerichtshofes, aus denen sich die Pflichtwidrigkeit des fraglichen Verhaltens ergibt, fortbestanden hat."*

**hemmer-Methode:** In Zusammenhang mit der unionsrechtlich gebotenen Staatshaftung gibt es noch viele schwierige und ungeklärte Fragen. Dies gilt insbesondere für die Einordnung und Durchsetzung des unionsrechtlichen Haftungsanspruchs im Rahmen des deutschen Staatshaftungsrechts (Anspruchsgrundlage § 839 BGB i.V.m. Art. 34 GG, Haftung für legislatives Unrecht etc.). Hierauf wird in § 8 des Skripts eingegangen.[184]

*110*

## III. Beschluss, Art. 288 IV AEUV

*Beschluss, Art. 288 IV AEUV*

Der Reformvertrag von Lissabon löst die bisheriger Handlungsform der Entscheidung (ex Art. 249 IV EG) ab und nimmt dafür die Handlungsform des Beschlusses in den Kanon des Art. 288 AEUV auf. Der Beschluss umfasst zum einen die bisherige Handlungsform der Entscheidung, muss jedoch darüber hinaus nicht mehr wie die Entscheidung zwingend an einen oder mehrere bestimmte Adressaten gerichtet sein, vgl. Art. 288 IV AEUV.[185] Der Beschluss ist in allen seinen Teilen für diejenigen verbindlich, die er bezeichnet oder umschreibt. Anders als bei Richtlinien können Adressaten eines Beschlusses sowohl die Mitgliedstaaten als auch natürliche und juristische Personen sein. Damit wurde an Stelle der Entscheidung die bisher nicht in Art. 249 EG aufgeführte, in der Praxis jedoch auch bereits bisher bedeutsame Rechtsform des Beschlusses in den Handlungskatalog des Art. 288 AEUV aufgenommen.

*111*

*Verbindlichkeit*

**1.** Durch seine **Rechtsverbindlichkeit** grenzt sich der Beschluss von den unverbindlichen Rechtsakten der Union ab (Empfehlung, Stellungnahme). Wesentlich ist, dass der Beschluss darauf gerichtet ist, Rechtswirkung zu erzeugen, indem er dem oder den Adressaten Rechte gewährt oder Pflichten auferlegt.[186]

*112*

*Verbindlichkeit nur für den Adressaten*

**2.** Ein Beschluss ist entweder allgemeinverbindlich (sog. Adressatenloser Beschluss) oder richtet sich ausschließlich und konkret an einzelne Personen. Im Gegensatz zur generell-abstrakten Verordnung zeichnet sich der Beschluss durch die Möglichkeit eines konkret-individuellen Charakters aus.

*113*

---

183  EuGH, Verb.Rsn. C-46/93 u. C-48/93 (Brasserie du pêcheur/Bundesrepublik u.a.), NJW 1996, 1267, 1268, Tz. 56 f.

184  Siehe vor allem Rn. 380c ff. und Rn. 382c ff.

185  Siehe zur neu aufgenommenen Sekundärrechtsform des Beschlusses auch Streinz/Ohler/Herrmann, Der Vertrag von Lissabon zur Reform der EU, 2. Auflage, S. 77 f.

186  EuGH, Slg. 1963, 496, 511; Magiera, JURA 1989, 595, 601.

In diesem Fall ist er - aus innerstaatlicher Sicht - dem Verwaltungs-akt i.S.d. § 35 VwVfG vergleichbar. Ist er allgemeinverbindlich gehal-ten, ist der Beschluss damit einer Allgemeinverfügung i.S.d. deut-schen Verwaltungsrechts ähnlich.

*Gesamtverbindlichkeit*

**3.** Der Beschluss ist in allen seinen Teilen verbindlich (Gesamtver-bindlichkeit). Dieses Merkmal unterscheidet den Beschluss von der Richtlinie, die nur hinsichtlich ihrer Zielvorgabe verbindlich ist.    **114**

*unmittelbare Anwendbarkeit staatengerichteter Beschlüsse*

**4.** Denkbar sind wohl auch staatengerichtete Beschlüsse, die die Verpflichtung für die Mitgliedstaaten enthalten können, den Einzel-nen eine günstigere Rechtsstellung einzuräumen.    **115**

In der Regel bedarf es dann - ähnlich wie bei der Richtlinie - zu-nächst der Umsetzung des Beschlussinhalts in innerstaatliches Recht, sodass sich der Einzelne gegenüber dem Mitgliedstaat grundsätzlich nicht unmittelbar auf den Beschluss berufen kann.

Vorstellbar ist jedoch, dass staatengerichtete Beschlüsse unter den-selben Voraussetzungen wie Richtlinien unmittelbar anwendbar sein können. Demnach kann sich der Einzelne gegenüber seinem Mit-gliedstaat dann auf einen Beschluss berufen, wenn er inhaltlich un-bedingt sowie hinreichend genau ist und für den Mitgliedstaat die Verpflichtung enthält, dem Einzelnen Rechte zu verleihen.

## IV. Empfehlung und Stellungnahme, Art. 288 V AEUV

*Empfehlung, Stellungnahme, Art. 288 V AEUV*

Nach Art. 288 V AEUV sind Empfehlungen und Stellungnahmen im Gegensatz zur Verordnung, Richtlinie und Beschlüssen **nicht ver-bindlich**. Sie begründen daher für ihre Empfänger keine Rechte und Pflichten.    **116**

Rechtliche Relevanz kann ihnen aber insoweit zukommen, als der AEUV vereinzelt deren Abgabe als Prozessvoraussetzung vorsieht (z.B. Art. 258 AEUV). Zudem kann die fehlende Einholung von Stel-lungnahmen einen Verfahrensfehler bei der unionalen Rechtsset-zung darstellen.

Die Kommission kann in den vom AEUV geregelten Bereichen Stel-lungnahmen und Empfehlungen abgeben, soweit sie es für notwen-dig erachtet. Einer speziellen vertraglichen Ermächtigung bedarf es hierfür nicht.[187]

## C) Tertiäres Unionsrecht

*tertiäres Unionsrecht*
⇨ *Rechtsakte ohne Gesetzescharakter*

Unter tertiärem Unionsrecht wurden bis zum Vertrag von Lissabon alle Rechtsakte gefasst, die nur mittelbar auf dem Primärrecht be-ruhten und ihre Ermächtigungsgrundlage in Sekundärrechtsakten hatten. Mit dem Inkrafttreten des Reformvertrags von Lissabon ist das tertiäre Unionsrecht nunmehr in den Art. 290 AEUV (delegierte Rechtsakte) und Art. 291 AEUV (Durchführungsrechtsakte) näher ausgestaltet worden.    **116a**

## I. Delegierte Rechtsakte, Art. 290 AEUV

*Delegierte Rechtsakte, Art. 290 AEUV*

Die delegierten Rechtsakte des Art. 290 AEUV sind im innerstaatli-chen Recht mit den Rechtsverordnungen nach Art. 80 GG ver-gleichbar. Im Falle des Unionsrechts wird die Kommission durch ei-nen Sekundärrechtsakt, eine Verordnung oder eine Richtlinie, er-mächtigt, zu deren Ergänzung oder Änderung eigene Rechtsakte zu erlassen.    **116b**

---

187   Es handelt sich um eine Ausnahme vom „Prinzip der begrenzten Einzelermächtigung".

Es handelt sich somit um eine Form der Normkonkretisierung, die aber nicht dazu führen darf, dass die im Gesetzgebungsverfahren notwendige Parlamentsbeteiligung ausgehöhlt wird.[188]

Delegierte Rechtsakte sind dadurch leicht erkennbar, dass sie nach Art. 290 III AEUV das Wort „delegiert" in ihrem Titel enthalten.

## II.  Durchführungsrechtsakte, Art. 291 AEUV

*Durchführungsrechtsakte, Art. 291 AEUV*

Daneben ermächtigt Art. 291 II AEUV die Kommission, ausnahmsweise auch den Rat, zum Erlass von Durchführungsrechtsakten. Diese dienen dem einheitlichen Vollzug des Unionsrechts und sind innerstaatlich mit den allgemeinen Verwaltungsvorschriften vergleichbar.

116c

Durchführungsrechtsakte zeichnen sich nach Art. 291 IV AEUV dadurch aus, dass in ihrem Titel der Wortteil „Durchführungs-" der jeweiligen Rechtsaktsbezeichnung vorangestellt wird. Üblich sind Durchführungsverordnungen und Durchführungsbeschlüsse; nicht ausgeschlossen wären zudem Durchführungsempfehlungen und Durchführungsrichtlinien.

## D)  Ungeschriebenes Unionsrecht

*Ungeschriebenes Unionsrecht*

Unter ungeschriebenem Unionsrecht versteht man die nicht kodifizierten Rechtsregeln des Unionsrechts. Hierzu zählen die allgemeinen Rechtsgrundsätze und das Gewohnheitsrecht. Das ungeschriebene Unionsrecht ist Teil des primären Unionsrechts bzw. steht zumindest im Rang dem primären Unionsrecht gleich (sog. ungeschriebenes Primärrecht).[189]

117

## I.  Allgemeine Rechtsgrundsätze

*allgemeine Rechtsgrundsätze*

Der Begriff der „allgemeinen Rechtsgrundsätze" bezeichnet Normen, die elementare Vorstellungen von Recht und Gerechtigkeit zum Ausdruck bringen und denen jede Rechtsordnung verpflichtet ist. Das geschriebene Unionsrecht setzt ihre Existenz voraus (vgl. bspw. Art. 340 II AEUV).

118

Der EuGH hat in seiner Rechtsprechung die allgemeinen Rechtsgrundsätze zur Lückenschließung und Auslegung des Unionsrechts, insbesondere im Bereich der Rechtsstaatprinzipien entwickelt und angewendet.

*Ermittlung*

Die Ermittlung der allgemeinen Rechtsgrundsätze durch den EuGH erfolgt vorrangig im Wege der Rechtsvergleichung der Verfassungsprinzipien der Mitgliedstaaten. Die so ermittelten allgemeinen Rechtsgrundsätze müssen sich in die Struktur und die Ziele des Unionsrechts einpassen.[190]

## II.  Rechtsstaatsprinzipien

*Rechtsstaatsprinzipien*

Der EuGH hat in seiner Rechtsprechung aus den Verfassungsüberlieferungen der Mitgliedstaaten eine Reihe von Rechtsstaatsprinzipien entwickelt, die als allgemeine Rechtsgrundsätze von den Unionsorganen beim Erlass von Rechtsakten zu beachten sind.

119

---

188  EuGH Rs. C-303/94, Slg. 1996, I-2943.

189  Vgl. oben Rn. 51.

190  EuGH, Rs. 11/70 (Internationale Handelsgesellschaft), Slg. 1970, 1125, 1135.

Hierzu zählen vor allem:[191]

⇨ das Verhältnismäßigkeitsprinzip,[192]

⇨ der Vertrauensschutz,[193]

⇨ der Grundsatz der Gesetzmäßigkeit der Verwaltung,[194]

⇨ das Gebot der Rechtssicherheit,[195]

⇨ Grundsätze über Widerruf und Rücknahme von Entscheidungen.[196]

**120**

Die Rechtsstaatsprinzipien binden die Organe der Union beim Erlass von Rechtsakten und sind Rechtmäßigkeitsvoraussetzung. Der Verhältnismäßigkeitsgrundsatz (im Verhältnis der EU zu den Mitgliedstaaten) ist nunmehr ausdrücklich in Art. 5 IV EUV enthalten.

**hemmer-Methode: Soweit es in der Klausur bei einer Handlung eines Unionsorgans auf Rechtsstaatsprinzipien ankommt, ist ebenso zu verfahren wie bei den Grundrechten. Hinsichtlich ihres Inhalts können Sie regelmäßig auf die Rechtsstaatsprinzipien des deutschen Rechts zurückgreifen.**

## III. Gewohnheitsrecht

*Gewohnheitsrecht*

Weiterhin ist auf Unionsebene die Existenz von Gewohnheitsrecht anerkannt. Hierunter versteht man unter Zugrundelegen der allgemeinen Definition eine durch lang dauernde Übung („consuetudo") und Rechtsüberzeugung („opinio iuris") entstandene Rechtsregel, die das primäre oder sekundäre Unionsrecht ergänzt.[197]

**121**

Die praktische Bedeutung des Gewohnheitsrechts ist im Unionsrecht allerdings äußerst gering.

*Bsp.:* Entsendung von Staatssekretären in den Rat statt Ministern.

### E) Völkerrechtliche Verträge, Völkergewohnheitsrecht

*Völkerrechtliche Verträge, Völkergewohnheitsrecht ⇨ integrierender Bestandteil des Unionsrechts*

**1.** Die Union besitzt partielle Völkerrechtsfähigkeit und kann daher im Rahmen ihrer Kompetenzen mit Drittstaaten oder internationalen Organisationen völkerrechtliche Verträge abschließen, vgl. Art. 216 ff. AEUV.

**122**

Die so abgeschlossenen Verträge sind für die Union und die Mitgliedstaaten verbindlich, Art. 216 II AEUV, und stellen nach dem EuGH einen „integrierender Bestandteil des Unionsrechts" dar. Folge ist, dass sich die Rechtsprechung des EuGH auch auf die Auslegung der von der Union abgeschlossenen völkerrechtlichen Verträge erstreckt.

Auch die von der Union abgeschlossenen völkerrechtlichen Verträge können unmittelbar anwendbar sein, wobei der EuGH dies für die Vertragstexte der WTO verneint.[198]

---

191  Vergleiche die Übersicht bei S/H/O, Rn. 1118 mit Verweisen auf die Rechtsprechung des EuGH; Streinz, Rn. 778 f.

192  EuGH, Slg. 1977, 1211; 1989, 2889; Rs. C-260/89 (ERT), Slg. 1990, I-2529.

193  EuGH, Slg. 1975, 533; 1988, 2344; 1990, I-418.

194  EuGH, Slg. 1958, 161; 1958, 233; 1964, 386.

195  EuGH, Slg. 1966, 103, 149 ff.; 1980, 1237; 1989, 437.

196  EuGH, Verb.Rs. 7/56 u. 3-7/57 (Algera), Slg. 1957, 83, 117; Rs. 14/81 (Alpha Steel), Slg. 1982, 749, 782.

197  Hobe, § 10, Rn. 19 ff.6; Borchardt, Rn. 94.

198  Geiger, Art. 216 AEUV, Rn. 23 m.w.N.

**2.** Schließlich sind auch die Regeln des Völkergewohnheitsrechts Bestandteil der Unionsrechtsordnung und daher von den Unionsorganen beim Erlass von Maßnahmen zu beachten.[199]

*123*

### F) Begleitendes Unionsrecht

Als „begleitendes Unionsrecht" bezeichnet man Normen, die in zwischen den Mitgliedstaaten abgeschlossenen völkerrechtlichen Verträgen enthalten sind und die Ziele der Union fördern.

*124*

*Verträge zwischen den Mitgliedstaaten - kein Bestandteil des Unionsrechts*

Sie sind allerdings kein Bestandteil des Unionsrechts und unterliegen nicht der Rechtsprechungsgewalt des EuGH. Der Abschluss solcher völkerrechtlichen Verträge ist teilweise im AEUV vorgesehen und erfolgt vor allem in Bereichen, in denen die Union keine eigene Kompetenz zum Tätigwerden besitzt.

> *Bsp. für „begleitendes Unionsrecht"* war früher insbesondere das „Übereinkommen über die gerichtliche Zuständigkeit und die Vollstreckung gerichtlicher Entscheidungen in Zivil- und Handelssachen" (EuGVÜ), das zwischenzeitlich aber weitgehend durch die sog. „Brüssel-I-Verordnung", Verordnung (EG) Nr. 44/2001 ersetzt wurde,[200] die ihrerseits mittlerweile durch die Verordnung (EU) Nr. 1215/2012 aufgehoben worden ist.

### G) Rangordnung innerhalb des Unionsrechts („Normenhierarchie")

*Normenhierarchie*

Das Unionsrecht ist – wie jede Rechtsordnung - durch das Prinzip der Normabstufung geordnet.

*125*

**I.** Die Normen des **primären Unionsrechts** stehen an der Spitze der unionsrechtlichen Normenhierarchie und nehmen damit gegenüber den sonstigen Normen des Unionsrechts den höchsten und untereinander grundsätzlich den gleichen Rang ein.

Dies ergibt sich vereinzelt aus dem AEUV selbst, wonach die Unionsorgane „nach Maßgabe des Vertrags" tätig werden (Art. 13 I S. 2 EUV). Zum geschriebenen primären Unionsrecht gehören der EUV, der AEUV und die EGRCh.

**II.** Dem **ungeschriebenen Unionsrecht**, insbesondere den allgemeinen Rechtsgrundsätzen und Rechtsstaatsprinzipien kommt grundsätzlich der Rang primären Unionsrechts zu bzw. sie sind Teil von diesem.

**III.** Das **sekundäre Unionsrecht** steht rangmäßig unter dem primären Unionsrecht einschließlich der allgemeinen Rechtsgrundsätze. Unionsrechtsakte müssen daher zu ihrer Rechtmäßigkeit mit dem primären Unionsrecht und den insofern dazugehörigen allgemeinen Rechtsgrundsätzen vereinbar sein (vgl. Art. 263 II AEUV).

Rechtsakte des sekundären Unionsrechts lassen sich untereinander gleichfalls in ein Rangverhältnis einordnen. So müssen Ausführungsbestimmungen mit ihren Ermächtigungsgrundlagen vereinbar sein (z.B. Beschlüsse/Durchführungsverordnungen der Kommission mit den zugrunde liegenden Ratsverordnungen).[201]

---

199 Siehe etwa EuGH, Rs. C-162/96 (Racke/Hauptzollamt Mainz), Slg. 1998, I-3655. Dazu etwa Epiney, NVwZ 1999, 1072, 1075 f.

200 Siehe dazu etwa Piltz, NJW 2002, 789 ff.

201 Magiera, JURA 1989, 595, 605; siehe auch Rn. 150.

**IV.** Die von der Union abgeschlossenen **völkerrechtlichen Verträge** sind integrierender Bestandteil des Unionsrechts und für die Unionsorgane verbindlich, Art. 216 II AEUV. Damit sind sie zugleich auch für alle Mitgliedstaaten unmittelbar bindend.

Sie gehen somit dem sekundären Unionsrecht rangmäßig vor, sodass Rechtshandlungen der Organe zu ihrer Rechtmäßigkeit mit ihnen vereinbar sein müssen.[202] Völkerrechtliche Verträge der Union stehen indes im Rang unter dem primären und ungeschriebenen Unionsrecht (vgl. Art. 218 XI AEUV).[203] Schließlich geht auch das Völkergewohnheitsrecht dem sekundären Unionsrecht vor.[204]

Die Normenhierarchie innerhalb des Unionsrechts lässt sich demnach stark vereinfacht folgendermaßen darstellen:

**Primäres Unionsrecht**

**(EUV, AEUV, EA, EGRCh,**

**Allgemeine Rechtsgrundsätze)**

**Völkerrechtliche Verträge der Union,**
**Völkergewohnheitsrecht**

**Sekundäres Unionsrecht,**
**Tertiäres Unionsrecht**

---

202 Hobe, § 10 Rn. 78; Streinz, Rn. 531.

203 Vgl. hierzu auch „Beitritt der EU zur EMRK", Rn. 58.

204 Siehe etwa EuGH, Rs. C-162/96 (Racke/Hauptzollamt Mainz), Slg. 1998, I-3655. Dazu etwa Epiney, NVwZ 1999, 1072, 1075 f.

## § 4 INSTITUTIONELLES SYSTEM DER EUROPÄISCHEN UNION

*Begriff der Institution:*
*Organe, Hilfsorgane, Einrichtungen*

Der Begriff „Institution" umfasst alle Einrichtungen der Union. Sie lassen sich in Organe, Hilfsorgane und sonstige Einrichtungen unterteilen.[205]

**126**

*7 Organe der Union: Art. 13 I EUV*

Die Organe der Union werden in Art. 13 I EUV aufgezählt. Organe sind demnach

⇨  das Europäische Parlament,

⇨  der Europäische Rat

⇨  der Rat,

⇨  die Kommission

⇨  der Gerichtshof der Europäischen Union,

⇨  die Europäische Zentralbank

⇨  und der Rechnungshof (insgesamt sieben Organe).

Nur sie sind gemeint, wenn im Vertrag von „Organen" die Rede ist. Die grobe Aufgabenverteilung und Funktion der Organe findet sich in Art. 14 ff. EUV. Detaillierte Bestimmungen über Zusammensetzung, Wahl, Aufgabenverteilung und Arbeitsweise stehen in Art. 223 bis 299 AEUV.

Zu den Organen treten ergänzend als beratende Einrichtungen (auch Hilfsorgane genannt) der „Wirtschafts- und Sozialausschuss" (WSA) sowie der „Ausschuss der Regionen" (AdR) hinzu, Art. 300 bis 307 AEUV.

Zum institutionellen System gehört neben der „Europäischen Zentralbank" (EZB) auch die „Europäische Investitionsbank" (EIB), Art. 308 f. AEUV. Das „Europäische System der Zentralbanken" (ESZB), Art. 119 AEUV, das aus der EZB und den Zentralbanken der EU-Staaten besteht, ist neben dem „Eurosystem", Art. 282 AEUV, das nur die EZB und die Zentralbanken derjenigen Staaten, deren Währung der Euro ist, speziell in der Geld- und Währungspolitik relevant. Weiterhin existieren auf Unionsebene zahlreiche sonstige Einrichtungen (v.a. Ausschüsse, z.B. Art. 240 AEUV), welche die Organe der Union unterstützen.

### A)  Organe der Union, Art. 13 ff. EUV, Art. 223 ff. AEUV

*Organe der Union,*
*Art. 13 EUV*

Bei der Ausgestaltung der Aufgaben und Befugnisse der Unionsorgane gibt es keine der deutschen Verfassung vergleichbare strikte Trennung zwischen „Legislative" und „Exekutive". Während der Rat und das Europäische Parlament mittlerweile die Hauptrechtsetzungsorgane sind, kommt der Kommission eher die Funktion der Exekutive zu, wobei sie selbst auch teilweise Rechtssetzungsbefugnisse hat. Der Gerichtshof der Europäischen Union, Art. 251 ff. AEUV, überprüft u.a. die Einhaltung der Verträge durch die Mitgliedstaaten und die Rechtmäßigkeit des Handelns der Unionsorgane.

**127**

**hemmer-Methode: Der EUV beginnt bei der Aufzählung der Organe mit dem EP, Art. 13 II EUV, Art. 223 AEUV. Das Skript folgt einer anderen Reihenfolge, entsprechend der Bedeutung der Organe für die Leitliniensetzung innerhalb der Union.**

---

205　Siehe Geiger, Art. 13 EUV, Rn. 1; vgl. zu den Organen die Übersicht bei Hobe, § 8 Rn. 133.

## I. Das Europäische Parlament, Art. 14 EUV, Art. 223 ff. AEUV

## 1. Zusammensetzung

*Maximal 750 gewählte Mitglieder plus Präsident, Art. 14 II EUV*

Das Europäische Parlament (EP) setzt sich aus Vertretern der Unionsbürgerinnen und Unionsbürger zusammen und hat insgesamt bis zu 750 Mitglieder (MEPs) zuzüglich des Präsidenten, Art. 14 II EUV.

**128**

Die Mitgliedsstaaten sind degressiv proportional abhängig von der Anzahl ihrer Staatsbürger, mindestens aber mit sechs und höchstens mit 96 Mitgliedern vertreten. Das bedeutet, dass mit zunehmender Bevölkerungszahl die Zahl der zusätzlichen Sitze eines Mitgliedstaats geringer wird.[206]

*MEPs: Amtszeit von 5 Jahren*

Die MEPs werden in allgemeiner, unmittelbarer, freier und geheimer Wahl von den Unionsbürgern für eine Amtszeit von fünf Jahren gewählt, Art. 14 III EUV. Näheres regeln Art. 223 ff. AEUV und die Geschäftsordnung des Europäischen Parlaments.

**129**

*Direktwahlakt; unzulässige 5-%-Schwelle*

Den Mitgliedstaaten ist durch den sogenannten „**Direktwahlakt**" aus dem Jahre 1976 (Art. 223 I AEUV) freigestellt, für die nationale Sitzvergabe an einzelne Parteien Mindestschwellen festzulegen. In Deutschland hat § 2 VII EuWG, Vergleichbar mit der bei der Bundestagswahl geltenden „5-%-Hürde", eine Mindestschwelle von 5 % vorgesehen. Entsprechend mussten Parteien somit auch bei der Wahl zum Europäischen Parlament mindestens 5 % der abgegebenen Stimmen erhalten, um an der Sitzverteilung partizipieren zu können. Diese Regelung hat das Bundesverfassungsgericht 2011 für ungültig erklärt, weil sie mit dem Grundsatz der Wahlgleichheit in Art. 38 I GG nicht vereinbar ist.[207] Das Gericht betonte, dass eine Beschränkung nicht pauschal mit der Funktionsfähigkeit gerechtfertigt werden könne. Vielmehr sei eine Einzelfallbetrachtung erforderlich, die im Falle des Europäischen Parlaments - bei 162 vertretennen Parteien - die Notwendigkeit einer deutschen Mindestschwelle nicht belegen könne. Die im Direktwahlakt vorgesehene Möglichkeit einer solchen Regelung war hierbei weder Prüfungsgegenstand noch -maßstab.

**129a**

*Auch 3-%-Schwelle unzulässig*

Nach der Entscheidung zur Unzulässigkeit der 5-%-Schwelle erließ das Europäische Parlament im Jahre 2012 eine Empfehlung, wonach die Mitgliedstaaten auf der Grundlage des Direktwahlaktes zur Erhaltung der Funktionsfähigkeit des Parlaments Mindestschwellen für die Erlangung von Parlamentssitzen in ihrer nationalen Rechtsordnung vorsehen sollten. Der Deutsche Bundestag reagierte hierauf mit einer erneuten Einrichtung einer Mindestschwelle, der sogenannten 3-%-Hürde, in § 2 VII EuWG im Jahre 2013. Danach sollten nur die Parteien bei der Wahl zum EP Berücksichtigung finden, die wenigstens 3 % der abgegebenen Stimmen erhalten haben. Auch diese Regelung erklärte das Bundesverfassungsgericht im Jahre 2014 für verfassungswidrig. Maßgeblich hielt das Gericht neben der ohnehin stark fragmentierten Parteienlandschaft im Europäischen Parlament auch den Umstand, dass das Europäische Parlament kein mit den nationalen Parlamenten nach Bedeutung und Funktion vergleichbares Organ der Europäischen Union ist. Folglich stellte das Bundesverfassungsgericht erneut das Fehlen eines sachlichen Grundes als Rechtfertigung für die Ungleichbehandlung von abgegebenen Stimmen fest.[208]

Das Europäische Parlament wählt aus seiner eigenen Mitte seinen Präsidenten und sein Präsidium, Art. 14 IV EUV.

---

206   Streinz/Ohler/Herrmann, Der Vertrag von Lissabon zur Reform der EU, 3. Auflage, S. 64.

207   BVerfG, NVwZ 2012, 33 = Life&Law 2011, 199 ff.

208   BVerfG, Urt. v. 26.02.2014 – 2 BvE 2/13 – = Life&Law 2014, 438 ff.

## 2. Aufgaben und Befugnisse

*Mit dem Rat wichtigstes Gesetzge-bungsorgan*

Die Befugnisse des Europäischen Parlaments wurden durch den Vertrag von Lissabon stark erweitert. Es ist mittlerweile nahezu in gleichem Umfang wie der Rat an der Rechtsetzung beteiligt. **130**

*Aufgaben: Art. 14 I EUV*

**a)** Art. 14 I EUV fasst die fünf großen Aufgabengebiete des Parla-ments zusammen: Gesetzgebung, Haushalt, politische Kontrolle (insbes. gegenüber der Kommission), Beratungsfunktionen und Wahl des Präsidenten der Europäischen Kommission.[209] **131**

**b)** Das Parlament erlässt in der überwiegenden Anzahl der Fälle zu-sammen mit dem Rat nach dem ordentlichen Gesetzgebungsverfah-ren, Art. 289 I, 294 AEUV, die Rechtsakte der Union, also Verord-nungen, Richtlinien und Beschlüsse, vgl. Art. 288 AEUV. Daneben gibt es noch das sogenannte besondere Gesetzgebungsverfahren, Art. 289 II AEUV. Das Verfahren der Zusammenarbeit (ex Art. 252 EG) wurde mit dem Vertrag von Lissabon abgeschafft. **132**

*Kein eigenes echtes Gesetzesinitia-tivrecht*

**c)** Nach wie vor besitzt das Europäische Parlament kein eigenes Gesetzes-Initiativrecht.[210] Es kann lediglich die Kommission dazu auffordern, Gesetzesvorschläge vorzulegen. Möchte die Kommissi-on dieser Aufforderung nicht nachkommen, muss sie dies gegen-über dem Parlament begründen. **133**

*Misstrauensantrag gegen die Kom-mission*

**d)** Die formell wirksamste Kontrollbefugnis des Europäischen Parla-ments stellt - neben der Haushaltskontrolle - der Misstrauensantrag gegen die Kommission dar, Art. 234 AEUV.[211] Hierdurch kann das Europäische Parlament die Amtsniederlegung der Kommission er-zwingen, Art. 234 II AEUV. **134**

*Untersuchungsausschuss, Art. 226 AEUV*

*Bürgerbeauftragter, Art. 228 AEUV*

**e)** Das Europäische Parlament kann nach Art. 226 AEUV einen nicht ständigen Untersuchungsausschuss einsetzen, in dem Verletzungen des Unionsrechts durch die Unionsorgane oder durch die Mitglied-staaten untersucht werden. Demselben Zweck dient die Ernennung eines Bürgerbeauftragten (Art. 228 AEUV), der Beschwerden von Einzelpersonen entgegennehmen kann. Der Einzelne selbst besitzt gegenüber dem Europäischen Parlament ein Petitionsrecht, Art. 227 AEUV. **135**

*Klagebefugnis*

**f)** Schließlich kann das Europäische Parlament gegen die von den anderen Unionsorganen erlassenen Rechtsakte Nichtigkeitsklage oder Untätigkeitsklage beim Gerichtshof der Europäischen Union einlegen, Art. 263 AEUV. **136**

## 3. Beschlussfassung

*Beschlussfassung*

Das Europäische Parlament beschließt grundsätzlich mit der Mehr-heit der abgegebenen Stimmen, soweit vertraglich nicht ein anderes Ergebnis der Beschlussfassung vorgesehen ist, Art. 231 I AEUV. Das nähere Verfahren regelt die Geschäftsordnung des Europäi-schen Parlaments (Art. 231 II AEUV). **137**

---

209  Streinz/Ohler/Herrmann, Der Vertrag von Lissabon zur Reform der EU, 3. Auflage, S. 63.

210  Eine Ausnahme hiervon stellt das Recht des EP dar, dem Rat im Rahmen künftiger Vertragsänderungen Entwürfe vorzulegen, Art. 48 II, VI UAbs. 1 EUV.

211  Von den bis 2010 erfolgten elf Misstrauensvoten scheiterten alle, siehe Borchardt, Rn. 327.

## II.  Der Europäische Rat, Art. 15 EUV, Art. 235 f. AEUV

### 1.  Zusammensetzung

*Europäischer Rat, Art. 15 f. EUV, Art. 235 ff. AEUV: Rat der Staats- und Regierungschefs*

Einer der wichtigsten Neuerungen im EUV durch den Vertrag von Lissabon ist die Stärkung des Europäischen Rates in allen seinen Funktionen.[212] Der Europäische Rat besteht grundsätzlich aus den Staats- und Regierungschefs sowie dem Präsidenten des Europäischen Rates und dem Präsidenten der Kommission, Art. 15 II EUV. Der Europäische Rat tagt zweimal pro Halbjahr, also viermal im Jahr, Art. 15 III EUV. Der Hohe Vertreter der Union für Außen- und Sicherheitspolitik nimmt an seinen Arbeiten teil, Art. 15 II S. 2 EUV.

**138**

*Wahl des Präsidenten*

Der Europäische Rat wählt seinen Präsidenten für eine Amtszeit von 2,5 Jahren mit einmaliger Wiederwahloption, Art. 15 V EUV.

### 2.  Aufgaben und Befugnisse des Europäischen Rates

*Bestimmt die Leitlinien der Unionspolitik*

Nach Art. 15 EUV gibt der Europäische Rat der Union „die für ihre Entwicklung erforderlichen Impulse und legt die allgemeinen politischen Zielvorstellungen und Prioritäten hierfür fest".

**139**

Das bedeutet, dass die Staats- und Regierungschefs sich viermal im Jahr treffen, um über politische, wirtschaftliche und sicherheitsrechtliche Grundsatzfragen zu entscheiden.

Daneben behandelt der Europäische Rat auch wichtige Fragen, für die auf Ministerebene (vgl. hierzu den nächsten Abschnitt) kein Konsens gefunden werden konnte. Da jedoch die Staats- und Regierungschefs meist innerhalb der Regierung ihres eigenen Staates eine Richtlinienkompetenz besitzen, dienen die Verhandlungsergebnisse des Europäischen Rates auch als Richtlinie für die Treffen des Ministerrats, also des Rates. Auch die Europäische Kommission handelt meist im Sinne der auf den Gipfeltreffen gefundenen Kompromisse. Für die Gemeinsame Außen- und Sicherheitspolitik (GASP) erarbeitet der Rat Leitlinien und erlässt Beschlüsse. Nach Art. 18 I EUV ernennt er mit Zustimmung des Kommissionspräsidenten den „Hohen Vertreter der Union für Außen- und Sicherheitspolitik".

**140**

### 3.  Beschlussfassung

*Beschlussfassung: Grundsätzlich Konsensverfahren, es sei denn in der Rechtsgrundlage andere Mehrheitsverhältnisse vorgesehen, Art. 15 IV EUV, Art. 235, 236 AEUV*

Die Beschlussfassung im Europäischen Rat erfolgt grundsätzlich im Konsensverfahren, Art. 15 IV EUV. Das bedeutet in der Praxis, dass so lange verhandelt wird, bis kein Mitglied mehr Einwände erhebt. Sofern dem Europäischen Rat explizite Handlungsbefugnisse zugewiesen sind, sehen diese Vorschriften auch die Abstimmungsmodalitäten vor. So muss der Europäische Rat nach Art. 31 I EUV beispielsweise einstimmig, nach Art. 18 I EUV mit qualifizierter und nach Art. 48 III EUV mit einfacher Mehrheit beschließen.

**141**

---

212  Streinz/Ohler/Herrmann, Der Vertrag von Lissabon zur Reform der EU, 3. Auflage, S. 60.

## III. Der Rat, Art. 16 EUV, Art. 237 ff. AEUV

### 1. Zusammensetzung

*Rat besteht aus je einem Vertreter jedes Mitgliedstaats auf Ministerebene, Art. 16 II EUV*

Nur vom Rat (der EU) wird gesprochen, wenn von den Mitgliedstaaten nicht die Staats- und Regierungschefs zusammenkommen, sondern die Minister der einschlägigen Ressorts (Finanzminister, Außenminister etc.), vgl. Art. 16 II EUV. In Art. 16 VI EUV wird zwar nur vom Rat für „Allgemeine Angelegenheiten" und vom Rat für „Auswärtige Angelegenheiten" gesprochen. Der Europäische Rat kann jedoch durch Beschluss weitere Zusammensetzungen vorsehen, Art. 16 VI UAbs. 1 EUV i.V.m. Art. 236 AEUV. Der Rat der Finanzminister wird als **„ECOFIN-Rat"** bezeichnet; für die übrigen „Räte" gibt es keine derartigen Bezeichnungen.

*„ECOFIN-Rat"*

**142**

**hemmer-Methode: Da im Europäischen Rat die Regierungschefs versammelt sind, können diese auch als Rat im Sinne des Art. 16 EUV fungieren, da sie ja mindestens auf Ministerebene stehen, Art. 16 II EUV. Umgekehrt ist dies nicht möglich. Beide Organe – Europäischer Rat und Rat – sind aber streng vom Europarat[213] zu unterscheiden, der ein Organ im Rahmen der EMRK ist![214] Soweit die Verträge vom „Rat" sprechen, ist ausnahmslos der (Minister-)Rat und nicht der „Europäische Rat" gemeint.**

### 2. Aufgaben und Befugnisse

*Mit dem EP wichtigstes Gesetzgebungsorgan*

Der Rat wird gemeinsam mit dem Europäischen Parlament als Hauptgesetzgeber tätig und übt gemeinsam mit dem Parlament die Haushaltsbefugnisse aus, Art. 16 I EUV.

**143**

Für die Mehrzahl der Gesetzgebungsverfahren ist nach dem Reformvertrag von Lissabon das **ordentliche Gesetzgebungsverfahren nach Art. 289 I, 294 AEUV** vorgesehen, bei dem Rat und Parlament gemeinsam entscheiden (früher sog. Mitentscheidungsverfahren).[215]

*Prinzip der begrenzten Einzelermächtigung, Art. 5 I EUV*

Der Rat darf jedoch nur dann rechtsetzend tätig werden, wenn er durch eine spezielle Ermächtigungsnorm dazu ermächtigt ist („Prinzip der begrenzten Einzelermächtigung", Art. 5 I EUV).[216]

### 3. Beschlussfassung

*Grundsatz: Beschlussfassung mit qualifizierter Mehrheit*

Soweit in den Verträgen nichts anderes festgelegt ist, beschließt der Rat mit qualifizierter Mehrheit, Art. 16 III EUV. Seit dem 01.11.2014 ist der Begriff der qualifizierten Mehrheit spezifiziert:

**144**

*Achtung: besondere Regel seit 01.11.2014: doppelte Mehrheit nach Art. 16 IV EUV!*

Demnach gilt als qualifizierte Mehrheit nur noch, wenn mindestens 55 % der Mitglieder des Rates zustimmen (also derzeit mindestens fünfzehn Ratsmitglieder) und diese 65 % der Unionsbevölkerung repräsentieren, Art. 16 IV EUV. Für eine Sperrminorität sind mindestens vier Mitglieder des Rates erforderlich, andernfalls gilt die qualifizierte Mehrheit als erreicht, Art. 16 IV UAbs. 2 EUV. In den Fällen, in denen der Rat nicht auf Vorschlag der Kommission oder des Hohen Vertreters der Union beschließt, erfordert die qualifizierte Mehrheit dagegen eine Mehrheit von mindestens 72 % der Mitglieder des Rates und 65 % der Bevölkerung der Union, vgl. Art. 16 IV UAbs. 3 EUV i.V.m. Art. 238 II AEUV.[217]

---

213  Siehe hierzu **Hemmer/Wüst, Völkerrecht, Rn. 305**.

214  Vgl. Diehm, JuS 2007, 209 ff.

215  Zum ordentlichen Gesetzgebungsverfahren nach Art. 289, 294 AEUV siehe unten Rn. 208.

216  Zum „Prinzip der begrenzten Einzelermächtigung" siehe Rn. 172.

217  Weiterführend zur Thematik Streinz/Ohler/Herrmann, Der Vertrag von Lissabon zur Reform der EU, 3. Auflage, S. 67.

## IV. Die Europäische Kommission, Art. 17 EUV, Art. 244 AEUV

### 1. Ernennung und Zusammensetzung

*Derzeit 27 Kommissare, die vom Europäischen Rat ernannt werden.*

Die Kommission wird nicht von den Unionsbürgern gewählt, sondern vom Europäischen Rat mit qualifizierter Mehrheit ernannt, Art. 17 VII UAbs. 3 S. 2 EUV. Der Kommissionspräsident wird auf Vorschlag des Europäischen Rates vom Europäischen Parlament gewählt, Art. 17 VII UAbs. 1 S. 2 EUV. Bis zum 31.10.2014 hat die Zahl der Kommissionsmitglieder (der Kommissare) der Anzahl der Mitgliedstaaten entsprochen, Art. 17 IV EUV. Um langfristig die Arbeitsfähigkeit der Kommission sicherzustellen und den Kommissionsapparat nicht zu sehr aufzublähen (Stichpunkt: Bürokratieabbau), hätte seit dem 01.11.2014 die Anzahl der Kommissare auf $2/3$ der Anzahl der Mitgliedstaaten reduziert werden sollen. Allerdings fasste der Europäische Rat im Mai 2013 den Beschluss, dass entsprechend Art. 17 V UAbs. 1 EUV von einer solchen Verkleinerung der Kommission abgesehen wird. Das führt dazu, dass derzeit 28 Kommissare in der Kommission sitzen. Die Amtszeit der Kommission beträgt fünf Jahre, Art. 17 III EUV.

*145*

### 2. Aufgaben und Befugnisse

*Art. 17 I und II EUV, insbesondere Gesetzesinitiativrecht und*

**a)** Die Aufgaben der Kommission finden sich in Art. 17 I EUV. Die Kommission fördert die Interessen der Union. Ihr kommt das Gesetzesinitiativrecht zu, Art. 17 II EUV. Sie wird daher auch häufig als „Motor der Union" bezeichnet. Bzgl. ihres Vorschlagsrechts ist die Kommission hinsichtlich Zeitpunkt, Inhalt und Form eines Rechtsetzungsakts grundsätzlich frei.

*146*

Beschränkungen ergeben sich vor allem aus dem Subsidiaritätsprinzip (Art. 5 II EUV) und dem „Gebot der Wirtschaftlichkeit". Die Kommission ist allerdings zum Tätigwerden verpflichtet, wenn das Unionsinteresse dies erfordert.

*„Hüterin der Verträge"*

**b)** Ferner ist die Kommission die „Hüterin der Verträge" und sorgt für die einheitliche und genaue Anwendung des Unionsrechts. Sie kann verschiedene Verfahren vor dem EuGH einleiten, um die Einhaltung und die Rechtmäßigkeit des Unionsrechts sicherzustellen. Zur Verfügung steht der Kommission insofern vor allem das Vertragsverletzungsverfahren nach Art. 258 AEUV.[218]

*147*

*Vertretung der Union nach außen*

**c)** Sie führt zudem den Haushaltsplan aus und übt nach Maßgabe der Verträge Koordinierungs-, Exekutiv- und Verwaltungsfunktionen aus. Außer bei der GASP und in einigen vertraglichen Ausnahmefällen, vertritt sie die Union nach außen. Die Kommission ist auch ohne ausdrückliche Ermächtigung in den Verträgen befugt, auf den Gebieten des Unionsrechts Empfehlungen und Stellungnahmen (Art. 288 V AEUV) abzugeben.

*148*

*Exekutivrechte*

**d)** Soweit die Union ausnahmsweise Vollzugsbefugnisse „nach außen" besitzt (z.B. im Wettbewerbsrecht Art. 105, 108 AEUV, siehe auch Kartell-VO; vereinzelt im Agrarrecht Art. 38 ff. AEUV), werden diese Befugnisse von der Kommission wahrgenommen. Sie ist daher auch „Verwaltungsorgan".

*149*

**e)** Die Kommission wird grundsätzlich zur Durchführung der vom Rat erlassenen Rechtsakte ermächtigt, Art. 291 II AEUV („Prinzip der Regeldelegation"). Zu diesem Zweck kann sie alle erforderlichen Durchführungsmaßnahmen treffen und sich hierbei der in Art. 288 AEUV genannten Handlungsformen bedienen.

*150*

---

218  Zum Vertragsverletzungsverfahren siehe unten Rn. 577 ff.

Häufig erlässt die Kommission sog. „Durchführungsverordnungen", Art. 291 AEUV, und wird damit auch rechtsetzend tätig.

Durchführungsmaßnahmen der Kommission müssen zu ihrer Rechtmäßigkeit mit dem Ermächtigungsakt des Rates (z.B. „Grundverordnung") vereinbar sein. Daneben kann der Kommission in Gesetzgebungsakten (das sind alle, die nach Art. 289 I, II AEUV erlassen werden) die Befugnis übertragen werden, Rechtsakte ohne Gesetzescharakter zu erlassen, vgl. Art. 290 AEUV.

*Außenvertretung der Union im Privatrechtsverkehr*

**f)** Ferner vertritt die Kommission die Union im Privatrechtsverkehr (Art. 335 S. 2 AEUV) und unterhält die notwendigen Kontakte zu internationalen Organisationen und Drittstaaten. Im Gegensatz zu den Mitgliedern des Rates handelt es sich bei den Kommissionsmitgliedern nicht um Vertreter ihrer Staaten. Sie üben ihre Tätigkeit vielmehr völlig unabhängig aus, ohne den Weisungen der Mitgliedstaaten unterworfen zu sein, und sind allein dem Wohl der Union verpflichtet.    *151*

## 3. Beschlussfassung

*Beschlussfassung mit der Mehrheit der Mitglieder, Art. 250 AEUV*

Beschlüsse der Kommission erfolgen mit der Mehrheit der Mitglieder, Art. 250 I AEUV (einfache Mehrheit). Das Nähere regelt die Geschäftsordnung der Kommission, vgl. Art. 250 II AEUV.    *152*

## V.  Der Hohe Vertreter der Union für Außen- und Sicherheitspolitik

*Repräsentant der Union nach außen*

Nachdem das ambitionierte Vorhaben, einen Außenminister der Union zu schaffen, mit dem Europäischen Verfassungsvertrag gescheitert war, führte der Reformvertrag von Lissabon das Amt des „Hohen Vertreters der Union für Außen- und Sicherheitspolitik" ein, Art. 18 EUV. Sinn und Zweck des Hohen Vertreters ist es, die Union nach außen hin sichtbarer und transparenter zu machen. Darüber hinaus soll er die verschiedenen Politikbereiche der Außenpolitik (Gemeinsame Handelspolitik, Gemeinsame Außen- und Sicherheitspolitik, Gemeinsame Verteidigungspolitik etc.) koordinieren, Art. 18 II EUV.    *153*

*Verschiedene Funktionen*

Aus diesem Grund kommen dem Hohen Vertreter auch verschiedene Funktionen zu, man spricht von einer Doppelstellung oder einem Doppelhut, den er trage.[219] Der Hohe Vertreter repräsentiert die Union nach außen und ist gleichzeitig einer der Vizepräsidenten der Kommission, Art. 18 IV EUV. Zudem hat er den Vorsitz im „Rat für Auswärtige Angelegenheiten", Art. 18 III EUV, und er nimmt an den Sitzungen des Europäischen Rates teil, Art. 15 II S. 2 EUV. Mit dieser Vielzahl an Funktionen sorgt er für die Kohärenz des auswärtigen Handelns der Union.    *154*

Der Hohe Vertreter wird mit qualifizierter Mehrheit und unter Zustimmung des Kommissionspräsidenten vom Europäischen Rat ernannt, Art. 18 I EUV.

## VI. Der Gerichtshof der Europäischen Union, Art. 19 EUV, Art. 251 ff. AEUV

Die Rechtskontrolle innerhalb der Europäischen Union obliegt dem Gerichtshof der Europäischen Union. Er sichert die Wahrung des Rechts bei der Auslegung und Anwendung der Verträge, Art. 19 I S. 2 EUV.    *155*

---

219  Streinz/Ohler/Herrmann, Der Vertrag von Lissabon zur Reform der EU, 3. Auflage, S. 67.

Der Gerichtshof der Europäischen Union umfasst den Gerichtshof (vormals EuGH), das Gericht (vormals Gericht 1. Instanz) und die Fachgerichte, Art. 19 I S. 1 EUV, wobei bisher nur das Gericht für den öffentlichen Dienst der Europäischen Union (EuGöD) als ein solches Fachgericht existiert.

## 1. Aufgabe

*Wahrung des Rechts*

Nach Art. 19 I S. 2 EUV sichert der Gerichtshof der Europäischen Union mitsamt seinen Untergliederungen die „Wahrung des Rechts bei der Auslegung und Anwendung der Verträge".  **156**

**a)** Die Formulierung „Auslegung und Anwendung der Verträge" meint nicht nur die Einhaltung der Bestimmungen des EUV und des AEUV, sondern darüber hinaus alle Rechtsquellen des primären und sekundären Unionsrechts unter Einschluss der allgemeinen Rechtsgrundsätze.[220] Die einzelnen Verfahrensarten sind in Art. 258 ff. AEUV aufgeführt.[221]

*Auslegungsmethode*

**b)** Der EuGH folgt einer dynamischen, an den Vertragszielen und der praktischen Wirksamkeit („effet utile") des Unionsrechts orientierten Auslegungsmethode.[222]  **157**

Er legt die Ermächtigungsnormen des AEUV regelmäßig weit aus und bedient sich vielfach der richterlichen Rechtsfortbildung zur ständigen Fortbildung und Lückenfüllung des Unionsrechts. Hierdurch wurde der EuGH häufig neben der Kommission als „Motor der europäischen Integration" bezeichnet.

*Auslegung des Unionsrechts unionsrechtliche Begriffsbildung*

**hemmer-Methode: Die in einer Norm des Unionsrechts enthaltenen Begriffe sind grundsätzlich eigenständig unionsrechtlich (unionsautonom) auszulegen.[223] Sie dürfen daher nicht ohne weiteres auf die aus dem deutschen Recht vertrauten Begriffsinhalte zurückgreifen.**  **158**
**Denn ein solches Vorgehen würde aufgrund der unterschiedlichen Wortbedeutungen in den nationalen Rechtsordnungen dazu führen, dass das Unionsrecht keine einheitliche Anwendung fände und seiner praktischen Wirksamkeit beraubt würde.**
**So ist z.B. der Begriff des „Arbeitnehmers" und der „öffentlichen Verwaltung" (Art. 45 IV AEUV) zum Teil anders auszulegen als im deutschen Recht. Allerdings können Sie sich an den Begriffsinhalten des deutschen Rechts zumindest orientieren.**

*Auslegungs-/ Verwerfungsmonopol*

**c)** Der EuGH besitzt das „Entscheidungsmonopol" hinsichtlich der letztverbindlichen Auslegung des gesamten Unionsrechts und der Verwerfung sekundären Unionsrechts (vgl. Art. 267 III AEUV). Kein mitgliedstaatliches Gericht darf selbstständig die Nichtigkeit eines Unionsrechtsakts feststellen (vgl. Art. 267 Ib AEUV).[224] Im Zuge der Ultra-vires-Kontrolle des Bundesverfassungsgerichts könnte daher auch „nur" die Nichtanwendbarkeit einer Unionsvorschrift festgestellt werden, da diese im Falle ihrer Verfassungswidrigkeit dann nicht vom Rechtsanwendungsbefehl des Art. 23 I GG erfasst wäre.  **159**

---

220  Geiger, Art. 19 EUV, Rn. 23 ff.; Hobe, § 10 Rn. 45; zum Begriff des primären und sekundären Unionsrechts siehe Rn. 51, 65.

221  Vgl. hierzu auch das Kapitel § 11 Rechtsschutzsystem, Rn. 569 ff.

222  Borchardt, Rn. 406 ff.; Geiger, Art. 19 EUV, Rn. 17 f.; Hobe, § 10 Rn- 49 f.; Streinz, Rn. 614 ff., mit krit. Anm. 617 ff.

223  Siehe zum Ganzen sowie zu den einzelnen Auslegungsmethoden (historische, wörtliche, systematische, teleologische) Hobe, § 10 Rn. 45 ff.

224  Siehe Rn. 702a, insbes. zur Auslegung des Art. 267 AEUV.

## 2. Zusammensetzung und Organisation des Gerichtshofs, Art. 251 ff. AEUV

*Zusammensetzung, Organisation*

Der Gerichtshof besteht aus einem Richter je Mitgliedstaat (Art. 19 II UAbs. 1 EUV) und wird von acht Generalanwälten unterstützt (Art. 252 AEUV).[225] Richter und Generalanwälte werden von den Regierungen der Mitgliedstaaten in gegenseitigem Einvernehmen auf sechs Jahre ernannt (Art. 253 I AEUV) und genießen volle richterliche Unabhängigkeit.

**160**

Die Richter wählen aus ihrer Mitte einen Präsidenten, Art. 253 III AEUV. Der Gerichtshof tagt grundsätzlich in Kammern, Art. 251 AEUV, wobei in der Satzung auch Große Kammern oder die Tagung als Plenum vorgesehen werden können. Der Gerichtshof hat, anders als jedes deutsche Gericht einschließlich des Bundesverfassungsgerichts (Art. 101 GG), keinen Geschäftsverteilungsplan; vielmehr teilt der Präsident die Verfahren nach eigenem Ermessen zu.

## 3. Zusammensetzung und Organisation des Gerichts, Art. 254 ff. AEUV

*Zusammensetzung*

**a)** Das Gericht besteht aus mindestens einem Richter je Mitgliedstaat (Art. 19 II UAbs. 2 EUV) wobei sowohl die genaue Zahl als auch die Frage, ob das Gericht von Generalanwälten unterstützt wird, in der Satzung des Gerichtshofs der Europäischen Union festgelegt werden (Art. 254 I AEUV).

**161**

*Zuständigkeit bei Klagen*

**b)** Nach Art. 256 I AEUV ist das Gericht grundsätzlich zuständig für Entscheidungen im ersten Rechtszug über die in Art. 263, 265, 268, 270 und 272 AEUV genannten Klagen, mit Ausnahme der Klagen, die einem nach Art. 257 AEUV gebildeten Fachgericht übertragen worden sind und der Klagen, die gemäß der Satzung dem Gerichtshof vorbehalten sind.

**162**

**aa)** Nach Art. 51 II der Satzung des Gerichtshofs der Europäischen Union sind dem Gerichtshof Klagen vorbehalten, die von einem Unionsorgan gegen eine Handlung oder wegen unterlassener Beschlussfassung des Europäischen Parlaments, des Rates, oder beider Organe in den Fällen, in denen sie gemeinsam beschließen, oder der Kommission erhoben werden, sowie die Klagen, die von einem Unionsorgan gegen eine Handlung oder wegen unterlassener Beschlussfassung der Europäischen Zentralbank erhoben werden.

**163**

**bb)** Der Gerichtshof entscheidet nach Art. 51 Ia der Satzung ebenso über Nichtigkeitsklagen (Art. 263 AEUV) und Untätigkeitsklagen (Art. 265 AEUV) der Mitgliedstaaten, die sich gegen Handlungen bzw. unterlassene Beschlussfassungen des Rates und/oder des Europäischen Parlaments richten.

**164**

Ausgenommen hiervon werden allerdings – mit der Folge der Zuständigkeit des EuG 1. Instanz – Entscheidungen des Rates nach Art. 108 II UAbs. 3 AEUV, Rechtsakte des Rates auf Grundlage von Verordnungen über handelspolitische Schutzmaßnahmen nach Art. 207 II AEUV und Handlungen des Rates, mit denen er Durchführungsbefugnisse i.S.d. Art. 291 II AEUV ausübt.

Für Nichtigkeitsklagen und Untätigkeitsklagen der Mitgliedstaaten, die sich gegen die Kommission richten, ist demgegenüber grundsätzlich das Gericht zuständig. Lediglich Handlungen oder unterlassene Beschlussfassungen der Kommission nach Art. 331 I AEUV behält Art. 51 Ib SEuGH der Entscheidung des Gerichtshofs vor.

---

225 Die Generalanwälte erstellen in ihren Schlussanträgen ein ausführliches Rechtsgutachten über die im jeweiligen Verfahren aufgeworfenen Rechtsfragen und unterbreiten dem EuGH einen konkreten Entscheidungsvorschlag.

**cc)** Insgesamt ist – wie schon bisher – eine Zuständigkeit des Gerichts vor allem bei Klagen von natürlichen und juristischen Personen (Individualklagen) gegeben. 165

*Zuständigkeit bei Vorabentschei-dungsverfahren*

**c)** Art. 256 III UAbs. 1 AEUV bestimmt, dass in der Satzung für bestimmte Sachgebiete auch in Vorabentscheidungsverfahren (Art. 267 AEUV) eine Zuständigkeit des Gerichts vorgesehen werden kann. Eine entsprechende Regelung wurde bislang noch nicht getroffen. 166

*Gerichtshof Rechtsmittelinstanz*

**d)** Soweit die Zuständigkeit des Gerichts gegeben ist, besteht ein auf Rechtsfragen beschränktes Rechtsmittel zum Gerichtshof, Art. 256 I UAbs. 2 AEUV (vergleichbar der Revision). Damit existiert auf Unionsebene ein zweistufiger Instanzenweg. 167

## 4. Die Bildung von Fachgerichten, Art. 257 AEUV

Neu ist die Möglichkeit zur Einrichtung von Fachgerichten (vormals Kammern), Art. 257 AEUV. Das Europäische Parlament und der Rat können nach dem ordentlichen Gesetzgebungsverfahren (Art. 289 I AEUV) dem Gericht beigeordnete Fachgerichte bilden. Diese sind dann für Entscheidungen im ersten Rechtszug über bestimmte Kategorien von Klagen zuständig, die auf besonderen Fachgebieten erhoben werden. Das Gericht ist für Entscheidungen über Rechtsmittel gegen die Entscheidungen eines Fachgerichts zuständig, Art. 256 II UAbs. 1 AEUV.

## VII. Europäische Zentralbank, Art. 282 ff. AEUV und Rechnungshof, Art. 285 ff. AEUV

*Europäische Zentralbank, Art. 282 ff. AEUV*

**1.** Die Europäische Zentralbank (EZB) bildet zusammen mit den nationalen Zentralbanken das Europäische System der Zentralbanken (ESZB), Art. 282 I S. 1 AEUV. Das Eurosystem hingegen bilden die EZB und die nationalen Zentralbanken der Mitgliedstaaten, deren Währung der Euro ist. Diese betreiben zusammen im Eurosystem die Währungspolitik der Europäischen Union. Vorrangiges Ziel des ESZB ist es, die Preisstabilität zu gewährleisten und die allgemeine Wirtschaftspolitik der Union zu unterstützen, Art. 282 II AEUV. Im Zuge der 2008 ausgebrochenen Finanz- und Staatsschuldenkrise ist dem Eurosystem eine zunehmende praktische und politische Bedeutung zugefallen. 168

*Rechtspersönlichkeit; Unabhängigkeit*

Die EZB besitzt eigene Rechtspersönlichkeit. Sie allein ist befugt, die Ausgabe des Euro zu genehmigen, Art. 282 III AEUV. In der Ausübung ihrer Befugnisse und Mittel ist sie unabhängig, ebenso wie die nationalen Zentralbanken, gegenüber den anderen Organen der EU und der Mitgliedstaaten unabhängig. Der EuGH kann gleichwohl Rechtsakte der EZB kontrollieren[226] sowie zur Durchsetzung ihrer Rechte von der EZB angerufen werden, Art. 263 I, 271 lit. d AEUV.

*Vorlage des BVerfG zum OMT-Programm*

Im Jahre 2012 fasste die EZB den Beschluss zum sogenannten OMT-Programm, einem Programm zum Aufkauf von Staatsanleihen bestimmter Krisenstaaten der Europäischen Union an den Wertpapiermärkten. Ziel des Programms sollte die Bereinigung der Kurse und Stabilisierung der Märkte aufgrund zunehmender Ängste der Marktteilnehmer vor einem „Auseinanderbrechen der Euro-Zone" werden.

---

226 Vgl. auch EuGH Rs. C-11/00 (Kommission/EZB), EuR 2003, 847 ff.

Das OMT-Programm war bereits kurz nach seiner Verkündung Gegenstand mehrerer Verfassungsbeschwerden, die unter anderem der EZB eine Überdehnung ihres Mandats und eine Einmischung in die den Mitgliedstaaten vorbehaltene Wirtschaftspolitik vorwarfen. Erstmalig in seiner Geschichte nahm das Bundesverfassungsgericht das OMT-Programm zum Anlass, dem EuGH mehrere Auslegungsfragen zum Umfang und der Geltung des Primärrechts, hier insbesondere des Art. 127 AEUV, vorzulegen.[227]

*Direktorium;*
*Rat*

Die EZB besteht aus einem Direktorium und einem Rat, Art. 283 AEUV. Das Direktorium besteht aus dem Präsidenten, dem Vizepräsidenten und vier weiteren Mitgliedern, Art. 283 II AEUV. Der Rat der EZB besteht aus den Mitgliedern des Direktoriums und den Präsidenten der nationalen Zentralbanken derjenigen Mitgliedstaaten, deren Währung der Euro ist, Art. 283 I AEUV. Der ständige Präsident des Rates und ein Mitglied der Kommission können an den Sitzungen des Rates der EZB teilnehmen, haben jedoch kein Stimmrecht, Art. 284 I UAbs. 2 AEUV. Die EZB verfasst einen Jahresbericht, Art. 284 III UAbs. 1 S. 1 AEUV. Als Rechtsgrundlage für die zur Erfüllung ihrer Aufgabe erforderlichen Maßnahmen dienen Art. 127 bis 133 und Art. 138 der Satzung der ESZB und der EZB, vgl. Art. 282 IV AEUV. Die nationalen Zentralbanken sind bei der Umsetzung der Währungspolitik der Union gegenüber der EZB weisungsgebunden.

*Rechnungshof,*
*Art. 285 ff. AEUV*

**2.** Der Rechnungshof nimmt die Rechnungsprüfung der Europäischen Union wahr, Art. 285 AEUV. Seine Aufgabe ist es, die Ordnungsmäßigkeit und Wirtschaftlichkeit von Einnahmen und Ausgaben der Union zu überprüfen, Art. 287 I AEUV („Finanzkontrolle"). Die Ergebnisse seiner Kontrolltätigkeit werden nach Abschluss jedes Haushaltsjahres in einem Jahresbericht zusammengefasst, der im Amtsblatt der Union veröffentlicht wird. Darüber hinaus kann er jederzeit in Sonderberichten zu bestimmten Gegenständen Stellung nehmen, die ebenfalls im Amtsblatt der Union veröffentlicht werden.

*168a*

## B) Hilfsorgane

### I. Wirtschafts- und Sozialausschuss, Art. 301 ff. AEUV

*WSA: Anhörungsrechte und Stellungnahmen*

**1.** Der Wirtschafts- und Sozialausschuss (WSA) ist ein ständiger, beratender Ausschuss der Union, Art. 301 AEUV. Seine Aufgabe ist es, Rat und Kommission durch die Abgabe von Stellungnahmen zu unterstützen, vgl. Art. 13 IV EUV, Art. 304 I AEUV. Soweit eine Anhörung des WSA im in den Verträgen obligatorisch vorgesehen ist (z.B. Art. 114 I, 153 II u. III, 157 III AEUV), ist deren Durchführung Rechtmäßigkeitsvoraussetzung für den betreffenden Rechtsakt.

*169*

**2.** Der WSA hat gemäß Art. 301 I AEUV höchstens 350 Mitglieder, die vom Rat für die Dauer von fünf Jahren ernannt werden. Diese Mitglieder setzen sich aus Vertretern verschiedener Gruppen des wirtschaftlichen und sozialen Lebens zusammen.

### II. Ausschuss der Regionen, Art. 305 ff. AEUV

*AdR: Anhörungsrechte, Stellungnahmen insbesondere in Fällen grenzüberschreitender Zusammenarbeit*

**1.** Der Ausschuss der Regionen (AdR) dient der Stärkung der Interessen staatlicher Untergliederungen, Art. 305 ff. AEUV. Aus diesem Grund soll er insbesondere auch in Fällen grenzüberschreitender Zusammenarbeit angehört werden, Art. 307 I AEUV a.E. Er ist ein ständiger, beratender Ausschuss, der Rat und Kommission durch die Abgabe von Stellungnahmen unterstützt, vgl. Art. 307 AEUV.

*169a*

---

227 Vgl. BVerfG, Beschl. v. 14.01.2014 – 2 BvR 2728/13 u.a. = Life&Law 2014, 288 ff. = **juris**byhemmer.

Soweit seine Anhörung im Rechtsetzungsverfahren obligatorisch vorgesehen ist (z.B. Art. 153 II, III, 192 I - III AEUV), ist deren Durchführung Rechtmäßigkeitsvoraussetzung für den betreffenden Rechtsakt.

**2.** Der AdR setzt sich aus Vertretern lokaler und regionaler Gebietskörperschaften (Länder, Gemeinden) zusammen, die vom Rat auf Vorschlag der Mitgliedstaaten für fünf Jahre ernannt werden, Art. 305 III AEUV.

### III.  Europäische Investitionsbank, Art. 308 f. AEUV

*EIB*

Aufgabe der Europäischen Investitionsbank (EIB) ist es, Kapital anzusammeln und dieses für Investitionen Dritter in weniger entwickelten Gebieten der Union einzusetzen und damit zu einer ausgewogenen Entwicklung des Binnenmarktes beizutragen, Art. 308 I AEUV.

*169b*

### C)  Verhältnis der Organe

*„Institutionelles Gleichgewicht"*

Die Unionsorgane lassen sich zwar nicht in das herkömmliche Muster von „Legislative - Exekutive - Judikative" einordnen. Dennoch stellen EUV und AEUV ein System von Rechtsregeln dar, das die Befugnisse der einzelnen Organe deutlich trennt und ansatzweise ihr Verhältnis zueinander regelt. Dieses „Verfassungssystem" wird vom EuGH[228] als „institutionelles Gleichgewicht" bezeichnet, dessen Einhaltung er überprüft.

*170*

---

228  EuGH, Rs. 25/70 (Köster), Slg. 1970, 1161, 1173; Rs. C-70/88 (Tschernobyl I), Slg. 1990, I-2041; Hobe, § 8 Rn. 233; Herdegen, § 7 Rn. 109; siehe ausführlich auch Hobe, § 8 Rn. 230 ff.

## § 5 RECHTSETZUNG

*Kompetenzkataloge in Art. 2 ff. AEUV – ausschließliche und geteilte Kompetenzen*

Vor Gründung der Europäischen Union (und früher der Europäischen Gemeinschaft) waren die Mitgliedstaaten umfassend und ausschließlich für die Rechtsetzung zuständig. Durch die Verträge wurden Zuständigkeiten zunächst auf die Gemeinschaften übertragen[229], deren Rechtsnachfolger – mit Ausnahme der fortbestehenden Europäischen Atomgemeinschaft (EAG) – nunmehr die Union ist, sodass die Rechtsetzungskompetenzen von Union und Mitgliedstaaten voneinander abzugrenzen sind.[230] Vergleichbar mit dem innerstaatlichen Recht kann man zwischen ausschließlicher und konkurrierender Kompetenz der Union unterscheiden. Durch den Reformvertrag von Lissabon wurde in Art. 2 ff. AEUV den einzelnen Vorschriften des AEUV ein Kompetenzkatalog vorangestellt. Dieser soll die Zuständigkeitsverteilung zwischen Union und Mitgliedstaaten deutlich veranschaulichen.

171

*Formelle und materielle Rechtmäßigkeit im Übrigen*

Neben dem Auffinden der Rechtsgrundlage ist ebenso die formelle und materielle Rechtmäßigkeit von Unionsrechtsakten zu prüfen. In der formellen Rechtmäßigkeit werden wie im nationalen Recht die Zuständigkeit („Verbandskompetenz" der EU und „Organkompetenz"), das Verfahren und die Form überprüft. Im Rahmen der materielle Rechtmäßigkeit ist insbesondere darauf zu achten, dass die Unionsrechtsakte (= Sekundärrecht) mit den Bestimmungen des Primärrechts und insbesondere auch mit den Unionsgrundrechten übereinstimmen.

### A) Kompetenz der Union

### I. Allgemeines

### 1. „Prinzip der begrenzten Einzelermächtigung"

*Prinzip der begrenzten Einzelermächtigung, Art. 5 I, II EUV*

**a)** Die Rechtsetzungskompetenz der Union ist nicht umfassend und uneingeschränkt. Es gilt das „Prinzip der begrenzten Einzelermächtigung", Art. 5 I S. 1, II EUV.[231] Demnach wird die Union „innerhalb der Grenzen der ihr in diesem Vertrag zugewiesenen Befugnisse" tätig, alle nicht in den Verträgen übertragenen Befugnisse verbleiben bei den Mitgliedstaaten (Art. 5 II EUV).

172

Die EU ist somit nur dann zur Rechtsetzung zuständig, wenn die Verträge ausdrücklich eine Ermächtigung zum Tätigwerden der Unionsorgane enthalten. Soweit die Verträge der Union keine Befugnis zum Tätigwerden verleihen, ist eine Rechtsetzung der Union ausgeschlossen.

*Keine Kompetenz-Kompetenz*

**hemmer-Methode: Die Union besitzt keine „Kompetenz-Kompetenz", welche souveräne Staaten auszeichnet, und entscheidet daher nicht selbstständig über ihre Zuständigkeit. Vielmehr bedarf jeder Rechtsakt der Union einer in den Verträgen enthaltenen Ermächtigungsnorm. Hierdurch zeigt sich, dass die Union noch kein „(Bundes-)Staat" mit unbegrenzter Rechtsetzungsgewalt ist.**
**Soweit Sie in der Klausur die Zuständigkeit der Union zu prüfen haben, muss der Hinweis auf das „Prinzip der begrenzten Einzelermächtigung" Ihr „erster Satz" sein.**
**Bsp.: „ I. Zuständigkeit der Union: Voraussetzung ist zunächst, dass die Zuständigkeit der Union zum Erlass der betreffenden Verordnung gegeben ist. Die Union ist nicht umfassend zur Rechtsetzung befugt, vielmehr gilt das „Prinzip der begrenzten Einzelermächtigung" (Art. 5 EUV). Danach kann die Union nur dann rechtsetzend tätig werden, wenn in den Verträgen eine Ermächtigung enthalten ist."**

---

229  Siehe Rn. 27 f.

230  Siehe allgemein zur Kompetenzabgrenzung zwischen der EU und den Mitgliedstaaten v. Bogdandy/Bast, EuGRZ 2001, 441 ff.

231  Dazu Geiger, Art. 5 EUV, Rn. 3.

**b)** Die Ermächtigungsnormen lassen sich hinsichtlich des zu erlassenden Rechtsaktes allgemein in zwei große Gruppen unterteilen.

*Handlungsform ausdrücklich vorgeschrieben*

**aa)** Einige Ermächtigungsnormen bestimmen ausdrücklich, welcher Handlungsform des Art. 288 AEUV sich die Unionsorgane zu bedienen haben (z.B. Art. 53, 115 AEUV „Richtlinien"). In diesem Fall darf nur der angegebene Rechtsakt erlassen werden.

*Ermessen hinsichtlich Wahl der Handlungsform, Verhältnismäßigkeit Art. 296 I EUV*

**bb)** Andere Ermächtigungsnormen räumen dagegen dem rechtsetzenden Unionsorgan ein Ermessen hinsichtlich der Wahl des Rechtsakts ein (z.B. Art. 114 AEUV „Maßnahmen"; Art. 18 II AEUV „Regelungen"; Art. 46 AEUV „Richtlinien oder Verordnungen"). Das handelnde Organ hat dann eine Einzelfallentscheidung zu treffen, wobei jedoch das Verhältnismäßigkeitsprinzip (Art. 5 IV EUV) zu beachten ist.[232] Diese bereits bisher anerkannten Grundsätze finden sich seit Inkrafttreten des Reformvertrags von Lissabon nunmehr ausdrücklich festgesetzt in Art. 296 I AEUV wieder. Danach ist zu prüfen, ob eine bestimmte Handlungsform tatsächlich notwendig ist oder ob nicht andere, mildere Handlungsformen ausreichend wirksam wären. Dies bedeutet beispielsweise, dass das rechtsetzende Organ keine Verordnung (Art. 288 II AEUV) erlassen darf, wenn das gleiche Ziel genauso wirksam mit einer Richtlinie (Art. 288 III AEUV) erreicht werden kann.[233] Denn Richtlinien überlassen den Mitgliedstaaten die Art und Weise der Umsetzung und sind damit „schonender" gegenüber den Rechtsordnungen als die detaillierten, unmittelbar anwendbaren Regelungen einer Verordnung. Allerdings verfügen die Unionsorgane insoweit über einen weiten Beurteilungsspielraum.

Kommen für einen Rechtsakt mehrere Kompetenznormen in Frage (z.B. Binnenmarkt Art. 114 AEUV, Gesundheitsschutz Art. 168 AEUV), entscheidet grundsätzlich der sachliche Schwerpunkt der Maßnahme.[234]

## 2. „Implied-Powers-Lehre"

*„Implied-Powers-Lehre*

Die integrationsfreundliche und an der praktischen Wirksamkeit des Unionsrechts („effet utile") orientierte Rechtsprechung des EuGH legt die Reichweite der vertraglichen Einzelermächtigungen grundsätzlich weit aus. Eine Ausprägung dieser Rechtsprechung ist die Anerkennung der völkerrechtlichen „Implied-Powers-Lehre" auch im Unionsrecht.[235]

Danach stehen der Union ungeachtet des Wortlauts einer Ermächtigungsnorm all jene Kompetenzen zu, die zur wirksamen und sinnvollen Erfüllung der bereits ausdrücklich eingeräumten Befugnis ergänzend erforderlich sind.[236] Aus innerstaatlicher Sicht ähnelt die „Implied-Powers-Lehre" der „Kompetenz kraft Sachzusammenhangs" bzw. „Annexkompetenz" im Gesetzgebungsverfahren des Bundes.

So fielen vor Inkrafttreten des Reformvertrags von Lissabon etwa das Strafrecht und das Strafprozessrecht zwar nicht in die Zuständigkeit der Europäischen Gemeinschaft (jetzt Union), sondern waren nur in der „Dritten Säule", der „Polizeilichen und Justiziellen Zusammenarbeit in Strafsachen" (PJZS), der intergouvernementalen, also eher rein völkerrechtlichen, Zusammenarbeit der Mitgliedstaaten vorbehalten.

---

232 Vgl. etwa Möschel, NJW 1993, 3025, 3026 f.; Schmidhuber/Hitzler, NVwZ 1992, 720, 723.

233 Geiger, Art. 296 AEUV, Rn. 1.

234 Siehe genauer Rn. 631 f.

235 EuGH, Verb.Rsn. 281, 283 - 285 u. 287/85, (Einwanderungspolitik) Slg. 1987, 3203 = EuGHE 1987, 3203.

236 Hobe, § 7 Rn. 103 ff.; Borchardt, Rn. 485.

Nach Auffassung des EuGH konnte dies aber den Gemeinschaftsgesetzgeber – jetzt den Unionsgesetzgeber – nicht daran hindern, Maßnahmen in Bezug auf das Strafrecht der Mitgliedstaaten zu ergreifen, wenn dies zur Durchsetzung von (im Zuständigkeitsbereich der Gemeinschaft erlassenen) Gemeinschaftsrechtsnormen erforderlich war.

Dementsprechend konnte die Gemeinschaft die Einführung von Strafrechtsnormen vorschreiben, wenn die Anwendung wirksamer, verhältnismäßiger und abschreckender Sanktionen zur Bekämpfung schwerer Beeinträchtigungen eines Gemeinschaftsziels (z.B. Umweltschutz, ex Art. 3 I lit. I, 6, 174 EG) als unerlässlich angesehen wurde.[237] Diese Rechtsprechung wurde mittlerweile durch den Vertrag von Lissabon in den AEUV übernommen und findet sich für das Strafrecht in Art. 83 II AEUV wieder. Die „Implied-Powers-Lehre" wird aber in anderen Politikbereichen nach wie vor angewandt.[238]

Ein praktisch wichtiger Anwendungsfall der „Implied-Powers-Lehre" liegt nach wie vor im Bereich der Außenkompetenzen der Union.[239] Die Kompetenz zum Abschluss völkerrechtlicher Verträge ist nur vereinzelt der Union ausdrücklich zugewiesen (z.B. Art. 207 III AEUV „Handelsabkommen", Art. 217 AEUV „Assoziierungsabkommen"). Die Union kann jedoch, auch wenn dies nicht ausdrücklich im AEUV vorgesehen ist, nach Art. 3 II, 216 I AEUV dann völkerrechtliche Verträge abschließen, wenn der Vertragsschluss zur Verwirklichung eines der in den Verträgen festgesetzten Ziele erforderlich ist, dies in einem verbindlichen Rechtsakt der Union vorgesehen ist oder aber ein völkerrechtlicher Vertragsschluss durch die Mitgliedstaaten bereits bestehende unionsrechtliche Vorschriften beeinträchtigen könnte („Schluss von Innenkompetenz auf Außenkompetenz").

### 3. Vertragsabrundungskompetenz, Art. 352 AEUV

*Vertragsabrundungskompetenz, Art. 352 AEUV*

Eine Modifizierung des Prinzips der begrenzten Einzelermächtigung stellt die Vertragsabrundungskompetenz (früher Vertragslückenschließungsverfahren) nach Art. 352 AEUV dar.[240] Hiernach kann der Rat auf Vorschlag der Kommission einstimmig und nach Zustimmung des Parlaments Vorschriften erlassen, die erforderlich sind, um eines der Ziele der Verträge zu verwirklichen, auch wenn in den Verträgen die hierfür erforderliche Befugnis nicht ausdrücklich vorgesehen ist.

Damit diese Vorschrift nicht zu einer Kompetenz-Kompetenz der Union ausartet, soll eine Kontrolle der Unionsorgane durch die nationalen Parlamente erfolgen. Deshalb muss die Kommission gemäß Art. 352 II AEUV die nationalen Parlamente auf Gesetzgebungsvorschläge, die sich auf Art. 352 I AEUV stützen, ausdrücklich aufmerksam machen.

Art. 352 AEUV gilt also in Fällen, in denen die vertraglichen Zielbestimmungen und die Einzelermächtigungen zum Erlass von Rechtsakten nicht übereinstimmen.

Von der „Implied-Powers-Lehre" unterscheidet sich das Verfahren nach Art. 352 AEUV dadurch, dass erstere an bestehende Kompetenzbestimmungen anknüpft, letzteres allgemeine Zielbestimmungen der Union zum Ausgangspunkt nimmt, um in nicht ausdrücklich zugewiesenen Bereichen eine Rechtsetzung zu ermöglichen.[241]

*175*

---

237  EuGH Rs. C-176/03 (Kommission u.a./Rat), NVwZ 2005, 1289, 1291.

238  So wird beispielsweise die Herleitung impliziter Kompetenzen (implied-powers) im Investitionsschutz diskutiert.

239  Siehe unten Rn. 230.

240  Geiger, Art. 352 AEUV, Rn. 1 spricht von einem Spannungsfeld zwischen der möglichst effektiven Aufgabenerfüllung und einer schleichenden Aushöhlung des Prinzips der begrenzten Einzelermächtigung.

241  Hobe, § 7 Rn 106 ff.

*subsidiäre Anwendung*

**a)** Ein Tätigwerden der Union nach Art. 352 AEUV kommt nur dann in Betracht, wenn im Vertrag eine ausdrückliche Ermächtigungsnorm unter Berücksichtigung der „Implied-Powers-Lehre" fehlt. Die Vertragsabrundungskompetenz findet demnach nur subsidiär Anwendung. *176*

*Verwirklichung der in den Verträgen vorgesehen Ziele*

**b)** Art. 352 I AEUV darf nur zur Verwirklichung der in den Verträgen vorgesehenen Ziele angewendet werden. Nach h.M. ist dieser Begriff eher weit auszulegen.[242] Ausreichend ist bislang, dass die zu regelnde Materie zumindest im Vertrag angelegt ist, auch wenn sie nur unzureichend und ganz punktuell geregelt ist. *177*

Die von der Union auf Grundlage des Art. 352 AEUV erlassenen Rechtsakte beziehen sich insbesondere auf die „begleitenden Politiken", in denen der Union speziell nur geringe Kompetenzen zugewiesen sind (z.B. Industriepolitik, Forschungs- und Entwicklungspolitik, wirtschaftlicher und sozialer Fortschritt; auch die Gründung der Europäischen Agentur für Menschenrechte wurde auf Art. 352 AEUV bzw. seine Vorgängernorm gestützt). *178*

*keine Kompetenz-Kompetenz*

**c)** Art. 352 AEUV enthält allerdings keine „Kompetenz-Kompetenz" der Union. Neue, bislang nicht zugewiesene Aufgabenbereiche und Vertragsziele kann die Union im Verfahren nach Art. 352 AEUV nicht an sich ziehen. Insoweit bedarf es vielmehr einer Vertragsänderung nach Art. 48 EUV. *179*

*im Rahmen des gemeinsamen Marktes nicht mehr zwingend*

**d)** In der bisherigen Fassung der Vorschrift (nach ex Art. 308 EG) musste die Verwirklichung des Vertragsziels „im Rahmen des gemeinsamen Marktes" erfolgen. Auch nach bisheriger wohl h.M. enthielt dieses Erfordernis keine weitergehende Einschränkung des ex Art. 308 EG.[243] Nach der überwiegenden Meinung lag ein Tätigwerden der Europäischen Gemeinschaft (jetzt Union) bereits dann im Rahmen des gemeinsamen Marktes, wenn es diesen förderte oder zumindest nicht beeinträchtigte. Teils wurde dem Tatbestandsmerkmal gar keine eigenständige Bedeutung zugemessen. Nach der Neufassung des AEUV wurde es aufgegeben. *180*

*Tätigwerden muss erforderlich sein*

**e)** Ein Tätigwerden der Union muss schließlich erforderlich sein. Zwar verfügt der Rat insoweit über einen Ermessensspielraum, jedoch hat er das Subsidiaritätsprinzip (Art. 5 III EUV) sowie den Verhältnismäßigkeitsgrundsatz (Art. 5 IV EUV) zu beachten. *181*

**f)** Liegen die Voraussetzungen des Art. 352 AEUV vor, so erlässt der Rat nach Vorschlag der Kommission durch einstimmigen Beschluss und nach Zustimmung des Europäischen Parlaments die geeigneten Vorschriften. *182*

*Vertragsänderung Art. 48 EUV*

**hemmer-Methode: Soweit sich aus den Verträgen weder ausdrücklich noch durch Auslegung unter Einschluss der „Implied-Powers-Lehre" eine Zuständigkeit der Union herleiten lässt und ein Vorgehen nach Art. 352 AEUV mangels im Vertrag enthaltener Zielbestimmungen nicht in Betracht kommt, ist der betreffende Bereich in der ausschließlichen Zuständigkeit der Mitgliedstaaten verblieben. Der Erlass von Rechtsakten durch die Unionsorgane ist dann ausgeschlossen. Eine Kompetenz der Union kann dann nur durch eine allgemeine Vertragsänderung (Art. 48 EUV) begründet werden. Vertragsänderungen nach Art. 48 EUV erfolgen in einem besonderen Verfahren durch Zusammenwirken von Unionsorganen und Mitgliedstaaten. Auf die Unterscheidung zwischen der Auslegung bestehender Ermächtigungsnormen und dem Erfordernis einer Vertragsänderung legte das BVerfG in seinem „Maastricht-Urteil" besonderen Wert.[244]** *183*

---

242  Hobe, § 7 Rn. 105 ff.

243  Borchardt, Rn 483.

244  BVerfG, NJW 1993, 3047, 3057. Zu den Konsequenzen einer Kompetenzüberschreitung der Union siehe Rn. 320 ff. = **juris**byhemmer.

## 4. Vertragsänderungsverfahren, Art. 48 EUV

*Vertragsänderung Art. 48 EUV*

Das Fehlen einer „Kompetenz-Kompetenz" für die Union bedeutet nicht, dass das gegenwärtige Kompetenzgefüge „unverrückbar" ist. Vielmehr sieht der Unionsvertrag in Art. 48 EUV zwei Verfahrensarten vor, mittels derer die Verträge selbst, das Primärrecht, geändert werden können. Zu unterscheiden sind das „Ordentliche Änderungsverfahren", Art. 48 II EUV, und das „Vereinfachte Änderungsverfahren", Art. 48 VI EUV.

*183a*

*Ordentliches Änderungsverfahren*

Ein ordentliches Änderungsverfahren kann auf Vorschlag der Mitgliedstaaten, des Europäischen Parlaments oder der Kommission gegenüber dem Rat erfolgen, Art. 48 II S. 1 EUV. Der Rat übermittelt die auf eine Verringerung oder Ausdehnung der bestehenden Kompetenzen der Union gerichteten Vorschläge dem Europäischen Rat und informiert die nationalen Parlamente, Art. 48 II S. 3 EUV.

*183b*

*Konventsverfahren*

Nach Anhörung des Europäischen Parlaments und der Kommission kann der Europäische Rat (also nicht „nur" der <Minister->Rat!) mit einfacher Mehrheit die Prüfung der vorgeschlagenen Änderungen beschließen. Dies führt grundsätzlich zur Einberufung eines Konvents, Art. 48 III S. 2 EUV, weshalb das ordentliche Änderungsverfahren auch als Konventsverfahren bezeichnet wird. Der Konvent ist eine Versammlung von Vertreten der nationalen Parlamente, der Staats- und Regierungschefs der Mitgliedsstaaten sowie des Europäischen Parlaments und der Kommission.

Bei nur geringfügigen Änderungen der Verträge können Europäischer Rat und Europäisches Parlament auf die Einberufung eines Konvents verzichten, Art. 48 III UAbs. 2 AEUV. In jedem Fall treten die Änderungen erst nach der vollständigen Ratifizierung der Änderungen durch alle Mitgliedstaaten nach deren verfassungsrechtlichen Bestimmungen in Kraft, Art. 48 IV UAbs. 2 AEUV.

*Vereinfachtes Änderungsverfahren*

⇨ Neben dem ordentlichen Änderungsverfahren sieht der EUV noch das vereinfachte Änderungsverfahren vor, das prozessual einen deutlich geringeren Umfang hat. Inhaltlich kann das vereinfachte Änderungsverfahren allerdings nur zur Änderung von Bestimmungen des Dritten Teils des AEUV („Die internen Politiken und Maßnahmen der Union", Art. 26 – 197 AEUV) herangezogen werden, Art. 48 VI S. 1 AEUV.

*183c*

⇨ Im Zuge der Finanz- und Staatsschuldenkrise ist der Art. 136 AEUV um einen dritten Absatz ergänzt worden, wofür die Mitgliedsstaaten (nur) das vereinfachte Änderungsverfahren nach Art. 48 VI AEUV durchgeführt haben. Der EuGH hat diese nicht unumstrittene Vorgehensweise als zulässig erachtet.[245]

*Zweidrittel-Zustimmung; Integrationsverantwortungsgesetz*

Für die Ratifizierung des Zustimmungsgesetzes zu einer ordentlichen oder vereinfachten Änderung des unionalen Primärrechts sind sowohl im Bundestag als auch im Bundesrat jeweils Zweidrittel-Mehrheiten erforderlich, Art. 23 I S. 3 i.V.m. Art. 79 II GG. Zudem bildet die „Ewigkeitsklausel" des Art. 79 III GG die äußerste Grenze einer Erweiterung und Vertiefung der europäischen Integration, worauf Art. 23 I S. 3 GG ebenfalls Bezug nimmt. Mit dem Integrationsverantwortungsgesetz (IntVG, Sartorius Nr. 98) hat der Gesetzgeber im Jahr 2009 schließlich noch einfachgesetzlich die Mitwirkungsmöglichkeiten von Bundestag und Bundesrat bei Vertragsänderungsverfahren geregelt.

Letztere Alternative erfasst insbesondere die verbindlichen Beschlüsse des UN-Sicherheitsrates im Falle einer Friedensbedrohung, Art. 25, 39 ff. UN-Satzung (z.B. UN-Sanktionen wie Handelsembargos).

---

245   EuGH Rs. C-370/12 („Pringle") vom 27.11.2012.

## II. Ausschließliche Zuständigkeit der Union, Art. 2 I, 3 AEUV

*ausschließliche Kompetenz, Art. 2 I, 3 AEUV*

**1.** Im Bereich der ausschließlichen Kompetenz der Union ist eine vollständige Zuständigkeitsübertragung auf die Union erfolgt, so dass allein sie und nicht mehr die Mitgliedstaaten zur Rechtsetzung befugt ist. Die Mitgliedstaaten dürfen daher auf dem betreffenden Gebiet nicht mehr tätig werden, es sei denn, sie werden ausdrücklich dazu ermächtigt oder um Unionsvorschriften durchzuführen, Art. 2 I HS 2 AEUV.

Bislang war es so, dass die Mitgliedstaaten dann, wenn die Union von ihrer Kompetenz keinen Gebrauch machte, als „Sachwalter des Unionsinteresses" ausnahmsweise und nach Konsultation der Kommission und besonderer Beachtung der unionsrechtlichen Interessen die erforderlichen Maßnahmen treffen durften.[246] Diese Sachwalterschaft dürfte nunmehr auch unter die Ermächtigungsmöglichkeit des Art. 2 I HS 2 AEUV zu subsumieren sein.

*Neu: Kompetenzkataloge Art. 3, 4 AEUV!*

**2.** Vor Inkrafttreten des Reformvertrags von Lissabon war es dem EG-Vertrag selbst nicht ausdrücklich zu entnehmen, ob eine Gemeinschaftskompetenz (jetzt Unionskompetenz) eine ausschließliche oder eine konkurrierende Kompetenz war. Die damit verbundenen Rechtsunsicherheiten wurden durch die Aufnahme eines Kompetenzkataloges in Art. 3 und 4 AEUV beseitigt.

Art. 3 AEUV bestimmt nun ausdrücklich und abschließend die derzeit bestehenden **ausschließlichen Zuständigkeiten** der Union. Diese erstrecken sich auf die Bereiche:

⇨ Zollunion,

⇨ Wettbewerbsregeln für das Funktionieren des Binnenmarktes,

⇨ Währungspolitik für den Euro-Raum,

⇨ Erhaltung der biologischen Meeresschätze im Rahmen der gemeinsamen Fischereipolitik und

auf die gemeinsame Handelspolitik.

Darüber hinaus kommt der Union ungeteilte, ausschließliche Kompetenz zu zum

⇨ Abschluss völkerrechtlicher Verträge in den in Art. 3 II AEUV genannten Fällen.

*Notstandsklauseln*

**3.** Eine allgemeine Durchbrechung der ausschließlichen Unionskompetenz stellen im Primärrecht die „Notstandsklauseln" der Art. 346, 347 EUV dar. Gemäß Art. 346 Ib AEUV kann jeder Mitgliedstaat im Bereich der Rüstungsproduktion und des Waffenhandels alle Maßnahmen treffen, die seines Erachtens für die Wahrung seiner Sicherheitsinteressen notwendig sind. Aus Art. 347 AEUV ergibt sich, dass die Mitgliedstaaten zu Maßnahmen berechtigt bleiben, die sie bei einer schwerwiegenden innerstaatlichen Störung der öffentlichen Ordnung, im Kriegsfall, bei einer schweren internationalen Spannung oder in Erfüllung völkerrechtlicher Verpflichtungen im Bereich der Friedenssicherung treffen.

Letztere Alternative erfasst insbesondere die verbindlichen Beschlüsse des UN-Sicherheitsrates im Falle einer Friedensbedrohung, Art. 25, 39 ff. UN-Satzung (z.B. UN-Sanktionen wie Handelsembargos).

184

185

186

---

246  Streinz, Rn. 155.

## III. Geteilte Zuständigkeit, Art. 2 II, 4 AEUV

*konkurrierende Kompetenzen, Art. 2 II, 4 AEUV*

Geteilte Zuständigkeiten dürften im AEUV der Regelfall sein.                    *187*

### 1. Allgemeines

*Union kann tätig werden, Art. 2 II AEUV*

**a)** Im Bereich der geteilten Zuständigkeiten (konkurrierenden Kompetenz) kann die Union grundsätzlich rechtsetzend tätig werden. Solange sie aber von ihrer Rechtsetzungsbefugnis keinen Gebrauch macht oder entschieden hat, ihre Zuständigkeit nicht mehr auszuüben, können die Mitgliedstaaten die Zuständigkeiten ausüben, vgl. Art. 2 II S. 2 u. S. 3 AEUV. Die Bereiche der geteilten Zuständigkeit sind in Art. 4 I, II AEUV genannt:

⇨ Binnenmarkt,

⇨ Sozialpolitik hinsichtlich der im Vertrag genannten Aspekte,

⇨ wirtschaftlicher, sozialer und territorialer Zusammenhalt,

⇨ Landwirtschaft und Fischerei, ausgenommen die Erhaltung der biologischen Meeresschätze,

⇨ Umwelt,

⇨ Verbraucherschutz,

⇨ Verkehr,

⇨ transeuropäische Netze,

⇨ Energie,

⇨ Raum der Freiheit, der Sicherheit und des Rechts,

⇨ Gemeinsame Sicherheitsanliegen im Bereich der öffentlichen Gesundheit hinsichtlich der in diesem Vertrag genannten Aspekte.

*abschließende Regelung*

**b)** Hat die Union von ihrer Rechtsetzungsbefugnis Gebrauch gemacht und einen Bereich abschließend geregelt, so dürfen die Mitgliedstaaten hinsichtlich desselben Regelungsgegenstandes nicht mehr tätig werden, Art. 2 II S. 1 AEUV.[247]                    *188*

*Schutz und Notstandsklauseln*

**c)** Ausnahmen hiervon bestehen dann, wenn das Unionsrecht mitgliedstaatliche Maßnahmen - sei es primärrechtlich oder sekundärrechtlich - in „Schutzklauseln" (vgl. Art. 114 IV, V, X AEUV) oder „Notstandsklauseln" (z.B. Art. 346, 347 AEUV) ausdrücklich zulässt.                    *189*

*Parallele Zuständigkeit*

**d)** Eher nachgeordnet sind demgegenüber die Koordinierungs- und Unterstützungsbefugnisse der Union, etwa in den in Art. 4 III und IV AEUV genannten Bereichen. Hier ist zu beachten, dass eine Rechtssetzung der Union gerade nicht dazu führt, dass die Mitgliedstaaten ihre Zuständigkeit verlieren, Art. 4 III a.E. und IV a.E. AEUV.

### 2. Subsidiaritätsprinzip, Art. 5 III EUV

*Subsidiaritätsprinzip, Art. 5 III EUV: zuständigkeitsbegrenzende Funktion*

Für den Bereich der geteilten Zuständigkeit gilt das in Art. 5 III EUV verankerte Subsidiaritätsprinzip. Das Subsidiaritätsprinzip hat für die Union in erster Linie eine zuständigkeitsbegrenzende Funktion. Nach dem Subsidiaritätsprinzip wird die Union in den Bereichen, die nicht in ihre ausschließliche Zuständigkeit fallen, nur dann tätig, sofern und soweit die Ziele der in Betracht gezogenen Maßnahmen von den Mitgliedstaaten nicht ausreichend verwirklicht werden können und vielmehr wegen ihres Umfangs oder ihrer Wirkungen auf Unionsebene zu verwirklichen sind.                    *190*

---

247 Zu den Rechtsfolgen, die sich für innerstaatliche Rechtsvorschriften ergeben, siehe Rn. 272 ff.

*Begriff*

**a)** Abstrakt enthält der Grundsatz der Subsidiarität, dass eine höhere allgemeine Ebene (= Unionsebene) nur dann zum Handeln befugt ist, wenn eine niedrigere speziellere Ebene (= Mitgliedstaat) die zu regelnden Inhalte nicht oder nur unzureichend zu regeln vermag. Das Subsidiaritätsprinzip setzt demnach den Vorrang der niederen vor der höheren Ebene fest.[248]

191

*negative und positive Voraussetzungen*

**b)** Das Subsidiaritätsprinzip in Art. 5 III EUV enthält eine negative und eine positive Voraussetzung.[249]

192

---

**Die Union darf im Bereich der konkurrierenden Kompetenz nur dann rechtsetzend tätig werden, wenn**

⇨ ein bestimmtes Ziel durch ein Handeln der Mitgliedstaaten auf nationaler Ebene nicht ausreichend erreicht werden kann („Erforderlichkeitskriterium"),

und daher

⇨ das Ziel in Anbetracht des Umfangs und der Wirkungen einer unionsrechtlichen Maßnahme besser auf Unionsebene erreicht werden kann („Besserkriterium").

---

*Auslegungsprobleme*

Der Wortlaut des Art. 5 III EUV ist nach wie vor unglücklich formuliert und wirft schwierige Auslegungsprobleme auf.[250] Unklar ist insbesondere, ob das „Besserkriterium" bereits aus dem „Erforderlichkeitskriterium" folgt. Denn wenn ein Mitgliedstaat eine Aufgabe nicht erfüllen kann, wird ein Tätigwerden der Union stets besser sein, vorausgesetzt es besteht ein Regelungsbedarf und die Union ist ihrerseits zu einer Regelung imstande. In einem dem „Amsterdamer Vertrag" beigefügten Protokoll,[251] in dem die Mitgliedstaaten die Anwendung der Grundsätze der Subsidiarität und Verhältnismäßigkeit nach ex Art. 5 II, III EG (jetzt Art. 5 III, IV EUV) durch Leitlinien präzisiert haben, ist aber ausdrücklich festgehalten, dass bei einem Tätigwerden der Union sowohl das Erforderlichkeits- als auch das Besserkriterium erfüllt sein müssen. Der Hauptanwendungsbereich für das Vorliegen beider Kriterien wird bei „transnationalen Sachverhalten" gesehen, die durch Maßnahmen der Mitgliedstaaten allein nicht ausreichend geregelt werden können und daher grenzüberschreitende Lösungen erfordern (z.B. Umweltschutz).[252]

193

Um den hiermit zusammenhängenden Unsicherheiten und einer ausufernden Gesetzgebung durch die Union zu begegnen, enthält Art. 6 des Zusatzprotokolls über die Anwendung der Grundsätze der Subsidiarität und der Verhältnismäßigkeit ein Stellungnahmerecht nationaler Parlamente.[253]

*Justiziabilität*

**c)** Zweifelhaft ist, ob und inwieweit eine effektive Kontrolle des Subsidiaritätsprinzips durch den EuGH gewährleistet sein wird. Die Begriffe der „Erforderlichkeit" und der „besseren Regelung" sind unbestimmte Rechtsbegriffe, die zwar grundsätzlich in vollem Umfang durch den EuGH überprüft werden können, vgl. auch Art. 8 des Zusatzprotokolls.[254]

194

---

248 Schweitzer/Fixson, JURA 1992, 579.

249 Vgl. dazu Geiger, Art. 5 EUV, Rn. 11.

250 Schweitzer/Fixson, JURA 1992, 579, 581 f.; Geiger, Art. 5 EUV, Rn. 11.

251 Vgl. Protokoll (Nr. 30) zum EG-Vertrag über die Anwendung der Grundsätze der Subsidiarität und Verhältnismäßigkeit, Nr. 5.

252 EuGH Rs. C-377/98 (Niederlande/Rat u. EP), EuGRZ 2001, 486, 488.

253 Siehe nunmehr Protokoll (Nr. 2) zum EUV/AEUV über die Anwendung der Grundsätze der Subsidiarität und der Verhältnismäßigkeit, das gem. Art. 51 EUV den Rang von primären Unionsrecht hat.

254 Siehe Rn. 251; vgl. auch Schweitzer/Fixson, JURA 1992, 579, 581 f.

Allerdings handelt es sich bei der Frage, ob ein Tätigwerden der Union besser und erforderlich ist, um eine Entscheidung, in der die zuständigen Organe der Union über einen weiten Ermessens- und Beurteilungsspielraum verfügen.[255] Es ist davon auszugehen, dass der EuGH im Rahmen eines „judicial-self-restraint" bei der Überprüfung des Subsidiaritätsprinzips größte Zurückhaltung zugunsten der Gesetzgebungsorgane ausüben wird.

Entsprechend lassen sich auch die Äußerungen des BVerfG im „Maastricht-Urteil" verstehen, wonach die Einhaltung des Subsidiaritätsprinzips „maßgeblich von der Praxis des Rates als dem eigentlichen Gesetzgebungsorgan der Gemeinschaft (jetzt Union)" abhänge.[256] Die Hauptbedeutung des Art. 5 III EUV liegt demnach vor allem im Bereich der politischen Willensbildung und im Begründungszwang (Art. 296 AEUV) für die Ausübung von konkurrierenden Rechtsetzungsbefugnissen.

> **hemmer-Methode: Der Anwendungsbereich des Art. 5 III EUV ist von dem des Art. 5 IV EUV wie folgt abzugrenzen: Während das Subsidiaritätsprinzip in Art. 5 III EUV das „Ob" eines Tätigwerdens der Union im Bereich der konkurrierenden Kompetenz als solches regelt, bezieht sich der Verhältnismäßigkeitsgrundsatz in Art. 5 IV EUV auf das „Wie" des Handelns der Union (z.B. Handlungsform, Regelungsintensität).[257] Zudem gilt Art. 5 IV EUV im Gegensatz zu Art. 5 III EUV auch im Bereich der ausschließlichen Unionskompetenzen und ist daher bei jeglichem Unionshandeln zu beachten.**

*195*

## 3. Rechtsangleichung nach Art. 114, 115 AEUV

*Rechtsangleichung nach Art. 114, 115 AEUV*

Wichtigster Bereich der geteilten Zuständigkeit ist der Binnenmarkt, Art. 4 II lit. a AEUV. Damit ist in der Unionspraxis die Angleichung der diesbezüglichen Rechtsvorschriften von großer Bedeutung. Sinn der Rechtsangleichung ist es, das reibungslose Funktionieren des Binnenmarktes zu garantieren, indem Unterschiede in den mitgliedstaatlichen Rechts- und Verwaltungsvorschriften beseitigt werden. Eine allgemein ausgestaltete Ermächtigung der Union zum Erlass rechtsangleichender Maßnahmen enthalten Art. 114, 115 AEUV.

*196*

*subsidiäre Anwendung*

Art. 114, 115 AEUV finden nur dann Anwendung, wenn keine spezielleren Normen die Union zum Erlass rechtsangleichender Maßnahmen ermächtigen (z.B. Art. 46, 52 II, 53, 113, 192 AEUV).[258] Die Rechtsangleichung auf Grundlage der Art. 114, 115 AEUV ist damit subsidiär, vgl. Art. 114 I S. 1 AEUV.[259]

*197 -199*

*Bedeutung, Verfahren Art. 115 AEUV*

**a)** Wegen der Spezialität des Art. 114 AEUV ist der Anwendungsbereich des Art. 115 AEUV sehr begrenzt. Von Bedeutung ist er heute hauptsächlich bei der Rechtsangleichung im Bereich der direkten Steuern (Einkommenssteuer, Vermögenssteuer), da sie vom Anwendungsbereich des Art. 114 AEUV (vgl. Art. 114 II AEUV) nicht erfasst werden. Soweit ein Tätigwerden der Union nach Art. 115 AEUV erfolgt, erlässt der Rat gemäß einem besonderen Gesetzgebungsverfahren (Art. 289 II AEUV) nach Vorschlag der Kommission einstimmig nach Anhörung des Europäischen Parlaments und des Wirtschafts- und Sozialausschusses durch Richtlinien die entsprechenden Angleichungsvorschriften.

*200*

255  Schweitzer/Fixson, JURA 1992, 579, 582.

256  BVerfG, NJW 1993, 3047, 3057 = **juris**byhemmer.

257  So zutreffend Jarass, Grundfragen, 28.

258  Siehe zur Rechtsangleichung im Bereich der Grundfreiheiten Rn. 397.

259  Geiger, Art. 114 AEUV, Rn. 4, 11.

*Bedeutung, Verfahren*
*Art. 114 AEUV*

**b)** Das Verfahren nach Art. 114 AEUV dient vor allem der Angleichung derjenigen mitgliedstaatlichen Vorschriften, die nach der Rechtsprechung des EuGH zum freien Warenverkehr (Art. 34 ff. AEUV) den Handel innerhalb der Union noch in zulässiger Weise einschränken dürfen.[260] Es ist im Übrigen auch zulässig, um bereits der Entstehung neuer Hindernisse für den Handel durch unterschiedliche nationale Rechtsvorschriften vorzubeugen, wenn das Entstehen solcher Hindernisse wahrscheinlich ist und die Maßnahme ihre Vermeidung bezweckt.[261]

201

Den Anwendungsbereich des ex Art. 95 EG (jetzt Art. 114 AEUV) hat der EuGH in seinem Urteil zur „Tabakrichtlinie" näher präzisiert und eingeschränkt.[262] Art. 114 AEUV will Maßnahmen ermöglichen, welche die Errichtung und das Funktionieren des Binnenmarktes verbessern sollen. Eine allgemeine Kompetenz zur Regelung des Binnenmarktes enthält Art. 114 AEUV jedoch nicht. Eine solche Auslegung widerspräche dem Wortlaut der Bestimmung sowie dem in Art. 5 I, II EUV enthaltenen Prinzip der begrenzten Einzelermächtigung. Ein auf Grundlage des Art. 114 AEUV erlassener Rechtsakt muss tatsächlich den Zweck haben, die Voraussetzungen für die Errichtung und das Funktionieren des Binnenmarktes zu verbessern. Die bloße Feststellung von Unterschieden zwischen den nationalen Vorschriften und die abstrakte Gefahr von Beeinträchtigungen des Binnenmarktes oder daraus möglicherweise entstehenden Wettbewerbsverzerrungen alleine genügt jedenfalls nicht für eine Heranziehung von Art. 114 AEUV als Kompetenzgrundlage. Vielmehr müssen Hindernisse für den Binnenmarkt wahrscheinlich und die daraus resultierenden Wettbewerbsverzerrungen spürbar sein.[263]

Sind aber die Voraussetzungen des Art. 114 AEUV erfüllt, kann bei den zu treffenden Maßnahmen – wie aus Art. 114 III AEUV folgt – auch anderen Politiken wie etwa dem Gesundheitsschutz Rechnung getragen werden. Dabei dürfen aber Bestimmungen wie Art. 168 IV lit. a, VII S. 3 AEUV, die wenigstens in gewissen Bereichen des Gesundheitsschutzes eine Harmonisierung ausschließen, nicht umgangen werden.[264]

Soweit eine Rechtsangleichung nach Art. 114 AEUV erfolgt, erlässt der Rat zusammen mit dem Europäischen Parlament nach Vorschlag der Kommission im ordentlichen Gesetzgebungsverfahren (Mitentscheidungsverfahren) nach Art. 289, 294 AEUV und nach Anhörung des Wirtschafts- und Sozialausschusses die entsprechenden Vorschriften. Art. 114 AEUV bestimmt im Gegensatz zu Art. 115 AEUV nicht, mittels welchen Rechtsaktes die Union tätig wird, sodass sowohl der Erlass einer Verordnung wie auch einer Richtlinie in Betracht kommt.

202

Gem. Art. 296 I AEUV und dem danach zu beachtenden Verhältnismäßigkeitsgrundsatz (Art. 5 IV EUV) ist der Richtlinie grundsätzlich der Vorzug zu geben, da der Erlass einer Richtlinie „weniger" in den innerstaatlichen Rechtsraum eingreift als eine Verordnung.[265] Auch hatte der Rat frühzeitig in einer Erklärung zu ex Art. 95 EG (jetzt Art. 114 AEUV) bestimmt, dass die Kommission bei Ausübung ihres Vorschlagsrechts der Richtlinie den Vorzug gibt.

*Rechtsangleichung nach*
*Art. 352 AEUV*

**c)** Soweit die Voraussetzungen der Art. 114, 115 AEUV nicht gegeben sind, kommt eine Rechtsangleichung u.U. auch im Verfahren nach Art. 352 AEUV in Betracht.

203

---

260 Siehe daher zu Art. 114 AEUV, Rn. 442 ff.

261 EuGH Rs. C-377/98 (Niederlande/Rat u. EP), EuGRZ 2001, 486, 487.

262 EuGH Rs. C-376/98 (Deutschland/Rat u. EP), NJW 2000, 3701 ff. mit Anm. Streinz, JuS 2001, 288 ff.

263 EuGH Rs. C-301/06 (Große Kammer), NJW 2009, 1801 ff.; EuGH, Rs. C-58/08 (Große Kammer), EuZW 2010, 505 ff.

264 Vgl. hierzu auch Geiger, Art. 168 AEUV, Rn. 10 a.E.

265 Vgl. oben Rn. 173.; Geiger, Art. 296 AEUV, Rn. 1.

## B) Organkompetenz

*Organkompetenz nach jeweiliger Ermächtigungsnorm*

Welches Organ jeweils befugt ist, rechtsetzend tätig zu werden, bestimmt sich nach der einschlägigen Ermächtigungsgrundlage. Die förmlichen Rechtsakte werden nach der Neufassung durch den Vertrag von Lissabon grundsätzlich im ordentlichen Gesetzgebungsverfahren vom Rat und dem Europäischen Parlament gemäß Art. 289 I, 294 AEUV gemeinsam erlassen (Verfahren der Mitentscheidung). In bestimmten im Vertrag vorgesehenen Fällen gilt gemäß Art. 289 II AEUV das besondere Gesetzgebungsverfahren. Mit der Durchführung der vom Rat bzw. von Rat und Europäischem Parlament erlassenen Vorschriften ist regelmäßig die Kommission betraut, die dazu zum Erlass von förmlichen Rechtsakten ermächtigt wird, Art. 290 AEUV ("Regeldelegation", z.B. Durchführungsverordnungen).[266] Daneben besteht die Möglichkeit der Rechtsetzung durch die Kommission. Dafür müssen der Kommission aber zunächst vom Rat und dem Parlament gemäß Art. 290 AEUV in Gesetzgebungsakten diese Befugnisse übertragen werden. Der Kommission bleibt grundsätzlich das Hauptvorschlagsrecht, vgl. Art. 17 II S. 2 EUV.

*204*

*Rat und EP als Hauptrechtsetzungsorgane im Mitentscheidungsverfahren, Art. 289, 294 AEUV*

*Kommission: Gesetzesinitiative und Durchführungsverordnungen*

## C) Gesetzgebungsverfahren

## I. Allgemeines

*einschlägiges Verfahren nach jeweiliger Ermächtigungsnorm*

**1.** Der Vertrag von Lissabon führte im Bereich der Rechtsetzung zwei grundlegende Neuerungen ein: Erstens die Unterscheidung zwischen Rechtsakten, die im Gesetzgebungsverfahren angenommen werden ("Gesetzesakte", Art. 289 III AEUV), und Rechtsakten ohne Gesetzgebungsverfahren (sonstige Rechtsakte, Art. 290, 291 AEUV).

*205*

Darüber hinaus wird beim Erlass von Gesetzesakten zwischen dem ordentlichen und dem besonderen Gesetzgebungsverfahren unterschieden, vgl. Art. 289 AEUV. Abgeschafft hingegen wurde das Verfahren der Zusammenarbeit nach ex Art. 252 EG-Vertrag.

*überwiegend: ordentliches Gesetzgebungsverfahren, Art. 289 I AEUV*

Der AEUV sieht für den Erlass von Rechtsakten mittlerweile überwiegend das ordentliche Gesetzgebungsverfahren des Art. 289 I, 294 AEUV vor. Im Gegensatz zu den Vertragsfassungen vor dem Reformvertrag von Lissabon werden hiermit die Mitentscheidungsrechte des Europäischen Parlaments entscheidend gestärkt. Das Parlament wird fortan an einer Vielzahl von Unionsrechtsakten zwingend zu beteiligen sein.

Das jeweilig anzuwendende Normsetzungsverfahren bestimmt sich allein nach der zugrundeliegenden Ermächtigungsnorm. Allgemein erfolgt die Rechtsetzung der Union in einem **dreistufigen Verfahren**, das sich grundsätzlich in Initiative, Beratung und Entscheidung gliedert.

*Zusammenwirken mehrerer Organe*

**2.** Die wichtigen Rechtsakte der Union werden durch Zusammenwirken mehrerer Organe erlassen, insbesondere auf Vorschlag der Kommission durch Beschluss des Rates und unter - je nach Gegenstand gestufter - Beteiligung des Europäischen Parlaments. Die Beteiligung des Europäischen Parlaments kann - vorbehaltlich besonderer Bestimmungen - als echte Mitentscheidung (Art. 289 I, 294 AEUV, Mehrzahl der Fälle), Zustimmung oder bloße Anhörung (Art. 289 II AEUV) ausgestaltet sein.[267] Vereinzelt ist zusätzlich eine Anhörung des Wirtschafts- und Sozialausschusses und des Ausschusses der Regionen vorgesehen. In Einzelfällen können der Rat und die Kommission auch allein handlungsbefugt sein.

*206*

---

266  Vergleiche hierzu bereits Rn. 150.

267  Siehe zu den Beteiligungsformen des EP bereits Rn. 130 ff.

*Nichtigerklärung bei Verfahrensverstößen*

**3.** Die Nichtbeachtung von Verfahrensvorschriften kann als „Verletzung wesentlicher Formvorschriften" (Art. 263 II AEUV) die Nichtigkeitserklärung eines Rechtsaktes durch den EuGH zur Folge haben.[268]

*207*

## II. Ordentliches Gesetzgebungsverfahren, Art. 289 I AEUV i.V.m. Art. 294 AEUV

*Ordentliches Gesetzgebungsverfahren*

Das ordentliche Gesetzgebungsverfahren des Art. 289 I AEUV i.V.m. Art. 294 AEUV (vor dem Vertrag von Lissabon Mitentscheidungsverfahren) ist das mittlerweile am häufigsten anzuwendende Verfahren beim Erlass von Rechtsakten durch die EU. Dadurch, dass im ordentlichen Gesetzgebungsverfahren sowohl der Rat als auch das Europäische Parlament gleichsam zustimmen müssen, damit der Rechtsakt zustande kommt, wird die Mitentscheidungsrolle des Europäischen Parlaments erheblich gestärkt. Nach diesem Verfahren kann ohne Zustimmung des Parlaments ein Rechtsakt nicht in Kraft treten. Dies gilt zwar auch für das sog. Zustimmungsverfahren. Jedoch hat das Europäische Parlament nur im ordentlichen Gesetzgebungsverfahren auch das Recht, formelle und materielle Abänderungsvorschläge einzubringen.

*208*

*Gesetzesinitiative*

Das Verfahren selbst richtet sich nach Art. 294 AEUV und kann bis zu drei Lesungen des Gesetzestextes umfassen.

*209*

Alleiniges Gesetzesinitiativrecht hat grundsätzlich die Europäische Kommission, die jedoch sowohl vom Parlament (Art. 225 AEUV) als auch vom Rat (Art. 241 AEUV) zu einem Tätigwerden aufgefordert werden kann. Ein entsprechendes Aufforderungsrecht steht auch den Bürgern der Union im Rahmen einer Bürgerinitiative zu (Art. 11 EUV, Art. 24 AEUV).

## 1. Erste Lesung, Art. 294 III – VI AEUV

*Erste Lesung*

Das Verfahren der Ersten Lesung findet sich in Art. 294 III - VI AEUV. Demnach legt das Europäische Parlament seinen Standpunkt in erster Lesung fest und übermittelt diesen dem Rat, Art. 294 III AEUV. Das Parlament kann den Gesetzesvorschlag entweder ohne Änderung billigen oder Änderungsvorschläge machen.

*210*

Nach der Übermittlung hat der Rat dann darüber zu entscheiden hat, ob er sich dem Standpunkt des Parlaments anschließt oder ob er eigene Änderungsvorschläge unterbreiten will.

Billigt der Rat den Standpunkt des Europäischen Parlaments, so ist der betreffende Rechtsakt erlassen, Art. 294 IV AEUV.

Bringt der Rat Änderungsvorschläge ein, so muss er einen eigenen Standpunkt festlegen und diesen dann wieder dem Europäischen Parlament zur zweiten Lesung übermitteln, Art. 294 V AEUV.

Gemäß Art. 294 VI AEUV unterrichten Kommission und Rat jeweils das EP über ihre Standpunkte und begründen diese.

## 2. Zweite Lesung, Art. 294 VII – IX AEUV

*Position des EP*

**a)** Mit der Verabschiedung des Standpunkts des Rates und dessen Übermittlung an das Europäische Parlament beginnt eine dreimonatige Frist für die Zweite Lesung, Art. 294 VII AEUV. Innerhalb dieser Frist stehen dem Parlament verschiedene Handlungsoptionen offen.

*211*

---

268 Zum Begriff der wesentlichen Formvorschrift siehe Rn. 629.

Das Parlament entscheidet über den Standpunkt des Rates und hat **drei Möglichkeiten**:

⇨ Annahme (mit einfacher Mehrheit der abgegebenen Stimmen) oder kein Beschluss: Der Rechtsakt ist in der Fassung des Standpunktes erlassen, Art. 294 VII lit. a AEUV

⇨ Ablehnung (mit absoluter Mehrheit der Mitglieder): Der Rechtsakt ist gescheitert, Art. 294 VII lit. b AEUV (Die Kommission kann jedoch einen grundlegend überarbeiteten Vorschlag vorlegen, wodurch ein neues Verfahren eingeleitet wird.)

⇨ Annahme von erneuten Änderungsvorschlägen (mit absoluter Mehrheit der Mitglieder), Art. 294 VII lit. c AEUV.

*Position des Rates*

**b)** Hat das Parlament Änderungsvorschläge beschlossen, wird der Rat wieder befasst. Er kann dann binnen drei weiteren Monaten in dem vom Parlament geänderten Text     212

⇨ alle Änderungen billigen, Art. 294 VIII lit. a AEUV (der Rechtsakt wäre dann erlassen)

oder

⇨ die Änderungen ablehnen oder in der Frist keinen Beschluss fassen (nicht billigen); in diesem Fall wird ein Vermittlungsausschuss einberufen, Art. 294 VIII lit. b AEUV.

Über die Billigung der Änderungsvorschläge des Parlaments entscheidet der Rat mit qualifizierter Mehrheit. Hat jedoch die Kommission eine ablehnende Stellungnahme zu den Änderungsvorschlägen des Parlaments abgegeben, so bedarf der Beschluss im Rat der Einstimmigkeit, Art. 294 IX AEUV.

### 3. Vermittlungsausschuss, Art. 294 X - XII AEUV

*Vermittlungsausschuss*

Sollte der Rat den in der Zweiten Lesung vom Parlament gemachten Änderungsvorschlägen innerhalb der Frist von drei Monaten nicht zugestimmt haben, versucht ein Vermittlungsausschuss eine Einigung zwischen Rat und Europäischem Parlament auf der Grundlage deren Standpunkte in Zweiter Lesung zu erzielen, Art. 294 X AEUV. Kommt innerhalb dieser drei Wochen kein gemeinsamer Entwurf zustande, so gilt der vorgeschlagene Rechtsakt als nicht erlassen, Art. 294 XII AEUV.     213

### 4. Dritte Lesung, Art. 294 XIII - XIV AEUV

*Dritte Lesung*

Billigt der Vermittlungsausschuss innerhalb einer Frist von sechs Wochen (Art. 294 XII, XIII AEUV) einen gemeinsamen Entwurf, kommt es zur Dritten Lesung. Innerhalb einer Frist von weiteren sechs Wochen stimmen das Parlament mit absoluter Mehrheit der abgegebenen Stimmen und der Rat mit qualifizierter Mehrheit der abgegebenen Stimmen über das Ergebnis des Vermittlungsausschusses ab.     214

Lehnt auch nur eines der Organe den Text ab oder fasst auch nur eines der Organe in der sechswöchigen Frist keinen Beschluss, ist der Rechtsakt gescheitert, wird er von beiden angenommen, ist er erlassen, Art. 294 XIII S. 1 AEUV a.E.

## 5. Bereiche, in denen das ordentliche Gesetzgebungsverfahren Anwendung findet:

*Beispiele*

Als Beispiele für die die Anwendung des ordentlichen Gesetzgebungsverfahrens können genannt werden:

215

⇨ die Verkehrspolitik, Art. 91 AEUV

⇨ die Umweltpolitik, Art. 192 AEUV

⇨ die Entwicklungspolitik, Art. 209 AEUV

⇨ der Arbeitnehmerschutz, Art. 48 AEUV

⇨ die Organisation der Agrarmärkte, Art. 43 II AEUV

⇨ die justizielle Zusammenarbeit in Zivilsachen, Art. 81 II AEUV, und in Strafsachen, Art. 82 II AEUV

## III. Besonderes Gesetzgebungsverfahren, Art. 289 II AEUV

In bestimmten in den Verträgen vorgesehenen Fällen kann auch ein besonderes Gesetzgebungsverfahren zu Anwendung kommen, vgl. Art. 289 II AEUV. Dabei kann entweder das Parlament mit Beteiligung des Rates, häufiger aber der Rat unter Beteiligung des Parlamentes handeln.

216

Besondere Gesetzgebungsverfahren zeichnen sich dadurch aus, dass eines der beiden Organe (meistens der Rat) einen Rechtsakt erlässt und das andere Organ (meistens das Parlament) nicht gleichberechtigt am Erlass mitwirken darf.[269]

In Betracht kommt dabei eine bloße Anhörung des anderen Organs oder auch dessen Zustimmung. Das Anhörungs- und ebenso das Zustimmungsverfahren entsprechen auch künftig der bisherigen Rechtslage.[270] Der EUV enthält in Art. 48 VII UAbs. 2 die Möglichkeit einer Umstellung der besonderen Gesetzgebungsverfahren auf die die ordentlichen Gesetzgebungsverfahren.

*Unterscheide: Gesetzesakte und Rechtsakte ohne Gesetzescharakter*

Gemäß Art. 289 III AEUV gelten alle Rechtsakte, die nach dem ordentlichen oder nach dem besonderen Gesetzgebungsverfahren erlassen wurde, als Gesetzesakte!

Alle anderen Rechtsakte werden als „Rechtsakte ohne Gesetzescharakter" bezeichnet, vgl. Art. 290 I AEUV.

## 1. Das Anhörungsverfahren

Das Anhörungsverfahren findet grundsätzlich Anwendung, wenn die Ermächtigungsgrundlage dies vorschreibt, wie bspw. Art. 74 S. 2 AEUV.

217

*Vorschlag der Kommission*

**a)** Eingeleitet wird das Verfahren wie nahezu alle Rechtsetzungsverfahren durch einen Vorschlag der Kommission hinsichtlich des zu erlassenden Rechtsakts, der dem Rat übermittelt wird („Initiativrecht").

*obligatorische/fakultative Anhörung*

**b)** Der Rat prüft zunächst, ob in der einschlägigen Ermächtigungsnorm eine Anhörung des Europäischen Parlaments vorgeschrieben ist („obligatorische Anhörung", z.B. Art. 74 S. 2 AEUV).[271]

---

269 Streinz/Ohler/Herrmann, Der Vertrag von Lissabon zur Reform der EU, 3. Auflage, S. 113.

270 Streinz/Ohler/Herrmann, Der Vertrag von Lissabon zur Reform der EU, 3. Auflage, S. 113.

271 Die Nichtanhörung des Parlaments in einem solchen Fall kann als „Verletzung wesentlicher Formvorschriften" zur Nichtigerklärung des betreffenden Rechtsaktes führen, Art. 263 II AEUV.

Darüber hinaus wird das Europäische Parlament in der Praxis zu allen anderen Rechtsetzungsverfahren ebenfalls angehört („fakultative Anhörung"). Gibt das Europäische Parlament eine Stellungnahme ab oder unterbreitet es Änderungsvorschläge, so ist der Rat allerdings nicht daran gebunden.

*Beschluss des Rates*

**c)** Nach Anhörung des Parlaments beschließt der Rat den betreffenden Rechtsakt. Möchte er vom Kommissionsvorschlag allerdings abweichen, so kann der betreffende Rechtsakt nur durch einstimmigen Ratsbeschluss erlassen werden, Art. 293 AEUV.

## 2. Das Zustimmungsverfahren

*Zustimmungsverfahren*

Des Weiteren kennt der AEUV das Zustimmungsverfahren. Es gibt dem Europäischen Parlament die Möglichkeit, der Annahme von Rechtsakten des Rates zuzustimmen oder seine Zustimmung zu verweigern. Abänderungsmöglichkeiten besitzt das Parlament in dieser Verfahrensart jedoch nicht. 218

Es findet Anwendung, sobald in der Rechtsgrundlage darauf verwiesen wird wie bspw. bei der Vertragsabrundungskompetenz nach Art. 352 AEUV, bei Aspekten der Nichtdiskriminierung und der Unionsbürgerschaft, Art. 19 und 25 AEUV, sowie bei der Schaffung einer europäischen Staatsanwaltschaft, Art. 86 AEUV etc.

## IV. Weitere besondere Verfahren

*Besondere Verfahren*

Besondere Verfahrensarten sind darüber hinaus vor allem für das Zustandekommen des Haushaltsplanes (Art. 314 AEUV), den Abschluss völkerrechtlicher Verträge (Art. 218 AEUV), den Beitritt zur Union und den Austritt aus der Union (Art. 49 und 50 EUV) sowie für Vertragsänderungen (Art. 48 EUV) vorgesehen. 219

*CETA/TTIP*

Die zeitweise sehr viel Aufmerksamkeit erlangenden Verhandlungen zu den beiden Freihandelsabkommen CETA (mit Kanada) und TTIP (mit den USA) könnten wichtige völkerrechtliche Verträge darstellen, welche die Europäische Union nach Art. 218 AEUV abschließen kann.

## D) Form (Begründung, Veröffentlichung), Art. 296, 297 AEUV

Hinsichtlich der Form von Rechtsakten der Union sind allein in Art. 296 AEUV („Begründung") und in Art. 297 AEUV („Unterzeichnung, Veröffentlichung") Vorschriften enthalten. 220

*Art des zu erlassenden Rechtsaktes*

**I.** Die Art des zu erlassenden Rechtsaktes (Verordnung, Richtlinie, Beschluss, Art. 288 AEUV) wird grundsätzlich in den Verträgen durch die Ermächtigungsgrundlage vorgegeben. Findet sich in der Ermächtigungsgrundlage keine Angabe über die Art des zu erlassenden Rechtsaktes, ist gemäß Art. 296 I AEUV eine Einzelfallentscheidung vorzunehmen, wobei der Grundsatz der Verhältnismäßigkeit zu beachten ist. Dabei gilt, dass Richtlinien gegenüber Verordnungen als weniger einschneidendes Mittel gelten, da sie nicht unmittelbar gelten und den Mitgliedstaaten die Wahl der Form sowie der Mittel der Umsetzung belassen, vgl. Art. 288 III AEUV.[272] 220a

---

272 Geiger, Art. 296 AEUV, Rn. 1; vgl. dazu bereits oben Rn. 173.

*Begründungspflicht*
*Art. 296 AEUV*

**II.** Gemäß Art. 296 AEUV sind die verbindlichen Rechtsakte der Union (Verordnung, Richtlinie, Beschlüsse) mit Gründen zu versehen und müssen auf die vertraglich einzuholenden Vorschläge (der Kommission) oder Stellungnahmen (z.B. des Europäischen Parlaments, WSA oder AdR) Bezug nehmen. In dem betreffenden Rechtsakt muss grundsätzlich auch die Ermächtigungsgrundlage angegeben werden. **221**

*Zweck*

**1.** Die Begründungspflicht soll zum einen die von einem Rechtsakt Betroffenen in die Lage versetzen, die entscheidenden Gesichtspunkte für seinen Erlass kennen zu lernen. Zum anderen soll sie dem EuGH eine effektive Ausübung seiner Rechtskontrolle ermöglichen.[273] **222**

*Umfang*

**2.** Der Umfang der Begründungspflicht richtet sich nach dem jeweils zu erlassenden Rechtsakt. Bei Rechtsakten der Union, die einen Sachverhalt detailliert regeln (bspw. Beschlüsse für einzelne Adressaten), sind an die Begründung höhere Anforderungen zu stellen als bei Rechtsakten, die allgemein gefasst sind (= Verordnung, Richtlinie).[274] Nicht erforderlich ist, dass alle rechtlichen Gesichtspunkte genannt werden;[275] ausreichend ist die Darlegung der wesentlichen Erwägungen.[276] Unzureichend ist es jedenfalls, wenn ein Rechtsakt lediglich auf die zugrunde liegende Ermächtigungsnorm verweist[277] oder aber die vertragliche Ermächtigungsnorm unklar bleibt.[278] **223**

*Nichtigerklärung bei unzureichender Begründung*

**3.** Eine unzureichende Begründung kann als „Verletzung wesentlicher Formvorschriften" i.S.d. Art. 263 II AEUV zur Nichtigerklärung eines Rechtsaktes durch den EuGH führen.[279] **224**

*Veröffentlichung, Bekanntgabe*
*Art. 297 AEUV als*
*Wirksamkeitsvoraussetzung*

**III.** Zu ihrer Wirksamkeit bedürfen die Unionsrechtsakte der Veröffentlichung bzw. Bekanntgabe, Art. 297 AEUV. Hinsichtlich der Anforderungen ist nach Art und Zustandekommen des betreffenden Rechtsaktes zu unterscheiden. Unterschieden wird insbesondere nach Gesetzgebungsakten, die im ordentlichen (Art. 289 I AEUV) und im besonderen Gesetzgebungsverfahren (Art. 289 II AEUV) erlassen wurden, sowie nach Rechtsakten ohne Gesetzescharakter (zumeist Durchführungsrechtsakte der Kommission, Art. 290 AEUV). **225**

**1.** Soweit ein verbindlicher Rechtsakt (= Verordnung, Richtlinie, Beschluss) im ordentlichen Gesetzgebungsverfahren zustande kommt, ist er vom Präsidenten des Rates sowie des Europäischen Parlaments zu unterzeichnen und im Amtsblatt der Europäischen Union zu veröffentlichen, Art. 297 I UAbs. 1 u. 3 AEUV. Gesetzgebungsakte, die im besonderen Gesetzgebungsverfahren erlassen werden, werden vom Präsidenten des Organs unterzeichnet, das sie erlassen hat und dann ebenfalls im Amtsblatt veröffentlicht, Art. 297 I UAbs. 2 u. 3 AEUV. **226**

Sonstige Rechtsakte ohne Gesetzescharakter werden vom Präsidenten des erlassenden Organs unterzeichnet, Art. 297 II UAbs. 1 AEUV.

Die an alle Mitgliedstaaten adressierten Verordnungen, Richtlinien und Beschlüsse sind im Amtsblatt der EU zu veröffentlichen. Grundsätzlich treten die genannten Rechtsakte zu dem in ihnen festgelegten Zeitpunkt, andernfalls am 20. Tag nach ihrer Veröffentlichung in Kraft, Art. 297 Abs. 1 UAbs. III, Abs. 2 UAbs. 2 S. 2 AEUV.

---

273 EuGH, Rs. 45/86 (APS), Slg. 1987, 1493, 1519; Magiera, JURA 1989, 595, 603; Geiger, Art. 296 AEUV, Rn. 2.; siehe auch EuGH, Slg. 1990, I-221, 222.

274 Geiger, Art. 296 AEUV, Rn. 5 f.; Streinz, Rn. 744.

275 EuGH, Slg. 1984, 3623, 3641 f. = **juris**byhemmer.

276 EuGH, Rs. 37/83, (Phytosanitäre Kontrollen), Slg. 1984, 1229, 1247.

277 EuGH, Slg. 1987, 4013, 4042.

278 EuGH, Rs. 45/86 (APS), Slg. 1987, 1493, 1519.

279 Siehe unten Rn. 620, 629.

**2.** Richtlinien sowie Beschlüsse, die nur an einen bestimmten Adressaten gerichtet sind, werden diesen bekannt gegeben und durch die Bekanntgabe wirksam, Art. 297 II UAbs. 3 AEUV. Eine wirksame Bekanntgabe ist gegeben, wenn die Entscheidung dem Adressaten zugeht und dieser in die Lage versetzt worden ist, von ihr Kenntnis zu nehmen.[280]

*227*

### E) Abschluss völkerrechtlicher Verträge durch die EU

*Abschluss völkerrechtlicher Verträge, Art. 216 ff. AEUV*

Die Union als partielles Völkerrechtssubjekt kann völkerrechtliche Verträge abschließen, sofern ihr die Kompetenzen hierfür zustehen, vgl. Art. 216 I AEUV. Die von der Union abgeschlossenen völkerrechtlichen Verträge sind integrierender Bestandteil des Unionsrechts und sowohl für die Unionsorgane als auch für die Mitgliedstaaten verbindlich, Art. 216 II AEUV. Art. 218 AEUV stellt für den Abschluss völkerrechtlicher Verträge besondere Verfahrensregeln auf, enthält aber selbst keine Ermächtigungsgrundlage.

*228*

*ausdrückliche Zuständigkeit*

**I.** Die Zuständigkeit der Union zum Abschluss völkerrechtlicher Verträge ist nur zum Teil im AEUV ausdrücklich geregelt, z.B. Art. 207 III AEUV (Handelsabkommen), Art. 217 AEUV (Assoziierungsabkommen). Die Verhandlungen der EU mit Kanda (CETA) und den USA (TTIP) für die Freihandelsabkommen beruhen auf Art. 207 III AEUV.

*229*

**II.** Der EU stehen aber auch ungeschriebene Vertragsschließungskompetenzen zu, vgl. Art. 3 II, 216 I AEUV.

*230*

*Parallelität von Innen- und Außenkompetenz*

**1.** Besitzt die Union in einem Sachgebiet die Rechtsetzungskompetenz für den Innenbereich der Union, so ist sie „implizit" auch zum Abschluss völkerrechtlicher Verträge mit Drittstaaten oder internationalen Organisationen befugt („Parallelität von Innen- und Außenkompetenz").[281]

Der Union kommt damit die Fähigkeit zu, im Bereich der vertraglichen Ermächtigungsnormen völkerrechtliche Verträge mit Drittstaaten zu schließen, sodass für alle Fälle einer internen Zuständigkeit zugleich auch die zu ihrer Verwirklichung notwendigen externen Zuständigkeiten gegeben sind.[282] Begründet wird diese Auslegung unionsrechtlicher Ermächtigungsnormen mit der Zuständigkeit kraft Sachzusammenhangs und damit mit der „Implied-Powers-Lehre."[283]

*231*

*Bindung der EU kraft Kompetenzeintritt*

**2.** Die Rechte und Pflichten aus völkerrechtlichen Verträgen, welche die Mitgliedstaaten vor Inkrafttreten des AEUV abgeschlossen haben, sind auf die EU übergegangen, soweit ein Bereich betroffen ist, der durch den Vertrag in die Zuständigkeit der EU übertragen worden ist („Funktionsnachfolge"). Hierunter fällt insbesondere als Nachfolgerin des GATT die World Trade Organisation (WTO).[284]

*232 -233*

*„Gemischte Abkommen"*

**III.** Problematisch ist die rechtliche Behandlung von völkerrechtlichen Verträgen, an denen mangels umfassender Kompetenz der Union sowohl die Union als auch die Mitgliedstaaten beteiligt sind („gemischte Abkommen").[285] Dies erfordert jeweils einen langwierigen Ratifikationsprozess in jedem Mitgliedstaat.

*234*

---

280  EuGH, Rs. 6/72 (Continental Can), Slg. 1973, 215, 241.

281  EuGH, Slg. 1971, 261.

282  Hobe, § 6 Rn. 48 ff.; Streinz, Rn. 531 ff.

283  Siehe oben Rn. 174.

284  Vgl. zum GATT etwa EuGH, Verb.Rs. 21-24/72 (International Fruit Company), Slg. 1972, 1219 ff.

285  Vgl. hierzu Geiger, Art. 216 AEUV, Rn. 13 ff.; Hobe, § 6 Rn. 55; Die Problematik der „gemischten Abkommen" ist für „Europarecht als Pflichtfach" zu speziell.

## Exkurs: Beteiligung des Bundesrates und Bundestages in europarechtlichen Angelegenheiten nach Art. 23 II – VII GG

### I. Stärkung der nationalen Parlamente durch den Reformvertrag

Eine der wesentlichen Zielsetzungen des Reformvertrags von Lissabon ist die Stärkung der Rolle der nationalen Parlamente. Dieses Ziel wird in Art. 12 EUV betont, der hervorhebt, dass die nationalen Parlamente „aktiv zur guten Arbeitsweise der Union" beitragen.

Um diese Aufgabe wahrnehmen zu können, kommen ihnen die in Art. 12 EUV genannten Informationsrechte über die Aufgaben und Vorhaben in den Organen und die Aufgabe der Kontrolle über die Einhaltung des Subsidiaritätsprinzips zu (Subsidiaritätskontrolle). Sinn und Zweck dieser neuen Aufgaben ist es, eine Art Frühwarnsystem zu bilden, damit noch im Prozess der politischen Willensbildung auf EU-Ebene von den nationalen Parlamenten Einfluss genommen oder Einhalt geboten werden kann. Eine Subsidiaritätsrüge kann nur in den Bereichen erhoben werden, in denen der Union keine ausschließliche Gesetzgebungskompetenz zukommt, also nur in den Fällen des Art. 4 AEUV. Näheres zur Wahrnehmung dieser Rechte der nationalen Parlamente bestimmen das Parlamentsprotokoll und das Subsidiaritätsprotokoll.

Durch Art. 23 GG werden die Beteiligung des Bundestages und des Bundesrates in Angelegenheiten der EU detailliert geregelt. Insbesondere wurden die Mitwirkungsrechte der Bundesländer, die bis dahin nur vereinzelt auf einfachgesetzlicher Grundlage bestanden, erheblich erweitert und verfassungsrechtlich verankert. **235**

**hemmer-Methode:** Während Art. 23 I S. 2 u. 3 GG die Übertragung von Hoheitsrechten auf die EU regeln, enthalten Art. 23 II - VII GG vor allem Bestimmungen über die innerstaatliche Beteiligung von Bundesrat und Bundestag am Rechtsetzungsverfahren der EU.

*Weite Auslegung der „Angelegenheiten der Europäischen Union"*

Der Begriff der „Angelegenheiten der Europäischen Union" in Art. 23 II GG, erschöpft sich dabei nicht auf die Rechtsakte der Europäischen Union. Vielmehr sind Bundestag und Bundesrat auch über alle sonstigen Initiativen und Maßnahmen, insbesondere, wenn sie von der deutschen Bundesregierung ausgehen, nach Maßgabe des Art. 23 GG zu informieren, soweit ein hinreichender Zusammenhang mit der Union besteht. Ein solcher Zusammenhang kann sich bei einer Gesamtschau insbesondere von Ziel und Zweck und Einbindung der Organe der EU sowie des Teilnehmerkreises, ausschließlich EU-Mitgliedsstaaten oder auch Drittstaaten, ergeben. Durch die (gezielte) Wahl rein völkerrechtlicher Mittel kann die Beteiligung gerade nicht umgangen werden.[286]

### II. Beteiligung des Bundesrates Art. 23 II, IV - VI GG

*Beteiligung des Bundesrates, Art. 23 II, IV – VI GG*

Als Ausgleich für die Kompetenzverluste zugunsten der EU, die neben dem Bund auch die Länder betreffen,[287] sieht Art. 23 II GG eine Mitwirkung der Länder durch den Bundesrat in Angelegenheiten der EU vor.[288] **236**

*Unterrichtungspflicht der Bundesregierung, Art. 23 II S. 2 GG*

**1.** Um eine wirksame Beteiligung des Bundesrates in Angelegenheiten der EU zu ermöglichen, ist die Bundesregierung verpflichtet, den Bundesrat umfassend und zum frühestmöglichen Zeitpunkt über alle europarelevanten Maßnahmen zu unterrichten, Art. 23 II S. 2 GG. **237**

---

286  BVerfG NVwZ 2012, 954 = BayVBl 2012, 687 ff. = Life&Law 2012, 813 ff.

287  Siehe Rn. 30.

288  Magiera, JURA 1994, 1, 9. Siehe auch Art. 50, Alt. 2 GG.

*Beteiligung an der Willensbildung des Bundes, Art. 23 IV GG*

**2.** Art. 23 IV GG zielt insbesondere auf den Erlass von Rechtsakten durch den Rat der EU ab (z.B. Verordnung, Richtlinie). Der Bundesrat ist an der Willensbildung der Bundesregierung zu beteiligen, wenn er an einer entsprechenden innerstaatlichen Maßnahme mitzuwirken hätte[289] oder die Bundesländer innerstaatlich zuständig wären.

Die Bestimmung knüpft damit an die Kompetenzaufteilung zwischen Bund und Ländern (Art. 70 ff. GG) und das innerstaatliche Gesetzgebungsverfahren an. Ist ein Rechtsakt der EU geplant, so sind die Bundesländer dann zu beteiligen, wenn hinsichtlich des zu regelnden Sachgebiets ihre Zuständigkeit im innerstaatlichen Bereich gegeben wäre oder wenn für eine entsprechende innerstaatliche Maßnahme ein Gesetzgebungsakt erforderlich wäre.

*238*

Das nähere Verfahren der Art. 23 IV - VI GG regelt ein Bundesgesetz, Art. 23 VII GG (EUZBLG; Sartorius I, Nr. 97).[290]

> **hemmer-Methode: Ist der Erlass eines Rechtsaktes unter Ratsbeteiligung geplant (z.B. Verordnung, Richtlinie), so müssen Sie hinsichtlich der Beteiligung des Bundesrates nach Art. 23 IV - VI GG zunächst prüfen, ob ein entsprechender Rechtsakt im innerstaatlichen Bereich in die Gesetzgebungskompetenz der Länder oder des Bundes fiele und ob es im Fall der Bundeszuständigkeit eines Gesetzgebungsaktes überhaupt bedarf. Das Ergebnis gibt dann Antwort auf die Frage, welche Mitwirkungsform im Rahmen des Art. 23 IV - VI GG einschlägig ist.**

**3.** Die Bestimmungen der Art. 23 V und VI GG unterscheiden zwischen der Beteiligung des Bundesrates im innerstaatlichen Bereich und auf Unionsebene.

*239*

*Regelung des Art. 23 V GG*

**a)** Der Umfang der Mitwirkung des Bundesrates im innerstaatlichen Bereich richtet sich grundsätzlich nach den Gesetzgebungszuständigkeiten, teilweise auch nach den Organisations- und Verwaltungszuständigkeiten der Länder, Art. 23 V GG.

*240*

*Berücksichtigung der Stellungnahme des Bundesrates (Art. 23 V S. 1 GG)*

**aa)** Soweit in einem Bereich ausschließlicher Gesetzgebungszuständigkeit des Bundes (Art. 73 GG) Interessen der Länder berührt werden oder der Bund sonst das Recht zur Gesetzgebung hat (Art. 74, 75 GG), berücksichtigt die Bundesregierung die Stellungnahme des Bundesrates, Art. 23 V S. 1 GG. In diesem Fall ist die Bundesregierung an die Äußerung des Bundesrates nicht gebunden.[291]

*241*

*Maßgebliche Berücksichtigung der Stellungnahme des Bundesrates (Art. 23 V S. 2 GG)*

**bb)** Sind im Schwerpunkt Gesetzgebungsbefugnisse der Länder betroffen (vgl. Art. 70 GG), die Einrichtung ihrer Behörden oder das Verwaltungsverfahren (Art. 84 ff. GG), so hat die Bundesregierung die Auffassung des Bundesrates maßgeblich zu berücksichtigen, Art. 23 V S. 2 GG. Anders als bei Art. 23 V S. 1 GG (nur „berücksichtigen" ⇨ keine Bindung der Bundesregierung) kann sich der Bundesrat bei Scheitern eines Einvernehmens mit Zweidrittelmehrheit seiner Stimmen durchsetzen, wobei er allerdings die gesamtstaatliche Verantwortung der Bundesrepublik in Hinblick auf den Integrationsprozess zu berücksichtigen hat (§ 5 II S. 2 u. S. 5 EUZBLG).

*242*

Der Bundesrat verfügt hier gleichsam über ein „Vetorecht". In diesem Fall wäre die Bundesregierung verpflichtet, am betreffenden Unionsrechtsakt nicht mitzuwirken.

---

289  Der Bundesrat wirkt an allen Gesetzgebungsverfahren (Einspruchsgesetze, Zustimmungsgesetze) mit, Art. 50 Alt. 1 GG.

290  „Gesetz über die Zusammenarbeit von Bund und Ländern in Angelegenheiten der Europäischen Union" vom 12.03.1993 (BGBl. I, 311).

291  Magiera, JURA 1994, 1, 9.

| | |
|---|---|
| *Problem der Abgrenzung von Art. 23 V S. 1 GG und Art. 23 V S. 2 GG* | Die Abgrenzung des Anwendungsbereichs von Art. 23 V S. 1 und S. 2 GG bereitet in Fällen der konkurrierenden Gesetzgebung (Art. 74 GG) Schwierigkeiten. Denn solange und soweit der Bund von seinem Gesetzgebungsrecht keinen Gebrauch gemacht hat, verbleibt es bei der Zuständigkeit der Länder (Art. 72 I GG), sodass an sich das Verfahren des Art. 23 V S. 2 GG Anwendung finden müsste (⇨ „maßgeblich berücksichtigen"). **243** |

Bund und Länder haben sich jedoch darauf geeinigt, dass Art. 23 V S. 1 GG auch dann Anwendung findet (⇨ nur „berücksichtigen"), wenn der Bund von seinem Gesetzgebungsrecht zwar noch keinen Gebrauch gemacht hat, hinsichtlich des konkreten Unionsrechtsakts jedoch festgestellt werden kann, dass für eine entsprechende innerstaatliche Regelung ein Bedürfnis nach bundesgesetzlicher Regelung besteht (vgl. Art. 72 II GG). [292]

| | |
|---|---|
| *Organstreitverfahren* | **cc)** Im Fall einer Verletzung der sich aus Art. 23 V GG ergebenden Rechte des Bundesrates kommt ein Organstreitverfahren in Betracht, Art. 93 I Nr. 1 GG, §§ 13 Nr. 5, 63 ff. BVerfGG. **244** |
| *Beteiligung auf Unionsebene, Art. 23 VI GG* | **b)** Art. 23 VI GG zielt auf die Beteiligung der Länder auf Unionsebene ab. **245** |
| *Möglichkeit der Entsendung von Landesministern in den Rat* | **aa)** Sind bei einem geplanten Unionsrechtsakt im Schwerpunkt ausschließliche Gesetzgebungsbefugnisse der Länder betroffen (Art. 70 GG),[293] soll die Wahrnehmung der Rechte, die der Bundesrepublik als Mitgliedstaat der EU zustehen, vom Bund auf einen vom Bundesrat benannten Vertreter in Ministerrang übertragen werden („Verhandlungsführung").[294] |

Die Bestimmung trägt dem Umstand Rechnung, dass seit Inkrafttreten des ehemaligen EU-Vertrages in den Rat nicht nur Regierungsvertreter der Mitgliedstaaten entsandt werden können (Bundesminister), sondern allgemein Vertreter in Ministerrang, die für die Regierung des Mitgliedstaates verbindlich handeln können (= auch Landesminister), Art. 16 II EUV.[295]

| | |
|---|---|
| *Berücksichtigung der Verantwortung des Bundes* | **bb)** Die Wahrnehmung der Rechte der Bundesrepublik im Rat durch einen Landesvertreter erfolgt unter Beteiligung und in Abstimmung mit der Bundesregierung und unter Berücksichtigung der gesamtstaatlichen Verantwortung des Bundes für den Integrationsprozess, Art. 23 VI S. 2 GG. |
| *Europakammer Art. 52 IIIa GG* | **c)** Art. 52 III lit. a GG sieht eine fakultative „Europakammer" vor, die in Angelegenheiten der EU an Stelle des Bundesrates tätig werden kann. **246** |

## III. Beteiligung des Bundestages, Art. 23 II, III GG

| | |
|---|---|
| *Beteiligung des Bundestages, Art. 23 II S. 2, III GG* | Neben den Ländern wirkt auch der Bundestag in Angelegenheiten der EU mit, Art. 23 II S. 1 GG. **247** |
| *Unterrichtungspflicht, Art. 23 II S. 2 GG* | **1.** Ebenso wie der Bundesrat ist der Bundestag zum frühestmöglichen Zeitpunkt von der Bundesregierung zu unterrichten, Art. 23 II S. 2 GG. **248** |

---

292  Vereinbarung vom 29.10.1993, Nomos-Textausgabe Nr. 25, Ziffer II.2.

293  Dies ist dann der Fall, wenn das GG überhaupt keine Gesetzgebungszuständigkeit des Bundes vorsieht (auch nicht in Art. 74, 75 GG).

294  § 6 II S. 2 EUZBLG. Zu Ausnahmen siehe § 6 III, IV EUZBLG.

295  § 6 III, IV EUZBLG. Ausgenommen sind aber z.B. die Ratspräsidentschaft oder sog. „A-Punkte".

*Berücksichtigung der Stellungnahme des Bundestages, Art. 23 III GG*

**2.** Vor der Mitwirkung an Rechtsetzungsakten der EU (z.B. Verordnung, Richtlinie) hat die Bundesregierung dem Bundestag Gelegenheit zur Stellungnahme zu geben, Art. 23 III S. 1 GG, die bei den Verhandlungen im Rat von der Bundesregierung zu berücksichtigen ist, Art. 23 III S. 2 GG.     *249*

Die Bundesregierung ist an die Stellungnahme indes nicht gebunden. Das nähere Verfahren regelt ein Bundesgesetz, Art. 23 III S. 3 GG (EUZBBG, Sartorius I, Nr. 96).[296]

*Ausschuss für Angelegenheiten der EU, Art. 45 GG*

**3.** Entsprechend Art. 45 GG hat der Bundestag einen Ausschuss für die Angelegenheiten der EU eingesetzt und ihn zur Wahrnehmung der Rechte aus Art. 23 III GG ermächtigt.[297]

**hemmer-Methode: Eine Verletzung der Beteiligungsrechte von Bundestag und Bundesrat in Art. 23 II - VI GG durch die Bundesregierung ist selbstverständlich ohne Bedeutung für die Rechtmäßigkeit eines Unionsrechtsakts.**

---

296 „Gesetz über die Zusammenarbeit von BReg und Dt. BT in Angelegenheiten der EU" vom 19.3.1993 (BGBl. I, 313).

297 § 2 des Gesetzes in vorstehender Fußnote.

## § 6 VOLLZUG DES UNIONSRECHTS

Das Unionsrecht wird durch die Unionsorgane selbst oder durch die Mitgliedstaaten vollzogen. Soweit die Unionsorgane das Unionsrecht selbst vollziehen, spricht man von unionseigenem (= direktem) Vollzug. Da die Union jedoch nur sehr begrenzte Vollzugsbefugnisse besitzt, ist der mitgliedstaatliche (= indirekte) Vollzug der Regelfall. | *250*

### A) Unionseigener Vollzug

*unionseigener Vollzug* | Innerhalb des unionseigenen Vollzugs kann man ferner zwischen unionsinternem und unionsexternem Vollzug unterscheiden. | *251*

*unionsinterner Vollzug* | **I.** Unionsinterner Vollzug erfolgt insbesondere im Bereich der Personalangelegenheiten, des Haushaltsvollzugs und der inneren Organisation.[298] | *252*

*unionsexterner Vollzug*
*Wettbewerbsrecht, Art. 101 ff. AEUV* | **II.** Eine Befugnis zum unionsexternen Vollzug (= im Verhältnis zu Mitgliedstaaten, Individuen) ist für die Unionsorgane nur selten im AEUV vorgesehen.[299] Wichtigster Bereich ist dabei das Wettbewerbsrecht, Art. 101 ff. AEUV (Kartellverbote ⇨ Kartell-VO Nr. 17, Kontrolle von mitgliedstaatlicher Beihilfe). Vereinzelt finden sich Vollzugsbefugnisse auch im Agrarrecht, Art. 38 f. AEUV. | *253*

*Kommission* | **III.** Die Zuständigkeit beim unionseigenen Vollzug liegt im Wesentlichen bei der Kommission.[300] Sie kann - soweit das Primärrecht oder Sekundärrecht eine Ermächtigungsgrundlage enthält - Entscheidungen auch gegenüber Einzelpersonen treffen und Bußgelder verhängen. | *254*

*Verwaltungsverfahren* | **IV.** Das Verwaltungsverfahren hat im primären[301] und häufig auch im sekundären Unionsrecht keine detaillierte Ausgestaltung erfahren. Insbesondere existiert kein „europäisches VwVfG", sodass die verbleibende Lücke durch allgemeine Rechtsgrundsätze des Verwaltungsrechts geschlossen werden muss (z.B. Grundsatz der Gesetzmäßigkeit der Verwaltung, Grundsatz des Vertrauensschutzes bei Rücknahme oder Widerruf einer Entscheidung, Anspruch auf rechtliches Gehör, Recht auf Akteneinsicht etc.)[302]. | *255*

**hemmer-Methode: Der unionseigene Vollzug ist kein Prüfungsstoff des „Europarechts als Pflichtfach". Der kurze Überblick soll ihnen jedoch die Bedeutung und Notwendigkeit des mitgliedstaatlichen Vollzugs deutlich machen.**

### B) Mitgliedstaatlicher Vollzug

*mitgliedstaatlicher Vollzug* | Der mitgliedstaatliche Vollzug des Unionsrechts ist der Regelfall. Eine ausdrückliche Verpflichtung zum Vollzug des Unionsrechts enthält der AEUV nicht. Sie ergibt sich aber aus Art. 4 III EUV.[303] | *256*

---

298  Streinz, Rn. 576.

299  Einer besonderen Ermächtigung bedarf die Union auch beim Vollzug des Unionsrechts.

300  Ehlers, DVBl. 1991, 605, 609; siehe auch Rn. 149 f.

301  Allgemeine Regeln enthalten Art. 296 II AEUV („Begründung"), Art. 297 II UAbs. 3 AEUV („Bekanntgabe"), Art. 263 VI AEUV („Bestandskraft"), Art. 299 AEUV („Vollstreckung").

302  Streinz, Rn. 589 ff.

303  Streinz, HdbStR, § 182, Rn. 10. – Vgl. allgemein zum administrativen Vollzug des Unionsrechts Jarass/Beljin, NVwZ 2004, 1, 9 ff.

Im mitgliedstaatlichen Vollzug ergangene mitgliedstaatliche Rechtsakte sind allein den nationalen Behörden und nicht den Unionsorganen zuzurechnen, sodass sich auch der Rechtsschutz nach nationalem Recht richtet (z.B. § 40 I VwGO).[304]

Innerhalb des mitgliedstaatlichen Vollzugs ist zwischen unmittelbarem und mittelbarem Vollzug zu unterscheiden.

## I. Unmittelbarer mitgliedstaatlicher Vollzug

*unmittelbarer mitgliedstaatlicher Vollzug*

Von unmittelbarem mitgliedstaatlichen Vollzug spricht man, wenn die nationalen Behörden unmittelbar anwendbares Unionsrecht anwenden und vollziehen.[305] Hauptfall ist der Erlass eines Verwaltungsaktes, der seine Grundlage in einer Unionsverordnung findet (Art. 288 II AEUV). In Betracht kommen aber ebenso unmittelbar anwendbare Bestimmungen des AEUV, einer Richtlinie oder eines Beschlusses.

**257**

*unionsrechtliche Verfahrensvorschriften*

**1.** Enthält eine Verordnung Vorschriften hinsichtlich des anzuwendenden Verfahrens, so richtet sich das Verwaltungshandeln allein nach den unionsrechtlichen Vorgaben. Umfassende Verfahrensregelungen enthält das sekundäre Unionsrecht allerdings nur selten.[306]

**258**

*Diskriminierungsverbot, Effizienzgebot*

**2.** Soweit das Unionsrecht keine Regelung über das mitgliedstaatliche Verwaltungsverfahren enthält, richtet sich dieses allein nach nationalem Recht (z.B. VwVfG). Allerdings dürfen bei Anwendung des nationalen Verwaltungsverfahrensrechts keine Unterschiede im Vergleich zu Verfahren gemacht werden, in denen über gleichartige, aber rein innerstaatliche Sachverhalte entschieden wird ("Diskriminierungsverbot"). Zum anderen darf die Anwendung des mitgliedstaatlichen Verwaltungsverfahrensrechts nicht dazu führen, dass die Verwirklichung der Unionsrechtsregelung praktisch unmöglich wird ("Effizienzgebot").[307]

**259**

> **hemmer-Methode:** Hinsichtlich der soeben genannten Anforderungen, die das Unionsrecht an den mitgliedstaatlichen Vollzug des Unionsrechts stellt, sind bedeutende Entscheidungen des EuGH für den Bereich der Rücknahme unionsrechtswidriger Subventionsbescheide (§ 48 VwVfG) ergangen. Die Problematik wird daher in § 7 ("Verhältnis des Unionsrechts zum mitgliedstaatlichen Recht") gesondert behandelt.[308] Wichtig ist hier zunächst, dass Sie sich die Grundsätze des Vollzugs des Unionsrechts vergegenwärtigen.

*Verwaltungskompetenz, Art. 83 ff. GG entsprechend*

**3.** Problematisch ist die Verteilung der Verwaltungskompetenz zwischen Bund und Ländern. Der unmittelbare mitgliedstaatliche Vollzug des Unionsrechts ist im Grundgesetz nicht geregelt. Soweit die deutschen Behörden unmittelbar anwendbares Unionsrecht vollziehen, sind Art. 83 ff. GG nicht direkt anwendbar, da es sich nicht um die Ausführung von Bundesrecht, sondern um Unionsrecht handelt.

**260**

Nach h.M. und in Einklang mit der Staatspraxis finden Art. 83 ff., 30 GG indes sinngemäß Anwendung.[309] Demnach sind im Grundsatz die Länder für den Vollzug des Unionsrechts zuständig.

---

304 Streinz, HdbStR, § 182, Rn. 5.

305 Streinz, HdbStR, § 182, Rn. 4; Dauses, B III., Rn. 11.

306 Beispiel aus jüngerer Zeit ist der „Zollkodex" der Union, der künftig allein für das Handeln der Zollbehörden gilt.

307 EuGH, Verb.Rs. 205-215/82 (Milchkontor), Slg. 1983, 2633, 2666 f.; Streinz, HdbStR, § 182, Rn. 25 f.

308 Siehe unten Rn. 340 ff.

309 Ehlers, DVBl. 1991, 605, 610; Streinz, HdbStR, § 182, Rn. 59 jeweils m.w.N.

Der Bund hat allerdings in der Praxis von der Möglichkeit des Art. 87 III GG häufig Gebrauch gemacht und neue bundesunmittelbare Körperschaften sowie Anstalten des öffentlichen Rechts durch Bundesgesetz errichtet (z.B. Bundesanstalt für Landwirtschaft und Ernährung „BLE"), sodass sich die Verwaltungskompetenzen zum Teil auf den Bund verlagert haben (Art. 86 S. 1 GG).

**hemmer-Methode: Soweit Sie im Examen eine Klausur im Verwaltungsrecht mit europarechtlichen Bezügen bearbeiten müssen, achten Sie besonders darauf, welche Behörde tätig geworden ist. Handelt es sich um eine bundesunmittelbare Anstalt, müssen Sie die Vorschriften des Bundes-VwVfG, nicht die Ihres Landes-VwVfG anwenden!**

## II. Mittelbarer mitgliedstaatlicher Vollzug

*mittelbarer mitgliedstaatlicher Vollzug*

Häufig ist das Unionsrecht nicht unmittelbar anwendbar und muss erst durch mitgliedstaatliche Gesetze in innerstaatliches Recht umgesetzt werden. Hauptfall sind die Richtlinien der Union (Art. 288 III AEUV).[310] Wegen des Dazwischentretens einer nationalen Norm spricht man dann von mittelbarem mitgliedstaatlichem Vollzug.[311]

**261**

*Zuständigkeit Art. 70 ff. GG (zumindest entsprechend)*

**1.** Die Zuständigkeit zum Erlass von Gesetzen zur normativen Anpassung des deutschen Rechts an die unionsrechtlichen Vorgaben bestimmt sich nach innerstaatlichem Recht.

**262**

Daher sind die Länder grundsätzlich zuständig, es sei denn, das Grundgesetz weist dem Bund in Art. 73 ff. GG oder an anderer Stelle ausdrücklich eine Kompetenz zu, Art. 70 GG. Eine spezielle Zuständigkeit des Bundes zur Umsetzung des Unionsrechts lässt sich dem Grundgesetz nicht entnehmen.[312] Nach h.M. und in Einklang mit der Staatspraxis finden Art. 70 ff. GG „normal" Anwendung.[313] Dies bedeutet, dass der Bund nur dann zur Umsetzung des Unionsrechts zuständig ist, soweit es sich bei der umzusetzenden Materie um Gegenstände der ausschließlichen (Art. 73 GG) oder konkurrierenden (Art. 74 GG) Gesetzgebung handelt. Im Übrigen verbleibt es bei der Gesetzgebungskompetenz der Länder.[314] Diese sind dem Bund nach dem Grundsatz der Bundestreue zu einem Tätigwerden und zur korrekten Umsetzung des Unionsrechts verpflichtet.[315]

*Verwaltungskompetenz Art. 83 ff. GG*

**2.** Beim mittelbaren mitgliedstaatlichen Vollzug richtet sich die Verwaltungszuständigkeit direkt nach Art. 83 ff., 30 GG, da es sich um den Vollzug deutschen Rechts handelt (je nach Umsetzungskompetenz Bundes- oder Landesrecht).[316] Bei der Anwendung des Verwaltungsverfahrensrechts sind das „Diskriminierungsverbot" und das „Effizienzgebot" zu beachten.

**263**

---

310 Entsprechendes gilt auch bei Erfüllung primärrechtlicher Pflichten oder bei Ergänzung ausführungsbedürftiger Verordnungen.

311 Streinz, HdbStR, § 182, Rn. 4; Ehlers, DVBl. 1991, 605, 610.

312 So aber eine Minderansicht unter Hinweis auf Art. 24 I, 32 I GG, Art. 4 III EUV.

313 Streinz, HdbStR, § 182, Rn. 53; Ehlers, DVBl. 1991, 605, 610.

314 Zur Gesetzgebungskompetenz innerhalb der Bundesrepublik siehe **Hemmer/Wüst, Staatsrecht II, Rn. 144 ff.**

315 Ehlers, DVBl. 1991, 605, 610.

316 Streinz, HdbStR, § 182, Rn. 58 m.w.N.; Ehlers, DVBl. 1991, 605, 610.

## § 7 VERHÄLTNIS DES UNIONSRECHTS ZUM MITGLIEDSTAATLICHEN RECHT

Das Verhältnis des Unionsrechts zum mitgliedstaatlichen Recht ist der wichtigste und zugleich schwierigste Bereich für das „Europarecht als Pflichtfach".

### A) Eigenständigkeit des Unionsrechts und seine unmittelbare Anwendbarkeit

*Eigenständigkeit der Unionsrechtsordnung*

**I.** Die EU ist in weiten Teilen eine supranationale zwischenstaatliche Einrichtung (mit Ausnahme der intergouvernementalen Politikbereiche, insbesondere der GASP),[317] deren Gründungsverträge und die auf ihrer Grundlage erlassenen Rechtsakte im Unterschied zu gewöhnlichen internationalen Organisationen eine eigene Rechtsordnung darstellen.[318] Denn die Mitgliedstaaten haben - wenn auch nur auf einem begrenzten Gebiet - ursprünglich in ihre Hoheitsgewalt fallende Zuständigkeiten auf die Union zu deren selbstständigen Wahrnehmung übertragen, sodass eine von ihnen verschiedene, supranationale öffentliche Gewalt entstanden ist.[319] Während – bildlich gesprochen – das „normale" Völkerrecht grundsätzlich[320] „neben" das nationale innerstaatliche Recht tritt, hat sich mit dem Unionsrecht eine Rechtsordnung „über" den nationalen Rechtsordnungen der Mitgliedstaaten gebildet.

*265*

*unmittelbare Anwendbarkeit*

**II.** Das Unionsrecht kann unmittelbar anwendbar sein und insbesondere auch für die Einzelnen Rechte und Pflichten begründen. Gerade diese unmittelbare Anwendbarkeit des Unionsrechts stellt eine Durchbrechung der klassischen Vorstellung von der Alleinzuständigkeit der Staaten zum Erlass verbindlichen Rechts in ihrem Hoheitsgebiet dar.

*266*

**1.** Unmittelbar anwendbar sind vor allem die Verordnungen der Union, Art. 288 II AEUV. Aber auch die übrigen verbindlichen Rechtsakte des Sekundärrechts (Richtlinien, Beschlüsse) können unmittelbar anwendbar sein, soweit sie den Mitgliedstaaten Pflichten auferlegen und „rechtlich vollkommen" sind.[321] Entsprechendes gilt für zahlreiche Normen des primären Unionsrechts (Art. 18, 28, 30, 34, 35, 37, 45, 49, 56, 57, 157 AEUV).

*267*

*Begründung*

**2.** Hinsichtlich der dogmatischen Begründung der Geltung und der unmittelbaren Anwendbarkeit des Unionsrechts bestehen unterschiedliche Auffassungen.[322] Insbesondere die Rechtsprechung des BVerfG und des EuGH gehen von verschiedenen Ansatzpunkten aus.

*268*

*EuGH: aus Unionsrecht selbst*

**a)** Der EuGH entnimmt die Geltung und die unmittelbare Anwendbarkeit dem Unionsrecht selbst, da es eine „eigene Rechtsordnung" bzw. „autonome Rechtsquelle" darstellt, deren Rechtssubjekte nicht nur die Mitgliedstaaten, sondern auch deren Staatsangehörige sind (europarechtlicher Ansatz).[323]

*269*

---

317 BVerfG, NJW 1993, 3047, 3051; s. bereits Rn. 25 = **juris**byhemmer.

318 EuGH, Rs. 6/64, (Costa/ENEL), Slg. 1964, 1251, 1269 f.; BVerfGE 22, 293, 296; 31, 145, 173.

319 BVerfGE 22, 293, 296 = **juris**byhemmer.

320 Ausnahmen bilden insbesondere die Menschenrechtsübereinkommen, allen voran die EMRK, vgl. etwa BVerfGE 128, 326 <367 ff.>, m.w.N. = Life&Law 2011, 733.

321 Siehe hierzu Rn. 69, 83 ff., 96; Übersicht bei Hobe, § 10 Rn. 35; Streinz, Rn. 448 ff., 494 ff.

322 Vgl. dazu Streinz, Rn. 486 ff.

323 EuGH, Rs. 26/62 (van Gend & Loos), Slg. 1963, 1 ff.; Rs. 6/64 (Costa/ENEL), 1964, 1251 ff.; Rs. 249/85 (Albako), Slg. 1987, 2345 ff.

323 EuGH, Rs. 26/62 (van Gend & Loos), Slg. 1963, 1 ff.; Rs. 6/64 (Costa/ENEL), 1964, 1251 ff.; Rs. 249/85 (Albako), Slg. 1987, 2345 ff.

*BVerfG: Rechtsanwendungsbefehl des Zustimmungsgesetzes*

**b)** Das BVerfG hingegen verbindet den Geltungsgrund und die unmittelbare Anwendbarkeit des Unionsrechts mit dem innerstaatlichen Rechtsanwendungsbefehl der Zustimmungsgesetze zu den Unionsverträgen i.V.m. Art. 23 I (bzw. Art. 24 I) GG (Vollzugstheorie).[324]

270

Hierdurch werden insbesondere die Unionsorgane in den übertragenen Bereichen ermächtigt, verbindliche Rechtsregeln auch für den innerstaatlichen Bereich zu erlassen. Entsprechend diesem Ansatz führt das BVerfG in seinem „Maastricht-Urteil" aus:[325]

*„Maastricht-Urteil"*

> *„Die Bundesrepublik Deutschland ist somit [...] Mitglied in einem Staatenverbund, dessen Gemeinschaftsgewalt* (jetzt Unionsgewalt) *sich von den Mitgliedstaaten ableitet und im deutschen Hoheitsbereich nur kraft des deutschen Rechtsanwendungsbefehls verbindlich wirken kann [...] Geltung und Anwendung von Europarecht in Deutschland hängen von dem Rechtsanwendungsbefehl des Zustimmungsgesetzes ab."*

*Folge der unmittelbaren Anwendbarkeit*

**3.** Soweit eine Norm des Unionsrechts unmittelbar anwendbar ist, muss sie von allen Trägern öffentlicher Gewalt (Gerichte, Verwaltung) als unmittelbar geltendes Recht beachtet und auch angewendet werden. Die Frage der unmittelbaren Anwendbarkeit des Unionsrechts ist somit von zentraler Bedeutung für die Rechtsanwendung im innerstaatlichen Bereich.

271

## B) Kollision zwischen Unionsrecht und mitgliedstaatlichem Recht - das Rangverhältnis zwischen Unionsrecht und nationalem (= deutschem) Recht

*Kollision, Vorrangfrage*

Das Unionsrecht steht als eigene Rechtsordnung neben dem Recht der Mitgliedstaaten und kann im Fall seiner unmittelbaren Anwendbarkeit insbesondere für die Einzelnen Rechte und Pflichten begründen. Wegen dieser „Parallelität der Rechtsordnungen" entstehen Schwierigkeiten, wenn eine unmittelbar anwendbare Bestimmung des Unionsrechts inhaltlich mit einer Norm des innerstaatlichen Rechts in Widerspruch steht (Kollision). Dieser Konflikt ist nur zu lösen, wenn eine der beiden Rechtsordnungen vorrangig Anwendung findet, während die andere zurücktritt. Insoweit bedarf es der Klärung des Rangverhältnisses von Unionsrecht und mitgliedstaatlichem Recht.

272

Weder das Unionsrecht noch das deutsche Recht enthalten eine Norm, die das Verhältnis der beiden Rechtsordnungen zueinander im Kollisionsfall ausdrücklich regelt. Der EuGH und das BVerfG haben Lösungen entwickelt, die zwar beide die „Eigenständigkeit der Unionsrechtsordnung" zum Ausgangspunkt nehmen, inhaltlich jedoch voneinander abweichen.

*Vorrangfrage nur, wenn das Unionsrecht unmittelbar anwendbar ist*

**hemmer-Methode:** In der Klausur müssen Sie daher zunächst danach unterscheiden, ob die Lösung aus Sicht des Unionsrechts (z.B. „Wie wird der EuGH im Verfahren nach Art. 267 AEUV entscheiden?") oder aus Sicht des deutschen Rechts (z.B. „Wie wird das Gericht/BVerfG entscheiden?") erfolgen soll! Weiterhin müssen Sie stets Folgendes bedenken: Die Vorrangfrage kann nur dann entstehen, wenn eine Bestimmung des Unionsrechts unmittelbar anwendbar ist! Denn der Vorrang des Unionsrechts setzt dessen unmittelbare Anwendbarkeit notwendig voraus. Kommt es zu einem Widerspruch mit einer nicht unmittelbar anwendbaren Unionsnorm (so insb. bei Richtlinien), entsteht die Vorrangfrage dagegen nicht. Das Unionsrecht kommt dann mangels unmittelbarer Anwendbarkeit nicht zur Anwendung. Allerdings ist in diesem Fall zu beachten, dass die Pflicht zur unionsrechtskonformen Auslegung nationalen Rechts (Art. 4 III EUV) in Hinblick auf jegliches, d.h. auch nicht unmittelbar anwendbares Unionsrecht besteht.[326]

273

---

324  BVerfGE 31, 145, 173 ff.; 73, 339, 374 f.

325  BVerfGE 89, 155 ff. = BVerfG, NJW 1993, 3047, 3052; Hervorhebungen vom Verfasser = **juris**byhemmer.

326  EuGH, Rs. 14/83 (von Colson und Kamann), Slg. 1984, 1891, 1909; Rs. 222/84 (Johnston) 1986, 1651, 1690, vgl. auch Rn. 95.

## I.  Vorrangfrage aus Sicht des Unionsrechts –
## die Rechtsprechung des EuGH

*EuGH: absoluter Vorrang des Unionsrechts*

**1.** Der EuGH geht in ständiger Rechtsprechung[327] vom Vorrang des Unionsrechts vor jeder innerstaatlichen Rechtsnorm aus. In seiner grundlegenden Entscheidung (*Costa/ENEL*)[328] führt er aus:                                    **274**

*„Costa/ENEL"*

> *„Zum Unterschied von gewöhnlichen internationalen Verträgen hat der EWG-Vertrag eine eigene Rechtsordnung geschaffen, die bei seinem In-krafttreten in die Rechtsordnungen der Mitgliedstaaten aufgenommen worden und von ihren Gerichten anzuwenden ist. Denn durch die Gründung einer Gemeinschaft (jetzt Union) für unbegrenzte Zeit, die mit eigenen Organen, mit der Rechts- und Geschäftsfähigkeit, mit internationaler Handlungsfähigkeit und insbesondere mit echten, aus der Beschränkung der Zuständigkeit der Mitgliedstaaten oder der Übertragung von Hoheitsrechten der Mitgliedstaaten auf die Gemeinschaft herrührenden Hoheitsrechten ausgestattet ist, haben die Mitgliedstaaten, wenn auch auf einem begrenzten Gebiet, ihre Souveränität beschränkt und so einen Rechtskörper geschaffen, der für ihre Angehörigen und sie selbst verbindlich ist.*
>
> *Diese Aufnahmen der Bestimmungen des Gemeinschaftsrechts in das Recht der Mitgliedstaaten und, allgemeiner, Wortlaut und Geist des Vertrages haben zur Folge, dass es den Staaten unmöglich ist, gegen eine von ihnen auf der Grundlage der Gegenseitigkeit angenommene Rechtsordnung nachträgliche einseitige Maßnahmen ins Feld zu führen. Solche Maßnahmen stehen der Anwendbarkeit der Gemeinschaftsrechtsordnung daher nicht entgegen. Denn es würde eine Gefahr für die Verwirklichung der in Art. 5 II (jetzt Art. 4 III EUV) aufgeführten Ziele des Vertrages bedeuten und dem Verbot des Art. 6 (jetzt Art. 18 I AEUV) widersprechende Diskriminierungen zur Folge haben, wenn das Gemeinschaftsrecht je nach der nachträglichen innerstaatlichen Gesetzgebung von einem Staat zum anderen verschiedene Geltung haben könnte. Die Verpflichtungen, welche die Mitgliedstaaten im Vertrag zur Gründung der Gemeinschaft eingegangen sind, wären keine unbedingten mehr, sondern nur noch eventuelle, wenn sie durch spätere Gesetzgebungsakte der Signaturstaaten in Frage gestellt werden könnten [...]. Der Vorrang des Gemeinschaftsrechts wird auch durch Art. 189 (jetzt Art. 288 AEUV) bestätigt; ihm zufolge ist die Verordnung „verbindlich" und „gilt unmittelbar in jedem Mitgliedstaat". Diese Bestimmung, die durch nichts eingeschränkt wird, wäre ohne Bedeutung, wenn die Mitgliedstaaten sie durch Gesetzgebungsakte, die den gemeinschaftsrechtlichen Normen vorgingen, einseitig ihrer Wirksamkeit berauben könnten.*
>
> *Aus alledem folgt, dass dem vom Vertrag geschaffenen, somit aus einer autonomen Rechtsordnung fließenden Recht wegen dieser seiner Eigenständigkeit keine wie immer gearteten innerstaatlichen Rechtsvorschriften vorgehen können, wenn ihm nicht sein Charakter als Gemeinschaftsrecht aberkannt und wenn nicht die Rechtsgrundlage der Gemeinschaft selbst in Frage gestellt werden soll. Die Staaten haben somit dadurch, dass sie nach Maßgabe der Bestimmungen des Vertrages Rechte und Pflichten, die bis dahin ihren inneren Rechtsordnungen unterworfen waren, der Regelung durch die Gemeinschaftsrechtsordnung vorbehalten haben, eine endgültige Beschränkung ihrer Hoheitsrechte bewirkt, die durch spätere, einseitige, mit dem Gemeinschaftsbegriff unvereinbare Maßnahmen nicht rückgängig gemacht werden kann."*

*Vorrang auch vor Verfassungsrecht*

Der EuGH geht demnach vom absoluten Vorrang des Unionsrechts vor jeder „wie auch immer gearteten nationalen Vorschrift" aus. Hiervon wird sowohl bereits bestehendes als auch später erlassenes innerstaatliches Recht betroffen. Dass der Vorrang des Unionsrechts insbesondere auch gegenüber dem Verfassungsrecht der Mitgliedstaaten gilt, hat der EuGH wenig später ausdrücklich klargestellt:                                    **275**

---

327  EuGH, Rs. 6/64 (Costa/ENEL), Slg. 1964, 1251 ff.; Rs. 106/77 (Simmenthal II), Slg. 1978, 629 ff.; 1980, 2559 ff.

328  EuGH, Rs. 6/64 (Costa/ENEL), Slg. 1964, 1251, 1269 ff.; Hervorhebungen vom Verfasser.

*„Daher kann es die Gültigkeit einer Gemeinschaftshandlung oder deren Geltung in einem Mitgliedstaat nicht berühren, wenn geltend gemacht wird, die Grundrechte in der ihnen von der Verfassung dieses Staates gegebenen Gestalt oder die Strukturprinzipien der nationalen Verfassung seien verletzt."*[329]

**Begründung des EuGH**

**2.** Der EuGH begründet den Vorrang des Unionsrechts im Wesentlichen mit der Eigenständigkeit der Unionsrechtsordnung sowie der Notwendigkeit der einheitlichen Anwendung des Unionsrechts in allen Mitgliedstaaten. Würde das Unionsrecht keine einheitliche Anwendung finden, verlöre es seinen Charakter als Unionsrecht und die Funktionsfähigkeit der Union wäre in ihren Grundlagen in Frage gestellt.

**276**

**Folge des Vorrangs:**
**entgegenstehendes nationales**
**Recht ist unanwendbar**

**3.** Folge des unbedingten Vorrangs des Unionsrechts ist, dass nationale Rechtsvorschriften unanwendbar sind, wenn und soweit sie im Einzelfall einer unmittelbar anwendbaren Bestimmung des Unionsrechts (Primärrecht oder Sekundärrecht) entgegenstehen.[330] Die mitgliedstaatlichen Behörden und Gerichte sind unionsrechtlich verpflichtet, die entgegenstehende innerstaatliche Vorschrift außer Anwendung zu lassen und der Unionsrechtsnorm den Vorzug zu geben.[331] Eine Nichtigkeit der innerstaatlichen Regelung wird vom EuGH dabei aber nicht gefordert.

**277**

Der Vorrang unmittelbar anwendbaren Unionsrechts gilt nicht nur gegenüber generell-abstrakten Regelungen (wie z.B. Gesetzen), vielmehr kann er auch hinsichtlich konkret-individueller Regelungen (wie z.B. Verwaltungsakten) von Bedeutung sein. So dürfen aus einem sogar bestandskräftig gewordenen Verwaltungsakt, der gegen unmittelbar anwendbares Unionsrecht verstößt, keine weiteren nachteiligen Rechtsfolgen gezogen werden (z.B. Geldbuße bei Verstoß gegen die Verpflichtung aus dem bestandskräftigen, aber unionsrechtswidrigen Verwaltungsakt).[332] Dies stellt nach richtiger Ansicht allerdings nicht die Bestandskraft eines Verwaltungsakts in Frage, sondern betrifft lediglich dessen Tatbestandswirkung für weitere, mit ihm zusammenhängende Maßnahmen.[333]

**Anwendungsvorrang**

**4.** Welche Folgen sich aus einer Kollision mit Unionsrecht konkret für das mitgliedstaatliche Recht ergeben, richtet sich grundsätzlich nach mitgliedstaatlichem Recht. Insoweit ist es den Mitgliedstaaten gestattet „unter mehreren nach der innerstaatlichen Rechtsordnung in Betracht kommenden Wegen diejenigen zu wählen, die zum Schutz der durch das Unionsrecht gewährten individuellen Rechte geeignet erscheinen."[334]

**278**

Nach nahezu einhelliger Ansicht handelt es sich beim Vorrang des Unionsrechts gegenüber deutschem Recht um einen Anwendungsvorrang, der die Gültigkeit entgegenstehenden deutschen Rechts unberührt lässt.[335]

Dies bedeutet, dass entgegenstehende innerstaatliche Normen im Kollisionsfall lediglich unanwendbar, im Übrigen aber nicht nichtig sind.

**hemmer-Methode:** Gegenstück zum „Anwendungsvorrang" ist der sog. „Geltungsvorrang". Während im Fall des Geltungsvorrangs die entgegenstehende niederrangige Norm nichtig ist (z.B. Art. 31 GG), lässt der Anwendungsvorrang deren Geltung unberührt.

329  EuGH, Rs. 11/70 (Internationale Handelsgesellschaft), Slg. 1970, 1125, 1135, Scholz, DÖV 2000, 417 ff.; Streinz, DVBl. 2000, 585 ff.

330  Vgl. allgemein zur Bedeutung und Wirkung des Vorrangs Jarass/Beljin, NVwZ 2004, 1 ff.

331  Vgl. EuGH, Rs. 103/88 (Fratelli Costanzo), Slg. 1989, 1839 ff.; Rs. C-118/00 (Larsy/Institut national d´assurances sociales), Slg. 2001, I-5063.

332  EuGH, Rs. C-224/97 (Ciola/Vorarlberg), NJW 1999, 2355 f. mit Anmerkung Streinz, JuS 1999, 1222 f.

333  Vgl. Brenner/Huber, DVBl. 1999, 1566, Streinz, JuS 1999, 1222 f.; Jarass/Beljin, NVwZ 2004, 1, 6; Epiney, NVwZ 2006, 407, 411.

334  EuGH, Verb.Rsn. C-10/97 bis C-22/97 (IN.CO.GE. ´90 Srl u.a.), Slg. 1998, I-6307.

335  BVerfGE 75, 223, 224; Ehlers, DVBl. 1991, 605, 608 m.w.N. = **juris**byhemmer.

**Der Anwendungsvorrang ist damit im Vergleich zum Geltungsvorrang gegenüber den mitgliedstaatlichen Rechtsordnungen „schonender" und im Übrigen zur effektiven Durchsetzung des Unionsrechts auch ausreichend. Mitgliedstaatliche Rechtsvorschriften finden lediglich im Einzelfall keine Anwendung, bleiben aber ansonsten gültig. Praktische Bedeutung hat die Unterscheidung insoweit, als das innerstaatliche Recht gegebenenfalls weiterhin in Sachverhalten Anwendung findet, die keinen Bezug zum Unionsrecht haben (z.B. bei den Grundfreiheiten, „rein nationalen Sachverhalten").[336]**

*nationales Recht kein Prüfungsmaßstab*

**5.** Weitere, wichtige Konsequenz des absoluten Vorrangs sowie der Eigenständigkeit des Unionsrechts ist, dass es für die Rechtmäßigkeit sekundären Unionsrechts nicht auf dessen Vereinbarkeit mit innerstaatlichem Recht ankommt. Prüfungsmaßstab kann immer nur eine höherrangige Norm sein. Wegen des Vorrangs des Unionsrechts und seiner Eigenständigkeit scheidet innerstaatliches Recht daher als Prüfungsmaßstab des Unionsrechts aus. Die Rechtmäßigkeit von Sekundärrecht bestimmt sich allein nach europarechtlichen Maßstäben.    *279*

> *Bsp.:* R hält eine Verordnung für rechtswidrig und nichtig, weil sie gegen Grundrechte des Grundgesetzes verstößt.
>
> Aus Sicht des Unionsrechts kann die Verordnung aus diesem Grund jedoch nicht rechtswidrig sein, da die Grundrechte des Grundgesetzes kein Prüfungsmaßstab sind. Jedoch ist zu prüfen, ob die Verordnung gegen Unionsgrundrechte verstößt.

## II. Vorrangfrage aus Sicht des deutschen Rechts – die Rechtsprechung des BVerfG

Hinsichtlich des Vorrangs des Unionsrechts ist aus deutscher Sicht zunächst zwischen Kollisionen mit einfachen Gesetzen und Verfassungsnormen zu unterscheiden. Einer gesonderten Betrachtung bedarf die Frage der Anwendbarkeit sekundären Unionsrechts bei vermuteter Unzuständigkeit der Union.    *280*

*Bedeutung Art. 267 AEUV*

**hemmer-Methode: Bevor ein deutsches Gericht die Vorrangfrage zu entscheiden hat, ist zunächst immer zu prüfen, ob nicht eine Vorlage an den EuGH nach Art. 267 AEUV[337] zu veranlassen ist. Dies kann zum einen zur Klärung der Frage dienen, ob das Unionsrecht überhaupt so auszulegen ist, dass es mit deutschem Recht kollidiert. Zum anderen stellt sich die Vorrangfrage dann nicht, wenn der EuGH einen im Streit stehenden Unionsrechtsakt wegen Verstoßes gegen höherrangiges Unionsrecht für ungültig erklärt.**

## 1. Kollision mit einfachen Gesetzen

*BVerfG: Vorrang des Unionsrechts vor einfachen Gesetzen (+)*

**a)** Das BVerfG hat den Anwendungsvorrang des Unionsrechts gegenüber einfachem deutschem Gesetzesrecht vorbehaltlos anerkannt. So führte es in einer Entscheidung aus:[338]    *281*

> *„Denn durch die Ratifizierung des EWG-Vertrags [...] ist in Übereinstimmung mit Art. 24 I GG eine eigenständige Rechtsordnung der Europäischen Wirtschaftsgemeinschaft entstanden, die in die innerstaatliche Rechtsordnung hineinwirkt und von den deutschen Gerichten anzuwenden ist [...].*

---

336  Zu den Grundfreiheiten und den von diesen nicht erfassten, sog. „rein nationalen Sachverhalten", siehe unten Rn. 394 ff.

337  Siehe zum Verfahren der Vorabentscheidung Rn. 683 ff.

338  BVerfGE 31, 145, 173 f. = **juris**byhemmer.

*Art. 24 I GG (nunmehr Art. 23 I GG) besagt bei sachgerechter Auslegung nicht nur, dass die Übertragung von Hoheitsrechten auf zwischenstaatliche Einrichtungen überhaupt zulässig ist, sondern auch, dass die Hoheitsakte ihrer Organe [...] vom ursprünglich ausschließlichen Hoheitsträger anzuerkennen sind.*

*Von dieser Rechtslage ausgehend, müssen [...] die deutschen Gerichte auch solche Rechtsvorschriften anwenden, die zwar einer eigenständigen außerstaatlichen Hoheitsgewalt zuzurechnen sind, aber dennoch aufgrund ihrer Auslegung durch den EuGH im innerstaatlichen Raum unmittelbare Wirkung entfalten und entgegenstehendes nationales Recht verdrängen.*

*Begründung*

**b)** Das BVerfG hat damit festgestellt, dass unmittelbar anwendbares Primärrecht wie Sekundärrecht im Fall einer Kollision mit späterem wie früherem einfachem Gesetzesrecht vorgeht.[339] Dieser Anwendungsvorrang beruht auf einer ungeschriebenen Kollisionsnorm des primären Unionsrechts, der den Zustimmungsgesetzen zu den Verträgen bzw. Art. 23 I GG den innerstaatlichen Rechtsanwendungsbefehl erteilt hat.[340]

282

*Folge des Vorranges für die Rechtsanwendung*

**c)** Folge hiervon ist, dass die deutschen Gerichte im Fall einer Kollision von unmittelbar anwendbarem Unionsrecht mit deutschem Gesetzesrecht nicht das deutsche Gesetz, sondern die unionsrechtliche Bestimmung anzuwenden haben. Ihnen kommt somit eine „Prüfungs- und Verwerfungskompetenz" gegenüber unionsrechtswidrigen deutschen Gesetzen zu, wobei die Bezeichnung Verwerfungsrecht nicht ganz präzise ist, da es sich um eine Nichtanwendungspflicht handelt.[341] Entsprechendes gilt nach der Rechtsprechung des EuGH auch uneingeschränkt für die Verwaltung.[342] Steht ein deutsches Gesetz im Widerspruch zu einer unmittelbar anwendbaren Bestimmung des Unionsrechts, so hat die deutsche Behörde dem Anwendungsvorrang des Unionsrechts Geltung zu verschaffen und muss dieses Gesetz unangewendet lassen.[343]

283

*Verwerfungsmonopol des BVerfG steht nicht entgegen*

**hemmer-Methode: Einer „Prüfungs- und Verwerfungskompetenz" der Gerichte und der Verwaltung gegenüber unionsrechtswidrigen deutschen Gesetzen steht nicht das Verwerfungsmonopol des BVerfG hinsichtlich formellen nachkonstitutionellen Gesetzesrechts nach Art. 100 GG entgegen. Denn die grundsätzlichen Bedenken gegen ein solches Verwerfungsrecht greifen nicht, da das BVerfG kein Verwerfungsmonopol gegenüber unionsrechtswidrigen deutschen Gesetzen besitzt.[344] Art. 100 GG gilt nach seinem Wortlaut nur für verfassungswidrige, nicht aber für unionsrechtswidrige Gesetze.**

284

## 2. Kollision mit Verfassungsrecht

*BVerfG: Vorbehalte bei Kollisionen mit Verfassungsrecht*

Während das BVerfG den unbedingten Vorrang des Unionsrechts vor einfachen Gesetzen vorbehaltlos anerkannt hat, bestehen hinsichtlich des Grundgesetzes Vorbehalte.

285

Soweit das Unionsrecht mit dem Grundgesetz kollidiert, ist - vor allem auch unter prozessualen Aspekten - danach zu unterscheiden, ob es sich um unmittelbar anwendbares Sekundärrecht, um Primärrecht oder um nationale Ausführungsgesetze zur Umsetzung von Richtlinien handelt.

---

339  Zur Begrenzung des Vorrangs auf kompetenzgemäß ergangenes Sekundärrecht siehe Rn. 320 ff.

340  BVerfGE 129, 78 <99> = BVerfG NJW 2011, 3428 ff. = **juris**byhemmer.

341  Streinz, HdbStR, § 182, Rn. 72.

342  EuGH, Rs. 103/88 (Fratelli Costanzo), Slg. 1989, 1839 ff. Zur insoweit seitens der Literatur vorgebrachten Kritik (Rechtssicherheit, Gewaltenteilung) siehe Pagenkopf, NVwZ 1993, 216, 222 m.w.N.

343  Streinz, HdbStR, § 182, Rn. 64; Mögele, BayVBl. 1993, 129, 132; Jarass, NJW 1991, 2665.

344  Streinz, HdbStR, § 182, Rn. 64; zum Meinungsstreit hinsichtlich eines Verwerfungsrechts der Verwaltung siehe Maurer, Allgemeines Verwaltungsrecht, § 4, Rn. 44 ff.

Gemeinsamer Ausgangspunkt der Problematik ist jedoch die Grenze der Übertragbarkeit von Hoheitsrechten (Art. 23 I bzw. Art. 24 I i.V.m. Art. 79 III GG).[345]

## a) Grenzen der Übertragbarkeit von Hoheitsrechten und des Vorrangs des Unionsrechts[346]

*Ausgangspunkt: Übertragbarkeit von Hoheitsrechten*

**aa)** Ausgangspunkt für die Lösung einer Kollision zwischen Unionsrecht und dem Grundgesetz ist die Frage, in welchem Umfang die Bundesrepublik Hoheitsrechte auf die EU übertragen kann.

286

Denn findet der Vorrang des Unionsrechts aus deutscher Sicht seine verfassungsrechtliche Legitimation in der Ermächtigung des Art. 23 I (ex Art. 24 I) GG i.V.m. den deutschen Zustimmungsgesetzen, so kann der Vorrang des Unionsrechts nur so weit gehen, wie diese verfassungsrechtliche Ermächtigung reicht.[347]

*Grenze des Art. 79 III GG*

**bb)** Die Übertragung von Hoheitsrechten auf die EU ist nicht unbegrenzt möglich, sondern findet ihre Grenzen in den in Art. 79 III GG niedergelegten Grundsätzen, was durch Art. 23 I S. 3 GG ausdrücklich klargestellt wird.[348] Demnach ermächtigt Art. 23 I GG nicht dazu, die Identität der geltenden Verfassungsordnung der Bundesrepublik durch Einbruch in ihr Grundgefüge aufzugeben oder die Entstaatlichung der vom Grundgesetz verfassten Rechtsordnung zu gestatten.[349] Zu den unabänderbaren Verfassungsstrukturen zählen insbesondere auch die Rechtsprinzipien, die dem Grundrechtsteil zugrunde liegen (vgl. Art. 23 I S. 1 GG).[350]

287

*Folge für den Vorrang des Unionsrechts*

**cc)** Für den Vorrang des Unionsrechts bedeutet die Begrenzung der Übertragbarkeit von Hoheitsrechten, dass das Unionsrecht jedenfalls dann gegenüber dem Grundgesetz zurücktritt, wenn die in Art. 79 III GG niedergelegten Verfassungsprinzipien berührt werden. Das Grundgefüge der Verfassung muss auch vor der Hoheitsgewalt der Union Bestand haben und kann weder durch primäres noch sekundäres Unionsrecht geändert werden. Denn insoweit öffnet der „Integrationshebel" des Art. 23 I GG bzw. ex Art. 24 I GG den nationalen Rechtsraum nicht.

288

Das Unionsrecht muss also nicht in vollem Umfang den Vorgaben des Grundgesetzes entsprechen und etwa die Grundrechte in ihrer konkreten Ausgestaltung beachten (vgl. Art. 23 I S. 1 GG). Nur wenn die in Art. 79 III GG niedergelegten Grundsätze und damit die unabänderbaren Verfassungsprinzipien angetastet werden, findet das Unionsrecht in Deutschland keine Anwendung. Hält sich das Unionsrecht dagegen in diesen engen Grenzen, ist es verbindlich und geht auch dem Grundgesetz vor.

Die Unionsorgane können daher verbindliche Rechtsakte erlassen, die wegen der umfassenden Bindung deutscher Staatsorgane an das Grundgesetz für den rein nationalen Bereich nicht zulässig wären.[351]

---

345  Siehe zu folgenden Problempunkten aus jüngerer Zeit etwa Zuck/Lenz, NJW 1997, 1193; Hirsch, NJW 1996, 2457, und ders. NVwZ 1998, 907 ff.

346  Siehe bereits Rn. 34 ff.

347  Gersdorf, DVBl. 1994, 674, 678.

348  Die Grenze wurde auch für Art. 24 I GG in Anlehnung an Art. 79 III GG bestimmt, vgl. Ehlers, DVBl. 1991, 605, 608.

349  BVerfGE 37, 271, 277; 73, 339, 375; NJW 2005, 2289, 2291 (Europäischer Haftbefehl). Vgl. zu letzterer Entscheidung etwa Baddenhausen/Pietsch, DVBl. 2005, 1562 ff.; Masing, NJW 2006, 264 ff.; v. Unger, NVwZ 2005, 1266 ff.

350  Zur Präzisierung dieser Identitätskontrolle vgl. unten Rn. 313a.

351  Streinz, HdbStR, § 182, Rn. 32.

So begegnete es aus verfassungsrechtlicher Sicht auch keinen durchgreifenden Bedenken, dass der vormals verfassungsrechtlich abgestützte, allgemeine Ausschluss von Frauen am Dienst mit der Waffe (Art. 12a I, IV S. 2 GG a.F.) wegen Unvereinbarkeit mit der Vorrang beanspruchenden RL 76/207/EWG (Gleichbehandlungs-richtlinie; jetzt RL 2006/54/EG) unanwendbar war.[352]

Der Ausschluss von Frauen am Dienst mit der Waffe gehörte jeden-falls nicht zum unabänderbaren Verfassungskern i.S.d. Art. 79 III GG,[353] ebenso nicht das nach Art. 16 II S. 1 GG statuierte Verbot der Auslieferung von Deutschen an das Ausland.[354]

Wo die Grenzen des Art. 79 III GG verlaufen, ist schwierig zu be-stimmen und im Prinzip ungeklärt. Sie sind jedoch hoch gesetzt und dürften in der Praxis selten zum Tragen kommen.[355]

## b) Kollision von unmittelbar anwendbarem sekundärem Unionsrecht mit dem Grundgesetz (insbesondere mit den Grundrechten)

*Kollision von Sekundärrecht mit dem GG (v.a. Grundrechte)*

Insbesondere hinsichtlich der Maßgeblichkeit deutscher Grundrechte für das sekundäre Unionsrecht ergingen bedeutende Entscheidun-gen des BVerfG. *289*

*Solange I - Beschluss*

**aa)** Im Jahre 1974 fasste das BVerfG den sog. „Solan-ge I"-Beschluss.[356] Anlass war die Vorlage eines Gerichts in einem konkreten Normenkontrollverfahren nach Art. 100 GG, §§ 13 Nr. 11, 80 ff. BVerfGG. Das Gericht hielt eine Unionsverordnung für unan-wendbar, weil sie gegen Grundrechte des Grundgesetzes verstoße. Der EuGH hatte zuvor auf Vorlage des Gerichts nach Art. 267 AEUV die Gültigkeit der Verordnung bestätigt. *290*

**(1)** Problematisch war zunächst die Zulässigkeit der Vorlage nach Art. 100 GG.[357] *291*

*Unionsverordnungen als zulässiger Prüfungsgegenstand (Art. 100 GG)*

**(a)** Prüfungsgegenstand der konkreten Normenkontrolle können nur deutsche, formelle, nachkonstitutionelle Gesetze sein. Das BVerfG bejahte gleichwohl die Zulässigkeit in dieser Hinsicht:

Zwar können im Verfahren nach Art. 100 GG nur formelle Gesetze vorgelegt werden. Da aber im Unionsrecht die Unterscheidung zwi-schen formellen Gesetzen und Verordnungen nicht existiere, habe wegen ihrer gleichen Wirkungsweise jede Verordnung als Gesetz i.S.d. Art. 100 GG zu gelten. Der Vorlage stehe auch nicht entgegen, dass Prüfungsgegenstand einer konkreten Normenkontrolle nur „deutsche Gesetze" sein können. Entscheidend sei vielmehr, dass die deutschen Behörden und Gerichte Unionsverordnungen anzu-wenden haben, sodass es zur Ausübung deutscher Staatsgewalt kommt. Hierbei seien die deutschen Behörden und Gerichte auch an die Bestimmungen des Grundgesetzes, insbesondere die Grund-rechte, gebunden (vgl. Art. 1 III GG). Diese Grundrechtsbindung könne im Verfahren nach Art. 100 GG allein durch das BVerfG über-prüft werden.

---

352 EuGH, Rs. C-285/98 (Kreil/Bundesrepublik), NJW 2000, 497 **= Life&Law 2000, 344**; mit Anmerkung Koch, DVBl. 2000, 476; Scholz, DÖV 2000, 417; Streinz, DVBl. 2000, 585; Schröder/Köster, JuS 2000, 542.

353 Allenfalls könnte man die Zuständigkeit der Union für diesen Bereich in Zweifel ziehen. So verneinte etwa das BVerwG in einem vergleichbaren Fall die Anwendbarkeit der RL 76/207/EWG (Gleichbehandlungsrichtlinie), da die Sicherheitspolitik in der ausschließlichen Zuständigkeit der Mitgliedstaaten ver-blieben sei (BVerwG, ZBR 1999, 311 ff.). Kritisch auch Scholz, DÖV 2000, 417 ff.; zum Problem der Unzuständigkeit der Union siehe Rn. 320 ff.

354 BVerfG, NJW 2005, 2289, 2290 f. **= Life&Law 2005, 662** (Europäischer Haftbefehl) – Das Verbot der Auslieferung von Deutschen an das Ausland wurde gerade mit Blick auf die europäischen Auslieferungsregeln gelockert, vgl. Art. 16 II S. 2 GG **= juris**byhemmer.

355 Ehlers, DVBl. 1991, 605, 608.

356 BVerfGE 37, 271 ff. („Solange I") = NJW 1974, 1697 ff.; s. dazu Hobe, § 10 Rn. 95 **= juris**byhemmer.

357 Zum Prüfungsaufbau der Zulässigkeit einer konkreten Normenkontrolle siehe auch Life&Law 2011, 906 ff.

Die Konzentrierung dieser Überprüfung auf das BVerfG sei nach dem Grundgedanken des Art. 100 GG geboten und liege auch im Interesse der Union und ihres Rechts.

*Feststellung der Unanwendbarkeit*

**(b)** Hinsichtlich seiner Kompetenz führte das BVerfG aus, dass es wegen der Eigenständigkeit der Unionsordnung nicht über die Gültigkeit oder Ungültigkeit sekundären Unionsrechts entscheiden könne. Diese Befugnis habe allein der EuGH (vgl. Art. 19 I UAbs. 1 S. 2 EUV, Art. 263, 267 AEUV), der insoweit über das Verwerfungsmonopol gegenüber sekundärem Unionsrecht verfüge. Das BVerfG könne lediglich zum Ergebnis kommen, dass ein Unionsrechtsakt von den deutschen Behörden und Gerichten nicht angewendet werden dürfe und im deutschen Rechtsraum keine Wirkung entfalte, soweit er mit deutschen Grundrechten kollidiert. Vor einer Entscheidung des BVerfG ist jedoch stets eine Entscheidung des EuGH durch die deutschen Gerichte im Vorlageverfahren nach Art. 267 AEUV einzuholen.

**292**

*deutsche Grundrechte als Prüfungsmaßstab*

**(2)** In Bezug auf die Maßgeblichkeit deutscher Grundrechte als Prüfungsmaßstab für Unionsrechtsakte und seiner eigenen Rechtsprechungsgewalt führte das BVerfG aus, dass die Union durch die Übertragung von Hoheitsrechten (Art. 23 I GG) ermächtigt wurde, Rechtsakte zu erlassen, die in Deutschland unmittelbar gelten und somit auch die Grundrechte der Einzelnen betreffen können. Zwar sei es nach Art. 23 I GG zulässig, den innerstaatlichen Rechtsschutz gegenüber Unionsrechtsakten zugunsten der europäischen Gerichtsbarkeit (Art. 19 EUV) entfallen zu lassen, sodass das BVerfG seine Kontrolle nicht mehr ausübe. Voraussetzung wäre aber dann, dass auf Unionsebene ein Grundrechtsschutz besteht, der nach Inhalt und Wirksamkeit im Wesentlichen dem Schutz entspricht, der nach dem Grundgesetz geboten ist.

**293**

Hinsichtlich des auf Unionsebene bestehenden Grundrechtsschutzes und der Maßgeblichkeit deutscher Grundrechte für Unionsrechtsakte führte das BVerfG schließlich aus:

> „Solange der Integrationsprozess der Gemeinschaft (jetzt Union) nicht so weit fortgeschritten ist, dass das Gemeinschaftsrecht auch einen von einem Parlament beschlossenen und in Geltung stehenden formulierten Grundrechtskatalog enthält, der dem Grundrechtskatalog des Grundgesetzes adäquat ist, ist nach Einholung der in Art. 234 EG (jetzt Art. 267 AEUV) geforderten Entscheidung des EuGH die Vorlage eines Gerichtes der Bundesrepublik Deutschland an das BVerfG im Normenkontrollverfahren zulässig und geboten, wenn das Gericht die für es entscheidungserhebliche Vorschrift des Gemeinschaftsrechts in der vom EuGH gegebenen Auslegung für unanwendbar hält, weil und soweit sie mit einem der Grundrechte des Grundgesetzes kollidiert.“

*Vorrang des Verfahrens nach Art. 267 AEUV*

**(3)** Der Vorrang sekundären Unionsrechts fand damit nach Rechtsprechung des BVerfG seine Grenzen in den Grundrechten des Grundgesetzes. Verordnungen konnten im Verfahren nach Art. 100 GG inzident auf ihre Vereinbarkeit mit deutschen Grundrechten geprüft werden. Zuvor war jedoch stets eine Entscheidung des EuGH nach Art. 267 AEUV einzuholen, der die betreffende Verordnung an Unionsgrundrechten prüft.

In Betracht kamen ebenso Verfassungsbeschwerden, Art. 93 I Nr. 4a GG, gegen deutsche Rechtsakte (Urteile, Verwaltungsakte), die geltend machten, eine anzuwendende Verordnung sei wegen Verstoßes gegen deutsche Grundrechte unanwendbar.[358]

**294**

**hemmer-Methode: Nach dem „Solange I“– Beschluss waren damit deutsche Grundrechte mittelbar Prüfungsmaßstab für sekundäres Unionsrecht. Unionsverordnungen konnten dem BVerfG im Verfahren nach Art. 100 GG vorgelegt werden.**

---

358　Zum Prüfungsaufbau der Zulässigkeit einer Verfassungsbeschwerde vgl. Life&Law 2011, 927 ff.

Zulässig waren auch Verfassungsbeschwerden gegen deutsche Rechtsakte (Urteile, Verwaltungsakte). Denn entscheidend für den Geltungsanspruch deutscher Grundrechte sei, dass es bei der Anwendung von Unionsrecht durch Behörden und Gerichte zur Ausübung deutscher Staatsgewalt komme. Die Zulässigkeit einer Verfassungsbeschwerde (Art. 93 I Nr. 4a GG, §§ 13 Nr. 8a, 90 ff. BVerfGG), die unmittelbar gegen einen Unionsrechtsakt gerichtet ist, verneinte das BVerfG dagegen in seiner früheren Rechtsprechung.[359] Denn nach Art. 19 IV, 93 I Nr. 4a GG, § 90 BVerfGG können nur Akte der „deutschen öffentlichen Gewalt" angefochten werden. Dazu gehören Rechtsakte der Union indes nicht, da sie einer eigenständigen, von der Staatsgewalt der Mitgliedstaaten geschiedenen öffentlichen Gewalt zuzuordnen sind. An dieser Rechtsprechung hat das BVerfG auch nach seinem „Solange I"–Beschluss festgehalten. Eine Abkehr davon erfolgte jedoch durch das „Maastricht-Urteil" (s. Rn. 303).

*Solange II - Beschluss*

**bb)** Der „Solange I"-Beschluss ist zum Teil auf heftige Kritik gestoßen. Nach verschiedenen Entscheidungen[360] in ähnlichen Fällen, die eine Änderung der Rechtsprechung des BVerfG andeuteten, kam es 1986 schließlich zum sog. „Solange II"-Beschluss",[361] der eine Abkehr vom „Solange I"-Beschluss darstellte. Anlass war eine Verfassungsbeschwerde gegen ein Urteil des BVerwG, in der unter anderem die Frage der Vereinbarkeit einer Verordnung mit deutschen Grundrechten gestellt wurde.

295

*ausreichender Grundrechtsschutz auf Unionsebene*

**(1)** Das BVerfG bekräftigte zunächst seine Rechtsprechung, wonach die Übertragung von Hoheitsbefugnissen auf die Union durch die Grundstruktur der Verfassung begrenzt sei. Ebenso könne aufgrund des Art. 23 I GG der nach Maßgabe des Grundgesetzes bestehende Grundrechtsschutz gegenüber Unionsrechtsakten entfallen. Voraussetzung sei dann allerdings, dass auf Unionsebene ein Grundrechtsschutz bestehe, der im Wesentlichen dem unabdingbaren Grundrechtsschutz des Grundgesetzes gleich zu achten ist. Diese Voraussetzungen sah das BVerfG nunmehr als erfüllt an, sodass es die in Frage stehende Verordnung nicht auf ihre Vereinbarkeit mit den Grundrechten des Grundgesetzes überprüfte.

296

Die entscheidende Passage im „Solange II"-Beschluss lautet:[362]

> *„Solange die Europäischen Gemeinschaften (jetzt die EU), insbesondere die Rechtsprechung des Gerichtshofs der Gemeinschaften einen wirksamen Schutz der Grundrechte gegenüber der Hoheitsgewalt der Gemeinschaften generell gewährleisten, der dem vom Grundgesetz als unabdingbar gebotenen Grundrechtsschutz im Wesentlichen gleich zu achten ist, zumal den Wesensgehalt der Grundrechte generell verbürgt, wird das BVerfG seine Gerichtsbarkeit über die Anwendbarkeit von abgeleitetem Gemeinschaftsrecht, das als Rechtsgrundlage für ein Verhalten deutscher Gerichte oder Behörden im Hoheitsgebiet der Bundesrepublik Deutschland in Anspruch genommen wird, nicht mehr ausüben und dieses Recht mithin nicht mehr am Maßstab der Grundrechte überprüfen; entsprechende Vorlagen nach Art. 100 I GG sind somit unzulässig."*

**(2)** Mit dem „Solange II"-Beschluss hat das BVerfG einen ausreichenden Grundrechtsschutz auf Unionsebene durch den EuGH anerkannt.

297

Mittlerweile gibt es auf Unionsebene auch eine geschriebenen, rechtsverbindlichen Grundrechtekatalog, die Europäische Grundrechtecharta, EGRCh, vgl. Art. 6 I EUV.[363] Damit kann die „Solange II"-Rechtsprechung des BVerfG, deren Argumentation auf einem ausreichenden Grundrechtsschutz auf Unionsebene basiert, als weiter bestätigt angesehen werden.

---

359  BVerfGE 22, 293, 295 ff. = **juris**byhemmer.

360  BVerfGE 52,187, 202 f. („Vielleicht-Beschluss"); 58, 1 ff. = **juris**byhemmer.

361  BVerfGE 73, 339 ff. = NJW 1987, 577 ff. = **juris**byhemmer.

362  BVerfGE 73, 339, 387 („Solange II"); Hervorhebungen vom Verfasser = **juris**byhemmer.

363  Zum Grundrechtsschutz nach dem Inkrafttreten des Reformvertrags von Lissabon siehe unten Rn. 57 ff.

*deutsche Grundrechte grundsätzlich kein Prüfungsmaßstab*

**(a)** Folge hiervon ist, dass das BVerfG Unionsrechtsakte nicht mehr an den Grundrechten des Grundgesetzes überprüft, sondern grundsätzlich allein deren Vereinbarkeit mit Unionsgrundrechten entscheidend ist. Zudem verlangt das BVerfG entgegen dem „Solange I"-Beschluss keine vollständige Gleichheit von unionsrechtlichem und deutschem Grundrechtsschutz.

298

*Vorbehalt: generelle Gewährleistung des unabdingbaren Grundrechtsschutzes*

**(b)** Allerdings besteht ein wichtiger Vorbehalt. Das BVerfG verzichtet auf die Ausübung seiner Rechtsprechung nur insoweit, als auf Unionsebene ein ausreichender Grundrechtsschutz durch den EuGH generell gewährleistet ist und dieser Schutz den Wesensgehalt der Grundrechte und damit den vom Grundgesetz gebotenen Mindeststandard generell verbürgt.[364] Wären diese Voraussetzungen nicht (mehr) erfüllt, würde das BVerfG seine Kontrolle über Rechtsakte der Union wieder ausüben.

299

Da es somit allein auf eine generelle Gewährleistung der unabdingbaren Grundrechtsstandards ankommt, muss der unionsrechtliche Grundrechtsschutz dem Grundrechtsschutz nach dem Grundgesetz nicht voll entsprechen.[365]

**hemmer-Methode:** Die Unzulässigkeit konkreter Normenkontrollverfahren nach dem „Solange II" -Beschluss folgt nicht daraus, dass Verordnungen nicht als „Gesetze" i.S.d. Art. 100 GG zu behandeln sind. Insoweit verblieb es vielmehr bei der „Solange I"-Rechtsprechung. Die wesentliche Änderung des „Solange II"-Beschlusses liegt darin, dass das BVerfG seine Gerichtsbarkeit über sekundäres Unionsrecht nicht mehr ausübt, soweit (bzw. solange) ein Mindeststandard an Grundrechtsschutz auf Unionsebene generell gewährleistet ist. Allein hieraus folgt die Unzulässigkeit konkreter Normenkontrollen.

*im Ergebnis Vorrang des Unionsrechts auch vor deutschen Grundrechten*

**(3)** Das BVerfG hat im „Solange II"-Beschluss nach wohl richtiger Ansicht die Frage des Vorrangs von Unionsrechtsakten gegenüber den Grundrechten des Grundgesetzes nicht nur verfahrensrechtlich, sondern auch materiell-rechtlich gelöst. Es hat zwar nur auf die Ausübung seiner Kontrolle zugunsten des Grundrechtsschutzes durch den EuGH und mittlerweile auch durch die EGRCh auf Unionsebene verzichtet.[366] Im Ergebnis wurde damit aber der Vorrang sekundären Unionsrechts auch vor den Grundrechten des Grundgesetzes anerkannt.[367] Zusammenfassend kann man demnach festhalten:[368]

300

**(a)** Die deutschen Grundrechte sind grundsätzlich kein Prüfungsmaßstab für sekundäres Unionsrecht. Sie kommen nur insoweit als Prüfungsmaßstab in Betracht, als der enge Vorbehalt des „Solange II"-Beschlusses in Frage steht. In diesem engen Rahmen ist eine Prüfung allerdings von Verfassungs wegen auch geboten.

**(b)** Soweit der Maßstab deutscher Grundrechte durch den Vorrang des Unionsrechts verdrängt wird, treten an seine Stelle gegenüber sekundärem Unionsrecht die Unionsgrundrechte. Dies ist auch durch die Integrationsbestimmung des Art. 23 I (bzw. Art. 24 I) GG verfassungsrechtlich gedeckt.

*„Maastricht–Urteil"*

**cc)** Die Maßgeblichkeit deutscher Grundrechte für sekundäres Unionsrecht und die Rechtsprechungsgewalt des BVerfG waren auch Gegenstand des „Maastricht"-Urteils.[369]

301

---

364　Vgl. auch Art. 23 I S. 1 GG.

365　Nettesheim, NVwZ 2002, 932.

366　Scholz, NJW 1990, 941, 943 m.w.N.; dagegen Everling, EuR 1990, 195, 201 f.; Klein, VVDStRL 50 (1991) 56, 80 f.

367　Everling, ebenda; Klein, ebenda.

368　Streinz, HdbStR, § 182, Rn. 65 f; 74.

369　BVerfG, NJW 1993, 3047 ff. („Maastricht-Urteil") = **juris**byhemmer.

(1) Ein Beschwerdeführer machte geltend, seine Grundrechte nach dem Grundgesetz würden durch das Zustimmungsgesetz verletzt, indem sie nicht durch deutsche Staatsorgane gewährleistet seien und die Unionsgrundrechte einen anderen Inhalt hätten. Das BVerfG führte hierzu aus:[370]

*„Das BVerfG gewährleistet durch seine Zuständigkeit [...],[371] dass ein wirksamer Schutz der Grundrechte für die Einwohner Deutschlands auch gegenüber der Hoheitsgewalt der Gemeinschaften (jetzt der Union) generell sichergestellt und dieser dem vom Grundgesetz als unabdingbar gebotenen Grundrechtsschutz im Wesentlichen gleich zu achten ist, zumal den Wesensgehalt der Grundrechte generell verbürgt. Das BVerfG sichert so diesen Wesensgehalt auch gegenüber der Hoheitsgewalt der Gemeinschaft [...].[372] Auch Akte einer besonderen, von der Staatsgewalt der Mitgliedstaaten geschiedenen öffentlichen Gewalt einer supranationalen Organisation betreffen die Grundrechtsberechtigten in Deutschland. Sie berühren damit die Gewährleistungen des Grundgesetzes und die Aufgaben des BVerfG, die den Grundrechtsschutz in Deutschland und insoweit nicht nur gegenüber deutschen Staatsorganen zum Gegenstand haben [...].[373] Allerdings übt das BVerfG seine Gerichtsbarkeit über die Anwendbarkeit von abgeleitetem Gemeinschaftsrecht in Deutschland in einem „Kooperationsverhältnis" zum EuGH aus, in dem der EuGH den Grundrechtsschutz in jedem Einzelfall für das gesamte Gebiet der Europäischen Gemeinschaften garantiert, das BVerfG sich deshalb auf eine generelle Gewährleistung der unabdingbaren Grundrechtsstandards [...][374] beschränken kann."*

**Zuständigkeit, Aufgabe des BVerfG**

(2) Das BVerfG bekräftigt seine Zuständigkeit insoweit, als es den nach dem Grundgesetz unabdingbaren Grundrechtsschutz („Wesensgehalt") auch gegenüber Unionsrechtsakten gewährleistet. Neu dürfte jedoch der Ausgangspunkt des BVerfG sein. In offener Abkehr von einer früheren Entscheidung[375] hebt das BVerfG hervor, dass auch Rechtsakte einer besonderen, von der deutschen Staatsgewalt geschiedenen öffentlichen Gewalt einer supranationalen Organisation den Grundrechtsschutz in Deutschland und die Aufgaben des BVerfG unmittelbar berühren.

**302**

Hinsichtlich des Geltungsanspruchs der deutschen Grundrechte und seiner eigenen Gerichtsbarkeit knüpft das BVerfG damit anders als im „Solange I - Beschluss" nicht mehr an die Anwendung des Unionsrechts durch deutsche Behörden und Gerichte an. Vielmehr geht das BVerfG von einem direkten Geltungsanspruch deutscher Grundrechtsstandards gegenüber der in Deutschland ausgeübten Unionsgewalt aus.[376] Unionsrechtsakte können damit offenbar unmittelbar Prüfungsgegenstand in Verfahren vor dem BVerfG sein.

**Verfassungsbeschwerden gegen Unionsrechtsakte?**

Nicht mit letzter Sicherheit ist indes die Frage geklärt, ob die Formulierungen des BVerfG dahingehend zu deuten sind, dass entgegen früherer Rechtsprechung auch Verfassungsbeschwerden (Art. 93 I Nr. 4a GG, §§ 13 Nr. 11, 90 ff. BVerfGG) unmittelbar gegen Unionsrechtsakte zur Verfügung stehen. Unter Hinweis auf die Ausführungen des BVerfG, wonach zu dessen Aufgaben auch die Wahrung des Grundrechtsschutzes gegenüber anderen als deutschen Staatsorganen gehöre, wird dies von der wohl überwiegenden Literaturmeinung bejaht.

**303**

---

370  BVerfG, NJW 1993, 3047, 3049 („Maastricht-Urteil"); s. auch Leitsatz 7; Hervorhebungen vom Verfasser = **juris**byhemmer.

371  Es folgt ein Hinweis auf den „Solange I"- und „Solange II" - Beschluss.

372  Hinweis auf „Solange II - Beschluss".

373  Hinweis auf Abkehr von BVerfGE 58, 1, 27 („Eurocontrol").

374  Hinweis auf „Solange II - Beschluss".

375  BVerfGE 58, 1, 27 („Eurocontrol") = **juris**byhemmer.

376  Schröder, DVBl. 1994, 316, 322; Götz, JZ 1993, 1081, 1083; Bleckmann/Pieper, RIW 1993, 969, 972.

Die Formulierungen könnten nur dahingehend verstanden werden, dass auch Rechtsakte der Union nunmehr unter den Begriff der „öffentlichen Gewalt" i.S.d. Art. 19 IV, 93 I Nr. 4a GG, § 90 BVerfGG fallen.[377] Diesen Ansatz hat das BVerfG in seiner Entscheidung zum Vertrag von Lissabon bestätigt.[378]

*Kooperationsverhältnis zum EuGH*

**(c)** Entsprechend seiner „Solange II - Rechtsprechung" begrenzt das BVerfG seine Kontrollbefugnis gegenüber Unionsrechtsakten auf eine generelle Gewährleistung der unabdingbaren Unionsstandards bzw. des Wesensgehalts der Grundrechte.[379] Es übt seine Rechtsprechung in einem „Kooperationsverhältnis" zum EuGH aus, in dem der EuGH den Grundrechtsschutz unionsweit in jedem Einzelfall gewährleistet, das BVerfG sich hingegen auf die generelle Gewährleistung der unabdingbaren Grundrechtsstandards beschränkt. Mit dem „Kooperationsverhältnis" ist die vorrangige Verantwortlichkeit des EuGH hinsichtlich des Grundrechtsschutzes gegenüber Unionsrechtsakten angesprochen.[380] Eine Befassung des BVerfG kommt damit erst dann in Betracht, wenn zuvor eine Entscheidung des EuGH im Vorabentscheidungsverfahren nach Art. 267 AEUV eingeholt wurde. Eine Vorlagepflicht bestünde auch für das BVerfG selbst.    *304*

Hinsichtlich der Maßgeblichkeit deutscher Grundrechte als Prüfungsmaßstab und der Rechtsprechungsgewalt des BVerfG enthält das „Maastricht-Urteil" daher im Wesentlichen keine Neuerungen. Vielmehr setzt das BVerfG nach wohl überwiegender Ansicht seine bisherige Rechtsprechung entsprechend dem „Solange II - Beschluss" fort, auf den auch ausdrücklich verwiesen wird.[381]

*Bananenmarkt-Beschluss*

Die Fortführung der „Solange II – Rechtsprechung" auch in Folge des „Maastricht-Urteils" hat das BVerfG in seinem „Bananenmarkt-Beschluss" schließlich bestätigt.[382] Das BVerfG führt insoweit aus:    *304a*

> *„Sonach sind auch nach der Entscheidung des Senats [im Maastricht-Urteil] Verfassungsbeschwerden und Vorlagen von Gerichten von vornherein unzulässig, wenn ihre Begründung nicht darlegt, dass die europäische Rechtsentwicklung einschließlich der Rechtsprechung des EuGH nach Ergehen der Solange II - Entscheidung [...] unter den erforderlichen Grundrechtsstandard abgesunken sei. Deshalb muss die Begründung der Vorlage eines nationalen Gerichts oder einer Verfassungsbeschwerde, die eine Verletzung in Grundrechten des Grundgesetzes durch sekundäres Gemeinschaftsrecht geltend macht, im Einzelnen darlegen, dass der jeweils als unabdingbar gebotene Grundrechtsschutz generell nicht gewährleistet ist. Dies erfordert eine Gegenüberstellung des Grundrechtsschutzes auf nationaler und auf Gemeinschaftsebene in der Art, und Weise, wie das BVerfG sie in [der Solange II - Entscheidung] geleistet hat."*

**dd)** Verstößt eine Unionsverordnung möglicherweise gegen Grundrechte, haben deutsche Gerichte demnach wie folgt zu verfahren:    *305*

*Verfahrensweise deutscher Gerichte*

**(1)** Das Gericht überprüft zunächst die Verordnung auf ihre Vereinbarkeit mit Unionsgrundrechten.[383]

Hält es einen Verstoß für gegeben, so muss das Gericht den EuGH im Vorabentscheidungsverfahren nach Art. 267 AEUV anrufen, da dem EuGH das „Verwerfungsmonopol" gegenüber sekundärem Unionsrecht zukommt.[384]

---

377   Wittkowski, BayVBl. 1994, 359, 362; Tietje, JuS 1994, 197, 199 f.; Tomuschat, EuGRZ 1993, 489, 490; Gersdorf, DVBl. 1994, 674, 675.

378   BVerfG, NJW 2009, 2267 = **Life&Law 2009, 618** = **juris**byhemmer.

379   Lenz, NJW 1993, 3038.

380   Schröder, DVBl. 1994, 316, 323.

381   Streinz, EuZW 1994, 329, 331; Schröder, DVBl. 1994, 316, 322 f.; Götz, JZ 1993, 1081, 1083; Bleckmann/Pieper, RIW 1993, 969, 972; Wittkowski, BayVBl. 1994, 359, 362.

382   BVerfG (Bananenmarktordnung), JuS 2001, 120 ff. = NJW 2000, 3124 = **Life&Law 2001, 64;** vgl. dazu Nettesheim, NVwZ 2002, 932 ff.

383   Streinz, HdbStR, § 182, Rn. 74.

384   EuGH, Rs. 314/85 (Foto-Frost), Slg. 1987, 4199 ff.; zur Vorlagepflicht der Gerichte siehe Rn. 697, 702a.

Der EuGH prüft dann die Verordnung an den Unionsgrundrechten. Stellt der EuGH eine Verletzung von Unionsgrundrechten fest, so erklärt er die Verordnung für ungültig. Das vorlegende Gericht darf sie dann nicht anwenden.

Stellt der EuGH dagegen keinen Verstoß gegen Unionsgrundrechte fest, so ist die Verordnung gültig und die Gerichte sind unionsrechtlich zu ihrer Anwendung verpflichtet. Aus deutscher Sicht bestehen dann zwei Möglichkeiten:

**(2)** Ist das Gericht nach der Entscheidung des EuGH der Überzeugung, die Verordnung verstoße zwar gegen deutsche Grundrechte, auf Unionsebene sei aber ein Schutz der unabdingbaren Grundrechtsstandards i.S.d. „Solange II – Rechtsprechung" generell gewährleistet, so muss es die Verordnung anwenden. Denn die Grundrechte des Grundgesetzes sind aufgrund des Vorrangs des Unionsrechts kein Prüfungsmaßstab. Ein deutscher Verwaltungsakt, der seine Rechtsgrundlage in einer solchen Verordnung findet, wäre dementsprechend auch nicht rechtswidrig.

**(3)** Ist das Gericht nach der Entscheidung des EuGH der Überzeugung, der Unionsrechtsakt verletze die unabdingbaren Grundrechtsstandards des Grundgesetzes i.S.d. „Solange II – Rechtsprechung" und sei daher unanwendbar, so muss es das BVerfG im konkreten Normenkontrollverfahren nach Art. 100 GG analog befassen. Das Instanzgericht ist nicht selbst befugt, die Unanwendbarkeit eines Unionsrechtsakts wegen Verstoßes gegen das Grundgesetz festzustellen. Vielmehr verfügt das BVerfG insoweit über ein Entscheidungsmonopol.[385] Konkrete Normenkontrollverfahren (und Verfassungsbeschwerden), die eine Verletzung des Grundgesetzes durch sekundäres Unionsrecht geltend machen, müssen in ihrer Begründung ein Absinken der europäischen Rechtsentwicklung einschließlich der Rechtsprechung des EuGH nach Ergehen der Solange II - Entscheidung unter den erforderlichen Grundrechtsstandard im Einzelnen darlegen.[386] Andernfalls sind sie unzulässig.

Das konkrete Normenkontrollverfahren ist auch statthaft, da Prüfungsgegenstand nach dem Ansatz des BVerfG im „Maastricht-Urteil" offenbar unmittelbar auch Unionsverordnungen sein können, Art. 100 GG analog.

Das BVerfG übt seine Rechtsprechung jedoch dann nicht aus, wenn und soweit der Schutz der Grundrechte auf Unionsebene durch den EuGH (und die EGRCh) generell gewährleistet und der Wesensgehalt der Grundrechte generell verbürgt ist.

**hemmer-Methode:** Gerade nach dem Inkrafttreten eines geschriebenen, rechtsverbindlichen Grundrechtekatalogs, der EGRCh, dürfte eine Kontrolle von Unionsrechtsakten durch das BVerfG aufgrund Grundrechtsverletzungen auch in Zukunft praktisch ausgeschlossen sein.

*Kollisionen außerhalb des Grundrechtsbereichs*

**ee)** Sekundäres Unionsrecht kann auch im Widerspruch zum Grundgesetz außerhalb des Grundrechtsteils stehen. Insoweit gilt wiederum, dass der Integrationshebel des Art. 23 I (bzw. Art. 24 I) GG den deutschen Rechtsraum nicht für Unionsrechtsakte öffnet, die gegen die in Art. 79 III GG niedergelegten Grundsätze verstoßen.

*306*

---

385  Im Ergebnis auch Streinz, HdbStR, § 182, Rn. 73.

386  BVerfG (Bananenmarktordnung), JuS 2001, 120 ff. = NJW 2000, 3124 = **Life&Law 2001, 64.**; vgl. dazu Nettesheim, NVwZ 2002, 932 ff.

*Bundesstaatsprinzip*

**(1)** In der Literatur wurde im Zusammenhang mit der „Fernsehrichtlinie" des Rates insbesondere ein Verstoß gegen das „Bundesstaatsprinzip" diskutiert.[387] Zwar können über Art. 23 I GG auch Hoheitsrechte der Länder auf die Union übertragen werden, jedoch darf ihre Eigenstaatlichkeit nicht ausgehöhlt werden. Den Ländern muss daher ein Kern eigener Aufgaben verbleiben. Die Eigenstaatlichkeit der Länder ist jedoch nicht schon dann beeinträchtigt, wenn die Union einzelne Aspekte im Hoheitsbereich der Länder regelt und somit der Zuständigkeit der Länder entzieht (z.B. kultureller Bereich). Allenfalls durch eine Summierung unionsrechtlicher Rechtsakte im Zuständigkeitsbereich der Länder käme ein Verstoß gegen das Bundesstaatsprinzip in Betracht.

*307*

*Demokratieprinzip*

**(2)** Eine Verletzung des „Demokratieprinzips" käme i.S.d. „Maastricht-Urteils" des BVerfG dann in Betracht, wenn die Union durch extensive Handhabung oder Ausweitung ihrer Regelungskompetenzen neue Tätigkeitsbereiche „an sich zieht".[388] Nach der „Lissabon-Entscheidung" des BVerfG ist das Demokratieprinzip auch dann verletzt, wenn ohne Zustimmung des Bundestags über das sog. Brückenverfahren gem. Art. 48 VII EUV vom Verfahren der Einstimmigkeit auf Verfahren der qualifizierten Mehrheit übergegangen würde, da auch hierdurch Kompetenzen auf die Union verlagert werden.[389] Der Bundesgesetzgeber hat hierauf mit Erlass des Integrationsverantwortungsgesetzes (IntVG) vom 22.09.2009 reagiert. Nach § 4 I IntVG darf der deutsche Vertreter im Rat einem Beschlussvorschlag im Rahmen eines Brückenverfahrens nach Art. 48 VII EUV erst dann zustimmen oder sich enthalten, wenn hierzu ein Gesetz gem. Art. 23 I GG in Kraft getreten ist. Ohne ein solches Gesetz muss der deutsche Vertreter den Beschlussvorschlag ablehnen, § 4 I S. 2 IntVG.[390]

**hemmer-Methode:** In seiner „Lissabon-Entscheidung" hatte das BVerfG zudem klargestellt, dass es Akte der EU auch darauf überprüfen will, ob sie sich in den Grenzen der ihnen im Wege der begrenzten Einzelermächtigung eingeräumten Hoheitsrechte halten.[391] Letztlich könnte das BVerfG über diesen Einstieg komplett die Rechtmäßigkeit des sekundären Unionsrechts letztinstanzlich klären und sich so zum „Obergericht" gegenüber dem EuGH aufschwingen. Von den Kooperationsangeboten der „Solange-Rechtsprechung" bliebe nicht viel über.[392] Aus Sicht des EuGH sind die entsprechenden Passagen der Lissabon-Entscheidung denn auch eher als „unfreundlicher Akt" zu werten – um das Wort Kampfansage zu vermeiden. Für viele wenig überraschend, relativierte das BVerfG seine Aussagen jedoch wenig später. Eine Ultra-vires-Kontrolle komme nur in Betracht, wenn ein Kompetenzverstoß hinreichend qualifiziert sei und der angegriffene Akt im Kompetenzgefüge zu einer strukturell bedeutsamen Verschiebung zulasten der Mitgliedstaaten führen würde. Erforderlich sei insofern ein evidenter Verstoß gegen die Kompetenzordnung. Schlussendlich beschränkt sich das BVerfG in dieser Entscheidung auf eine Willkürkontrolle bzw. zieht sich auf die Beschränkungen der Solange-Rechtsprechung zurück.[393] Jedoch ist es keinesfalls ausgeschlossen, dass das BVerfG in Zukunft auch weitere „Konkretisierungen" bei der Frage nach der Ausgestaltung des Kooperationsverhältnisses zum EuGH treffen wird.

---

387   Siehe hierzu auch BVerfG, NJW 1990, 974 ff.; JZ 1995, 669 ff.

388   Siehe Rn. 308, 320 ff.

389   BVerfG, NJW 2009, 2267 = **Life&Law 2009, 618** = juris*byhemmer*.

390   Vgl. hierzu auch Maunz/Dürig, Art. 23 GG, Rn. 149 f.; zu den im Rahmen der Lissabon-Entscheidung definierten Anforderungen an die Mitwirkung von Bundestag und Bundesrat bei der Wahrnehmung von bereits übertragenen Kompetenzen durch Unionsorgane, und der insofern erfolgten Umsetzung durch den Bundesgesetzgeber siehe auch Nettesheim, NJW 2010, 177.

391   BVerfG, NJW 2009, 2267 = **Life&Law 2009, 618**.; zur Unanwendbarkeit sekundären Unionsrechts wegen Kompetenzüberschreitung der Union siehe auch unten Rn. 320 = juris*byhemmer*.

392   In diese Richtung wohl auch noch BVerfG, 2 BvR 2253/06 sowie 2 BvR 1848/07 = **Life&Law 2010, 637**.

393   BVerfG, 2 BvR 2661/06; DVBl. 2010, 1229 = **Life&Law 2010, 694**.; siehe unten Rn. 325a = juris*byhemmer*.

## c) Kollision von Primärrecht mit dem Grundgesetz

*Kollisionen von Primärrecht mit dem GG*

Auch das primäre Unionsrecht (Vertragsrecht) kann im Widerspruch zum Grundgesetz stehen. Die „Solange-Rechtsprechung" des BVerfG ist nicht einschlägig, da sie ausschließlich sekundäres Unionsrecht betrifft.

*308*

*Prüfungsgegenstand: Zustimmungsgesetz*

**aa)** Prüfungsgegenstand ist nicht das Primärrecht selbst, sondern das Zustimmungsgesetz zum AEUV/EUV (z.B. Zustimmungsgesetz zum „Maastricht-Vertrag" mit den darin enthaltenen Änderungen des EG; ebenso das Zustimmungsgesetz zum „Lissabon-Vertrag"[394]). Denn dieses erteilt den Rechtsanwendungsbefehl für das primäre Unionsrecht. Die Unanwendbarkeit von primärem Unionsrecht aus Gründen der Verfassungswidrigkeit ist nicht denkbar, ohne dass das Zustimmungsgesetz (zumindest teilweise) mit dem Grundgesetz unvereinbar wäre.[395]

*309*

*Prüfungsmaßstab: Art. 23 I S. 3 GG i.V.m. Art. 79 III GG*

**bb)** Prüfungsmaßstab für das Zustimmungsgesetz sind die Grenzen der Integrationsgewalt, Art. 23 I S. 3 i.V.m. Art. 79 III GG.[396] Das Zustimmungsgesetz darf daher nicht gegen die in Art. 79 III GG niedergelegten Grundsätze verstoßen und das „Grundgefüge der Verfassung" antasten.

*310*

*prozessual: Art. 100 GG, Art. 93 I Nr. 4a GG*

**cc)** In prozessualer Hinsicht kommt insbesondere das konkrete Normenkontrollverfahren nach Art. 100 GG in Betracht, in dem das vorlegende Gericht die Vereinbarkeit des Zustimmungsgesetzes mit dem Grundgesetz durch das BVerfG überprüfen lassen kann. Daneben kommt auch die Verfassungsbeschwerde nach Art. 93 I Nr. 4a GG in Betracht, mit der die Aushöhlung des Wahlrechts durch übermäßige Übertragung von Hoheitsrechten an die EU als Verletzung von Art. 38 I GG gerügt werden kann.[397]

*311*

*„Maastricht-Urteil": mögliche Verletzung des Art. 38 GG*

Anlass für das „Maastricht-Urteil" des BVerfG waren so auch verschiedene Verfassungsbeschwerden, die gegen das Zustimmungsgesetz zum ehemaligen EU-Vertrag gerichtet waren. Der „Lissabon-Entscheidung" lagen zudem Organstreitanträge zugrunde.

*312*

**(1)** Als zulässig erachtete das BVerfG allein den Einwand eines Beschwerdeführers, das Zustimmungsgesetz zum ehemaligen EU-Vertrag verletze ihn möglicherweise in seinen grundrechtsgleichen Rechten aus Art. 38 I, II GG (Beschwerdebefugnis).

Das BVerfG führte aus, dass durch die Übertragung von Hoheitsrechten auf die EU der Regelungsgehalt des Art. 38 I S. 1 GG berührt werde.[398] Die Bestimmung gewährleiste nicht nur das Wahlrecht zum Bundestag und die Einhaltung der Wahlrechtsgrundsätze, sondern erstrecke sich auch auf den grundlegenden demokratischen Gehalt dieses Rechts. Art. 38 GG erfasse vor allem auch das Recht, durch Wahlen an der demokratischen Legitimation der Staatsgewalt auf Bundesebene mitzuwirken und auf ihre Ausübung Einfluss zu nehmen. Dieses Recht sei vorliegend insoweit erheblich, als die Verlagerung der Ausübung von Hoheitsgewalt auf die Union in Frage stehe. Der Übertragung von Hoheitsrechten sind durch Art. 23 I S. 3 i.V.m. Art. 79 III GG Grenzen gesetzt. Art. 79 III GG bestimmt damit auch den Gewährleistungsinhalt des durch Art. 38 GG begründeten Rechts.

---

394  BVerfG, NJW 2009, 2267 ff. = **Life&Law 2009, 618** = **juris**byhemmer.

395  BVerfGE 52, 187, 199 f. = **juris**byhemmer.

396  Klein, VVDStRL 1991 (50), 56, 80.

397  BVerfG, NJW 1993, 3047, 3048; BVerfG, NJW 2009, 2267 ff. = **Life&Law 2009, 618** = **juris**byhemmer.

398  BVerfG, NJW 1993, 3047, 3048 = **juris**byhemmer.

Art. 38 GG kann verletzt sein, wenn durch die Übertragung von Hoheitsrechten auf die EU die nach Art. 79 III i.V.m. Art. 20 I, II GG unverzichtbaren Mindestanforderungen demokratischer Legitimation der Hoheitsgewalt nicht mehr erfüllt werden. Zu dem unantastbaren Gehalt des Demokratieprinzips[399] gehört insbesondere, dass die Wahrnehmung staatlicher Aufgaben und Befugnisse sich auf das Staatsvolk zurückführen lasse.

Eine Verletzung dieses demokratischen Kernbereichs des Art. 38 GG erschien vorliegend zumindest möglich.

**(2)** Die Verfassungsbeschwerde wegen einer möglichen Verletzung des Art. 38 GG war jedoch unbegründet.[400] Das Demokratieprinzip hindert die Bundesrepublik nicht an einer Mitgliedschaft in einer mit eigener Hoheitsgewalt ausgestatteten, supranationalen zwischenstaatlichen Union. Voraussetzung ist aber, dass eine vom Volk ausgehende Legitimation und Einflussnahme gewährleistet ist. Diese notwendige demokratische Legitimation erfolge gegenwärtig durch die Rückkoppelung des Handelns der Unionsorgane (v.a. „Rat") an die nationalen Parlamente. Unterstützend tritt das von den Bürgern der Mitgliedstaaten gewählte Europäische Parlament hinzu. Wenn aber die demokratische Legitimation innerhalb der Union hauptsächlich durch die nationalen Parlamente erfolgt, so sind der Übertragung von Hoheitsrechten auf die Union durch das Demokratieprinzip, soweit es Art. 79 III i.V.m. Art. 20 I, II GG für unantastbar erklärt, Grenzen gesetzt. Dem Bundestag müssen daher Aufgaben und Befugnisse von substanziellem Gewicht verbleiben. Da das BVerfG diese Voraussetzungen durch den ehemaligen EU-Vertrag als erfüllt ansah, war eine Verletzung des Art. 38 GG nicht gegeben.

*313*

*Lissabon-Entscheidung des BVerfG*

Die Entscheidung des BVerfG zum Vertrag von Lissabon steht in der Tradition der „Maastricht-Entscheidung". Die dort maßgeblichen Überlegungen werden vom BVerfG bestätigt und konkretisiert. So wird u.a. klargestellt, welche Aufgaben zwingend aufgrund des Demokratieprinzips beim Bundestag verbleiben müssen.

*Identitätskontrolle präzisiert*

Dies betrifft insbesondere Sachbereiche, die die Lebensumstände der Bürger, vor allem ihren von den Grundrechten geschützten privaten Raum der Eigenverantwortung und der persönlichen und sozialen Sicherheit prägen, sowie solche politischen Entscheidungen, die in besonderer Weise auf kulturelle, historische und sprachliche Vorverständnisse angewiesen sind, und die sich im parteipolitisch und parlamentarisch organisierten Raum einer politischen Öffentlichkeit diskursiv entfalten. Hierunter fallen nach Ansicht des BVerfG insbesondere das Straf-, das Familien-, das Bildungs- und Sozialrecht sowie die Befehlsgewalt über die Bundeswehr.

*313a*

Nach Ansicht des BVerfG muss darüber hinaus bei allen Kompetenzübertragungen gewährleistet sein, dass die Mitwirkungsrechte des Bundestags (vgl. Art. 23 I S. 2 GG) gewahrt werden. Eine schleichende Kompetenz-Übertragung oder eine Vorratsübertragung sind nicht zulässig. Erst recht wäre demnach eine sog. Kompetenz-Kompetenz für die Union verfassungswidrig. Das Prinzip der begrenzten Einzelermächtigung ist nach Ansicht des BVerfG grundlegend für die Verfassungsgemäßheit des Vertrags von Lissabon.[401]

**hemmer-Methode: Als prozessuale Absicherung verlangt das BVerfG, dass es möglich sein muss, auch Akte des sekundären Unionsrechts in Karlsruhe auf die Wahrung ihrer Kompetenzgrundlage prüfen zu lassen.**

---

399  Zur Vereinbarkeit des Kommunalwahlrechts für Ausländer (Art. 20 AEUV) mit dem Demokratieprinzip siehe BVerfGE 83, 37 ff.; Klein/Haratsch, DÖV 1993, 785, 788 m.w.N.

400  BVerfG, NJW 1993, 3047, 3051 f. = **juris**byhemmer.

401  BVerfG, NJW 2009, 2767 = **Life&Law 2009, 618** = **juris**byhemmer.

Auch wenn die geltende Rechtslage eine Anrufung des BVerfG im Rahmen des Art. 100 GG analog wohl insofern bereits grundsätzlich zulässt,[402] fordert das Gericht den Gesetzgeber damit mehr oder weniger direkt auf, entsprechende Verfahren zu schaffen.[403] Diese Aussagen des BVerfG in der „Lissabon-Entscheidung" wurden durch die „Mangold-Entscheidung" des Gerichts aber letztlich zur Makulatur, indem das BVerfG in dieser Entscheidung die Kompetenz- bzw. Ultra-vires-Kontrolle auf evidente Fälle beschränkt.[404] Wann genau allerdings diese „Evidenz" erreicht wird, ist derzeit noch ungeklärt. Soweit diese Schranke nicht die Ultra-vires-Kontrolle aushebeln soll, werden die Maßstäbe an die Offenkundigkeit, wie sie etwa bei der Nichtigkeit von Verwaltungsakten angelegt werden (§ 44 VwVfG – „Makel auf der Stirn geschrieben"), zu hoch sein.

## d) Verstoß deutscher Ausführungsgesetze gegen das Grundgesetz (insbesondere Grundrechte)

*Verstoß deutscher Ausführungsakte gegen das GG*

**aa)** Besonderer Betrachtung bedarf schließlich die Frage der Verfassungsbindung deutscher Staatsorgane bei der Umsetzung von Unionsrecht in innerstaatliches Recht. Hauptfall ist die Umsetzung von Richtlinien (Art. 288 III AEUV).[405]    *314*

Anders als bei Verordnungen kann bei Richtlinien eine Beeinträchtigung von Grundrechten erst durch das deutsche Umsetzungsgesetz erfolgen. Damit stellt sich die Frage, in welchem Umfang ein verfassungsrechtlicher Schutz gegen solche Gesetze - bei denen es sich um Akte der deutschen Staatsgewalt handelt - in Betracht kommt.

*„Tabakrichtlinie"*

*Bsp.: Durch die sog. „Tabakrichtlinie" erfolgte eine Harmonisierung der mitgliedstaatlichen Rechts- und Verwaltungsvorschriften hinsichtlich der „Warnungen" auf Verpackungen von Tabakerzeugnissen sowie der Angaben über den Teer- und Nikotingehalt. Auf den Verpackungen von Tabakerzeugnissen müssen Hinweise enthalten sein wie z.B. „Rauchen verursacht Krebs", „Rauchen verursacht Herzgefäßkrankheiten". Der Gesetzgeber hat die Richtlinie mittlerweile in innerstaatliches Recht umgesetzt. Die von dem Umsetzungsgesetz betroffenen Hersteller fühlen sich in ihren Grundrechten aus Art. 5, 12, 14 GG verletzt.*    *315*

*Problem: Bindung des Gesetzgebers an deutsche Grundrechte*

Fraglich ist, ob das möglicherweise gegen Grundrechte verstoßende deutsche Umsetzungsgesetz in vollem Umfang am Maßstab des Grundgesetzes zu messen ist. Zwar handelt es sich beim Umsetzungsgesetz um einen Akt deutscher Staatsgewalt, der daher grundsätzlich der Bindung an das Grundgesetz unterliegt. Allerdings erging das Gesetz in Ausführung einer Richtlinie der Union, sodass möglicherweise nur der enge Maßstab der „Solange II - Rechtsprechung" Anwendung findet.

**bb)** Nach der Rechtsprechung des BVerfG[406] und überwiegender Ansicht im Schrifttum ist bei der Richtlinienumsetzung hinsichtlich der Verfassungsbindung des Gesetzgebers wie folgt zu unterscheiden:[407]    *316*

*bei Gestaltungsspielraum: volle Bindung an das GG*

**(1)** Soweit die Richtlinie den Mitgliedstaaten einen Gestaltungsspielraum einräumt, ist der deutsche Gesetzgeber in vollem Umfang an die Grundrechte des Grundgesetzes gebunden. Die Frage einer Verletzung deutscher Grundrechte unterliegt in diesem Fall der uneingeschränkten Prüfung durch das BVerfG, das gegebenenfalls das Umsetzungsgesetz für nichtig erklärt.[408]

---

402  Vgl. unten Rn. 320 ff.

403  Siehe dazu ausführlicher unten Rn. 330; zu den Auswirkungen auf die Solange-Rechtsprechung. vgl. oben Rn. 307.

404  BVerfGNJW 2010, 3422 **= Life&Law 2010, 694**; siehe unten Rn. 325a = **juris**byhemmer.

405  Zu weiteren Fallgestaltungen siehe Streinz, HdbStR, § 182, Rn. 33.

406  BVerfG, NJW 2001, 1267 mit Anm. Kube, JuS 2001, 858; vgl. auch NJW 2004, 1346 f. = **juris**byhemmer.

407  Streinz, HdbStR, § 182, Rn. 33; Klein, VVDStRL 1991 (50), 56, 83 f.; Everling, EuR 1990, 195, 212.

408  Vgl. BVerfG, DVBl. 2007, 821 **= Life&Law 2007, 762**; s. dazu etwa Baddenhausen/Pietsch, DVBl. 2005, 1562 ff.; Masing, NJW 2006, 264 ff.; v. Unger, NVwZ 2005, 1266 ff.

*richtliniendeterminierte*
*Bestimmungen:*
*Bindung im Rahmen*
*„Solange II - Beschluss"*

**(2)** Soweit die Richtlinie den Inhalt der Umsetzungsmaßnahmen fest vorschreibt, ist der Gesetzgeber von der Bindung an die Grundrechte des Grundgesetzes in den Grenzen der „Solange II - Rechtsprechung" befreit. Ist daher eine Umsetzung der Richtlinie allein unter Verstoß gegen Grundrechte des Grundgesetzes möglich, so ist das betreffende deutsche Gesetz gleichwohl nicht ohne weiteres nichtig. Eine Überprüfung durch das BVerfG kommt entsprechend der „Solange II - Rechtsprechung" grundsätzlich nicht in Betracht.[409] Denn durch die Übertragung von Hoheitsrechten auf die Union ist der Gesetzgeber zu einem entsprechenden Gesetzgebungsakt verpflichtet und zugleich ermächtigt, im unionsrechtlich determinierten Richtlinienbereich von den Bindungen an das Grundgesetz in den Grenzen der Integrationsermächtigung abzuweichen.

*„Tabakbeschluss"*

Entsprechend der soeben dargelegten Unterscheidung lassen sich auch die Ausführungen des BVerfG in seinem sog. „Tabakbeschluss" deuten:[410]

*317*

> *„Die Etikettierungsrichtlinie verpflichtet die Mitgliedstaaten, ihren Inhalt in nationales Recht umzusetzen, und eröffnet dabei einen erheblichen Gestaltungsspielraum. Der nationale Gesetzgeber ist bei der Gesetzgebung an die Vorgaben des Grundgesetzes gebunden.*
>
> *Die Frage, ob er bei der Umsetzung im Rahmen des ihm von der Richtlinie eingeräumten Gestaltungsspielraums Grundrechte oder grundrechtsgleiche Rechte verletzt, unterliegt in vollem Umfang verfassungsrechtlicher Überprüfung. Soweit die Richtlinie den Grundrechtsstandard des Gemeinschaftsrechts (jetzt Unionsrechts) verletzen sollte, gewährt der EuGH Rechtsschutz. Wenn auf diesem Weg der vom Grundgesetz als unabdingbar gebotene Grundrechtsschutz nicht verwirklicht werden sollte, kann das BVerfG angerufen werden."*

Diese Rechtsprechung hat das BVerfG unlängst bestätigt und führte aus:[411]

> *„Soweit sich die Beschwerdeführerin inhaltlich gegen die Richtlinie [...] wendet und eine Verletzung ihrer Grundrechte aus Art. 12 I und Art. 3 III GG geltend macht, sind ihre Rügen unzulässig. Gemeinschaftsrecht wird grundsätzlich nicht am Maßstab der Grundrechte durch das BVerfG geprüft; Verfassungsbeschwerden und Vorlagen von Gerichten sind von vornherein unzulässig, wenn ihre Begründung nicht darlegt, dass die europäische Rechtsentwicklung einschließlich der Rechtsprechung des EuGH unter den erforderlichen Grundrechtsstandard abgesunken sei [...].*
>
> *Auch soweit die Beschwerdeführerin eine Verletzung durch das [deutsche Umsetzungsgesetz] geltend macht, fehlt es an der Zulässigkeit. Wenn der nationale Gesetzgeber Spielraum bei der Umsetzung von sekundärem Gemeinschaftsrecht hat, ist er zwar an die Vorgaben des Grundgesetzes gebunden und unterliegt insoweit in vollem Umfang der verfassungsgerichtlichen Überprüfung. [...] Die Beschwerdeführerin hat jedoch weder im Ausgangsverfahren noch im Verfassungsbeschwerdeverfahren gerügt, dass die nach Europarecht zulässigen Übergangsregelungen [...] nicht vorgesehen wurden, obwohl sie verfassungsrechtlich geboten gewesen wären. Soweit im Übrigen die Normsetzung zwingend dem Gemeinschaftsrecht folgt, ist sie ebenso wie das sekundäre Gemeinschaftsrecht selbst nicht am Maßstab der deutschen Grundrechte durch das BVerfG zu prüfen, sondern unterliegt dem auf Gemeinschaftsrechtsebene gewährleisteten Grundrechtsschutz."*

*prozessual:*
*Art. 100 GG*
*Art. 93 I Nr. 4a GG*

**cc)** Das BVerfG kann mit dem Umsetzungsgesetz im konkreten Normenkontrollverfahren (Art. 100 GG) oder durch eine Verfassungsbeschwerde (Art. 93 I Nr. 4a GG) befasst werden.

*318*

---

409  BVerfGE 118, 79 = DVBl. 2007, 821 = NVwZ 2007, 937 **= Life&Law 2007, 762**; vgl. dazu auch Holz, NVwZ 2007, 1153, Murswiek, JuS 2007, 1052.

410  BVerfG, NJW 1990, 974 ff.; Streinz, HdbStR, § 182, Rn. 33 (allerdings streitig) = **juris**byhemmer.

411  BVerfG, NJW 2001, 1267 mit Anm. Kube, JuS 2001, 858; vgl. auch NJW 2004, 1346 f. = **juris**byhemmer.

*Vorlage EuGH Art. 267 AEUV*

Soweit ein Gericht die zugrunde liegende Richtlinie für unvereinbar mit Unionsgrundrechten hält, muss zunächst eine Vorlage an den EuGH nach Art. 267 AEUV erfolgen.[412] Im Wesentlichen kann man die oben für „Verordnungen" aufgestellten Grundsätze weitgehend übertragen.[413]

*Verstöße außerhalb des Grundrechtsbereichs*

dd) Bei Verstößen außerhalb des Bereichs der Grundrechte gilt grundsätzlich Entsprechendes: Hinsichtlich des zwingend vorgeschriebenen Richtlinieninhalts ist der Gesetzgeber in den Grenzen der „Integrationsermächtigung" (Art. 23 I S. 3 i.V.m. Art. 79 III, Art. 1, Art. 20 GG) von der Bindung an das Grundgesetz befreit. Soweit ihm jedoch ein Gestaltungsspielraum zukommt, hat er die Vorgaben des Grundgesetzes in vollem Umfang zu beachten.

*319*

## 3. Unanwendbarkeit sekundären Unionsrechts wegen Kompetenzüberschreitung der Union

*Kompetenzüberschreitungen durch die Union*

**a)** Problematisch ist die Anwendbarkeit sekundären Unionsrechts bei vermuteter Kompetenzüberschreitung durch die Union. Insbesondere stellt sich die Frage, wer abschließend darüber zu entscheiden hat, ob sich die Unionsorgane im Rahmen ihrer Kompetenzen halten oder aus ihnen ausbrechen.

*320*

*Maastricht - Urteil*

**b)** In seinem „Maastricht-Urteil"[414] knüpft das BVerfG zunächst an Art. 38 GG an. Diese Bestimmung sei verletzt, wenn das deutsche Zustimmungsgesetz die zur Wahrnehmung durch die Union übertragenen Hoheitsrechte nicht hinreichend bestimmbar festlegt. Dies käme einer „Generalermächtigung" gleich, sodass im Ergebnis ein Mindestmaß demokratischer Legitimation der ausgeübten Hoheitsgewalt nicht mehr gewährleistet sei (Art. 79 III i.V.m. Art. 20 I, II GG).

*321*

Denn demokratische Legitimation erfolge im Rahmen der Union notwendig über die nationalen Parlamente, so dass der Verlagerung von Hoheitsrechten und der Ausweitung von Unionskompetenzen vom Demokratieprinzip her Grenzen gesetzt sind. Sodann führt das BVerfG aus:[415]

> „Entscheidend ist, dass die Mitgliedschaft der Bundesrepublik Deutschland und die daraus sich ergebenden Rechte und Pflichten - insbesondere auch das rechtsverbindliche unmittelbare Tätigwerden der Europäischen Gemeinschaften (jetzt der Europäischen Union) im innerstaatlichen Rechtsraum - für den Gesetzgeber voraussehbar im Vertrag umschrieben und durch ihn im Zustimmungsgesetz hinreichend bestimmbar normiert worden sind [...].

> Das bedeutet zugleich, dass spätere wesentliche Änderungen des im EU-Vertrag angelegten Integrationsprogramms und seiner Handlungsermächtigungen nicht mehr vom Zustimmungsgesetz zu diesem Vertrag gedeckt sind [...]. Würden die europäischen Einrichtungen und Organe den EU-Vertrag in einer Weise handhaben und fortbilden, die von dem Vertrag, wie er dem deutschen Zustimmungsgesetz zugrunde liegt, nicht mehr gedeckt wäre, so wären die daraus hervorgegangenen Rechtsakte im deutschen Hoheitsbereich nicht verbindlich. Die deutschen Staatsorgane wären aus verfassungsrechtlichen Gründen gehindert, diese Rechtsakte in Deutschland anzuwenden. Dementsprechend prüft das BVerfG, ob Rechtsakte der europäischen Einrichtungen und Organe sich in den Grenzen der ihnen eingeräumten Hoheitsakte halten oder aus ihnen ausbrechen."

---

412  BVerfGE 118, 79 = DVBl. 2007, 821 = NVwZ 2007, 937 = **Life&Law 2007, 762** = **juris**byhemmer.

413  Vgl. Rn. 305.

414  BVerfG, NJW 1993, 3047 ff. („Maastricht-Urteil") = **juris**byhemmer.

415  BVerfG, NJW 1993, 3047, 3052; ähnliche Ausführungen bereits in BVerfGE 75, 223 ff. = **juris**byhemmer.

Hinsichtlich der Auslegung der Ermächtigungsnormen des AEUV führt das BVerfG an anderer Stelle (damals noch zum EG) aus:[416]    *322*

> *„Der EU-Vertrag und insbesondere der EG-Vertrag folgen dem Prinzip der begrenzten Einzelermächtigung [...]. Nach diesem Grundsatz kann zwar eine einzelne Bestimmung, die Aufgaben und Befugnisse zuweist, mit Blick auf die Vertragsziele ausgelegt werden: das Vertragsziel selbst genügt jedoch nicht, um Aufgaben und Befugnisse zu begründen oder zu erweitern [...]. Darüber hinaus verdeutlicht der EU-Vertrag durch ausdrückliche Hinweise auf das Erfordernis einer Vertragsänderung Art. N EU (jetzt Art. 48 EUV) oder einer Vertragserweiterung Art. K 14 EU die Trennlinie zwischen Rechtsfortbildung innerhalb der Verträge [...] und einer deren Grenzen sprengenden, vom geltenden Vertragsrecht nicht gedeckten Rechtsetzung [...].*
>
> *Indem die Gründungsverträge der Europäischen Gemeinschaften einerseits in umgrenzten Tatbeständen Hoheitsrechte einräumen, andererseits die Vertragsänderung [...] regeln, hat diese Unterscheidung auch Bedeutung für die zukünftige Handhabung der Einzelermächtigungen.*
>
> *Wenn eine dynamische Erweiterung der bestehenden Verträge sich bisher auf eine großzügige Handhabung des Art. 235 EWGV (jetzt Art. 352 AEUV) im Sinne einer „Vertragsabrundungskompetenz", auf den Gedanken der inhärenten Zuständigkeiten der Europäischen Gemeinschaften („Implied-Powers") und auf eine Vertragsauslegung im Sinne einer größtmöglichen Ausschöpfung der Gemeinschaftsbefugnisse („effet utile") gestützt hat [...], so wird bei der Auslegung der Befugnisnormen durch Einrichtungen und Organe der Gemeinschaften zu beachten sein, dass der EU-Vertrag grundsätzlich zwischen der Wahrnehmung einer begrenzt eingeräumten Hoheitsbefugnis und der Vertragsänderung unterscheidet, seine Auslegung deshalb in ihrem Ergebnis nicht einer Vertragserweiterung gleichkommen darf; eine solche Auslegung von Befugnisnormen würde für Deutschland keine Bindungswirkung entfalten."*

*BVerfG: Prüfung der Kompetenz der Union*

**aa)** Das BVerfG stellt fest, dass es über die Einhaltung der im EUV und AEUV gesetzten Kompetenzgrenzen durch die Union letztverbindlich für den deutschen Rechtsraum entscheidet.    *323*

*Rechtsanwendungsbefehl*

**(1)** Es knüpft im Wesentlichen an den Rechtsanwendungsbefehl des deutschen Zustimmungsgesetzes zu den Verträgen an. Rechtsakte der Union können im deutschen Rechtsraum nur insoweit verbindlich sein, als sie vom Zustimmungsgesetz gedeckt sind und der Union somit in dem betreffenden Bereich tatsächlich Hoheitsrechte übertragen wurden. Insbesondere bei der Handhabung der vertraglichen Ermächtigungsnormen durch die Unionsorgane legt das BVerfG größten Wert auf die Unterscheidung zwischen einer zulässigen Auslegung und einer unzulässigen Vertragsänderung. Diese Äußerungen zielen hauptsächlich auf den EuGH ab, der in seiner Rechtsprechung die Befugnisnormen des AEUV unter Einschluss richterlicher Rechtsfortbildung regelmäßig weit auslegt.    *324*

*Grenze zwischen Auslegung und Kompetenzüberschreitung*

**(2)** Offen bleibt indes, wie die Trennungslinie zwischen zulässiger Auslegung und Rechtsfortbildung einerseits und einer unzulässigen Vertragserweiterung andererseits zu ziehen ist.[417] Unter Berücksichtigung der Integrationsoffenheit des Grundgesetzes (Art. 23 GG), ist den Unionsorganen einschließlich des EuGH bei der Auslegung der vertraglichen Ermächtigungsnormen jedenfalls ein weiter Beurteilungsspielraum zuzubilligen, sodass sich das BVerfG auf eine Überprüfung der Grenzen der Vertretbarkeit beschränken oder allenfalls bei erheblichen, offensichtlichen Kompetenzüberschreitungen einschreiten würde.[418]    *325*

---

416  BVerfG, NJW 1993, 3047, 3057 = **juris**byhemmer.

417  Götz, JZ 1993, 1081, 1084.

418  Siehe zu einer „Vertretbarkeitskotrolle" oder „Evidenzkontrolle" Gersdorf, DVBl. 1994, 674, 684, Zuck/Lenz, NJW 1997, 1196, Hirsch, NVwZ 1998, 907, 909; vgl. auch Nicolaysen/Nowak, NJW 2001, 1233, 1236.

*Lissabon-Entscheidung*

In seiner Entscheidung zum Vertrag von Lissabon bekräftigte das BVerfG jedoch zwischenzeitlich, dass es Rechtsakte der Union womöglich uneingeschränkt darauf überprüfen will, ob die Grenzen der im AEUV eingeräumten Kompetenzen eingehalten werden.[419] Was zunächst als uneingeschränkte Ultra-vires-Kontrolle verstanden werden durfte und so vom BVerfG auch benannt wurde, hat das Gericht jedoch mittlerweile relativiert. Eine Ultra-vires-Kontrolle durch das BVerfG komme nur dann in Betracht, wenn ein Kompetenzverstoß der europäischen Organe hinreichend qualifiziert ist.[420] Das setzt voraus, dass das kompetenzwidrige Handeln der Unionsgewalt offensichtlich ist und der angegriffene Akt im Kompetenzgefüge zu einer strukturell bedeutsamen Verschiebung zulasten der Mitgliedstaaten führt. Im Ergebnis bleibt es damit bei einer Evidenzkontrolle.

**325a**

*BVerfG: Unionsrechtsakte wären nicht verbindlich*

**bb)** Soweit die Unionsorgane die Grenzen der ihnen eingeräumten Hoheitsbefugnisse überschreiten, wären nach Meinung des BVerfG daraus hervorgehende Rechtsakte in Deutschland nicht verbindlich, sodass sie von den deutschen Staatsorganen aus verfassungsrechtlichen Gründen nicht angewendet werden dürfen.

**326**

*Gerichte: zunächst Befassung des EuGH, Art. 267 AEUV*

**(1)** Versteht man diese Urteilspassage wörtlich, könnten die Gerichte und die Verwaltung selbstständig darüber befinden, ob sich ein Unionsrechtsakt so weit von seinen Kompetenzgrundlagen entfernt, dass er als unverbindlich zu betrachten ist. Die letztverbindliche Auslegung der Ermächtigungsnormen des EUV bzw. AEUV sowie die Entscheidung über die Ungültigkeit von sekundärem Unionsrecht obliegt nach dem Unionsrecht jedoch ausschließlich dem EuGH (Art. 19 EUV, Art. 267 AEUV).[421]

**327**

Soweit ein Gericht einen Unionsrechtsakt wegen Kompetenzüberschreitung für unanwendbar hält, ist es daher zunächst verpflichtet, den EuGH im Wege des Vorabentscheidungsverfahrens nach Art. 267 AEUV anzurufen.[422] Erst wenn der EuGH die erhobenen Einwände zurückgewiesen hat, kommt eine Anrufung des BVerfG in Betracht, das nach dem Grundgedanken des Art. 100 GG und im Interesse der Rechtssicherheit allein befugt ist, über Kompetenzüberschreitungen der Union zu entscheiden.[423] Die Vorlagepflicht an den EuGH nach Art. 267 AEUV bestünde für das BVerfG selbst.[424]

*Verwaltung: wohl kein „Verwerfungsrecht" (Rechtssicherheit)*

**(2)** Hinsichtlich der Rechtsanwendung durch die Verwaltung liegt es im Interesse der Rechtssicherheit nahe, ihr generell das Recht zur Missachtung sekundären Unionsrechts zu versagen oder ein solches Recht auf Fälle offensichtlicher Kompetenzüberschreitung zu beschränken.[425]

**328**

*prozessual: Art. 100 GG analog, u.U. Art. 93 I Nr. 4a GG*

**cc)** Auf welchem Weg das BVerfG mit der Frage der Unanwendbarkeit eines Unionsrechtsakts wegen Kompetenzüberschreitung der Union befasst werden kann, lässt das „Maastricht-Urteil" offen. In Betracht käme - ähnlich dem „Solange I - Beschluss" - ein Normenkontrollverfahren nach Art. 100 GG analog. Prüfungsgegenstand wäre dann der in Frage stehende Unionsrechtsakt, Prüfungsmaßstab Art. 23 I GG und das Zustimmungsgesetz.[426]

**329**

---

419 BVerfG, NJW 2009, 2267 = **Life&Law 2009, 618.**; vgl. dazu bereits oben Rn. 307 = **juris**byhemmer.

420 BVerfG, 2 BvR 2661/06; DVBl. 2010, 1229 = **Life&Law 2010, 694.**; siehe oben Rn. 307 = **juris**byhemmer.

421 Die Unzuständigkeit der Union ist Nichtigkeitsgrund, s. Rn. 619, 628.

422 Götz, JZ 1993, 1081, 1086; Schröder, DVBl. 1994, 316, 324; Tomuschat, EuGRZ 1993, 489, 494; Zuleeg, JZ 1994, 1, 3 f., Gersdorf, DVBl. 1994, 674, 684.

423 Gersdorf, DVBl. 1994, 674, 684 unter Hinweis auf den Gedanken des Art. 100 GG und die Rechtssicherheit; s. auch Rn. 292 zur vergleichbaren Interessenlage im „Solange I–Beschluss".

424 Gersdorf, DVBl. 1994, 674, 684.

425 Zuleeg, JZ 1994, 1, 4. Man könnte wohl auch die Argumentation zur „Verwerfungskompetenz" der Verwaltung gegenüber verfassungswidrigen deutschen Gesetzen übertragen.

426 Götz, JZ 1993, 1081, 1086; Schröder, DVBl. 1994, 316, 324; Gersdorf, DVBl. 1994, 674, 684 f.

Ferner wird die Zulässigkeit von (Urteils-)Verfassungsbeschwerden diskutiert, die auf eine Verletzung des Art. 38 oder Art. 2 GG zu stützen wären.[427]

*„Lissabon-Entscheidung"*

In seiner Entscheidung zum Vertrag von Lissabon forderte das BVerfG den Gesetzgeber mittlerweile (mehr oder weniger direkt) auf, ein spezielles Verfahren zur Integrationskontrolle zu schaffen.[428] Denkbar ist insofern die Schaffung eines konkreten Integrationsverfahrens in Anlehnung an Art. 100 I GG.[429] Eine entsprechende Umsetzung durch den Gesetzgeber steht jedoch noch aus.[430] Mögliche Vorlagen müssten daher vorerst weiterhin auf Art. 100 I GG analog gestützt werden.

**330**

**hemmer-Methode: Wie weit diese Forderung des BVerfG sich durch seine Mangold-Entscheidung[431] erledigt hat, bleibt abzuwarten.[432]**

*Feststellung der Unanwendbarkeit*

**dd)** Bejaht das BVerfG eine Kompetenzüberschreitung durch die Unionsorgane, würde es die Unanwendbarkeit[433] des betreffenden Unionsrechtsakts für Deutschland feststellen.

**331**

**C) Einwirkungen auf den mitgliedstaatlichen Vollzug[434]**

Besondere Einwirkungen des Unionsrechts auf die nationalen Rechtsordnungen zeigen sich bei dessen Vollzug durch die Mitgliedstaaten.

**332**

**I. Allgemeines**

*mitgliedstaatlicher Vollzug (Art. 4 III EUV)*

**1.** Der mitgliedstaatliche Vollzug des Unionsrechts ist der Regelfall.[435] Die Pflicht zum (effektiven) Vollzug des Unionsrechts folgt aus Art. 4 III EUV.

**333**

Beim Vollzug des Unionsrechts handeln die Mitgliedstaaten selbstständig und im eigenen Namen, sodass hierbei erlassene Rechtsakte ausschließlich ihrer eigenen Hoheitsgewalt zuzurechnen sind.[436]

Für die Rechtsanwendung ist von Bedeutung, in welchem Maß unionsrechtliche Vorgaben das Verwaltungsverfahren beeinflussen können.[437]

Unerheblich ist, ob das Unionsrecht von Bund, Ländern oder Gemeinden vollzogen wird.[438] Alle Träger öffentlicher Gewalt sind verpflichtet, den Vorrang des Unionsrechts zu beachten und dessen praktische Wirksamkeit zu gewährleisten. Wegen der Allverantwortlichkeit für ihr Hoheitsgebiet wäre ein unionsrechtswidriges Verhalten egal welcher Verwaltungsebene stets dem Mitgliedstaat selbst zuzurechnen.[439]

---

427  Schröder, DVBl. 1994, 316, 324; Bleckmann/Pieper, RIW 1993, 969, 976.

428  BVerfG, NJW 2009, 2267 = **Life&Law 2009, 618**; vgl. hierzu oben Rn. 313 a.E. = **juris**byhemmer.

429  Zu den Vorteilen eines eigenständigen Integrationskontrollverfahrens und möglichen Umsetzungsformen (z.B. der Einfügung eines neuen Art. 100a GG) siehe Wolff, DÖV 2010, 49 ff.

430  Behalten Sie die aktuelle Entwicklung im Auge.

431  BVerfG, 2 BvR 2661/06; DVBl. 2010, 1229 = **Life&Law 2010, 694**; siehe unten Rn. 325a = **juris**byhemmer.

432  Vgl. oben Rn. 313.

433  Nicht Ungültigkeit, vgl. Rn. 292.

434  Siehe bereits Rn. 259. Zum Einfluss des Unionsrechts auf den mitgliedstaatlichen, konkret auch den deutschen Vollzug, etwa Schwarze, NVwZ 2000, 241, 244ff.; v. Danwitz, DVBl. 1998, 421 ff.; Ehlers, DVBl. 2004, 1441 ff.; Huber, BayVBl. 2001, 577 ff.

435  Siehe schon Rn. 256 ff.

436  Zur innerstaatlichen Kompetenzverteilung siehe Rn. 260, 262.

437  Zu den Einflüssen auf das Verwaltungsorganisationsrecht siehe Streinz, HdbStR, § 182, Rn. 20.

438  EuGH, Slg. 1990 I-2321, 2359.

439  EuGH, Slg. 1983, 1137 ff.; Rs. C-5789 (BUG-Alutechnik), Slg. 1990 I-3437.

*Vorrang unionsrechtlicher Regelungen*

**2.** Ausdrückliche unionsrechtliche Bestimmungen für den Vollzug durch die Mitgliedstaaten existieren nur in geringem Umfang. Die Union hat aber die Kompetenz, in den Bereichen, in denen sie rechtsetzend tätig werden kann, auch das Verwaltungsverfahren zu regeln (z.B. in Durchführungsverordnungen). Regelt das Unionsrecht ausnahmsweise auch das Verwaltungsverfahren, sind allein die unionsrechtlichen Bestimmungen anzuwenden.

> *Bsp.: Wichtiges Beispiel ist der seit 01.01.1994 geltende sog. „Zollkodex" der Union[440] Er enthält detaillierte Regelungen z.B. auch bezüglich Rücknahme und Widerruf begünstigender Zollverwaltungsakte, die von den Bestimmungen des VwVfG abweichen. Die deutschen Zollbehörden haben fortan allein dieses Verwaltungsverfahren anzuwenden.*

334

*Vollzug nach nationalem Recht / „Spannungsverhältnis"*

**3.** Soweit keine unionsrechtlichen Regelungen bestehen, richtet sich der mitgliedstaatliche Vollzug allein nach den Verwaltungsverfahrensordnungen der Mitgliedstaaten (z.B. VwVfG).

Hierbei können unter dem Aspekt der einheitlichen Anwendung des Unionsrechts erhebliche Probleme entstehen, da die jeweiligen Verwaltungsverfahren der Mitgliedstaaten hinsichtlich ihrer Ausgestaltung teilweise erheblich voneinander abweichen.

Auch kann die Anwendung nationalen Rechts dazu führen, dass die praktische Wirksamkeit und Durchsetzung des Unionsrechts beeinträchtigt wird.[441]

> *Bsp.: Aufgrund einer EU-Verordnung werden von Milcherzeugern Abgaben gefordert. Es stellt sich heraus, dass die Erhebung der Abgaben rechtswidrig war.*

335

Nach deutschem Recht könnte ein Rückzahlungsanspruch durch Leistungsklage im Rahmen eines „öffentlich - rechtlichen Erstattungsanspruchs" geltend gemacht werden. Voraussetzung ist aber, dass der der Erhebung zugrunde liegende Verwaltungsakt nicht bestandskräftig ist. Daher muss der Betroffene den Verwaltungsakt innerhalb der Anfechtungsfristen, grundsätzlich also binnen eines Monats angreifen (§§ 70 I S. 1, 74 I S. 2 VwGO).

Nach den Rechtsordnungen anderer Mitgliedstaaten dagegen wäre eine Rückforderung innerhalb der Fristen für die Geltendmachung von Ansprüchen aus ungerechtfertigter Bereicherung möglich, in Italien beispielsweise noch innerhalb von zehn Jahren.

Es besteht somit ein Spannungsverhältnis zwischen dem grundsätzlich autonomen mitgliedstaatlichen Vollzug und dem Erfordernis einer gleichmäßigen, einheitlichen und wirksamen Anwendung des Unionsrechts.[442]

336

**4.** Daher hat der EuGH aus Art. 4 III EUV für den mitgliedstaatlichen Vollzug von Unionsrecht zwei Grundregeln entwickelt, die bei der Rechtsanwendung zu beachten sind und das nationale Verwaltungsverfahrensrecht modifizieren können.

337

*Diskriminierungsverbot*

**a)** Erstens gilt das „Diskriminierungsverbot" (oder auch „Äquivalenzgebot"). Hiernach dürfen bei der Anwendung nationalen Rechts im Vollzug des Unionsrechts keine Unterschiede im Vergleich zu Verfahren gemacht werden, in denen über gleichartige, aber rein nationale Sachverhalte entschieden wird.[443]

338

---

440  Ratsverordnung Nr. 2913/92 vom 12.10.92.

441  Man spricht dann von „indirekten Kollisionen" im Unterschied zu den unter Rn. 272 dargestellten „direkten Kollisionen".

442  Zudem bestehen hinsichtlich des Vollzugs keine Weisungsbefugnisse der Kommission gegenüber den Mitgliedstaaten (EuGH, Slg. 1982, 2233; 1989, 1255).

443  EuGH, Slg. 1980, 1887, 1900; Verb.Rs. 205-215/82 (Milchkontor), 1983, 2633, 2666 f. = **juris**byhemmer.

Der Vollzug des Unionsrechts muss demnach genauso gehandhabt werden wie der Vollzug rein nationalen Rechts. Hierdurch soll die einheitliche Anwendung des Unionsrechts gewährleistet und eine Ungleichbehandlung der Betroffenen vermieden werden.[444]

*Effizienzgebot*

**b)** Zweitens gilt das „Effizienzgebot" (oder auch „Effektivitätsgebot"). Hiernach darf die Anwendung nationalen Rechts die Wirksamkeit des Unionsrechts nicht dahingehend beeinträchtigen, dass dessen Verwirklichung übermäßig erschwert oder „praktisch unmöglich" wird.[445] Dem Interesse des Unionsrechts muss zudem in vollem Umfang Rechnung getragen werden.[446] Hierdurch kann das Unionsrecht insbesondere Abwägungsvorgänge (z.B. § 48 II VwVfG) und die Ermessensbetätigung der Verwaltung beeinflussen (z.B. § 48 I VwVfG).

*339*

## II. Rückforderung unionsrechtswidriger Beihilfen, § 48 VwVfG

**1.** Besonders im Bereich der Rückforderung unionsrechtswidriger Beihilfen hat der EuGH das „Diskriminierungsverbot" und „Effizienzgebot" entwickelt und näher ausgestaltet.

*340*

**Bsp. 1:**[447]

*Bsp. 1: unionsrechtswidrige Unionsbeihilfen*

*Zum Abbau des Milchüberschusses gewährt Art. 10 der Verordnung (EWG) Nr. 804/68 (zwischenzeitlich VO [EG] Nr. 1255/1999, mittlerweile VO [EG] Nr. 1234/2007) Beihilfen für den Ankauf von Magermilch und Magermilchpulver zu Futterzwecken. Die Beihilfen werden von den Behörden der Mitgliedstaaten gewährt und aus Unionsmitteln finanziert. Ferner bestimmt Art. 7 IV der Durchführungsverordnung der Kommission (Nr. 729/70), dass die Mitgliedstaaten alle erforderlichen Maßnahmen treffen, um zu Unrecht gewährte Beihilfen wieder einzuziehen.*

*341*

*Die deutsche Firma M kaufte von der Firma D Magermilchpulver und erhielt daraufhin eine Beihilfe nach Art. 10 der Verordnung. Das Magermilchpulver entsprach jedoch nicht den Voraussetzungen für die Beihilfegewährung, was auf Manipulationen der Firma D zurückzuführen war. Die M hatte hiervon weder Kenntnis noch hätte sie die Manipulation erkennen können.*

*Nachdem die Manipulationen der D aufgedeckt wurden, will die zuständige deutsche Behörde den Bewilligungsbescheid aufheben und die Beihilfe zurückfordern.*

*M dagegen beruft sich auf Vertrauensschutz und Entreicherung, da die Beihilfe zum Ankauf des Magermilchpulvers verwendet und dieses zwischenzeitlich verfüttert wurde. Regressmöglichkeiten gegen die Firma D bestünden ebenfalls nicht, da diese mittlerweile in Konkurs gefallen sei. Die zuständige Behörde sieht sich jedoch unter Berücksichtigung der Unionsinteressen zur Aufhebung und Rückforderung gezwungen. Zu Recht?*

1. Es handelt sich um einen Fall des unmittelbaren mitgliedstaatlichen Vollzugs. Soweit keine unionsrechtlichen Regelungen bestehen, bestimmt sich die Aufhebung und Rückforderung grundsätzlich nach nationalem Verwaltungsverfahrensrecht. In Betracht kommen damit §§ 48, 49 VwVfG.

*342*

---

444  EuGH, Verb.Rs. 205-215/82 (Milchkontor), Slg. 1983, 2633, 2665.

445  EuGH, Verb.Rs. 205-215/82 (Milchkontor), Slg. 1983, 2633, 2665 f.; Rs. C-298/96 (Oelmühle Hamburg AG u.a./BLE), Slg. 1998, I-4767.

446  EuGH, Verb.Rs. 205-215/82 (Milchkontor), Slg. 1983, 2633, 2666; Streinz, HdbStR, § 182, Rn. 26.

447  In Anlehnung an die grundlegende Entscheidung „Deutsche Milchkontor", EuGH, Slg. 1983, 2633 ff. = NJW 1984, 2024 ff.; vgl. aus jüngerer Zeit Rs. C-298/96 (Oelmüle Hamburg AG u.a./BLE), Slg. 1998, I-4767.

2. Rechtsgrundlage für die Aufhebung könnte § 48 I VwVfG sein. Da die Voraussetzungen für die Beihilfegewährung nach der Verordnung nicht erfüllt waren, handelt es sich um die Rücknahme eines rechtswidrigen Verwaltungsakts. § 48 VwVfG findet daher grundsätzlich Anwendung.

*343*

Der Bewilligungsbescheid stellt einen begünstigenden Verwaltungsakt dar, der eine einmalige Geldleistung gewährt. Gemäß § 48 I S. 2 VwVfG dürfen begünstigende Verwaltungsakte nur dann zurückgenommen werden, wenn dies nicht nach § 48 II - IV VwVfG ausgeschlossen ist.

*344*

a) Die Rücknahme ist ausgeschlossen, wenn der Betroffene auf den Bestand des Verwaltungsaktes vertraut und sein Vertrauen unter Abwägung mit dem öffentlichen Interesse schutzwürdig ist, § 48 II S. 1 VwVfG. Da die M keine Kenntnis von der Rechtswidrigkeit des Bewilligungsbescheides hatte, ist Vertrauensschutz auch nicht nach § 48 II S. 3 Nr. 3 VwVfG ausgeschlossen. Weiterhin wurde die Beihilfe bereits verbraucht, sodass das Vertrauen der M grundsätzlich als schutzwürdig gilt, § 48 II S. 2 VwVfG. Demnach wäre eine Rücknahme des Bewilligungsbescheides ausgeschlossen.

*345*

b) Etwas Anderes könnte sich aber aus dem Unionsrecht ergeben. Soweit keine unionsrechtlichen Regelungen bestehen, sind zwar die nationalen Verwaltungsverfahren anwendbar. Der autonome mitgliedstaatliche Vollzug findet jedoch seine Grenzen im „Diskriminierungsverbot" und „Effizienzgebot".

*346*

*Diskriminierungsverbot*

aa) Das „Diskriminierungsverbot" besagt, dass bei der Anwendung nationalen Rechts im Vollzug von Unionsrecht keine Unterschiede im Vergleich zu Verfahren gemacht werden dürfen, in denen über gleichartige, aber rein nationale Rechtsstreitigkeiten entschieden wird.

Für die Rücknahme von Verwaltungsakten bedeutet dies, dass sie sich nicht schwieriger gestalten darf als die Rücknahme eines „rein nationalen" Verwaltungsakts.

Indes dürfen dem Betroffenen auch nicht mehr Pflichten auferlegt werden, als dies bei der Rückforderung rein nationaler Beihilfen der Fall ist, es sei denn eine Ungleichbehandlung ist objektiv gerechtfertigt.[448] Unzulässig wäre daher eine mitgliedstaatliche Regelung, die eine grundsätzliche Rückforderungspflicht von zu Unrecht ausgezahlten Unionsbeihilfen enthält, ohne auf Belange wie den Vertrauensschutz Rücksicht zu nehmen. Da auch bei entsprechender Anwendung auf einen rein nationalen Sachverhalt eine Rücknahme hier ausgeschlossen wäre, liegt kein Verstoß gegen das Diskriminierungsverbot vor.

*347*

*Effizienzgebot*

bb) Das „Effizienzgebot" besagt, dass die Anwendung des nationalen Rechts die Wirksamkeit des Unionsrechts nicht soweit beeinträchtigen darf, dass dessen Verwirklichung übermäßig erschwert oder praktisch unmöglich wird.

Das Effizienzgebot könnte daher einer Anwendung des § 48 II VwVfG entgegenstehen oder die gebotene Abwägung zwischen „Vertrauensschutz" und „öffentlichem Interesse" beeinflussen, wenn die Norm die Rückforderung zu Unrecht gezahlter Subventionen praktisch unmöglich macht.

*348*

*Grundsatz des Vertrauensschutzes*

Die Grundsätze des Vertrauensschutzes und der Rechtssicherheit sind jedoch als allgemeine Rechtsgrundsätze Bestandteil der Unionsrechtsordnung. Es kann daher nicht als dem Unionsrecht widersprechend angesehen werden, wenn nationales Recht die Rückforderung von Unionsbeihilfen ausschließt, um hierdurch dem Vertrauensschutz und der Rechtssicherheit Genüge zu tun.[449] Ferner ist bei nicht diskriminierender Handhabung von Unionsrecht und nationalem Recht jedenfalls dann keine Beeinträchtigung der Wirksamkeit des Unionsrechts zu befürchten, wenn die Unionsinteressen in vollem Umfang berücksichtigt wurden.[450]

---

448  EuGH, Verb.Rs. 205-215/82 (Milchkontor), Slg. 1983, 2633, 2666 f.

449  EuGH, Verb.Rs. 205-215/82 (Milchkontor), Slg. 1983, 2633, 2669.

450  EuGH, Verb.Rs. 205-215/82 (Milchkontor), Slg. 1983, 2633, 2669.

c) Auch könnte sich M mit Erfolg auf den Einwand des Wegfalls der Bereicherung berufen (§ 49a I, II VwVfG, § 818 III BGB). Soweit der Empfänger einer Unionsbeihilfe gutgläubig war, steht das Unionsrecht einer Berufung auf den Wegfall der Bereicherung nicht entgegen. Da dieser Grundsatz nämlich auch zur Unionsrechtsordnung gehört, kann es nicht als Verstoß gegen diese Rechtsordnung angesehen werden, wenn er nach mitgliedstaatlichem Recht auf einem Gebiet wie dem der Rückforderung zu Unrecht gezahlter Unionsbeihilfen angewendet wird.[451]

Demnach steht das Effizienzgebot einer Anwendung des § 48 II VwVfG und § 49a I, II VwVfG, § 818 III BGB nicht entgegen.

Nach alledem ist es nicht unionsrechtswidrig, wenn die Behörde den der M erteilten Bewilligungsbescheid nicht zurücknimmt und die Beihilfe nicht zurückfordert.

Käme Vertrauensschutz der M nicht in Betracht, so wäre das Rücknahmeermessen nach § 48 I VwVfG jedenfalls ausgeschlossen, da Art. 7 IV VO 729/70 die Mitgliedstaaten grundsätzlich zur Rückforderung verpflichtet.

**2.** Von der soeben dargestellten Rückforderung unionsrechtswidriger Unionsbeihilfen ist die Rückforderung rein nationaler Beihilfen, die unter Verstoß gegen das Unionsrecht (Art. 107, 108 AEUV) gewährt wurden, zu unterscheiden.[452]

*349*

Hierzu ergingen bedeutende Entscheidungen des EuGH[453] und des BVerwG.[454] Insbesondere führt der Umstand, dass in Fällen mitgliedstaatlicher Beihilfen vor der Beihilfegewährung anders als in obigem Bsp. 1 bei Unionsbeihilfen ein besonderes Anzeigeverfahren durchzuführen ist (Art. 108 III AEUV), zu erheblichen Einschränkungen der Anwendbarkeit des § 48 VwVfG. Auch besteht zwischen Unionsbeihilfen und mitgliedstaatlichen Beihilfen insoweit ein gewichtiger Unterschied, als letztere durch einen den mitgliedstaatlichen Unternehmen eingeräumten Wettbewerbsvorteil gekennzeichnet sind, der bei Unionsbeihilfen fehlt.[455]

**hemmer-Methode:** Die unionsrechtliche Zulässigkeit staatlicher Beihilfen sowie deren Kontrolle durch die Kommission sind in Art. 107 ff. AEUV primärrechtlich geregelt. Nach Art. 107 I AEUV sind grundsätzlich alle mitgliedstaatlichen Beihilfen verboten, soweit sie den Handel zwischen den Mitgliedstaaten beeinträchtigen. In Art. 107 II AEUV sind Ausnahmetatbestände, in Art. 107 III AEUV Genehmigungstatbestände enthalten. Das Beihilfeverfahren der Kommission ist in Art. 108 AEUV primärrechtlich geregelt (v.a. Notifizierungspflicht der Mitgliedstaaten in Art. 108 III AEUV).[456] Die VO (EG) Nr. 659/1999 über besondere Vorschriften für die Anwendung von Art. 88 EG (nunmehr Art. 108 AEUV) regelt sekundärrechtlich das Kontrollverfahren der Kommission (z.B. Verfahren bei rechtswidrigen Beihilfen, Rückforderung, Rückforderungsfrist), enthält aber auch einige Begriffsdefinitionen (z.B. Arten von Beihilfen).[457]

---

451 EuGH, Rs. C-298/96 (Oelmühle Hamburg AG u.a./BLE), Slg. 1998, I-4767.

452 Siehe zu dieser gesamten Problematik Triantafyllou, NVwZ 1992, 436 ff.; Zivier, JURA 1997, 116 ff.

453 EuGH, Slg. 1987, 901 ff.; 1989,175 ff.; Rs. C-5/89 (BUG-Alutechnik), Slg. 1990, I-3437 ff.; Rs. C-24/95 (Alcan), EuZW 1997, 279 = **juris**byhemmer.

454 BVerwG, DVBl. 1993, 727 ff. = DÖV 1993, 911 ff.; NVwZ 1995, 703; BayVBl. 1999, 22. Das BVerfG hat unlängst die Verfassungsbeschwerde eines von der folgenden Rechtsprechung betroffenen Unternehmens nicht zur Entscheidung angenommen, BVerfG, DVBl. 2000, 900 f. = **juris**byhemmer.

455 EuGH, Rs. C-298/96 (Oelmühle Hamburg AG u.a./BLE), Slg. 1998, I-4767.

456 Eine gute und knappe Übersicht über die Beihilferegeln des ehemaligen EG-Vertrages findet sich bei Kilb, JuS 2003, 1072 ff.

457 Die VO (EG) Nr. 659/1999 ist abgedruckt in NVwZ 1999, 1090. Dazu etwa Kruse, NVwZ 1999, 1049 ff. sowie allgemein zu den unionsrechtlichen Beihilferegelungen Koenig/Kühling, NJW 2000, 1065 ff.

*Bsp. 2: unionsrechtswidrige nationale Beihilfen*

*Bsp. 2:*[458]

*Die Bundesrepublik gewährte der Firma X durch Bescheid vom 14.01.1983 eine Beihilfe in Gestalt einer Subvention, die diese zur Anschaffung neuer Produktionsanlagen auch verbrauchte. Gemäß Art. 108 III AEUV ist vor der Gewährung finanzieller Beihilfen an Unternehmen die Kommission zu unterrichten, was die Bundesrepublik ohne Kenntnis der X allerdings unterließ. Sinn der Unterrichtung ist es, der Kommission die ihr obliegende Überwachung staatlicher Beihilfen zu ermöglichen, um Wettbewerbsverfälschungen zu verhindern (Art. 108 I, III, 107 I AEUV).*

*Die Kommission erlangte von der Gewährung der Subvention Kenntnis und teilte der Bundesrepublik Anfang 1984 mit, dass das erforderliche Genehmigungsverfahren nach Art. 108 III AEUV unterblieben ist.*

*Nach ordnungsgemäßem Verfahren erließ die Kommission auf Grundlage des Art. 108 II AEUV am 10.07.1985 einen Beschluss gegenüber der Bundesrepublik, in der sie die gewährte Subvention für rechtswidrig erklärte, da sie unter Verstoß gegen Art. 108 III AEUV gewährt wurde und auch i.S.d. Art. 107 AEUV mit dem Binnenmarkt unvereinbar sei. Außerdem enthielt der Beschluss die Verpflichtung, die gewährte Beihilfe zurückzufordern.*

*Der Beschluss der Kommission wurde am 11.06.1987 bestandskräftig, da Rechtsbehelfe der Firma X beim EuG und EuGH keinen Erfolg hatten.[459]*

*Mit Bescheid vom 05.07.1987 nahm der Bundeswirtschaftsminister den Bewilligungsbescheid vom 14.01.1983 zurück und forderte von der Firma X die Rückzahlung der gewährten Subvention.*

*Ist die Rücknahme des Bewilligungsbescheides rechtmäßig?*

1. Soweit keine unionsrechtlichen Regelungen bestehen, bestimmt sich die Aufhebung des Bewilligungsbescheides nach nationalem Verwaltungsverfahrensrecht. In Betracht kommen damit §§ 48, 49 VwVfG.

2. Rechtsgrundlage für die Aufhebung könnte § 48 I VwVfG sein. Voraussetzung dafür wäre, dass der Bewilligungsbescheid vom 14.01.1983 einen rechtswidrigen Verwaltungsakt darstellt. Die Subvention wurde unter Verstoß gegen vorrangiges Unionsrecht gewährt (Art. 107, 108 III AEUV). Der Bewilligungsbescheid vom 14.01.1983 war daher rechtswidrig, seine Rücknahme bestimmt sich damit nach § 48 VwVfG.

Der Bewilligungsbescheid stellt einen begünstigenden Verwaltungsakt dar, der eine einmalige Geldleistung gewährt. Gemäß § 48 I S. 2 VwVfG dürfen begünstigende Verwaltungsakte nur dann zurückgenommen werden, wenn dies nicht nach § 48 II - IV VwVfG ausgeschlossen ist.

3. Die Rücknahme könnte jedoch nach § 48 II S. 1 VwVfG ausgeschlossen sein, wenn die X auf den Bestand der Bewilligung vertraut hat und ihr Vertrauen unter Abwägung mit dem öffentlichen Interesse schutzwürdig ist.

a) Auf Vertrauen könnte sich die X jedoch nicht berufen, wenn sie die Rechtswidrigkeit des Bewilligungsbescheides kannte oder infolge grober Fahrlässigkeit nicht kannte, § 48 II S. 3 Nr. 3 VwVfG. Dies wäre dann anzunehmen, wenn der X durch eine schwere Sorgfaltspflichtverletzung die Unionsrechtswidrigkeit der Subventionsgewährung verborgen geblieben ist. Anhaltspunkte hierfür ergeben sich jedoch nicht.

Die abstrakte Kenntnis der Beihilfevorschriften des AEUV allein reicht für die Annahme der Kenntnis oder verschuldeten Unkenntnis der Unionsrechtswidrigkeit der Subventionsgewährung nicht aus. Anders wäre allenfalls dann zu entscheiden, wenn für ein Unternehmen die Unvereinbarkeit einer Beihilfe mit dem Binnenmarkt (Art. 107 I, II AEUV) offensichtlich ist. Auch das BVerwG stellte fest, dass Vertrauensschutz der Firma X nicht von vornherein nach § 48 II S. 3 Nr. 3 VwVfG ausgeschlossen ist.

350

351

352

353

354

---

458   In Anlehnung an BVerwG, DVBl. 1993, 727 ff. = DÖV 1993, 911 ff.; vgl. zur verfassungsrechtlichen Problematik BVerfG, DVBl. 2000, 900 f.

459   EuGH, Slg. 1987, 901 ff.; s. sogleich Rn. 359 = **juris**byhemmer.

b) Demnach bleibt es zunächst beim Grundsatz des § 48 II S. 1 VwVfG, wonach die Rücknahme des Bewilligungsbescheides ausgeschlossen ist, wenn das Vertrauen der X unter Abwägung mit dem öffentlichen Interesse schutzwürdig ist, § 48 II S. 1 VwVfG. Das Vertrauen ist regelmäßig schutzwürdig, wenn der Begünstigte - wie hier die X - die gewährten Leistungen bereits verbraucht hat, § 48 II S. 2 VwVfG.

355

*Effizienzgebot*

c) § 48 II S. 1 u. 2 VwVfG kann jedoch nur insoweit Anwendung finden, als das Unionsrecht dies zulässt. Nach Rechtsprechung des EuGH ist bei der Anwendung des nationalen Verwaltungsverfahrensrechts dem Interesse der Union in vollem Umfang Rechnung zu tragen. So kann das Unionsrecht Abwägungsvorgänge beeinflussen (§ 48 II VwVfG). Insbesondere darf aber die Anwendung nationalen Rechts nicht dazu führen, dass die Verwirklichung des Unionsrechts übermäßig erschwert oder praktisch unmöglich wird („Effizienzgebot").[460]

356

Dies wäre allerdings hier der Fall. Die uneingeschränkte Anwendung des § 48 II S. 1 u. 2 VwVfG würde die Durchsetzung der Kommissionsbeschluss und der unionsrechtlichen Wettbewerbsordnung (Art. 107 AEUV) ausschließen.

*EuGH: bei Verstoß gegen Art. 108 III AEUV grundsätzlich kein Vertrauensschutz*

aa) Zwar widerspricht es grundsätzlich nicht der Unionsordnung, wenn das nationale Recht im Rahmen der Rückforderung das berechtigte Vertrauen und die Rechtssicherheit schützt.[461] Allerdings ist vorliegend zu berücksichtigen, dass die Überwachung der staatlichen Beihilfen nach Art. 108 III AEUV zwingend vorgeschrieben ist. Ein Unternehmen darf auf die Ordnungsmäßigkeit der Beihilfe nach Rechtsprechung des EuGH nur dann vertrauen, wenn diese unter Beachtung des dort vorgesehen Verfahrens gewährt wurde.

357

Einem sorgfältigen Gewerbetreibenden ist es nämlich regelmäßig möglich und zumutbar, sich zu vergewissern, dass dieses Verfahren eingehalten wird.[462]

*BVerwG: Vorrang des Unionsinteresses bei Abwägung § 48 II VwVfG*

bb) Dies führt nach Auffassung des BVerwG dazu, dass bei der Abwägung i.R.d. § 48 II VwVfG dem öffentlichen Rücknahmeinteresse grundsätzlich ein größeres Gewicht zukommt als bei der Rücknahme von Geldleistungsverwaltungsakten, die nur gegen deutsches Recht verstoßen.[463] Liegt nur ein Verstoß gegen deutsches Recht vor, so dient die Rücknahme allein dem fiskalischen Interesse und dem Interesse der Gesetzmäßigkeit der Verwaltung. Handelt es sich hingegen um Beihilfen, die gegen Art. 107 AEUV verstoßen, so dient die Rücknahme darüber hinaus der Durchsetzung der unionsrechtlichen Wettbewerbsordnung. Diesem durch Einwirkung des Unionsrechts gesteigerten öffentlichen Rücknahmeinteresse gebührt bei der Abwägung i.R.d. § 48 II S. 1 VwVfG der Vorrang vor dem gegenteiligen Interesse des Begünstigten (Vertrauensschutz).

358

Ist das unionsrechtlich vorgeschriebene Genehmigungsverfahren nicht durchgeführt worden, so ist das Vertrauen des Beihilfeempfängers nur ausnahmsweise schutzwürdig, wenn besondere Umstände dafürsprechen. Solche Umstände lagen bei der Firma X allerdings nicht vor.

cc) Der Rücknahme des Bewilligungsbescheides steht auch nicht der Grundsatz von Treu und Glauben unter dem Aspekt unzulässiger Rechtsausübung entgegen, weil die zuständige deutsche Behörde aufgrund der Nichtdurchführung des Verfahrens nach Art. 108 III AEUV für die Rechtswidrigkeit des Bewilligungsbescheides in weitem Maße verantwortlich ist. Denn der Beihilfeempfänger kann kein berechtigtes Vertrauen in die Ordnungsmäßigkeit der Beihilfegewährung geltend machen.

---

460　EuGH, Verb.Rs. 205-215/82 (Milchkontor), Slg. 1983, 2633, 2666.

461　Siehe bereits Rn. 348 zu EuGH, Verb.Rs. 205-215/82 (Milchkontor), Slg. 1983, 2633.

462　EuGH, Rs. C-5/89 (BUG-Alutechnik), Slg. 1990, 3437, 3453; Rs. C-24/95 (Alcan), EuZW 1997, 279; BVerwG, BayVBl. 1999, 22.

463　BVerwG, DVBl. 1993, 727 ff.; BayVBl. 1999, 22. Hiergegen bestehen keine verfassungsrechtlichen Bedenken, BVerfG, DVBl. 2000, 900 = **juris**byhemmer.

Die Verpflichtung des Begünstigten, sich zu vergewissern, dass das Verfahren des Art. 108 AEUV eingehalten werde, kann nämlich nicht vom Verhalten der Behörde abhängen, auch wenn diese für die Rechtswidrigkeit des Bescheides in einem solchen Maße verantwortlich ist, dass die Rücknahme als Verstoß gegen Treu und Glauben erscheint.[464]

Demnach stehen Gründe des Vertrauensschutzes i.S.d. § 48 II VwVfG einer Rücknahme des Bewilligungsbescheides vom 14.01.1983 nicht entgegen.

**hemmer-Methode: Die betroffenen Unternehmen können den Rückforderungsbeschluss der Kommission (Art. 108 II AEUV) direkt vor dem EuG mit der Nichtigkeitsklage anfechten (Art. 263 AEUV).[465] Zwar sind sie nicht Adressat des Beschlusses, sie werden aber von ihm unmittelbar und individuell i.S.d. Art. 263 IV AEUV betroffen.[466] Verstößt der Rückforderungsbeschluss der Kommission gegen höherrangiges Unionsrecht, insbesondere etwa den unionsrechtlichen „Grundsatz des Vertrauensschutzes" (= „allgemeiner Rechtsgrundsatz"), so ist er unionsrechtswidrig und das EuG erklärt ihn für nichtig. - Die betroffenen Unternehmen müssen auch gegen den Kommissionsbeschluss Klage erheben, wenn sie dessen Unionsrechtswidrigkeit, die auch für die nationale Rückforderungsentscheidung von Bedeutung ist, geltend machen wollen.**

**Denn ein Unternehmen kann die Rechtswidrigkeit eines Kommissionsbeschlusses nach Art. 108 II AEUV vor den mitgliedstaatlichen Gerichten nicht mehr geltend machen kann, wenn die Klagefrist des Art. 263 VI AEUV abgelaufen und der Kommissionsbeschluss daher bestandskräftig geworden ist.[467]**

*359*

*Anwendung des § 48 IV VwVfG*

d) Einer Rücknahme des Bewilligungsbescheides könnte jedoch Art. 48 IV VwVfG entgegenstehen. Danach ist die Rücknahme eines rechtswidrigen begünstigenden Verwaltungsaktes nur innerhalb eines Jahres seit Kenntnisnahme der Behörde von den die Rücknahme rechtfertigenden Tatsachen möglich. Entscheidend ist die Kenntnis sämtlicher für die Rücknahmeentscheidung relevanter Umstände, sodass es keiner weiteren Sachaufklärung durch die Behörde bedarf. Nach Rechtsprechung des BVerwG findet § 48 VwVfG auch bei Rechtsanwendungsfehlern Anwendung.[468]

*360*

**hemmer-Methode: Die Auslegung und Anwendung des § 48 IV VwVfG ist sehr umstritten. Gegenstand des Streits ist seine Anwendung auf Rechtsanwendungsfehler und hierbei der Beginn der Jahresfrist. Lesen Sie dazu Hemmer/Wüst, Verwaltungsrecht I, Rn. 480.**

**aa)** Stellt man auf die Mitteilung der Kommission Anfang 1984 ab, so hatte die Behörde bereits in diesem Zeitpunkt Kenntnis von der formellen Unionsrechtswidrigkeit der Beihilfegewährung, da das Verfahren nach Art. 108 III AEUV nicht eingehalten wurde. Die Jahresfrist des § 48 IV VwVfG wäre dann im Zeitpunkt der Rücknahmeentscheidung (05.07.1987) bereits verstrichen.

*BVerwG:*
*Fristbeginn frühestens mit Zustellung des Kommissionsbeschlusses*

**bb)** Entscheidend ist jedoch zunächst die Unvereinbarkeit der Subventionsgewährung mit dem Binnenmarkt (Art. 107 AEUV) und damit die materielle Unionsrechtswidrigkeit. Denn trotz eines formellen Verstoßes gegen das Genehmigungsverfahren nach Art. 108 III AEUV kann sich nachträglich herausstellen, dass die Beihilfe materiell mit dem Binnenmarkt vereinbar ist. Die Kommission würde dann von einer Rückforderung der gewährten Beihilfe absehen.

---

464  EuGH, Rs. C-24/95 (Alcan), EuZW 1997, 279; BVerwG, BayVBl. 1999, 22.

465  Dies ist im vorliegenden Fall auch geschehen, EuGH, Slg. 1987, 901 ff.

466  Siehe Rn. 608 ff.

467  EuGH, Rs. C-188/92 (TWI Textilwerke Deggendorf/Bundesministerium für Wirtschaft) Slg. 1994, I-833, 853; Rs. C-310/97 (Kommission/Assi-Domän Products AB u.a.), NJW 2000, 1933 ff. Vgl. allgemein zum Verhältnis von Nichtigkeitsklage (Art. 263 AEUV) und Vorabentscheidungsverfahren (Art. 267 AEUV) Pechstein/Kubicki, NJW 2005, 1825 ff.

468  BVerwGE (GS) 70, 356 = NJW 1985, 819 ff. = **juris**byhemmer.

Die materielle Unionsrechtswidrigkeit steht jedoch endgültig nicht schon mit Erlass des Kommissionsbeschlusses fest (hier: 10.07.1985). Entscheidend ist erst der Zeitpunkt der Bestandskraft des Kommissionsbeschlusses (Ablauf Klagefrist, Art. 263 VI AEUV, Urteil EuG bzw. EuGH), weil die Rückforderung dann endgültig und unangreifbar feststeht. Erst dann kennt die Behörde auch alle für die Rücknahmeentscheidung relevanten Tatsachen (Beginn der Jahresfrist § 48 IV VwVfG).

Damit begann der Lauf der Jahresfrist des § 48 IV VwVfG hier frühestens im Zeitpunkt der Bestandskraft des Kommissionsbeschlusses am 11.06.1987. Denn erst mit Bestandskraft war klar, dass die Subventionsgewährung an die Firma X unionsrechtswidrig war und für die Bundesrepublik unbedingt die Verpflichtung zur Rückforderung bestand.

cc) Demnach steht § 48 IV VwVfG einer Rücknahme des Bewilligungsbescheides vom 14.01.1983 nicht entgegen.

*EuGH: § 48 IV VwVfG und Effizienzgebot*

**hemmer-Methode: Im Zweifelsfall würde die Frist des § 48 IV VwVfG der Rücknahme des Bewilligungsbescheides nicht entgegenstehen, wenn hierdurch die Durchsetzung der Kommissionsentscheidung „praktisch unmöglich" würde. § 48 IV VwVfG wäre dann nicht anzuwenden. So führte der EuGH in Bezug auf § 48 IV VwVfG etwa aus: „Nach ständiger Rechtsprechung kann sich ein Mitgliedstaat nicht auf Bestimmungen, Übungen oder Umstände seiner internen Rechtsordnung berufen, um sich der Durchführung unionsrechtlicher Verpflichtungen zu entziehen.**
**Insbesondere muss eine Bestimmung, welche die Rücknahme eines begünstigenden Verwaltungsaktes nur binnen bestimmter Frist zulässt, wie alles andere nationale Recht dergestalt angewandt werden, dass die gemeinschaftsrechtlich (jetzt unionsrechtlich) vorgeschriebene Rückforderung nicht praktisch unmöglich wird und das Gemeinschaftsinteresse voll berücksichtigt wird."[469] - In einer jüngeren Entscheidung betonte der EuGH dagegen zusätzlich die unbedingte unionsrechtliche Pflicht der mitgliedstaatlichen Behörden zur Rücknahme des Bewilligungsbescheides und folgerte: „Lässt die nationale Behörde [...] die im nationalen Recht für die Rücknahme des Bewilligungsbescheides vorgesehene Ausschlussfrist verstreichen, so kann diese Situation nicht mit derjenigen gleichgesetzt werden, in der ein Wirtschaftsteilnehmer nicht weiß, ob die zuständige Behörde eine Entscheidung treffen wird, und in der der Grundsatz der Rechtssicherheit verlangt, dass diese Ungewissheit nach Ablauf einer bestimmten Frist beendet wird. Da die nationale Behörde kein Ermessen besitzt, ist der Empfänger einer rechtswidrig gewährten Beihilfe nicht mehr im Ungewissen, sobald die Kommission einen Beschluss erlassen hat, in dem die Beihilfe für mit dem Binnenmarkt unvereinbar erklärt und ihre Rückforderung verlangt wird."[470]**

361

e) Eine Rücknahme des Bewilligungsbescheids ist auch nicht deswegen ausgeschlossen, weil sich die Firma X möglicherweise auf den Wegfall der Bereicherung nach § 49a I, II VwVfG, § 818 III BGB berufen könnte. Denn ein beihilfebegünstigtes Unternehmen darf auf die Ordnungsmäßigkeit einer Beihilfe nur vertrauen, wenn diese unter Einhaltung des in Art. 108 AEUV vorgesehenen Verfahrens gewährt.

Das Gleiche hat auch für den Einwand des Wegfalls der Bereicherung zu gelten, der im vorliegenden Fall dazu führen würde, die unionsrechtlich gebotene Rückforderung praktisch unmöglich zu machen. Dementsprechend hat die Rücknahme auch dann noch zu erfolgen, wenn dies nach nationalem Recht wegen Wegfalls der Bereicherung ausgeschlossen wäre.[471]

*Ausschluss Rücknahmeermessen § 48 I VwVfG*

f) Die Rücknahme eines rechtswidrigen Verwaltungsaktes steht grundsätzlich im Ermessen der zuständigen Behörde, § 48 I VwVfG. Vorliegend ist ein Ermessen jedoch ausgeschlossen, da die Bundesrepublik zur Rückforderung der Subvention durch den Kommissionsbeschluss verpflichtet ist (Art. 108 II AEUV).

---

469  EuGH, Rs. C-5/89 (BUG-Alutechnik), Slg. 1990, I-3437; Rs. C-24/95 (Alcan), EuZW 1999, 279. Gegen die Nichtanwendung des § 48 IV VwVfG in Fällen dieser Art bestehen keine verfassungsrechtl. Bedenken, BVerfG, DVBl. 2000, 900 f.

470  EuGH, Rs. C-24/95 (Alcan), EuZW 1997, 279.

471  EuGH, Rs. C-24/95 (Alcan), EuZW 1997, 279, BVerwG, BayVBl. 1999, 22.

4. Demnach ist die Rücknahme des Bewilligungsbescheides rechtmäßig.

*Konsequenz: „Europäisierung des Vertrauensschutzes"*

**3.** Die Konsequenz der Rechtsprechung des EuGH hinsichtlich der Rückforderung unionsrechtswidriger nationaler Beihilfen ist eine „Europäisierung des Vertrauensschutzes".[472]

362

**a)** Statt die Voraussetzungen des Vertrauensschutzes allein nach nationalem Recht bestimmen zu lassen, erfolgt eine Übertragung europarechtlicher Maßstäbe. Die Begünstigten einer unionsrechtswidrigen nationalen Beihilfe können sich grundsätzlich nicht mehr auf innerstaatlichen Vertrauensschutz berufen, wenn das Verfahren des Art. 108 AEUV nicht eingehalten worden ist. Das BVerwG löst die Problematik im Rahmen der Abwägung des § 48 II VwVfG, wonach das Unionsinteresse an der Rücknahme gegenüber dem Vertrauensschutz des Einzelnen überwiegt.

363

**b)** Festzuhalten ist auch, dass nach Rechtsprechung des EuGH jede Norm des nationalen Rechts, die der Wirksamkeit des Unionsrechts entgegensteht, unionsrechtskonform auszulegen und, soweit dies nicht möglich ist, wegen des Vorrangs des Unionsrechts unanwendbar ist.

364

**hemmer-Methode: Hat ein Gericht Zweifel, ob nationales Verwaltungsverfahrensrecht dem Unionsrecht entgegensteht, so kann es den EuGH im Vorabentscheidungsverfahren nach Art. 267 AEUV anrufen.**

365

## III. Aufschiebende Wirkung und einstweiliger Rechtsschutz §§ 80 I, V, 123 VwGO

Das Erfordernis der praktischen Wirksamkeit des Unionsrechts beeinflusst auch Auslegung und Anwendbarkeit innerstaatlichen Prozessrechts.[473]

366

**1.** Hierbei stellt sich im Rahmen des unmittelbaren mitgliedstaatlichen Vollzugs zum einen die Frage, ob und inwieweit Rechtsbehelfen gegen Verwaltungsakte, die auf einer Unionsverordnung beruhen, aufschiebende Wirkung zukommt (§ 80 I VwGO). Zum anderen stellt sich die Frage, ob die Gerichte die sofortige Vollziehung eines auf einer Unionsverordnung beruhenden Verwaltungsaktes aussetzen (§ 80 V VwGO) bzw. gegen eine Unionsverordnung einstweiligen Rechtsschutz nach § 123 VwGO gewähren dürfen.

367

*Bsp.: aufschiebende Wirkung (§ 80 I VwGO) und Anordnung der sofortigen Vollziehung (§ 80 II S. 1 Nr. 4 VwGO)*

*Bsp. 1:[474] Eine Ratsverordnung sieht die zwangsweise Destillation bestimmter Mengen von Tafelwein vor, um den Überschuss auf dem Markt zu reduzieren und einen weiteren Preisverfall zu verhindern. Den Betroffenen ist eine Entschädigung zu gewähren.*

*Nach Erlass entsprechender Bescheide durch die zuständige Bundesbehörde legten die meisten betroffenen Winzer Widerspruch ein.*

*Unter dem Schutz des Suspensiveffekts nach § 80 I VwGO (= keine Möglichkeit der Vollstreckung nach § 6 I VwVG) wurden von den rund 68.000 hl Tafelwein, die zwangsweise hätten destilliert werden müssen, 60.000 hl weiterhin auf dem Markt angeboten. Das Ziel der Verordnung („Preisstabilisierung") wurde daher nicht erreicht.*

*Die Kommission hielt das Verhalten der deutschen Behörden, insbesondere die fehlende zwangsweise Durchsetzung der Verordnung, für unionsrechtswidrig und erhob Klage zum EuGH nach Art. 258 AEUV (Vertragsverletzungsverfahren). Die Bundesrepublik hätte gegen ihre Pflicht aus Art. 4 III EUV verstoßen. Denn nach dieser Bestimmung sind die Mitgliedstaaten verpflichtet, beim Vollzug des Unionsrechts dessen Durchsetzung und Wirksamkeit zu gewährleisten.*

---

472  Triantafyllou, NVwZ 1992, 436, 441.

473  Siehe etwa allgemein Schwarze, NVwZ 2000, 241, 244 ff.; konkret zum einstweiligen Rechtsschutz Jannasch, NVwZ 1999, 495 ff.

474  Nach EuGH, Rs. C-217/88 (Tafelwein), Slg. 1990, I-2879.

*Die Bundesrepublik machte geltend, die Voraussetzungen der sofortigen Vollziehung nach § 80 II S. 1 Nr. 4 VwGO („öffentliches Interesse") hätten nicht vorgelegen.*

§ 80 II S. 1 Nr. 4 VwGO:
besonderes Vollzugsinteresse

**a)** Nach Rechtsprechung der deutschen Gerichte ist § 80 II S. 1 Nr. 4 VwGO eng auszulegen. Seine Anwendung kommt nur dann in Betracht, wenn das öffentliche Interesse an der sofortigen Vollziehung gerade im Einzelfall des konkret Betroffenen besteht und gewichtige Allgemeininteressen auf dem Spiel stehen, die über das bloße Vollzugsinteresse hinausreichen.[475] Diese Voraussetzungen sahen die zuständigen Behörden im vorliegenden Fall nicht als erfüllt an. Wegen des Suspensiveffekts (§ 80 I VwGO) der Widersprüche kam eine zwangsweise Durchsetzung nicht in Betracht (§§ 6 ff. VwVG).

*368*

EuGH: § 80 I VwGO kann
effektiver Durchsetzung
des Unionsrechts
nicht entgegenstehen

**b)** Der EuGH hielt das Verhalten der deutschen Behörden für unionsrechtswidrig. Die Mitgliedstaaten sind nach Art. 4 III EUV dazu verpflichtet, diejenigen Maßnahmen zu ergreifen, welche die praktische Wirksamkeit und Durchsetzung des Unionsrechts am besten gewährleisten.

*369*

Diese Pflicht besteht unabhängig davon, ob im nationalen Recht effektive Vorschriften bestehen oder noch eingeführt werden müssen. Denn kein Mitgliedstaat kann sich auf Bestimmungen seiner internen Rechtsordnung berufen, um die Nichtbeachtung des Unionsrechts zu rechtfertigen.

Daher dürften Widersprüche gegen auf Unionsrecht beruhende Verwaltungsakte auch dann keine aufschiebende Wirkung i.S.d. § 80 I VwGO haben, wenn die Voraussetzungen des § 80 II VwGO zwar nicht erfüllt sind, die sofortige Vollziehung im Interesse der effektiven Durchsetzung des Unionsrechts aber geboten ist.

Konsequenz:
§ 80 II S. 1 Nr. 4 VwGO (+)

**c)** Zur Lösung des Konflikts bietet sich eine unionsrechtskonforme Auslegung des § 80 II S. 1 Nr. 4 VwGO an. Beim Vollzug von Verordnungen haben die Behörden das Unionsinteresse im Rahmen des § 80 II S. 1 Nr. 4 VwGO ausreichend zu berücksichtigen („öffentliches Interesse").[476] Die Behörden müssen die sofortige Vollziehung eines Verwaltungsakts, der auf einer Verordnung beruht, daher anordnen, wenn dies im Interesse der effektiven Durchsetzung des Unionsrechts geboten ist.

*370*

**2.** Im Interesse eines effektiven Rechtsschutzes hat der EuGH gleichsam als Gegenstück zu der soeben dargestellten Rechtsprechung den nationalen Gerichten die Befugnis eingeräumt, die Vollziehung eines auf Unionsrecht beruhenden Verwaltungsaktes vorläufig auszusetzen (§ 80 V VwGO).[477]

*371*

**Bsp. 2 (Weiterführung von Bsp. 1):**

Bsp.: Aussetzung der sofortigen
Vollziehung (§ 80 V VwGO)

*Die zuständigen Behörden haben die sofortige Vollziehung der „Destillationsbescheide" gemäß § 80 II S. 1 Nr. 4 VwGO angeordnet und im Fall der Nichtbefolgung Zwangsmaßnahmen angedroht. Der Betroffene Weinbauer X begehrt bei dem zuständigen deutschen Gericht die Aussetzung der sofortigen Vollziehung nach § 80 V VwGO, da die Verordnung rechtswidrig sei.*

*Auch das Gericht hält die EU-Verordnung für rechtswidrig und ungültig, da sie gegen Unionsgrundrechte verstoße. Es möchte die sofortige Vollziehung daher nach § 80 V VwGO aussetzen.*

---

475  Eyermann/Fröhler, § 80 VwGO, Rn. 28; Kopp/Schenke, § 80 VwGO, Rn. 92 f.

476  Mögele, BayVBl. 1993, 129, 140; Schwarze, NVwZ 2000, 241, 250; Jannasch, NVwZ 1999, 495, 496 u. 501.

477  EuGH, Verb.Rs. C-143/88 u. C-92/89 (Zuckerfabrik Süderdithmarschen), Slg. 1991, I-415, 543 f.

*Verwerfungsmonopol des EuGH/ einheitliche Anwendung des Unionsrechts*

**a)** Die nationalen Gerichte sind nicht befugt, Handlungen von Unionsorganen für ungültig zu erklären, da sonst die einheitliche Anwendung des Unionsrechts und das „Verwerfungsmonopol des EuGH" (Art. 19 EUV, Art. 263, 267 AEUV) gefährdet wären.[478] Dem käme die inzidente Missachtung des Geltungsanspruchs einer Verordnung durch Aussetzung eines auf ihr beruhenden Verwaltungsaktes gleich.

*372*

**b)** Dennoch bejaht der EuGH die Befugnis der Gerichte, die Vollziehung eines auf einer Verordnung beruhenden Verwaltungsakts vorläufig auszusetzen.

*373*

*EuGH: Aussetzung zulässig (effektiver Rechtsschutz)*

**aa)** Effektiver Rechtsschutz ist Bestandteil der Unionsrechtsordnung. Die Bürger haben die Möglichkeit, die Rechtmäßigkeit von Unionsrechtsakten inzident vor den nationalen Gerichten zu bestreiten und eine Vorlage an den EuGH nach Art. 267 AEUV anzuregen.[479]

Dieses Recht wäre gefährdet, wenn die Betroffenen nicht die Aussetzung der Vollziehung erreichen und damit dem Unionsrechtsakt vorläufig die Wirksamkeit nehmen könnten. Zudem besteht grundsätzlich auch vor dem EuGH die Möglichkeit, einstweiligen Rechtsschutz zu erlangen (Art. 278 AEUV).

*Aussetzung nur unter einheitlichen unionsrechtlichen Voraussetzungen*

**bb)** Um Rechtsschutzunterschiede in den Mitgliedstaaten zu vermeiden und im Interesse der einheitlichen Anwendung des Unionsrechts, darf die Aussetzung allerdings nur unter den Voraussetzungen erfolgen, die auch für das Verfahren vor dem EuGH selbst gelten (Art. 278 AEUV).

*374*

> **Nach Rechtsprechung des EuGH kann die Aussetzung eines auf Unionsrecht beruhenden Verwaltungsaktes nur dann erfolgen, wenn:**
>
> **a)** das Gericht erhebliche Zweifel an der Rechtmäßigkeit des zugrundeliegenden Unionsrechtsakts hat,[480]
>
> **b)** die Aussetzung dringlich ist, da dem Antragsteller ansonsten ein schwerer, nicht wiedergutzumachender Schaden droht (reine Vermögensschäden reichen indes nicht aus),
>
> **c)** das Unionsinteresse an der uneingeschränkten Wirkung des Unionsrechts bei der Abwägung des nationalen Gerichts in vollem Umfang berücksichtigt wurde,
>
> **d)** das Gericht bei der Prüfung all dieser Voraussetzungen die Entscheidungen des Gerichtshofs oder des EuG über die Rechtmäßigkeit der Verordnung oder einen Beschluss im Verfahren des vorläufigen Rechtsschutzes betreffend gleichartige einstweilige Anordnungen auf Unionsebene beachtet.

*Vorlage Art. 267 AEUV*

**cc)** Zudem ist im Interesse der einheitlichen Anwendung des Unionsrechts und unter Berücksichtigung des „Verwerfungsmonopols des EuGH" die Aussetzung eines auf Unionsrecht beruhenden Verwaltungsaktes stets mit einer Vorlagepflicht an den EuGH verbunden, Art. 267 AEUV. Denn das nationale Gericht kann die Vollziehung nur so lange aussetzen, bis der EuGH über die Frage der Gültigkeit entschieden hat.

*375*

---

478  EuGH, Rs. 314/85 (Foto-Frost) Slg. 1987, 4199, 4230 f.; s. Rn. 702a.

479  Einen Anspruch auf Einleitung des Vorabentscheidungsverfahrens nach Art. 267 AEUV besteht für Einzelne indes nicht; s. Rn. 683 ff.

480  Nach BVerfG, NJW 2004, 1346 f. kann auch die Rechtsprechung der Gerichte anderer Mitgliedstaaten Zweifel an der Gültigkeit sekundären Unionsrechts begründen. Verkennt dies ein deutsches Instanzgericht, kann dies im Einzelfall eine Verletzung von Art. 19 IV GG bedeuten.

**hemmer-Methode: Die dargestellte Rechtsprechung wird erst verständlich, wenn man die Auslegung des Art. 267 III AEUV durch den EuGH beachtet:[481] Nach dessen Fassung könnten an sich auch unterinstanzliche Gerichte die Ungültigkeit eines Unionsrechtsakts feststellen. Der EuGH hat jedoch in richterlicher Rechtsfortbildung über den Wortlaut des Art. 267 III AEUV hinaus entschieden, dass im Interesse der einheitlichen Anwendung des Unionsrechts kein mitgliedstaatliches Gericht befugt ist, die Ungültigkeit eines Unionsrechtsakts festzustellen.**

**3.** Die soeben zu § 80 V VwGO dargestellten unionsrechtlichen Grundsätze gelten selbstverständlich ganz entsprechend im Rahmen des einstweiligen Rechtsschutzes nach § 123 VwGO.

*375a*

> *Bsp. (modifiziert): Der Bananenimporteur B beantragt beim zuständigen Bundesamt für 1995 eine Genehmigung für die Einfuhr von 15.000 t Bananen aus Drittstaaten zu einem niedrigen Einfuhrpreis von 100 €/t.*
>
> *Diese Menge entspricht auch dem von B in den vergangenen zehn Jahren durchschnittlich durchgeführten, jährlichen Import von Drittlandsbananen.*
>
> *Allein in den letzten drei Jahren konnte B aufgrund besonderer Umstände (u.a. Vertragsbruch seines südamerikanischen Lieferanten) nur ganz geringe Mengen an Drittlandsbananen einführen. Aufgrund der Zuteilungskriterien der neu in Kraft getretenen VO 404/93/EWG über die gemeinsame Marktorganisation für Bananen, die bei der Kontingentzuteilung für die Importeure allein an die Importmenge der letzten drei Jahre anknüpft, bewilligt das zuständige Bundesamt nur die Einfuhr von 150 Tonnen Drittlandsbananen. Eine „Härtefallregelung" oder „Ausnahmebestimmungen" für besondere Fälle enthält die VO 404/93/EWG nicht. B ist über das ihm gewährte „Minikontingent" entsetzt. Er macht geltend, dass ihm unmittelbar der Konkurs drohe, wenn er nur 150 t Bananen importieren dürfe. Eine Verordnung, die so eklatant in sein Eigentum eingreife, könne keinesfalls mit den Unionsgrundrechten vereinbar sein. B beantragt nach Einlegung eines Widerspruchs (§§ 68 ff. VwGO) im Wege des einstweiligen Rechtsschutzes nach § 123 VwGO das Bundesamt zu verpflichten, ihm vorläufig eine Einfuhrgenehmigung für 7.000 t Bananen zu erteilen, da diese Menge zur Vermeidung eines Konkurses und irreparabler Grundrechtsverletzungen absolut erforderlich sei.*
>
> *Der EuGH hat die Gewährung einstweiligen Rechtsschutzes durch das Gericht für zulässig erachtet, soweit es bei der von ihm vorzunehmenden Abwägung die oben genannten, unionsrechtlichen Grundsätze beachtet.[482]*

**hemmer-Methode: Soweit ein deutsches Gericht in Verkennung der Rechtslage einstweiligen Rechtsschutz nach §§ 80 V, 123 VwGO versagt, obwohl die vom EuGH hierfür aufgestellten unionsrechtlichen Voraussetzungen an sich vorliegen, kann dies mit einer Verfassungsbeschwerde (Art. 93 I Nr. 4a GG) als Verletzung von Art. 19 IV GG gerügt werden.[483]**

Konkret in Zusammenhang mit der „Bananenmarktverordnung" hat der EuGH in einem weiteren Urteil zur Befugnis der mitgliedstaatlichen Gerichte zur Gewährung einstweiligen Rechtsschutzes (§§ 80, 123 VwGO) Stellung genommen.[484] Für das richtige Verständnis dieses Urteils muss man dabei zunächst Folgendes wissen: Anders als im Beispielsfall ist nach neuerer Rechtsprechung des EuGH die „Bananenmarktverordnung" tatsächlich für „Härtefälle" offen. Dabei ist die Kommission nach Art. 30 der VO zum Erlass aller insoweit erforderlichen Maßnahmen (z.B. Änderung der Kontingentmengen) ermächtigt und bei der Gefahr von Grundrechtsbeeinträchtigungen auch unionsrechtlich verpflichtet.

*375b*

---

481 EuGH, Rs. 314/85 (Foto-Frost), Slg. 1987, 4199, 4230 f.

482 EuGH, („Atlanta"), NJW 1996, 1333.

483 BVerfG, EuZW 1995, 125 = **juris**byhemmer.

484 EuGH, Rs. C-68/95 (T. Port GmbH u. Co. KG/ Bundesanstalt für Landwirtschaft und Ernährung), EuZW 1997, 61 ff.

Der betroffene Marktbeteiligte kann sich selbst unmittelbar an das zuständige Unionsorgan wenden und sie ersuchen, durch einen Individualbeschluss (Art. 288 IV AEUV) die gebotenen Maßnahmen zu erlassen. Nun zum Urteilsinhalt: Soweit für die Marktbeteiligten auf Unionsebene die Möglichkeit besteht, zum Schutz ihrer Rechte ein Unionsorgan um den Erlass eines Rechtsakts zur Regelung eines bei ihnen vorliegenden Härtefalls zu ersuchen, sind die mitgliedstaatlichen Gerichte „nicht befugt, im Rahmen eines Verfahrens zur Gewährung vorläufigen Rechtsschutzes vorläufige Maßnahmen zu erlassen", bis das Unionsorgan den erforderlichen Rechtsakt erlassen hat. Rechtsschutzdefizite entstehen hierdurch nicht, vielmehr gewährt in Fällen dieser Art allein das EuG bzw. der EuGH den gebotenen Rechtsschutz.

Denn sollte das Unionsorgan trotz Ersuchens des Marktbeteiligten untätig bleiben, könnte dieser – wenn der Rechtsakt an ihn zu richten wäre oder ihn jedenfalls unmittelbar und individuell betreffen würde – eine Untätigkeitsklage nach Art. 265 AEUV erheben.[485]

Falls das Unionsorgan dagegen den Erlass von Maßnahmen ausdrücklich ablehnen oder einen anderen Rechtsakt als den vom Marktbeteiligten begehrten erlassen sollte, könnte dieser die Rechtswidrigkeit des ablehnenden Beschlusses mit einer Nichtigkeitsklage (Art. 263 AEUV) geltend machen.[486]

In beiden Fällen besteht für das Unionsgericht auch die Möglichkeit, auf Antrag des Betroffenen im Interesse eines effektiven Rechtsschutzes einstweilige Anordnungen nach Art. 279 AEUV zu erlassen.

**hemmer-Methode: Sie sollten sich nun folgenden Grundsatz merken: Die mitgliedstaatlichen Gerichte sind grundsätzlich zur Gewährung einstweiligen Rechtsschutzes gegenüber Unionsverordnungen befugt (§§ 123, 80 V VwGO). Diese Befugnis steht den mitgliedstaatlichen Gerichten aber dann nicht zu, wenn nach den Bestimmungen der Verordnung die erforderlichen Maßnahmen auf Antrag des betroffenen Marktbeteiligten durch ein Unionsorgan zu erlassen sind. Den gebotenen Rechtsschutz gewährt in Fällen dieser Art allein das EuG bzw. der EuGH (Art. 263, 265, 279 AEUV).**

*einstweiliger Rechtsschutz und Unionsrechte*

**4.** Einen effektiven Rechtsschutz verlangt der EuGH auch für den Schutz von Unionsrechten (z.B. Art. 34, 49 AEUV) gegenüber mitgliedstaatlichen Maßnahmen. Soweit eine mitgliedstaatliche Maßnahme solche Rechte zu vereiteln droht, haben die Gerichte der Mitgliedstaaten auch dann einstweiligen Rechtsschutz zu gewähren, wenn dies in den nationalen Rechtsordnungen nicht vorgesehen ist oder die Voraussetzungen nicht erfüllt sind.[487] Dies könnte gegebenenfalls im Rahmen der §§ 80 V, 123 VwGO eine Rolle spielen.

*376*

## IV. Aufhebung bestandskräftiger Verwaltungsakte

In vielen Fällen wird die Europarechtswidrigkeit nationaler Gesetze oder sonstigen Maßnahmen erst nach vielen Jahren erkannt. Dies bringt dem Betroffenen, dem das Europarecht eine Begünstigung eingeräumt hätte, meist wenig, da die ihm gegenüber ergangenen Entscheidungen in der Regel bestandskräftig sein werden und eine spätere, den nationalen Entscheidungen zuwiderlaufende Entscheidung des EuGH kein Wiederaufgreifensgrund nach § 51 VwVfG darstellt.

*376a*

---

485  Zur Untätigkeitsklage nach Art. 265 AEUV siehe Rn. 641 ff., speziell zu ihrem Verhältnis zur Nichtigkeitsklage Rn. 642.

486  Zur Nichtigkeitsklage nach Art. 263 AEUV siehe Rn. 597 ff.

487  EuGH, Rs. C-213/89 (Factortame), Slg. 1990, I-2433.

*europarechtliche Besonderheiten*

Die Bestandskraft kann in einem solchen Fall nur über eine Rück- **376b** nahme nach §§ 51 V, 48 I VwVfG beseitigt werden, wobei diese Rücknahme im Ermessen der Behörde steht. Eine Ermessensreduktion könnte sich aber möglicherweise daraus ergeben, dass der Ausgangsverwaltungsakt gegen europarechtliche Vorgaben, bspw. die Grundfreiheiten verstoßen hat. Zwar respektiert auch der EuGH die Bestandskraft eines Verwaltungsakts als Ausprägung der Rechtssicherheit, die zu den im Unionsrecht anerkannten Grundsätzen zählt.[488]

Eine Rücknahmepflicht kann sich nach der Rechtsprechung des EuGH aufgrund des Art. 4 III EUV allerdings dann ergeben, wenn:

⇨ die Behörde nach nationalem Recht befugt ist, diese Entscheidung zurückzunehmen,

⇨ die Entscheidung infolge eines Urteils eines in letzter Instanz entscheidenden nationalen Gerichts bestandskräftig geworden ist, der Betroffene also den Rechtsweg erschöpft hat,

⇨ dieses nationale Urteil auf einer unrichtigen Auslegung des Unionsrechts beruht, was eine nach seinem Erlass ergangene Entscheidung des Gerichtshofes zeigt

und

⇨ der Betroffene sich, unmittelbar nachdem er Kenntnis von der besagten Entscheidung des Gerichtshofes erlangt hat, an die Verwaltungsbehörde gewandt hat.[489]

---

488  EuGH (Kühne&Heitz), NVwZ 2004, 459; EuGH (Germany GmbH und Arcor AG), NVwZ 2006, 1277 = **Life&Law 2007, 198.**
489  EuGH (Kühne&Heitz), NVwZ 2004, 459; EuGH (Germany GmbH und Arcor AG), NVwZ 2006, 1277 = **Life&Law 2007, 198.**

## § 8 HAFTUNG DER MITGLIEDSTAATEN FÜR UNIONSRECHTSVERSTÖßE

*Mitgliedstaatliche Staatshaftung*

Schwierig und zum Teil noch nicht ganz geklärt sind die Entstehungsvoraussetzungen sowie die Einordnung der vom EuGH geforderten Haftung der Mitgliedstaaten für Verstöße gegen das Unionsrecht in das deutsche Staatshaftungsrecht.

**377**

> **hemmer-Methode: Die unionsrechtliche Staatshaftung der Mitgliedstaaten - siehe auch bereits oben in Zusammenhang mit der Richtlinienumsetzung § 3 B. II. 4., Rn. 86 ff. - ist sicherlich ein examensrelevanter Bereich. Im Folgenden werden in einem ersten Schritt die Grundsätze der vom EuGH aus dem Unionsrecht hergeleiteten Haftung der Mitgliedstaaten für Unionsrechtsverstöße dargestellt (§ 8 A.). In einem zweiten Schritt wird dann der Frage nachgegangen werden, wie die unionsrechtlich gebotene Staatshaftung in die Systematik des deutschen Staatshaftungsrechts einzuordnen ist (§ 8 B.).**

### A) Allgemeine Grundsätze der unionsrechtlich gebotenen Staatshaftung

*Allgemeine Grundsätze*

Hinsichtlich der allgemein geltenden Grundsätze der unionsrechtlich gebotenen Staatshaftung lassen sich solche unterscheiden, welche die Entstehungsvoraussetzungen des unionsrechtlichen Haftungsanspruchs an sich betreffen (I.), und solche, die sich auf dessen Durchsetzung im innerstaatlichen Bereich beziehen (II.).

**378**

### I. Entstehungsvoraussetzungen des unionsrechtlichen Haftungsanspruchs

*Entstehungsvoraussetzungen*

Innerhalb der Entstehungsvoraussetzungen der unionsrechtlich gebotenen Staatshaftung sollen im Folgenden zunächst die allgemein geltenden Grundvoraussetzungen dargestellt werden. Sodann wird - zur besseren Illustration und auch Wiederholung - auf die einzelnen Arten von Unionsrechtsverstößen (legislatives, administratives, judikatives Unrecht) eingegangen werden.

**379**

### 1. Grundvoraussetzungen

**379a**

*Grundvoraussetzungen*

**a)** Nach der Rechtsprechung des EuGH[490] ist es ein Grundsatz des Unionsrechts, dass die Mitgliedstaaten zum Ersatz der Schäden verpflichtet sind, die den Einzelnen durch zurechenbare Verstöße gegen das Unionsrecht entstanden sind. Denn die „praktische Wirksamkeit" des Unionsrechts („effet utile") und der Schutz der Rechte, die das Unionsrecht den Einzelnen verleihen will („Rechtsschutzgedanke"), wären nicht gewährleistet, hätten die Einzelnen bei Unionsrechtsverstößen der Mitgliedstaaten nicht die Möglichkeit, Ersatz des ihnen entstandenen Schadens zu erlangen. Aus Art. 4 III EUV („Grundsatz der Unionstreue") folgt die Pflicht der Mitgliedstaaten, die Folgen ihres unionsrechtswidrigen Handelns im Rahmen des mitgliedstaatlichen Rechts zu beheben.

---

490  Grundlegend: EuGH, Verb.Rsn. C-6/90 u.a. (Francovich u.a.), Slg. 1991, 5357 ff. = NJW 1992, 165 ff.; Verb.Rsn. C-46/93 u. C-48/93 (Brasserie du pêcheur/Bundesrepublik u.a.), NJW 1996, 1267 ff.

**b)** Die Voraussetzungen, unter denen das Unionsrecht einen Haftungsanspruch eröffnet, hängen allerdings - wie der EuGH bereits im „Francovich-Urteil" betont hat - von der Art des zugrunde liegenden Unionsrechtsverstoßes ab (z.B. welches Organ gegen welche unionsrechtliche Verpflichtung verstoßen hat).[491]

Zunächst hat der EuGH die Haftungsvoraussetzungen für die Fallgruppe „gänzlich unterbliebene Richtlinienumsetzung" näher konkretisiert.[492] Die allgemein gehaltene Aussage des EuGH, dass die Staatshaftung der Mitgliedstaaten für Unionsrechtsverstöße ein „Grundsatz des Unionsrechts" sei, stellte aber bereits unmissverständlich klar, dass eine mitgliedstaatliche Haftung bei allen Arten von Unionsrechtsverstößen geboten ist, unabhängig davon, welches mitgliedstaatliche Organ durch sein Handeln oder Unterlassen den Unionsrechtsverstoß begangen hat. Dementsprechend hat der EuGH seine Rechtsprechung später im grundlegenden „Bier-Urteil" weiter konkretisiert und ganz allgemein die Haftungsvoraussetzungen für Verstöße der mitgliedstaatlichen Gesetzgebungsorgane gegen das Unionsrecht, konkret in Zusammenhang mit Unionsrechtsverstößen gegen die unmittelbar anwendbaren Bestimmungen der Grundfreiheiten (Art. 34, 49 AEUV), festgelegt.[493] Kurz danach erfolgte dann die Übertragung der im „Bier-Urteil" hergeleiteten Grundsätze auf den Fall einer „zwar erfolgten, aber fehlerhaften Richtlinienumsetzung".[494] Schließlich hat der EuGH unter entsprechenden Voraussetzungen auch eine Haftung der Mitgliedstaaten für Unionsrechtsverstöße der mitgliedstaatlichen Verwaltung bejaht.[495]

**c)** Als allgemeine, für alle Arten von Unionsrechtsverstößen geltende Haftungsvoraussetzungen lassen sich unter Berücksichtigung der bisherigen Rechtsprechung des EuGH aber festhalten:

*Haftungsvoraussetzungen*

---

**Haftungsvoraussetzungen:**

⇨ Die verletzte Unionsrechtsnorm muss bezwecken, dem Einzelnen Rechte zu verleihen, die hinreichend bestimmbar sind.

⇨ Es muss ein unmittelbarer Kausalzusammenhang zwischen dem Unionsrechtsverstoß und dem bei dem Einzelnen eingetretenen Schaden bestehen.

⇨ Das innerstaatlich zuständige Organ muss „hinreichend qualifiziert", das heißt „offenkundig und erheblich" gegen die Unionsrechtsnorm verstoßen haben (qualifizierter Unionsrechtsverstoß)

---

Die hinsichtlich des Vorliegens eines „hinreichend qualifizierten", d.h. „offenkundigen und erheblichen" Unionsrechtsverstoßes maßgeblichen Kriterien hat der EuGH im „Bier-Urteil" selbst näher konkretisiert:[496]

---

491 EuGH, Verb.Rsn. C-6/90 u.a. (Francovich u.a.), Slg. 1991, 5357 = NJW 1992, 165.

492 EuGH, Verb.Rsn. C-6/90 u.a. (Francovich u.a.), Slg. 1991, 5357 = NJW 1992, 165; Rs.C-91/92 (Faccini Dori), Slg. 1994, I-3325; s. dazu bereits oben Rn. 101 ff.

493 EuGH, Verb.Rsn. C-46/93 u. C-48/93 (Brasserie du pêcheur/Bundesrepublik u.a.), NJW 1996, 1267.

494 EuGH (British Telecommunications), EuZW 1996, 274.

495 EuGH, Rs.C-5/94 (The Queen/Ministry of Agriculture, Fisheries and Food), EuZW 1996, 435.

496 EuGH, Verb.Rsn. C-46/93 u. C-48/93 (Brasserie du pêcheur/Bundesrepublik u.a.), NJW 1996, 1267, 1268, Tz. 56 f.

*So sind insbesondere zu berücksichtigen „das Maß an Klarheit und Genauigkeit der verletzten Vorschrift, der Umfang des Ermessensspielraums, den die verletzte Vorschrift den nationalen oder Gemeinschaftsbehörden (jetzt Unionsbehörden) belässt, die Frage, ob der Verstoß vorsätzlich oder nicht vorsätzlich begangen oder der Schaden vorsätzlich oder nicht vorsätzlich zugefügt wurde, die Entschuldbarkeit oder Unentschuldbarkeit eines etwaigen Rechtsirrtums und der Umstand, dass die Verhaltensweisen eines Gemeinschaftsorgans möglicherweise dazu beigetragen haben, dass nationale Maßnahmen oder Praktiken in gemeinschaftsrechtswidriger Weise unterlassen, eingeführt oder aufrechterhalten wurden. Jedenfalls ist ein Verstoß gegen das Gemeinschaftsrecht offenkundig qualifiziert, wenn er trotz des Erlasses eines Urteils, in dem der zur Last gelegte Verstoß festgestellt wird, oder eines Urteils im Vorabentscheidungsverfahren oder aber einer gefestigten einschlägigen Rechtsprechung des Gerichtshofes, aus denen sich die Pflichtwidrigkeit des fraglichen Verhaltens ergibt, fortbestanden hat."*

*Vorherige Feststellung des Unionsrechtsverstoßes nicht erforderlich*

**d)** Weiter setzt das Eingreifen der unionsrechtlich gebotenen Staatshaftung nicht voraus, dass der EuGH zuvor den Unionsrechtsverstoß in einem Vertragsverletzungsverfahren (Art. 258 AEUV) festgestellt hat.[497]

*Eine solche Annahme stünde nämlich „im Widerspruch zum Grundsatz der Wirksamkeit des Gemeinschaftsrechts (jetzt Unionsrechts), da dadurch der Entschädigungsanspruch ausgeschlossen wäre, solange der mutmaßliche Verstoß nicht Gegenstand einer Klage der Kommission nach Art. 226 EG (jetzt Art. 258 AEUV) des Vertrages und einer Verurteilung durch den Gerichtshof geworden ist. Die dem Einzelnen zustehenden Rechte aus den Gemeinschaftsvorschriften, die in der nationalen Rechtsordnung der Mitgliedstaaten unmittelbare Wirkung haben, können [...] weder davon abhängen, dass die Kommission es für zweckmäßig hält, gem. Art. 226 EG [jetzt Art. 258 AEUV] gegen einen Mitgliedstaat vorzugehen, noch davon, dass der Gerichtshof gegebenenfalls den Verstoß in einem Urteil feststellt [...]".[498]*

## 2. Einzelne Arten von Unionsrechtsverstößen

*379b*

*Arten von Unionsrechtsverstößen*

Innerhalb der einzelnen Arten von Unionsrechtsverstößen kann man – je nachdem, welchem innerstaatlichen Organ der Unionsrechtsverstoß zuzurechnen ist und ähnlich wie im deutschen Recht – zwischen „legislativem", „administrativem" und „judikativem" Unrecht unterscheiden.

## a) Legislatives Unrecht

*379c*

*legislatives Unrecht*

Der EuGH hat die unionsrechtlich gebotene Staatshaftung insbesondere für Unionsrechtsverstöße der mitgliedstaatlichen Gesetzgebungsorgane durch das Erfordernis eines hinreichend qualifizierten Unionsrechtsverstoßes deutlich eingegrenzt.[499] Dabei hat der EuGH vergleichend auf die Voraussetzungen einer Haftung der Union für legislatives Unrecht Bezug genommen (Art. 340 II AEUV)

Die außervertragliche Haftung der Union (Art. 340 II AEUV)[500] für legislatives Unrecht ist nach Rechtsprechung des EuGH insbesondere „unter Berücksichtigung des weiten Ermessens, über das die Organe bei der Durchführung der Gemeinschaftspolitiken (jetzt Unionspolitiken) verfügen", eng gefasst.[501]

---

497  EuGH, Verb.Rsn. C-46/93 u. C-48/93 (Brasserie du pêcheur/Bundesrepublik u.a.), NJW 1996, 1267, 1272, Tz.95 („Bier-Urteil"); Verb.Rsn. C-178/94 u.a. (Dillenkofer u.a.), NJW 1996, 3141, 3142 Tz. 28 („MP Travel Line").

498  EuGH, Verb.Rsn. C-46/93 u. C-48/93 (Brasserie du pêcheur/Bundesrepublik u.a.), NJW 1996, 1267, 1272, Tz. 95.

499  EuGH, Verb.Rsn. C-46/93 u. C-48/93 (Brasserie du pêcheur/Bundesrepublik u.a.), NJW 1996, 1267.

500  Zur außervertraglichen Haftung der Union siehe unten Rn. 659 ff.

501  Zum Folgenden EuGH, Verb.Rsn. C-46/93 u. C-48/93 (Brasserie du pêcheur/Bundesrepublik u.a.), NJW 1996, 1267, 1269 f., Tz. 44 ff.

Denn die Wahrnehmung der gesetzgeberischen Tätigkeit darf „nicht jedes Mal durch die Möglichkeit von Schadensersatzklagen behindert werden, wenn das allgemeine Interesse der Gemeinschaft den Erlass normativer Maßnahmen gebietet" („Gedanke vom Schutz des Gestaltungsspielraums des Gesetzgebers"). Auch der nationale Gesetzgeber kann (!) über ein weites Ermessen verfügen, wenn er auf einem unionsrechtlich geregelten Gebiet handelt. Das ist etwa hinsichtlich der Bestimmungen der Grundfreiheiten der Fall, jedenfalls soweit noch keine speziellen, sekundärrechtlichen Harmonisierungsregelungen existieren.

Im Bereich der Richtlinienumsetzung verfügt der Mitgliedstaat dagegen insoweit über keinerlei Ermessen, als er das von der Richtlinie vorgeschriebene Ergebnis innerhalb der gesetzten Umsetzungsfrist erreichen muss. Handelt aber „ein Mitgliedstaat [...] auf einem Gebiet, auf dem er über ein weites Ermessen verfügt, das mit dem vergleichbar ist, das die Gemeinschaftsorgane (jetzt Unionsorgane) bei der Durchführung der Gemeinschaftspolitiken (jetzt Unionspolitiken) besitzen, so müssen die Voraussetzungen, unter denen seine Haftung ausgelöst werden kann, grundsätzlich die gleichen sein wie die, von denen die Haftung der Gemeinschaft (jetzt Union) in einer vergleichbaren Situation abhängt." Denn die „Voraussetzungen für die Begründung der Haftung des Staates für Schäden, die dem Einzelnen wegen Verstoßes gegen das Gemeinschaftsrecht entstehen, [dürfen sich] nicht ohne besonderen Grund von den Voraussetzungen unterscheiden, die für die Haftung der Gemeinschaft (jetzt Union) unter vergleichbaren Umständen gelten" („Gedanke von der Kohärenz der Rechtsschutzsysteme").

Eine Haftung der Mitgliedstaaten für legislative Unionsrechtsverstöße ist unionsrechtlich grundsätzlich daher nur dann geboten, wenn der Unionsrechtsverstoß „hinreichend qualifiziert" ist, das heißt das innerstaatlich zuständige Gesetzgebungsorgan die Grenzen, die dem mitgliedstaatlichen Ermessen gesetzt sind, „offenkundig und erheblich" überschritten hat.

Weiter muss freilich stets hinzukommen, dass – Grundvoraussetzung jeglicher Haftung – die Unionsrechtsnorm, gegen die verstoßen wurde, den Einzelnen hinreichend bestimmbar Rechte verleiht (wie etwa die Grundfreiheiten), und ein unmittelbarer Kausalzusammenhang zwischen dem Unionsrechtsverstoß und dem bei dem Einzelnen eingetretenen Schaden besteht.

Da die Bewertung eines Unionsrechtsverstoßes als „offenkundig und erheblich" nach der dargestellten Rechtsprechung des EuGH maßgeblich davon abhängt, ob und gegebenenfalls inwieweit die verletzte Unionsrechtsnorm den Mitgliedstaaten einen Ermessensspielraum belässt, folgt für Fälle „legislativen Unrechts" je nach der Art des Unionsverstoßes somit folgende, vereinfachte Unterscheidung:

*kein Ermessensspielraum*

**(aa)** Verfügen die Mitgliedstaaten angesichts der bedingungslosen und eindeutigen Formulierung einer Unionsrechtsnorm über keinen Ermessensspielraum oder ist der Ermessensspielraum auf Null reduziert, ist bei ihrer Verletzung durch die mitgliedstaatlichen Gesetzgebungsorgane - so durch die Nichtanpassung des innerstaatlichen Rechts an die unionsrechtlichen Vorgaben - der Unionsrechtsverstoß stets als „hinreichend qualifiziert" zu bewerten.[502] Unter solchen Umständen genügt also bereits die bloße Verletzung der Unionsrechtsnorm für das Eingreifen der unionsrechtlich gebotenen Staatshaftung.

---

502 EuGH, Verb.Rsn. C-178/94 u.a. (Dillenkofer u.a.), NJW 1996, 3141, 3142, Tz. 25 („MP Travel Line").

Dies gilt insbesondere für den Fall einer gänzlich unterbliebenen Richtlinienumsetzung („Francovich", „MP Travel Line").[503] Denn hier verfügt der Mitgliedstaat insoweit über keinerlei Ermessen, als er die Richtlinie innerhalb der vorgegebenen Umsetzungsfrist unbedingt in innerstaatliches Recht umsetzen muss.

Im Übrigen kann ein Mitgliedstaat die Nichtanpassung des innerstaatlichen Rechts an die unionsrechtlichen Vorgaben keinesfalls mit bestimmten Umständen seiner innerstaatlichen Rechtsordnung rechtfertigen oder entschuldigen (z.B. Schwerfälligkeit des Gesetzgebungsverfahrens). Denn nach gefestigter Rechtsprechung kann sich ein Mitgliedstaat nicht auf „Bestimmungen, Übungen oder Umstände seiner internen Rechtsordnung" berufen, um die Nichteinhaltung seiner unionsrechtlichen Verpflichtungen zu rechtfertigen. Insbesondere besteht für den Fall, *„dass sich die Frist für die Umsetzung einer Richtlinie als zu kurz erweist, der einzige, mit dem Gemeinschaftsrecht (jetzt Unionsrecht) zu vereinbarende Weg für den betreffenden Mitgliedstaat darin, die geeigneten Schritte auf Gemeinschaftsebene (jetzt Unionsebene) zu unternehmen, um das zuständige Gemeinschaftsorgan (jetzt Unionsorgan) zu der notwendigen Verlängerung der Frist zu veranlassen [...]".*[504]

*Ermessensspielraum*

**(bb)** Belässt eine Unionsrechtsnorm dagegen den Mitgliedstaaten einen Ermessensspielraum, so bedarf es stets einer besonderen Prüfung der Frage, ob der Unionsrechtsverstoß als „offenkundig und erheblich" zu bewerten ist. Hierbei sind die oben genannten, vom EuGH aufgestellten Kriterien als Maßstab heranzuziehen.

Über einen Ermessensspielraum verfügen die Mitgliedstaaten insbesondere - jedenfalls soweit keine speziellen, sekundärrechtlichen Harmonisierungsregelungen existieren - in den von den Grundfreiheiten (Art. 34, 45, 49, 56 AEUV) erfassten Bereichen. Aber auch hinsichtlich der konkreten Ausgestaltung des von einer Richtlinie erfassten Regelungsgegenstands kann den Mitgliedstaaten ein Ermessensspielraum eingeräumt sein, sodass auch im Fall einer erfolgten, aber inhaltlich fehlerhaften Richtlinienumsetzung eine besondere Prüfung des Vorliegens eines „hinreichend qualifizierten" Unionsrechtsverstoßes erforderlich sein kann.[505] Fehlt es im Unionsrecht an Vorgaben, durch die das Ermessen des Gesetzgebers eingeschränkt wird, scheidet ein qualifizierter Verstoß von vornherein aus und es kommt allenfalls ein qualifizierter Verstoß seitens der Exekutive und der Judikative beim Vollzug in Betracht.[506]

*379d*

## b) Administratives Unrecht

*Administratives Unrecht*

Fälle „administrativen Unrechts" liegen etwa vor, wenn die mitgliedstaatliche Verwaltung das Unionsrecht (z.B. Verordnungen, Art. 288 II AEUV) falsch auslegt und/oder falsch anwendet, die unmittelbare Anwendbarkeit einer Richtlinie nicht beachtet oder ihrer Pflicht zur unionsrechtskonformen Auslegung und Anwendung mitgliedstaatlichen Rechts nicht nachkommt.

Zwar lässt sich hier für eine Einschränkung der unionsrechtlich gebotenen Staatshaftung nicht der Gedanke vom „Schutz des Gestaltungsspielraums" des Gesetzgebers heranziehen; gleichwohl hat der EuGH aber für Unionsrechtsverstöße der mitgliedstaatlichen Verwaltung seine Rechtsprechung zur Haftung der Mitgliedstaaten für Unionsrechtsverstöße der Gesetzgebungsorgane dem Grunde nach übertragen.[507]

503  EuGH, Verb.Rsn. C-178/94 u.a. (Dillenkofer u.a.), NJW 1996, 3141, 3142, Tz. 25 f. („MP Travel Line"); s. hierzu bereits oben Rn. 101 ff.

504  EuGH, Verb.Rsn. C-178/94 u.a. (Dillenkofer u.a.), NJW 1996, 3141, 3144, Tz. 53 f. („MP Travel Line").

505  Siehe hierzu bereits oben Rn. 109.

506  BGH, VersR 2013, 188 = Life&Law 2013, 203 ff.

507  EuGH, Rs.C-5/94 (The Queen/Ministry of Agriculture, Fisheries and Food), EuZW 1996, 435.

Eine Haftung der Mitgliedstaaten ist unionsrechtlich auch hier nur dann geboten, wenn der Unionsrechtsverstoß „hinreichend qualifiziert" ist, das heißt das innerstaatlich zuständige Organ „offenkundig und erheblich" gegen das Unionsrecht verstoßen hat.

*379e*

## c) Judikatives Unrecht

*Judikatives Unrecht*

Eine unionsrechtlich gebotene Staatshaftung kommt grundsätzlich auch für „judikatives Unrecht" in Betracht.[508] Denn „alle staatlichen Instanzen [haben] bei der Erfüllung ihrer Aufgaben die vom Gemeinschaftsrecht (jetzt Unionsrecht) vorgeschriebenen Normen, welche die Situation des Einzelnen unmittelbar regeln können, zu beachten [...]."[509]

Unter Berücksichtigung der richterlichen Unabhängigkeit und der Rechtssicherheit war unklar, ob insoweit eine bloße Übertragung der Haftungsgrundsätze für legislatives oder administratives Unrecht in Betracht kommt oder nicht vielmehr ähnlich enge Haftungsvoraussetzungen wie im deutschen Recht (vgl. § 839 II BGB) aus dem Unionsrecht herzuleiten sind.

Der EuGH[510] hat dem Ansatz nach die allgemeinen Haftungsvoraussetzungen des Unionsrechts auch auf die Fälle judikativen Unrechts übertragen. Weder der Grundsatz der Rechtskraft noch die richterliche Unabhängigkeit stünden einer Haftung der Mitgliedstaaten für Gerichtsentscheidungen dem Grunde nach entgegen. Allerdings hat der EuGH – offenbar einschränkend – bemerkt, dass „das [für die Haftungsklage] zuständige nationale Gericht, wenn sich der Verstoß aus einer letztinstanzlichen Gerichtsentscheidung ergibt, unter Berücksichtigung der Besonderheit der richterlichen Funktion prüfen" muss, ob „dieser Verstoß offenkundig ist". Damit dürfte in Fällen judikativen Unrechts mit Blick auf die richterliche Funktion bei der Prüfung des hinreichend qualifizierten Unionsrechtsverstoßes ein etwas strengerer Maßstab anzulegen sein.

*380*

## II. Durchsetzung des unionsrechtlichen Haftungsanspruchs im innerstaatlichen Bereich

*Durchsetzung des Haftungsanspruchs*

**1.** Hinsichtlich der Durchsetzung des unionsrechtlichen Haftungsanspruchs im innerstaatlichen Bereich hat der EuGH den Grundsatz der Anwendbarkeit mitgliedstaatlichen Staatshaftungsrechts aufgestellt, wobei allerdings stets – wichtig (!) – das „Effizienzgebot" und das „Diskriminierungsverbot" zu beachten sind. Ferner ist es Sache der zuständigen mitgliedstaatlichen Gerichte festzustellen, ob ein bestimmter Sachverhalt bzw. ein bestimmtes Verhalten eines Mitgliedstaats die vom EuGH für die unionsrechtlich gebotene Staatshaftung aufgestellten Haftungsvoraussetzungen erfüllt.

*Effizienzgebot/Diskriminierungsverbot*

**a)** So führte der EuGH bereits in der Rs. „Francovich" aus:[511]

*380a*

> *„Mangels gemeinschaftsrechtlicher Regelungen ist es Sache der nationalen Rechtsordnung der einzelnen Mitgliedstaaten, die zuständigen Gerichte zu bestimmen und das Verfahren für die Klagen auszugestalten, die den vollen Schutz der, den Einzelnen aus dem Gemeinschaftsrecht (jetzt Unionsrecht) erwachsenden, Rechte gewährleisten sollen [...].*

---

508  Vgl. allgemein hierzu Wegener, EuR 2002, 785 ff. m.w.N.

509  EuGH, Verb.Rsn. C-46/93 u. C-48/93 (Brasserie du pêcheur/Bundesrepublik u.a.), NJW 1996, 1267, 1269, Tz. 34.

510  EuGH, Rs. C-224/01 (Köbler/Österreich), NJW 2003, 3539 ff. mit Anm. Streinz, JuS 2004, 425 ff. und Anm. Wegener, EuR 2004, 84 ff.; Brenner/Huber, DVBl. 2004, 863, 866; Epiney, NVwZ 2004, 1067, 1068; Grune, BayVBl. 2004, 673 ff.; Radermacher, NVwZ 2004, 1415 ff.; Montag/v. Bonin, NJW 2005, 2898, 2899. Zu einem Fallbeispiel vgl. Hemmer/Wüst, Die 23 wichtigsten Fälle Europarecht, S. 117 ff.

511  EuGH, Verb.Rsn.C-6/90 u.a. (Francovich u.a.), Slg. 1991, 5357 = NJW 1992, 165.

*Die im nationalen Schadensrecht festgelegten materiellen und formellen Voraussetzungen dürfen aber nicht ungünstiger sein als bei Verstößen gegen eigenes Recht und sie dürfen den Anspruch nicht praktisch unmöglich machen oder übermäßig erschweren."*

Durch die beiden letztgenannten Einschränkungen („Effizienzgebot", „Diskriminierungsverbot") soll einer Aushöhlung der unionsrechtlich gebotenen Staatshaftung durch die Mitgliedstaaten, insbesondere durch verfahrensrechtliche Vorgaben, vorgebeugt werden.[512]

*Kompetenz des mitgliedstaatlichen Gerichts*

**b)** Hinsichtlich der Zuständigkeit der mitgliedstaatlichen Gerichte führte der EuGH etwa im „Bier-Urteil" aus:[513]       **380b**

*„Vorliegend kann der Gerichtshof die Beurteilung durch die nationalen Gerichte, die allein für die Feststellung des Sachverhaltes der Ausgangsverfahren und die Qualifizierung der betreffenden Verstöße gegen das Gemeinschaftsrecht (jetzt Unionsrecht) zuständig sind, nicht durch eine eigene Beurteilung ersetzen."*

Der EuGH gibt aber freilich - ist er einmal befasst - für die Beurteilung eines Sachverhalts bestimmte Kriterien vor, und bei Zweifelsfragen können bzw. müssen die mitgliedstaatlichen Gerichte den EuGH nach Art. 267 AEUV befassen.[514]

**hemmer-Methode: Machen Sie sich Folgendes vorab bewusst: Die Durchsetzung des unionsrechtlichen Haftungsanspruchs richtet sich grundsätzlich nach mitgliedstaatlichem Staatshaftungsrecht, dessen Voraussetzungen allerdings mit dem „Diskriminierungsverbot" und dem „Effizienzgebot" zu vereinbaren sein müssen. Bei jeder Haftungsvoraussetzung des somit grundsätzlich anwendbaren deutschen Staatshaftungsrechts müssen Sie also insbesondere prüfen, ob das Ergebnis ihrer Anwendung dazu führt, dass die Durchsetzung des unionsrechtlichen Haftungsanspruchs „praktisch unmöglich" oder „übermäßig erschwert" wird. Das wäre mit dem Unionsrecht unvereinbar, die betreffende Haftungsvoraussetzung wäre - soweit möglich - unionsrechtskonform anzuwenden oder aber wegzulassen (siehe unten Rn. 382d ff.).**

**2.** Als allgemeine Grundsätze für die Durchsetzung des unionsrechtlichen Haftungsanspruchs lassen sich unter Berücksichtigung der bisherigen Rechtsprechung des EuGH aber festhalten:       **380c**

*Vorrang des Primärrechtsschutzes*

**a)** Die unmittelbare Anwendbarkeit einer Unionsrechtsnorm und damit die Möglichkeit ihrer gerichtlichen Geltendmachung schließt eine unionsrechtlich gebotene Staatshaftung des Mitgliedstaats grundsätzlich nicht aus. Denn die unmittelbare Anwendbarkeit des Unionsrechts ist „nur eine Mindestgarantie und reicht für sich allein nicht aus, um die uneingeschränkte Anwendung" des Unionsrechts zu gewährleisten.[515] Allerdings ist der Vorrang des Primärrechtsschutzes unter dem Aspekt des Mitverschuldens besonders zu beachten. So kann insbesondere die Nichtinanspruchnahme möglichen (!) Primärrechtsschutzes sowie jegliches Mitverschulden zum Ausschluss der mitgliedstaatlichen Staatshaftung führen. Das nationale Gericht kann daher bei der Bestimmung des ersatzfähigen Schadens prüfen, „ob sich der Geschädigte in angemessener Form um die Verhinderung des Schadenseintritts oder um die Begrenzung des Schadensumfangs bemüht hat und ob er insbesondere rechtzeitig von allen ihm zur Verfügung stehenden Rechtsschutzmöglichkeiten Gebrauch gemacht hat.

---

512  Jarass, NJW 1994, 881, 882.

513  EuGH, Verb.Rsn. C-46/93 u. C-48/93 (Brasserie du pêcheur/Bundesrepublik u.a.), NJW 1996, 1267, 1270, Tz. 58.

514  Vgl. etwa EuGH Rs. C-118/00 (Larsy/Institut national d´assurances sociales), Slg. 2001, I-5063; zum Vorabentscheidungsverfahren siehe unten Rn. 683 ff.

515  EuGH, Verb.Rsn. C-46/93 u. C-48/93 (Brasserie du pêcheur/Bundesrepublik u.a.), NJW 1996, 1267, 1269, Tz. 20

Nach einem allgemeinen, den Rechtsordnungen der Mitgliedstaaten gemeinsamen Grundsatz muss sich nämlich der Geschädigte in angemessener Form um die Begrenzung des Schadensumfangs bemühen, wenn er nicht Gefahr laufen will, den Schaden selbst tragen zu müssen."[516]

*Verschuldenserfordernis?*    **b)** Hinsichtlich etwaiger Verschuldenserfordernisse im mitgliedstaatlichen Staatshaftungsrecht – wie etwa in § 839 I BGB im deutschen Recht („vorsätzlich oder fahrlässig") – hat der EuGH entschieden, dass für das Vorliegen eines „hinreichend qualifizierten Unionsrechtsverstoßes" regelmäßig bereits bestimmte „objektive und subjektive Gesichtspunkte" von Bedeutung sind (z.B. Entschuldbarkeit oder Unentschuldbarkeit eines Rechtsirrtums, vorsätzlicher oder nicht vorsätzlicher Unionsrechtsverstoß), die im Rahmen einer nationalen Rechtsordnung mit dem Begriff des Verschuldens in Verbindung gebracht werden können.    *380d*

Daraus folgt, dass „die Verpflichtung zum Ersatz der dem Einzelnen entstandenen Schäden nicht von einer an den Verschuldensbegriff geknüpften Voraussetzung abhängig gemacht werden kann, die über den hinreichend qualifizierten Verstoß gegen das Gemeinschaftsrecht hinausgeht. Denn die Aufstellung einer solchen zusätzlichen Voraussetzung würde darauf hinauslaufen, dass der Entschädigungsanspruch, der seine Grundlage in der Gemeinschaftsrechtsordnung findet, in Frage gestellt wäre". Demzufolge kann der unionsrechtliche Haftungsanspruch nicht davon abhängig gemacht werden, „dass den staatlichen Amtsträger, dem der Verstoß zuzurechnen ist, ein Verschulden (Vorsatz oder Fahrlässigkeit) trifft, das über den hinreichend qualifizierten Verstoß gegen das Gemeinschaftsrecht (jetzt Unionsrecht) hinausgeht."[517]

Später hat der EuGH dann allerdings noch weiter gehend entschieden, dass ein nach mitgliedstaatlichem Recht bestehendes Verschuldenserfordernis mit dem Unionsrecht ausnahmslos unvereinbar sei.[518]

*Umfang des Schadensersatzes*    **c)** Die Bestimmung des Umfangs des Schadensersatzes ist Angelegenheit des mitgliedstaatlichen Rechts. Allerdings muss der Schadensersatz „dem erlittenen Schaden angemessen [sein], sodass ein effektiver Schutz der Rechte des Einzelnen gewährleistet ist; dabei ist grundsätzlich auch der entgangene Gewinn zu ersetzen." Dementsprechend ist eine nationale Regelung, die den Schaden generell nur auf Schäden beschränkt, die an bestimmten, besonders geschützten individuellen Rechtsgütern entstehen und den entgangenen Gewinn ausschließen, mit dem Unionsrecht nicht zu vereinbaren, da sie den Ersatz des Schadens tatsächlich unmöglich machen würde (so etwa der enteignungsgleiche Eingriff).[519] Keinesfalls darf der Schadensersatz nur „symbolischer Art" sein. Allerdings kann bei Geldleistungsansprüchen die rückwirkende Umsetzung einer Richtlinie zur Behebung des durch einen Verstoß gegen die Umsetzungspflicht entstandenen Schadens ausreichen, sofern die Betroffenen nicht dartun, dass sie zusätzliche Einbußen dadurch erlitten haben, dass sie nicht rechtzeitig in den Genuss der von der Richtlinie garantierten Vergünstigungen kommen konnten.[520]    *380e*

---

516  EuGH, Verb.Rsn. C-46/93 u. C-48/93 (Brasserie du pêcheur/Bundesrepublik u.a.), NJW 1996, 1267, 1271, Tz. 84 f.

517  EuGH, Verb.Rsn. C-46/93 u. C-48/93 (Brasserie du pêcheur/Bundesrepublik u.a.), NJW 1996, 1267, 1271, Tz. 78 ff.

518  EuGH, Verb.Rsn. C-178/94 u.a. (Dillenkofer u.a.), NJW 1996, 3141 („MP Travel Line").

519  EuGH, Verb.Rsn. C-46/93 u. C-48/93 (Brasserie du pêcheur/Bundesrepublik u.a.), NJW 1996, 1267, 1271 f., Tz. 87, 90.

520  EuGH, Verb.Rsn. C-94,94/95 (Bonifaci u. Berto), Slg. 1997, I-4006.

Denn die rückwirkende Anwendung der Richtlinie müsste die Rechte garantieren, die bestanden hätten, wenn die Richtlinie fristgerecht umgesetzt worden wäre. Dabei kann der Mitgliedstaat auch den durch eine Richtlinie eröffneten Gestaltungsspielraum nutzen und die Ansprüche auf das nach der Richtlinie zulässige Mindestmaß beschränken.

*Mitgliedstaatliche Ausschluss- oder Verjährungsfristen*

**d)** Mitgliedstaatliche Fristen für die Geltendmachung des Schadensersatzanspruchs (Ausschluss- oder Verjährungsfristen) sind mit dem Effizienzgebot grundsätzlich vereinbar, „weil die Festsetzung angemessener Rechtsbehelfsfristen in Form von Ausschlussfristen ein Anwendungsfall des grundlegenden Prinzips der Rechtssicherheit" ist.[521] Jedenfalls gestaltet eine Frist von einem Jahr, bei der die Begünstigten ihre Rechte in vollem Umfang erkennen können und welche die Voraussetzungen des Schadensersatzanspruchs genau angibt, „die Einreichung der Schadensersatzklage nicht besonders schwierig und macht sie schon gar nicht unmöglich". Soweit das mitgliedstaatliche Recht für unionsrechtliche Schadensersatzansprüche allerdings spezielle Ausschluss- oder Verjährungsfristen vorsieht, bedarf das Diskriminierungsverbot besonderer Beachtung.

*380f*

*Haftung für legislatives Unrecht*

**e)** Schließlich ist ein genereller Ausschluss einer Haftung für legislatives Unrecht nach mitgliedstaatlichem Recht mit dem Unionsrecht nicht zu vereinbaren. Denn Beschränkungen der Staatshaftung für legislatives Unrecht „können geeignet sein, dem Einzelnen die Geltendmachung des ihm gemeinschaftsrechtlich gewährleisteten Entschädigungsanspruchs für Schäden aus einem Verstoß gegen das Gemeinschaftsrecht praktisch unmöglich zu machen oder übermäßig zu erschweren."

*380g*

Konkret das Erfordernis der „Drittbezogenheit der Amtspflicht" nach deutschem Recht (§ 839 I BGB) in Zusammenhang mit Unionsrechtsverstößen des Gesetzgebers, der grundsätzlich nur im Allgemeininteresse tätig wird, würde die Durchsetzung des unionsrechtlichen Haftungsanspruchs praktisch unmöglich machen oder übermäßig erschweren.

> „Da eine derartige Voraussetzung der Verpflichtung der nationalen Gerichte entgegensteht, die volle Wirksamkeit des Gemeinschaftsrechts (jetzt des Unionsrechts) zu sichern und einen effektiven Schutz der Rechte des Einzelnen zu gewährleisten, muss sie im Fall eines dem nationalen Gesetzgeber zuzurechnenden Verstoßes gegen das Gemeinschaftsrecht (jetzt Unionsrecht) außer Betracht bleiben."[522]

## B) Durchsetzung des unionsrechtlichen Haftungsanspruchs im Rahmen des deutschen Staatshaftungsrechts

*Einordnung in das deutsche Staatshaftungsrecht*

Soweit keine unionsrechtlichen Regelungen – einschließlich der vom EuGH hergeleiteten – bestehen, ist die Ausgestaltung der formellen und materiellen Voraussetzungen des unionsrechtlichen Haftungsanspruchs Sache der Mitgliedstaaten, wobei aber das Diskriminierungsverbot und das Effizienzgebot zu beachten sind.[523]

*381*

Die Durchsetzung der unionsrechtlich gebotenen Staatshaftung bestimmt sich daher grundsätzlich nach den Voraussetzungen des deutschen Staatshaftungsrechts.

---

521  EuGH, Rs. C-261/95 (Palmisani), Slg. 1997, I-4037; so zuletzt auch EuGH, Rs. C-445/06 (Danske Slagterier), EuZW 2009, 334, 337 = **Life&Law 2010, 267**; siehe dazu unten Rn. 382i.

522  EuGH, Verb.Rsn. C-46/93 u. C-48/93 (Brasserie du pêcheur/Bundesrepublik u.a.), NJW 1996, 1267, 1270 f., Tz. 68 ff.

523  EuGH, Rs.C-6/90 (Francovich), Slg. 1991, 5357 = NJW 1992, 165.

Als einschlägiges Haftungsinstitut kommt vor allem der Amtshaftungsanspruch nach § 839 I BGB i.V.m. Art. 34 GG in Betracht, da er „weiter" ist als der Anspruch aus enteignungsgleichem Eingriff (Schadensersatz einschließlich des entgangenen Gewinns, nicht nur Entschädigung; alle Vermögenseinbußen, nicht nur Eingriffe in das Eigentum). Wichtig ist, dass die Voraussetzungen des Amtshaftungsanspruchs vor allem am „Effizienzgebot" zu messen sind, das Ergebnis ihrer Anwendung insbesondere nicht dazu führen darf, dass die Durchsetzung des unionsrechtlichen Haftungsanspruchs „praktisch unmöglich" oder „übermäßig erschwert" wird.

Steht das „Effizienzgebot" aber im Einzelfall einer Haftungsvoraussetzung des Amtshaftungsanspruchs entgegen, so bieten sich grundsätzlich folgende Möglichkeiten zur Lösung des Konflikts an:

⇨ Die mit dem Unionsrecht unvereinbare Haftungsvoraussetzung des deutschen Rechts ist „einfach wegzulassen".

⇨ Die betreffende Haftungsvoraussetzung des deutschen Rechts ist - soweit möglich - unionsrechtskonform auszulegen und anzuwenden. Diese Lösung ist vorzugswürdig, weil sie gegenüber dem deutschen Recht „schonender" ist.

**hemmer-Methode: Wegen der Schwierigkeiten, die bei Einordnung des unionsrechtlichen Haftungsanspruchs in das deutsche Staatshaftungsrecht entstehen, wird auch vertreten, dass insoweit ein neues, völlig eigenständiges Haftungsinstitut mit eigenen Voraussetzungen zu entwickeln sei (vgl. etwa Ossenbühl, StaatshaftungsR, 15. Teil, IV.2.).**

Im Folgenden soll vor allem auf Unionsrechtsverstöße der deutschen Gesetzgebungsorgane eingegangen werden. Nach der Art des jeweiligen Unionsrechtsverstoßes (so vor allem gänzlich unterbliebene Richtlinienumsetzung einerseits, rechtzeitige, aber inhaltlich fehlerhafte Richtlinienumsetzung sowie Verstöße gegen die Bestimmungen der Grundfreiheiten andererseits) wird nur insoweit unterschieden werden, als sich für die Haftungsvoraussetzungen des § 839 I BGB i.V.m. Art. 34 GG wesentliche Unterschiede ergeben.

Auf die unionsrechtlich gebotene Staatshaftung für Unionsrechtsverstöße der deutschen Verwaltung (z.B. fehlerhafte Anwendung des Unionsrechts, Nichtberücksichtigung seines Vorranganspruchs) soll - da insoweit weitgehend Vergleichbares gilt - später nur kurz eingegangen werden.

## I.    Haftung für legislatives Unrecht

*Haftung für legislatives Unrecht*

Zum Problem der Einordnung der unionsrechtlich gebotenen Staatshaftung in das deutsche Staatshaftungsrecht hat der BGH im Urteil vom 24.10.1996 zumindest ansatzweise Stellung genommen.[524] In dem Urteil hat der BGH die Frage einer unionsrechtlich gebotenen Staatshaftung der Bundesrepublik Deutschland wegen der seinerzeitigen Regelungen der §§ 9, 10 BStG (Biersteuergesetz, deutsches Reinheitsgebot für Bier) unter Berücksichtigung der vom EuGH im „Bier-Urteil" vom 05.03.1996[525] aufgezeigten Kriterien entschieden und im Ergebnis einen Haftungsanspruch der „Brasserie du pêcheur" verneint. Wichtig an dieser Entscheidung sind vor allem die vom BGH vorgenommene Prüfungsreihenfolge sowie die Annahme des BGH, dass als Anspruchsgrundlage der unionsrechtlichen Staatshaftung unmittelbar ein im Unionsrecht wurzelnder Haftungsanspruch heranzuziehen ist.

*382*

---

524  BGHZ 134, 30 = NJW 1997, 123 = **juris**byhemmer.

525  EuGH, Verb.Rsn. C-46/93 u. C-48/93 (Brasserie du pêcheur/Bundesrepublik u.a.), NJW 1996, 1267.

**hemmer-Methode: Zum Ausgangssachverhalt siehe Rn. 450.**[526]

## 1. Ansprüche nach deutschem Staatshaftungsrecht: Amtshaftungsanspruch (§ 839 BGB i.V.m. Art. 34 GG, enteignungsgleicher Eingriff)

*Anspruchsgrundlagen im deutschen Recht*

Der BGH stellte zunächst klar, dass richtiger Anknüpfungspunkt für einen Haftungsanspruch der „Brasserie du pêcheur" gegen die Bundesrepublik Deutschland die Nichtanpassung der seinerzeitigen §§ 9 und 10 BStG an die höherrangigen Normen des europäischen Unionsrechts sei (konkret Art. 34 AEUV) und es demzufolge um die Frage einer Haftung für „legislatives Unrecht" gehe. Sodann prüft der BGH, ob – ohne Berücksichtigung der unionsrechtlich gebotenen Staatshaftung – ein Haftungsanspruch nach den Grundsätzen des deutschen Rechts gegeben ist. Der BGH verneinte dies entsprechend seiner ständigen Rechtsprechung zur Haftung für legislatives Unrecht mit folgender Begründung:[527]

*382a*

> *„Das nationale Recht bietet für die Klageforderung keine Anspruchsgrundlage.*

*§ 839 BGB i.V.m. Art. 34 GG (-)*

> *a) Insbesondere besteht ein Amtshaftungsanspruch gegen die Bundesrepublik Deutschland nach § 839 BGB i.V.m. Art. 34 GG nicht. Der der beklagten Bundesrepublik anzulastende Verstoß gegen Art. 30 EWGV (jetzt Art. 34 AEUV) bestand in einem Unterlassen des Bundesgesetzgebers, nämlich in der Nichtanpassung des früheren § 10 BStG an die höherrangigen Normen des Gemeinschaftsrechts (jetzt Unionsrechts).*

> *Durch dieses Unterlassen wurden indes keine drittgerichteten Amtspflichten i.S.d. § 839 BGB i.V.m. Art. 34 GG zu Lasten der von der Importbeschränkung möglicherweise betroffenen ausländischen Bierbrauerei verletzt. Amtspflichten der öffentlichen Amtsträger dienen in erster Linie dem Interesse der Allgemeinheit an einem geordneten Gemeinwesen. Soweit sich die Amtspflichten darin erschöpfen, diesem Allgemeininteresse zu dienen und noch keine besonderen Beziehungen zwischen diesen Amtspflichten und bestimmten Personen oder Personengruppen bestehen, kommen bei der Verletzung solcher Amtspflichten Schadensersatzansprüche für außenstehende Dritte nicht in Betracht.*

> *Um derartige Amtspflichten handelt es sich im Allgemeinen bei den Pflichten, die für die dafür Verantwortlichen im Rahmen der Gesetzgebungsaufgaben bestehen. Gesetze und Verordnungen enthalten durchweg generelle und abstrakte Regeln, und dementsprechend nimmt der Gesetzgeber - bei Tätigwerden und Untätigbleiben - in der Regel ausschließlich Aufgaben gegenüber der Allgemeinheit wahr, denen die Richtung auf bestimmte Personen oder Personenkreise fehlt.*

> *Nur in - hier nicht vorliegenden - Ausnahmefällen, etwa bei sogenannten Maßnahme- oder Einzelfallgesetzen, kann etwas anderes in Betracht kommen und können Belange bestimmter Einzelner unmittelbar berührt werden, so dass sie als „Dritte" i.S.d. § 839 BGB angesehen werden [...].*[528]

*Enteignungsgleicher Eingriff (-)*

> *b) Ebenso wenig kommt eine Haftung aus dem Gesichtspunkt des enteignungsgleichen Eingriffs in Betracht.*

> *aa) Der Ausgleich von Nachteilen, die unmittelbar oder mittelbar durch ein gegen das europäische Gemeinschaftsrecht (jetzt Unionsrecht) verstoßendes formelles Gesetz herbeigeführt werden, hält sich nicht mehr im Rahmen eines richterrechtlich geprägten und ausgestalteten Haftungsinstituts, wie es der enteignungsgleiche Eingriff nach der Rechtsprechung des Senats darstellt.*

---

526   Zur Prüfung eines Amtshaftungsanspruchs wegen Nichtumsetzung von Richtlinien vgl. Hemmer/Wüst, die 23 wichtigsten Fälle - Europarecht, S. 110 ff.

527   BGHZ 134, 30 = NJW 1997, 123 ff.; Hervorhebungen vom Verfasser = juris**by**hemmer.

528   Zum Amtshaftungsanspruch allgemein siehe **Hemmer/Wüst, Staatshaftungsrecht, Rn. 7 ff., Rn. 150 ff.**

*Im innerdeutschen Recht fehlt eine hinreichende Legitimation für eine richterrechtliche Einführung und Ausgestaltung der Staatshaftung für die nachteiligen Folgen formeller Gesetze, die gegen höherrangiges europäisches Recht verstoßen. Die Regelung dieser Materie muss vielmehr dem Gesetzgeber vorbehalten bleiben [...].*

*bb) Ein Anspruch aus enteignungsgleichem Eingriff scheitert hier außerdem daran, dass ein Eingriff in eigentumsmäßig geschützte Rechtspositionen der Kl. auch tatbestandlich nicht vorgelegen hat. Die Chancen der Kl., ihre Erzeugnisse auf dem deutschen Markt absetzen zu können, werden von der deutschen Rechtsordnung nicht dem geschützten Bestand des Unternehmens der Kl. zugeordnet, solange dadurch der Kernbereich des Eigentums nicht angetastet wird, was hier nicht der Fall war [...].*

*Der Senat hatte jedoch zu prüfen, ob sich ein Anspruch der Kl. unmittelbar aus dem Gemeinschaftsrecht (jetzt Unionsrecht) herleiten lässt."*[529]

Der BGH betont also, dass das deutsche Staatshaftungsrecht allein keine Anspruchsgrundlage für Unionsrechtsverstöße der deutschen Gesetzgebungsorgane bietet, Grundlage der unionsrechtlich gebotenen Staatshaftung vielmehr nur unmittelbar ein unionsrechtlicher Haftungsanspruch selbst sein kann.

**hemmer-Methode: In der Literatur ist es umstritten, ob der unionsrechtlich gebotene Haftungsanspruch im Sinne einer Anspruchsgrundlage unmittelbar und allein im Unionsrecht begründet ist oder ob die Mitgliedstaaten in erster Linie verpflichtet sind, eine entsprechende Haftung im mitgliedstaatlichen Recht vorzusehen bzw. die mitgliedstaatlichen Anspruchsgrundlagen entsprechend anzuwenden.**[530] **Dieser Streit ist jedoch nur für die Bezeichnung der Anspruchsgrundlage von Bedeutung („unionsrechtlicher Haftungsanspruch" oder „§ 839 I BGB i.V.m. Art. 34 GG"). Der BGH hat sich für die Zugrundelegung eines unmittelbar im Unionsrecht selbst begründeten Haftungsanspruchs entschieden. Für die Klausur bedeutet dies, dass als Anspruchsgrundlage nicht „§ 839 BGB i.V.m. Art. 34 GG", sondern unmittelbar der „unionsrechtliche Haftungsanspruch" heranzuziehen ist.**

## 2. Unionsrechtlicher Haftungsanspruch

*Unionsrechtlicher Haftungsanspruch*

**a)** Ob das Unionsrecht in Fällen legislativen Unrechts einen Haftungsanspruch eröffnet, bestimmt sich danach, ob das dem Gesetzgebungsorgan zur Last gelegte Verhalten die vom EuGH jeweils festgelegten Haftungsvoraussetzungen erfüllt. Dementsprechend ist nunmehr Folgendes zu prüfen:[531]

*382b*

⇨ Die Unionsrechtsnorm, gegen die verstoßen worden ist, muss dem Einzelnen hinreichend bestimmbare Rechte verleihen.

⇨ Zwischen dem Unionsrechtsverstoß und dem eingetretenen Schaden muss ein unmittelbarer Kausalzusammenhang bestehen.

⇨ Das innerstaatlich zuständige Organ muss „hinreichend qualifiziert", das heißt „offenkundig und erheblich" gegen die Unionsrechtsnorm verstoßen haben (qualifizierter Unionsrechtsverstoß).

---

529 Zum enteignungsgleichen Anspruch siehe **Hemmer/Wüst, Staatshaftungsrecht, Rn. 246 ff.**

530 Vgl. Jarass, NJW 1994, 881, 884; Gundel, DVBl. 2001, 95, 100 ff., jew. m.w.N.

531 Siehe ausführlich Rn. 379a, 379c.

## a) Voraussetzungen des unionsrechtlichen Haftungsanspruchs sind nicht erfüllt

*Voraussetzungen sind nicht gegeben*

Sind die soeben genannten Entstehungsvoraussetzungen des unionsrechtlichen Haftungsanspruchs nicht erfüllt, scheidet eine Haftung der Bundesrepublik aus. Auf die Frage, ob und gegebenenfalls welche Haftungsvoraussetzungen des deutschen Rechts im Rahmen des unionsrechtlichen Haftungsanspruchs noch zu prüfen sind (z.B. Mitverschulden § 254 BGB, Vorrang Primärrechtsschutz § 839 III BGB, Verjährung § 195 BGB), kommt es dann nicht mehr an.

*382c*

Auch der BGH konnte im Urteil vom 24.10.1996 diese Frage im Ergebnis offen lassen, da er unter Berücksichtigung der vom EuGH aufgestellten Kriterien einen unionsrechtlichen Haftungsanspruch der „Brasserie du pêcheur" verneinte.

Gleichwohl aber hat der BGH für den Fall, dass die unionsrechtlichen Haftungsvoraussetzungen erfüllt sein sollten, einige richtungsweisende Anhaltspunkte für die Anwendung der Haftungsvoraussetzungen des § 839 BGB i.V.m. Art. 34 GG gegeben. So führte der BGH aus:[532]

> „Die Anwendung dieser Grundsätze auf den vorliegenden Fall führt zu dem Ergebnis, dass dem Kl. auch ein gemeinschaftsrechtlicher (jetzt unionsrechtlicher) Schadensersatzanspruch nicht zusteht.
>
> Der EuGH hat hervorgehoben, dass die Haftung der Mitgliedstaaten für Verstöße gegen das Gemeinschaftsrecht (jetzt Unionsrecht) ihre Grundlage unmittelbar in diesem selbst findet und dass (lediglich) die Folgen des verursachten Schadens im Rahmen des nationalen Haftungsrechts zu beheben sind, wobei dessen Anwendung unter dem Vorbehalt steht, dass die dort festgelegten Voraussetzungen nicht ungünstiger sein dürfen als bei entsprechenden innerstaatlichen Ansprüchen und nicht so ausgestaltet sein dürfen, dass die Erlangung der Entschädigung praktisch unmöglich oder übermäßig erschwert wird. [...] Lässt sich daher - wie hier - bereits anhand dieser [scil.: vom EuGH hergeleiteten] gemeinschaftsrechtlichen (jetzt unionsrechtlichen) Kriterien feststellen, dass ein Haftungstatbestand nicht vorliegt, so besteht keine Notwendigkeit, auf die innerstaatlichen Haftungsinstitute zurückzugreifen. Der hier zu beurteilende Sachverhalt bietet dem Senat daher keinen Anlass, seine Rechtsprechung zur Staatshaftung für legislatives Unrecht, soweit sie das innerstaatliche deutsche Recht betrifft, zu überprüfen.
>
> Insbesondere braucht nicht entschieden zu werden, ob die Tatbestandsvoraussetzungen der Amtshaftung für legislatives Unrecht in 'europarechtskonformer' Auslegung etwa dahingehend zu ändern seien, dass das haftungsbegründende und begrenzende Kriterium der Drittgerichtetheit der verletzten Amtspflicht für den Bereich der innerstaatlichen deutschen Rechtsordnung in Frage gestellt werden müsste."

Der BGH betont somit, dass „die Folgen des verursachten Schadens im Rahmen des nationalen Haftungsrechts zu beheben sind" und daher - ergänzend - die im deutschen Staatshaftungsrecht in § 839 BGB i.V.m. Art. 34 GG niedergelegten Haftungsvoraussetzungen grundsätzlich zu berücksichtigen sind. Zu diesen zu berücksichtigenden Haftungsvoraussetzungen zählt nach Auffassung des BGH (offenbar) auch das Erfordernis der Verletzung einer „drittgerichteten Amtspflicht" i.S.d. § 839 I BGB.

---

532  BGHZ 134, 30 = NJW 1997, 123, 124.

Ob diese Haftungsvoraussetzung in Fällen der unionsrechtlich gebotenen Staatshaftung gegebenenfalls „unionsrechtskonform" auszulegen (ergänze: oder aber einfach wegzulassen) ist, konnte der BGH offen lassen, da im konkreten Fall bereits die vom EuGH hergeleiteten Voraussetzungen einer Haftung der Mitgliedstaaten für Unionsrechtsverstöße der mitgliedstaatlichen Gesetzgebungsorgane nicht gegeben waren.

---

**Folgt man insgesamt dem BGH, ist daher hinsichtlich einer unionsrechtlich gebotenen Staatshaftung für Unionsrechtsverstöße der deutschen Gesetzgebungsorgane grundsätzlich folgende Prüfungsreihenfolge zugrunde zu legen:**

1. Amtshaftungsanspruch § 839 BGB i.V. mit Art. 34 GG:
   (-), es fehlt an der Verletzung einer drittgerichteten Amtspflicht

2. Enteignungsgleicher Eingriff

   (-), Grenzen eines richterrechtlich geprägten Haftungsinstituts

3. Unionsrechtlicher Haftungsanspruch

   <u>Prüfung der vom EuGH hierfür hergeleiteten Voraussetzungen:</u>

⇨ Sind bereits - wie im „Bier-Urteil" des BGH - die unionsrechtlichen Haftungsvoraussetzungen nicht erfüllt, ist ein Haftungsanspruch ohne weiteres zu verneinen. Auf die Frage einer gegebenenfalls modifizierten Anwendung des deutschen Staatshaftungsrechts kommt es dann nicht an.

⇨ Sind die unionsrechtlichen Haftungsvoraussetzungen dagegen erfüllt, sind die Haftungsvoraussetzungen des § 839 BGB i.V.m. Art. 34 GG zusätzlich zu prüfen und - unter Berücksichtigung der vom EuGH aufgestellten Grundsätze - gegebenenfalls unionsrechtskonform auszulegen und anzuwenden. Denn „die Folgen des verursachten Schadens" sind „im Rahmen des nationalen Haftungsrechts zu beheben", wobei aber dessen Anwendung insbesondere nicht dazu führen darf, dass „die Erlangung der Entschädigung praktisch unmöglich oder übermäßig erschwert" wird (sog. „Effizienzgebot"). Zu den dabei zu berücksichtigenden Grundsätzen siehe sogleich Rn. 382d ff.

---

Nicht verschwiegen werden soll, weshalb ein Haftungsanspruch der „Brasserie du pêcheur" wegen des deutschen Reinheitsgebots für Bier (§§ 9, 10 BStG a.F.) im Ergebnis nicht durchgriff.

Zwar verleiht Art. 34 AEUV dem Einzelnen hinreichend bestimmbare Rechte („grundsätzliches Verbot handelshemmender mitgliedstaatlicher Maßnahmen").

Der BGH hat eine unionsrechtlich gebotene Staatshaftung der Bundesrepublik aber zum einen unter dem Aspekt des Erfordernisses eines unmittelbaren Kausalzusammenhangs zwischen dem Unionsrechtsverstoß und dem eingetretenen Schaden, zum anderen insbesondere unter dem Aspekt des Erfordernisses eines hinreichend qualifizierten Unionsrechtsverstoßes verneint. Denn die vorliegend verletzte Bestimmung des Art. 34 AEUV belässt – mangels einer speziellen, sekundärrechtlichen Harmonisierungsregelung für die Zusammensetzung von Bier – den Mitgliedstaaten einen weiten Ermessensspielraum, so dass eine mitgliedstaatliche Haftung für Unionsrechtsverstöße der Gesetzgebungsorgane nur dann in Betracht gekommen wäre, wenn der Bundestag durch die Nichtanpassung des Biersteuergesetzes an Art. 34 AEUV die seinem Ermessen gesetzten Grenzen „offenkundig und erheblich" überschritten hätte.

Dabei ist - wie es der EuGH bereits im „Bier-Urteil" vorgegeben hat - hinsichtlich der Regelungen der seinerzeitigen §§ 9, 10 BStG wie folgt zu unterscheiden:

⇨ Das Verbot des Inverkehrbringens von aus anderen Mitgliedstaaten eingeführten, dort rechtmäßig hergestellten Bieren unter der Bezeichnung „Bier", soweit sie den Anforderungen des deutschen Reinheitsgebots nicht entsprechen.

⇨ Das generelle Verbot des Inverkehrbringens von Bieren mit bestimmten Zusatzstoffen.

**aa)** Was den ersten Gesichtspunkt angeht - das Verbot der Bezeichnung als „Bier" - ist ein hinreichend qualifizierter Unionsrechtsverstoß der Bundesrepublik zwar ohne weiteres anzunehmen. Denn die Unvereinbarkeit solcher mitgliedstaatlichen Regelungen mit Art. 34 AEUV stand aufgrund einer bereits vorliegenden, einschlägigen Rechtsprechung des EuGH offenkundig fest (z.B. hinsichtlich des italienischen Reinheitsgebots für Nudeln, „Cassis"-Likör).

Der BGH verneint insoweit aber – zu Recht – eine unionsrechtlich gebotene Staatshaftung, da es am erforderlichen unmittelbaren Kausalzusammenhang zwischen dem Unionsrechtsverstoß und dem bei der „Brasserie du pêcheur" eingetretenen Schaden (hier: Umsatzeinbußen) fehlt. Denn das Verbot des Inverkehrbringens der von der Klägerin hergestellten Biere knüpfte in erster Linie an das „Verbot der Verwendung unzulässiger Zusatzstoffe" in Bieren an. Wörtlich insoweit der BGH:[533]

> „Diese [scil.: Maßnahmen der deutschen Behörden] aber hatten das von der Kl. hergestellte Getränk allein wegen der darin enthaltenen Zusatzstoffe beanstandet. [...] Danach fehlt es hinsichtlich des die Bezeichnung 'Bier' betreffenden Vertragsverstoßes am Erfordernis eines unmittelbar ursächlichen Zusammenhangs zwischen Verletzungshandlung und Schaden. Es ist Sache der nationalen Rechtsordnungen der einzelnen Mitgliedstaaten, unter Wahrung der vollen Wirksamkeit des Gemeinschaftsrechts die Haftungsvoraussetzung der 'unmittelbaren Kausalität' in das nationale Recht umzusetzen [...]. Der Senat geht davon aus, dass es insoweit einer wertenden, auf den Haftungstatbestand bezogenen Zurechnung der Haftungsfolgen bedarf, vergleichbar derjenigen Beziehung, die im deutschen Recht durch den Adäquanzgedanken ausgedrückt wird. Ob dabei das Merkmal der Unmittelbarkeit eine engere, etwa an Schutzzweckerwägungen orientierte Betrachtungsweise ermöglicht, ist hier nicht zu entscheiden."

**bb)** Was den zweiten Gesichtspunkt angeht – das Verbot des Inverkehrbringens von Bieren mit Zusatzstoffen – so verfügten die Mitgliedstaaten dagegen mangels unionsrechtlicher, harmonisierender Regelungen hinsichtlich der an die Zusammensetzung von Bier zu stellenden Anforderungen über einen weiten Ermessensspielraum. Im Vertragsverletzungsverfahren gegen die Bundesrepublik Deutschland (1987) berief sich die Bundesregierung unter anderem darauf, dass das Verbot der Verwendung von Zusatzstoffen in Bier aus Gründen des Gesundheitsschutzes i.S.d. Art. 36 AEUV erforderlich sei (Gefahren der Verwendung von Zusatzstoffen, unbekannte langfristige Wirkungen, Gesundheitsrisiken etc.).

Der EuGH hatte zwar in seinem Urteil vom 12.03.1987[534] eine Rechtfertigung des Verbots der Verwendung von Zusatzstoffen nach Art. 34 AEUV verneint und daher eine Vertragsverletzung der Bundesrepublik festgestellt. Nach Auffassung des BGH stellte die Aufrechterhaltung dieses Verbots aber keinen „hinreichend qualifizierten" Unionsrechtsverstoß dar. Wörtlich der BGH:[535]

---

533  BGHZ 134, 30 = NJW 1997, 123, 125 = **juris**byhemmer.

534  EuGH, Rs.178/84 (Kommission/Deutschland), Slg. 1987, 1227 = NJW 1987, 1133 („Bier-Urteil"); zur Prüfung in einer Klausur vgl. Hemmer/Wüst, Die 23 wichtigsten Fälle Europarecht, S. 40 ff.

535  BGHZ 134, 30 = NJW 1997, 123, 125 f. = **juris**byhemmer.

*„Indessen ergeben sich aus dem Urteil vom 12.03.1987 keinerlei Hinweise darauf, dass der Rechtsstandpunkt der Bundesregierung sich in diesem Punkte etwa so weit von den gemeinschaftsrechtlichen Vorgaben entfernt hätte, dass eine offenkundige und erhebliche Überschreitung der dem Ermessen des nationalen Gesetzgebers gezogenen Grenze bejaht werden müsste. In zusammenfassender Würdigung dieses Sachverhalts sieht der Senat - den Vorgaben des EuGH folgend - den Verstoß, soweit er für den Schaden unmittelbar ursächlich geworden ist, insgesamt als nicht hinreichend qualifiziert an."*

## b) Voraussetzungen des unionsrechtlichen Haftungsanspruchs sind erfüllt

*Voraussetzungen sind gegeben*

Nicht ganz einfach ist nun die bislang offen gelassene Frage zu beantworten, welche Haftungsvoraussetzungen des § 839 I BGB i.V.m. Art. 34 GG i.R.d. unionsrechtlichen Haftungsanspruchs noch zu prüfen sind, wenn dessen Voraussetzungen einmal vorliegen sollten (z.B. „MP Travel Line"). Insbesondere ist insoweit zu fragen, welche Haftungsmerkmale des § 839 BGB i.V.m. Art. 34 GG mit dem „Effizienzgebot" zu vereinbaren und wie mögliche Konflikte zu lösen sind.

*382d*

## aa) Verletzung einer drittbezogenen Amtspflicht, § 839 I BGB

*Verletzung einer drittbezogenen Amtspflicht*

Der BGH geht offenbar davon aus, dass auch das Erfordernis der Verletzung einer „drittbezogenen Amtspflicht" zu den im Rahmen des unionsrechtlichen Haftungsanspruchs zu prüfenden Haftungsvoraussetzungen gehört.

*382e*

**(1)** Dabei ist zunächst bei Unionsrechtsverstößen der deutschen Gesetzgebungsorgane das Merkmal der „Verletzung einer Amtspflicht" als solches ohne weiteres zu bejahen. Denn die Nichtberücksichtigung unionsrechtlicher Vorgaben durch den deutschen Gesetzgeber ist (unions-)pflichtwidrig, da „alle staatlichen Instanzen einschließlich der Legislative bei der Erfüllung ihrer Aufgaben die vom Gemeinschaftsrecht (jetzt Unionsrecht) vorgeschriebenen Normen [...] zu beachten haben".[536]

**(2)** Problematisch ist aber das Erfordernis der „Drittbezogenheit der Amtspflicht" in Fällen „legislativen Unrechts", da der Gesetzgeber – entsprechend der oben dargestellten Rechtsprechung des BGH – ausschließlich im öffentlichen Interesse tätig wird, sodass es an der Individualgerichtetheit der verletzten Amtspflicht fehlt.

Einer Zugrundelegung der Rechtsprechung des BGH steht aber – wie der EuGH ausdrücklich entschieden hat – das „Effizienzgebot" entgegen, da ein solches Erfordernis der Drittbezogenheit der Amtspflicht die Durchsetzung des unionsrechtlichen Haftungsanspruchs ausschließen und daher „praktisch unmöglich" machen würde.

Als Lösungsmöglichkeit bietet sich insoweit eine – auch vom BGH angedeutete – unionsrechtskonforme Auslegung und Anwendung des § 839 I BGB nach folgendem Gedanken an:

**(aa)** Die „Drittbezogenheit der Amtspflicht" bei Unionsrechtsverstößen der deutschen Gesetzgebungsorgane folgt aus der individualbegünstigenden Zielsetzung der verletzten Unionsrechtsnorm („Verleihung von Rechten").[537]

---

536 EuGH, Verb.Rsn. C-46/93 u. C-48/93 (Brasserie du pêcheur/Bundesrepublik u.a.), NJW 1996, 1267, 1269, Tz. 34.
537 Detterbeck, VerwArch 1994 (85), 159, 188; Geiger, DVBl. 1993, 465, 472.

**(bb)** Belässt eine Unionsrechtsnorm den Mitgliedstaaten keinen Er-messensspielraum, enthält sie vielmehr unbedingte und detaillierte Vorgaben wie namentlich die Pflicht zur Richtlinienumsetzung hin-sichtlich der Umsetzungsfrist, so befindet sich der Gesetzgeber in einer ähnlichen Lage wie die Verwaltung beim Vollzug eines Geset-zes und ist einem individual gerichteten Tätigwerden jedenfalls an-genähert.[538]

## bb)  Verschulden, § 839 I BGB

*Verschulden*

**(1)** Nach der Rechtsprechung des EuGH im „Bier-Urteil" kann der unionsrechtliche Haftungsanspruch nicht davon abhängig gemacht werden, dass dem „staatlichen Amtsträger, dem der Verstoß zuzu-rechnen ist, ein Verschulden (Vorsatz oder grobe Fahrlässigkeit) trifft, das über den hinreichend qualifizierten Verstoß gegen das Gemeinschaftsrecht (jetzt Unionsrecht) hinausgeht".[539] Daraus folgt, dass das Unionsrecht („Effizienzgebot") dem „Verschuldenserfor-dernis" in § 839 I BGB nicht entgegensteht, soweit (!) das Verschul-denserfordernis jedenfalls nicht weitergehende Voraussetzungen aufstellt, als es das Unionsrecht für die Annahme eines „hinreichend qualifizierten" Unionsrechtsverstoßes verlangt.

*382f*

Dabei ist zu berücksichtigen, dass die vom EuGH hinsichtlich eines „hinreichend qualifizierten" Unionsrechtsverstoßes aufgestellten Kri-terien – sollten sie im Einzelfall vorliegen – die Annahme eines „Ver-schuldens" (Vorsatz, Fahrlässigkeit) des zuständigen Gesetzge-bungsorgans i.S.d. § 839 I BGB ohne weiteres rechtfertigen würden (z.B. Unentschuldbarkeit eines Rechtsirrtums, Unionsrechtsverstoß trotz eines Urteils des EuGH). Im Fall einer gänzlich unterbliebenen Richtlinienumsetzung ist das Verschulden des Gesetzgebungsor-gans dagegen eindeutig.

Für mögliche, verbleibende Konflikte mit dem „Verschuldenserfor-dernis" bietet sich aber auch hier eine unionsrechtskonforme Ausle-gung und Anwendung des § 839 I BGB an: Liegt ein „hinreichend qualifizierter" Unionsrechtsverstoß vor, ist ein Verschulden des Amtsträgers, dem der Verstoß zuzurechnen ist, gegebenenfalls un-widerlegbar zu vermuten.

**(2)** In seiner Entscheidung über die „Pauschalreiserichtlinie" hat der EuGH allerdings noch weiter gehend formuliert, dass ein nach mit-gliedstaatlichem Recht bestehendes Verschuldenserfordernis mit dem Unionsrecht ausnahmslos unvereinbar sei.[540] Sollte dieses Ur-teil tatsächlich als Einschränkung der im „Bier-Urteil" aufgestellten Grundsätze zu verstehen sein, so wäre das Verschuldenserfordernis des § 839 I BGB in Fällen unionsrechtlich gebotener Staatshaftung schlechthin unanwendbar.

## cc)  Versäumung von Rechtsmitteln, § 839 III BGB

*Versäumung von Rechtsmitteln*

Nach Rechtsprechung des EuGH kann das nationale Gericht bei der Bestimmung des ersatzfähigen Schadens prüfen, „ob sich der Ge-schädigte in angemessener Form um die Verhinderung des Scha-denseintritts oder um die Begrenzung des Schadensumfangs bemüht hat und ob er insbesondere rechtzeitig von allen ihm zur Verfügung stehenden Rechtsschutzmöglichkeiten Gebrauch gemacht hat."[541]

*382g*

---

538  Vgl. auch Streinz, EuZW 1993, 599, 603.

539  EuGH, Verb.Rsn. C-46/93 u. C-48/93 (Brasserie du pêcheur/Bundesrepublik u.a.), NJW 1996, 1267, 1271, Tz. 79; Hervorhebung vom Verfasser.

540  EuGH, Verb.Rsn. C-178/94 u.a. (Dillenkofer u.a.), NJW 1996, 3141 („MP Travel Line").

541  EuGH, Verb.Rsn. C-46/93 u. C-48/93 (Brasserie du pêcheur/Bundesrepublik u.a.), NJW 1996, 1267, 1271, Tz. 84 f.

Das Effizienzgebot steht dem in § 839 III BGB niedergelegten Vorrang des Primärrechtsschutzes daher grundsätzlich nicht entgegen.[542] Allerdings ist weiter maßgeblich danach zu unterscheiden, ob die verletzte Unionsrechtsnorm unmittelbar anwendbar ist und daher vor den mitgliedstaatlichen Gerichten geltend gemacht werden kann. Das ist vor allem für Verstöße gegen die Pflicht zur Richtlinienumsetzung von Bedeutung.

**(1)** Liegt ein Verstoß gegen unmittelbar anwendbares und damit vor den deutschen Gerichten einklagbares Unionsrecht vor, so gilt der Vorrang Primärrechtsschutzes (§ 839 III BGB) ohne weiteres.[543]

**(2)** Handelt es sich dagegen um einen Verstoß gegen nicht unmittelbar anwendbares Unionsrecht („MP Travel Line"), käme für den Rechtsschutz Suchenden allein eine „Normerlassklage" in Betracht.

Die Voraussetzungen einer Normerlassklage sind zweifelhaft.[544] Wegen ihres Ausnahmecharakters fällt sie nach zutreffender Ansicht schon gar nicht unter den Vorbehalt des § 839 III BGB.

Auch stünde insoweit wohl das „Effizienzgebot" entgegen, da das Unionsrecht einen Vorrang des Primärrechtsschutzes nur insoweit für zulässig erachten kann, als nach mitgliedstaatlichem Recht zumutbare Rechtsschutzmöglichkeiten auch tatsächlich vorhanden sind.

## dd) Mitverschulden, § 254 BGB

*Mitverschulden*

Entsprechend dem eingangs zum Vorrang des Primärrechtsschutzes Gesagten, steht das „Effizienzgebot" der Berücksichtigung eines Mitverschuldens des Geschädigten (§ 254 BGB) grundsätzlich nicht entgegen. Der unionsrechtliche Haftungsanspruch kann daher unter diesem Aspekt dem Umfang nach gemindert oder sogar dem Grunde nach ausgeschlossen sein.

*382h*

## ee) Verjährung, § 195 BGB

*Verjährung*

Nach mittlerweile gefestigter Rechtsprechung des EuGH[545] und der überwiegenden Literaturmeinung[546] steht das Effizienzgebot der Anwendung mitgliedstaatlicher Ausschluss- oder Verjährungsfristen wie der Drei-Jahres-Frist des § 195 BGB nicht entgegen, da hierdurch die Durchsetzung des unionsrechtlichen Haftungsanspruchs weder „praktisch unmöglich" noch „übermäßig erschwert" wird. Nach anderer Ansicht ist im Interesse der einheitlichen Anwendung und Durchsetzung des unionsrechtlichen Haftungsanspruchs die für die außervertragliche Haftung der Union (Art. 340 II AEUV) geltende Fünf-Jahres-Frist des Art. 46 SEuGH analog anzuwenden.[547]

*382i*

---

542 Vgl. BGH, DÖV 2004, 210, 211.

543 Dies gilt auch, wenn im Rahmen des Primärrechtsschutzes ein möglicherweise langwieriges Vorabentscheidungsverfahren gem. Art. 267 AEUV zu erwarten ist, EuGH, Rs. C-445/06, (Danske Slagterier), EuZW 2009, 334, 340 = **Life&Law 2010, 267**.

544 Vgl. etwa Schmitt Glaeser, Verwaltungsprozessrecht, Rn. 332.

545 EuGH, Rs. C-261/95 (Palmisani), Slg. 1997, I-4037; EuGH, Rs. C-445/06 (Danske Slagterier), EuZW 2009, 334, 337 = **Life&Law 2010, 267** (vgl. aber bereits oben Rn. 380 f.); in der letztgenannten Entscheidung stellte der EuGH zudem klar, dass die Einleitung eines Vertragsverletzungsverfahrens durch die Kommission gem. Art. 258 AEUV nicht zwingend die Verjährung des unionsrechtlichen Haftungsanspruchs eines Einzelnen hemme. Dem Geschädigten stehe es auch vor Entscheidung des Vertragsverletzungsverfahrens durch den EuGH frei, seine Rechte vor den nationalen Gerichten auszuüben. §§ 204 I Nr. 1, 209 BGB sind demnach nicht analog anzuwenden; vgl. hierzu auch BGHZ 188, 191 = EuZW 2009, 865, 870 = **Life&Law 2010, 267**.

546 Geiger, DVBl. 1993, 465, 474; Streinz, EuZW 1993, 599, 603.; siehe zum Ganzen auch Armbrüster/Kämmerer, NJW 2009. 3601.

547 Detterbeck, VerwArch 1994 (85), 159, 190 f.; Prieß, NVwZ 1993, 118, 124.

## ff)  Subsidiaritätsklausel, § 839 I S. 2 BGB

*Subsidiaritätsklausel*

Ungeklärt ist, ob die Subsidiaritätsklausel des § 839 I S. 2 BGB mit dem Unionsrecht zu vereinbaren ist. Das „Effizienzgebot" sowie Sinn und Zweck der unionsrechtlich gebotenen Staatshaftung der Mitgliedstaaten („Sanktionsgedanke") dürften der Anwendbarkeit des § 839 I S. 2 BGB aber entgegenstehen.[548] Denn die Mitgliedstaaten selbst, nicht aber Dritte, sollen für die von ihnen begangenen Unionsrechtsverstöße einstehen. Ebenso würde die Verweisung auf die Haftung eines Dritten die Durchsetzung des unionsrechtlichen Haftungsanspruchs zeitlich verzögern und daher wohl „übermäßig erschweren."

*382j*

## gg)  Gegenseitigkeitserfordernis

*Gegenseitigkeitserfordernis*

Das – wenig bekannte und verfassungsrechtlich umstrittene – sog. „Gegenseitigkeitserfordernis"[549] nach § 7 Reichsbeamtenhaftungsgesetz (RBHG, Sartorius I Nr. 210) ist in Zusammenhang mit der unionsrechtlich gebotenen Staatshaftung der Mitgliedstaaten allein dann relevant, wenn Schadensersatzansprüche von Staatsangehörigen anderer Mitgliedstaaten gegen die Bundesrepublik in Frage stehen.

*382k*

Es besagt, dass eine staatliche Haftung der Bundesrepublik nur dann in Betracht kommt, wenn einem deutschen Staatsangehörigen in vergleichbarer Lage im Heimatstaat des Geschädigten ebenfalls ein Schadensersatzanspruch gegen diesen Staat eröffnet wäre. Das sog. „Gegenseitigkeitserfordernis" kann generell hinsichtlich Staatsangehörigen von Mitgliedstaaten der Union keine Anwendung finden, da es dem Diskriminierungsverbot nach Art. 18 AEUV widerspricht.[550] Der Gesetzgeber hat § 7 RBHG dementsprechend unionsrechtskonform geändert, vgl. insofern nun § 7 I RBHG.

## hh)  Schadensumfang, §§ 249 ff. BGB

*Schadensumfang*

Die Bestimmung des Umfangs des Schadensersatzes ist nach Rechtsprechung des EuGH grundsätzlich Angelegenheit des mitgliedstaatlichen Rechts. Daher finden §§ 249 ff. BGB ohne weiteres Anwendung. Allerdings ist zu beachten, dass der Schadensersatz „dem erlittenen Schaden angemessen sein muss, sodass ein effektiver Schutz der Rechte des Einzelnen gewährleistet ist"; insbesondere ist grundsätzlich auch der entgangene Gewinn zu ersetzen.[551]

*382l*

## ii) Anspruchsgegner

*Anspruchsgegner*

Schwierig kann schließlich, insbesondere was den Bereich der Richtlinienumsetzung angeht, die Frage des Anspruchsgegners des unionsrechtlichen Haftungsanspruchs sein.[552] Die normative Ausführung des Unionsrechts bestimmt sich in der Bundesrepublik nach Art. 70 ff. GG.[553] Demnach sind - je nach betroffenem Sachgebiet - der Bund oder die Länder zur normativen Ausführung des Unionsrechts zuständig.

*382m*

---

548  Wie hier Detterbeck, VerwArch 1994 (85), 159, 188 f.

549  Hierzu Maurer, Allgemeines Verwaltungsrecht, § 26 Rn. 36.

550  So etwa Streinz, EuZW 1993, 599, 603.

551  EuGH, Verb.Rsn. C-46/93 u. C-48/93 (Brasserie du pêcheur/Bundesrepublik u.a.), NJW 1996, 1267, 1271 f., Tz. 87, 90.

552  Vgl. allgemein zur Frage des Anspruchsgegners des unionsrechtlichen Haftungsanspruchs Gundel, DVBl. 2001, 95 ff.

553  Siehe oben Rn. 262.

**(1)** Ist ein Sachbereich betroffen, der in die Kompetenz des Bundes fällt (Art. 73 f. GG), so kommt selbstverständlich allein ein Haftungsanspruch gegen die Bundesrepublik in Betracht.

**(2)** Sind dagegen die Bundesländer zur normativen Ausführung des Unionsrechts zuständig (Art. 70 GG), so wäre zunächst nach allgemeinen unionsrechtlichen Grundsätzen bemessen jedenfalls ein unionsrechtlicher Haftungsanspruch gegen die Bundesrepublik gegeben. Denn nach dem „Grundsatz der Allverantwortlichkeit" wäre der Mitgliedstaat als solcher (das heißt im Sinne von Zentralstaat) für Unionsrechtsverstöße seiner staatlichen Untergliederungen verantwortlich.[554]

Der EuGH hat indes mittlerweile – konkret in Zusammenhang mit dem bundesstaatlich verfassten Mitgliedstaat Österreich – entschieden, dass jeder Mitgliedstaat sicherstellen muss,

> *„dass dem Einzelnen der Schaden ersetzt wird, der ihm durch einen Verstoß gegen Gemeinschaftsrecht (jetzt Unionsrecht) entstanden ist, gleichgültig, welche Stelle diesen Verstoß begangen hat und welche Stelle nach dem Recht des betreffenden Mitgliedstaats diesen Schadensersatz grundsätzlich zu leisten hat. [...] Unter diesem Vorbehalt verpflichtet das Gemeinschaftsrecht (jetzt Unionsrecht) die Mitgliedstaaten nicht dazu, die Aufteilung der Zuständigkeit und der Haftung auf die öffentlichen Körperschaften in ihrem Gebiet zu ändern.*

> *Den Erfordernissen des Gemeinschaftsrechts (jetzt Unionsrechts) ist genügt, wenn die innerstaatlichen Verfahrensregeln einen wirksamen Schutz der Rechte, die dem Einzelnen auf Grund Gemeinschaftsrechts (jetzt Unionsrechts) zustehen, ermöglichen und die Geltendmachung dieser Rechte nicht gegenüber derjenigen solcher Rechte erschwert ist, die dem Einzelnen nach innerstaatlichem Recht zustehen".[555]*

Ein bundesstaatlich aufgebauter Mitgliedstaat kann somit seine unionsrechtlichen Verpflichtungen auch dann erfüllen, wenn nicht der Gesamtstaat, sondern staatliche Untergliederungen den Ersatz der dem Einzelnen durch unionsrechtswidrige innerstaatliche Maßnahmen entstandenen Schäden sicherstellen. Dementsprechend ist nach deutschem Recht – unionsrechtlich zulässig – der unionsrechtliche Haftungsanspruch gegen die Bundesländer zu richten, wenn dem Landesgesetzgeber auf Grund der innerstaatlichen Zuständigkeitsverteilung (Art. 70 ff. GG) der Unionsrechtsverstoß der Sache nach zuzurechnen ist.[556] Auch ist es unionsrechtlich nicht zu beanstanden, wenn die Haftung einer sonstigen öffentlich-rechtlichen Körperschaft neben der Haftung der Mitgliedstaaten gegeben ist.[557]

## II. Haftung für administratives Unrecht

*Haftung für administratives Unrecht*

Hinsichtlich der Durchsetzung der unionsrechtlich gebotenen Staatshaftung für Unionsrechtsverstöße der deutschen Verwaltung gelten die vorstehend für die Haftung für Unionsrechtsverstöße der deutschen Gesetzgebungsorgane aufgestellten Grundsätze weitgehend entsprechend. Hinsichtlich der Anwendung der Haftungsvoraussetzungen des § 839 BGB ist aber auf Folgendes hinzuweisen:

*383*

---

554 Detterbeck, VerwArch 1994 (85), 159, 191; Jarass, NJW 1994, 881, 884; s. auch unten Rn. 580.

555 EuGH, Rs. C-302/97 (Konle/Österreich), NVwZ 2000, 303. Siehe zuvor auch schon Detterbeck, VerwArch 1994 (85), 159, 191 f.; Jarass, NJW 1994, 881, 884.

556 Gundel, DVBl. 2001, 95, 99.

557 EuGH, Rs. C-424/97 (Haim/Kassenärztliche Vereinigung), Slg. 2000, I-5148 mit Anm. Streinz, JuS 2001, 285 ff.; vgl. auch BGH, DVBl. 2005, 271 ff.

**1.** Zwar scheitert eine Haftung für Unionsrechtsverstöße der deutschen Verwaltung auf Grundlage des § 839 BGB i.V.m. Art. 34 GG nicht bereits von vornherein am Fehlen der „Drittbezogenheit der Amtspflicht", da die Verwaltung Einzelfallentscheidungen trifft und daher grundsätzlich nicht im Allgemeininteresse, sondern im Individualinteresse tätig wird.

Gleichwohl dürfte als Anspruchsgrundlage unmittelbar der unionsrechtliche Haftungsanspruch heranzuziehen sein. Denn es erschiene wenig stimmig, wollte man hinsichtlich der Haftung für Unionsrechtsverstöße der Gesetzgebungsorgane einen „unionsrechtlichen Haftungsanspruch" heranziehen, hinsichtlich der Haftung für Unionsrechtsverstöße der deutschen Verwaltung aber dagegen § 839 BGB i.V.m. Art. 34 GG als Anspruchsgrundlage zugrunde legen. Eine andere Auffassung ist aber – berücksichtigt man die vom BGH vorgegebene Prüfungsreihenfolge – sicherlich vertretbar.

**2.** Bei dem Erfordernis der Verletzung einer drittbezogenen Amtspflicht folgt die „Drittbezogenheit" auch hier aus der individualbegünstigenden Zielrichtung der verletzten Unionsrechtsnorm („Verleihung von Rechten").

**3.** Bei der Haftung für administratives Unrecht kann sich schließlich ebenso die Frage nach dem richtigen Anspruchsgegner stellen, soweit der Vollzug des Unionsrechts nach der innerstaatlichen Zuständigkeitsverteilung (Art. 83 f. GG analog) den Ländern obliegt.[558] Insoweit gelten die oben dargestellten Grundsätze entsprechend.[559]

**hemmer-Methode:** Die Einordnung der unionsrechtlich gebotenen Staatshaftung in das deutsche Staatshaftungssystem ist - wie Sie sicherlich bemerkt haben - nach wie vor schwierig zu bestimmen und mit zahlreichen Unsicherheiten verbunden. Wichtig ist jedenfalls, dass Sie sich - bei aller Schwierigkeit und Komplexität der Materie - die Grundsätze der unionsrechtlichen Staatshaftung vergegenwärtigen und hierbei insbesondere beachten, dass der unionsrechtliche Haftungsanspruch zwar unmittelbar im Unionsrecht begründet ist, gleichwohl aber bei Vorliegen der unionsrechtlichen Entstehungsvoraussetzungen zusätzlich die Voraussetzungen des § 839 BGB zu prüfen und gegebenenfalls unionsrechtskonform auszulegen und anzuwenden sind. Denn die Durchsetzung des unionsrechtlichen Haftungsanspruchs richtet sich grundsätzlich nach mitgliedstaatlichem Recht.

---

558  Siehe oben Rn. 260.
559  Vgl. Jarass, NJW 1994, 881, 886.

*Die vier Grundfreiheiten*

## § 9 DIE VIER GRUNDFREIHEITEN

Die vier Grundfreiheiten sind der wesentliche Bestandteil des Binnenmarktes, Art. 26 AEUV. Ihre Bestimmungen haben hauptsächlich den Abbau und die Beseitigung von Hemmnissen im Wirtschaftsverkehr innerhalb der Union zum Ziel.

*384*

---

**Zu den vier Grundfreiheiten zählen:**

⇨  der freie Warenverkehr, Art. 28 ff., 34 ff. AEUV

⇨  der freie Personenverkehr, Art. 45 ff., 49 ff. AEUV

⇨  die Dienstleistungsfreiheit, Art. 56 ff. AEUV

⇨  der freie Kapitalverkehr, Art. 63 I ff. AEUV

---

Ergänzt werden die vier Grundfreiheiten durch den freien Zahlungsverkehr (Art. 63 II AEUV), der auch als „Hilfsfreiheit" oder „fünfte Freiheit" bezeichnet wird.

### A) Allgemeines

### I.   Unmittelbare Anwendbarkeit

*unmittelbare Anwendbarkeit der wichtigsten Bestimmungen*

Der EuGH hat schon frühzeitig die wichtigsten Bestimmungen aus dem Bereich der Grundfreiheiten für unmittelbar anwendbar erklärt hat (z.B. Art. 30, 34, 35, 37 I u. II, 45, 49, 56 I, 63 I AEUV).

*385*

Folge hiervon ist, dass sich jeder Begünstigte vor den Gerichten und der Verwaltung auf diese Bestimmungen im Sinne eines subjektiv-öffentlichen Rechts berufen kann und entgegenstehendes nationales Recht aufgrund des Anwendungsvorrangs des Unionsrechts unanwendbar ist.

*386*

### II.  Grundsatz der „Inländergleichbehandlung" und allgemeine Beschränkungsverbote

*Grundsatz der Inländergleichbehandlung / Diskriminierungsverbot*

**1.** Gemeinsam ist den vier Grundfreiheiten weiterhin, dass sie jegliche Diskriminierungen aufgrund der Staatsangehörigkeit bzw. der Herkunft einer Ware oder Dienstleistung in ihrem Anwendungsbereich verbieten (z.B. Art. 43 II, 49 I S. 1, 56 AEUV). Die Mitgliedstaaten müssen Staatsangehörige, Waren bzw. Dienstleistungen aus anderen Mitgliedstaaten genauso behandeln wie die eigenen Staatsangehörigen bzw. wie im Inland produzierte Waren oder Dienstleistungen („Grundsatz der Inländergleichbehandlung"). Die Grundfreiheiten stellen spezielle Ausformungen des allgemeinen Diskriminierungsverbots nach Art. 18 AEUV dar, das nur subsidiär Anwendung findet.

*387*

**2.** Verboten sind Diskriminierungen aller Art, bei denen man herkömmlich zwischen „offenen" und „versteckten" bzw. „verschleierten" Diskriminierungen unterscheidet.[560]

*388*

---

560  Vgl. etwa EuGH, Rs. C-350/96 (Clean Car Autoservice/Landeshauptmann von Wien), Slg. 1998, I-2521.

*offene Diskriminierungen*

**a)** Von einer „offenen Diskriminierung" spricht man, wenn eine staatliche Regelung ausdrücklich in ihrem Tatbestand auf die Inländer- oder Ausländereigenschaft abstellt („Sonderrecht").[561]

*389*

*versteckte Diskriminierungen*

**b)** „Versteckte bzw. verschleierte Diskriminierungen" sind hingegen Regelungen, die zwar nicht ausdrücklich auf die Inländer- oder Ausländereigenschaft abstellen und daher formal gleichermaßen Anwendung finden, typischerweise jedoch in erster Linie Inländer oder Ausländer betreffen. Dies ist z.B. der Fall, wenn Vorschriften auf den Wohnsitz oder Sprachkenntnisse einer Person abstellen oder aus anderen Gründen die Tatbestandsvoraussetzungen überwiegend nur auf Inländer oder aber Ausländer zutreffen.[562] Inländer und Staatsangehörige anderer Mitgliedstaaten werden dann zwar formal gleich behandelt, jedoch sind die Voraussetzungen der Norm von Inländern leichter zu erfüllen (z.B. Sprachkenntnisse).

*390*

*keine rechtswidrige Diskriminierung, wenn unterschiedliche Behandlung sachlich gerechtfertigt ist*

**c)** Eine unterschiedliche Behandlung von Staatsangehörigen anderer Mitgliedstaaten stellt jedoch dann keine dem Unionsrecht widersprechende Diskriminierung dar, wenn sie aus sachlichen Gründen gerechtfertigt und verhältnismäßig ist (z.B. Befähigungsnachweise, Sprachprüfungen für bestimmte Tätigkeiten, bei denen entsprechende Sprachkenntnisse unbedingt Voraussetzung sind).[563] Die in Betracht kommenden Rechtfertigungsgründe für echte Diskriminierungen finden sich im AEUV (in Art. 36 AEUV für die diskriminierenden Eingriffe in die Warenverkehrsfreiheit, in Art. 45 III AEUV für die diskriminierenden Eingriffe in die Arbeitnehmerfreizügigkeit, in Art. 52 I AEUV für diskriminierende Eingriffe in die Niederlassungsfreiheit und schließlich in Art. 62 AEUV i.V.m. Art. 51 I AEUV für diskriminierende Eingriffe in die Dienstleistungsfreiheit.

*391/ 392*

Vereinfacht kann man sagen: Eine rechtswidrige Diskriminierung liegt dann nicht vor, wenn eine unterschiedliche Behandlung im öffentlichen Interesse liegt und objektiv sinnvoll ist. Dagegen ist eine verbotene Diskriminierung gegeben, wenn die unterschiedliche Behandlung willkürlich ist. Insbesondere im Fall „vermeintlicher" versteckter Diskriminierungen kann eine Ungleichbehandlung aus sachlichen Gründen gerechtfertigt sein.

*Allgemeine Beschränkungsverbote*

**3.** Die Mitgliedstaaten können grundsätzlich mangels unionsrechtlicher Vorgaben Rechtsvorschriften erlassen, welche die von den Grundfreiheiten erfassten Bereiche ausgestalten (z.B. Vorschriften hinsichtlich der Herstellung/Vermarktung einer Ware, Berufsausübungsregeln). Auch wenn solche Rechtsvorschriften keinen diskriminierenden Charakter haben und das „Gebot der Inländergleichbehandlung" voll verwirklicht wird, können dennoch Hindernisse für den Binnenmarkt bestehen.

*393*

> *Bsp.:* In Frankreich existieren für bestimmte Waren die Sicherheitsvorschriften X, in Deutschland dagegen die Sicherheitsbestimmungen Y. Müssten nun die französischen Waren, die nach Deutschland eingeführt werden sollen, die in Deutschland geltenden Sicherheitsbestimmungen Y einhalten, wäre der Grundsatz der Inländergleichbehandlung zwar voll verwirklicht, der freie Warenverkehr aber dennoch beeinträchtigt.

*Art. 34 ff., 56 ff. AEUV*
*Ursprüngliche Entwicklung der allgemeinen Beschränkungsverbote*

**a)** Dieses Beispiel zeigt, dass nicht nur echte Diskriminierungen von Waren oder Mitbürgern aus anderen Mitgliedstaaten den Handel und das Funktionieren des Binnenmarktes beeinträchtigen können. Vielmehr können auch sogenannte allgemeine Beschränkungen, die unterschiedslos für In- und Ausländer gelten, nachteilige Auswirkungen auf das Funktionieren des Binnenmarktes haben und unerwünschte Handelshemmnisse darstellen.

*393a -393b*

---

561 S/H/O, Rn. 1299.

562 Hobe, § 16 Rn. 148 ff., § 13 Rn. 9 ff.; Streinz, Rn. 805 ff. mit Beispielen.

563 EuGH, Rs. C-350/96 (Clean Car Autoservice/Landeshauptmann von Wien), Slg. 1998, I-2521; Rs. C-311/97 (Royal Bank of Scotland/Griechenland), Slg. 1999, I-2651.

Daher hat der EuGH im Bereich des freien Warenverkehrs (Art. 34 ff. AEUV) und des freien Dienstleistungsverkehrs (Art. 56 ff. AEUV) bereits frühzeitig anerkannt, dass der Handel zwischen den Mitgliedstaaten und damit das reibungslose Funktionieren des Binnenmarktes nicht nur durch echte Diskriminierungen, sondern auch durch sogenannte allgemeine Beschränkungen beeinträchtigt sein kann. Der EuGH erweiterte damit zunächst bei der Waren- und der Dienstleistungsfreiheit, später auch bei den anderen Grundfreiheiten deren Tatbestand vom Diskriminierungsverbot zum allgemeinen Beschränkungsverbot. [564]

Bereits an dieser Stelle sei bemerkt, dass die Erweiterung des Tatbestandes vom Diskriminierungsverbot zum allgemeinen Beschränkungsverbot aber ebenfalls eine Erweiterung der im AEUV geschriebenen Rechtfertigungsgründe erforderte. Denn die geschriebenen Rechtfertigungsgründe, die ursprünglich entwickelt wurden, um Diskriminierungen in Ausnahmefällen zu erlauben, waren nicht mehr ausreichend, um Eingriffe, die in Form allgemeiner Beschränkungen vorgenommen wurden, zu rechtfertigen.

Unbeschadet der „ordre-public"-Vorbehalte (Art. 36, 45 III, 61 AEUV i.V.m. Art. 52 I AEUV) sind daher im Einzelfall selbst nicht diskriminierende, aber allgemein beschränkende staatliche Rechtsvorschriften oder Maßnahmen nur dann zulässig, wenn sie durch „zwingende Erfordernisse" bzw. „Allgemeininteressen" gerechtfertigt und verhältnismäßig sind. [565]

*Einheitliche Struktur der Grundfreiheiten*

**b)** Im Hinblick auf die Rechtfertigung von Eingriffen in die Grundfreiheiten des AEUV lässt sich mit der Rechtsprechung des EuGH dabei mittlerweile von einer einheitlichen Struktur ausgehen:   *393c*

> *„Aus der Rechtsprechung des Gerichtshofes ergibt sich (…), dass nationale Maßnahmen, die die Ausübung der durch den Vertrag garantierten grundlegenden Freiheiten behindern oder weniger attraktiv machen können, vier Voraussetzungen erfüllt sein müssen: Sie müssen in nichtdiskriminierender Weise angewandt werden, sie müssen aus zwingenden Gründen des Allgemeininteresses gerechtfertigt sein, sie müssen geeignet sein, die Verwirklichung des mit ihnen verfolgten Zwecks zu gewährleisten, und sie dürfen nicht über das hinausgehen, was zur Erreichung dieses Zieles erforderlich ist."[566]*

Im Ergebnis lässt sich damit festhalten: Versteckte Diskriminierungen lassen sich durch anerkannte Gründe des Gemeinwohls rechtfertigen, wenn sie verhältnismäßig sind. Gleiches gilt für allgemeine Beschränkungen.

Offene Diskriminierungen hingegen lassen sich nur durch ausdrücklich normierte Rechtfertigungsgründe rechtfertigen. [567]

*Beeinträchtigungen des Zugangs zu einem Beruf / Berufsausübungsregeln*

**c)** Nicht mit letzter Sicherheit geklärt ist indes, in welchem Umfang   *393d*
gerade die Niederlassungsfreiheit allgemeine Beschränkungsverbote darstellen kann. [568] Einige Urteile des EuGH legen die Vermutung nahe, dass insoweit nicht sämtliche mitgliedstaatliche Maßnahmen einheitlich zu bewerten sind, vielmehr einerseits zwischen Beeinträchtigungen des Zugangs zu einem Beruf als solchem und Regelungen lediglich der Berufsausübung zu unterscheiden ist.

---

564  Vgl. zur Niederlassungs- und Arbeitnehmerfreizügigkeit etwa EuGH, Rs. C-415/93 (Bosman), NJW 1996, 505; Rs. C-18/95 (Terhoeve), Slg. 1999, I-345; Rs. 212/97 (Centros), Slg. 1999, I-1459; Rs. C-225/97 (Pfeiffer/Löwa), Slg. 1999, I-2835; Rs. C-190/98 (Graf/Filzmoser Maschinenbau), DVBl. 2000, 406; Rs. C-55/94 (Gebhard), NJW 1996, 579 ff.

565  Siehe Rn. 420 ff., 536 f.

566  EuGH, Rs. C-55/94 (Gebhard), NJW 1996, 579 ff.

567  Zur Einschränkung der Grundfreiheiten siehe genauer unten Rn. 396 ff.

568  Zur Problematik etwa Nettesheim, NVwZ 1996, 342, der insoweit eine Beschränkung der Art. 45, 49 AEUV für erforderlich hält.

So führte der EuGH konkret hinsichtlich der Niederlassungsfreiheit etwa aus :[569]

*„Nationale Maßnahmen, die Gesellschaften aus anderen Mitgliedstaaten gegenüber Gesellschaften des Niederlassungsmitgliedstaats tatsächlich oder rechtlich benachteiligen, sind als Beschränkung des Zugangs zu diesen Tätigkeiten im Niederlassungsmitgliedstaat anzusehen. Eine solche Beschränkung verstößt gegen Art. 43 EG (jetzt Art. 49 AEUV), selbst wenn sie in nichtdiskriminierender Weise angewandt wird, es sei denn, dass sie aus zwingenden Gründen des Gemeinwohls gerechtfertigt ist, geeignet ist, die Verwirklichung des verfolgten Zieles zu gewährleisten, und nicht über das hinausgeht, was zu Erreichung des Zieles erforderlich ist."*

Noch deutlicher führte der EuGH konkret im Zusammenhang mit der Arbeitnehmerfreizügigkeit aus:[570]

**393e**

*„Zweitens ergibt sich aus der Rechtsprechung des Gerichtshofs [...], dass Art. 39 EG (jetzt Art. 45 AEUV) nicht nur jede unmittelbare oder mittelbare Diskriminierung aus Gründen der Staatsangehörigkeit, sondern auch nationale Regelungen verbietet, die, auch wenn sie unabhängig von der Staatsangehörigkeit der betroffenen Arbeitnehmer anwendbar sind, deren Freizügigkeit beeinträchtigen. [...] Der Gerichtshof hat wiederholt entschieden, dass sämtliche Vertragsbestimmungen über die Freizügigkeit den Gemeinschaftsangehörigen (jetzt Unionsangehörigen) die Ausübung von beruflichen Tätigkeiten aller Art im Gemeinschaftsgebiet (jetzt Unionsgebiet) erleichtern sollen und solchen Maßnahmen entgegenstehen, welche die Gemeinschaftsangehörigen (jetzt Unionsangehörigen) benachteiligen könnten, wenn sie eine Erwerbstätigkeit in einem anderen Mitgliedstaat ausüben wollen. In diesem Zusammenhang haben die Staatsangehörigen der Mitgliedstaaten insbesondere das unmittelbar aus dem Vertrag abgeleitete Recht, ihr Herkunftsland zu verlassen, um sich zur Ausübung einer Erwerbstätigkeit in einen anderen Mitgliedstaat zu begeben und sich dort aufzuhalten.*

*Auch unterschiedslos anwendbare Bestimmungen, die einen Staatsangehörigen eines Mitgliedstaats daran hindern oder davon abhalten, sein Herkunftsland zu verlassen, um von seinem Recht auf Freizügigkeit Gebrauch zu machen, stellen daher Beeinträchtigungen dieser Freiheit dar. Dies ist jedoch nur dann der Fall, wenn sie den Zugang der Arbeitnehmer zum Arbeitsmarkt beeinflussen."*

**d)** Folge einer solchen Unterscheidung zwischen Beeinträchtigungen des Zugangs zu einem Beruf als solchem und Regelungen lediglich der Berufsausübung ist es, dass die Arbeitnehmerfreizügigkeit und die Niederlassungsfreiheit hinsichtlich des Zugangs zu einem Beruf im Sinne eines allgemeinen Beschränkungsverbots sämtliche Beeinträchtigungen verbieten, die nicht durch zwingende Allgemeininteressen gerechtfertigt und verhältnismäßig sind. Bezüglich der Regelungen der Berufsausübung enthalten diese Vorschriften aber nur ein Diskriminierungsverbot und gebieten daher lediglich die Inländergleichbehandlung. Eine solche Unterscheidung erscheint – trotz aller Abgrenzungsschwierigkeiten im Einzelfall – durchaus auch sachgerecht. Während Beeinträchtigungen des Zugangs zu einem Beruf – auch wenn sie unterschiedslos wirken – die Arbeitnehmerfreizügigkeit und die Niederlassungsfreiheit in ihrem eigentlichen Gehalt betreffen, ist kein Grund ersichtlich, weshalb für Staatsangehörige anderer Mitgliedstaaten andere Regelungen hinsichtlich der Berufsausübung gelten sollten als für Inländer. Man kann es sich auch so merken: „Die Grundfreiheiten gewährleisten nur die Mobilität an sich, nicht aber die Schaffung von Zuständen innerhalb eines Mitgliedstaates, die diese Mobilität fördern".[571]

**393f**

---

569 EuGH, Rs. C-225/97 (Pfeiffer/Löwa), Slg. 1999, I-2835 „Tz. 19; siehe auch Rs. C-415/93 (Bosman), NJW 1996, 505; Rs. C-18/95 (Terhoeve), Slg. 1999, I-345.

570 EuGH, Rs. C-190/98 (Graf/Filzmoser Maschinenbau), DVBl. 2000, 406, Tz. 18, 22 ff.

571 Streinz, Rn. 808.

**e)** Die Unterscheidung zwischen Beeinträchtigungen des Zugangs zu einem Beruf als solchem und bloßen Regelungen der Berufsausübung bei der Arbeitnehmerfreizügigkeit und Niederlassungsfreiheit stimmt im Übrigen am ehesten auch mit dem Schutzumfang der Warenverkehrsfreiheit (Art. 34 ff. AEUV) und der Dienstleistungsfreiheit (Art. 56 ff. AEUV) überein. So hat der EuGH bei der Warenverkehrsfreiheit unterschiedslos geltende Regelungen über die Verkaufsmodalitäten, die letztlich mit Berufsausübungsregelungen bei den anderen Grundfreiheiten vergleichbar sind, grundsätzlich – im Gegensatz zu produktbezogenen Regelungen – nicht als gegen Art. 34 AEUV verstoßende Maßnahmen gleicher Wirkung angesehen.[572] Auch Nutzungsverbote und -beschränkungen werden weder als produktbezogene Regelungen noch als allgemeine Verkaufsmodalitäten verstanden,[573] wie der EuGH im Zusammenhang mit einem in Italien geltenden Verbot, mit Kleinkrafträdern Anhänger zu ziehen, entschieden hat.[574]

*393g*

> **hemmer-Methode: Lassen Sie sich nicht entmutigen, wenn Sie dieser Rechtsprechungsentwicklung nicht auf Anhieb folgen können. Merken Sie sich an dieser Stelle zunächst einmal, dass die Grundfreiheiten ursprünglich als Diskriminierungsverbote konzipiert waren. Ausländische mitgliedstaatliche Waren und Personen durften nicht aufgrund Ihres Herkunftslandes schlechter behandelt werden als inländische Waren/Personen. Die Grundidee, die hinter diesen Diskriminierungsverboten steckte, war das reibungslose Funktionieren des Handels zwischen den Mitgliedstaaten und damit des Binnenmarktes. Protektionistisches Verhalten der Mitgliedstaaten sollte unterbunden werden.**
> **Schnell erkannte der EuGH aber, dass auch Regelungen, die Inländer und (Unions-)Ausländer gleichbehandelten, binnenmarktswidrige Handelshemmnisse darstellen konnten. Daher erweiterte er die Tatbestände der Grundfreiheiten und stellte fest, dass auch allgemeine (also nichtdiskriminierende) Beschränkungen grundsätzlich verboten sind, sofern sie nicht bloße Ausübungsregeln darstellen. Da hierdurch die Tatbestände der Grundfreiheiten erweitert wurden, mussten gleichfalls auch die Rechtfertigungsgründe für mögliche Eingriffe von der Rechtsprechung erweitert werden. Diese auf den ersten Blick unübersichtliche Problematik wird bei den einzelnen Grundfreiheiten nochmals näher und anhand von Beispielen erläutert.**

## III. Verpflichtung der Mitgliedstaaten und horizontale Wirkung

*Verpflichtung der Mitgliedstaaten*

**1.** Die Grundfreiheiten richten sich grundsätzlich an die Mitgliedstaaten und verbieten daher zunächst alle staatlichen Beschränkungen. Allerdings verbieten die Grundfreiheiten nicht nur aktive, beschränkende staatliche Maßnahmen. Vielmehr verpflichten sie i.V.m. Art. 4 III EUV (Grundsatz der Unionstreue) die Mitgliedstaaten dazu, alle erforderlichen Maßnahmen zu ergreifen, um auf ihrem Gebiet die Beachtung der Grundfreiheiten sicherzustellen.

*394*

Dementsprechend haben die Mitgliedstaaten auch ein die Grundfreiheiten beeinträchtigendes Verhalten von Privatpersonen zu unterbinden.[575]

*horizontale Wirkung*

**2.** Die Grundfreiheiten verpflichten aber nicht nur die Mitgliedstaaten, sie entfalten nach neuerer Rechtsprechung des EuGH vielmehr auch horizontale Wirkung und können daher auch unmittelbar in den Rechtsbeziehungen zwischen Privatpersonen Anwendung finden.[576]

*395*

---

572 EuGH, Rs. (Keck), NJW 1994, 121 ff., s. unten Rn. 425 ff.

573 Vgl. Brigola, EuZW 2012, 248, 250 f.

574 EuGH, Rs. C-110/05, EuZW 2009, 173.

575 EuGH, Rs. C-265/95 (Kommission/Frankreich), Slg. 1997, I-6959 („Französische Landwirte"); Rs. C-112/00 (Schmidberger/Österreich), NJW 2003, 3185 ff. („Brenner-Blockade"); vgl. Epiney, NVwZ 2004, 1067, 1071 f.; vgl. unten Rn. 424.

576 EuGH, Rs. C-281/98 (Angonese/Cassa die Risparmio di Bolzano), DVBl. 2000, 1268 f. mit Anm. Streinz, JuS 2000, 1111 ff.; s. auch bereits Rn. 56.

Sie schützen die Begünstigten somit nicht nur vor mitgliedstaatlichen Maßnahmen, sondern auch unmittelbar vor solchen durch Privatpersonen. Hinsichtlich des Umfanges einer solchen horizontalen Wirkung bestehen nach der Rechtsprechung des EuGH zwischen den einzelnen Grundfreiheiten jedoch Unterschiede.

*kollektive Regelungen*

**a)** Seine Rechtsprechung zur horizontalen Anwendung der Grundfreiheiten eröffnete der EuGH hinsichtlich der Arbeitnehmerfreizügigkeit gem. Art. 45 AEUV und der Dienstleistungsfreiheit gem. Art. 49 AEUV in seiner „Walrave-Entscheidung". Danach finden diese Grundfreiheiten auch im Verhältnis Privater unmittelbare Anwendung, sofern eine diskriminierende Maßnahme vorliegt. Allerdings gilt dies nur für kollektive Regelungen; die Freizügigkeit eines Arbeitnehmers ist nach Ansicht des EuGH auch dann gefährdet, wenn zwar Schranken staatlichen Ursprungs abgeschafft werden, jedoch Privatsubjekte die gleichen Schranken im Rahmen privatrechtlicher Regelungen wieder aufstellen können.[577]

*395a*

*i.R.d. allgemeinen Beschränkungsverbotes*

**b)** Eine Fortentwicklung dieser Rechtsprechung fand sich später in der „Bosman-Entscheidung" des EuGH.[578] Der Gerichtshof stellte in dieser Entscheidung fest, dass sowohl die Arbeitnehmerfreizügigkeit wie auch die Dienstleistungsfreiheit nicht nur Diskriminierungsverbote enthalten, sondern darüber hinaus allgemeine Beschränkungsverbote.[579] Auch auf dieses allgemeine Beschränkungsverbot erstrecke sich die horizontale Wirkung im Falle kollektiver Regelungen. Entsprechendes gilt wohl für die Niederlassungsfreiheit des Art. 49 AEUV.

*395b*

*Sämtliche Privatrechtsverhältnisse*

**c)** Ein weiterer Meilenstein war schließlich in der „Angonese-Entscheidung" des EuGH zu sehen.[580] Der Gerichtshof weitete die horizontale Wirkung über kollektive Regelungen hinaus auf alle Verträge zwischen Privatpersonen aus. Die Tatsache, dass bestimmte Vorschriften des Unionsrechts nur Mitgliedstaaten ansprechen, schließe nicht aus, dass zugleich allen an der Einhaltung der so umschriebenen Pflichten interessierten Privatpersonen Rechte verliehen sein könnten.[581] Die „Angonese-Entscheidung" enthielt jedoch zwei wesentliche Einschränkungen. Zum einen betreffen die Ausführungen alleine die Arbeitnehmerfreizügigkeit gem. Art. 45 AEUV. Zum anderen beschränken sich die Feststellungen auf diskriminierende Maßnahmen. Hinsichtlich nicht diskriminierender Maßnahmen bleibt es damit auch nach der „Angonese-Entscheidung" allein beim Vorliegen kollektiver Regelungen bei einer horizontalen Wirkung.[582] Der EuGH prüft hinsichtlich des allgemeinen Beschränkungsverbotes demnach auch bei neueren Entscheidungen das Vorliegen kollektiver Regelungen, wenn es um die Frage der horizontalen Anwendbarkeit geht.[583]

*395c*

*Keine unmittelbare Drittwirkung i.R.d. Warenverkehrsfreiheit*

**d)** Im Gegensatz zu den genannten Grundfreiheiten hat sich der EuGH nach anfänglicher Bejahung mittlerweile im Bereich der Warenverkehrsfreiheit ausdrücklich gegen eine unmittelbare horizontale Drittwirkung entschieden.[584] Der Gerichtshof lässt der Warenverkehrsfreiheit damit lediglich eine mittelbare Drittwirkung zukommen.[585]

*395d*

---

577  EuGH, Rs. 36/74 (Walrave), Slg. 1974, 1405.

578  EuGH, Rs. C-415/93 (Bosman), NJW 1996, 505.

579  Siehe hierzu oben Rn. 393a.

580  EuGH, Rs. C-281/98 (Angonese/Cassa die Risparmio di Bolzano), DVBl. 2000, 1268 f.

581  Vgl. hierzu auch Streinz, JuS 2000, 1111, 1112.

582  Ob die Ausweitung der unmittelbaren Anwendbarkeit der Grundfreiheiten auf sämtliche Privatrechtsverhältnisse auch bei nicht-diskriminierenden Maßnahmen überhaupt möglich wäre, ist zudem höchst fraglich; kritisch hierzu Herdegen, Europarecht, § 14 Rn. 14.

583  So zuletzt bspw. EuGH, Rs. C-325/08 (Olympique Lyon/Bernard), NJW 2010, 1733 = **Life&Law 2010, 840 ff., Heft 12.**

584  EuGH, Rs. 311/85, Slg. 1987, 3801, Rn. 30; EuGH Rs. 65/86 (Bayer u.a./Süllhöfer), Slg. 1988, 5249, Rn. 11; vgl. hierzu auch Grabitz, ex Art. 28 EG, Rn. 44.

585  Ob der EuGH angesichts seiner Rechtsprechungsentwicklung bei den anderen Grundfreiheiten (s.o.) bei dieser restriktiven Haltung bleibt, ist zumindest fraglich; vgl. hierzu Herdegen, Europarecht, § 14 Rn. 15.

Damit sind alleine die Mitgliedstaaten verpflichtet, Maßnahmen zur Sicherung dieser Grundfreiheit zu treffen, beispielsweise bei der Auslegung nationaler Rechtsvorschriften. Ob der EuGH seine Rechtsprechung hinsichtlich der Warenverkehrsfreiheit erneut ändert und damit den anderen Grundfreiheiten anpasst, bleibt abzuwarten.

**hemmer-Methode: Auch hier gilt: Lassen Sie sich durch diese anfangs unübersichtlich erscheinende Rechtsprechung nicht verunsichern. Vereinfacht lässt sich der aktuelle Rechtssprechungsstand wie folgt zusammenfassen:**

- **Art. 45, 49 und 56 AEUV entfalten unmittelbare Drittwirkung, sofern kollektive Regelungen vorliegen.**
- **Nur Art. 45 AEUV entfaltet darüber hinaus bei sämtlichen Privatrechtsverhältnissen unmittelbare Drittwirkung, allerdings nur hinsichtlich diskriminierender Maßnahmen.**
- **Die Warenverkehrsfreiheit entfaltet lediglich mittelbare Drittwirkung, vergleichbar mit der mittelbaren Wirkung der deutschen Grundrechte im innerdeutschen Privatrecht.**

**Ob der EuGH seine Rechtsprechung hinsichtlich der Grundfreiheiten angleichen wird bleibt abzuwarten, ist aber sicherlich nicht ausgeschlossen. Behalten Sie die diesbezügliche Entwicklung im Auge.**

*Einschränkungen der Grundfreiheiten*

## IV. Einschränkungen der Grundfreiheiten

Die Mitgliedstaaten dürfen allerdings die Grundfreiheiten einschränkende nationale Rechtsvorschriften erlassen bzw. Maßnahmen ergreifen. Dies ist jedoch nur insoweit möglich, als das Unionsrecht dies zulässt (Rechtfertigungsmöglichkeiten). Zu unterscheiden ist nach ausdrücklichen geschriebenen und ungeschriebenen Beschränkungsmöglichkeiten (Rechtfertigungsgründen).   **396**

*ausdrückliche Vorbehalte nach dem AEUV*

**1.** So enthalten die Grundfreiheiten zunächst ausdrückliche Vorbehalte zugunsten der Mitgliedstaaten bzw. Bereichsausnahmen, die einschränkende innerstaatliche Regelungen unter bestimmten Voraussetzungen zulassen (z.B. die „ordre-public"-Vorbehalte nach Art. 36, 45 III, 52 I, 61 AEUV i.V.m. Art. 52 I AEUV, Bereichsausnahmen Art. 45 IV, 51 AEUV).   **396a**

*von der Rechtsprechung entwickelte Vorbehalte*

**2.** Daneben gibt es von der Rechtsprechung des EuGH anerkannte Vorbehalte zu Gunsten der Mitgliedstaaten im Hinblick auf unterschiedslos geltende (nicht-diskriminierende, allgemein beschränkende) nationale Regelungen, die einen Eingriff in die Grundfreiheiten aus zwingenden Gründen des Allgemeinwohls rechtfertigen können („Cassis- und Gebhard-Rechtsprechung").[586]   **396b**

*Verhältnismäßigkeit, Unionsgrundrechte*

**3.** Soweit die Mitgliedstaaten die genannten Vorbehalte durch nationales Recht ausfüllen, müssen sie bei der inhaltlichen Ausgestaltung auch die als „allgemeine Rechtsgrundsätze" geltenden Rechtsstaatprinzipien (Verhältnismäßigkeitsgrundsatz) und Unionsgrundrechte beachten. Zwar binden die Unionsgrundrechte in erster Linie die Unionsorgane. Etwas Anderes gilt jedoch dann, wenn die mitgliedstaatlichen Regelungen in den Anwendungsbereich des AEUV fallen und Einschränkungen der Grundfreiheiten enthalten.

Entsprechende mitgliedstaatliche Regelungen müssen daher mit Unionsgrundrechten vereinbar sein und in deren Lichte ausgelegt werden.[587]

---

586  Siehe Rn. 393c, 428 ff., 467a ff., 505 ff., 536 ff.

587  EuGH, Rs. C-260/89 (ERT), Slg. 1991, I-2925; Rs. C-368/95 (Vereinigte Familiapress/Heinrich Bauer Verlag), Slg. 1997, I-3709; Rs. C-60/00 (Carpenter/Secretary of State), DVBl. 2002, 1342, 1343; s. bereits Rn. 64.

*Unionsgrundrechte als Schranken der Grundfreiheiten*

**4.** Schließlich hat der EuGH in jüngeren Entscheidungen die Grundfreiheiten auch im Hinblick auf die Unionsgrundrechte für einschränkbar erklärt.[588]

*396c*

Kommt es zu einer Kollision der Grundfreiheiten mit den Unionsgrundrechten, ist eine praktische Konkordanz vorzunehmen, das heißt beide Rechtsgewährleistungen sind gegeneinander abzuwägen und bestmöglich, insbesondere unter Wahrung des Verhältnismäßigkeitsgrundsatzes, zur Geltung zu bringen.[589]

## V.  Problem der „Inländerdiskriminierung"

*Grenzüberschreitende Sachverhalte*

Gemeinsam ist den Grundfreiheiten weiterhin, dass es für ihre Anwendbarkeit zu einem Überschreiten von Grenzen kommen muss („grenzüberschreitende Sachverhalte"). Die Grundfreiheiten finden dagegen grundsätzlich keine Anwendung auf Sachverhalte, die nicht über die Grenzen eines Mitgliedstaats hinausweisen.[590]

*396d*

*Problem der Inländerdiskriminierung*

**1.** Aufgrund der Anwendbarkeit der Grundfreiheiten nur auf grenzüberschreitende Sachverhalte können Staatsangehörige anderer Mitgliedstaaten im Einzelfall bessergestellt sein als Inländer. Dieses Problem der Inländerdiskriminierung bezeichnet man auch als „umgekehrte Diskriminierung" oder „discrimination à rebours".[591]

*396e*

> *Bsp.:* *Aufgrund des Anwendungsvorrangs des Art. 34 AEUV kann es dazu kommen, dass mitgliedstaatliche Rechtsvorschriften, die sich auf die Zusammensetzung von bestimmten Lebensmitteln beziehen („Reinheitsgebote"), nicht auf eingeführte Waren Anwendung finden, während inländische Produkte weiterhin den strengen Anforderungen unterliegen.*

*EuGH/h.M.: Unionsrecht steht Inländerdiskriminierung nicht entgegen*

**a)** Es stellt sich dann die Frage, ob das Unionsrecht den Mitgliedstaaten gestattet, ihre eigenen Staatsangehörigen schlechter zu stellen als Staatsangehörige anderer Mitgliedstaaten. Nach einer Mindermeinung verbietet das Unionsrecht auch Inländerdiskriminierungen.[592] Dies ergebe sich aus den Zielen des Binnenmarktes, dem allgemeinen unionsrechtlichen Gleichheitsgrundsatz und einer teleologischen Auslegung der Vertragsbestimmungen. Nach Rechtsprechung des EuGH und der ganz h.M. steht der AEUV einer Inländerdiskriminierung indes grundsätzlich nicht entgegen.[593] Die Grundfreiheiten regeln ausschließlich Bereiche, die den grenzüberschreitenden Verkehr zwischen den Mitgliedstaaten betreffen.

*396f*

Ein rein interner, nationaler Sachverhalt, der keinen zwischenstaatlichen Bezug aufweist, fällt daher nicht in den Anwendungsbereich des AEUV. Auch die in Art. 20 AEUV enthaltene Unionsbürgerschaft bezweckt nicht, den sachlichen Anwendungsbereich des AEUV auf rein interne Sachverhalte auszudehnen.[594]

Folge ist, dass sich die eigenen Staatsangehörigen gegenüber ihrem Heimatstaat grundsätzlich nicht auf die Bestimmungen der Grundfreiheiten oder dazu ergangenes Sekundärrecht berufen können.

---

588  EuGH, Rs. C-112/00 (Schmidberger/Österreich), NJW 2003, 3185 ff.; Rs. C-36/02 (Omega/Stadt Bonn), NVwZ 2004, 1471 ff. mit Anm. Frenz, NVwZ 2005, 48 ff.; vgl. Epiney, NVwZ 2004, 1067, 1071 f. und NVwZ 2006, 407, 414 f.; vgl. dazu etwa Kadelbach/Petersen EuGRZ 2003, 693 ff.; Streinz, JuS 2004, 429 ff.; Schwarze, NJW 2005, 3459, 3460 f.; siehe unten Rn. 441a. Vgl. auch als Fallgestaltung Hemmer/Wüst, Die 23 wichtigsten Fälle Europarecht, S. 66 ff.

589  Siehe bereits Rn. 64.

590  Vgl. etwa EuGH Rs. C-60/00 (Carpenter/Secretary of State), DVBl. 2002, 1342.

591  Hobe, § 13 Rn. 22; Streinz, Rn. 810.

592  Vgl. dazu Hobe, § 13 Rn. 22; Streinz, Rn. 819 ff.

593  EuGH, Rs. 175/78 (Saunders), Slg. 1979, 1129; Verb.Rs. 35 u. 36/82 (Morson), Slg. 1982, 3723; Hobe, § 13 Rn. 22.

594  EuGH, Verb.Rs. C-64, 65/96 (Uecker u. Jacquet), Slg. 1997, I-3182.

Die rechtliche Zulässigkeit einer Inländerdiskriminierung bestimmt sich in solchen Fällen allein nach innerstaatlichem Recht,[595] in Deutschland insbesondere nach dem Gleichheitsgrundsatz des Art. 3 GG.

> **Bsp.:** *Einem deutschen Rechtsanwalt, der seine Kanzlei in Würzburg hat, ist es nicht möglich, eine Zweigstelle in Hamburg zu errichten. Dem stehen die „Residenzpflicht" sowie das „Zweigstellenverbot" entgegen, §§ 27, 28 BRAO. Da es sich um einen rein internen Sachverhalt ohne europäischen, insbesondere grenzüberschreitenden, Bezug handelt, kann er sich auch nicht auf die Bestimmungen der Art. 49 ff. AEUV berufen.*
>
> *Einem französischen Anwalt mit einer Kanzlei in Paris ist die Eröffnung einer Zweigstelle in Hamburg unter Berufung auf Art. 49 ff. AEUV grundsätzlich möglich (vgl. § 29a BRAO), da die „Residenzpflicht" und das „Zweigstellenverbot" für Rechtsanwälte anderer Mitgliedstaaten dem Unionsrecht widersprechen.[596]*

*Anwendbarkeit des Unionsrechts auf eigene Staatsangehörige bei grenzüberschreitenden Sachverhalten*

**b)** Etwas anderes gilt freilich dann, wenn sich Inländer gegenüber ihrem Heimatstaat in einer Situation befinden, die derjenigen eines Staatsangehörigen eines anderen Mitgliedstaats vergleichbar ist.[597] Dies ist dann der Fall, wenn es sich nicht um rein interne Sachverhalte handelt, sondern um solche, die ein „grenzüberschreitendes Element" aufweisen. Nur im letzteren Fall kann der Anwendungsbereich der Grundfreiheiten eröffnet sein, sodass sich unter der genannten Voraussetzung Staatsangehörige auch gegenüber ihrem Heimatstaat auf die Bestimmungen der Grundfreiheiten und dazu ergangenem Sekundärrecht berufen können.[598]

*396g*

> **Bsp.:** *Soweit ein deutscher Anwalt in Paris seine Kanzlei hat, kann er unter Berufung auf Art. 49 AEUV eine Zweigstelle in Deutschland eröffnen. Die Normen finden auf ihn Anwendung, da es sich nicht um einen rein internen, nationalen Sachverhalt handelt.*
>
> *Vielmehr weist der Sachverhalt ein grenzüberschreitendes Element auf und hat demnach zwischenstaatlichen Bezug. Die Lage des deutschen Rechtsanwalts ist der eines französischen Kollegen, der eine Zweigstelle in Deutschland eröffnen will, vergleichbar.*

Der grenzüberschreitende Bezug eines Sachverhalts muss selbstverständlich hinreichend konkret sein, damit sich ein Staatsangehöriger gegenüber seinem Heimatstaat auf die Bestimmungen der Grundfreiheiten berufen kann. Die rein hypothetische Möglichkeit der Ausübung dieser Unionsrechte stellt keinen Bezug zum Unionsrecht her, der eng genug wäre, um die Anwendung der Unionsbestimmungen zu rechtfertigen.[599]

> **Bsp.:** *Ein ausschließlich in Deutschland tätiger Rechtsanwalt wird wegen eines Verbrechens von den deutschen Behörden festgenommen. Diese Maßnahme ist zwar geeignet, die unionsrechtlichen Freizügigkeitsrechte (Art. 45, 49, 56 AEUV) zu behindern. Die abstrakte Möglichkeit einer Tätigkeit im Ausland genügt jedoch nicht, um den Anwendungsbereich der Grundfreiheiten zu eröffnen.*

**hemmer-Methode: Da die Frage, unter welchen Voraussetzungen sich ein Staatsangehöriger gegenüber seinem Heimatstaat auf das Unionsrecht berufen kann, nicht ganz einfach ist, wird später gesondert zu jeder Grundfreiheit ein Beispiel angeführt.**

---

595   EuGH, Verb.Rs. C-64, 65/96 (Uecker u. Jacquet), Slg. 1997, I-3182.

596   Siehe Rn. 518 f.

597   EuGH, Rs. 115/78 (Knoors), Slg. 1979, 399; Rs. 246/80 (Broeckmeulen), Slg. 1981, 2311.

598   Siehe zum Ganzen EuGH, Rs. 98/86 (Mathot), Slg. 1987, 809; Hobe, § 13 Rn. 36; § 15 Rn. 61; Streinz, Rn. 797.

599   EuGH, Rs. C-299/95 (Kremzow/Österreich), Slg. 1997, I-2637.

## VI. Rechtsangleichung

*Rechtsangleichung im Bereich der Grundfreiheiten*

**1.** Die Mitgliedstaaten können die von den Grundfreiheiten erfassten Bereiche im Rahmen der vom AEUV gezogenen Grenzen selbstständig näher auszugestalten (z.B. Vermarktungsregeln für Waren, Berufsausübungsregeln). Auch wenn diese Vorschriften nicht dem AEUV entgegenstehen - etwa, weil sie die eingeräumten Vorbehalte rechtmäßig ausfüllen -, kann es aufgrund der unterschiedlichen Ausgestaltung in den Mitgliedstaaten zu Beeinträchtigungen des Binnenmarktes kommen. Daher gehört es auch zu den Zielen der Union, die innerstaatlichen Rechtsvorschriften anzugleichen, soweit dies für das Funktionieren des Binnenmarktes erforderlich ist, Art. 114, 115 AEUV („Harmonisierungsmaßnahmen").

*397*

*Ermächtigungsgrundlagen*

**2.** Die Grundfreiheiten enthalten einige spezielle Bestimmungen, welche die Union zum Erlass solcher Harmonisierungsmaßnahmen ermächtigen. Die allgemeine Ermächtigungsnorm des Art. 114 AEUV findet nur subsidiär Anwendung.

*398*

---

**Die Ermächtigungsnormen für den Erlass rechtsangleichender Rechtsakte sind:**

**a)** im Bereich des freien Personenverkehrs (Art. 45 ff., 49 ff. AEUV)

⇨ Art. 46, 48 AEUV für die Herstellung der Freizügigkeit der Arbeitnehmer (Art. 45 - 48 AEUV)

⇨ Art. 50 I, 52 II, 53 AEUV für die Herstellung der Niederlassungsfreiheit (Art. 49 - 55 AEUV)

**b)** im Bereich der Dienstleistungsfreiheit (Art. 56 ff. AEUV)

⇨ Art. 62 AEUV i.V.m. Art. 52 II, 53 AEUV

**c)** im Bereich des freien Kapitalverkehrs (Art. 63 I, 64 ff. AEUV)

⇨ Art. 64 AEUV im Verhältnis zu Drittländern (zwischen den Mitgliedstaaten sind Beschränkungen des Kapitalverkehrs verboten, zudem erfolgte bereits eine umfassende Angleichung der Rechtsvorschriften)

**d)** im Bereich des freien Warenverkehrs (Art. 34 ff. AEUV)

⇨ für rechtsangleichende Maßnahmen gilt mangels spezieller Ermächtigungsnorm Art. 114 AEUV

---

*Bedeutung rechtsangleichender Maßnahmen*

**3.** Soweit die Union von ihrer Kompetenz zur Rechtsangleichung Gebrauch gemacht und eine abschließende sekundärrechtliche Regelung getroffen hat, sind innerstaatliche Rechtsvorschriften in erster Linie hieran zu prüfen.[600] Allerdings hat der Umstand, dass eine Bestimmung des mitgliedstaatlichen Rechts unionalem Sekundärrecht entspricht, nicht notwendig zur Folge, dass diese Bestimmung im Einzelfall nicht auch am AEUV – genauer, an den Grundfreiheiten - unmittelbar zu messen wäre. Die Vertragsbestimmungen über die Grundfreiheiten bleiben auch neben dem Sekundärrecht Prüfungsmaßstab,[601] so etwa insbesondere für dessen Auslegung. Soweit schließlich keine abschließenden sekundärrechtlichen Bestimmungen existieren, kommen als Prüfungsmaßstab allein die unmittelbar anwendbaren Bestimmungen der Grundfreiheiten in Betracht.

*399*

---

600 Vgl. etwa EuGH, Rs. C-350/97 (Wilfried Monsees/Unabhängiger Verwaltungssenat für Kärnten), Slg. 1999, I-2921; Rs. C-322/01 (Deutscher Apothekerverband/Doc Morris u.a.), NJW 2004, 131,133.; Rs. C-309/02 (Radlberger), GewArch 2005, 198 ff.

601 EuGH, Rs. C-120/95 (Decker/Caisse de Maladie), Slg. 1998, I-1831.

*freier Warenverkehr*

## B) Freier Warenverkehr, Art. 28 ff., 34 ff. AEUV

Als Mittel zur Erreichung des freien Warenverkehrs sieht der AEUV **400**
das **Verbot von Ein- und Ausfuhrzöllen** (Art. 30 AEUV) sowie die
**Abschaffung aller mengenmäßigen Ein- und Ausfuhrbeschrän-
kungen** (Art. 34 AEUV) im Handelsverkehr innerhalb der Union
vor.[602]

## I. Anwendungsbereich

*Unionswaren*          Gemeinsame Voraussetzung der Anwendbarkeit der Bestimmungen **401**
*Art. 28 II AEUV*      über die Abschaffung von Zöllen (Art. 30 f. AEUV) und die Beseiti-
                       gung mengenmäßiger Beschränkungen zwischen den Mitgliedstaa-
                       ten (Art. 34, 37 AEUV) ist, dass es sich um Waren i.S.d. Art. 28 II
                       AEUV handelt.

Hierdurch grenzt sich der freie Warenverkehr von den anderen
Grundfreiheiten ab.[603]

## 1. Begriff der Ware

*Begriff der Ware*     Unter Waren i.S.d. Art. 28 II AEUV sind alle Gegenstände zu verste- **402**
                       hen, die einen Geldwert haben und daher Gegenstand von Han-
                       delsgeschäften sein können.[604]

## 2. Begriff der Unionsware

*Begriff der Unionsware*   Weiterhin ist Voraussetzung, dass es sich um Unionswaren handelt, **403**
                           Art. 28 II AEUV. Dies ist zunächst der Fall, wenn die Waren aus den
                           Mitgliedstaaten selbst stammen. Erfasst werden aber auch Waren
                           aus Drittländern, die sich in den Mitgliedstaaten im freien Warenver-
                           kehr befinden, Art. 29 AEUV.

**a)** In Anlehnung an die Warenursprungs-Verordnung des Rates **404**
(ehemals VO [EWG] Nr. 2913/92; nunmehr VO [EG] Nr. 450/2008)
stammen Waren dann aus einem Mitgliedstaat, wenn sie vollständig
in einem Land gewonnen oder hergestellt worden sind. Soweit auch
Drittstaaten an der Produktion beteiligt sind, gilt eine Ware dann als
in einem Mitgliedstaat hergestellt, wenn dort die letzte wesentliche
und wirtschaftlich gerechtfertigte Be- oder Verarbeitung stattgefunden hat (v.a. Herstellung eines neuen Erzeugnisses, neue bedeutende Produktionsstufe). Zubehör und Ersatzteile teilen den Ur-
sprung der Hauptware.

**b)** Waren aus Drittstaaten gelten unter den Voraussetzungen des **405**
Art. 29 AEUV als Unionsware. Demnach müssen die Einfuhrförm-
lichkeiten erfüllt, die vorgeschriebenen Zölle und Abgaben gleicher
Wirkung erhoben und nicht ganz oder teilweise rückvergütet worden
sein.

**c)** Soweit eine Ware nicht aus einem Mitgliedstaat stammt oder sich **406**
nicht im freien Verkehr befindet, wird sie als Ware aus einem Drittstaat behandelt und unterliegt den allgemeinen Einfuhrzöllen und
Einfuhrmodalitäten.

---

602  Vgl. allgemein zur Warenverkehrsfreiheit etwa Mayer, EuR 2003, 793 ff.

603  Zur Abgrenzung von der Dienstleistungsfreiheit siehe Rn. 531.

604  EuGH, Rs. 7/68 (Kunstschätze), Slg. 1968, 633, 642; Geiger, Art. 28 AEUV, Rn. 16.; Der EuGH fasst etwa auch Abfälle als Waren i.S.d. Art. 28 II
     AEUV auf, da sie Gegenstand wirtschaftlichen Verkehrs sind; vgl. EuGH, EuZW 1992, 577 ff.

## II. Verbot von Zöllen und Abgaben gleicher Wirkung, Art. 30 AEUV

*Verbot von Zöllen und Abgaben gleicher Wirkung*

Nach Art. 30 AEUV sind Ein- und Ausfuhrzölle sowie Abgaben gleicher Wirkung zwischen den Mitgliedstaaten verboten. Die genannten Bestimmungen sind unmittelbar anwendbar.[605] Soweit die Mitgliedstaaten neue Ein- oder Ausfuhrzölle oder Abgaben gleicher Wirkung einführen, brauchen diese wegen des Anwendungsvorrangs des Unionsrechts nicht gezahlt zu werden. Zu Unrecht erhobene Abgaben sind zurückzuerstatten.

*407/ 408*

### 1. Zölle

*Zölle*

Zölle i.S.d. Art. 30 AEUV sind Abgaben, die als Zoll bezeichnet werden und bei der Ausfuhr oder Einfuhr vom Staat erhoben werden. Der Begriff des Zolls ist „formal" zu verstehen.[606]

*409*

### 2. Abgaben gleicher Wirkung

*Abgaben gleicher Wirkung*

Das Verbot von Abgaben gleicher Wirkung dient der Verhinderung der Umgehung des Zollverbots. Es soll insbesondere verhindern, dass bei der Einfuhr geforderte Abgaben, die dadurch, dass sie eingeführte Waren, nicht aber gleichartige inländische Waren betreffen, den Erstehungspreis erhöhen und damit die gleiche einschränkende Wirkung auf den freien Warenverkehr haben wie ein Zoll.[607]

*410*

*finanzielle Belastungen anlässlich des Grenzübertritts*

Der Begriff der Abgabe gleicher Wirkung ist im AEUV nicht definiert. Der EuGH[608] hat eine Definition entwickelt, die an einem Vergleich mit Zöllen ansetzt und insbesondere auf die Wirkung der Abgabe abstellt. Eine Abgabe gleicher Wirkung ist demnach jede noch so geringfügige finanzielle Belastung, die einseitig vom Staat wegen des Grenzübertritts einer Ware auferlegt wird. Auf die Bezeichnung der Abgabe kommt es nicht an. Unerheblich ist, ob die Abgabe diskriminierende oder protektionistische Wirkung hat und Waren betrifft, die nicht mit inländischen Erzeugnissen im Wettbewerb stehen. Ohne Bedeutung ist auch, ob die Abgabe bereits beim Grenzübertritt oder erst später im Inland erhoben wird.[609]

*Bsp.:[610] Statistikgebühren, Gebühren für Warenkontrollen, Lizenzgebühren*

*Ausnahmen*

Allerdings sind drei Arten von Belastungen anerkannt, die keine Abgaben gleicher Wirkung darstellen und damit nicht dem Verbot des Art. 30 AEUV unterfallen.

*411*

Zollgleiche Abgaben sind **nicht**

**a)** Belastungen, die ein angemessenes Entgelt für tatsächlich geleistete Dienste darstellen.[611]

*Entgelt für tatsächlich geleistete privatnützige Dienste*

Entscheidend ist, dass die Gegenleistung dem Importeur einen individuellen, messbaren Vorteil bringt („privatnützige Dienste"). Nicht ausreichend ist dagegen, wenn die Belastung allein öffentlichen Interessen dient. Ferner muss die finanzielle Belastung den von der Verwaltung aufgewendeten Diensten entsprechen („Kostendeckungsprinzip").

---

605 EuGH, Rs. 26/62 (van Gend & Loos), Slg. 1963, 1; Slg. 1970, 1213.

606 Streinz, Rn. 858.

607 Grabitz, ex Art. 25 EG, Rn. 12, 15.

608 EuGH, Slg. 1969, 193, 201, Verb.Rs. 2 u. 3/69 (Diamantarbeiders), Slg. 211, 221 f.; Rs. 87/75, (Bresciani), Slg. 1976, 129; 1975, 79, 92 f.

609 EuGH, Slg. 1972, 1309, 1318; siehe auch Grabitz, ex Art. 25, Rn. 14.

610 EuGH, Rs. 87/75 (Bresciani), Slg. 1976, 129; 1982, 283; für weitere Beispiele siehe die Aufzählung bei Geiger, Art. 30 AEUV, Rn. 6.

611 EuGH, 1989, 1483; 1990, I-1735; 1978, 1453, 1469.

*Bsp.: Unzulässig sind Gebühren für gesundheitspolizeiliche Einfuhrkontrollen, da sie allein dem Allgemeininteresse dienen. Zulässig wäre dagegen unter Umständen eine Gebühr wegen der Erteilung einer „Qualitätsmedaille" für die eingeführte Ware. Die Qualitätsmedaille bringt dem Importeur einen individuellen Vorteil, da sie dessen Absatzchancen steigert.*

*Abgaben im Rahmen eines allgemeinen inländischen Abgabensystems (Art. 110 ff. AEUV)*

**b)** Abgaben, die zwar an den Grenzübertritt der Waren anknüpfen, aber Bestandteil eines allgemeinen inländischen Abgabensystems sind, das unterschiedslos einheimische und eingeführte Erzeugnisse nach denselben Merkmalen erfasst und sich demnach nicht gegen Importe richten.[612] Solche Abgaben dienen lediglich dem Ausgleich von Belastungen, die auch inländische Waren zu tragen haben (z.B. Umsatzsteuer). Ihre Zulässigkeit bestimmt sich nach Art. 110 ff. AEUV.

**412**

**hemmer-Methode: Die Art. 110 ff. AEUV („steuerliche Vorschriften") sind von den Vorschriften über die Zölle und Abgaben gleicher Wirkung abzugrenzen. Während Art. 30 AEUV an finanzielle Belastungen wegen Überschreitung der Zollgrenze anknüpfen, beziehen sich Art. 110 ff. AEUV auf die Überschreitung der Steuergrenze und demzufolge auf solche Abgaben, die grundsätzlich inländische und eingeführte Produkte gleichermaßen betreffen (z.B. MwSt) Art. 110 ff. AEUV wollen insbesondere verhindern, dass Wettbewerbsverzerrungen dadurch entstehen, dass eingeführte Waren in einem Mitgliedstaat höheren steuerlichen Abgaben unterliegen als gleichartige einheimische Produkte.[613]**

Durch Art. 30 AEUV sind ferner auch sog. „parafiskalische Abgaben" verboten, die zwar inländische Erzeugnisse gleichermaßen belasten, jedoch der Finanzierung bzw. Förderung von Tätigkeiten dienen, die den einheimischen Erzeugnissen in spezifischer Weise zugutekommen und dadurch die auf den einheimischen Erzeugnissen beruhende Belastungen wieder ausgleichen.[614]

*nach dem Unionsrecht zulässige Abgaben*

**c)** Abgaben, die durch das Unionsrecht ausdrücklich zugelassen oder veranlasst sind.[615]

**413**

*Bsp.: Unionsrechtlich vorgeschriebene Gesundheitskontrollen. Die Mitgliedstaaten können hierfür kostendeckende Gebühren erheben als Ausgleich für die Belastung aufgrund unionsrechtlicher Verpflichtung (z.B. Verwaltungsaufwand).*

## Exkurs: Die Zollunion, Art. 28 I AEUV

*Zollunion, Art. 28 I AEUV*

Das Verbot von Einfuhr- und Ausfuhrzöllen zwischen den Mitgliedstaaten sowie von Abgaben gleicher Wirkung ist ein Element der Zollunion, die nach Art. 28 I AEUV Grundlage der Union ist.

**414**

*Gemeinsamer Zolltarif*

Zweites Element der Zollunion ist die Einführung eines Gemeinsamen Zolltarifs (GZT) gegenüber Drittstaaten (gemeinsamer Außenzoll). Er wird durch eine Verordnung des Rates festgesetzt. Ermächtigungsgrundlagen sind, je nach Gegenstand des zu regelnden Bereiches, vor allem Art. 31, 207 AEUV. Für Zollregelungen im Zusammenhang mit der gemeinsamen Agrarpolitik gilt Art. 43 AEUV. Der GZT enthält ein Verzeichnis aller Waren (Nomenklatur), denen jeweils autonome oder vertragsmäßige Zollsätze in Prozent des Warenwerts zugeordnet sind.

**415**

*Bsp.: Autonom sind solche Zollsätze, die von der Union einseitig festgesetzt werden (Art. 31 AEUV). Vertragliche Zollsätze sind solche, die auf einem Vertrag der Union mit Drittstaaten beruhen (Art. 207 III AEUV).*

---

612 EuGH, Slg. 1978, 1453, 1469; 1983, 1669, 1678; Grabitz, ex Art. 25 EG, Rn. 14 a.E., 21.

613 Als Beispiel für einen „Zollfall" siehe bei Hemmer/Wüst, Die 23 wichtigsten Fälle – Europarecht, S. 52 ff.

614 EuGH, Rs. 77/72 (Eierkartons), Rs. C-374/95 (Fazenda Pública/UCAL), Slg. 1997, I-3113.

615 Grabitz, ex Art. 25 EG, Rn. 3.

Wichtig ist, dass im Bereich des GZT die Union eine ausschließliche Kompetenz besitzt (Art. 3 I lit. a, lit. e AEUV). Die Mitgliedstaaten können daher nicht einseitig den Außenzoll bestimmen.

**Exkurs Ende**

### III. Verbot mengenmäßiger Ein- und Ausfuhrbeschränkungen und Maßnahmen gleicher Wirkung, Art. 34, 35 AEUV

*Verbot mengenmäßiger Beschränkungen und Maßnahmen gleicher Wirkung*

Zur Verwirklichung des freien Warenverkehrs dient neben der Einführung einer Zollunion das Verbot von mengenmäßigen Beschränkungen und Maßnahmen gleicher Wirkung, Art. 34, 35 AEUV.

**416**

Die Bestimmungen sind in der Praxis erheblich wichtiger als Art. 30 AEUV. Art. 34, 35 AEUV sind unmittelbar anwendbar und verdrängen aufgrund ihres Anwendungsvorrangs entgegenstehendes nationales Recht.[616] Art. 34, 35 AEUV verbieten – im Gegensatz zu Art. 30 AEUV – alle sonstigen, nicht finanziellen Belastungen für importierte Waren.

Art. 34 ff. AEUV gelten nicht, soweit unionsrechtliche Sonderregeln deren Anwendbarkeit ausschließen. Sie finden daher keine Anwendung auf den Handel mit Kriegswaffen (Art. 346 AEUV) oder im Bereich des Agrarrechts, soweit die betreffende Ware von einer Marktordnung erfasst wird (Art. 38 II, 40, 43 III AEUV). Art. 30 AEUV (finanzielle Belastungen) und Art. 110 ff. AEUV (Steuern) gehen zudem als speziellere Vorschriften vor.[617]

**Wichtig** ist weiterhin, dass die Union auf Grundlage des Art. 110 AEUV zahlreiche Richtlinien erlassen hat, welche die Herstellung und das Inverkehrbringen von Waren europaweit regeln (z.B. Sicherheitsstandards). Soweit solche Richtlinien abschließende Regelungen enthalten, sind innerstaatliche Rechtsvorschriften in erster Linie daran zu messen. Insbesondere gelten für die Anwendung weitergehender mitgliedstaatlicher Schutzvorschriften besondere Voraussetzungen (Art. 114 IV, V AEUV).

### 1. Verbot mengenmäßiger Ein- und Ausfuhrbeschränkungen, Art. 34, 35 AEUV

*mengenmäßige Einfuhr- und Ausfuhrbeschränkungen (Art. 34, 35 AEUV)*

In Anlehnung an die Rechtsprechung des EuGH sind mengenmäßige Beschränkungen sämtliche staatliche Maßnahmen, welche die Einfuhr, Durchfuhr oder Ausfuhr einer Ware der Menge oder dem Wert nach begrenzen.[618] Erfasst werden demnach insbesondere Kontingentierungen.

**417**

Als mengenmäßige Beschränkungen sieht der EuGH aber auch Einfuhr- und Ausfuhrverbote[619] und solche Maßnahmen an, die wegen ihrer wirtschaftlichen Auswirkungen die Ein- oder Ausfuhr völlig unmöglich machen („Nullkontingente").[620] Sie stellen die stärksten quantitativen Handelshindernisse dar.

---

616 EuGH, Slg. 1977, 557, 576 (Art. 34 AEUV); 1978, 2347, 2374 (Art. 35 AEUV).

617 Geiger, Art. 34 AEUV, Rn. 3.

618 Geiger, Art. 34 AEUV, Rn. 6; Grabitz, ex Art. 28 EG, Rn. 1.

619 EuGH, Slg. 1979, 1387; 1447; 2729.

620 EuGH, Rs. 124/81 (H-Milch), Slg. 1983, 203; Grabitz ex Art. 28 EG, Rn. 1, 2.

Eine genauere Definition des Begriffs erübrigt sich, da der Begriff der „Maßnahmen gleicher Wirkung wie Ein- oder Ausfuhrbeschränkungen" alle Maßnahmen einschließt, die nicht vom Begriff der mengenmäßigen Beschränkung umfasst werden.[621]

## 2. Verbot von Maßnahmen gleicher Wirkung wie Einfuhr- und Ausfuhrbeschränkungen, Art. 34, 35 AEUV

Das Verbot des Art. 34, 35 AEUV gilt auch für Maßnahmen gleicher Wirkung wie mengenmäßige Einfuhr- und Ausfuhrbeschränkungen.

**418**

### a) Maßnahme gleicher Wirkung wie mengenmäßige Einfuhrbeschränkungen, Art. 34 AEUV

*Maßnahmen gleicher Wirkung wie mengenmäßige Einfuhrbeschränkungen (Art. 34 AEUV)*

Das Verbot von Maßnahmen gleicher Wirkung wie mengenmäßige Einfuhrbeschränkungen ist in der Praxis von überragender Bedeutung und weitaus wichtiger als das Verbot Ausfuhr beschränkender Maßnahmen. Die Mitgliedstaaten sind eher versucht, den Import aus anderen Mitgliedstaaten zu erschweren, um die nationalen Märkte zu schützen.

**419**

**hemmer-Methode: Der Begriff der „Maßnahmen gleicher Wirkung wie mengenmäßige Ausfuhrbeschränkungen" wird teilweise anders ausgelegt als der Begriff der „Maßnahmen gleicher Wirkung wie mengenmäßige Einfuhrbeschränkungen". Daher unterscheidet das Skript im Folgenden zwischen beiden Arten der „Maßnahmen gleicher Wirkung".**

### aa) Begriff der Maßnahme gleicher Wirkung („Dassonville-Formel")

*„Dassonville-Formel"*

Der Begriff der Maßnahme gleicher Wirkung wie mengenmäßige Einfuhrbeschränkungen wird vom EuGH in ständiger Rechtsprechung weit ausgelegt. Nach der so genannten „Dassonville-Formel" ist eine Maßnahme gleicher Wirkung:

**420**

> *„Jede Handelsregelung der Mitgliedstaaten, die geeignet ist, den innergemeinschaftlichen (jetzt innerunionalen) Handel unmittelbar oder mittelbar, tatsächlich oder potenziell zu behindern [...]."[622]*

*ausreichend, wenn Maßnahme zur Beeinträchtigung geeignet ist*

**(1)** Nicht erforderlich ist demnach, dass eine Beeinträchtigung des Warenverkehrs tatsächlich nachgewiesen werden kann. Art. 34 AEUV sanktioniert die bloße Möglichkeit der Behinderung („tatsächlich oder potenziell"). Ausreichend ist somit, dass die staatliche Maßnahme geeignet ist, den innerunionalen Handelsverkehr zu beeinträchtigen. Unerheblich ist der Grad der Beeinträchtigung.[623] Auch muss die Maßnahme nicht notwendig handelspolitische Zwecke verfolgen. Ausreichend ist allein, dass sie sich auf den Handelsverkehr innerhalb der Union objektiv auswirkt. Daher spricht der EuGH in späteren Entscheidungen nur noch allgemein von „Regelungen" oder „Maßnahmen".[624]

**421**

„Maßnahmen gleicher Wirkung" sind grundsätzlich Regelungen, die ausländische Waren diskriminieren (schlechter stellen) und damit die Einfuhr behindern.[625]

---

621   So auch Grabitz, ex Art. 28 EG, Rn. 2.

622   St. Rspr. seit EuGH, Slg. 1974, 837, 852; vgl. auch etwa EuGH, Rs. C-112/00 (Schmidberger/Österreich), NJW 2003, 3185 ff.

623   EuGH, Slg. 1984, 1797, 1813.

624   Grabitz, ex Art. 28 EG, Rn. 14 m.w.N.

625   Grabitz, ex Art. 28 EG, Rn. 15; Geiger, Art. 34 AEUV, Rn. 12.

*Bsp.: Einfuhrgenehmigungen, auch wenn sie nur statistischen Zwecken dienen und sofort erteilt werden,[626] sowie jede Förmlichkeit, die zu einer Verzögerung der Einfuhr führen kann (Warenkontrollen).[627]*

*auch nicht-diskriminierende Regelungen werden erfasst ⇨ allgemeines Beschränkungsverbot*

**(2)** Da die Definition jede Regelung erfasst, gilt sie aber auch für solche Maßnahmen, die unterschiedslos auf inländische und eingeführte Waren Anwendung finden und daher keinen diskriminierenden Charakter haben.[628] Die bloße Gleichbehandlung eingeführter Waren besagt demnach noch nicht, dass eine innerstaatliche Regelung mit dem Unionsrecht vereinbar wäre. Art. 34 AEUV geht deshalb über ein bloßes Diskriminierungsverbot hinaus und zielt auf eine vollständige Liberalisierung des Warenverkehrs ab (Beschränkungsverbot). Einschränkende Maßnahmen bedürfen daher stets einer besonderen Rechtfertigung.

**422**

**(3)** Nicht erforderlich ist, dass bereits die Einfuhr der Ware erschwert wird. Erfasst werden vielmehr auch alle Maßnahmen, die sich hinderlich auf den Absatz der eingeführten Waren und den Marktzugang auswirken können (z.B. Absatzregelungen, Produkt- und Vermarktungsvorschriften).[629]

**423**

*Bsp.: Etikettierungsvorschriften für eingeführte Produkte, Verpackungsvorschriften, Bezeichnungsvorschriften (z.B. „Schaumwein statt Sekt"), Werbevorschriften (z.B. Verbot der Prospektwerbung). Gängiges Beispiel ist das „deutsche Reinheitsgebot für Bier". Das „deutsche Reinheitsgebot" (§ 10 Biersteuergesetz a. F.) galt sowohl für inländische wie auch ausländische Brauereien. Getränke, die dem Reinheitsgebot nicht entsprachen, durften in Deutschland zwar eingeführt, aber nicht unter der Bezeichnung „Bier" verkauft werden. Durch dieses Verbot wurde der Absatz von Bier, das nicht den Erfordernissen des Reinheitsgebots entsprach, erschwert.*

*staatliche Maßnahmen*

**(4)** Voraussetzung ist nach herkömmlichem Verständnis, dass es sich um eine Regelung der Mitgliedstaaten, also um eine staatliche bzw. dem Staat zurechenbare Maßnahme handelt.[630] Die Maßnahme muss nicht rechtlich verbindlich sein, auch bloß faktische staatliche Akte reichen aus.

**424**

*staatliches Handeln*

Eine staatliche Maßnahme kann auch dann gegeben sein, wenn das Verhalten Privater vom Staat aktiv veranlasst wird und diesem daher zuzurechnen ist.

*Bsp. 1:[631] Die irische Regierung rief die Bürger auf, bevorzugt irische Produkte zu kaufen („Buy Irish"). Diese Maßnahme war zwar nicht verbindlich und eine Beeinträchtigung wäre gegebenenfalls nur durch die Käufer erfolgt. Allerdings war der Aufruf geeignet, das Käuferverhalten zu beeinflussen und daher dem irischen Staat zuzurechnen. Ob die Käufer dem Aufruf tatsächlich gefolgt sind, ist unerheblich. Entscheidend ist allein, dass die Maßnahme geeignet war, das Käuferverhalten zu beeinflussen und so den unionsinternen Handel zu behindern.*

*staatliches Unterlassen*

Dem Staat kann es weiter auch zuzurechnen sein, wenn er das den freien Warenverkehr behindernde Verhalten von Privatpersonen pflichtwidrig nicht wirksam unterbindet.

---

626  EuGH, Rs. 41/76 (Donckerwolcke), Slg. 1976, 1921, 1922.

627  EuGH, Slg. 1977, 515.

628  EuGH, Rs. 120/78 (Cassis de Dijon), Slg. 1979, 649, 660 ff.

629  Grabitz, ex Art. 28 EG Rn. 15 ff., Geiger, Art. 34 AEUV, Rn. 9.

630  Vgl. etwa EuGH Rs. C-325/00 (Kommission/Deutschland), NJW 2002, 3609 f. für eine durch Gesetz errichtete und durch gesetzliche Pflichtbeiträge finanzierte GmbH.

631  EuGH, Rs. 249/81 (Buy Irish), Slg. 1982, 4005.

Denn Art. 34 AEUV verbietet den Mitgliedstaaten nicht nur eigene Handlungen oder Verhaltensweisen, die zu einem Handelshemmnis führen können, sondern verpflichtet sie i.V.m. Art. 4 III EUV (Grundsatz der Unionstreue) auch dazu, alle erforderlichen und geeigneten Maßnahmen zu ergreifen, um in ihrem Gebiet die Beachtung der Warenverkehrsfreiheit sicherzustellen.[632]

> *Bsp. 2:[633] Französische Landwirte haben über Jahre hinweg immer wieder gegen landwirtschaftliche Erzeugnisse aus anderen Mitgliedstaaten protestiert und im Rahmen ihrer Proteste auch Lastwagen mit solchen Erzeugnissen angehalten und die Ladung vernichtet. Weiter wurde Groß- und Einzelhändlern gedroht, die landwirtschaftliche Erzeugnisse aus anderen Mitgliedstaaten verkauften. Trotz mehrfacher Beschwerde der Kommission ergriff Frankreich keine effektiven Maßnahmen, um die Gewaltaktionen der französischen Landwirte zu verhindern und zu ahnden, da nach Auffassung Frankreichs ein massives behördliches Einschreiten die Lage nur verschlimmert hätte.*

Die Gewaltaktionen stellten Hemmnisse für den unionsinternen Handel dar, da sie die Einfuhr und den Absatz landwirtschaftlicher Erzeugnisse aus anderen Mitgliedstaaten behinderten und zudem eine „Atmosphäre der Unsicherheit" geschaffen haben. Zwar verfügen die Mitgliedstaaten hinsichtlich der zur Aufrechterhaltung der öffentlichen Sicherheit und Ordnung zu ergreifenden Maßnahmen über ein weites Ermessen. Allerdings reichten angesichts der Häufigkeit und Schwere der Vorfälle die von Frankreich ergriffenen Maßnahmen offenkundig nicht aus, um den freien Warenverkehr dadurch zu gewährleisten, dass sie die Urheber wirksam an der Begehung und Wiederholung der Gewaltaktionen hinderten und sie davon abschreckten. Die Gefahr von schweren Gewalttaten oder sozialen Unruhen bei Eingreifen der Behörden kann das Unterlassen von effektiven Maßnahmen allenfalls in einem „konkreten Einzelfall" und nur dann rechtfertigen, wenn der Mitgliedstaat nachweist, dass sein „Tätigwerden Folgen für die öffentliche Ordnung hätte, die er mit seinen Mitteln nicht bewältigen könnte". Da dies nicht dargelegt wurde, hatte Frankreich gegen seine Verpflichtungen aus Art. 34 AEUV mit Art. 4 III EUV verstoßen.

*horizontale Wirkung*

Nach der (noch) gefestigten Rechtsprechung des EuGH ist im Rahmen der Warenverkehrsfreiheit keine unmittelbare Wirkung in Privatrechtsverhältnissen gegeben.[634] Die Grundfreiheit wirkt hier vielmehr lediglich mittelbar. Damit ist der Mitgliedstaat verpflichtet, den Einzelnen vor Beeinträchtigungen zu schützen.

*Unterscheidung zw. produktbezogenen Regelungen und allgemeinen Verkaufsmodalitäten*

**(5)** Eine teilweise Änderung der Rechtsprechung des EuGH und eine restriktivere Handhabung des Begriffs der Maßnahme gleicher Wirkung erfolgte durch das bedeutende Urteil in der Rechtssache „Keck".[635]

**425**

> *Bsp.: Art. 32 der französischen Wettbewerbsverordnung bestimmt, dass sich ein Kaufmann strafbar macht, wenn er ein Produkt zu einem niedrigeren Preis als dem Einkaufspreis weiterverkauft („vente à perte"). Zwei französischen Kaufleuten wurde vorgeworfen, importierten Kaffee und importiertes Bier in Supermärkten unter dem Einkaufspreis verkauft zu haben. Das zuständige französische Gericht zweifelte an der Vereinbarkeit des Verbots mit Art. 34 AEUV und legte die Frage dem EuGH vor (Art. 267 AEUV).*

---

632 EuGH, Rs. C-265/95 (Kommission/Frankreich), Slg. 1997, I-6959 („Französische Landwirte"); Rs. C-112/00 (Schmidberger/Österreich), NJW 2003, 3185 ff. („Brenner-Blockade"); vgl. Epiney, NVwZ 2004, 1067, 1071 f.

633 EuGH, Rs. C-265/95 (Kommission/Frankreich), Slg. 1997, I-6959 („Französische Landwirte"); vgl. dazu etwa Kadelbach, EuGRZ 2002, 213 ff.

634 Vgl. Rn. 56, 395.

635 EuGH, NJW 1994, 121 ff. mit Anm. Möschel, 429 ff.

Zunächst könnte man argumentieren, das Verbot der „vente à perte" stelle eine Maßnahme gleicher Wirkung dar, da es den Absatz von importierten Waren in einer bestimmten Form untersagt und sich so hinderlich auf den innerunionalen Warenverkehr auswirkt.

In seiner Entscheidung differenzierte der EuGH lange Zeit hinsichtlich staatlicher Vermarktungsregeln zwischen **produktbezogenen Regeln** und **allgemeinen Verkaufsmodalitäten**. In der neueren Rechtsprechung sind weder als produktbezogene Regelungen noch als allgemeine Verkaufsmodalitäten ansehbare Nutzungsverbote oder -beschränkungen hinzugekommen.[636]

**426**

Hinsichtlich produktbezogener Regelungen (z.B. Beschaffenheit, Bezeichnung, Form, Abmessung, Gewicht, Etikettierung, Verpackung des Produkts) bleibt es auch künftig bei der Anwendung des Art. 34 AEUV. Bezüglich der Verkaufsmodalitäten (Regelungen, die den Absatz der Ware betreffen, z.B. Werbevorschriften) führt der EuGH indes aus:

> *„Demgegenüber ist entgegen der bisherigen Rechtsprechung die Anwendung nationaler Bestimmungen, die bestimmte Verkaufsmodalitäten beschränken oder verbieten, auf Erzeugnisse aus anderen Mitgliedstaaten nicht geeignet, den Handel zwischen den Mitgliedstaaten im Sinne des Urteils Dassonville unmittelbar oder mittelbar, tatsächlich oder potentiell zu behindern, sofern die Bestimmungen für alle betroffenen Wirtschaftsteilnehmer gelten, die ihre Tätigkeit im Inland ausüben, und sofern sie den Absatz der inländischen Erzeugnisse und der Erzeugnisse aus anderen Mitgliedstaaten rechtlich wie tatsächlich in der gleichen Weise berühren."[637]*

Nationale Nutzungsverbote oder -beschränkungen unterfallen zwar zunächst ebenfalls dem Verbot des Art. 34 AEUV, da ihre Wirkung der einer mengenmäßigen Einfuhrbeschränkung gleichkommt und somit ein Handelshemmnis bildet. Sie können allerdings durch allgemein anerkannte Gründe, etwa die Verkehrssicherheit, gerechtfertigt sein.

*Bsp. für ein (erlaubtes) Nutzungsverbot:*

*Verbot mit Kleinkrafträdern Anhänger zu ziehen.[638]*

---

**Eine Anwendung des Art. 34 AEUV scheidet demnach für Regelungen über Verkaufsmodalitäten aus, sofern sie**

⇨ allgemein für alle Wirtschaftsteilnehmer gelten und

⇨ auf den Absatz inländischer und eingeführter Erzeugnisse die gleiche Wirkung haben, d.h. sie sich nicht überwiegend zu Lasten eingeführter Erzeugnisse auswirken.

**427**

---

Das französische Verbot im Beispiel oben (Rn. 425) stellt eine Verkaufsmodalität dar. Auch wenn von diesem Verbot möglicherweise eine Beeinträchtigung des zwischenstaatlichen Handels ausgeht, weil eine bestimmte Form der Absatzförderung nicht möglich ist, findet Art. 34 AEUV keine Anwendung.

---

636 EuGH, Rs. C-110/05, EuZW 2009, 173; vgl. Streinz, JuS 2009, 652.

637 Hervorhebungen vom Verfasser.

638 EuGH, Rs. C-110/05, EuZW 2009, 173.

*Weitere Bsp. für Verkaufsmodalitäten:*

*Ladenschlussregelungen,[639] Verbot von Fernsehwerbung für bestimmte Erzeugnisse und Wirtschaftssektoren,[640] Werbeverbot für apothekenübliche Waren außerhalb der Apotheke,[641] Gestattung eines Verkaufs von Ort zu Ort nur an Betriebe mit fester Betriebsstätte,[642] absolutes Werbeverbot für alkoholische Getränke,[643] Genehmigungserfordernis für Straßenverkauf von Zeitschriften.[644]*

*Bsp. für produktbezogene Regelungen:*

*Verbot einer bestimmten Produktbezeichnung,[645] Pflicht zur Angabe bestimmter Daten auf dem Produkt,[646] etwa auch im Hinblick auf Pfand- und Rücknahmesysteme, wenn wegen ihnen die Etikettierung zu ändern ist.[647]*

Schwierigkeiten kann im Einzelfall die Frage bereiten, ob eine Verkaufsmodalität tatsächlich auf den Absatz inländischer und eingeführter Erzeugnisse die gleiche Wirkung hat.        **427a**

*Bsp.: Ein generelles und umfassendes Werbeverbot für alkoholische Getränke mag zwar allgemein für alle Wirtschaftsteilnehmer gelten. Es ist jedoch geeignet, den Marktzugang für Erzeugnisse aus anderen Mitgliedstaaten stärker zu behindern als für inländische Erzeugnisse, die dem Verbraucher bereits bekannt sind.*

*Daher wirkt es überwiegend zu Lasten eingeführter Erzeugnisse, sodass es bei einer Maßnahme gleicher Wirkung bleibt.[648] - Entsprechendes gilt für das Verbot, zugelassene Arzneimittel außerhalb von Apotheken, insbesondere im Rahmen des Versandhandels über das Internet, zu vertreiben. Dieses Verbot beeinträchtigt nämlich in einem anderen Mitgliedstaat ansässige Apotheken stärker als Apotheken in dem betreffenden Mitgliedstaat. Denn damit wird der Marktzugang für Arzneimittel aus anderen Mitgliedstaaten stärker behindert als der für inländische Erzeugnisse.*

*Es ist im Hinblick auf nicht verschreibungspflichtige Medikamente auch nicht durch zwingende Gründe des Allgemeininteresses (z.B. Erfordernis der Beratung in einer Apotheke, fehlende Kontrolle von Internetapotheken) gerechtfertigt. Anderes gilt allerdings für verschreibungspflichtige Medikamente.[649]*

Schließlich bleibt es bei der Anwendung des Art. 34 AEUV, wenn sich eine Regelung über die Verkaufsmodalitäten zugleich als produktbezogene Regelung darstellt.

*Bsp.:[650] § 9a I Nr. 1 UWG-Österreich verbietet allgemein, Verbrauchern neben Waren und Dienstleistungen unentgeltliche Zuwendungen zu gewähren. Das Verbot bezieht sich auch auf Gewinnpreisrätsel in Zeitschriften. Ein österreichischer Presseverlag verklagte unter Heranziehung dieser Bestimmung einen deutschen Zeitungsverlag nach dem UWG-Österreich.*

---

639  EuGH, Verb.Rsn. 401, 402/92 (Tankstation t´Heukske), Slg. 1994, I-2227.

640  EuGH, Rs. 412/93 (Leclerc-Siplec), Slg. 1995, I-179.

641  EuGH, Rs. 292/92 (Hünermund), Slg. 1993, I-6787.

642  EuGH, Rs. 254/98 (Schutzverband/TK-Heimdienst) mit Anm. Streinz, JuS 2000, 809 ff.; aber unzulässig, weil der Zugang von Waren aus anderen Mitgliedstaaten stärker beeinträchtigt wird, da ausländische Betriebe anders als ansässige Betriebe eine ortsfeste Betriebsstätte erst noch erwerben/errichten müssten.

643  EuGH, Rs. 405/98 (Konsumentombudsmannen/Gourmet International Products AB), Slg. 2001, I-1795 mit Anm. Streinz, JuS 2001, 807 ff.

644  EuGH Rs. C-20/03 (Burmanjer u.a.), NJW 2005, 2977 ff.

645  EuGH, Rs. 315/92 (Clinique), Slg. 1994, I-317.

646  EuGH, Rs. 317/92 (Kommission/Deutschland), Slg. 1994, I-2039.

647  EuGH Rs. C-463/01 (Kommission/Deutschland), EuZW 2005, 49.

648  EuGH, Rs. 405/98 (Konsumentombudsmannen/Gourmet International Products AB), Slg. 2001, I-1795 mit Anm. Streinz, JuS 2001, 807 ff.; das Verbot ist aber durch den Gesundheitsschutz gerechtfertigt.

649  EuGH, Rs. C-322/01 (Deutscher Apothekerverband/Doc Morris u.a.), NJW 2004, 131, 133 f.; vgl. dazu etwa Koch, EuZW 2004, 50 ff.; Lenz, NJW 2004, 332 ff.; Epiney, NVwZ 2004, 1067, 1072; Montag/v. Bonin, NJW 2005, 2898, 2901. Als Beispiel für einen Klausurfall mit Lösung vgl. Hemmer/Wüst, Die 23 wichtigsten Fälle – Europarecht, S. 46 ff.

650  EuGH, Rs. C-368/95 (Vereinigte Familiapress/Heinrich Bauer Verlag), Slg. 1997, I-3709.

*Vor dem nach Art. 267 AEUV befassten EuGH machte Österreich geltend, dass die Möglichkeit der Teilnahme an einem Preisausschreiben nur eine verkaufsfördernde Maßnahme und damit eine Verkaufsmodalität im Sinne des Urteils „Keck" darstelle.*

Der EuGH ist dieser Betrachtungsweise nicht gefolgt. Selbst wenn § 9a I Nr. 1 UWG-Österreich in erster Linie verkaufsfördernde Maßnahmen betreffen sollte, so bezieht sich die Bestimmung vorliegend aber auf den Inhalt des Erzeugnisses selbst. Denn die Preisausschreiben sind Bestandteil der Zeitung, in der sie sich befinden. Zudem beeinträchtigt das Verbot den Zugang der Zeitschrift zum österreichischen Zeitungsmarkt und damit den freien Warenverkehr, da es in anderen Mitgliedstaaten niedergelassene Verlage zwingt, den Inhalt der Zeitschriften zu ändern

**Weiteres Bsp.:** *Verbot eines bestimmten Werbeaufdrucks auf der Verpackung selbst.*[651]

*Cassis-Rechtsprechung*

## bb) Immanente Schranken des Art. 34 AEUV („Cassis de Dijon"-Rechtsprechung)

Den Anwendungsbereich des Art. 34 AEUV hat der EuGH durch seine sog. „Cassis-Rechtsprechung" frühzeitig (noch weiter) eingeschränkt.

**428**

Dies ist notwendig, da mangels umfassender unionsrechtlicher Vorgaben auf mitgliedstaatliche Produktions- und Warenvorschriften nicht verzichtet werden kann.

In seiner grundlegenden Entscheidung führte der EuGH aus:[652]

*„In Ermangelung einer gemeinschaftlichen Regelung der Herstellung und Vermarktung (einer Ware) [...] ist es Sache der Mitgliedstaaten, alle die Herstellung und Vermarktung.[...] betreffenden Vorschriften für ihr Hoheitsgebiet zu erlassen. Hemmnisse für den Binnenhandel der Union, die sich aus den Unterschieden der nationalen Regelungen ergeben, müssen deshalb hingenommen werden, soweit diese Bestimmungen notwendig sind, um zwingenden Erfordernissen gerecht zu werden.[...]"*

*unterschiedslos angewendete Maßnahmen*

**(1)** Wichtig ist zunächst, dass die „Cassis-Rechtsprechung" nur solche staatlichen Maßnahmen erfasst, die unterschiedslos für einheimische und eingeführte Waren gelten und daher keinen unmittelbaren diskriminierenden Charakter haben (z.B. wie „Reinheitsgebote" für Lebensmittel, Sicherheitsstandards).[653]

**429**

Die „Cassis-Rechtsprechung" gilt daher nur für versteckte Diskriminierungen und echte allgemeine Beschränkungen.

Mitgliedstaatliche Vorschriften, die nur eingeführte Waren betreffen und diskriminierenden Charakter haben, können demnach nicht durch die „Cassis-Rechtsprechung", sondern allein durch Art. 34 AEUV gerechtfertigt sein.

Weiterhin dürfen für den betreffenden Bereich keine unionsrechtlichen Vorgaben existieren. Soweit eine abschließende unionsrechtliche Regelung besteht (z.B. Richtlinien über Sicherheitsstandards), sind innerstaatliche Rechtsvorschriften in erster Linie hieran bzw. an Art. 114 IV, V AEUV zu messen.[654]

---

651 EuGH, Rs. 470/93 (Mars), Slg. 1995, I-1936.

652 EuGH, Rs. 120/81 (Cassis de Dijon), Slg. 1979, 649, 662; Hervorhebungen vom Verfasser.

653 EuGH, Rs. C-441/04 (A-Punkt Schmuckhandels GesmbH/Claudia Schmidt), Slg. 2006, I-2095 = NJW 2006, 2540 = **Life&Law 2006, 785**; Grabitz, ex Art. 28 EG, Rn. 20.

654 Zur Bedeutung der Rechtsangleichung nach Art. 114 AEUV siehe Rn. 442 ff.

*zwingende Erfordernisse*

**(2)** Als zwingende Erfordernisse hatte der EuGH in seinem Urteil folgende Interessen nicht wirtschaftlicher Art anerkannt:

⇨ wirksame steuerliche Kontrolle:

Erfasst werden hiervon Maßnahmen, die der Durchsetzung der Steuerordnung dienen (z.B. Maßnahmen zur Erhebung der nach Art. 110 AEUV zulässigen inländischen Abgaben).

⇨ Verbraucherschutz:

Erfasst werden hiervon vor allem Maßnahmen, welche die Verbrauchererwartungen schützen wollen (v.a. Verbraucherinformationen auf Verpackungen über die Zusammensetzung, Qualität, Echtheit einer Ware).

⇨ Lauterkeit des Handelsverkehrs:

Der Begriff ist eng mit dem des Verbraucherschutzes verbunden und überschneidet sich mit diesem teilweise. Erfasst werden v.a. mitgliedstaatliche Regelungen zum Schutz vor unlauterem Wettbewerb (z.B. Maßnahmen, mit denen die Mitgliedstaaten verhindern wollen, dass minderwertige eingeführte Produkte den Anschein erwecken, sie entsprächen höherwertigen inländischen Produkten.).

Später hat der EuGH unter anderem ebenso anerkannt:

⇨ Umweltschutz:[655]

Hierunter fallen v.a. Maßnahmen, welche die Umweltverträglichkeit von Waren bzw. die umweltverträgliche Vermarktung garantieren sollen (z.B. Verpackungsvorschriften, Pfandflaschensysteme).

⇨ Aufrechterhaltung der Medienvielfalt:[656]

Die Medienvielfalt trägt zum Recht der freien Meinungsäußerung bei, das durch Art. 10 EMRK geschützt ist und zu den von der Union geschützten Grundrechten gehört. Unter dieses zwingende Erfordernis können bestimmte Wettbewerbsregelungen fallen (z.B. Verbot von Preisrätseln mit teuren Gewinnen zum Schutz kleiner Verlage).

⇨ erhebliche Gefährdung des finanziellen Gleichgewichts des Systems der sozialen Sicherheit.[657]

⇨ Verkehrssicherheit.[658]

Bei den vom EuGH bislang als „zwingende Erfordernisse" anerkannten Schutzgütern handelt es sich um keine abschließende Aufzählung, d.h. es kommen auch weitere Interessen nicht wirtschaftlicher Art in Betracht.

Wirtschaftliche Interessen (z.B. Schutz der heimischen Wirtschaft) können dagegen die Warenverkehrsfreiheit – wie im Übrigen auch die anderen Grundfreiheiten – grundsätzlich nicht zulässig einschränken.

*430*

---

655 EuGH, Rs. 302/86 (Pfandflaschen), Slg. 1988, 4607; Rs. C-320/03 (Kommission/Österreich), DVBl. 2006, 103 ff. mit Anm. Gödeke 105 ff.

656 EuGH, Rs. C-368/95 (Vereinigte Familiapress/Heinrich Bauer Verlag), Slg. 1997, I-3709.

657 EuGH, Rs. C-120/95 (Decker/Caisse de maladie), Slg. 1998, I-1831.

658 EuGH, Rs. C-314/ 98 (Snellers Auto´s BV/Allgemeen Directeur van de Dienst Wegverkeer), Slg. 2000, I-8633 ; EuGH, Rs. C-110/05, EuZW 2009, 173.

*Verhältnismäßigkeit*

**(3)** Wichtig ist, dass die zum Schutz der genannten zwingenden Erfordernisse ergangenen staatlichen Maßnahmen verhältnismäßig sein müssen („notwendig, um zwingenden Erfordernissen…").

*431*

---

**Die staatlichen Maßnahmen müssen daher zur Erreichung der anerkannten zwingenden Erfordernisse:**

⇨ geeignet sein,

⇨ erforderlich sein und

⇨ in einem angemessenen Verhältnis zu dem verfolgten Ziel stehen.

---

Wegen des Gebots der Verhältnismäßigkeit hat der EuGH zahlreiche staatliche Maßnahmen als Verstoß gegen Art. 34 AEUV angesehen. Insbesondere bei Maßnahmen im Bereich der „Lauterkeit des Handelsverkehrs" und des „Verbraucherschutzes" stellen Etikettierungsvorschriften (Verbraucherinformation) häufig weniger einschneidende Maßnahmen dar als Vermarktungsverbote.

*Bsp.: Im Interesse des Verbraucherschutzes ist es nicht erforderlich, dass ausländische Lebensmittel, die mitgliedstaatlichen Reinheitsgeboten nicht entsprechen, nicht unter einer bestimmten Bezeichnung vermarktet werden dürfen (z.B. nicht als „Bier" oder „Nudeln"). Ausreichend ist, dass sich aus der Etikettierung der Waren ergibt, aus welchen Bestandteilen sie sich zusammensetzen. Reinheitsgebote sind daher häufig wegen Verstoßes gegen Art. 34 AEUV und dessen Anwendungsvorrangs auf Waren, die in anderen Mitgliedstaaten produziert wurden, nicht anwendbar.[659]*

*432*

*Berücksichtigung von Kontrollen im Ursprungsland (Herkunftslandprinzip)*

**(4)** Besonderheiten bestehen zudem hauptsächlich bei innerstaatlichen Rechtsvorschriften, welche die Kontrolle von Waren aus Gründen des Gesundheitsschutzes, Umweltschutzes oder Verbraucherschutzes anordnen (z.B. Lebensmittelkontrollen, Umweltverträglichkeitsprüfungen).

*433*

Der EuGH erachtet entsprechende innerstaatliche Rechtsvorschriften dann als Verstoß gegen Art. 34 AEUV, wenn die Ware im Ursprungsland rechtmäßig zum freien Verkehr zugelassen worden ist und genauso effektiv kontrolliert wurde wie dies im Einfuhrstaat beabsichtigt ist (Herkunftslandprinzip).[660]

Die Mitgliedstaaten können zwar grundsätzlich aus Gründen des Gesundheitsschutzes, Umweltschutzes oder Verbraucherschutzes Kontrollverfahren einrichten und Genehmigungserfordernisse aufstellen. Allerdings müssen sie etwaige Kontrollmaßnahmen des Ausfuhrstaates hinreichend berücksichtigen.[661]

Eine „Doppelkontrolle" wäre unverhältnismäßig und damit unzulässig. Allerdings bedeutet das Vorhandensein von Schutzvorschriften im Ausfuhrstaat nicht automatisch, dass strengere Schutzvorschriften im Einfuhrstaat unverhältnismäßig sind.

Denn der Umstand allein, dass ein Mitgliedstaat andere Schutzregelungen erlassen hat als ein anderer Mitgliedstaat, ist für sich genommen nicht ausschlaggebend für die Frage der Verhältnismäßigkeit der einschlägigen Bestimmungen.[662]

---

659 Zur haftungsrechtlichen Seite des Falls siehe Rn. 382c a.E.

660 EuGH, Rs. 220/81 (Robertson), Slg. 1982, 2349; 1989, 617; siehe hierzu auch Haak/Klöck, EuZW 2010, 53 ff.

661 EuGH, Rs. 272/80 (Schädlingsbekämpfungsmittel), Slg. 1981, 3277; 1983, 2455.

662 Vgl. zur Niederlassungsfreiheit EuGH, Rs. C-108/96 (Dennis McQuen u.a.), Slg. 2001, I-837 mit Anm. Streinz, JuS 2001, 1014 f.; Huber/Brenner, DVBl. 2001, 1013, 1015.

*Beweislast bei den Mitgliedstaaten*

**(5)** Die Mitgliedstaaten haben ferner stets darzulegen, dass eine innerstaatliche Regelung aus zwingenden Erfordernissen i.S.d. „Cassis-Rechtsprechung" oder aus den in Art. 34 AEUV genannten Gründen gerechtfertigt ist.[663] Sie tragen damit die Beweislast.

*434*

> ***Bsp.:*** *Unzulässig wäre es, wenn eine Gesundheitskontrolle einfach wiederholt wird, ohne dass die Ergebnisse einer bereits im Ausfuhrstaat durchgeführten Kontrolle hinreichend berücksichtigt würden.*
>
> *Ferner wäre es unzulässig, wenn ein Mitgliedstaat lediglich behauptet, Maßnahmen seien aus Gründen des Gesundheitsschutzes erforderlich. Vielmehr müssen mögliche Gesundheitsbeeinträchtigungen tatsächlich dargelegt werden.*

*Einordnung der Cassis-Rechtsprechung in die Systematik des AEUV*

**hemmer-Methode: Die Einordnung der „Cassis-Rechtsprechung" des EuGH in die Systematik des AEUV ist streitig. Der EuGH ging lange Zeit davon aus, dass die genannten „zwingenden Erfordernisse" immanente Schranken des Art. 34 AEUV und somit eine Art vom negativen Tatbestandsmerkmalen seien. Dahinter stand der Gedanke, dass die Rechtfertigungsgründe des Art. 36 AEUV abschließend und eng auszulegen sind, sodass eine Erweiterung auf andere Merkmale nicht in Betracht kommt. Ein Teil der Literatur sieht dagegen die „zwingenden Erfordernisse" als eine Erweiterung der Rechtfertigungsgründe nach Art. 36 AEUV an („öffentliche Sicherheit und Ordnung"), was dem „Regel-Ausnahmeverhältnis" der Art. 34 AEUV und Art. 36 AEUV auch eher entspräche.[664] Der EuGH hat sich dieser Literaturansicht mittlerweile angeschlossen und prüft die Cassis-Voraussetzungen nun unter der Überschrift Rechtfertigung.[665] Der Streit hat im Ergebnis - außer für den Klausuraufbau - keine praktische Bedeutung. Empfohlen wird eine Prüfung der Voraussetzungen der Cassis-Formel im Rahmen der Rechtfertigungsprüfung.**

*435*

## b) Maßnahmen gleicher Wirkung wie mengenmäßige Ausfuhrbeschränkungen, Art. 35 AEUV

*Maßnahmen gleicher Wirkung wie mengenmäßige Ausfuhrbeschränkungen (Art. 35 AEUV)*

Art. 35 AEUV verbietet Maßnahmen gleicher Wirkung wie mengenmäßige Ausfuhrbeschränkungen. Im Wesentlichen ist der Inhalt des Verbots wie bei Art. 34 AEUV auszulegen („Dassonville-Formel", „Keck"), jedoch besteht eine wichtige Ausnahme.

*436*

*spezifische Beschränkung der Ausfuhr*

Nach ständiger Rechtsprechung des EuGH bezieht sich Art. 35 AEUV nur auf solche mitgliedstaatlichen Maßnahmen, die spezifische Beschränkungen der Ausfuhrströme bezwecken oder bewirken und damit zu einer Ungleichbehandlung des Binnenhandels und des Außenhandels eines Mitgliedstaats führen, sodass die inländische Produktion oder der Binnenmarkt des betreffenden Staates einen besonderen Vorteil erlangt.[666]

*437/ 438*

Erfasst werden demnach grundsätzlich nicht solche Maßnahmen, die unterschiedslos für auszuführende und nicht-auszuführende Waren gelten und auch nicht den Zweck verfolgen, die Handelsströme zwischen den Mitgliedstaaten zu regeln. Hinter dieser Rechtsprechung steht der Gedanke, dass bei einfuhrbehindernden Regelungen (Art. 34 AEUV) eine protektionistische, wettbewerbsbehindernde Wirkung regelmäßig auftritt, während sie bei ausfuhrbehindernden Maßnahmen (Art. 35 AEUV) eine Ausnahme darstellt.[667] Die Bedeutung des Art. 35 AEUV ist im Übrigen eher gering.

---

663 EuGH, Rs. 227/82 (van Bennekom), Slg. 1983, 3883.; EuGH, Rs. C-432/03 (Kommission/Portugal), NZBau 2006, 32 ff.

664 Vgl. zur dogmatischen Einordnung der Cassis-Grundsätze und den dabei vertretenen Auffassungen Fremuth, EuR 2006, 866 ff.

665 So zuletzt für die entsprechenden Gebhard-Voraussetzungen i.R.d. Arbeitnehmerfreizügigkeit des Art. 45 AEUV EuGH, Rs. C-325/08 (Olympique Lyon/Bernard), NJW 2010, 1733 = **Life&Law 2010, 840 ff., Heft 12.**

666 EuGH, Rs. 155/80 (Oebel), Slg. 1981, 1993; Rs. C-203/96 (Chemische Afvalstoffen Dusseldorp BV u.a.), Slg. 1998, I-4075.

667 Grabitz, ex Art. 29 EG, Rn. 4; vgl. zum Regelungszweck auch Geiger, Art. 36 AEUV, Rn. 3.

*Bsp.: Das „Nachtbackverbot" hindert deutsche Bäcker daran, ihre Produkte rechtzeitig zum Frühstück in einen angrenzenden Mitgliedstaat zu liefern. Nach der „Dassonville-Formel" wäre das eine Maßnahme gleicher Wirkung, da sie den Warenverkehr innerhalb der Union (Ausfuhr von Backwaren) behindert. Das Nachtbackverbot stellt jedoch keine spezifische Ausfuhrregelung dar, da es unterschiedslos auf auszuführende Waren und nicht auszuführende Waren Anwendung findet. Ebenso bezweckt es keinen Vorteil für die nationale Produktion.*

*Ein Verstoß gegen Art. 35 AEUV liegt demnach nicht vor.[668] Entsprechendes gilt für die Ladenschlusszeiten,[669] die aber nach der neueren „Keck-Rechtsprechung" als reine Verkaufsmodalität von vornherein nicht mehr in den Anwendungsbereich des Art. 35 AEUV fallen.[670]*

*Demgegenüber verstößt ein Ausfuhrverbot in Bezug auf wiederverwertbaren Müll, das nur für den Fall der höherwertigen Verwertung im Ausfuhrstaat als im Herkunftsstaat im Einzelfall aufgehoben wird, gegen Art. 35 AEUV, da es die Ausfuhr beschränkt und die inländische Produktion (Müllverwertung) einen besonderen Vorteil erlangt.[671]*

## 3. Rechtfertigung nach Art. 36 AEUV

*Rechtfertigungsgründe nach Art. 36 AEUV*

**a)** Art. 36 AEUV enthält Rechtfertigungsgründe für alle, somit auch unterschiedlich angewendeten Maßnahmen. Art. 34, 35 AEUV stehen demnach nicht solchen innerstaatlichen Regelungen entgegen, die dem Schutz folgender Interessen dienen:

**439**

⇨ öffentliche Sittlichkeit:

Hierunter ist der Inbegriff der Moralvorstellungen einer bestimmten Gesellschaft zu verstehen.[672] Anerkannt vom EuGH sind z.B. Einfuhrverbote für pornographische Waren.[673]

⇨ öffentliche Ordnung und Sicherheit:

Dies ist der weiteste Begriff des Art. 36 AEUV, der unverzichtbare Grundregeln erfasst, die hinreichend schwere Gefährdungen wesentlicher staatlicher Interessen verhindern wollen.[674]

⇨ Schutz der Gesundheit und des Lebens von Menschen, Tieren oder Pflanzen:

Hierzu zählen insbesondere gesundheits- oder veterinärpolizeiliche Maßnahmen (z.B. Kontrollverfahren hinsichtlich der Gesundheitsverträglichkeit von Waren), technische Sicherheitsnormen.[675]

⇨ Schutz des nationalen Kulturguts:

Hierunter fallen insbesondere Ausfuhrlizenzen, Ausfuhrverbote oder Vorkaufsrechte staatlicher Stellen, die das Verbringen von nationalem Kulturgut ins Ausland verhindern sollen.

---

668 EuGH, Rs. 155/80 (Oebel), Slg. 1981, 1993; Dauses, C I., Rn. 101.

669 EuGH, EuZW 1991, 318.

670 EuGH, Verb.Rsn. 401, 402/92 (Tankstation t´Heukske), Slg. 1994, I-2227.

671 EuGH, Rs. C-203/96 (Chemische Afvalstoffen Dusseldorp BV u.a.), Slg. 1998, I-4075.

672 Vgl. Grabitz, ex Art. 30 EG, Rn. 12 f.

673 EuGH, Rs. 34/79 (Henn und Darby), Slg. 1979, 3795; Rs. 121/85 (Conegate), Slg. 1986, 1007, 1022 f.

674 Vgl. Grabitz, ex Art. 30 EG, Rn. 14 f.; Geiger, Art. 36 AEUV, Rn. 6.

675 Geiger, Art. 36 AEUV, Rn. 8 ff. m.w.N.

⇨ Schutz des gewerblichen/kommerziellen Eigentums:

Hierzu zählen insbesondere Rechtsvorschriften, die auf den Schutz von Patentrechten, Warenzeichenrechten und Urheberrechten abzielen. Staatlich verliehene Herkunftsangaben auf Produkten können den Handel innerhalb der Union beeinträchtigen, da sie die Verbraucher zum Kauf von Produkten nur mit dem betreffenden Gütesiegel veranlassen können. Sie können als bloße geographische Herkunftsangabe aber unter die Ausnahme „Schutz des gewerblichen und kommerziellen Eigentums" i.S.d. Art. 36 AEUV fallen.

Dies gilt aber nicht für eine Regelung, die auf alle landwirtschaftlichen Produkte eines Mitgliedstaates abstellt (z.B. Gütezeichen „Markenqualität aus deutschen Landen").[676]

Nach der Rechtsprechung des EuGH handelt es sich bei den Rechtfertigungsgründen des Art. 36 S. 1 AEUV um eine Aufzählung abschließender, nicht wirtschaftlicher Ziele, die als Ausnahmetatbestände von Art. 34, 35 AEUV grundsätzlich eng auszulegen sind.[677] Andererseits verfügen die Mitgliedstaaten bei der Ausgestaltung des Schutzes der in Art. 36 S. 1 AEUV genannten Rechtsgüter über einen gewissen Beurteilungsspielraum hinsichtlich des für erforderlich gehaltenen Schutzumfangs. Ob sich die Maßnahmen in den von Art. 36 S. 1 AEUV gezogenen Grenzen halten, unterliegt der Prüfung durch den EuGH.

*Verhältnismäßigkeit*

**b)** Wichtig ist, dass die staatlichen Maßnahmen verhältnismäßig sein müssen. Die Mitgliedstaaten haben demnach diejenigen Mittel zu wählen, die den unionsinternen Warenverkehr am wenigsten beeinträchtigen. Weiter sind auch hier im Ausfuhrstaat bereits erfolgte Kontrollen hinreichend zu berücksichtigen (Herkunftslandprinzip), und die Beweislast dafür, dass die in Anwendung von Art. 36 AEUV ergangenen Maßnahmen tatsächlich auch erforderlich sind, liegt bei den Mitgliedstaaten.[678]    *440*

*Missbrauchsverbot*
*Art. 36 S. 2 AEUV*

**c)** Art. 36 S. 2 AEUV enthält zudem ein Missbrauchsverbot. Demnach dürfen die nach Art. 36 S. 1 AEUV zulässigen Maßnahmen weder ein Mittel der willkürlichen Diskriminierung noch eine verschleierte Beschränkung des Handels zwischen den Mitgliedstaaten darstellen. Die Bedeutung des Art. 36 S. 2 AEUV ist gering, da die meisten Fälle bereits von der Verhältnismäßigkeitsprüfung erfasst werden.[679]    *441*

*Bsp.:* Eine willkürliche Diskriminierung wäre beispielsweise dann gegeben, wenn eine staatliche Maßnahme zwar Ziele i.S.d. Art. 36 S. 1 AEUV verfolgt, jedoch ohne sachliche Rechtfertigung ausschließlich eingeführte Waren betrifft.

Eine verschleierte Beschränkung liegt dann vor, wenn die Maßnahme nur vordergründig dem Schutz der in Art. 36 S. 1 AEUV genannten Rechtsgüter dient, tatsächlich aber wirtschaftliche oder handelspolitische Ziele verfolgt

---

676 EuGH, Rs. C-325/00 (Kommission/Deutschland), NJW 2002, 3609 f.

677 EuGH, Slg. 1982, 2187; EuGH, Rs. C-333/08 (Kommission/Frankreich), EuZW 2010, 347 ff. mit Anm. Stallberg, EuZW 2010, 353 f.; Streinz, JuS 2010, 744 ff

678 EuGH, Rs. C-333/08 (Kommission/Frankreich), EuZW 2010, 347 ff. mit Anm. Stallberg, EuZW 2010, 353 f.; Streinz, JuS 2010, 744 ff.

679 Geiger, Art. 36 AEUV, Rn. 18.

## 4. Rechtfertigung durch die Unionsgrundrechte

*Rechtfertigung durch die Unions-*
*grundrechte*

Schließlich hat der EuGH anerkannt, dass auch der Schutz der Unionsgrundrechte ein berechtigtes Interesse darstellen kann, das eine Beschränkung der Grundfreiheiten – wie der Warenverkehrsfreiheit – rechtfertigen kann.[680] Da die Grundfreiheiten und die Unionsgrundrechte normhierarchisch gleichrangig sind (Primärrecht), ist bei einer Kollision eine praktische Konkordanz vorzunehmen, das heißt beide Rechtsgewährleistungen sind gegeneinander abzuwägen und bestmöglich, insbesondere unter Wahrung des Verhältnismäßigkeitsgrundsatzes, zur Geltung zu bringen und schonend auszugleichen.

**441a**

**hemmer-Methode: Die Entscheidung des EuGH lässt offen, wie die Unionsgrundrechte als Schranke der Grundfreiheiten dogmatisch einzuordnen sind. Sie lediglich als „berechtigte Interessen" i.S.d. „Cassis-Rechtsprechung" zu begreifen, würde wohl der eigenständigen und grundlegenden Bedeutung der Unionsgrundrechte nicht gerecht. Vorzugswürdig erscheint es daher, von einer neuen, weiteren Rechtfertigungsmöglichkeit auszugehen.[681] Beide Ansichten sind jedoch vertretbar.**

*Bsp.:[682] Die österreichischen Behörden hatten unter Hinweis auf das Grundrecht der Versammlungs- und Meinungsäußerungsfreiheit eine angezeigte Demonstration nicht untersagt, die zu einer dreißigstündigen Blockade der Brenner-Autobahn führte. Die Demonstranten wollten auf die Probleme für die Umwelt und die Gesundheit von Menschen durch den Verkehr auf dem Brenner hinweisen. Die österreichischen Behörden hatten für den ordnungsgemäßen Ablauf der Demonstration Sorge getragen, im Rahmen einer Informationskampagne auf die zu erwartenden Verkehrsbehinderungen hingewiesen und Ausweichstrecken vorgeschlagen. Ein deutsches Transportunternehmen konnte in Folge der Demonstration die Brenner-Autobahn nicht benutzen und verklagte die Republik Österreich auf Schadensersatz wegen Verletzung von Art. 34 AEUV.*

1. Eine Maßnahme gleicher Wirkung im Sinne des Art. 34 AEUV war zunächst gegeben. Die Mitgliedstaaten sind nicht nur verpflichtet, ein die Grundfreiheiten beeinträchtigendes staatliches Verhalten zu unterlassen. Vielmehr haben sie in Verbindung mit Art. 4 III EUV (Grundsatz der Unionstreue) grundsätzlich auch gegen das Verhalten von Privatpersonen vorzugehen, das die Ausübung der Grundfreiheiten erschwert oder behindert.[683] Indem die Demonstranten die Durchfuhr von Waren über den Brenner für 30 Stunden verhinderten, lag eine Maßnahme gleicher Wirkung im Sinne der „Dassonville-Rechtsprechung" vor (Beeinträchtigung des unionsinternen Warenverkehrs). Ein Ausschluss einer Maßnahme gleicher Wirkung im Sinne der „Keck-Rechtsprechung" (Verkaufsmodalität) war nicht gegeben, da die Demonstration den Zugang von Waren zu einem anderen Mitgliedstaat von vornherein verhinderte.

2. Die Annahme eines berechtigten Interesses im Sinne der „Cassis-Rechtsprechung" oder eine Rechtfertigung nach Art. 36 AEUV kam auch nicht in Betracht. Zwar verfolgten die Demonstranten Ziele des Umwelt- und Gesundheitsschutzes und damit berechtigte Interessen i.S.d. „Cassis-Rechtsprechung" bzw. Schutzgüter nach Art. 36 AEUV. Es ging jedoch im Rahmen der Haftungsklage allein um den Verstoß des Mitgliedstaates gegen Art. 34 AEUV, sodass allein dessen Ziele zu berücksichtigen sind.

---

680 EuGH, Rs. C-112/00 (Schmidberger/Österreich), NJW 2003, 3185 ff.; siehe auch Rs. C-36/02 (Omega/Stadt Bonn), NVwZ 2004, 1471 ff. mit Anm. Frenz, NVwZ 2005, 48 ff.; vgl. dazu etwa Epiney, NVwZ 2006, 407, 414 f.; Kadelbach/Petersen, EuGRZ 2003, 693 ff.; Streinz, JuS 2004, 429 ff.; Epiney, NVwZ 2004, 1067, 1071 f.

681 Vgl. dazu etwa Mayer, EuR 2003, 793, 820; Kadelbach/Petersen, EuGRZ 2003, 693, 696; Streinz, JuS 2004, 429 ff.; Epiney, NVwZ 2004, 1067, 1071 f.

682 Nach EuGH, Rs. C-112/00 (Schmidberger/Österreich), NJW 2003, 3185 ff.

683 Siehe bereits Rn. 424.

Mit der Nichtuntersagung der Demonstration und der Duldung der Beeinträchtigung der Warenverkehrsfreiheit verfolgten die österreichischen Behörden aber nicht Ziele des Umwelt- oder Gesundheitsschutzes, sondern allein den Schutz der Grundrechte in Gestalt der Versammlungs- und Meinungsäußerungsfreiheit.

3. Die Grundrechte gehören nach ständiger Rechtsprechung zu den allgemeinen Rechtsgrundsätzen des Unionsrechts und Teilen den Rang des Primärrechts (vgl. Art. 6 I EUV). Seit Inkrafttreten der Europäischen Grundrechtecharta am 01.12.2009 in der Fassung vom 12.12.2007 kann auf Unionsebene auf diesen rechtsverbindlichen geschriebenen Grundrechtekatalog zurückgegriffen werden. Eine Ermittlung der Grundrechte im Wege wertender Rechtsvergleichung der gemeinsamen Verfassungsüberlieferungen der Mitgliedstaaten sowie unter Berücksichtigung der völkerrechtlichen Verträge über den Schutz der Menschenrechte, an deren Abschluss die Mitgliedstaaten beteiligt waren oder denen sie beigetreten sind, ist nicht mehr zwingend notwendig.[684] Nach wie vor kommt aber der EMRK besondere Bedeutung zu. Dies wird sich insbesondere dann verstärken, wenn die Union den Beitritt zur EMRK, wie er in Art. 6 II S. 1 EUV vorgesehen ist, vollzogen haben wird. Die Versammlungs- und Meinungsäußerungsfreiheit sind als Unionsgrundrechte anerkannt, Art. 11, 12 EGRCh (vgl. auch Art 10, 11 EMRK).

Der Schutz der Unionsgrundrechte stellt ein berechtigtes Interesse dar, das grundsätzlich geeignet ist, auch eine durch den Vertrag gewährleistete Grundfreiheit wie die Warenverkehrsfreiheit zu beschränken.

4. Damit sind die Erfordernisse des Grundrechtsschutzes auf Unionsebene mit denen der Warenverkehrsfreiheit in Einklang zu bringen, wenn – wie im vorliegenden Fall – beide Gewährleistungen miteinander kollidieren.

a) Dabei ist zunächst festzustellen, dass die Warenverkehrsfreiheit zwar eines der Grundprinzipien des Unionsrechts darstellt und im AEUV verankert ist. Unter bestimmten Voraussetzungen kann aber aus den in Art. 34 AEUV aufgezählten Gründen oder aufgrund zwingender Erfordernisse des Allgemeininteresses i.S.d. „Cassis-Rechtsprechung" auch die Warenverkehrsfreiheit eingeschränkt werden.

b) Die Unionsgrundrechte der Versammlungs- und Meinungsäußerungsfreiheit ihrerseits sind zwar ausdrücklich durch die EMRK anerkannt und stellen wesentliche Grundlagen einer demokratischen Gesellschaft dar. Sie können jedoch ebenso, wie sich aus dem Wortlaut des Art. 52 I S. 1 EGRCh und des jeweiligen Absatzes 2 der Art. 10 und 11 EMRK ergibt, durch bestimmte Ziele des Allgemeininteresses beschränkt werden, soweit die Verhältnismäßigkeit gewahrt bleibt. Auch die Versammlungs- und Meinungsäußerungsfreiheit können somit keine uneingeschränkte Geltung beanspruchen, sondern müssen im Hinblick auf ihre gesellschaftliche Funktion gesehen werden.

Demgemäß sind vorliegend die bestehenden Interessen abzuwägen, und es ist anhand sämtlicher Umstände festzustellen, ob das rechte Gleichgewicht zwischen diesen Interessen (Warenverkehrsfreiheit, Unionsgrundrechte) gewahrt worden ist. In dieser Hinsicht verfügen die zuständigen nationalen Stellen über ein weites Ermessen. Dennoch ist zu prüfen, ob die Beschränkungen, denen der unionsinterne Handel unterworfen wurde, in einem angemessenen Verhältnis zu dem berechtigten Ziel stehen, das mit ihnen verfolgt wird, hier dem Schutz der Grundrechte.

5. Dabei ist zunächst darauf hinzuweisen, dass sich der vorliegende Sachverhalt in mehrfacher Hinsicht von dem in der Rechtssache „Französische Landwirte"[685] unterscheidet:

a) Erstens fand die Versammlung statt, nachdem gemäß dem nationalen Recht ein Antrag auf Genehmigung eingereicht worden war. Es handelte sich daher nicht um eine „wilde" Demonstration.

---

684 Auf diese Weise wurden die Grundrechte auf Unionsebene vor dem Inkrafttreten der Grundrechtecharta bzw. des Reformvertrages von Lissabon ermittelt.

685 Siehe oben Rn. 424.

b) Zweitens wurde durch die Anwesenheit der Demonstranten auf der Brenner-Autobahn der Straßenverkehr auf einer einzigen Strecke, ein einziges Mal und für lediglich etwa 30 Stunden blockiert. Überdies war die Behinderung des freien Warenverkehrs durch diese Versammlung räumlich begrenzt.

c) Drittens ist unstreitig, dass es sich um eine Versammlung handelte, mit der Bürger ihre Grundrechte ausübten und bei der sie eine ihnen im öffentlichen Leben wichtig erscheinende Meinung äußerten; außerdem steht fest, dass diese öffentliche Demonstration nicht den Zweck hatte, den Handel mit Waren einer bestimmten Art oder Herkunft zu beeinträchtigen. Dagegen hatten die Demonstranten in der Rechtssache „Französische Landwirte" eindeutig den Zweck verfolgt, den Verkehr mit bestimmten Erzeugnissen aus anderen Mitgliedstaaten als der Französischen Republik zu unterbinden, indem sie nicht nur den Transport der fraglichen Erzeugnisse behinderten, sondern diese während des Transports nach bzw. durch Frankreich und sogar dann noch zerstörten, als sie bereits in Geschäften im betroffenen Mitgliedstaat auslagen.

d) Viertens hatten die zuständigen österreichischen Stellen verschiedene Rahmen- und Begleitmaßnahmen getroffen, um die Störungen des Straßenverkehrs möglichst gering zu halten (ordnungsgemäßer Ablauf der Versammlung, Informationskampagne, Vorschlag von Ausweichstrecken).

e) Des Weiteren handelte es sich um eine Einzelaktion, die im Gegensatz zu den schweren und wiederholten Störungen der öffentlichen Ordnung in der Rechtssache „Französische Landwirte" keine allgemeine Atmosphäre der Unsicherheit schuf, die sich auf die gesamten Handelsströme nachteilig ausgewirkt hätte.

6. Demnach durften auch angesichts des weiten Ermessens, über das die Mitgliedstaaten hier verfügen, die nationalen Stellen bei den gegebenen Umständen annehmen, dass ein Verbot der Versammlung einen nicht hinnehmbaren Eingriff in die Grundrechte der Demonstranten, sich zu versammeln und ihre Meinung friedlich öffentlich zu äußern, dargestellt hätte. Strengere Auflagen hinsichtlich des Ortes der fraglichen Versammlung (z. B. neben der Brenner-Autobahn) oder wie ihrer Dauer (z.B. nur wenige Stunden) hätten übermäßige Beschränkung dargestellt, die der Aktion einen wesentlichen Teil ihrer Wirkung hätte nehmen können. Zwar müssen die zuständigen nationalen Stellen bestrebt sein, die mit einer Demonstration auf öffentlichen Straßen verbundenen unausbleiblichen Auswirkungen auf die Freiheit des Verkehrs möglichst gering zu halten, doch haben sie dieses Interesse gegenüber dem der Demonstranten, die öffentliche Meinung auf die Ziele ihrer Aktion aufmerksam zu machen, abzuwägen. Das mit der Versammlung in legitimer Weise verfolgte Ziel hätte somit nicht durch Maßnahmen erreicht werden können, die den unionsinternen Handel weniger beschränkt hätten.

## 5. Bedeutung der Rechtsangleichung nach Art. 114 AEUV

*Rechtsangleichung nach Art. 114 AEUV*

Die Mitgliedstaaten können mangels unionsrechtlicher Vorgaben Rechtsvorschriften erlassen, die zwar den freien unionsinternen Warenverkehr behindern, jedoch durch die „Cassis-Rechtsprechung" oder Art. 36 AEUV gerechtfertigt sind.                    *442*

Aufgrund der unterschiedlichen Ausgestaltung solcher Rechtsvorschriften in den einzelnen Mitgliedstaaten kann es zu erheblichen Beeinträchtigungen des freien Warenverkehrs kommen (z.B. unterschiedliche Sicherheitsnormen in den Mitgliedstaaten).

*Bedeutung für Art. 34 AEUV*

**a)** Art. 114 AEUV verleiht der Union die Kompetenz, bestehende Rechts- und Verwaltungsvorschriften der Mitgliedstaaten, die sich auf den Binnenmarkt beziehen, anzugleichen.[686] Hauptanwendungsbereich ist die Harmonisierung jener mitgliedstaatlichen Vorschriften, die entsprechend der „Cassis-Rechtsprechung" und Art. 36 AEUV den unionsinternen Handel noch in zulässiger Weise beeinträchtigen dürfen.                    *443*

---

686  Vgl. allgemein zu ex Art. 95 EG (jetzt Art. 114 AEUV) Gundel, JuS 1999, 1171.

Auf Grundlage des Art. 114 AEUV hat der Rat zahlreiche Richtlinien hinsichtlich der Herstellung, Beschaffenheit, Verwendung und Vermarktung von Waren erlassen.

> **Bsp.:** *technische Schutznormen, Umweltschutzvorschriften für Produkte wie Immissionsgrenzwerte, etc.*

*Regelungsgehalt des Art. 114 AEUV*

**b)** Soweit eine abschließende unionsrechtliche Regelung zum Schutz der in der „Cassis-Rechtsprechung" oder Art. 36 AEUV genannten Interessen besteht, sind innerstaatliche Rechtsvorschriften oder Maßnahmen in erster Linie an dieser zu messen.[687] Insbesondere können die Mitgliedstaaten – bei Richtlinien grundsätzlich erst nach Ablauf der Umsetzungsfrist – nicht unter bloßer Berufung auf die „Cassis-Rechtsprechung" oder Art. 36 AEUV weitergehende Schutzvorschriften erlassen, wenn die Union zur Verwirklichung der dort in Bezug genommenen Schutzgüter Harmonisierungsmaßnahmen erlassen hat. Vielmehr gelten dann die besonderen Bestimmungen des Art. 114 IV - VI, X AEUV.[688]

**444**

*Beibehaltung oder Einführung innerstaatlicher Rechtsvorschriften, Art. 114 IV, V AEUV*

**aa)** Gemäß Art. 114 IV AEUV kann ein Mitgliedstaat trotz Erlasses einer Harmonisierungsmaßnahme durch den Rat oder die Kommission bestehende innerstaatliche Rechtsvorschriften beibehalten, die durch wichtige Erfordernisse i.S.d. Art. 36 AEUV oder in Bezug auf den Schutz der Arbeitsumwelt oder den Umweltschutz gerechtfertigt und verhältnismäßig sind.[689] Enger sind die Voraussetzungen dagegen für den Neuerlass mitgliedstaatlicher Rechtsvorschriften trotz Erlasses einer Harmonisierungsmaßnahme nach Art. 114 V AEUV. In diesem Fall können die Mitgliedstaaten innerstaatliche Rechtsvorschriften allein zum Schutz der Umwelt oder der Arbeitsumwelt neu einführen, und dies nur dann, soweit sich diese Rechtsvorschriften auf neue wissenschaftliche Erkenntnisse stützen und sie zudem aufgrund eines spezifischen Problems für den Mitgliedstaat, das sich erst nach Erlass der Harmonisierungsmaßnahme ergeben hat, erlassen werden sollen.

**445**

Die Mitgliedstaaten haben nachzuweisen, dass die nationalen Bestimmungen ein höheres Schutzniveau gewährleisten und dem Verhältnismäßigkeitsgrundsatz genügen.[690]

*Mitteilungspflicht an die Kommission*

**bb)** Sowohl bei Beibehaltung nach Art. 114 IV AEUV als auch bei Einführung innerstaatlicher Rechtsvorschriften nach Art. 114 V AEUV sind die Mitgliedstaaten verpflichtet, der Kommission die betreffenden Rechtsvorschriften sowie die Gründe für ihre Beibehaltung bzw. Einführung mitzuteilen, Art. 114 IV, V AEUV. Zweck dieser Mitteilungspflicht ist es, der Kommission die Prüfung zu ermöglichen, ob die Voraussetzungen der Art. 114 IV, V AEUV vorliegen, insbesondere ob die innerstaatlichen Rechtsvorschriften ein Mittel zur willkürlichen Diskriminierung darstellen und das Funktionieren des Binnenmarktes behindern (Art. 114 VI AEUV).

**446**

Nach der Rechtsprechung des EuGH ist die erforderliche Genehmigung durch die Kommission konstitutiv und nicht nur deklaratorisch, d.h. die Mitgliedstaaten dürfen vor der Genehmigung die betreffenden mitgliedstaatlichen Rechtsvorschriften nicht anwenden.[691]

---

687  Vgl. etwa EuGH, Rs. C-350/97 (Wilfried Monsees/Unabhängiger Verwaltungssenat für Kärnten), Slg. 1999, I-2921.

688  Erstmals hierzu EuGH, Rs. C-3/00 (Dänemark/Kommission), Slg. 2003, I-2643; dazu etwa Epiney, NVwZ 2004, 1067, 1076.; vgl. im Übrigen Grabitz, ex Art. 30 EG, Rn. 10; Geiger, Art. 36 AEUV, Rn. 3.

689  Die anderen in der „Cassis-Rechtsprechung" genannten Erfordernisse (z.B. Verbraucherschutz) können daher einen nationalen Alleingang nicht rechtfertigen, Grabitz, ex Art. 95 EG, Rn. 107.

690  EuGH, Rs. C-3/00 (Dänemark/Kommission), Slg. 2003, I-2643; dazu etwa Epiney, NVwZ 2004, 1067, 1076; Geiger, Art. 114 AEUV, Rn. 25.

691  Vgl. EuGH, EuZW 1994, 406 zu ex Art. 95 IV EG (jetzt Art. 114 AEUV); Rs. C-319/97 (Antoine Cortas), EuZW 1999, 476; Geiger, Art. 114 AEUV, Rn. 27.

Nach Versagung der Genehmigung durch die Kommission besteht selbstverständlich ein Anwendungsverbot.[692]

Für ihren Beschluss steht der Kommission ein Zeitraum von grundsätzlich sechs Monaten nach Mitteilung der Rechtsvorschriften zur Verfügung. Erlässt die Kommission innerhalb dieser Frist keinen Beschluss, so gelten die betreffenden innerstaatlichen Rechtsvorschriften automatisch als genehmigt, Art. 114 VI UAbs. 2 AEUV.

*vereinfachte Klagemöglichkeit, Art. 114 IX AEUV*

**cc)** Soweit ein Mitgliedstaat die durch Art. 114 IV, V AEUV eingeräumten Befugnisse missbraucht, indem er etwa trotz Versagung der Genehmigung durch die Kommission unionsrechtswidrig die betreffenden innerstaatlichen Rechtsvorschriften anwendet, besteht unter Verzicht auf das sonst erforderliche Vorverfahren eine vereinfachte Klagemöglichkeit der Kommission und der Mitgliedstaaten, Art. 114 IX AEUV. **447**

*Schutzklausel (Art. 114 X AEUV)*

**dd)** Vorläufige Schutzmaßnahmen der Mitgliedstaaten sind zudem zulässig, soweit die Richtlinien mit einer entsprechenden Schutzklausel versehen sind, Art. 114 X AEUV. **448**

> **hemmer-Methode: Wichtig ist also, dass bei Vorliegen einer abschließenden Richtlinie nach Art. 114 AEUV im Bereich des freien Warenverkehrs die Mitgliedstaaten nicht unter bloßer Berufung auf die „Cassis-Rechtsprechung" und Art. 36 AEUV einschränkende Maßnahmen treffen dürfen. Vielmehr gilt das spezielle Verfahren der Art. 114 IV – VI AEUV. In der Klausur müssen sie daher zuerst prüfen, ob eine abschließende rechtsangleichende Maßnahme der Union vorliegt, bevor sie auf die Vereinbarkeit mit Art. 34 ff. AEUV eingehen.**

## 6. Problem der Inländerdiskriminierung

*Problem der Inländerdiskriminierung*

Die Anwendung der Art. 34 ff. AEUV kann dazu führen, dass einheimische Produkte gegenüber eingeführten Produkten diskriminiert werden. **449**

> *Bsp.: Art. 34 AEUV kann etwa mitgliedstaatlichen „Reinheitsgeboten" für Lebensmittel entgegenstehen, sodass diese auf Waren aus anderen Mitgliedstaaten wegen des Vorrangs des Unionsrechts keine Anwendung finden. Inländische Hersteller können jedoch weiterhin uneingeschränkt den Reinheitsgeboten unterliegen und werden daher „schlechter" behandelt als ausländische Produzenten.*

Die Inländerdiskriminierung („discrimination à rebours") wird vom Anwendungsbereich des AEUV nicht erfasst. Das Verbot des Art. 34 AEUV findet keine Anwendung auf die Diskriminierung der einheimischen im Verhältnis zu den eingeführten Waren.[693] Art. 34 AEUV gilt nur für eingeführte Produkte (grenzüberschreitender Sachverhalt), nicht aber für die einheimische Produktion (rein nationaler Sachverhalt).

Auch das subsidiäre, allgemeine Diskriminierungsverbot nach Art. 18 AEUV steht einer Schlechterstellung nicht entgegen. Zum einen knüpft die unterschiedliche Behandlung nicht an die Staatsangehörigkeit, sondern an die Produktionsstätte an, zum anderen verbietet auch Art. 18 AEUV grundsätzlich nicht eine Inländerdiskriminierung.

---

692 Die Versagung der Genehmigung stellt einen Beschluss i.S.d. Art. 288 IV AEUV dar und kann durch den Mitgliedstaat mit der Nichtigkeitsklage nach Art. 263 AEUV angefochten werden.

693 EuGH, Slg. 1987, 809, 995.

## 7. Beispielsfall zur Warenverkehrsfreiheit[694]

*Beispielsfall: deutsches Reinheitsgebot für Bier*

*Nach dem Reinheitsgebot von 1516 darf in Deutschland Bier ausschließlich aus Gerstenmalz, Hopfen, Hefe und Wasser hergestellt werden. Eine entsprechende Regelung fand sich im Jahr 1984 in § 9 I Biersteuergesetz (BStG). Zudem bestimmte § 10 I BStG zum einen, dass die Verwendung von Zusatzstoffen in Bier generell verboten ist und untersagte das Inverkehrbringen von mit Zusatzstoffen hergestellten Bieren.*

*Zum anderen bestimmte § 10 I BStG, dass unter der Bezeichnung Bier nur solche Getränke in den Verkehr gebracht werden durften, die dem Reinheitsgebot entsprechen. § 10 I BStG galt unterschiedslos für einheimische wie eingeführte Produkte.*

*In den meisten anderen Mitgliedstaaten dürfen bei der Herstellung von Bier auch Reis, Mais und andere Zusatzstoffe verwendet werden. Das deutsche Reinheitsgebot bewirkte, dass Brauereien aus den anderen Mitgliedstaaten ihre Produkte zwar nach Deutschland einführen, nicht jedoch unter der Bezeichnung „Bier" verkaufen bzw. vermarkten durften.*

*Die Kommission zweifelte an der Vereinbarkeit des Reinheitsgebots mit dem Unionsrecht. Die Bundesrepublik hingegen machte geltend, dass die Regelung des § 10 BStG aus Gründen des Verbraucherschutzes und des Gesundheitsschutzes erforderlich sei. Der Verbraucher vertraue darauf, dass in Deutschland verkauftes Bier dem „Reinheitsgebot" entspreche. Weiterhin bestünden bei der Verwendung von Zusatzstoffen Gesundheitsrisiken, zumal deren langfristigen Wirkungen unbekannt seien. In den anderen Mitgliedstaaten waren allerdings Gesundheitsbeeinträchtigungen durch den Genuss von Bier mit Zusatzstoffen nicht aufgetreten.*

*War das Reinheitsgebot für Bier (§§ 9, 10 BStG a. F.) mit dem Unionsrecht vereinbar?*

Das deutsche Reinheitsgebot könnte gegen Art. 34 AEUV verstoßen. Voraussetzung ist, dass diese Bestimmungen Anwendung finden.

1. Art. 34 ff. AEUV sind nur anwendbar, wenn es sich bei den Produkten um Waren i.S.d. Art. 28 II AEUV handelt. Bei Bier, das in den Mitgliedstaaten hergestellt wird, handelt es sich um Unionswaren i.S.d. Art. 28 II AEUV.

2. Eine einheitliche, rechtsangleichende unionsinterne Regelung nach Art. 114 AEUV hinsichtlich der Herstellung und Vermarktung von Bier liegt nicht vor, sodass das Reinheitsgebot für Bier allein an Art. 34 ff. AEUV zu messen ist.

3. § 10 BStG a.F. würde dann gegen Art. 34 AEUV verstoßen, wenn es sich um eine mengenmäßige Einfuhrbeschränkung oder um eine Maßnahme gleicher Wirkung handelt. Das „Reinheitsgebot" als solches kann nicht gegen Art. 34 AEUV verstoßen, da es nur für in Deutschland ansässige Brauereien gilt. Um das Reinheitsgebot geht es aber insoweit, als § 10 BStG grenzüberschreitend das Inverkehrbringen von Bier mit Zusatzstoffen sowie dessen Vermarktung unter der Bezeichnung als „Bier" verbietet, wenn es nicht dem Reinheitsgebot entspricht.

a) Mengenmäßige Einfuhrbeschränkungen sind staatliche Maßnahmen, welche die Einfuhr einer Ware völlig verbieten oder nach Menge, Wert oder Zeitraum begrenzen. Da die Einfuhr von Bier aus anderen Mitgliedstaaten jedoch nicht der Menge nach begrenzt wird, sondern nur der Verkauf unter der Bezeichnung als Bier untersagt wird, handelt es sich nicht um eine mengenmäßige Einfuhrbeschränkung.

b) Das Reinheitsgebot für Bier könnte jedoch eine Maßnahme gleicher Wirkung wie mengenmäßige Beschränkungen darstellen.

*450*

---

694  EuGH, Rs. 178/84 (Reinheitsgebot für Bier); Slg. 1987, 1227 ff.

aa) Nach ständiger Rechtsprechung des EuGH sind Maßnahmen gleicher Wirkung alle Maßnahmen, die geeignet sind, den Warenverkehr innerhalb der Union unmittelbar oder mittelbar, tatsächlich oder potenziell zu behindern („Dassonville-Formel").

Das deutsche Reinheitsgebot ist geeignet, Einfuhr und Absatz ausländischen Biers in Deutschland zu behindern, da dessen Vermarktung, soweit es nicht dem Reinheitsgebot entspricht, unter der Bezeichnung „Bier" verboten ist. Eine Maßnahme gleicher Wirkung wie eine Einfuhrbeschränkung (Art. 34 AEUV) ist damit gegeben.

**hemmer-Methode: Nunmehr wäre freilich die „Keck-Rechtsprechung" des EuGH (Rn. 425 f.) zu berücksichtigen, nach der Art. 34 AEUV nur auf produktbezogene Regelungen, nicht aber auf allgemeine Verkaufsmodalitäten Anwendung findet. Beim „deutschen Reinheitsgebot" handelt es sich aber um eine produktbezogene Regelung, da es die Zusammensetzung einer Ware betrifft.**

bb) Nach Rechtsprechung des EuGH ist es jedoch in Ermangelung unionsrechtlicher Vorgaben Sache der Mitgliedstaaten, die Herstellung und das Inverkehrbringen von Waren zu regeln. Hemmnisse für den freien Warenverkehr, die sich aus den Unterschieden der nationalen Regelungen ergeben, sind hinzunehmen, soweit sie unterschiedslos für einheimische und eingeführte Erzeugnisse gelten und notwendig sind, um zwingenden Erfordernissen gerecht zu werden. Als solche zwingenden Erfordernisse sind auch der Verbraucherschutz („Cassis-Rechtsprechung") und der Gesundheitsschutz (Art. 36 AEUV) anerkannt. Daher sind staatliche Maßnahmen zulässig, welche die Verbrauchererwartungen und die Gesundheit schützen, soweit sie verhältnismäßig sind.

§ 10 BStG a.F. findet unterschiedslos auf eingeführte wie einheimische Waren Anwendung und dient dem Verbraucher- sowie dem Gesundheitsschutz.

Staatliche Maßnahmen, die darauf abzielen, zwingenden Erfordernissen i.S.d. „Cassis-Rechtsprechung" oder Art. 36 AEUV gerecht zu werden, müssen jedoch verhältnismäßig sein.

(1) Zwar ist zunächst das Verbot des § 10 BStG a.F., soweit es das Verbot von nicht dem „Reinheitsgebot" entsprechendem Bier betrifft, grundsätzlich geeignet, die Verbrauchererwartungen zu schützen.

Diese Regelung ist indes nicht erforderlich, da eine gesetzliche Verpflichtung zu einer angemessenen Etikettierung hinsichtlich der verwendeten Grundstoffe eine geringere Beeinträchtigung des freien Warenverkehrs darstellt und gleichermaßen geeignet ist, die Verbrauchererwartungen zu schützen. Hierdurch wird in ausreichendem Maß der Verbraucher in die Lage versetzt, seine Wahl in Kenntnis aller Umstände zu treffen.

Ferner ist festzuhalten, dass sich die Vorstellungen der Verbraucher im Laufe der Zeit fortentwickeln können. Gerade die Einführung eines gemeinsamen Marktes ist dabei einer der wesentlichen Faktoren, die zu einer solchen Entwicklung beitragen können. Jedenfalls darf das Recht eines Mitgliedstaates nicht dazu führen, die gegebenen Verbrauchergewohnheiten zu zementieren, um einer mit deren Befriedigung befassten inländischen Industrie einen erworbenen Vorteil zu bewahren.

(2) Was das generelle Verbot der Verwendung von Zusatzstoffen in Bier angeht, so mag dieses zwar geeignet sein, die Gesundheit zu schützen. Allerdings lässt sich eine Beeinträchtigung der Gesundheit durch das in den anderen Mitgliedstaaten hergestellte Bier nicht nachweisen („Beweislast"). Daher bleibt es bei dem Grundsatz, dass in den anderen Mitgliedstaaten rechtmäßig in den Verkehr gebrachte Produkte auch im Einfuhrstaat zum freien Verkehr zuzulassen sind („Herkunftslandprinzip").

4. Die Bestimmungen des § 10 BStG a.F., nach dem in den Mitgliedstaaten hergestelltes Bier nicht unter der Bezeichnung als Bier vermarktet werden darf, wenn es dem deutschen Reinheitsgebot nicht entspricht oder Zusatzstoffe enthält, sind demnach unverhältnismäßig.

Die Regelungen sind daher mit Art. 34 AEUV unvereinbar und finden wegen des Vorrangs des Unionsrechts keine Anwendung auf aus den Mitgliedstaaten importiertes Bier.[695] Der deutsche Gesetzgeber hat die Rechtslage mittlerweile angepasst.

> **hemmer-Methode: Das deutsche „Reinheitsgebot" gilt damit nicht für Bier, das aus den Mitgliedstaaten der Union importiert wird. Die deutschen Brauereien haben jedoch das Reinheitsgebot nach wie vor zu beachten, da das Unionsrecht einer Inländerdiskriminierung grundsätzlich nicht entgegensteht. Für ausländische Brauereien wiederum, die in Deutschland ansässig sind und ihr Bier in Deutschland auf den Markt bringen, ist zu beachten, dass auf sie nicht die Bestimmungen der Art. 34 ff. AEUV Anwendung finden, da es zu keinem grenzüberschreitenden Warenaustausch kommt. Vielmehr gelten für solche Brauereien die Bestimmungen der Niederlassungsfreiheit (Art. 49 ff. AEUV).**

## C) Freiheit des Personenverkehrs

*Überblick*

> **Die Freiheit des Personenverkehrs besteht aus zwei Elementen:**     *451*
>
> ⇨ Freizügigkeit der Arbeitnehmer, Art. 45 - 48 AEUV
>
> ⇨ Niederlassungsfreiheit, Art. 49 - 55 AEUV

## I. Freizügigkeit der Arbeitnehmer, Art. 45 - 48 AEUV[696]

*452*

Die Freizügigkeit der Arbeitnehmer enthält im Wesentlichen das Aufenthaltsrecht der Arbeitnehmer im Beschäftigungsstaat (Art. 45 III AEUV) sowie einen Anspruch auf Inländergleichbehandlung in Hinblick auf Beschäftigung, Entlohnung und sonstige Arbeitsbedingungen (Art. 45 II AEUV, „Grundsatz der Inländergleichbehandlung"). Art. 45 AEUV und das dazu ergangene Sekundärrecht sollen den abhängig Beschäftigten die freie Wahl des Arbeitsplatzes im gesamten Unionsgebiet ermöglichen.

Allerdings bestehen zwei Einschränkungen. Zum einen kann das Aufenthaltsrecht aus Gründen der öffentlichen Ordnung, Sicherheit und Gesundheit beschränkt werden (Art. 45 III AEUV), zum anderen findet das Freizügigkeitsrecht keine Anwendung auf die Beschäftigung in der öffentlichen Verwaltung (Art. 45 IV AEUV).

Art. 45 II, III lit. a – lit. c AEUV sind unmittelbar anwendbar und verdrängen aufgrund des Anwendungsvorrangs entgegenstehendes mitgliedstaatliches Recht.[697]

Auf Grundlage der Art. 46, 48 AEUV sind zahlreiche Rechtsakte der Union erlassenen worden, welche die Rechte der Arbeitnehmer konkretisieren und teilweise erweitern. Wichtigste Rechtsakte der Union war die „Verordnung (EWG)[698] Nr. 1612/68 des Rates über die Freizügigkeit der Arbeitnehmer innerhalb", die durch die „Verordnung (EU) Nr. 492/2011 des Europäischen Parlaments und des Rates über die Freizügigkeit von Arbeitnehmern innerhalb der Union" (Sartorius II Nr. 180) aufgehoben worden ist, und die noch geltende Richtlinie 2004/38/EG des Europäischen Parlaments und des Rates vom 29.04.2004 über das Recht der Unionsbürger und ihrer Familienangehörigen, sich im Hoheitsgebiet der Mitgliedstaaten frei zu bewegen und aufzuhalten.

---

695  Zur haftungsrechtlichen Seite des Falls siehe Rn. 382c a.E.

696  Für die zum 01.05.2004 beigetretenen Mitgliedstaaten kann für längstens sieben Jahre die Arbeitnehmerfreizügigkeit eingeschränkt werden.

697  EuGH, Slg. 1974, 1337, 1347 = **juris**byhemmer.

698  Die EWG, die Europäische Wirtschaftsgemeinschaft, ist zwar durch den Vertrag von Maastricht in die EG, die Europäische Gemeinschaft, umbenannt worden, die ihrerseits durch den Vertrag von Lissabon in die EU, der Europäischen Union, aufgegangen ist; die bis zum Vertrag von Maastricht von der EWG erlassenen Richtlinien und Verordnungen werden allerdings unverändert mit „EWG" anstelle von „EG" oder „EU" zitiert.

## 1. Anwendungsbereich

*Staatsangehörige der Mitgliedstaaten*

**a)** Die Arbeitnehmerfreizügigkeit nach Art. 45 AEUV gilt nur für Staatsangehörige der Mitgliedstaaten (sog. „Wanderarbeitnehmer"). Staatsangehörige aus Drittstaaten können nur als Familienangehörige eines von Art. 45 AEUV Begünstigten bestimmte Rechte geltend machen, z.B. Art. 6 II, 7 I lit. d RL 2004/38/EG.[699]

**453**

*Begriff des Arbeitnehmers*

**b)** Die Regelung des Art. 45 AEUV gilt nur für Arbeitnehmer. Der Begriff des Arbeitnehmers ist im AEUV nicht definiert. Nach der Rechtsprechung des EuGH sind Arbeitnehmer Personen, die während einer bestimmten Zeit für einen anderen nach dessen Weisung Leistungen erbringen, für die sie als Gegenleistung eine Vergütung erhalten.[700] Entscheidend ist demnach, dass es sich um eine unselbstständige Tätigkeit handelt, die einen Teil des Wirtschaftslebens ausmacht und entgeltlich („Erwerbstätigkeit") geleistet wird.[701] Außer Betracht bleiben lediglich Tätigkeiten, die einen so geringen Umfang haben, dass sie sich als völlig untergeordnet und unwesentlich darstellen. Als Arbeitnehmer i.S.d. Art. 45 AEUV gilt bereits auch der, der tatsächlich eine Arbeit sucht.[702]

**454**

**hemmer-Methode: Bei Art. 45 AEUV muss es sich also um eine unselbständige (weisungsgebundene, abhängige) Tätigkeit handeln. Hierdurch grenzt sich die Arbeitnehmerfreizügigkeit von der Niederlassungsfreiheit (Art. 49 AEUV) und der Dienstleistungsfreiheit (Art. 56 AEUV) ab.**

*Bsp.: Als Arbeitnehmer i.S.d. Art. 45 AEUV gelten z.B. Teilzeitkräfte, Studien- und Rechtsreferendare[703], durch Arbeitsverträge gebundene Künstler und Sportler[704]. Nicht unter den Arbeitnehmerbegriff fallen Personen, die sich ausschließlich zu Ausbildungszwecken in einem anderen Mitgliedstaat befinden (z.B. Studenten).[705] Allerdings kann ein Aufenthaltsrecht nach Art. 45 AEUV dann bestehen, wenn eine Ausbildung nach einer Beschäftigung in einem anderen Mitgliedstaat aufgenommen wird und mit dieser früheren Berufstätigkeit in Zusammenhang steht.[706]*

**c)** Auf die Bestimmungen über die Arbeitnehmerfreizügigkeit können sich zunächst die Arbeitnehmer als unmittelbar Begünstigte berufen. Nach der Rechtsprechung des EuGH können im Einzelfall aber auch Arbeitgeber die durch die Arbeitnehmerfreizügigkeit gewährten Rechte geltend machen.[707] Denn Art. 45 EUV ist zunächst kein Hinweis zu entnehmen, dass sich nur Arbeitnehmer, nicht aber auch andere Personen - besonders Arbeitgeber - auf diese Bestimmung berufen können. Insbesondere können die durch Art. 45 AEUV den Arbeitnehmern gewährten Rechte nur dann ihre volle Wirkung entfalten, wenn die Arbeitgeber ein entsprechendes Recht haben, Arbeitnehmer nach Maßgabe der Bestimmungen über die Freizügigkeit einstellen zu können. Denn die Arbeitnehmerfreizügigkeit würde leicht um ihre Wirkung gebracht, wenn die Mitgliedstaaten die dort enthaltenen Verbote schon dadurch umgehen könnten, indem sie den Arbeitgebern die Einstellung eines Arbeitnehmers, der bestimmte Voraussetzungen nicht erfüllt, verbieten würden, diese Voraussetzungen aber für den Arbeitnehmer nach Art. 45 AEUV unzulässige Beschränkungen der Arbeitnehmerfreizügigkeit darstellen würden.

**454a**

---

699  Siehe Rn. 479 ff.

700  EuGH, Rs. 66/85 (Lawrie-Blum), Slg. 1986, 2121, 2144; Rs. C-85/96 (Maria Martinez Sala/Freistaat Bayern), EuZW 1998, 372; Rs. C-456/02 (Trojani), DVBl. 2005, 630 ff.

701  Zum Begriff des Arbeitnehmers Geiger, Art. 45 AEUV, Rn. 8 f.

702  EuGH, Rs. C-85/96 (Maria Martinez Sala/Freistaat Bayern), EuZW 1998, 372.

703  EuGH, Rs. C-109/04 (Kranemann), NJW 2005, 1481 ff.

704  EuGH, Rs. C-325/08 (Olympique Lyon/Bernard), NJW 2010, 1733 = **Life&Law 2010, 840 ff., Heft 12.**

705  Zum Aufenthaltsrecht der Studenten siehe Rn. 556.

706  EuGH, Rs. 39/86 (Lair), Slg. 1988, 3161.

707  EuGH, Rs. C-350/96 (Clean Car Autoservice/Landeshauptmann von Wien), Slg. 1998, I-2521.

*Bsp.: Verbot der Einstellung von Arbeitnehmern, die ihren Wohnsitz nicht in dem Mitgliedstaat haben, in dem sie tätig werden sollen.*

## 2. Umfang der Freizügigkeit nach Art. 45 AEUV

Die Arbeitnehmerfreizügigkeit enthält zunächst zum einen das Einreise-, Aufenthalts- und Verbleiberecht im Beschäftigungsstaat (Art. 45 III AEUV), zum anderen das Gebot der Inländergleichbehandlung hinsichtlich der Ausübung der Beschäftigung (Art. 45 II AEUV).                                                                      *455*

## a) Einreise-, Aufenthalts- und Verbleiberecht, Art. 45 III lit. b - lit. d AEUV

Nach Art. 45 III lit. b, lit. c AEUV haben die Wanderarbeitnehmer das Recht,                                                                            *456*

⇨ sich (zum Zweck der Stellensuche) in den Mitgliedstaaten frei zu bewegen,

⇨ sich in dem Mitgliedstaat aufzuhalten, um die Beschäftigung nach den dort geltenden Rechtsvorschriften auszuüben.

*Einreise-/ Aufenthalts-/ Wegzugsrecht*

**aa)** Obwohl nicht ausdrücklich erwähnt, umfasst Art. 45 III AEUV neben dem Aufenthaltsrecht notwendig auch das Recht des Arbeitsuchenden, aus seinem Heimatstaat zwecks Aufnahme einer Beschäftigung in einem anderen Mitgliedstaat auszureisen (Wegzugsrecht) und in den Beschäftigungsstaat einzureisen (Einreiserecht). Das Einreise- und Aufenthaltsrecht der Wanderarbeitnehmer im Beschäftigungsstaat wurde durch die RL 2004/38/EG konkretisiert (vgl. Freizügigkeitsgesetz/EU, Sartorius I Nr. 560).                          *457*

*allgemeines Aufenthalts-recht Art. 21 AEUV*

**hemmer-Methode: Durch Art. 21 I AEUV wurde im Rahmen der Bestimmungen über die „Unionsbürgerschaft" (Art. 20 ff. AEUV) für alle Staatsangehörigen der Mitgliedstaaten das allgemeine Aufenthaltsrecht vertraglich verankert.[708] Die Freiheit des Personenverkehrs („Freizügigkeit") wird damit ausgeweitet, da sie nicht mehr an die Ausübung einer wirtschaftlichen Tätigkeit geknüpft ist.[709] Auf Art. 21 I AEUV kommt es nur dann an, wenn sich ein Einreise- und Aufenthaltsrecht nicht bereits aus spezielleren Bestimmungen ergibt (z.B. Art. 45 III, 49, 57 III AEUV sowie dazu ergangenes Sekundärrecht). Art. 21 AEUV ist unmittelbar anwendbar, d.h. der Einzelne kann sich auf ein aus dieser Bestimmung abgeleitetes Aufenthaltsrecht unmittelbar vor den innerstaatlichen Stellen berufen. Dieses Recht gilt aber nur vorbehaltlich der vorgesehenen Beschränkungen und Bedingungen, sowohl im AEUV als auch des dazu ergangenen Sekundärrechts, und kann daher etwa – entsprechend der Aufenthaltsrichtlinie 2004/38/EG – vom Nachweis einer Krankenversicherung und ausreichender Existenzmittel abhängig gemacht werden. Solche Beschränkungen sind allerdings stets unter Einhaltung der unionsrechtlichen Grenzen, insbesondere im Einklang mit den allgemeinen Rechtsgrundsätzen (v.a. auch Unionsgrundrechte) und dem Verhältnismäßigkeitsgrundsatz anzuwenden.[710] Der EuGH hat in seiner jüngeren Rechtsprechung der Unionsbürgerschaft eine immer größere Bedeutung beigemessen.**                 *458*

---

708  Dazu umfassend Scheuing, EuR 2003, 744 ff.

709  EuGH, Rs. C-85/96 (Maria Martinez Sala/Freistaat Bayern), EuZW 1998, 372; zu dieser Entscheidung Montag, NJW 2000, 32; des Weiteren etwa EuGH Rs. C-413/99 (Baumbast/Secretary of State), EuR 2002, 831 ff. = NJW 2002, 3610 ff.; Rs. C-456/02 (Trojani), DVBl. 2005, 630, 632; Klein/Haratsch, DÖV 1993, 785, 788.

710  EuGH Rs. C-413/99 (Baumbast/Secretary of State), EuR 2002, 831 ff. = NJW 2002, 3610 ff.

So führt er in nunmehr ständiger Rechtsprechung aus: „Die Unions- **459 /** bürgerschaft ist nämlich dazu bestimmt, der grundlegende Status der **460** Angehörigen der Mitgliedstaaten zu sein, der denjenigen unter ihnen, die sich in der gleichen Situation befinden, unabhängig von ihrer Staatsangehörigkeit und unbeschadet der insoweit ausdrücklich vorgesehenen Ausnahmen Anspruch auf die gleiche rechtliche Behandlung gibt."[711] Befindet sich ein Staatsangehöriger eines Mitgliedstaats rechtmäßig in einem anderen Mitgliedstaat, hat er somit nach Art. 18 II EG (jetzt Art. 21 II AEUV) insbesondere auch das in Art. 12 EG (jetzt Art. 18 AEUV) festgelegte Recht, im Anwendungsbereich des Vertrags nicht aus Gründen der Staatsangehörigkeit diskriminiert zu werden. Insoweit ist die Rechtsstellung derjenigen nach den Grundfreiheiten angenähert. In diesem Zusammenhang hat der EuGH selbst Ansprüche auf Sozialhilfe aus der Unionsbürgerschaft hergeleitet.[712] Zulässig sind aber stets - allgemeinen Grundsätzen entsprechend - Differenzierungen, die auf objektiven, von der Staatsangehörigkeit unabhängigen Gründen beruhen und verhältnismäßig sind.[713]

*Aufenthaltserlaubnis deklaratorisch*

**bb)** Art. 45 III lit. b, lit. c AEUV geben den Wanderarbeitnehmern ein Aufenthaltsrecht. Gemäß Art. 8 II RL 2004/38/EG ist ihnen eine Anmeldebescheinigung auszustellen. Vereinbar ist es mit dem Unionsrecht, den Wanderarbeitnehmern Melde- und Ausweispflichten aufzuerlegen, Art. 8 RL 2004/38/EG (vgl. etwa § 8 Freizügigkeitsgesetz/EU).

Bei einem Verstoß gegen mitgliedstaatliche Meldepflichten oder sonstige aufenthaltsrechtliche Bestimmungen dürfen keine unverhältnismäßigen Sanktionen verhängt werden (insbesondere keine Freiheitsstrafe, Ausweisung).[714] Daher gelten für Angehörige der Mitgliedstaaten eigene Ordnungswidrigkeitstatbestände (vgl. § 10 Freizügigkeitsgesetz/EU) und nicht die allgemeinen Strafvorschriften des Aufenthaltsgesetzes.

*Verbleiberecht*

**cc)** Art. 45 III lit. d AEUV gewährt den Wanderarbeitnehmern auch **461** nach Beendigung der Beschäftigung ein Verbleiberecht. Die Bestimmung ist nicht unmittelbar anwendbar. Das Verbleiberecht wird durch die VO (EU) Nr. 492/2011 sowie Art. 17 RL 2004/38/EG geregelt.

## b) Recht auf gleiche Behandlung, Art. 45 II AEUV

*Grundsatz der Inländergleichbehandlung*

Art. 45 II AEUV untersagt Diskriminierungen aus Gründen der **462** Staatsangehörigkeit. Die Arbeitnehmerfreizügigkeit ist somit zunächst ein Recht auf Inländergleichbehandlung. Demnach ist jede diskriminierende unterschiedliche Behandlung von EU-Ausländern in Bezug auf Beschäftigung, Entlohnung und sonstige Arbeitsbedingungen verboten. Der Gleichbehandlung hinsichtlich der Beschäftigung geht notwendig das Recht auf gleichen Zugang zur Beschäftigung voraus, Art. 45 III lit. a AEUV.

Art. 45 II AEUV ist weit auszulegen und untersagt jede Art der Diskriminierung („offene" und „versteckte") ungeachtet ihrer Schwere. Nach der Rechtsprechung des EuGH verbietet Art. 45 II AEUV jedoch nicht solche unterschiedlichen Behandlungen durch Rechtsvorschriften, die sich ohne Rücksicht auf die Staatsangehörigkeit der Betroffenen auf alle der Rechtsordnung Unterworfenen nach objektiven Merkmalen auswirken und verhältnismäßig sind.[715]

---

711  EuGH Rs. C-209/03 (Bidar), BayVBl. 2005, 496, 497.

712  EuGH Rs. C-456/02 (Trojani), BVBl. 2005, 630 ff.; dazu etwa Sander, DVBl. 2005, 1014 ff.; Epiney, NVwZ 2006, 407, 411 f.

713  Vgl. auch EuGH Rs. C-224/98 (D´Hopp/Office national d´emploi), EuR 2002, 846; Rs. C-148/02 (Garcia Avello/Belgien), DVBl. 2004, 183 ff.

714  EuGH, Rs. 118/75 (Watson u. Belmann), Slg. 1976, 1185; Rs. 8/77 (Sagulo), 1977, 1495; Rs. C-265/88 (Messner), 1989, 4209.

715  EuGH, Slg. 1978, 1489, 1498; EuGH, Rs. C-325/08 (Olympique Lyon/Bernard), NJW 2010, 1733 = **Life&Law 2010, 840 ff., Heft 12.**

Zulassungsbeschränkungen (z.B. Nachweise über Sprachkenntnisse, berufliche Fähigkeiten) dürfen demnach eingeführt werden, soweit ein Beruf entsprechende Fähigkeiten oder Kenntnisse unbedingt voraussetzt.[716] Bereits im Heimatstaat erworbene Befähigungsnachweise sind indes vom Empfangsstaat zu berücksichtigen.[717]

Art. 45 II AEUV wird durch Art. 1 - 9 VO (EU) Nr. 492/2011 konkretisiert.

*gleicher Zugang zum Arbeitsmarkt*

**aa)** Art. 1 - 6 VO (EU) Nr. 492/2011 regeln den gleichen Zugang der Wanderarbeitnehmer zum Arbeitsmarkt. Einschränkende Maßnahmen (z.B. besondere Bedingungen für Ausländer, besondere Bewerbungsverfahren, Ausländerkontingente, Arbeitserlaubnisse) sind demnach unzulässig. Ausnahmen bestehen für Sprachkenntnisse, soweit die Besonderheit der zu vergebenden Stelle dies erfordert. *463*

*Gleichstellung bei der Ausübung der Beschäftigung*

**bb)** Art. 7 - 9 VO (EU) Nr. 492/2011 enthalten Vorschriften, welche die Ausübung der Beschäftigung betreffen. Auf Wanderarbeitnehmer sind insbesondere die Rechtsvorschriften über Beschäftigungs- und Arbeitsbedingungen gleichermaßen anzuwenden wie auf Inländer, Art. 7 I VO (EU) Nr. 492/2011. *464*

Beispiele hierfür sind das Entgeltfortzahlungsgesetz, KSchG, MuSchG etc. Ferner genießen sie die gleichen sozialen und steuerlichen Vergünstigungen, Art. 7 II VO (EU) Nr. 492/2011 (z.B. BAföG, Erziehungsgeld).

Hinsichtlich der Sozialleistungen (Kranken-, Unfall-, Rentenversicherung) gilt allerdings die speziellere VO (EWG) Nr. 1408/71, die auf Grundlage des Art. 48 AEUV („Soziale Sicherheit"; ex Art. 51 EG) ergangen ist (Sartorius II Nr. 185).

*Drittwirkung des Art. 7 IV VO Nr. 1612/68*

**cc)** Gemäß Art. 7 IV VO (EU) Nr. 492/2011 sind Bestimmungen von Arbeits- und Tarifverträgen nichtig, soweit sie Staatsangehörige anderer Mitgliedstaaten aufgrund ihrer Staatsangehörigkeit diskriminieren. Die Bestimmung gilt also ausdrücklich auch für Private und entfaltet demnach horizontale Wirkung. Den Staatsangehörigen der Mitgliedstaaten sind die gleichen Vorteile zu gewähren wie der begünstigten Gruppe. *465*

*Wohnungsnahme/ Eigentumserwerb*

**dd)** Art. 8, 9 VO (EU) Nr. 492/2011 regeln die Gleichbehandlung hinsichtlich der Gewerkschaftstätigkeit und der Wohnungsnahme einschließlich des Eigentumserwerbs. Art. 10 VO (EU) Nr. 492/2011 erfasst die Familienangehörigen der Arbeitnehmer. *466*

Durch die VO (EU) Nr. 492/2011 ist insgesamt das Diskriminierungsverbot des Art. 45 II AEUV näher ausgestaltet worden, sodass es im Regelfall eines Rückgriffs auf Art. 45 AEUV nicht bedarf. *467*

**hemmer-Methode: Soweit es um Rechte aus der VO (EU) Nr. 492/2011 geht, müssen die entsprechenden Bestimmungen in der Klausur abgedruckt sein. Allerdings kann es auch sein, dass Sie ohne Angabe unionsrechtlichen Sekundärrechts eine innerstaatliche Vorschrift allein an Art. 45 AEUV zu prüfen haben. Die obigen Ausführungen gelten dann weitgehend entsprechend, da Art. 1 - 9 VO (EU) Nr. 492/2011 den Art. 45 II AEUV im Wesentlichen konkretisieren.**

---

716  Art. 3 I S. 2 VO 1612/68; s. auch unten Rn. 501 ff.

717  Grabitz, ex Art. 39 EG, Rn. 175; Geiger, Art. 45 AEUV, Rn. 27.

### c) Allgemeines Beschränkungsverbot

*Art. 45 AEUV als allgemeines Beschränkungsverbot*

**aa)** Die Arbeitnehmerfreizügigkeit (Art. 45 AEUV) enthält nach neuerer Rechtsprechung des EuGH jedoch nicht nur ein Diskriminierungsverbot, vielmehr verbietet sie weitergehend auch unterschiedslos wirkende Beeinträchtigungen zumindest hinsichtlich des Zugangs zu einer Beschäftigung, soweit diese nicht durch zwingende Allgemeininteressen gerechtfertigt und verhältnismäßig sind.[718] Dahinter steht der Gedanke, dass auch unterschiedslos geltende mitgliedstaatliche Regelungen den Zugang zu einem Beruf in einem anderen Mitgliedstaat und damit die Arbeitnehmerfreizügigkeit erheblich beeinträchtigen können.

**467a**

> ***Bsp.:*** [719] *Der niederländische Staatsangehörige N übt seit 1992 eine unselbstständige Beschäftigung in Großbritannien aus. Im Jahr 1995 möchte er seinen Arbeitsplatz wechseln und wieder in den Niederlanden arbeiten. Nach dem niederländischen Recht zahlt ein Arbeitnehmer, der seinen Wohnsitz aus dem Ausland in die Niederlande verlegt, im Jahr der Verlegung des Wohnortes höhere Sozialversicherungsbeiträge als ein Arbeitnehmer, der das ganze Jahr in den Niederlanden gearbeitet und gewohnt hat. Sinn der Regelung, die nicht nach der Staatsangehörigkeit differenziert, ist u.a. eine Verwaltungsvereinfachung bei Erhebung der Einkommenssteuer und der Sozialversicherungsbeiträge sowie die Kompensation von in Einzelfällen gegebenen Vorteilen bei der Einkommenssteuer nach Wohnsitzverlegung aus dem Ausland (solche Vorteile waren bei N nicht gegeben).*

**467b**

Die Bestimmungen der Arbeitnehmerfreizügigkeit (Art. 45 AEUV) sind vorliegend zunächst anwendbar. N ist Staatsangehöriger eines Mitgliedstaats und Arbeitnehmer i.S.d. Art. 45 AEUV. Auch kann er sich gegenüber seinem Heimatstaat Niederlande auf die Bestimmungen der Arbeitnehmerfreizügigkeit berufen, da der Sachverhalt ein grenzüberschreitendes Element aufweist (Verlegung des Wohn- und Arbeitsortes von Großbritannien in die Niederlande).

Ein Verstoß gegen das in Art. 45 AEUV enthaltene Diskriminierungsverbot liegt nicht vor. Es fehlt nämlich bereits an der insoweit vorausgesetzten unterschiedlichen Behandlung aus Gründen der Staatsangehörigkeit, da die niederländischen Regelungen unabhängig von der Staatsangehörigkeit sämtliche Arbeitnehmer betreffen, die ihren Wohnsitz in die Niederlande verlegen. Gleichwohl erachtete der EuGH, der die Frage einer mittelbaren Diskriminierung offen ließ, die niederländischen Regelungen als mit Art. 45 AEUV unvereinbar und führte aus:

*„Der Gerichtshof hat ferner die Ansicht vertreten, dass sämtliche Vertragsbestimmungen über die Freizügigkeit den Gemeinschaftsangehörigen (jetzt Unionsangehörigen) die Ausübung jeder Art von Berufstätigkeit im Gebiet der Gemeinschaft erleichtern sollen und Maßnahmen entgegenstehen, welche die Gemeinschaftsangehörigen benachteiligen könnten, wenn sie im Gebiet eines anderen Mitgliedstaats eine wirtschaftliche Tätigkeit ausüben wollen*

*In diesem Zusammenhang haben die Staatsangehörigen der Mitgliedstaaten insbesondere das unmittelbar aus dem Vertrag abgeleitete Recht, ihr Herkunftsland zu verlassen, um sich zur Ausübung einer wirtschaftlichen Tätigkeit in das Gebiet eines anderen Mitgliedstaats zu begeben und sich dort aufzuhalten. Bestimmungen, die einen Staatsangehörigen eines Mitgliedstaats daran hindern oder davon abhalten, sein Herkunftsland zu verlassen, um von seinem Recht auf Freizügigkeit Gebrauch zu machen, stellen daher Beeinträchtigungen dieser Freiheit dar, auch wenn sie unabhängig von der Staatsangehörigkeit der betroffenen Arbeitnehmer Anwendung finden.*

---

718 EuGH, Rs. C-415/93 (Bosman), NJW 1996, 505; Rs. C-18/95 (Terhoeve), Slg. 1999, I-345; Rs. C-190/98 (Graf/Filzmoser Maschinenbau GmbH), DVBl. 2000, 406; Rs. C-209/01 (Schilling/FA Nürnberg-Süd), DVBl. 2004, 303 ff.; Rs. C-109/04 (Kranemann), NJW 2005, 1481 ff.; EuGH, Rs. C-325/08 (Olympique Lyon/Bernard), NJW 2010, 1733 = **Life&Law 2010, 840 ff., Heft 12**.

719 Nach EuGH, Rs. C-18/95 (Terhoeve), Slg. 1999, I-345.

*Ein Staatsangehöriger eines Mitgliedstaats könnte davon abgehalten werden, den Mitgliedstaat, in dem er wohnt, zu verlassen, um im Sinne des Vertrages einer abhängigen Beschäftigung in einem anderen Mitgliedstaat nachzugehen, wenn er zur Zahlung höherer Sozialbeiträge, als wenn er seinen Wohnort das ganze Jahr über im selben Mitgliedstaat beibehält, verpflichtet wird, ohne insoweit in den Genuss zusätzlicher, diese höhere Belastung ausgleichender Sozialleistungen zu kommen".*

Die niederländischen Regelungen waren auch nicht aus „zwingenden Allgemeininteressen" gerechtfertigt. Zwar steht es den Mitgliedstaaten frei, die Einzelheiten der Erhebung der Steuer und der Sozialversicherungsbeiträge zu regeln, eine Verwaltungsvereinfachung oder auch sonstige Erwägungen administrativer Art rechtfertigen aber nicht Beeinträchtigungen der Grundfreiheiten. Eine Kompensation von Vorteilen bei der Einkommenssteuer als Rechtfertigung kam ebenfalls nicht in Betracht, da N insoweit keinen Vorteil hatte. Dass andere Arbeitnehmer in vergleichbarer Lage vielleicht bei der Einkommenssteuer begünstigt werden, kann das Hemmnis für die Freizügigkeit weder beseitigen noch ausgleichen.

**Weitere Bspe.:** *Im mitgliedstaatlichen Recht unabhängig von der Staatsangehörigkeit vorgesehene Genehmigungspflichten hinsichtlich der Führung von im Ausland erworbenen akademischen Graden (z.B. LL.M.) betreffen zwar nicht unmittelbar den Zugang zu einem Beruf, rechtfertigen aber aufgrund der faktischen Vorteile sowohl für den Berufszugang als auch das berufliche Fortkommen die Anwendung des Unionsrechts. Solche Genehmigungspflichten sind indes zum Schutz einer nicht unbedingt sachkundigen Öffentlichkeit vor der missbräuchlichen und irreführenden Führung ausländischer akademischer Grade (= Allgemeininteresse) gerechtfertigt, wenn sie verhältnismäßig sind (z.B. keine überhöhten Gebühren).[720]*     **467c**

**bb)** Der EuGH sah sich zur Ausweitung des Diskriminierungsverbotes zu einem allgemeinen Beschränkungsverbot auch bezüglich der Arbeitnehmerfreizügigkeit veranlasst. Im Anschluss an die bei der Warenverkehrsfreiheit geltende „Dassonville-Formel" erkannte er, dass Art. 45 AEUV (ex Art. 39 EG) „nicht nur jede unmittelbare oder mittelbare Diskriminierung aus Gründen der Staatsangehörigkeit, sondern auch nationale Regelungen verbietet, die, auch wenn sie unabhängig von der Staatsangehörigkeit der betroffenen Arbeitnehmer anwendbar sind, deren Freizügigkeit beeinträchtigen".[721]     **467d**

In welchem Umfang die Arbeitnehmerfreizügigkeit ein allgemeines Beschränkungsverbot enthält, ist noch nicht abschließend geklärt. Nach dem Gesagten sind jedenfalls auch unterschiedslose mitgliedstaatliche Regelungen, die bereits den Zugang zu einem Beruf beeinträchtigen oder erschweren, nur dann mit dem Unionsrecht vereinbar, wenn sie durch zwingende Allgemeininteressen gerechtfertigt und verhältnismäßig sind. Ob Entsprechendes auch hinsichtlich unterschiedsloser mitgliedstaatlicher Regelungen betreffend die Berufsausübung gilt (z.B. Bestimmungen über Arbeitssicherheit, Lohnregelungen), ist zweifelhaft und vom EuGH noch nicht eindeutig entschieden. Die Frage dürfte wohl zu verneinen sein.

Denn hinsichtlich mitgliedstaatlicher Regelungen betreffend die Berufsausübung ist letztlich nicht einzusehen, weshalb Arbeitnehmer aus anderen Mitgliedstaaten nicht denselben Beschränkungen unterfallen sollten wie Inländer.[722]

---

720   EuGH, Rs. (Kraus), DVBl. 1993, 1307.

721   EuGH, (Graf/Filmoser), Rs. C-190/98, Slg. 2000, I-493, Rn. 18; so auch zu einem unterschiedslos angewandten Transfersystem im Profifußball EuGH, Rs. C-415/93 (Bosman), NJW 1996, 505.

722   Siehe bereits oben Rn. 393 ff.

*horizontale Wirkung*

Der EuGH erkennt auch hinsichtlich des allgemeinen Beschrän- **467e**
kungsverbotes i.R.d. Arbeitnehmerfreizügigkeit eine unmittelbare
Wirkung in Privatrechtsverhältnissen an.[723] Allerdings gilt dies nur für
kollektive Regelungen, z.B. Regularien von Sportverbänden.[724] Für
offene Diskriminierungen erstreckt sich die horizontale Wirkung des
Art. 45 AEUV hingegen auf sämtliche Privatrechtsverhältnisse.[725]

### 3. Vorbehalte, Ausnahmen

*Vorbehalte, Ausnahmen*

Art. 45 AEUV enthält schließlich allgemein zwei Einschränkungen **468**
der Arbeitnehmerfreizügigkeit. Zum einen können die Mitgliedstaaten hinsichtlich des Aufenthaltsrechts einschränkende Maßnahmen
aus Gründen der öffentlichen Ordnung, Sicherheit oder Gesundheit
treffen (Art. 45 III AEUV), zum anderen findet die Bestimmung keine
Anwendung auf die Beschäftigung in der öffentlichen Verwaltung
(Art. 45 IV AEUV).

### a) „Ordre-Public-Vorbehalt" nach Art. 45 III AEUV

*Vorbehalt des Art. 45 III AEUV*

**aa)** Art. 45 III AEUV will den Mitgliedstaaten in erster Linie die Mög- **469**
lichkeit verschaffen, die Einreise und den Aufenthalt solchen Personen zu verwehren, deren Einreise und Aufenthalt für sich genommen eine Gefahr für die öffentliche Sicherheit und Ordnung darstellen.[726]
Trotz seiner systematischen Stellung gilt der Vorbehalt allerdings
grundsätzlich sowohl für die Rechte aus Art. 45 III lit. b, lit. c AEUV
(Aufenthalt, Einreise) als auch für das Diskriminierungs- und Beschränkungsverbot nach Art. 45 II AEUV.[727]

*Begriff der öffentlichen Ordnung, Sicherheit, Gesundheit*

**bb)** Die Begriffe der „öffentlichen Ordnung, Sicherheit und Gesund- **470**
heit" sind unionsrechtlich zu bestimmen und als Ausnahmen vom
Grundsatz der Freizügigkeit eng auszulegen.[728]

Da jedoch die Umstände, die eine Berufung auf Art. 45 III AEUV erforderlich machen, entsprechend den nationalen Bedürfnissen von
Land zu Land verschieden sein können, verfügen die Mitgliedstaaten
über einen gewissen Beurteilungsspielraum; jedoch prüft der EuGH,
ob sich die mitgliedstaatlichen Regelungen in den Grenzen des
Art. 45 III AEUV halten.[729]

*schwerwiegende Gefährdung von Grundinteressen der Gesellschaft*

**(1)** Nach der Rechtsprechung des EuGH kann sich ein Mitgliedstaat **471**
nur dann auf den Vorbehalt des Art. 45 III AEUV berufen, wenn sich
die Anwesenheit oder das Verhalten eines Aufenthaltsberechtigten
aus in seiner Person liegenden Gründen als eine tatsächliche und
hinreichend schwerwiegende Gefährdung der öffentlichen Ordnung
und Sicherheit darstellt, die ein Grundinteresse der Gesellschaft berührt.[730] Geringfügige Verstöße rechtfertigen daher nicht die Beschränkung der Einreise oder des Aufenthalts. Die Maßnahmen, die
aus den in Art. 45 III AEUV genannten Gründen erfolgen und die
Freizügigkeit einschränken, müssen daher verhältnismäßig sein.[731]

> **Bsp.:** *Unzulässig wäre daher die Ausweisung wegen eines Ladendieb-
> stahls.*

---

723  EuGH, Rs. C-415/93 (Bosman), NJW 1996, 505.

724  EuGH, Rs. C-325/08 (Olympique Lyon/Bernard), NJW 2010, 1733 = **Life&Law 2010, 840 ff., Heft 12.**

725  EuGH, Rs. C-281/98 (Angonese/Cassa die Risparmio di Bolzano), DVBl. 2000, 1268 f.; zur horizontalen Wirkung der Grundfreiheiten vgl. oben Rn. 395 ff.

726  EuGH, Slg. 1986, 1573.

727  EuGH, Rs. 96/85 (Zweitniederlassung von Ärzten I), 1986, 1475, 1486; Grabitz, ex Art. 39 EG, Rn. 209 m.w.N. auch zur Gegenansicht.

728  Grabitz, ex Art. 39 EG, Rn. 209; Geiger, Art. 45 AEUV, Rn. 41.

729  EuGH, Rs. 36/75 (Rutili), Slg. 1975, 1219; Rs. C-96/00 (Rudolf/Gabriel), NVwZ 2003, 67; EuGH, Rs. 30/77 (Bouchereau), Slg. 1977, 1999.

730  EuGH, Rs. 30/77 (Bouchereau), Slg. 1977, 1999; Rs. C-355/98 (Kommission/Belgien), DVBl. 2000, 891, 892.

731  EuGH, Rs. 36/75 (Rutili), Slg. 1975, 1219; Geiger, Art. 45 AEUV, Rn. 42.

| | |
|---|---|
| *Gedanke der Inländergleichbehand-lung* | **(2)** Weiterhin kann auch der Gedanke der Inländergleichbehandlung für die Anwendung des Art. 45 III AEUV eine Rolle spielen. Nach Rechtsprechung des EuGH sind Beschränkungen des Einreise- und Aufenthaltsrechts dann unzulässig, wenn der Mitgliedstaat in vergleichbaren Fällen gegenüber dem gleichen Verhalten seiner eigenen Staatsangehörigen keine Zwangsmaßnahmen ergreift und dieses Verhalten nicht bekämpft. |

*472*

> **Bsp.:** *Eine Prostituierte, die als Serviererin beschäftigt und daher Arbeitnehmerin i.S.d. Art. 45 I AEUV ist, kann aufgrund ihrer Prostitution nicht ausgewiesen werden, wenn der Mitgliedstaat keine Maßnahmen zur Bekämpfung der Prostitution durch eigene Staatsangehörige ergreift.[732]*

| | |
|---|---|
| *Bedeutung der RL 64/221* | **(3)** Die Begriffe der „öffentlichen Ordnung, Sicherheit und Gesundheit" werden durch Art. 27 - 29 RL 2004/38/EG näher konkretisiert. |

*473*

Danach dürfen die Einreise und der Aufenthalt eines Wanderarbeitnehmers nur aus Gründen beschränkt werden, die aus dessen persönlichen Verhalten herrühren. Gründe der öffentlichen Sicherheit oder Ordnung dürfen daher nicht für wirtschaftliche Zwecke geltend gemacht werden.

Die strafrechtliche Verurteilung eines Wanderarbeitnehmers genügt allein nicht, um die Freizügigkeit zu beschränken. Entscheidend sind vielmehr Schwere der Straftat und Wiederholungsgefahr.[733] Für den Bereich des Gesundheitsschutzes zählt die Richtlinie abschließend Krankheiten auf, die einreisebeschränkende Maßnahmen aus gesundheitspolizeilichen Gründen rechtfertigen (v.a. ansteckende, gefährliche Krankheiten).[734]

Das Auftreten von Krankheiten nach drei Monaten nach der Einreise kann indes die Verweigerung der Verlängerung oder Ausweisung aus dem Hoheitsgebiet des betreffenden Mitgliedstaats nicht rechtfertigen.

## b) Bereichsausnahme der öffentlichen Verwaltung, Art. 45 IV AEUV

| | |
|---|---|
| *Bereichsausnahme der öffentlichen Verwaltung, Art. 45 IV AEUV* | Nach Art. 45 IV AEUV finden die Bestimmungen über die Arbeitnehmerfreizügigkeit keine Anwendung auf die Beschäftigung in der öffentlichen Verwaltung. Angehörige anderer Mitgliedstaaten können daher allein wegen ihrer Staatsangehörigkeit vom Zugang zu bestimmten Tätigkeiten und deren Ausübung ausgeschlossen werden. |

*474*

| | |
|---|---|
| *Begriff der „Beschäftigung in der öffentlichen Verwaltung"* | **aa)** Im Interesse der einheitlichen Anwendung und der praktischen Wirksamkeit des Unionsrechts ist der Begriff der „öffentlichen Verwaltung" unionsrechtlich und nicht nach mitgliedstaatlichem Recht zu bestimmen.[735] |

*475*

Der EuGH folgt bei der Auslegung des Art. 45 IV AEUV einer funktionellen, die einzelnen Aufgaben und Befugnisse berücksichtigenden Betrachtungsweise.[736] Beschäftigung in der öffentlichen Verwaltung setzt demnach voraus, dass die Tätigkeit eine unmittelbare oder mittelbare Teilnahme an der Ausübung hoheitlicher Befugnisse und an der Wahrnehmung der allgemeinen Belange des Staates oder anderer öffentlicher Körperschaften beinhaltet.

---

732　EuGH, Verb.Rsn. 115 u. 116/81 (Adoui), Slg. 1982, 1665.

733　EuGH, Verb.Rsn C-482/01 und C-493/01 (Orfanopoulous Olivieri/Baden-Württemberg), EuZW 2004, 402 mit Anm. Streinz, JuS 2004, 1001; Grabitz, ex Art. 46 EG, Rn. 22 f.

734　Vgl. Art. 29 RL 2004/28/EG.

735　Geiger, Art. 45 AEUV, Rn. 43.

736　EuGH, Rs. 307/84 (Französisches Krankenpflegepersonal), Slg. 1986, 1725, 1738; Rs. C-407/02 (Anker u.a./Deutschland), DVBl. 2004, 182 f.

Zweck des Art. 45 IV AEUV ist es, den eigenen Staatsangehörigen Stellen vorzubehalten, die ein besonderes Treueverhältnis zum Staat erfordern.[737] Eine Beschäftigung in der öffentlichen Verwaltung i.S.d. Art. 45 IV AEUV liegt daher nicht schon dann vor, wenn der Arbeitgeber eine öffentlich-rechtliche Einrichtung ist (z.B. öffentlich-rechtliche Körperschaften wie der Staat, Gemeinden). Auch ist unerheblich, ob das Arbeitsverhältnis öffentlich-rechtlich oder privatrechtlich ausgestaltet ist und die Stelle mit einem Arbeiter, Angestellten oder Beamten zu besetzen ist.[738]

> *Bsp.: Keine Tätigkeit in der öffentlichen Verwaltung ist die Tätigkeit von Lokomotivführern der staatlichen Eisenbahn,[739] Krankenschwestern, Nachtwächtern; von Studienreferendaren und Lehrern an öffentlichen Schulen, da deren hoheitliche Tätigkeit (Schulnoten) geringfügig ist[740] (anders vielleicht bei Schulleitern); die Beschäftigung in öffentlichen Unternehmen, die erwerbswirtschaftlich tätig sind (z.B. Versorgungsdienste für Wasser, Gas, Elektrizität).[741]*

> *Zum klassischen Bereich der öffentlichen Verwaltung i.S.d. Art. 45 IV AEUV gehören die Polizei, Streitkräfte, Richter.*

Art. 45 IV AEUV greift aber bei Vorliegen hoheitlicher Funktionen dann nicht, wenn die Ausübung hoheitlicher Gewalt nur gelegentlich stattfindet und einen sehr geringen Teil der Gesamttätigkeit ausmacht. Denn die allgemeinen Belange des Staates werden dann nicht gefährdet.[742]

> *Bsp.: Kapitän auf Handelsschiff, der auch einige wenige polizeiliche Befugnisse hat.*

*laufbahnrechtliche Vorschriften*

**bb)** Soweit ein Arbeitnehmer in der öffentlichen Verwaltung beschäftigt ist, hat er einen Anspruch auf Gleichbehandlung im Verhältnis zu Inländern. Dies gilt aber nicht für laufbahnrechtliche Vorschriften, sofern sie die Beförderung auf Stellen vorsehen, für die der Vorbehalt des Art. 45 IV AEUV gilt. Nach Rechtsprechung des EuGH ist es indes unverhältnismäßig und damit unzulässig, einem Wanderarbeitnehmer wegen laufbahnrechtlicher Vorschriften den Zugang bereits zu solchen Stellen zu versagen, die zunächst vom Vorbehalt der Art. 45 IV AEUV nicht erfasst werden.[743]

**476**

*Übernahme in ein Beamtenverhältnis*

**cc)** Fraglich ist, ob ein Wanderarbeitnehmer, dessen Beschäftigung im öffentlichen Dienst Art. 45 IV AEUV nicht entgegensteht, in ein Beamtenverhältnis übernommen werden muss, wenn dies bei einem inländischen Bewerber geschehen würde.

**477**

**(1)** Gemäß § 4 I Nr. 1 BRRG a.F. konnte in das Beamtenverhältnis nur berufen werden, wer Deutscher i.S.d. Art. 116 GG ist. Der EuGH hat in entsprechenden Verfahren gegen andere Mitgliedstaaten festgestellt, dass eine Einstellung als Beamter zumindest dann nicht zwingend geboten ist, wenn die Beschäftigung als Angestellter hinsichtlich der Entlohnung und den Arbeitsbedingungen gleich ist.[744]

> *Bsp.: Ein Wanderarbeitnehmer, der an einer öffentlichen Schule als Lehrer arbeiten möchte, muss daher nicht notwendig verbeamtet werden. Ausreichend ist, wenn er anders als Inländer nur in ein Angestelltenverhältnis übernommen wird, soweit ansonsten die Arbeitsbedingungen gleich sind.*

---

737  EuGH, Rs. C-407/02 (Anker u.a./Deutschland), DVBl. 2004, 182 f.

738  Grabitz, ex Art. 39 EG, Rn. 216 ff.

739  EuGH, Rs. 149/79, (Öffentlicher Dienst), Slg. 1982, 1845,1851 f.

740  EuGH, Rs. 66/85 (Lawrie-Blum), Slg. 1986, 2121.

741  Geiger, Art. 45 AEUV, Rn. 43.; vgl. zum Ganzen Grabitz, ex Art. 39 EG, Rn. 226 ff.

742  EuGH, Rs. C-407/02 (Anker u.a./Deutschland), DVBl. 2004, 182 f.; Epiney, DVBl. 2004, 1067, 1073.

743  EuGH, Rs. 149/79 (Öffentlicher Dienst), Slg. 1982, 1845 ff.

744  EuGH, Rs. 307/84 (Französisches Krankenpflegepersonal), Slg. 1986, 1725, 1739; Rs. 66/85 (Lawrie-Blum), Slg. 1986, 2121; Rs. 225/85 (Consiglio Nazionale delle Ricerche-CNR), Slg. 1987, 2625, 2640.

**(2)** Ob sich im deutschen Recht eine solche Gleichbehandlung auf- *478*
grund der unterschiedlichen Regelungen des Beamtenrechts sicherstellen lässt, ist zweifelhaft. Dementsprechend wurde § 4 I BRRG
dahingehend geändert, dass in das Beamtenverhältnis berufen werden dürfe, wer „Deutscher i.S.d. Art. 116 GG ist oder die Staatsangehörigkeit eines anderen Mitgliedstaates" der EU besitzt. § 4 II
BRRG bestimmte zudem in der Folge, dass wenn es die Aufgaben
erfordern, „nur ein Deutscher i.S.d. Art. 116 GG in ein Beamtenverhältnis" berufen werden darf (Art. 45 IV AEUV). Die Vorschriften des
BRRG wurden in Folge der Föderalismusreform größtenteils aufgehoben und durch Landesgesetze ersetzt. Für Beamte des Bundes
finden sich die entsprechenden Regelungen nur in § 7 I Nr. 1 lit. a, II
BeamtStG (Sartorius I, Nr. 150).

## 4. Angehörige des Wanderarbeitnehmers

*Angehörige des Wanderarbeitneh-* Die Rechte der Angehörigen des Wanderarbeitnehmers sind in der *479*
*mers* RL 2004/38/EG geregelt. Sie leiten sich von den Rechten des durch
die Arbeitnehmerfreizügigkeit Begünstigten ab. Unmittelbar aus
Art. 45 AEUV können sie nur dann Rechte geltend machen, wenn
sie selbst „Wanderarbeitnehmer" i.S.d. Art. 45 AEUV sind.

*Einreise-/ Aufenthaltsrecht* **a)** Familienangehörigen eines Wanderarbeitnehmers sind vor allem *480*
der Ehegatte, Lebenspartner einer eingetragenen Partnerschaft und
Kinder unter 21 Jahren, ebenso die Eltern, allerdings nur soweit diesen Unterhalt gewährt wird (Art. 1 Nr. 2 RL 2004/38/EG). Auf die
Staatsangehörigkeit der Familienangehörigen kommt es nicht an.

> **Bsp.:** *Die indische Ehefrau eines französischen Arbeitnehmers i.S.d.
> Art. 45 I AEUV genießt in Deutschland ein Aufenthaltsrecht nach der RL
> 2004/38/EG.*

*Recht auf Ausübung einer* **b)** Die Familienangehörigen eines Wanderarbeitnehmers haben das *481*
*Beschäftigung* Recht, eine selbstständige oder unselbstständige Tätigkeit im betreffenden Mitgliedstaat auszuüben, Art. 23 RL 2004/38/EG. Von Bedeutung ist die Vorschrift allein für Familienangehörige, die aus
Drittstaaten stammen, da Familienangehörige aus Mitgliedstaaten
der EU bereits durch Art. 45 II AEUV begünstigt sind.

*Anspruch auf Teilnahme am* **c)** Hinsichtlich der Familienangehörigen des Wanderarbeitnehmers *482*
*Unterricht bzw. an einer* gilt schließlich das Gleichbehandlungsgebot. Sie haben daher etwa
*Berufsausbildung* unter denselben Voraussetzungen wie Inländer einen Anspruch auf
Teilnahme am Unterricht sowie auf Lehrlings- und Berufsausbildung,
Art. 24 RL 2004/38/EG.

## 5. Problem der Inländerdiskriminierung

*Problem der Inländerdiskriminierung* **a)** Im Anwendungsbereich der Art. 45 ff. AEUV kann sich das Prob- *483*
lem einer Inländerdiskriminierung ergeben.

> **Bsp.:**[745] *T ist niederländische Staatsangehörige. Sie hat schon immer in
> den Niederlanden gewohnt und gearbeitet. Ihre Mutter M ist Staatsange-
> hörige Surinams und möchte zu ihrer Tochter ziehen, die ihr auch Unter-
> halt gewähren will. Die niederländischen Behörden versagen der M die
> Aufenthaltserlaubnis, die sich daraufhin auf Art. 7 I lit. d RL 2004/38/EG
> (Aufenthaltsrecht der Familienangehörigen) sowie Art. 18 AEUV beruft.*

Wäre T nicht Niederländerin, sondern Wanderarbeitnehmerin (z.B. Deutsche), würden auf sie Art. 45 ff. AEUV Anwendung finden und ihre Mutter
M hätte ein abgeleitetes Aufenthaltsrecht nach Art. 7 I lit. d
RL 2004/38/EG. Die niederländischen Behörden wären unionsrechtlich
verpflichtet gewesen, eine Aufenthaltserlaubnis zu erteilen.

---

745 Nach EuGH, Verb.Rs. 35 u. 36/82 (Morson), Slg. 1982, 3723 ff.

Da T jedoch Niederländerin ist und der Sachverhalt keinerlei Bezug zum Anwendungsbereich des Unionsrechts hat, finden die Bestimmungen der Art. 45 ff. AEUV auf sie keine Anwendung und demzufolge auch nicht die RL 2004/38/EG auf ihre Familienangehörigen.

T als Inländerin (bzw. ihre Mutter M) ist schlechter gestellt, als es ein Staatsangehöriger eines anderen Mitgliedstaates (bzw. dessen Familienangehöriger) wäre.

Aus unionsrechtlicher Sicht verstößt eine solche Inländerdiskriminierung („discrimination à rebours") nicht gegen den AEUV.[746] Inländer können sich grundsätzlich nicht auf die Bestimmungen der Grundfreiheiten gegenüber ihrem Heimatstaat berufen. Die rechtliche Zulässigkeit einer unter Umständen daraus resultierenden Schlechterstellung von eigenen Staatsangehörigen bestimmt sich allein nach innerstaatlichem Recht, in Deutschland also nach Art. 3 GG.

*Anwendbarkeit der Art. 45 ff. AEUV auf „Grenzarbeiternehmer"*

b) Etwas Anderes gilt jedoch dann, wenn es sich nicht um rein interne, nationale Sachverhalte handelt, sondern der Sachverhalt ein grenzüberschreitendes Element und damit zwischenstaatlichen Bezug aufweist.

*484*

Unter dieser Voraussetzung ist die Lage eines Staatsangehörigen gegenüber seinem eigenen Mitgliedstaat derjenigen eines Staatsangehörigen eines anderen Mitgliedstaates vergleichbar, sodass der Anwendungsbereich des Unionsrechts eröffnet ist.[747]

> **Bsp.:** *A ist deutscher Staatsangehöriger und wohnt im Elsass nahe der deutschen Grenze. Sein Arbeitsplatz ist in der Bundesrepublik (sog. „Grenzarbeitnehmer"). Sofern die deutschen Behörden die Einreise des A in die Bundesrepublik behindern würden, könnte er sich auf Art. 45 AEUV berufen. Es handelt sich nicht um einen rein internen deutschen Sachverhalt. Da der A in Frankreich wohnt, aber in Deutschland arbeitet, weist der Sachverhalt ein grenzüberschreitendes Element auf, sodass die Bestimmungen des AEUV Anwendung finden können.*

## II.  Niederlassungsfreiheit, Art. 49 - 55 AEUV

*Überblick*

Die Niederlassungsfreiheit enthält im Wesentlichen das Recht, in einem anderen Mitgliedstaat nach dessen Rechtsvorschriften einer selbstständigen Erwerbstätigkeit nachzugehen und Unternehmen einschließlich Zweigniederlassungen zu gründen, Art. 49 AEUV. Die Bestimmung enthält zunächst ein umfassendes Diskriminierungsverbot und damit das Gebot der Inländergleichbehandlung.

*485*

Allerdings bestehen zwei Einschränkungen. Zum einen können die Mitgliedstaaten einschränkende Maßnahmen aus Gründen der öffentlichen Sicherheit, Ordnung oder Gesundheit treffen (Art. 52 I AEUV).

Zum anderen findet das Niederlassungsrecht keine Anwendung auf Tätigkeiten, die mit der Ausübung hoheitlicher Gewalt verbunden sind (Art. 51 AEUV). Art. 49 AEUV ist unmittelbar anwendbar und verdrängt aufgrund seines Anwendungsvorrangs entgegenstehendes mitgliedstaatliches Recht.[748]

746  EuGH, Verb.Rs. 35 u. 36/82 (Morson), Slg. 1982, 3723 ff.; Slg. 1982, 3723, 3724.

747  EuGH, Rs. 175/78 (Saunders), Slg. 1979, 1129; Rs. 246/80 (Broekmeulen), Slg. 1981, 2311, 2312; Verb.Rsn. 35 u. 36/82 (Morson), Slg. 1982, 3723 ff.; Slg. 1982, 3723, 3724; Rs. 180/83 (Moser), Slg. 1984, 2539.

748  EuGH, Rs. 2/74, (Reyners), Slg. 1974, 631, 652.

Auf Grundlage des Art. 53 AEUV sind zahlreiche Richtlinien ergangen, die der Herstellung der Niederlassungsfreiheit dienen. Durch diese sollen insbesondere Hemmnisse beseitigt werden, die nicht auf Diskriminierungen beruhen, sondern sich aus den unterschiedlichen nationalen Zulassungs- und Berufsausübungsregeln ergeben.

Art. 53 I AEUV ermächtigt den Rat zum Erlass von Richtlinien für die gegenseitige Anerkennung von Diplomen, Prüfungszeugnissen und Befähigungsnachweisen. Art. 53 II AEUV sieht die Angleichung der Rechts- und Verwaltungsvorschriften der Mitgliedstaaten über die Aufnahme und Ausübung selbstständiger Tätigkeiten vor. Von besonderer Bedeutung war vor allem die Richtlinie zur Anerkennung der Hochschuldiplome (RL 89/48/EG), die in der Richtlinie zur Anerkennung von Berufsqualifikationen (RL 2005/36/EG; Sartorius II Nr. 184) aufgegangen ist. Daneben existieren zahlreiche speziellere Richtlinien, so etwa die Richtlinie zur „Erleichterung der ständigen Ausübung des Rechtsanwaltsberufs in einem anderen Mitgliedstaat als dem, in dem die Qualifikation erworben wurde" (RL 98/5/EG; Satorius II Nr. 182).

## 1. Anwendungsbereich

*Selbstständige Erwerbstätigkeit*

**a)** Niederlassung i.S.d. Art. 49 AEUV bedeutet die Aufnahme und Ausübung selbstständiger Erwerbstätigkeiten sowie die Gründung und Leitung von Unternehmen in einem anderen Mitgliedstaat (z.B. handwerkliche, freiberufliche, kaufmännische Tätigkeiten).

**486**

*dauerhafte wirtschaftliche Integration*

Die Tätigkeit muss einen Teil des Wirtschaftslebens im weitesten Sinn ausmachen. Ausschließlich politische, soziale oder kirchliche Tätigkeiten werden daher nicht erfasst, da sie keinem Erwerbszweck dienen. Weiterhin erfordert der Begriff der Niederlassung eine dauerhafte wirtschaftliche Integration in einem anderen Mitgliedstaat.[749]

Zusammenfassend kann man daher die Niederlassungsfreiheit umschreiben als die tatsächliche Ausübung einer selbstständigen wirtschaftlichen Tätigkeit mittels einer festen Einrichtung in einem anderen Mitgliedstaat auf unbestimmte Dauer.

*Abgrenzung zu Art. 56 ff. AEUV*

**hemmer-Methode: Durch das Merkmal der selbstständigen Erwerbstätigkeit unterscheidet sich die Niederlassungsfreiheit nach Art. 49 AEUV von der Arbeitnehmerfreizügigkeit nach Art. 45 AEUV. Arbeitnehmer ist, wer einer unselbstständigen, weisungsgebundenen Tätigkeit nachgeht. Dienstleistungen i.S.d. Art. 56 AEUV sind nur solche Tätigkeiten, die vorübergehend in einem anderen Mitgliedstaat ausgeübt werden, Art. 56 III AEUV. Im Unterschied dazu verlangt Art. 49 AEUV eine „dauerhafte wirtschaftliche Integration" in dem betreffenden Mitgliedstaat.**

**487**

*Bsp.:* Ein in Frankreich lebender französischer Rechtsanwalt möchte seine Haupt- oder eine Zweigniederlassung in Deutschland eröffnen. Hier finden allein Art. 49 ff. AEUV Anwendung. Soweit er lediglich eine Prozessvertretung übernehmen möchte, finden allein die Bestimmungen der Art. 56 ff. AEUV Anwendung, da er nur vorübergehend in Deutschland tätig wird.

*Hauptniederlassungen/ Zweigniederlassungen*

Die Niederlassungsfreiheit erfasst zunächst die Gründung bzw. Verlagerung von Hauptniederlassungen, Art. 49 I S. 1 AEUV (sog. „primäre Niederlassung"). Hauptniederlassung ist der Ort, an dem der Schwerpunkt der wirtschaftlichen Tätigkeit liegt („Entscheidungszentrum").

---

749　Grabitz, ex Art. 43 EG, Rn. 24 ff.; EuGH, Rs. 2/74 (Reyners), Slg. 1974, 631; Rs. C-70/95 (Sodemare SA u.a./Regione Lombardia), Slg. 1997, I-3422.

Des Weiteren wird auch die Gründung von Zweigniederlassungen, Agenturen und Tochtergesellschaften gewährleistet, Art. 49 I S. 2 AEUV (sog. „sekundäre Niederlassung").

Die Begriffe der Zweigniederlassung und Agentur lassen sich nicht deutlich voneinander abgrenzen und überschneiden sich. Erfasst werden z.B. Filialen, Büros, Zweigstellen, Repräsentanzen, Vertretungen.[750]

*Staatsangehörige der Mitgliedstaaten*

**b)** Die Niederlassungsfreiheit gilt zunächst nur für natürliche Personen, die Staatsangehörige der Mitgliedstaaten sind.                    **488**

Bei der Anwendung des Art. 49 AEUV ist jedoch des Weiteren zwischen der Gründung von Hauptniederlassungen und Zweigniederlassungen zu unterscheiden.

*Gründung von Hauptniederlassungen*

**aa)** Bei der Gründung der Hauptniederlassung (Art. 49 I S. 1 AEUV) kommt es allein auf die Staatsangehörigkeit an. Unerheblich ist, ob der Niederlassungswillige im Bereich eines anderen Mitgliedstaates ansässig ist.[751]          **489**

> *Bsp.:* Ein in den USA lebender Brite kann unter Berufung auf Art. 49 I S. 1 AEUV in Deutschland eine selbstständige Tätigkeit aufnehmen und seine Hauptniederlassung gründen. Es ist unerheblich, dass er nicht in einem Mitgliedstaat der EU bereits ansässig ist.

*Gründung von Zweigniederlassungen*

**bb)** Hinsichtlich der Gründung von Zweigniederlassungen kann sich ein Angehöriger der Mitgliedstaaten jedoch nur dann auf die Niederlassungsfreiheit berufen, wenn er im Hoheitsgebiet eines anderen Mitgliedstaates ansässig (= niedergelassen)[752] ist, Art. 49 I S. 2 AEUV.                **490**

Soweit dies nicht der Fall ist, bestimmt sich die Gründung der Zweigniederlassung ungeachtet des Unionsrechts allein nach dem Recht des betreffenden Mitgliedstaates. Sinn dieser Regelung ist es, das Recht zur Gründung von Zweigniederlassungen nur solchen Unternehmen vorzubehalten, die tatsächlich auch im Unionsgebiet ansässig sind.

> *Bsp.:* Soweit ein Brite in den USA seine Hauptniederlassung hat, kann er in Deutschland eine Zweigniederlassung nicht unter Berufung auf Art. 49 AEUV gründen. Voraussetzung wäre, dass sich die Hauptniederlassung im Hoheitsgebiet eines anderen Mitgliedstaates befindet.

*Niederlassungsfreiheit der Gesellschaften (Art. 54 AEUV)*

**c)** Die Niederlassungsfreiheit nach Art. 49 AEUV gilt dem Wortlaut nach nur für natürliche Personen. Durch Art. 54 AEUV werden allerdings Gesellschaften diesen gleichgestellt.          **491**

*Begriff der Gesellschaften*

**aa)** Gemäß Art. 54 II AEUV gelten als Gesellschaften i.S.d. AEUV die Gesellschaften des bürgerlichen Rechts und des Handelsrechts einschließlich der Genossenschaften und die sonstigen juristischen Personen des öffentlichen und privaten Rechts mit Ausnahme derjenigen, die keinen Erwerbszweck verfolgen. Da die Gesellschaften am Wirtschaftsprozess beteiligt sein müssen („Erwerbszweck"), scheiden gemeinnützige Vereine und karitative Einrichtungen aus.[753]          **492**

*Voraussetzungen der Anwendbarkeit der Art. 49 ff. AEUV*

**bb)** Voraussetzung für die Anwendung der Art. 49 ff. AEUV ist, dass die Gesellschaften nach den Rechtsvorschriften eines der Mitgliedstaaten gegründet worden sind und ihren satzungsmäßigen Sitz, ihre Hauptverwaltung oder ihre Hauptniederlassung innerhalb der Union haben, Art. 54 I AEUV.          **493**

---

750  Grabitz, ex Art. 43 EG, Rn. 56; Dauses, E I., Rn. 36.

751  Dauses, E I., Rn. 68.

752  EuGH, Rs. C-311/97 (Royal Bank of Scotland), NZG 1999, 708; Rs. C-253/03 (Clt-Ufa SA/Finanzamt Köln), EuZW 2006, 312; Grabitz, ex Art. 43 EG, Rn. 50 ff.

753  EuGH, Rs. 182/83 (Fearon), Slg. 1984, 3677; Rs. C-70/95 (Sodemare SA u.a./Regione Lombardia), Slg. 1997, I-3422.

Die Voraussetzungen der Gründung und Präsenz müssen demnach kumulativ vorliegen, sodass es sich um eine Kombination aus Gründungs- und Sitztheorie handelt.[754]

Sinn der Regelung ist, dass nur solche Gesellschaften an der Niederlassungsfreiheit teilhaben sollen, die einem Mitgliedstaat der EU zuzuordnen sind. Auf die Staatsangehörigkeit der Gesellschafter bzw. Gründer sowie deren Wohnsitz kommt es nicht an.[755]

Die Gründung nach den Rechtsvorschriften eines Mitgliedstaates ist demnach stets Voraussetzung. Hinzukommen muss, dass die Gesellschaft - alternativ - ihren satzungsmäßigen Sitz (= der in der Gesellschaftssatzung formell genannte), ihre Hauptverwaltung (= Ort, an dem die Gesellschaftsorgane die wesentlichen Entscheidungen treffen) oder ihre Hauptniederlassung (= wirtschaftlicher Schwerpunkt) in einem Mitgliedstaat hat.[756]

**hemmer-Methode:** In Deutschland war stets die „Sitztheorie" herrschend, nach der auf eine Gesellschaft das Recht desjenigen Staates Anwendung findet, in dem sich der tatsächliche Sitz ihrer Hauptverwaltung befindet. Auf den Ort der Gründung kam es nicht an. Unter Sitz war im deutschen Recht daher, anders als im Unionsrecht, nur der tatsächliche Verwaltungssitz, nicht auch der „satzungsmäßige Sitz" zu verstehen. Folge davon war aber, dass eine nach dem Recht eines anderen Mitgliedstaates gegründete Gesellschaft nach Verlegung des Verwaltungssitzes nach Deutschland sich nach den Regeln des deutschen Gesellschaftsrechts neu gründen musste, wenn sie auch nach deutschem Recht Rechts- und Prozessfähigkeit erlangen wollte. Diese Grundsätze der Sitztheorie hat der EuGH auf Vorlage des BGH für unvereinbar mit Art. 49, 54 AEUV erklärt.[757] Vielmehr ist ein Mitgliedstaat verpflichtet, die Rechts- und Parteifähigkeit einer Gesellschaft nach dem Recht des Gründungsstaates zu achten, wenn sie in dem anderen Mitgliedstaat von ihrer Niederlassungsfreiheit Gebrauch macht. Beschränkungen können auch nicht durch zwingende Gründe des Allgemeininteresses gerechtfertigt werden (z.B. Rechtssicherheit, Gläubigerschutz, Arbeitnehmerschutz), da andernfalls die vertraglich durch Art. 49, 54 AEUV gewährleistete Freizügigkeit von Gesellschaften dem Grunde nach in Frage gestellt würde. – Der EuGH hat seine Rechtsprechung mittlerweile weiter konkretisiert und entschieden, dass auch mitgliedstaatliche Vorschriften über das Mindestkapital der Gesellschaft und die Haftung der Geschäftsführer Beschränkungen der Niederlassungsfreiheit nach Art. 49 AEUV darstellen, wenn sie auf eine Zweigniederlassung einer nach dem Recht eines anderen Mitgliedstaates gegründeten Gesellschaft Anwendung finden.[758] Auch insoweit verneinte der EuGH eine Rechtfertigung durch zwingende Gründe des Allgemeininteresses (z.B. Gläubigerschutz), da es im Geschäftsverkehr unschwer erkennbar sei, dass es sich um eine Gesellschaft nach dem Recht eines anderen Mitgliedstaates handle, für die andere Rechtsvorschriften über das Mindestkapital und die Haftung gelten. - Im Ergebnis richtet sich damit das Gesellschaftsstatut stets nach dem Recht des Gründungsstaates.[759] Jeder Staatsangehörige eines Mitgliedstaates kann eine Gesellschaft in dem Mitgliedstaat gründen, der für ihn das günstigste Recht hat (z.B. geringes Mindestkapital). Anschließend kann er aber Zweigniederlassungen in anderen Mitgliedstaaten gründen und auch von dort aus Geschäftstätigkeit entfalten, ohne das (gegebenenfalls strengere) Gesellschaftsrecht dieser Mitgliedstaaten beachten zu müssen.[760]

---

754  Zu den zwei Voraussetzungen des Art. 54 AEUV vgl. Grabitz, ex Art. 48 EG, Rn. 9; zudem Geiger, Art. 54 AEUV, Rn. 4 ff.

755  Grabitz, ex Art. 48 EG, Rn. 21; Geiger, Art. 54 AEUV, Rn. 9.

756  Siehe zum Ganzen Grabitz, ex Art. 48 EG, Rn. 20.

757  EuGH Rs. C-208/00 (Überseering BV), NJW 2002, 3614; vgl. zur Vorlage des BGH EuZW 2000, 412 mit Anm. Hohloch, JuS 2000, 1230 ff.; allgemein zur Problematik etwa Kindler, NJW 2003, 1073 ff.; allerdings hat der EuGH an seiner Entscheidung in der Rs. 81/87 (Daily Mail), Slg. 1988, 5483 festgehalten, in der er das Erfordernis der Neugründung einer Gesellschaft in einem anderen Mitgliedstaat jedenfalls dann für mit dem Unionsrecht vereinbar hielt, wenn sich die Gesellschaft in ihrem Gründungsstaat tatsächlich auflöst; vgl. zur Entwicklung dieser ganzen Rechtsprechung etwa Stark, GewArch 2005, 265 ff.

758  EuGH Rs. C-167/01 (Inspire Art), NJW 2003, 3331 ff.; vgl. Montag/v. Bonin, NJW 2005, 2898, 2902.

759  Vgl. zum Ganzen Horn, NJW 2004, 893 ff.

760  Vgl. Montag/v. Bonin NJW 2005, 2898, 2902.

*fiktiver satzungsmäßiger Sitz*

**cc)** Problematisch ist es, wenn eine Gesellschaft ihren satzungsmäßigen Sitz rein fiktiv in einem Mitgliedstaat hat, ihre Hauptverwaltung sich hingegen in einem Drittstaat befindet („Briefkastenfirma").

*494*

> *Bsp.:* Die amerikanischen Staatsangehörigen A, B, C, gründen eine Gesellschaft in Amsterdam nach niederländischem Recht und geben als satzungsmäßigen Sitz die Niederlande an. Dies ist nach niederländischem Recht auch zulässig. Die Hauptverwaltung und Hauptniederlassung liegen jedoch in den USA.

> Auf diesem Umweg könnte eine „an sich" amerikanische Gesellschaft an der Niederlassungsfreiheit teilhaben und weitere Zweigniederlassungen in der EU gründen. Daher verlangte ein Teil der Literatur, dass am satzungsmäßigen Sitz auch der tatsächliche Schwerpunkt der wirtschaftlichen Tätigkeit liegen muss.[761] Der EuGH ist dieser Auffassung indes nicht gefolgt.

> Für die Anwendung des Art. 54 I AEUV ist es nach dessen klaren Wortlaut auch ausreichend, wenn sich formell der satzungsmäßige Sitz in einem Mitgliedstaat befindet. Unerheblich ist es dann, wenn die Gesellschaft tatsächlich aus einem Drittstaat geleitet wird.[762]

Auf dieser Linie liegen auch jüngere Entscheidungen des EuGH betreffend die Gründung von Zweigniederlassungen durch eine Gesellschaft.[763]

> *Bsp.:* Ein dänisches Ehepaar gründete 1992 in Großbritannien eine Gesellschaft mit beschränkter Haftung, die dort auch ihren satzungsmäßigen Sitz hatte. Eine Geschäftstätigkeit entfaltete die Gesellschaft in Großbritannien nicht. Im selben Jahr beantragte die Gesellschaft die Eintragung einer Zweigniederlassung in Dänemark. Hintergrund des Ganzen war, dass das britische Recht bei einer Gesellschaft mit beschränkter Haftung die Einzahlung eines Mindestgesellschaftskapitals nicht vorschreibt, das dänische Recht dagegen die Einzahlung von 200.000 DKR.

> Die dänischen Behörden verweigerten der Gesellschaft in Dänemark die Eintragung, da – was unstreitig war – allein die Umgehung der dänischen Vorschriften über die Einzahlung des Mindestgesellschaftskapitals beabsichtigt sei. Der EuGH hielt Art. 49, 54 AEUV ohne weiteres für anwendbar, da Gesellschaften unter den dort genannten Voraussetzungen das Recht haben, ihre Tätigkeit in einem anderen Mitgliedstaat durch eine Zweigniederlassung auszuüben. Eine missbräuchliche Berufung auf die Grundfreiheiten sei nicht gegeben. Die Verweigerung der Eintragung war auch nicht aus zwingenden Allgemeininteressen gerechtfertigt.

*Sitzverlagerung von Gesellschaften*

**dd)** Soweit die Voraussetzungen des Art. 54 I AEUV gegeben sind, können die Gesellschaften prinzipiell ihren Sitz in einen anderen Mitgliedstaat verlegen (Art. 49 I S. 1 AEUV) oder Tochtergesellschaften bzw. Zweigniederlassungen gründen (Art. 49 I S. 2 AEUV).

*495*

Dabei sind die Mitgliedstaaten verpflichtet, die Rechts- und Parteifähigkeit einer Gesellschaft nach dem Recht des Gründungsstaates zu achten, wenn sie in dem anderen Mitgliedstaat von ihrer Niederlassungsfreiheit Gebrauch macht.[764]

### 2. Umfang der Niederlassungsfreiheit nach Art. 49 AEUV

Gemäß Art. 49 II AEUV umfasst die Niederlassungsfreiheit die Aufnahme und Ausübung selbstständiger Erwerbstätigkeiten nach den Bestimmungen des Aufnahmestaates für seine Angehörigen. Die Niederlassungsfreiheit beinhaltet demnach das „Gebot der Inländergleichbehandlung".

*496*

---

761  Bleckmann, Rn. 1619.

762  EuGH, Rs. C-79/85 (Segers), Slg. 1986, 2375; Geiger, Art. 54 AEUV, Rn. 7 m.w.N.; Dauses E. I., Rn. 73.

763  EuGH, Rs. C-212/97 (Centros), NJW 1999, 2027, 60; des Weiteren die oben dargestellte Entscheidung in der Rs. C-167/01 (Inspire Art), NJW 2003, 3331 ff.

764  EuGH Rs. C-208/00 (Überseering BV), NJW 2002, 3614; s. bereits oben Rn. 493 a.E.

## a) Einreise- und Aufenthaltsrecht

*Einreise-, Aufenthalts-, Wegzugsrecht*

Obwohl nicht ausdrücklich erwähnt, gewährt Art. 49 AEUV den Begünstigten unmittelbar ein Recht auf Einreise und Aufenthalt.[765] Hierzu korrespondiert ein Wegzugsrecht aus dem bisherigen Aufnahmestaat zum Zweck der Niederlassung in einem anderen Mitgliedstaat.[766]

**497**

Das Einreise- und Aufenthaltsrecht der Niederlassungsberechtigten wurde durch die Richtlinie 2004/38/EG konkretisiert. Die Ausführungen zum Einreise- und Aufenthaltsrecht bei der Arbeitnehmerfreizügigkeit (Art. 45 AEUV) gelten weitgehend entsprechend.[767]

## b) Recht auf gleiche Behandlung

*Grundsatz der Inländergleichbehandlung*

Hinsichtlich der Aufnahme und der Ausübung der selbstständigen Erwerbstätigkeit sind die Angehörigen der Mitgliedstaaten wie Inländer zu behandeln („Grundsatz der Inländergleichbehandlung").

**498**

*Verbot offener und versteckter Diskriminierungen*

Die Niederlassungsfreiheit nach Art. 49 AEUV enthält somit zunächst ein umfassendes Diskriminierungsverbot, das jede Art von Diskriminierungen („offene wie versteckte") aufgrund der Staatsangehörigkeit untersagt.

**aa)** Die Niederlassungsberechtigten haben unter denselben Voraussetzungen wie Inländer das Recht, eine selbstständige wirtschaftliche Tätigkeit auszuüben (z.B. das Recht, Verträge aller Art im wirtschaftlichen Bereich zu schließen, sich an öffentlichen Ausschreibungen zu beteiligen, Genehmigungen und Subventionen des Staates zu erhalten, Eigentum zu erwerben, steuerrechtlich wie Inländer behandelt zu werden). Die Niederlassungsfreiheit erfasst damit nicht nur die Zulassung i.S.e. „erstmaligen Fußfassens", sondern verbietet auch alle Diskriminierungen bereits niedergelassener Selbstständiger im laufenden Geschäft.[768]

**499**

**bb)** Art. 49 AEUV verbietet jedoch nicht solche unterschiedlichen Behandlungen durch Rechtsvorschriften, die sich auf Inländer wie Ausländer nach objektiven Merkmalen auswirken, durch öffentliche Interessen sachlich gerechtfertigt und verhältnismäßig sind.

**500**

Keinen Verstoß stellen demnach z.B. das Erfordernis des Nachweises von Sprachkenntnissen oder Befähigungsnachweisen dar, soweit sie für die Ausübung der Tätigkeit erforderlich sind.[769]

> *Bsp.: Der Nachweis von ausreichenden Sprachkenntnissen kann für die Ausübung des Arztberufes im Interesse des Patienten und des Gesundheitsschutzes unbedingt erforderlich sein. Die Ungleichbehandlung im Verhältnis zu Inländern ist dann sachlich gerechtfertigt und stellt daher keine (versteckte) Diskriminierung dar.*
>
> *Nicht erforderlich mag es dagegen sein, wenn von einem selbstständigen Handwerker der Nachweis von Sprachkenntnissen verlangt wird. Es läge dann eine gegen Art. 49 AEUV verstoßende Diskriminierung vor. Das Erfordernis einer Sprachprüfung würde auf ihn wegen des Vorrangs des Unionsrechts keine Anwendung finden. Eine versteckte Diskriminierung liegt auch vor, wenn der Berufszugang davon abhängig gemacht wird, dass der Betroffene vor Aufnahme der Tätigkeit im Inland gewohnt hat.*

---

765   EuGH, Rs. 363/89 (Roux), Slg. 1991, I-273; Geiger, Art. 49 AEUV, Rn. 22, Grabitz, ex Art. 43 EG, Rn. 107

766   Für Gesellschaften Geiger, Art. 54 AEUV, Rn. 11.

767   Siehe dazu oben Rn. 456 ff.

768   Grabitz, ex Art. 43 EG, Rn. 72.

769   Grabitz, ex Art. 39 EG, Rn. 153; Dauses, E I., Rn. 82.

*Anerkennung von Diplomen*

**cc)** Von besonderer Bedeutung ist die Anerkennung von ausländischen Diplomen und Zeugnissen.

*501*

> ***Bsp.:*** *Eine griechische Rechtsanwältin wollte zur deutschen Rechtsanwaltschaft zugelassen werden. Dies wurde mit dem Hinweis abgelehnt, sie besitze nicht die Befähigung zum Richteramt (§ 4 BRAO a.F. i.V.m. § 5 I DRiG = 1. und 2. juristische Staatsprüfung)*

*Gleichwertigkeitsprüfung*

**(1)** In seiner Entscheidung führte der EuGH aus, Art. 49 AEUV sei dahingehend auszulegen, dass die Behörden unionsrechtlich verpflichtet seien, die Gleichwertigkeit eines ausländischen Diploms mit der Zweiten Juristischen Staatsprüfung in einem rechtsstaatlichen Verfahren zu überprüfen.[770] Diese Pflicht folge ebenso aus Art. 4 III EUV. Die Ablehnung mit dem bloßen Hinweis, dass die nach innerstaatlichem Recht vorgeschriebenen Befähigungsnachweise fehlen, ist daher mit Art. 49 AEUV unvereinbar. Vielmehr bedarf es der vorhergehenden Prüfung, ob die ausländische Qualifikation den innerstaatlichen Erfordernissen im Wesentlichen gleich zu achten ist („Gleichwertigkeitsprüfung").

*502*

*Anerkennungsrichtlinien*

**(2)** Die Problematik der Anerkennung ausländischer Diplome und Zeugnisse ist durch zahlreiche Richtlinien der EU zumindest entschärft worden (Art. 53 I AEUV). Soweit eine Richtlinie die Anerkennung von Diplomen ausdrücklich vorsieht, darf der Zugang zu reglementierten Berufen von keiner weiteren Voraussetzung abhängig gemacht werden, es sei denn, die Richtlinie sähe etwas Anderes vor.

*503*

Von besonderer Bedeutung ist insoweit die RL 2005/36/EG (Sartorius II Nr. 184), welche die Anerkennung ausländischer Hochschuldiplome regelt.[771] Gemäß Art. 13 I RL 2005/36/EG dürfen die Mitgliedstaaten einem Bewerber, der im Ausland nach dreijährigem Studium ein Diplom erworben hat, den Zugang zu einem reglementierten Beruf oder dessen Ausübung nicht mit Hinweis auf eine mangelnde Qualifikation verweigern. Gemäß Art. 14 RL 2005/36/EG können die Mitgliedstaaten jedoch zusätzliche Eignungsprüfungen verlangen.

Der deutsche Gesetzgeber hat die BRAO dem Unionsrecht angepasst. Gemäß § 4 BRAO ist zur Rechtsanwaltschaft auch zuzulassen, wer die Eingliederungsvoraussetzungen nach dem Gesetz über die Tätigkeit europäischer Rechtsanwälte in Deutschland (EuRAG) erfüllt (§§ 11 ff. EuRAG: so etwa mindestens dreijährige effektive und regelmäßige Tätigkeit in Deutschland auf dem Gebiet des deutschen Rechts) oder die Eignungsprüfung nach diesem Gesetz bestanden hat (§§ 16 ff. EuRAG: zwei schriftliche Aufsichtsarbeiten und eine mündliche Prüfung).[772]

**(3)** Bei Berufen, für die noch keine Richtlinien hinsichtlich der Anerkennung von Diplomen ergangen sind, bleibt es bei dem Grundsatz, dass die Mitgliedstaaten nach Art. 49 AEUV i.V.m. Art. 4 III EUV verpflichtet sind, die erworbene Qualifikation hinreichend zu berücksichtigen und auf ihre Gleichwertigkeit hin zu überprüfen.[773]

*504*

---

770  EuGH, Rs. C-340/89 (Vlassopoulo), Slg. 1991, I-2357; aus jüngerer Zeit etwa Rs. C-313/01 (Morgenbesser), DVBl. 2004, 305 ff.

771  Daneben existieren zahlreiche spezielle Richtlinien (z.B. für Tierärzte, Apotheker, etc.).

772  Zum EuRAG siehe Lach, NJW 2000, 1609.

773  EuGH, Rs. C-234/97 (Bobadilla), Slg. 1999, I-4773; Rs. C-238/98 (Hocsman), DVBl. 2000, 1763 ff.

## c) Allgemeines Beschränkungsverbot

*Art. 49 AEUV als allgemeines Beschränkungsverbot*

Die Niederlassungsfreiheit nach Art. 49 AEUV enthält nach der Rechtsprechung des EuGH jedoch nicht nur ein Diskriminierungsverbot, sondern verbietet vielmehr weitergehend – ebenso wie die Arbeitnehmerfreizügigkeit nach Art. 45 AEUV – auch unterschiedslos geltende Beeinträchtigungen jedenfalls hinsichtlich des Zugangs zu einer Beschäftigung, soweit sie nicht durch Allgemeininteressen gerechtfertigt und verhältnismäßig sind.[774]

*505*

> *Bsp.:* So ist der Anwendungsbereich des Art. 49 AEUV trotz der Gleichbehandlung von In- und Ausländern zwar eröffnet, wenn eine nationale Regelung Nicht-Apothekern verbietet, Apotheken zu besitzen und zu betreiben (= allgemeine Beschränkung). Eine solche Beschränkung der Grundfreiheit kann aber aus Gründen des Gesundheitsschutzes gerechtfertigt sein.[775]

**aa)** Bereits frühzeitig hatte der EuGH zunächst für den Bereich sekundärer Niederlassungen solche mitgliedstaatlichen Regelungen als mit dem Unionsrecht für unvereinbar erklärt, die zwar gleichermaßen auf Inländer wie Staatsangehörige anderer Mitgliedstaaten Anwendung fanden und daher keinen diskriminierenden Charakter hatten, die aber die Gründung von Zweigniederlassungen durch Staatsangehörige anderer Mitgliedstaaten letztlich ausschlossen.

*506*

> *Bsp.:* Zweigstellenverbote, die für bestimmte selbstständige Tätigkeiten gelten.[776] Ein allgemeines Verbot der Zweitniederlassung widerspricht nämlich dem Grundgedanken der (sekundären) Niederlassungsfreiheit und ist daher nicht anwendbar, soweit es grenzüberschreitend wirkt.[777] Denn es vereitelt das ausdrücklich in Art. 49 I S. 2 AEUV verankerte Recht zur Gründung von Zweigniederlassungen in einem anderen Mitgliedstaat. Entsprechendes gilt etwa auch für Rechtsvorschriften, die eine Genehmigung zur Ausübung einer bestimmten Tätigkeit nur dann zulassen, wenn der Betroffene seine Zulassung im Herkunftsstaat rückgängig macht.[778]

Bereits aus dieser Rechtsprechung des EuGH folgte aber auch, dass selbst erhebliche Beschränkungen der Grundfreiheiten mit dem Unionsrecht vereinbar sein können, wenn sie durch zwingende Erfordernisse gerechtfertigt und für die Erreichung des verfolgten Ziels unerlässlich, d.h. verhältnismäßig sind.[779] So dienen etwa Zweigstellenverbote für Ärzte dem Zweck, einen wirksamen und vollständigen Schutz der menschlichen Gesundheit zu gewährleisten („ständige Anwesenheit des Arztes"). Der EuGH führte insoweit aus, dass entsprechende mitgliedstaatliche Rechtsvorschriften indes dann mit Art. 49 AEUV unvereinbar sind, wenn sie geeignet sind, eine Diskriminierung zu bewirken oder den Zugang zum Beruf über das zur Erreichung der genannten Ziele erforderliche Maß hinaus zu behindern. Dies sei vor allem dann der Fall, wenn die Vorschriften zu absolut oder zu allgemein formuliert sind.[780]

*507*

**bb)** Mittlerweile hat der EuGH seine Rechtsprechung erweitert und in Art. 49 AEUV – auch über den Bereich der Gründung von Zweigniederlassungen hinaus – jedenfalls hinsichtlich Beeinträchtigungen des Zugangs zu einem Beruf ein allgemeines Beschränkungsverbot anerkannt.

*508*

---

774  EuGH, Rs. C-255/97 (Pfeiffer/Löwa), Slg. 1999, I-2835; Rs. C-212/97 (Centros), Slg. 1999, I-1459; Rs. C-108/96 (Dennis McQuen u.a.), Slg. 2001, I-837 mit Anm. Streinz, JuS 2001, 1014 f.; Rs. C-9/02 (Hughes de Lasteyrie du Saillant/Ministère de l´Economie), DVBl. 2004, 551 ff. mit Anm. Frenz 553 ff.

775  EuGH, Rs. C-171/07 und C.172/07 (Doc Morris II) = **Life&Law 2009, 543**.

776  EuGH, Rs. 107/83 (Klopp), Slg. 1984, 2971 ff.; siehe Beispielsfall Rn. 518/519.

777  Geiger, Art. 49 AEUV, Rn. 17.

778  EuGH, Rs. 96/85 (Zweitniederlassung von Ärzten I), Slg. 1986, 1475 ff.

779  EuGH, Rs. 205/84 (Kommission/Deutschland), Slg. 1986, 3755; Rs. C-222/95 (Parodi), Slg. 1997, I-3914.

780  EuGH, Slg. 1986, 1465, 1486; Dauses, E I., Rn. 105 ff.

*Bsp.:* [781] *Die Lebensmittelkette P betreibt in Österreich ihre Geschäfte unter der Bezeichnung „Plus". Die Marke ist mit Priorität vom 05.08.1969 registriert. Die Lebensmittelkette T mit Sitz in Deutschland vertreibt in Deutschland sowie anderen Mitgliedstaaten vergleichbare Produkte wie die Lebensmittelkette P ebenfalls unter dem Namen „Plus", in Österreich unter dem Namen „Pluspunkt". Im Interesse eines einheitlichen Erscheinungsbilds beschließt die T, auch ihre Geschäfte in Österreich von „Pluspunkt" in „Plus" umzubenennen.*

*Die P beantragt daraufhin, es der T nach § 9 UWG-Österreich (Verbot irreführender oder ähnlicher Geschäftsbezeichnungen) zu untersagen, ihre Geschäfte in Österreich mit der Geschäftsbezeichnung „Plus" zu betreiben. Die T wiederum sähe sich durch ein solches Verbot in ihrer Niederlassungsfreiheit aus Art. 49 AEUV verletzt, zumal sie in allen anderen Mitgliedstaaten unter der Bezeichnung „Plus" auftrete.*

Der Anwendungsbereich des Art. 49 AEUV ist zunächst eröffnet. Es geht um die Gründung und Führung von Zweigniederlassungen in Österreich durch das in Deutschland ansässige Unternehmen T (Art. 49 I S. 2 AEUV). Ein Verstoß gegen das in Art. 49 AEUV enthaltene Diskriminierungsverbot liegt indes nicht vor. Denn § 9 UWG-Österreich verbietet es unabhängig von der Staatsangehörigkeit bzw. dem Niederlassungsort eines Unternehmens, irreführende bzw. ähnliche Geschäftsbezeichnungen zu verwenden (Verwechslungsgefahr). Vielmehr würde das Verbot auch für ein in Österreich ansässiges Unternehmen gelten. Der EuGH hielt jedoch allein aus diesem Grund einen Verstoß gegen Art. 49 AEUV nicht für ausgeschlossen und führte aus:

*„Nationale Maßnahmen, die Gesellschaften aus anderen Mitgliedstaaten gegenüber Gesellschaften des Niederlassungsmitgliedstaats tatsächlich oder rechtlich benachteiligen, sind als Beschränkung des Zugangs zu diesen Tätigkeiten im Niederlassungsmitgliedstaat anzusehen. Eine solche Beschränkung verstößt gegen Art. 43 EG i.V.m. Art. 48 EG* (jetzt Art. 49 AEUV i.V.m. Art. 54 AEUV), *selbst wenn sie in nichtdiskriminierender Weise angewandt wird, es sei denn, dass sie aus zwingenden Gründen des Gemeinwohls gerechtfertigt ist, geeignet ist, die Verwirklichung des verfolgten Ziels zu gewährleisten, und nicht über das hinausgeht, was zur Erreichung dieses Ziels erforderlich ist. Ein Verbot wie das von der Klägerin beantragte benachteiligt Unternehmen, die ihren Sitz in einem anderen Mitgliedstaat haben, in dem sie rechtmäßig eine Geschäftsbezeichnung verwenden, und die daran interessiert sind, diese auch außerhalb dieses Mitgliedstaats zu benutzen. Das Verbot ist nämlich geeignet, die Durchführung einer gemeinschaftsweit (jetzt unionsweit) einheitlichen Werbekonzeption durch diese Unternehmen zu beeinträchtigen, da es sie dazu zwingen kann, das Erscheinungsbild ihrer Geschäfte je nach dem Ort der Niederlassung unterschiedlich zu gestalten. Eine solche Beschränkung des Niederlassungsrechts durch eine nationale Vorschrift, die insbesondere die Geschäftsbezeichnungen gegen Verwechslungsgefahren schützt, ist jedoch aus zwingenden Gründen des Gemeinwohls zum Schutz des gewerblichen und kommerziellen Eigentums gerechtfertigt."* Das beantragte Unterlassungsgebot ist schließlich auch *„geeignet, die Verwirklichung des verfolgten Ziels zu gewährleisten, und geht nicht über das hinaus, was zu dessen Erreichung erforderlich ist, sofern das vorlegende Gericht auf Grund des nationalen Rechts zu dem Ergebnis kommt, dass tatsächlich eine Verwechslungsgefahr besteht".*

**cc)** In welchem Umfang die Niederlassungsfreiheit ein allgemeines Beschränkungsverbot enthält, ist noch nicht abschließend geklärt. [782]

*509*

Jedenfalls sind diejenigen unterschiedslos wirkenden mitgliedstaatlichen Maßnahmen, die bereits den Zugang zu einem Beruf beeinträchtigen oder erschweren, für mit dem Unionsrecht unvereinbart zu erklären. Insoweit enthält die Niederlassungsfreiheit ein über ein Diskriminierungsverbot hinausgehendes allgemeines Beschränkungsverbot. Allerdings können auch Regelungen unterhalb der direkten Niederlassungsmöglichkeit die freie Wahl des Standorts behindern, sodass sie einer unionsrechtlichen Kontrolle unterworfen werden müssten.

---

781   Nach EuGH, Rs. C-255/97 (Pfeiffer/Löwa), Slg. 1999, I-2835.

782   Siehe bereits oben Rn. 393d ff., 467d.

Möglich ist daher, bereits auf Tatbestandsebene zwischen mitgliedstaatlichen Berufszugangs- und Berufsausübungsregelungen zu differenzieren und für erstere ein allgemeines Beschränkungsverbot anzuerkennen und es für letztere bei der Inländergleichbehandlung zu belassen. Zum selben Ergebnis kann man aber auch dadurch kommen, dass man Sinn und Zweck der Grundfreiheiten generell darin sieht, jegliche Beschränkungen zu unterbinden. Die notwendige Differenzierung zwischen Berufzugang und Berufsausübung folgt dann im Rahmen der Rechtfertigungsprüfung bei der Verhältnismäßigkeit.[783] Letztere Vorgehensweise scheint insbesondere auf Grund des Wortlauts des Art. 49 AEUV, der ohne weitere Unterscheidung von „Beschränkungen" spricht, naheliegender.

*„Bedürfnisklauseln"*

Als weiterer Problembereich wäre aus deutscher Sicht die Frage zu nennen, ob sog. „Bedürfnisklauseln" mit Art. 49 AEUV vereinbar sind (z.B. Beschränkung der Zahl von Apothekern auf eine bestimmte Prozentzahl der Bevölkerung).

*510*

Solche objektiven Zulassungsbeschränkungen finden auf Inländer wie Staatsangehörige anderer Mitgliedstaaten gleichermaßen Anwendung, sodass der Grundsatz der Inländergleichbehandlung voll verwirklicht wird. Sie stellen jedoch einen schwerwiegenden Eingriff in die von Art. 49 AEUV gewährleisteten Rechte dar, da sie die Niederlassung von Staatsangehörigen anderer Mitgliedstaaten erheblich erschweren und somit die Ausübung der Grundfreiheiten behindern oder weniger attraktiv machen. Der EuGH erachtet - allgemeinen Grundsätzen entsprechend – Bedürfnisklauseln nur dann mit Art. 49 AEUV für vereinbar, wenn sie durch zwingende Erfordernisse gerechtfertigt und verhältnismäßig sind, wobei der Verhältnismäßigkeitsprüfung eine besondere Bedeutung zukommt.[784]

### 3. Vorbehalte, Ausnahmen

*Vorbehalte, Ausnahmen*

Art. 51, 52 AEUV enthalten generell zwei Ausnahmen vom Grundsatz der Niederlassungsfreiheit. Zum einen können die Mitgliedstaaten einschränkende Maßnahmen aus Gründen der öffentlichen Ordnung, Sicherheit und Gesundheit treffen (Art. 52 EUV), zum anderen findet Art. 49 AEUV keine Anwendung auf Tätigkeiten, die zeitweise oder dauernd mit der Ausübung öffentlicher Gewalt verbunden sind Art. 51 AEUV.

*511*

### a) „Ordre-Public-Vorbehalt" nach Art. 52 AEUV

*Vorbehalt des Art. 52 AEUV*

Der Vorbehalt des Art. 52 AEUV ist als Ausnahme zum Grundsatz der Niederlassungsfreiheit eng auszulegen. Erfasst werden demnach nur schwerwiegende Gefährdungen der genannten Schutzgüter. Es gelten die Ausführungen zu Art. 45 III AEUV weitgehend entsprechend.[785]

*512*

### b) Bereichsausnahme der Ausübung öffentlicher Gewalt, Art. 51 AEUV

*Bereichsausnahme des Art. 51 AEUV*

Hinsichtlich des Begriffs der Ausübung „öffentlicher Gewalt" gelten im Wesentlichen die Ausführungen zu Art. 45 IV AEUV.[786] Art. 51 AEUV betrifft nicht Berufe allgemein, sondern stets nur einzelne Tätigkeiten eines Berufsbildes.

*513*

---

783  Vgl. Streinz, Rn. 806, 831.

784  EuGH, Rs. C-140/03 (Kommission/Griechenland).

785  Siehe oben Rn. 469 ff.

786  Siehe oben Rn. 474 ff.

Der Begriff der Ausübung öffentlicher Gewalt ist „funktional" zu bestimmen und als Ausnahmevorschrift zu Art. 49 AEUV grundsätzlich eng auszulegen. Erfasst werden nur Tätigkeiten, welche die unmittelbare oder mittelbare Teilnahme an der Ausübung hoheitlicher Befugnisse und an der Wahrnehmung der allgemeinen Belange des Staates oder anderer öffentlicher Körperschaften beinhalten.[787]

*Bsp.: Nicht erfasst wird daher von vornherein etwa die Tätigkeit privater Bewachungs- oder Sicherheitsunternehmen.[788]*

*Rechtsanwälte*

**aa)** Streitig war insbesondere, ob die Tätigkeit des Rechtsanwalts als „Ausübung öffentlicher Gewalt" i.S.d. Art. 51 AEUV anzusehen ist. Dies wurde teilweise bejaht, da der Rechtsanwalt zumindest vor Gericht als „Organ der Rechtspflege" auftrete und demnach in einem quasi-offiziellen Amt sei.

**514**

Diese Auffassung hat der EuGH ausdrücklich verworfen.[789] Der Anwaltsberuf ist ein freier Beruf, keine staatliche Tätigkeit. Eine Ausübung „öffentlicher Gewalt" liegt nur dann vor, wenn die Tätigkeit eine spezifische Teilnahme an deren Ausübung darstellt.

Berufliche Tätigkeiten, die einen Verkehr mit Gerichten mit sich bringen, stellen als solche keine Ausübung öffentlicher Gewalt dar, selbst wenn sie regelmäßig erbracht würden und organisatorisch in das Gerichtsverfahren eingebettet sind. Insbesondere die hergebrachte Tätigkeit des Rechtsanwalts (Rechtsbeistand, Rechtsberatung) kann nicht als eine Ausübung öffentlicher Gewalt angesehen werden. Das Auftreten vor Gericht berührt nicht die freie Ausübung der Rechtsprechungstätigkeit.

**hemmer-Methode: Hochaktuell ist die Frage, ob die Tätigkeit von Notaren in den Anwendungsbereich des Art. 51 AEUV fällt.[790] Die Kommission hat gegen mehrere Mitgliedstaaten – darunter Deutschland – ein Vertragsverletzungsverfahren i.S.d. Art. 258 AEUV eingeleitet, weil diese Staaten den Zugang zum Notarberuf auf ihre jeweils eigenen Staatsangehörigen beschränken und dies unionswidrig sei. Der EuGH-Generalanwalt Pedro Cruz Villalón hat in seinen Schlussanträgen zu den einzelnen Verfahren[791] zwar die grundsätzliche Anwendbarkeit des Art. 51 AEUV auf notarielle Tätigkeiten bejaht, lässt dies für eine Rechtfertigung jedoch nicht genügen. Die Eröffnung des Anwendungsbereiches des Art. 51 AEUV führe nicht automatisch dazu, dass Art. 49 AEUV nicht einschlägig sei. Vielmehr sei auch bei dieser Entscheidung der Grundsatz der Verhältnismäßigkeit zu beachten. Die ausnahmslos offene Diskriminierung im konkreten Fall sei aber nicht verhältnismäßig. Somit seien die Regelungen unionsrechtswidrig, auch wenn die Bereichsausnahme des Art. 51 AEUV eröffnet ist. Ob der EuGH sich dieser dogmatischen Neuausrichtung anschließen wird bleibt abzuwarten, darf aber angesichts des klaren Wortlauts des Art. 51 AEUV („findet dieses Kapitel keine Anwendung") bezweifelt werden.**

**514a**

*partielle Ausübung öffentlicher Gewalt*

**bb)** Einem Angehörigen der Mitgliedstaaten darf auch nicht der Zugang zu solchen Berufen verweigert werden, die zwar partiell mit der Ausübung öffentlicher Gewalt verbunden sind, dieser Tätigkeitsbereich jedoch einen abtrennbaren Teil der Berufstätigkeit insgesamt darstellt.[792]

**515**

*Bsp.: Der Beruf des Rechtsanwalts kann unter Umständen mit der Ausübung öffentlicher Gewalt verbunden sein (z.B. Übertragung öffentlicher Funktionen auf einen RA; bestimmte Funktionen in einer Rechtsanwaltskammer).*

---

787  EuGH, Rs. 149/79 (Öffentlicher Dienst), Slg. 1982, 1845; Rs. C-355/98 (Kommission/Belgien), DVBl. 2000, 891 ff.

788  EuGH, Rs. C-283/99 (Kommission/Italien), EuGRZ 2001, 413 ff.

789  EuGH, Rs. 2/74 (Reyners), Slg. 1974, 631, 649; siehe auch Hennsler/Kilian, EuR 2005, 192, 198 f.

790  Für die Anwendbarkeit der Bereichausnahme Karpenstein/Liebach, EuZW 2009, 161; Bruns, EuZW 2010, 247; a.A. Heinz/Ritter, EuZW 2009, 599.

791  Schlussantrag des Generalanwaltes vom 14.09.2010 in den Rechtssachen C-47/08, C-50/08, C-51/08, C-53/08, C-54/08, C-61-08.

792  Grabitz, ex Art. 45 EG, Rn. 7; Geiger, Art. 51 AEUV, Rn. 4.

In einem solchen Fall ist der Niederlassungsberechtigte zuzulassen, allerdings darf er die betreffende Einzeltätigkeit, die mit der Ausübung öffentlicher Gewalt verbunden ist, nicht ausführen.[793]

## 4. Problem der Inländerdiskriminierung

*Problem der Inländerdiskriminierung*

**a)** Wie bereits dargelegt, verbietet der AEUV grundsätzlich nicht die Schlechterstellung von Inländern („Inländerdiskriminierung"). **516**

> **Bsp. (fiktiv):** *Eine spezielle Richtlinie der Union (Rechtsgrundlage Art. 53 I AEUV) bestimmt, dass Diplome, die in der Ausbildung zum Zahnarzt erworben worden sind, von den Mitgliedstaaten anzuerkennen sind. Weitere Eignungsprüfungen oder Zulassungsvoraussetzungen sind nicht vorgesehen. Die Bundesrepublik hat die Richtlinie ordnungsgemäß umgesetzt. Das deutsche Recht bestimmt ansonsten, dass die Zulassung zum Beruf eines Zahnarztes für deutsche Absolventen neben dem Erwerb eines Diploms zusätzlich von der vorherigen Ableistung einer zweijährigen Vorbereitungszeit als Assistent abhängig ist.*
>
> *Der belgische Staatsangehörige B hat seine Ausbildung zum Zahnarzt in Belgien abgeschlossen und möchte seine Praxis in Deutschland eröffnen. Die Zulassung wird ihm von den deutschen Behörden auch erteilt, da er sich auf Art. 49 AEUV und die Richtlinie bzw. das deutsche Umsetzungsgesetz berufen kann. Inländische Absolventen sind insoweit schlechter gestellt, als sie vor ihrer Zulassung eine zweijährige Vorbereitungszeit ableisten müssen. Sie können sich auch nicht auf die Richtlinie oder Art. 49 AEUV berufen.*

*Anwendbarkeit der Art. 49 ff. AEUV auf die eigenen Staatsangehörigen*

**b)** Etwas Anderes gilt aber dann, wenn die Bestimmungen des Unionsrechts auch auf die eigenen Staatsangehörigen Anwendung finden, weil ein grenzüberschreitender Sachverhalt vorliegt. **517**

> **Bsp.:** *Der deutsche Staatsangehörige X hat in Belgien eine Ausbildung als Zahnarzt abgeschlossen. Er möchte seine Praxis in Deutschland eröffnen. Die zuständige Behörde versagt dem X allerdings die Zulassung, da er als „deutscher Absolvent" zunächst eine zweijährige Vorbereitungszeit als Assistent ableisten müsse. X beruft sich auf Art. 49 AEUV und die Richtlinie.*

Die Niederlassungsfreiheit findet keine Anwendung auf Inländer, wenn es sich um einen rein internen Sachverhalt handelt, der keinen Bezug zum Unionsrecht aufweist. Die Bestimmung des Art. 49 AEUV erfasst dem Wortlaut nach nur die „Angehörigen eines Mitgliedstaates", die sich „im Hoheitsgebiet eines anderen Mitgliedstaates" niederlassen wollen. Der EuGH[794] hat indes entschieden, dass die Formulierung des Art. 49 AEUV nicht dahin ausgelegt werden könne, dass die eigenen Staatsangehörigen eines Mitgliedstaates von der Anwendung des Unionsrechts schlechthin ausgeschlossen wären. Soweit sie rechtmäßig in einem anderen Mitgliedstaat ansässig waren und dort eine nach dem Unionsrecht anerkannte Qualifikation erworben haben, befinden sie sich gegenüber ihrem Herkunftsland in einer Lage, die mit derjenigen eines Staatsangehörigen eines anderen Mitgliedstaates vergleichbar ist. Unter dieser Voraussetzung können sich auch Inländer gegenüber ihrem Heimatstaat auf die Bestimmungen des AEUV und dazu ergangenes Sekundärrecht berufen.

> Im Beispielsfall könnte sich X auf Art. 49 AEUV und die - hier auch unmittelbar anwendbare[795] - Richtlinie berufen, sodass er keinen Vorbereitungsdienst ableisten müsste. Der Sachverhalt weist dadurch, dass X seine Qualifikation in Belgien erworben hat, ein grenzüberschreitendes Element auf. Seine Lage ist insoweit derjenigen eines Belgiers vergleichbar, der sich nunmehr in Deutschland niederlassen möchte. Die Versagung der Zulassung wäre damit unionsrechtswidrig.

---

793  EuGH, Rs. 2/74 (Reyners), Slg. 1974, 631 ff.

794  EuGH, Rs. 115/78 (Knoors), Slg. 1979, 399; Rs. 246/80 (Broekmeulen) Slg. 1981, 2311, 2312.

795  Siehe Rn. 75 zu den Voraussetzungen.

## 5.  Beispielsfall zur Niederlassungsfreiheit[796]

*Beispielsfall:*
*Zweigstellenverbote,*
*Wohnsitzerfordernisse*

*Der französische Anwalt F möchte in Würzburg eine Zweigstelle seiner Pariser Kanzlei eröffnen und beantragt seine Zulassung als Rechtsanwalt. In seinem Büro werden ein Rechtsreferendar und eine Sekretärin ständig anwesend sein. Er selbst werde zwar seinen Wohnsitz in Frankreich behalten, sei jedoch ständig erreichbar und werde zu wichtigen Gerichtsterminen selbst kommen. Die nach dem deutschen Recht vorgesehene und unionsrechtlich zulässige Eignungsprüfung nach § 4 BRAO i.V.m. §§ 16 ff. EuRAG hat er erfolgreich abgelegt.*

*Rechtsanwalt H aus Würzburg erfährt vom Plan des F. H meint, dass F unmöglich eine Kanzlei in Würzburg eröffnen könne. Schließlich bestimme § 28 I S. 1 BRAO: „Der Rechtsanwalt darf weder eine Zweigstelle einrichten noch auswärtige Sprechtage abhalten."*

*Wäre es unionsrechtlich zulässig, dem F die Niederlassung als Rechtsanwalt in Würzburg in Hinblick auf § 28 I S. 1 BRAO zu versagen?*

Die Nichtzulassung des R als Rechtsanwalt in Würzburg könnte gegen Art. 49 AEUV verstoßen. Voraussetzung ist, dass R sich auf die „Niederlassungsfreiheit" berufen kann.

1. Der Anwendungsbereich der Niederlassungsfreiheit umfasst dem Grundsatz nach die dauerhafte Aufnahme und Ausübung selbstständiger Erwerbstätigkeit in einem anderen Mitgliedstaat, Art. 49 II AEUV. Gemäß Art. 49 I S. 2 AEUV wird auch die Gründung von Zweigniederlassungen gewährleistet.

a) Der Beruf des Rechtsanwalts ist eine selbstständige Tätigkeit. Da R auch in einem Mitgliedstaat der Union niedergelassen ist, hat er grundsätzlich auch das Recht, eine Zweigniederlassung in Deutschland zu gründen, Art. 49 I S. 2 AEUV.

b) R möchte dauerhaft ein Büro in Deutschland einrichten und nicht nur gelegentlich anwaltlich tätig werden, sodass er eine dauerhafte wirtschaftliche Integration in Deutschland beabsichtigt. Das Vorhaben des R unterfällt daher nicht den Bestimmungen über die Dienstleistungsfreiheit (Art. 56 ff. AEUV), da sich deren Anwendungsbereich nur auf die vorübergehende Tätigkeit in einem anderen Mitgliedstaat bezieht (Art. 56 III AEUV).

c) Die Anwendbarkeit des Art. 49 AEUV ist auch nicht durch Art. 51 I AEUV ausgeschlossen. Der Begriff der „Ausübung öffentlicher Gewalt" bezieht sich nur auf solche Tätigkeiten, die in spezifischer Weise die Ausübung öffentlicher Gewalt beinhalten. Der Beruf des Rechtsanwalts kann nicht als eine derartige spezifische Tätigkeit angesehen werden.[797]

d) Nach alledem ist der Anwendungsbereich des Art. 49 AEUV eröffnet.

2. Seinem Wortlaut nach enthält Art. 49 II AEUV ein Recht auf „Inländergleichbehandlung" („nach den Bestimmungen des Aufnahmestaates für seine eigenen Angehörigen"). So verstanden würde Art. 49 AEUV der Bestimmung des § 28 I S. 1 BRAO prinzipiell nicht entgegenstehen, da das „Zweigstellenverbot" inländische wie ausländische Rechtsanwälte gleichermaßen betrifft und keine diskriminierende Wirkung hat.

a) Die Niederlassungsfreiheit geht jedoch zumindest hinsichtlich Beeinträchtigungen des Zugangs zu einem Beruf über ein Diskriminierungsverbot hinaus, verbietet insoweit somit sämtliche Beeinträchtigungen, soweit sie nicht durch zwingende Allgemeininteressen gerechtfertigt und verhältnismäßig sind. § 28 I S. 1 BRAO beeinträchtigt in diesem Sinne auch den Zugang zu einem Beruf, da F in Würzburg keine Zweigstelle seiner Pariser Kanzlei eröffnen und somit dort nicht dauerhaft als Rechtsanwalt tätig werden könnte. Das widerspricht dem Grundsatz des Art. 49 I S. 2 AEUV, nach dem auch das Recht auf Gründung einer Zweigniederlassung gewährleistet wird.

518/
519

---

796  EuGH, Rs. 107/83 (Klopp), Slg. 1984, 2971; Rs. 96/85 (Zweitniederlassung von Ärzten I), Slg. 1986, 1475.

797  Zur Begründung siehe Rn. 514 f.

b) Indes ist nicht auszuschließen, dass allein die Pflicht zur ausschließlichen Niederlassung (Zweigstellenverbot) bestimmten zwingenden Erfordernissen gerecht wird. Hieraus resultierende Beschränkungen der Niederlassungsfreiheit sind jedoch nur dann hinzunehmen, wenn die mitgliedstaatlichen Maßnahmen verhältnismäßig sind.

Das „Zweigstellenverbot" für Rechtsanwälte dient unter anderem dem Interesse einer geordneten Rechtspflege (ständiger Kontakt zu Mandanten und Gericht). Zur Erreichung dieses Ziels ist es jedoch nicht unbedingt erforderlich, dass der Rechtsanwalt nur eine einzige Kanzlei unterhalten darf. Angesichts des heutigen Stands des Verkehrs- und Fernmeldewesens ist es durchaus möglich, den Kontakt zu Mandanten und Gerichten in geeigneter Weise sicherzustellen. R möchte zu wichtigen Gerichtsterminen stets selbst erscheinen, zudem verfügt R über ein Büro, durch das er über seine Sekretärin ständig erreichbar ist. In einfach gelagerten Fällen könnte zudem der Rechtsreferendar tätig werden. Die ausschließliche Niederlassung (Zweigstellenverbot) ist daher im Interesse einer geordneten Rechtspflege nicht unbedingt erforderlich.

3. Eine Versagung der Niederlassung des R unter Verweis auf § 28 I S. 1 BRAO würde daher gegen Art. 49 AEUV verstoßen. Die Norm wäre wegen des Anwendungsvorrangs des Unionsrechts auf R nicht anwendbar.

> **hemmer-Methode: § 28 BRAO wurde durch Art. 1 Ziffer 17 des „Gesetzes zur Stärkung der Selbstverwaltung der Rechtsanwaltschaft" mit Wirkung zum 01.06.2007 aufgehoben. Damit ist es auch deutschen Rechtsanwälten möglich, im Inland Zweigstellen zu errichten. Durch § 27 II BRAO ist für eine solche Zweigstellenerrichtung nunmehr lediglich eine Anzeige zur Rechtsanwaltskammer erforderlich.[798]**

### D) Freiheit des Dienstleistungsverkehrs, Art. 56 ff. AEUV

*Überblick*

Die Dienstleistungsfreiheit enthält im Wesentlichen das Recht, in einem anderen Mitgliedstaat eine selbstständige Tätigkeit vorübergehend auszuüben.[799]

**520**

Wichtig ist, dass Art. 56, 57 AEUV nach bereits früher Rechtsprechung des EuGH nicht nur ein Diskriminierungsverbot enthalten, sondern darüber hinaus alle Beschränkungen des Dienstleistungsverkehrs untersagen, soweit sie nicht aus Gründen des Allgemeininteresses gerechtfertigt und verhältnismäßig sind.[800]

Einschränkungen der Dienstleistungsfreiheit sind grundsätzlich zulässig aus Gründen der öffentlichen Ordnung, Sicherheit oder Gesundheit (Art. 62 AEUV i.V.m. Art. 52 AEUV). Zudem findet die Dienstleistungsfreiheit keine Anwendung auf Tätigkeiten, die mit der Ausübung öffentlicher Gewalt verbunden sind (Art. 62 AEUV i.V.m. Art. 51 AEUV).

Art. 56 AEUV ist unmittelbar anwendbar und verdrängt aufgrund seines Anwendungsvorrangs entgegenstehendes nationales Recht.[801]

> *Bsp.: Auf Grundlage des Art. 62 AEUV i.V.m. Art. 53 AEUV sind zahlreiche Richtlinien ergangen, die durch Angleichung der mitgliedstaatlichen Rechtsvorschriften zulässigerweise bestehende Beschränkungen des Dienstleistungsverkehrs beseitigen sollen. Zu nennen wäre hier z.B. die Richtlinie zur „Erleichterung der tatsächlichen Ausübung des freien Dienstleistungsverkehrs der Rechtsanwälte" (RL 77/249/EWG), die nunmehr durch das Gesetz über die Tätigkeit europäischer Rechtsanwälte in Deutschland (EuRAG) umgesetzt ist (§§ 25 ff. EuRAG).*

---

798  Vgl. hierzu Römermann, AnwBl. 2007, 609 ff.

799  Für die am 01.05.2004 beigetretenen Mitgliedstaaten kann für längstens sieben Jahre die Dienstleistungsfreiheit in bestimmten Bereichen eingeschränkt werden (z.B. Baugewerbe, Gebäudereinigung).

800  EuGH, Rs. 33/74 (Van Binsbergen), Slg. 1974, 1299 ff.; siehe Rn. 536.

801  EuGH, Rs. 33/74 (Van Binsbergen), Slg. 1974, 1299 ff.

*Geregelt wird hier insoweit vor allem die Vertretung durch Rechtsanwälte aus anderen Mitgliedstaaten vor deutschen Gerichten. Wichtig sind ferner die Richtlinien zur Anerkennung von Diplomen und sonstigen Befähigungsnachweisen.*[802]

## I. Anwendungsbereich

*Staatsangehörige der Mitgliedstaaten, die in einem anderen Mitgliedstaat ansässig sind*

**1.** Die Dienstleistungsfreiheit nach Art. 56 AEUV gilt für die Staatsangehörigen der Mitgliedstaaten, die in einem anderen Mitgliedstaat ansässig sind.

521

> ***Bsp.:*** *Ein in Italien niedergelassener Deutscher, der in Frankreich eine Dienstleistung erbringen möchte, könnte sich auf Art. 56 ff. AEUV berufen. Auf einen Deutschen, der in den USA ansässig ist, fände die Dienstleistungsfreiheit dagegen keine Anwendung.*

*Gesellschaften*

Die Bestimmungen der Dienstleistungsfreiheit finden auch auf Gesellschaften Anwendung, Art. 62 AEUV i.V.m. Art. 54 AEUV. Von der Befugnis, die Anwendbarkeit der Art. 56 ff. AEUV auch auf Angehörige aus Drittstaaten zu erweitern (Art. 56 II AEUV), haben das Europäische Parlament und der Rat bislang keinen Gebrauch gemacht.

522

*Begriff der Dienstleistung*

**2.** Art. 56 AEUV gilt nur für Dienstleistungen. Nach der Definition des Art. 57 I AEUV sind hierunter zunächst Leistungen zu verstehen, die in der Regel gegen Entgelt erbracht werden.

523

Aus Art. 57 II, III AEUV ergibt sich weiterhin, dass es sich um selbstständige Tätigkeiten handeln muss, die vorübergehend in einem anderen Mitgliedstaat erbracht werden. Als selbstständige Tätigkeiten führt der AEUV beispielhaft gewerbliche, kaufmännische, handwerkliche sowie freiberufliche Tätigkeiten auf. Auf die Dienstleistungsfreiheit kann sich sowohl der Dienstleistungserbringer als auch der Dienstleistungsempfänger berufen.[803]

**a)** Wie auch bei den anderen Grundfreiheiten muss es zur Anwendbarkeit der Art. 56, 57 AEUV zu einem Überschreiten von Grenzen kommen. Herkömmlich unterscheidet man folgende Arten der Dienstleistungsfreiheit:[804]

524

*positive Dienstleistungsfreiheit*

**aa)** Von **positiver Dienstleistungsfreiheit** spricht man, wenn sich der Dienstleistungserbringer zum Dienstleistungsempfänger in einen anderen Mitgliedstaat begibt.

525

> ***Bsp.:*** *Ein deutscher Architekt begibt sich nach Frankreich, um dort die Bauarbeiten am Haus seines französischen Auftraggebers zu kontrollieren.*

*negative Dienstleistungsfreiheit*

**bb)** Art. 56 ff. AEUV erfassen ebenso die **negative Dienstleistungsfreiheit**. Von ihr spricht man, wenn sich der Dienstleistungsempfänger zum Dienstleistungserbringer in einen anderen Mitgliedstaat begibt.

526

> ***Bsp.:*** *Ein deutscher Patient reist nach Frankreich, um sich dort von einem Arzt behandeln zu lassen. - Unter den negativen Dienstleistungsbegriff fallen ebenso Touristen, weil diese im Urlaubsland notwendig Leistungen von Hotels und Restaurants in Anspruch nehmen.*[805]

---

802  Siehe hierzu bereits Rn. 501 ff.

803  EuGH, Rs. C-294/97 (Eurowings Luftverkehrs AG/Finanzamt Dortmund-Unna), Slg. 1999, I-7447.

804  Grabitz, ex Art. 50 EG, Rn. 50 ff.

805  EuGH, Verb.Rs. 286/82 u. 26/83 (Luisi und Carbone), Slg. 1984, 377.

*Korrespondenzdienstleistungen*

**cc)** Die Dienstleistungsfreiheit erfasst grenzüberschreitende Leistungen. Ausreichend ist es daher, wenn allein die Leistung die Grenze überschreitet; zu einem Überschreiten der Grenzen durch den Leistungserbringer oder -empfänger muss es nicht kommen. Solche Fälle, in denen Leistungserbringer bzw. -empfänger in ihren Mitgliedstaaten verbleiben und nur die Leistung die Grenze überschreitet, werden als sog. „Korrespondenzdienstleistung" bezeichnet.[806]

**527**

> *Bsp.: Übersendung von Bauplänen durch einen Architekten, Beratungsdienste, Versicherungen, Rundfunk- u. Fernsehsendungen, Werbeanzeigen in Zeitschriften, Sportwetten.*

**dd)** Da es allein darauf ankommt, dass die Dienstleistung die Grenze überschreitet, ist es auch unerheblich, an welchem Ort die Empfänger der Dienstleistung ansässig sind.[807]

**528**

In den Anwendungsbereich der Art. 56 ff. AEUV fällt es demnach auch, wenn Leistungserbringer und Leistungsempfänger zwar in demselben Mitgliedstaat ansässig sind, die Leistung aber in einem anderen Mitgliedstaat erbracht wird.[808]

> *Bsp.: Ein deutscher Reiseführer begleitet eine deutsche Reisegruppe nach Frankreich.*

*Entgeltlichkeit der Dienstleistung*

**b)** Die Dienstleistung muss ferner entgeltlich sein, es muss sich bei der zugrundeliegenden Tätigkeit daher um einen Teil des Wirtschaftslebens handeln. Unter Entgelt versteht der EuGH eine Gegenleistung für eine mit Gewinnerzielungsabsicht durchgeführte wirtschaftliche Tätigkeit.[809]

**529**

> *Bsp.: Erfasst werden demnach u.U. auch künstlerische, nicht jedoch rein karitative Tätigkeiten. Hinsichtlich Studenten und Schülern ist zu unterscheiden. Soweit sie Unterricht an öffentlichen Einrichtungen in Anspruch nehmen (z.B. staatliche Universitäten), unterfallen sie nicht der (negativen) Dienstleistungsfreiheit, da der staatliche Unterricht keine Geschäftstätigkeit mit dem Ziel der Kostendeckung darstellt, sondern sozialpolitische Aufgaben erfüllt. Anders ist es jedoch bei Privatschulen, sofern ihnen ein angemessenes Entgelt gezahlt wird.*

*Abgrenzung von den anderen Grundfreiheiten*

**c)** Die Dienstleistungsfreiheit ist von den anderen Grundfreiheiten abzugrenzen. Art. 57 I AEUV bestimmt ausdrücklich, dass die Dienstleistungsfreiheit keine Anwendung findet, soweit die Vorschriften über den freien Warenverkehr (Art. 34 ff. AEUV), Personenverkehr (Art. 45 ff., 49 ff. AEUV) oder Kapitalverkehr (Art. 63 I AEUV) einschlägig sind. Für Dienstleistungen auf dem Gebiet des Verkehrs gelten nach Art. 58 I AEUV die speziellen Regelungen der Art. 90 ff. AEUV.

**530**

Eigentümlich ist dem Dienstleistungsbegriff vor allem, dass es sich um eine vorübergehende, selbstständige Tätigkeit handeln muss. Die Abgrenzung zu den anderen Grundfreiheiten kann jedoch schwierig sein.

**Zur Wiederholung:** Die Bestimmungen über den freien Warenverkehr (Art. 34 ff. AEUV) erfassen nur körperliche Gegenstände.[810] Dienstleistungen hingegen sind „unsichtbar", es wird hauptsächlich nur eine bestimmte Fähigkeit zur Verfügung gestellt. Problematisch ist die Abgrenzung dann, wenn Dienstleistungen mit Warenverkehr verbunden sind.

**531**

---

806 EuGH, Rs. C-243/01 (Gambelli u.a.), DVBl. 2004, 300, 301; Grabitz, ex Art. 50 EG, Rn. 52; Dauses, E I., Rn. 140.

807 EuGH, Rs. C-398/95 (Syndesmos ton en Elladi Touristikon/Ypourgos Ergasias), Slg. 1997, I-3875; Dauses, E I., Rn. 142.

808 EuGH, Rs. 118/75 (Watson und Belmann), Slg. 1976, 1185, 1196; Verb.Rs. 286/82 u. 26/83 (Luisi und Carbone), Slg. 1984, 377.

809 EuGH, Slg. 1988, 5365; Grabitz, ex Art. 50 EG, Rn. 43 ff.

810 Dauses, E I., Rn. 10.

In einem solchen Fall ist dann entscheidend, ob der wirtschaftliche Schwerpunkt im Bereich der Dienstleistung oder des Warenaustauschs liegt.[811] Wenn ein Architekt seine Baupläne an seinen französischen Auftraggeber schickt, handelt es sich zwar um körperliche Gegenstände. Im Vordergrund steht jedoch die geistige Leistung, sodass die Art. 56 ff. AEUV Anwendung finden. Hingegen unterliegen Tonträger, Filme und Bücher den Bestimmungen der Art. 34 AEUV.[812] Ein Schreiner, der für seinen französischen Auftraggeber die Herstellung und Montage von speziell für diesen angefertigten Einbaumöbeln an dessen Wohnsitz vornimmt, unterliegt dem Anwendungsbereich der Dienstleistungsfreiheit. Denn im Vordergrund steht - wie auch bei Reparaturen - das Zur-Verfügung-Stellen von Fähigkeiten. Verkauft ein Schreiner dagegen vorgefertigte, standardisierte Möbel, so ist der Anwendungsbereich der Warenverkehrsfreiheit (Art. 34 AEUV) eröffnet. Denn im Vordergrund steht der Warenaustausch.

*532 -533*

Unproblematisch ist die Abgrenzung zur Freizügigkeit der Arbeitnehmer. Die Bestimmungen der Art. 45 ff. AEUV gelten nur für unselbstständige (weisungsgebundene), die der Dienstleistungsfreiheit dagegen allein für selbstständige Tätigkeiten.

*534*

Weniger Probleme bereitet die Abgrenzung zur Kapitalverkehrsfreiheit, Art. 63 I AEUV. Diese erfasst die Nutzung von Kapital (Kredite, Wertpapiere). Schließlich gelten für Leistungen im Bereich des Verkehrs (Straßen-, Eisenbahn-, Binnenschiffverkehr) die spezielleren Bestimmungen der Art. 90 ff. AEUV.

*535*

## II. Umfang der Dienstleistungsfreiheit nach Art. 56, 57 AEUV

### 1. Aufenthalts- und Einreiserecht

*Aufenthalts-/ Einreiserecht*

Obwohl nicht ausdrücklich erwähnt, beinhaltet die Dienstleistungsfreiheit das Recht auf Einreise und den Aufenthalt im betreffenden Mitgliedstaat zum Zweck und für die Dauer der Dienstleistung.[813] Aufenthalts- und Einreiserecht wurden durch die RL 2004/38/EG konkretisiert. Die Ausführungen zur Personenverkehrsfreiheit gelten weitgehend entsprechend.[814]

### 2. Recht auf gleiche Behandlung und das allgemeine Beschränkungsverbot

*535a*

### a) Diskriminierungsverbot

*Grundsatz der Inländergleichbehandlung*

Die Dienstleistungsfreiheit beinhaltet ein Diskriminierungsverbot, das jedwede Diskriminierung („offene und versteckte") aufgrund der Staatsangehörigkeit untersagt. Es gilt damit das Gebot der Inländergleichbehandlung.

Keine verbotenen Diskriminierungen stellen jedoch Ungleichbehandlungen durch Rechtsvorschriften dar, die sich auf Inländer wie Ausländer nach objektiven Merkmalen auswirken, sachlich gerechtfertigt und verhältnismäßig sind (z.B. Erfordernis des Nachweises von Sprachkenntnissen oder Befähigungsnachweisen, Zuverlässigkeitsprüfungen).[815]

---

811  Grabitz, ex Art. 50 EG, Rn. 36.

812  Grabitz, ex Art. 50 EG, Rn. 36 mit Nachweisen aus der Rechtsprechung.

813  Dauses, E I., Rn. 146.

814  Siehe oben Rn. 456 ff.

815  Siehe auch Rn. 500.

## b) Allgemeines Beschränkungsverbot

**aa)** Der EuGH[816] hat frühzeitig entschieden, dass die Dienstleistungsfreiheit über ein Diskriminierungsverbot hinaus auch allen sonstigen - auch unterschiedslosen - Beschränkungen entgegensteht, die in anderer Weise geeignet sind, die Tätigkeiten der Leistungserbringer bzw. Leistungsempfänger zu unterbinden, zu behindern oder weniger attraktiv zu machen.

**536**

Dies können gerade Vorschriften sein, die gleichermaßen für Inländer und Angehörige anderer Mitgliedstaaten gelten. Hinter dieser Rechtsprechung steht folgender Gedanke:

Würde man die Dienstleistungsberechtigten in vollem Umfang denselben Bestimmungen unterwerfen, die für Inländer gelten (z.B. Berufszulassungs-/Berufsausübungsregeln), wäre die Verwirklichung der Dienstleistungsfreiheit häufig erheblich erschwert. So müsste ein Selbstständiger u.U. Berufsorganisationen beider Mitgliedstaaten mit unterschiedlichen Standesregeln angehören. Bei Dienstleistungen, die nur vorübergehender Art und damit zeitlich beschränkt sind, besteht dafür allerdings kein Bedarf.[817]

> *Bsp. (vereinfacht):[818] Ein belgischer Rechtsanwalt wollte vor einem niederländischen Gericht als Prozessvertretung seines niederländischen Mandanten auftreten. Dies wurde ihm unter Hinweis auf die sog. „Residenzpflicht" versagt, nach der nur in den Niederlanden ansässige Personen als Prozessbevollmächtigte oder Rechtsbeistände auftreten können. Das Erfordernis der ständigen Anwesenheit betraf formal Inländer wie Ausländer. Die „Residenzpflicht" würde jedoch die vom Vertrag garantierte Dienstleistungsfreiheit ihrer Wirksamkeit berauben. Diese beinhaltet gerade die Freiheit der vorübergehenden Leistungserbringung über die Grenzen hinweg.*

Art. 56 ff. AEUV können demnach auch solchen Regelungen entgegenstehen, die zwar unterschiedslos auf Inländer und Ausländer Anwendung finden, aber dennoch eine Beschränkung der Dienstleistungsfreiheit beinhalten.

**bb)** Offen ist bislang, ob die vom EuGH zu Art. 34 AEUV entwickelte, einschränkende „Keck-Rechtsprechung"[819] sinngemäß auch auf die Dienstleistungsfreiheit zu übertragen ist. Folge hiervon wäre, dass mitgliedstaatliche Rechtsvorschriften, die vergleichbar wie „Verkaufsmodalitäten" nur das Angebot und die Ausübung der Dienstleitung betreffen, nicht als Beschränkungen der Dienstleistungsfreiheit anzusehen sind, soweit die Bestimmungen unterschiedslos für alle Wirtschaftsteilnehmer gelten und sie das Angebot und die Ausübung der Dienstleistungen durch Inländer sowie Staatsangehörige aus anderen Mitgliedstaaten rechtlich wie tatsächlich in der gleichen Weise berühren.

**536a**

**hemmer-Methode: Da zu dieser Frage noch keine gefestigte Rechtsprechung des EuGH vorliegt, können Sie in einer Klausur beide Ansichten vertreten, soweit Sie das Problem angesprochen haben.**

**cc)** Die weite Fassung der Art. 56 ff. AEUV erfordert eine Korrektur zugunsten legitimer Interessen der Mitgliedstaaten. Soweit keine unionsrechtlichen Regelungen bestehen, sind Beschränkungen der Dienstleistungsfreiheit durch Rechtsvorschriften der Mitgliedstaaten hinzunehmen, die gleichermaßen für Inländer wie Staatsangehörige anderer Mitgliedstaaten gelten und durch zwingende Gründe des Allgemeininteresses gerechtfertigt sind.

**537**

---

816  EuGH, Rs. 33/74 (Van Binsbergen), Slg. 1974, 1299 ff.; aus jüngerer Zeit Rs. C-3/95 (Reisebüro Broede), Slg. 1996, I-6511; Rs. C-222/95 (Parodi), Slg. 1997, I-3914; Rs. C-398/95 (Syndesmos ton en Elladi Touristikon/Ypourgos Ergasias), Slg. 1997, I-3875.

817  Vgl. EuGH Rs. C-58/98 (Corsten), DVBl. 2001, 114 ff.; Rs. C-215/01 (Schnitzer), DVBl. 2004, 496 ff.

818  EuGH, Rs. 33/74 (Van Binsbergen), Slg. 1974, 1299, 1309.

819  Siehe zur „Keck-Rechtsprechung" Rn. 425 ff.

Die mitgliedstaatlichen Rechtsvorschriften müssen jedoch verhältnismäßig sein, und dem betreffenden Allgemeininteresse darf nicht bereits durch Rechtsvorschriften des Mitgliedstaates Rechnung getragen sein, in dem der Dienstleistungserbringer ansässig ist.[820]

---

**Nach der Rspr.[821] des EuGH sind in Ermangelung unionsrechtlicher Vorgaben Beschränkungen der Dienstleistungsfreiheit daher zulässig, wenn sie:**

1. durch das Allgemeininteresse gerechtfertigt sind und unterschiedslos auf Inländer und Ausländer Anwendung finden,

2. verhältnismäßig sind und

3. dem zu schützenden Allgemeininteresse nicht bereits durch Rechtsvorschriften der Mitgliedstaaten Rechnung getragen wird, in dem die Dienstleistungsberechtigten ansässig sind.

**538**

---

*Vorrang rechtsangleichender Maßnahmen*

**(aa)** Zum Schutz des betreffenden Allgemeininteresses darf zunächst keine abschließende unionsrechtliche Regelung bestehen. Soweit die Union von ihrer Kompetenz zum Erlass von Harmonisierungsmaßnahmen Gebrauch gemacht hat (Art. 62 AEUV i.V.m. Art. 53 AEUV), sind innerstaatliche Rechtsvorschriften allein daran zu messen.

**539**

*nur unterschiedslos angewendete Maßnahmen*

**(bb)** Wichtig ist, dass die dargestellte Rechtsprechung allein für Rechtsvorschriften gilt, die unterschiedslos für Inländer und Staatsangehörige anderer Mitgliedstaaten gelten. Diskriminierende Rechtsvorschriften können allein durch Art. 62 AEUV i.V.m. Art. 52 AEUV gerechtfertigt sein.

**540**

*Allgemeininteressen*

**(cc)** Schützenswerten Allgemeininteressen dienen v.a. Berufsregeln, welche die Befähigung, Berufspflichten, Verantwortlichkeit und Haftung betreffen. Weiterhin sind der Verbraucherschutz, Gläubigerschutz, Qualitätssicherung, die Lauterkeit des Handelsverkehrs, das Funktionieren der Rechtspflege, steuerliche Interessen, Gesundheitsschutz, finanzielles Gleichgewicht der Systeme der sozialen Sicherheit anerkannt. Der Begriff des Allgemeininteresses erfasst nur nicht-wirtschaftliche Interessen.

**541**

> **Bsp.:** [822] *Das finnische Recht bestimmt, dass Glücksspiele u.a. an Geldspielautomaten nur mit behördlicher Erlaubnis veranstaltet werden dürfen. Die Erlaubnis kann nur einer öffentlich-rechtlichen Einrichtung erteilt werden. Diese Regelungen beeinträchtigen zwar die Dienstleistungsfreiheit, da z.B. ein in Großbritannien ansässiger Glücksspielbetreiber Geldspielautomaten nicht in Finnland betreiben darf. Denn Art. 56 ff. AEUV finden auch auf Tätigkeiten Anwendung, welche die Möglichkeit bieten, gegen Entgelt an einem Glücksspiel teilzunehmen. Die Beeinträchtigung ist indes aus zwingenden Gründen des Allgemeininteresses gerechtfertigt (Schutz der Dienstleistungsempfänger, Verbraucherschutz, Schutz der Sozialordnung wegen der Gefahr schädlicher persönlicher und sozialer Folgen, Vorbeugung gegen Spielsucht).*

*Verhältnismäßigkeit*

**(dd)** Wichtig ist, dass die zur Verfolgung des Allgemeininteresses eingesetzten staatlichen Maßnahmen verhältnismäßig sein müssen, d.h. unter gleich geeigneten Maßnahmen darf keine andere in Betracht kommen, welche die Dienstleistungsfreiheit weniger beeinträchtigt.

**542**

---

820 Vgl. zum Ganzen EuGH, Verb.Rsn. C-369/96 u. 376/96 (Arblade u.a.), Slg. 1999, I, 8453 ff.; Rs. C-355/98 (Kommission/Belgien), DVBl. 2000, 891, 892.

821 EuGH, Verb.Rs. 110, 111/78 (van Wesemael), Slg. 1979, 35; Rs. 279/80 (Webb), Slg. 1981, 3305; Rs. 205/84 (Versicherungen), Slg. 1986; 3755; Verb.Rsn. C-34-36/95 (Konsumentombudsmannen/De Agostini [Svenska] Förlag AB u.a.), Slg. 1997, I-3875.

822 Nach EuGH, Rs. C-124/97 (Läärä), Slg. 1999, I-6067.

Eine mitgliedstaatliche Regelung, welche die Veranstaltung von Glücksspielen einer öffentlich-rechtlichen Einrichtung vorbehält, ist insbesondere auch unter Berücksichtigung des den Mitgliedstaaten eingeräumten Ermessensspielraums im Hinblick auf die oben genannten Schutzgüter nicht unverhältnismäßig.[823] Soweit aber die mitgliedstaatlichen Behörden im Hinblick auf ein insoweit bestehendes staatliches Monopol und eine Einnahmeerzielung die Verbraucher geradezu anreizen, an (staatlichen) Lotterien, Wetten etc. teilzunehmen, können sich die Mitgliedstaaten nicht auf den Schutz dieser Rechtsgüter berufen. Fiskalische Interessen dürfen nur eine erfreuliche Nebenfolge, nicht aber der eigentliche Grund der betriebenen restriktiven Politik sein.[824]

Unverhältnismäßig sind meistens Niederlassungs- und Anwesenheitserfordernisse, da dem betreffenden Allgemeininteresse im Zeitalter der modernen Kommunikationsmittel und schnellen Verkehrswege häufig durch weniger einschneidende Maßnahmen Rechnung getragen werden kann. In bestimmten, besonders sensiblen Bereichen kann jedoch u. U. allein die Pflicht zum ständigen Aufenthalt den Schutz bestimmter allgemeiner Interessen erreichen.[825]

Ebenso ist die Pflicht zur Eintragung in die Handwerksrolle zum Zweck der Qualitätssicherung handwerklicher Arbeiten unverhältnismäßig, soweit es um die Dienstleistungsfreiheit geht.[826]

Soweit nach mitgliedstaatlichem Recht Dienstleistungsmonopole für bestimmte öffentliche Unternehmen bestehen, bedarf es einer besonders sorgfältigen Verhältnismäßigkeitsprüfung.

*Berücksichtigung von vergleichbaren Bestimmungen des Herkunftsstaates*

**(ee)** Schließlich darf dem Allgemeininteresse nicht bereits durch Bestimmungen des Mitgliedstaats, aus dem der Leistungserbringer stammt, Rechnung getragen sein (Herkunftslandprinzip).[827] Der Mitgliedstaat, in dem die Dienstleistung erbracht werden soll, muss demnach Kontrollen, Zuverlässigkeitsprüfungen, Diplome und sonstige Befähigungsnachweise des Dienstleistungsberechtigten hinreichend berücksichtigen. Unzulässig wäre jedenfalls ein unnötiges Wiederholen praktisch inhaltsgleicher Prüfungen bzw. Kontrollen. Allerdings bedeutet das Vorhandensein von Schutzvorschriften im Ausfuhrstaat nicht automatisch, dass strengere Schutzvorschriften im Einfuhrstaat unverhältnismäßig sind. Denn der Umstand allein, dass ein Mitgliedstaat andere Schutzregelungen erlassen hat als ein anderer Mitgliedstaat, ist für sich genommen nicht ausschlaggebend für die Frage der Verhältnismäßigkeit der einschlägigen Bestimmungen.[828]

*543*

*Beweislast bei den Mitgliedstaaten*

**(ff)** Die Mitgliedstaaten tragen die Beweislast dafür, dass die Anwendung einschränkender mitgliedstaatlicher Rechtsvorschriften gerechtfertigt ist. Soweit die betreffenden Vorschriften die vom EuGH aufgestellten Voraussetzungen nicht erfüllen, verstoßen sie gegen Art. 56 AEUV und sind wegen dessen Anwendungsvorrangs unanwendbar.

*544*

---

823  EuGH, Rs. C-124/97 (Läärä), Slg. 1999, I-6067.

824  EuGH, Rs. C-243/01 (Gambelli), DVBl. 2004, 300, 302; zu dieser Entscheidung etwa Korte, NVwZ 2004, 1449 ff., sowie – auch zu den verfassungsrechtlichen Aspekten – BVerfGE 115, 276 = NJW 2006, 1261 ff.; Ennuschat, DVBl. 2005, 1288 ff.

825  EuGH, Rs. 205/84 (Versicherungen), Slg. 1986, 3755; 1992, I-249; I-305; Grabitz, ex Art. 50 EG, Rn. 120 ff.

826  EuGH Rs. C-58/98 (Corsten), DVBl. 2001, 114 ff.; Rs. C-215/01 (Schnitzer), DVBl. 2004, 496 ff.; vgl. Montag/v. Bonin, NJW 2005, 2898, 2902.

827  EuGH, Rs. C-222/95 (Parodi), Slg. 1997, I-3914; Verb.Rsn. C-369/96 u. 376/96 (Arblade u.a.), Slg. 1999, I-8453.

828  Vgl. zur Niederlassungsfreiheit EuGH, Rs. C-108/96 (Dennis McQuen u.a.), Slg. 2001, I-837 mit Anm. Streinz JuS 2001, 1014 f.; Huber/Brenner, DVBl. 2001, 1013, 1015.

Im Beispiel Rn. 536 hätte man argumentieren können, das Erfordernis der ständigen Anwesenheit diene dem Schutz der Rechtspflege (Kontakt zu Mandanten, Gerichten). Solch eine Einschränkung der Dienstleistungsfreiheit wäre indes nicht verhältnismäßig, wenn weniger einschneidende Maßnahmen in Betracht kämen.[829] Im Zeitalter der modernen Kommunikationsmittel und der schnellen Verkehrswege ist es ausreichend, wenn der Anwalt nur über eine Zustelladresse verfügt bzw. einen anderen Rechtsanwalt einschaltet.

## III. Vorbehalte, Ausnahmen

*Vorbehalte, Ausnahmen*
*Art. 62 AEUV i.V.m. Art. 51 AEUV*

Eine Bereichsausnahme vom Grundsatz der Dienstleistungsfreiheit **545** gilt entsprechend der Personenverkehrsfreiheit für Tätigkeiten, die mit der Ausübung öffentlicher Gewalt verbunden sind (Art. 62 AEUV i.V.m. Art. 51 AEUV). Ebenso können die Mitgliedstaaten einschränkende Maßnahmen aus Gründen der öffentlichen Ordnung, Sicherheit und Gesundheit treffen (Art. 62 AEUV i.V.m. Art. 52 AEUV). Die Ausführungen zu Art. 45 ff., 49 ff. AEUV gelten entsprechend.[830]

**hemmer-Methode: Schließlich können Einschränkungen der Dienstleistungsfreiheit – wie auch der übrigen Grundfreiheiten[831] – im Hinblick auf die Unionsgrundrechte gerechtfertigt sein. Die Tätigkeit eines „Laserdromes", in dem mit maschinenpistolenähnlichen Laserzielgeräten das Töten von Menschen „gespielt" wird, kann im Hinblick auf das Unionsgrundrecht „Schutz der Menschenwürde" unter dem Aspekt der öffentlichen Ordnung i.S.d. (Art. 62 AEUV i.V.m.) Art. 52 AEUV untersagt werden, soweit die Untersagung auch im Übrigen verhältnismäßig ist.[832]**

## IV. Problem der Inländerdiskriminierung

*Problem der Inländerdiskriminierung*

**1.** Auch im Anwendungsbereich der Art. 56 ff. AEUV kann sich das **546** Problem einer Inländerdiskriminierung stellen.

*Bsp.: Durch §§ 25 ff. EuRAG wurde die entsprechende Richtlinie zur „Erleichterung der tatsächlichen Ausübung des freien Dienstleistungsverkehrs der Rechtsanwälte" (RL 77/249/EWG) in deutsches Recht umgesetzt.[833]*

*Demnach können Rechtsanwälte aus den Mitgliedstaaten der EU vor deutschen Gerichten eine Prozessvertretung übernehmen. Einschränkende Voraussetzung ist insoweit nach § 28 II EuRAG lediglich, dass sie im Einvernehmen mit einem Rechtsanwalt, der zur Vertretung bei dem Gericht befugt ist, handeln (Einvernehmensanwalt). Das Erfordernis des Einvernehmens ist auch in der Richtlinie vorgesehen. Ansonsten gelten Beschränkungen der Vertretungsbefugnis, die sich aus dem Erfordernis der Zulassung bei einem Gericht ergeben, nur für den BGH (§ 27 I S. 2 EuRAG).*

*Wesentlich anders war vor der Neufassung des § 78 I ZPO zum 01.01.2000 die Lage für deutsche Rechtsanwälte. Sie konnten in Zivilrechtsstreitigkeiten nach § 78 I ZPO a.F. grundsätzlich nur vor dem LG auftreten, bei dem sie zugelassen waren (sog. „Territorialitätsprinzip"). Soweit sie in einem anderen Gerichtsbezirk eine Vertretung übernehmen wollten, musste ihnen ein dort zugelassener Anwalt, der allein als Prozessbevollmächtigter galt, die Prozessführung übertragen, § 52 II BRAO a.F.*

---

829 Vgl. auch EuGH, Verb.Rs. 110, 111/78 (van Wesemael), Slg. 1979, 35, 36.

830 Siehe Rn. 488 ff. und 511 ff.

831 Siehe bereits oben zur Warenverkehrsfreiheit Rn. 441a.

832 EuGH, Rs. C-36/02 (Omega/Stadt Bonn), NVwZ 2004, 1471 ff. mit Anm. Frenz, NVwZ 2005, 48 ff. und Lindner, BayVBl. 2005, 206 ff.; Beaucamp, DVBl. 2005, 1174 ff.; Epiney, NVwZ 2006, 407, 414 f.; Montag/v. Bonin, NJW 2005, 2898, 2902; Schwarze, NJW 2005, 3459, 3460 f.

833 Zum EuRAG siehe Lach, NJW 2000, 1609.

*Die deutschen Rechtsanwälte wurden daher gegenüber Anwälten aus den anderen Mitgliedstaaten benachteiligt. Die Bestimmungen des AEUV standen einer solchen „Inländerdiskriminierung" nicht entgegen.*

*Die Benachteiligung der deutschen Rechtsanwälte stellte auch keine Verletzung von Art. 3 GG dar. Die unterschiedliche Behandlung lässt sich sachlich rechtfertigen, da deutsche Rechtsanwälte ständig, dienstleistende Rechtsanwälte aus den Mitgliedstaaten der EU hingegen nur vorübergehend in Deutschland tätig sind.[834]*

*Anwendbarkeit der Art. 56 ff. AEUV auf die eigenen Staatsangehörigen*

**2.** Soweit es sich nicht nur um einen rein internen Sachverhalt handelt, können sich auch die eigenen Staatsangehörigen gegenüber ihrem Mitgliedstaat auf die Bestimmungen der Art. 56 ff. AEUV berufen. Voraussetzung ist ein Bezug zum Unionsrecht, mithin ein „grenzüberschreitender Sachverhalt".

**547**

*Bsp.: Der deutsche Staatsangehörige R ist Rechtsanwalt in Frankreich. Soweit er eine Prozessvertretung in Deutschland übernehmen möchte, finden die Bestimmungen der Art. 56 ff. AEUV und die dazu ergangenen Richtlinien Anwendung.*

## E) Freiheit des Kapitalverkehrs, Art. 63 I, 64 ff. AEUV

*Freiheit des Kapitalverkehrs*

Die vierte Grundfreiheit ist die Kapitalverkehrsfreiheit, Art. 63 I, 64 ff. AEUV. Alle Beschränkungen des Kapitalverkehrs zwischen den Mitgliedstaaten sowie zwischen den Mitgliedstaaten und dritten Ländern sind verboten, Art. 63 I AEUV. Die Bestimmung ist unmittelbar anwendbar.

**548**

Der Begriff „Kapitalverkehr" i.S.d. Art. 63 I AEUV umfasst sowohl den Verkehr mit Sachkapital (z.B. Rechte an Immobilien, Unternehmensbeteiligungen) als auch mit Geldkapital (z.B. Wertpapiere, Kredite).[835]

Verboten sind alle Beschränkungen (z.B. devisenrechtliche Beschränkungen, die den Kapitalverkehr direkt regulieren; Anlagevorschriften, steuerliche Regelungen).

*„Goldene Aktie"; VW-Gesetz*

Wiederholt hat sich der EuGH dabei mit den sogenannten „Goldenen Aktien", wie sie etwa auch im VW-Gesetz vorgesehen sind,[836] befasst. Der EuGH sieht in diesen Bestimmungen, die einzelnen (staatlichen) Aktionären umfassende Sonderrechte einräumen, eine Beschränkung der Kapitalverkehrsfreiheit, weil die Beteiligungsrechte der übrigen Investoren übermäßig beeinträchtigt werden. Eine Rechtfertigung für derartige oftmals im Zuge einer (Teil-)Privatisierung entstandene Regelungen hat der EuGH bisher abgelehnt.[837]

Gemäß Art. 65 AEUV haben die Mitgliedstaaten das Recht, steuerrechtliche Differenzierungen zwischen Personen mit unterschiedlichem Wohnort und Anlageort vorzunehmen.

Ebenso können sie unerlässliche Maßnahmen zur Vermeidung von Verstößen v.a. gegen das Steuerrecht treffen sowie die aus Gründen der öffentlichen Ordnung oder Sicherheit gebotenen Maßnahmen vornehmen. Voraussetzung ist, dass die Maßnahmen keine willkürliche Diskriminierung oder verschleierte Beschränkung darstellen, Art. 65 III AEUV.

---

834  BVerfG, NJW 1990, 1033 = **juris**byhemmer.

835  Ausführlich Geiger, Art. 63 AEUV, Rn. 3 f.; Dauses, F II. Rn. 4.

836  EuGH, Rs. C-119/05, NJW 2007, 3481.

837  EuGH, Rs. C-171/08, NZG 2010, 983; EuGH, Rs. C-543/08, NZG 2010, 1382.

*Kapitalverkehrskontrollen in Zypern*

Im Zusammenhang mit der Finanz- und Staatsschuldenkrise hat die Europäische Union, erstmals in der Geschichte der vier Grundfreiheiten seit 1957, im März 2013 für Zypern umfassende Kapitalverkehrskontrollen verhängt. Anlass war die Befürchtung massiver Kapitalabflüsse aus Zypern, nachdem zur Rettung des zypriotischen Bankensektors, der ein Vielfaches der realen Wirtschaftsleistung des Staates erlangt hatte, auf die Kundeneinlagen der Banken zugegriffen werden sollte. Insoweit ist Art. 65 AEUV die Ermächtigungsgrundlage.

## F) Hilfsfreiheit: Die Freiheit des Zahlungsverkehrs, Art. 63 II, 64 ff. AEUV

*Freiheit des Zahlungsverkehrs*

**549**

Der freie Zahlungsverkehr stellt eine unerlässliche Ergänzung der Warenverkehrs-, Personenverkehrs- und Dienstleistungsfreiheit dar. Er wird daher als „Hilfsfreiheit" oder sog. „fünfte Freiheit" bezeichnet.

Der freie Zahlungsverkehr gewährleistet die ungehinderte Bezahlung von Waren, Dienstleistungen und die Überweisung der Löhne für Angehörige der Mitgliedstaaten.

Art. 63 II AEUV ist unmittelbar anwendbar.

Das entscheidende Abgrenzungsmerkmal zwischen Zahlungsverkehr und Kapitalverkehr liegt darin, dass i.R.d. Kapitalverkehrs keine Gegenleistung Zug um Zug erbracht wird.[838]

**hemmer-Methode: Die Bedeutung der Art. 63 ff. AEUV ist für „Europarecht als Pflichtfach" gering.**

---

838 Dauses, F II. Rn. 4.

## § 10 ALLGEMEINES DISKRIMINIERUNGSVERBOT

### ART. 18 AEUV UND DER GRUNDSATZ DER LOHNGLEICHHEIT VON MANN UND FRAU (ART. 157 AEUV)

Von Bedeutung für die Rechtsanwendung im innerstaatlichen Bereich können auch das „allgemeine Diskriminierungsverbot" nach Art. 18 AEUV und der „Grundsatz der Lohngleichheit von Mann und Frau" nach Art. 157 AEUV sein.

*550*

### A) Allgemeines Diskriminierungsverbot

*551*

Art. 18 AEUV verbietet im Anwendungsbereich des Unionsvertrags jede Diskriminierung aus Gründen der Staatsangehörigkeit, während Art. 19 AEUV unabhängig von der Staatsangehörigkeit die Bekämpfung von Diskriminierungen aus Gründen der dort genannten Eigenschaften (Geschlecht, Rasse, ethnische Herkunft etc.) bezweckt.

*551a*

### I. Das allgemeine Diskriminierungsverbot aus Gründen der Staatsangehörigkeit (Art. 18 AEUV)

*allgemeines Diskriminierungsverbot aus Gründen der Staatsangehörigkeit*

Das allgemeine Diskriminierungsverbot nach Art. 18 I AEUV verbietet im Anwendungsbereich des AEUV jede Diskriminierung aufgrund der Staatsangehörigkeit.[839] Art. 18 AEUV ist unmittelbar anwendbar und verdrängt aufgrund seines Anwendungsvorrangs entgegenstehendes mitgliedstaatliches Recht. Um bestehende Ungleichbehandlungen zu beseitigen, verleiht Art. 18 II AEUV dem Europäischen Parlament und dem Rat eine Kompetenz zum Erlass von Rechtsakten im ordentlichen Gesetzgebungsverfahren (Art. 289, 294 AEUV).

*subsidiäre Anwendung*

**1.** Da Art. 18 AEUV nur „unbeschadet besonderer Bestimmungen" gilt, findet das allgemeine Diskriminierungsverbot nur dann Anwendung, wenn keine spezielleren Diskriminierungsverbote des AEUV einschlägig sind. Speziellere Diskriminierungsverbote enthalten insbesondere die „vier Grundfreiheiten".[840]

*552*

*„im Anwendungsbereich des Vertrages"*

**2.** Art. 18 AEUV gilt zudem nur „im Anwendungsbereich der Verträge" und erfasst daher allein Diskriminierungen in Sachgebieten, in denen die Union tätig ist. Anders als noch bei ex Art. 12 EG erstreckt sich der Anwendungsbereich der Vorschrift dabei nicht nur auf den EG-Vertrag bzw. jetzt AEUV, sondern auch auf jene Politiken und Maßnahmen der Union, die auf der Grundlage des EU-Vertrags erlassen werden.[841] Voraussetzung ist aber nicht, dass es sich um Materien handelt, die den Mitgliedstaaten besondere Verpflichtungen auferlegen. Ausreichend ist vielmehr, dass der Bereich nur ganz punktuell geregelt ist.[842]

*553*

*Bsp.: „Zugang zur Berufsausbildung" (Art. 166 AEUV)*

Insbesondere hinsichtlich der Rechte von Studenten und sonstigen Auszubildenden ergingen wichtige Entscheidungen des EuGH. Art. 18 AEUV verbietet jegliche Diskriminierung hinsichtlich der Zugangs- und Teilnahmevoraussetzungen am staatlichen Unterricht, sofern es sich um eine Berufsausbildung handelt. Denn die Berufsausbildung fällt in den sachlichen Anwendungsbereich des Vertrags (Art. 166 AEUV). Ferner ist der Zugang zur Berufsausbildung geeignet, die Freizügigkeit innerhalb der Union zu fördern (vgl. Art. 45 ff. AEUV).

---

839   Zum Begriff der Diskriminierung siehe Rn. 387.

840   Zum Prüfungsaufbau bei Art. 18 AEUV Life&Law 2011, 767 ff.

841   Geiger, Art. 18 AEUV, Rn. 11.; ex Art. 12 EG sprach insofern von „diesem Vertrag, Art. 18 AEUV von den Bestimmungen „der Verträge".

842   Grabitz, ex Art. 12 EG, Rn. 34.

*Bsp.: Ein Hochschulstudium gehört zur Berufsausbildung, da es auf einen bestimmten Beruf vorbereitet (z.B. Anwalt, Arzt).[843] Keine Berufsausbildung stellen hingegen Studiengänge dar, die sich an Personen richten, die lediglich ihre Allgemeinkenntnisse vertiefen wollen.[844] Ebenso gehört der Unterricht an Volksschulen und Gymnasien nicht zur Berufsausbildung, da dort hauptsächlich Allgemeinbildung vermittelt und nicht auf einen bestimmten Beruf vorbereitet wird.*

*Nach neuerer Rechtsprechung des EuGH fällt aber auch der allgemeine Schulunterricht/die Schulausbildung in den Anwendungsbereich des Vertrags (vgl. Art. 165 ff. AEUV), sodass auch hier Diskriminierungen aus Gründen der Staatsangehörigkeit verboten sind.[845]*

*Diskriminierung aus Gründen der Staatsangehörigkeit*

**3.** Art. 18 AEUV verbietet jegliche Diskriminierung aus Gründen der Staatsangehörigkeit.

*offene und versteckte Diskriminierungen*

**a)** Erfasst werden demnach „offene" wie „versteckte" Diskriminierungen.[846] Es gilt der Grundsatz der Inländergleichbehandlung. Nicht verboten ist indes eine Ungleichbehandlung von Angehörigen anderer Mitgliedstaaten, die aus sachlichen Gründen gerechtfertigt und verhältnismäßig ist.[847] Im Falle einer Diskriminierung hat der Betroffene Anspruch auf die Leistung, die dem Bessergestellten gewährt wird.[848]

**554**

*Bsp.: Unzulässig sind beispielsweise nationale Rechtsvorschriften, die von Studenten aus anderen Mitgliedstaaten Einschreibgebühren verlangen, die von inländischen Studenten nicht erhoben werden.[849] Studenten aus anderen Mitgliedstaaten brauchen wegen des Anwendungsvorrangs des Art. 18 AEUV solche Gebühren nicht zu zahlen. Bereits gezahlte Gebühren sind im Rahmen des nationalen Rechts zurückzuerstatten.[850] Allerdings dürfen die nationalen Rechtsvorschriften nicht ungünstiger ausgestaltet sein als bei vergleichbaren, rein internen Sachverhalten („Diskriminierungsverbot"). Auch darf die Anwendung nationalen Rechts nicht dazu führen, dass die Rückforderung „praktisch unmöglich" ist („Effizienzgebot").[851]*

*Nach neuerer Rechtsprechung des EuGH folgt aus Art. 18 AEUV i.V.m. der Unionsbürgerschaft (Art. 20 AEUV), dass Studenten gegebenenfalls auch eine Förderung für den Lebensunterhalt (z.B. Sozialhilfe) und die Ausbildung (z.B. BAföG) zu gewähren ist.[852] Denn soziale Vergünstigungen fallen auch in den Anwendungsbereich des Unionsrechts (vgl. VO [EU] Nr. 492/2011; ex VO [EWG] Nr. 1612/98), ebenso die berufliche Bildung (Art. 165 AEUV). Allerdings kann eine unterschiedliche Behandlung etwa in Bezug auf das BAföG sachlich gerechtfertigt sein, wenn die Leistungen etwa nur solchen Studenten gewährt werden, die nachgewiesen haben, dass sie sich bis zu einem gewissen Grad in die Gesellschaft des Aufnahmestaates integriert haben (z.B. Wohnsitzerfordernis).[853]*

*Eine Bestimmung wie § 110 ZPO a.F., die von Staatsangehörigen anderer Mitgliedstaaten hinsichtlich der Prozesskosten die Leistung einer Sicherheit verlangt, während unter gleichen Voraussetzungen eine solche Regelung für eigene Staatsangehörige fehlt, ist als unmittelbare Diskriminierung wegen Verstoßes gegen Art. 18 AEUV auf Staatsangehörige anderer Mitgliedstaaten unanwendbar.[854]*

---

843  EuGH, Rs. 24/86 (Blaizot), Slg. 1988, 379 ff.

844  EuGH, Rs. 24/86 (Blaizot), Slg. 1988, 379 ff.

845  Vgl. EuGH Rs. C-224/98 (D´Hopp/Office national d´emploi), EuR 2002, 846.

846  Zum Begriff der offenen und versteckten Diskriminierung siehe Rn. 389 ff.

847  EuGH Rs. C-224/00 (Kommission/Italien), EuGRZ 2002, 146, 148; vgl. dazu auch Grabitz, ex Art. 12 EG, Rn. 20 f.

848  EuGH, Rs. 186/87 (Cowan), Slg. 1989, 195.

849  EuGH, Rs. 293/83 (Gravier), Slg. 1985, 593.

850  Im deutschen Recht wäre ein „öffentlich-rechtlicher Erstattungsanspruch" einschlägig, da wegen des Vorrangs des Art. 18 AEUV die Zahlung ohne Rechtsgrund erfolgte.

851  EuGH, Rs. 309/85 (Barra), Slg. 1988, 355; s. auch Rn. 335 ff.

852  EuGH, Rs. C-184/99 (Grzelczyk), DVBl. 2001, 1662 ff.; Rs. C-209/03 (Bidar), BayVBl. 2005, 496 ff.

853  EuGH Rs. C-209/03 (Bidar), BayVBl. 2005, 496 ff.

854  EuGH, Rs. C-323/95 (Hayes/Kronenberger GmbH), Slg. 1997, I-1718.

*Inländerdiskriminierung*

**b)** Das allgemeine Diskriminierungsverbot nach Art. 18 AEUV steht ebenso wie die „Grundfreiheiten" nach h.M. einer Inländerdiskriminierung grundsätzlich nicht entgegen.[855]

*555*

> *Beispielsfall zu Art. 18 AEUV: Der Student R möchte im Mitgliedstaat X studieren. Er wird zum Hochschulstudium an einer staatlichen Universität zugelassen, allerdings verweigert ihm die zuständige Behörde eine Aufenthaltserlaubnis. R findet sich gegenüber den Studenten aus dem Mitgliedstaat X benachteiligt. Widersinnig erscheint ihm vor allem, dass er zwar zum Studium zugelassen, ein Aufenthaltsrecht in X jedoch versagt wurde.*

*556*

*Verstößt die Versagung der Aufenthaltserlaubnis gegen den AEUV?*[856]

Die Versagung wäre unionsrechtswidrig, wenn der Mitgliedstaat X nach dem Unionsrecht zur Gewährung des Aufenthalts verpflichtet gewesen wäre.

1. R kann sich nicht auf die Bestimmungen der Arbeitnehmerfreizügigkeit sowie das dazu ergangene Sekundärrecht berufen, da Studenten keine Arbeitnehmer i.S.d. Art. 45 ff. AEUV sind. Arbeitnehmer ist nur, wer gegen Entgelt für einen bestimmten Zeitraum weisungsgebundene Leistungen erbringt. Auch ist R kein Angehöriger eines Wanderarbeitnehmers (Art. 10 VO [EU] Nr. 492/2011; ex Art. 10 VO [EWG] Nr. 1612/68).

2. Eine Anwendung der Bestimmungen über die Dienstleistungsfreiheit und des dazu ergangenen Sekundärrechts kommt auch nicht in Betracht. Zwar erfasst Art. 56 ff. AEUV auch die sog. „negative Dienstleistungsfreiheit", d.h. wenn sich der Leistungsempfänger zum Leistungserbringer begibt. Jedoch muss die Dienstleistung entgeltlich sein. Öffentliche Universitäten unterfallen jedoch nicht dem Dienstleistungsbegriff, da ihre Tätigkeit keine Geschäftstätigkeit („Teil des Wirtschaftslebens") darstellt, sondern allein sozialen und kulturellen Aufgaben dient. Anders wäre u. U. bei privaten Ausbildungsstätten zu entscheiden.

3. R könnte sich jedoch auf Art. 18 AEUV berufen. Das allgemeine Diskriminierungsverbot verbietet jede Diskriminierung aufgrund der Staatsangehörigkeit im Anwendungsbereich des Vertrages.

a) Voraussetzung wäre zunächst, dass die Hochschulausbildung eine vom AEUV geregelte Materie ist. Gemäß Art. 166 AEUV trägt die Union zur Förderung der beruflichen Bildung bei. Demnach wird auch die Hochschulausbildung als „Berufsausbildung" vom Anwendungsbereich des AEUV erfasst.[857] Unschädlich ist, dass Art. 166 AEUV den Mitgliedstaaten keine besonderen Pflichten auferlegt. Für die Anwendung des Art. 18 AEUV kommt es hierauf nicht an. Art. 18 I AEUV verbietet daher jede Diskriminierung von Studenten der Mitgliedstaaten im Verhältnis zu inländischen Studenten hinsichtlich der Teilnahme und Zugangsvoraussetzungen am staatlichen Unterricht.

b) Weiterhin müsste eine Diskriminierung aufgrund der Staatsangehörigkeit gegeben sein. R wurde zwar wie auch inländischen Studenten der Zugang zur Universität ermöglicht, der Aufenthalt im Mitgliedstaat X wurde ihm jedoch versagt. Folge hiervon ist, dass er mangels Aufenthaltsrecht sein Studium anders als inländische Studenten praktisch nicht durchführen kann. Insoweit ist eine diskriminierende Ungleichbehandlung des R im Verhältnis zu inländischen Studenten im Bereich des Zugangs zur Berufsausbildung gegeben.

3. Die Versagung der Aufenthaltserlaubnis war daher wegen Verstoßes gegen Art. 18 I AEUV i.V.m. Art. 166 AEUV unionsrechtswidrig.

Ein sich aus genannten Bestimmungen ergebendes Aufenthaltsrecht ist logische Konsequenz des Rechts, unter den gleichen Voraussetzungen wie Inländer zu einer Berufsausbildung zugelassen zu werden.[858]

---

855  Siehe Rn. 396d ff.

856  Bestimmungen des Sekundärrechts bleiben außer Betracht.

857  EuGH, Rs. 293/83 (Gravier), Slg. 1985, 593.

858  EuGH, Rs. C-357/89 (Minister van Onderwijs en Wetenschappen), Slg. 1992, I-4193 = EuZW 1992, 315 ff = NJW 1992, 1493 ff.

*„Studentenrichtlinie"*

**hemmer-Methode: Das Aufenthaltsrecht der Studenten wird mittlerweile sekundärrechtlich durch die RL 93/96/EWG (Sartorius II Nr. 180h) geregelt.**

**Zum „allgemeinen Aufenthaltsrecht" nach Art. 21 AEUV siehe Rn. 458.**

## II. Antidiskriminierungsmaßnahmen hinsichtlich persönlicher Eigenschaften (Art. 19 AEUV)

Der durch den „Amsterdamer Vertrag" neu eingefügte Art. 19 AEUV verleiht dem Rat die Befugnis, nach Zustimmung des Europäischen Parlaments geeignete Vorschriften zur Bekämpfung von Diskriminierungen aus Gründen des Geschlechts, der Rasse, der sexuellen Ausrichtung etc. zu erlassen.

*557*

> *Bsp.: Zu nennen wäre hier etwa die Richtlinie 2000/43/EG zur Anwendung des Gleichbehandlungsgrundsatzes ohne Unterschied der Rasse oder der ethnischen Herkunft.*

Da Art. 19 AEUV - anders als Art. 18 I AEUV- nicht unbedingt formuliert ist, die Bekämpfung von Diskriminierungen vielmehr nur nach Maßgabe „geeigneter Vorkehrungen" erfolgen soll, ist dieses „Diskriminierungsverbot" wohl nicht unmittelbar anwendbar. Einzelne Personen können sich demnach nicht unmittelbar auf Art. 19 AEUV berufen, sondern nur auf die zur Ausführung dieser Vorschrift ergangenen Rechtsakte.

## B. Der Grundsatz der Lohngleichheit von Mann und Frau, Art. 157 AEUV

*Grundsatz der Lohngleichheit von Mann und Frau*

Der Grundsatz der Lohngleichheit von Mann und Frau in Art. 157 AEUV verbietet jede Diskriminierung aus Gründen des Geschlechts bezüglich des zu zahlenden Arbeitsentgelts. Männern und Frauen steht gleiches Entgelt für gleiche oder gleichwertige Arbeit zu. Art. 157 AEUV ist unmittelbar anwendbar und verdrängt aufgrund seines Anwendungsvorrangs entgegenstehendes mitgliedstaatliches Recht.[859] Die Norm ist im Arbeitsrecht von großer Bedeutung.

*558*

**hemmer-Methode: Anders als Art. 18 AEUV und die Grundfreiheiten knüpft Art. 157 AEUV (ebenso wie Art. 19 AEUV) nicht an die Staatsangehörigkeit, sondern an das Geschlecht an. Auf die Staatsangehörigkeit der Beteiligten kommt es daher nicht an. Art. 157 AEUV findet somit auch auf „rein interne Sachverhalte" Anwendung, sodass sich die Betroffenen auch gegenüber ihrem eigenen Mitgliedstaat auf die Bestimmung berufen können.**

*horizontale Wirkung des Art. 157 AEUV*

I. Der EuGH hat klargestellt, dass das Diskriminierungsverbot des Art. 157 AEUV nicht nur die Mitgliedstaaten und die Union verpflichtet, sondern auch im Verhältnis von privaten Arbeitgebern und Arbeitnehmern unmittelbar anwendbar ist.[860] Art. 157 AEUV entfaltet somit auch horizontale Wirkung. Vereinbarungen in Einzelarbeitsverträgen oder Tarifverträgen, die gegen das in Art. 157 AEUV enthaltene Gebot des gleichen Entgelts verstoßen, sind daher unwirksam. Die Diskriminierung ist dadurch zu beseitigen, dass der Arbeitgeber den höheren Lohn zu zahlen bzw. nachzuzahlen hat.[861]

*559*

---

859  EuGH, Rs. 43/75 (Defrenne II), Slg. 1976, 455 ff.; Rs. 129/79 (Wendy Smith), Slg. 1980, 1275 ff.

860  EuGH, Rs. 43/75 (Defrenne II), Slg. 1976, 455, 472 ff.; Rs. C-184/89 (Nimz), Slg. 1991, I-297.

861  EuGH, ebenda.

*Diskriminierungen hinsichtlich des Entgelts*

**II.** Art. 157 AEUV gilt nur für Diskriminierungen hinsichtlich des „Entgelts" und damit allein für den Lohnsektor. Der Begriff des Entgelts ist in Art. 157 II AEUV definiert. Erfasst werden z.B. auch Lohnfortzahlungen im Krankheitsfall, Leistungen der betrieblichen Altersversorgung,[862] Sondervergünstigungen für Angehörige des Arbeitnehmers aufgrund des Arbeitsverhältnisses.[863]

560

Sonstige, nicht entgeltbezogene Arbeitsbedingungen fallen nicht in den Anwendungsbereich des Art. 157 AEUV (z.B. Festlegung unterschiedlicher Altersgrenzen für Männer und Frauen).[864] Sie werden allerdings von Art. 4, 5 RL 2006/45/EG erfasst („Gleichbehandlungsrichtlinie", Sartorius II Nr. 187a). Art. 4, 5 RL 2006/45/EG verbieten den Mitgliedstaaten allgemein mit unmittelbarer Wirkung jede diskriminierende Ungleichbehandlung von Männern und Frauen hinsichtlich der „Arbeitsbedingungen".

> ***Bsp.:*** *So kann etwa ein grundsätzliches gesetzliches Verbot der Nachtarbeit für Frauen gegen Art. 5 I RL 2006/45/EG verstoßen und unanwendbar sein, wenn zwar davon Ausnahmen bestehen, es aber es kein entsprechendes grundsätzliches Verbot für Männer gibt.[865] Ebenso ist ein grundsätzlicher Ausschluss von Frauen am Dienst mit der Waffe (Art. 12a I, IV S. 2 GG a.F.) mit der RL 76/207/EWG (jetzt RL 2006/45/EG) unvereinbar.[866]*
>
> *Demgegenüber betrifft die Frage der allgemeinen Wehrpflicht nur für Männer die innere und äußere Sicherheit, die Vorrang hat vor dem politischen Ziel der Eingliederung junger Menschen in den Arbeitsmarkt. Das Unionsrecht steht einer Wehrpflicht nur für Männer somit nicht entgegen.[867]*

**III.** Art. 157 AEUV gebietet als Grundsatz die Lohngleichheit von Männern und Frauen bei gleicher oder gleichwertiger Arbeit. Verboten sind „offene" wie „versteckte" Diskriminierungen.[868]

561

*offene Diskriminierungen*

**1.** Eine „offene Diskriminierung" liegt vor, wenn eine Rechtsvorschrift in Bezug auf das Entgelt ausdrücklich nach dem Geschlecht differenziert bzw. wenn Männer und Frauen vom selben Arbeitgeber für dieselbe Arbeit unterschiedlich bezahlt werden und das unterschiedliche Entgelt ausdrücklich mit dem Geschlechtsunterschied begründet wird.

562

*versteckte Diskriminierungen*

**2.** Eine „versteckte Diskriminierung" liegt dagegen vor, wenn Rechtsvorschriften bzw. arbeitsvertragliche Regelungen zwar geschlechtsneutral formuliert sind und daher auf Frauen und Männer formal gleichermaßen anzuwenden sind, sie tatsächlich jedoch aus Gründen des Geschlechts oder wegen der geschlechtsspezifischen Rollenverteilung wesentlich mehr Frauen als Männer (oder umgekehrt) in Bezug auf das zu gewährende Entgelt nachteilig betreffen.

563

> ***Bsp.:*** *Ausschluss der Entgeltfortzahlung im Krankheitsfall für Teilzeitbeschäftigte, da Teilzeitarbeit überwiegend von Frauen ausgeübt wird und dies mit der geschlechtsspezifischen Rollenverteilung zusammenhängt.[869]*

---

862   EuGH, Rs. 149/77 (Defrenne III), Slg. 1978, 1365, 1377 f.

863   EuGH, Rs. 12/81 (Garland), Slg. 1982, 359.

864   EuGH, ebenda.

865   EuGH, Rs. C-1/95 (Gerster), Slg. 1997, I-5274; Rs. C-444/93 (Megner u. Scheffel), Slg. 1995, I-4741.

866   EuGH, Rs. C-285/98 (Kreil/Bundesrepublik), NJW 2000, 497, mit Anmerkung Koch, DVBl. 2000, 476; Scholz, DÖV 2000, 417; Streinz, DVBl. 2000, 585; Schröder/Köster, JuS 2000, 542 = **Life&Law 2000, 344.**

867   EuGH, Rs. C-186/01 (Dory/Bundesrepublik).

868   EuGH, Rs. 374/87, EuZW 1991, 421 ff.

869   BAG, DB 1992, 330 ff. = **juris**byhemmer

*Art. 157 AEUV verbietet auch Diskriminierungen, die ihre Ursache in einer Geschlechtsumwandlung des Arbeitnehmers haben.[870] In den Anwendungsbereich des Art. 157 AEUV fallen aber nicht Ungleichbehandlungen nur aufgrund der sexuellen Orientierung. So verstößt es nicht gegen das Unionsrecht, wenn ein Arbeitgeber dem andersgeschlechtlichen Lebensgefährten seines Arbeitnehmers mit Rücksicht auf das Arbeitsverhältnis Sondervergünstigungen gewährt, nicht aber einem Lebensgefährten gleichen Geschlechts.[871] Einerseits fehlt es an einer Ungleichbehandlung aus Gründen des Geschlechts, da sowohl Partnerschaften zwischen Männern als auch zwischen Frauen gleichermaßen betroffen sind. Andererseits sind beim gegenwärtigen Stand des Unionsrechts unter Berücksichtigung internationaler Menschenrechtspakte Beziehungen zwischen Personen gleichen Geschlechts solchen zwischen Personen verschiedenen Geschlechts nicht gleichgestellt. Vielmehr müsste insoweit die Union auf Grundlage des Art. 19 AEUV tätig werden.*

*sachliche Rechtfertigung*

**3.** Eine unterschiedliche Behandlung von Männern und Frauen bedeutet jedoch dann keinen Verstoß gegen Art. 157 AEUV, wenn sie aus sachlichen Gründen, die nichts mit einer Diskriminierung aufgrund des Geschlechts zu tun haben, gerechtfertigt und daher nicht willkürlich ist.

**564**

Das Vorliegen sachlicher Gründe ist von den Mitgliedstaaten oder dem Arbeitgeber darzulegen.[872]

> *Bsp.: Ein Ausschluss der Entgeltfortzahlung im Krankheitsfall für Teilzeitbeschäftigte kann nicht damit gerechtfertigt werden, dass dieses Entgelt bei Vollzeitbeschäftigten im Gegensatz zu Teilzeitbeschäftigten der Existenzsicherung dient. Denn auch wenn z.B. Frauen neben ihren Ehepartnern eine Teilzeitbeschäftigung ausüben, kann dieser Zusatzverdienst für das Auskommen der Familie unerlässlich sein.[873]*

*Anspruch auf Leistung der Bessergestellten*

**4.** Im Fall einer Diskriminierung hat der Betroffene Anspruch auf die Leistung, die dem Bessergestellten gewährt wird.

**565**

*Art. 157 III AEUV: Maßnahmen betreffend Gleichbehandlung und Chancengleichheit*

**IV.** Der durch den „Amsterdamer Vertrag" eingefügte **Art. 157 III AUV** verleiht dem Europäischen Parlament und dem Rat die Befugnis, gemeinsam im ordentlichen Gesetzgebungsverfahren (Art. 289, 294 AEUV) allgemein Maßnahmen zur Gewährleistung der Anwendung des Grundsatzes der Chancengleichheit und der Gleichbehandlung von Männern und Frauen in Arbeits- und Beschäftigungsfragen zu erlassen. Der Anwendungsbereich dieser Kompetenzvorschrift bezieht sich somit - anders als Art. 157 AEUV - nicht nur auf den Lohnsektor, sondern erfasst sämtliche Arbeitsbedingungen. Zur Gewährleistung der Gleichbehandlung von Männern und Frauen ergangene Unionsrechtsakte hindern die Mitgliedstaaten nach Art. 157 IV AEUV aber nicht daran, zur Erleichterung der Berufstätigkeit des unterrepräsentierten Geschlechts oder zur Verhinderung bzw. zum Ausgleich von Benachteiligungen in der beruflichen Laufbahn spezifische Vergünstigungen beizubehalten oder zu beschließen.

**566**

> *Bsp.: Allerdings sind mitgliedstaatliche Regelungen, die zur Beseitigung der Unterrepräsentierung von Frauen auf Beförderungsstellen vorsehen, dass unter mehreren gleich qualifizierten Stellenbewerbern den weiblichen Bewerbern automatisch der Vorzug zu geben ist, wegen Diskriminierung der männlichen Bewerber mit Art. 2 I RL 76/207/EWG (jetzt RL 2006/45/EG) unvereinbar.[874] Hieran hat auch Art. 157 AEUV nichts geändert, da diese Bestimmung keine Auswahlmethode zulässt, die zum verfolgten Ziel außer Verhältnis steht.[875]*

**567/568**

---

870 EuGH, Rs. C-13/94 (P./S.), Slg. 1996, I-2143.

871 EuGH, Rs. C-249/96 (Grant/South-West Trains Ltd.), Slg. 1998, I-636.

872 EuGH, Slg. 1986, 1607; Rs. 109/88 (Danfoss), Slg. 1989, 3199 ff. = DB 1989, 1574 ff.

873 BAG, DB 1992, 330 ff. = **juris**byhemmer.

874 EuGH, Rs. C-450/93 (Kalanke), Slg. 1995, I-3051.

875 EuGH, Rs. C-407/98 (Abrahamsson u. Anderson/Fogelqvist), Slg. 2000, I-5539; Huber/Brenner, DVBl. 2001, 1013, 1018.

*Demgegenüber steht die Richtlinie aber nicht solchen mitgliedstaatlichen Rechtsvorschriften entgegen, nach der bei gleicher Qualifikation von Stellenbewerbern unterschiedlichen Geschlechts weibliche Bewerber bevorzugt werden, sofern nicht in der Person eines männlichen Bewerbers liegende Gründe überwiegen.[876] Voraussetzung ist dabei, dass die Regelung den männlichen Bewerbern, welche die gleiche Qualifikation wie die weiblichen Bewerber besitzen, in jedem Einzelfall garantiert, dass die Bewerbungen Gegenstand einer objektiven Beurteilung sind, bei der alle die Person der Bewerber betreffenden Kriterien berücksichtigt werden, und der den weiblichen Bewerbern eingeräumte Vorrang entfällt, wenn eines oder mehrere Kriterien zugunsten des männlichen Bewerbers überwiegen.*

---

876  EuGH, Rs. C-409/95 (Marschall), Slg. 1997, I-6383; vgl. nun auch Rs. C-158/97 (Badeck u.a.), DVBl. 2000, 896 ff; C-407/98 (Abrahamsson u. Anderson/Fogelqvist), Slg. 2000, I-5539; Huber/Brenner, DVBl. 2001, 1013, 1018.

###

## § 11 RECHTSSCHUTZSYSTEM

Die Gerichtsbarkeit der Union ist dem Europäischen Gerichtshof zugewiesen, Art. 19 EUV. Dabei umfasst der Gerichtshof der Europäischen Union folgende Einzelgerichte bzw. Untergliederungen: den Gerichtshof (EuGH), das Gericht (EuG, vormals EuG 1. Instanz).[877] Daneben besteht die Möglichkeit der Bildung von Fachgerichten durch das Parlament und den Rat, vgl. Art. 257 AEUV. Bislang besteht als solches aber nur das EuGöD, das Gericht für den öffentlichen Dienst der Europäischen Union.

### A)  Allgemeines

*Aufgabe des EuGH: „Wahrung des Rechts"*

**I.** Gemäß Art. 19 I EUV sichern die Europäischen Gerichte die „Wahrung des Rechts bei Auslegung und Anwendung der Verträge". Diese Formulierung ist ungenau, da die europäische Gerichtsbarkeit nicht nur die Verträge, sondern alle Rechtsquellen des Unionsrechts zu berücksichtigen hat und zudem eine Entscheidung nicht unter Berufung auf das Fehlen einer Norm oder einer Lücke des Unionsrechts ablehnen darf („Verbot der Rechtsverweigerung").[878] Der Begriff der „Wahrung des Rechts" bezieht sich insbesondere auch auf die allgemeinen Rechtsgrundsätze, deren Heranziehen zur Lückenschließung und Ergänzung des Unionsrechts erforderlich ist.

*569*

*Auslegungsmethode des EuGH*

Der EuGH folgt einer „dynamischen" Auslegungsmethode, die sich vorrangig an den Vertragszielen und der bestmöglichen Gewährleistung der praktischen Wirksamkeit des Unionsrechts orientiert. In Anlehnung an die französische Rechtslehre fällt in der Rechtsprechung des EuGH auch die richterliche Rechtsfortbildung und Rechtsfindung unter den Begriff der Auslegung.

*SEuGH / VerfO*

**II.** Rechtsgrundlagen der europäischen Gerichtsbarkeit sind neben den Bestimmungen der Art. 19 EUV, 251 ff. AEUV die Satzung des EuGH (SEuGH, Sartorius II Nr. 245) sowie die vom EuGH erlassene Verfahrensordnung (VerfO, Sartorius II Nr. 250).

*570*

*EuG ⇨Klagen natürlicher und juristischer Personen*

**III.** Wichtig ist die Abgrenzung der Zuständigkeiten von EuGH und dem EuG. Nach Art. 256 I UAbs. 1 AEUV ist das EuG im ersten Rechtszug zuständig für Entscheidungen nach Art. 263, 265, 268, 270 und 272 AEUV, mit Ausnahme der den Fachgerichten zugewiesenen Klagen (bislang nicht weiter relevant) und den nach der Satzung dem EuGH vorbehaltenen Klagen. Nach Art. 51 II SEuGH sind dem EuGH insbesondere Klagen der Unionsorgane und der EZB zur Entscheidung vorbehalten. Ebenso ist der EuGH grundsätzlich zuständig für Klagen der Mitgliedstaaten gegen Rat und Europäisches Parlament (Art. 51 I lit. a SEuGH). Das EuG ist dagegen grundsätzlich zuständig für Klagen der Mitgliedstaaten gegen die Kommission und vor allem bei Klagen von natürlichen und juristischen Personen (Individualklagen).[879]

*571*

Art. 256 III UAbs. 1 AEUV bestimmt, dass in der Satzung für bestimmte Sachgebiete auch in Vorabentscheidungsverfahren (Art. 267 AEUV) eine Zuständigkeit des EuG vorgesehen werden kann. Eine entsprechende Regelung steht noch aus.

Auf das EuG finden grundsätzlich die Bestimmungen der Art. 19 EUV, Art. 254 ff. AEUV sowie die SEuGH Anwendung. Daneben besteht eine eigene Verfahrensordnung für das EuG.

---

877  Zu den einzelnen Verfahrensarten siehe Cole/Haus, JuS 2003, 353 ff.

878  EuGH, Verb.Rs. 7/56 u. 3-7/57 (Algera), Slg. 1957, 83, 118.

879  Siehe im Einzelnen Rn. 155 ff., 598, 643.

Gegen die Entscheidungen des EuG kann ein auf Rechtsfragen beschränktes Rechtsmittel beim EuGH eingelegt werden, Art. 256 I UAbs. 2 AEUV, Art. 56 SEuGH. Der EuGH ist dann zweite Instanz, vergleichbar einer Revisionsinstanz.

**IV.** Die europäische Rechtsordnung gewährt Rechtsschutz nicht nach einer den Rechtsweg eröffnenden Generalklausel,[880] sondern auf Grundlage eines enumerativen Katalogs von Einzelzuständigkeiten.[881]

*572*

Die einzelnen Verfahren sind - mit Ausnahme des Vorabentscheidungsverfahrens nach Art. 267 AEUV - durchweg kontradiktorisch ausgestaltet. Wie herkömmlich ist zwischen der Zulässigkeit und der Begründetheit der einzelnen Verfahrensarten zu unterscheiden. Nur wenn das einschlägige Verfahren zulässig ist, die Sachentscheidungsvoraussetzungen also vorliegen, darf und muss der EuGH bzw. das EuG entscheiden.

*Ablauf des Verfahrens*

**V.** Das Verfahren selbst gliedert sich gemäß Art. 20 SEuGH in einen schriftlichen und einen mündlichen Teil.

*573*

*schriftlicher Teil*

**1.** Soweit es sich um Klagen[882] handelt, beginnt der schriftliche Teil (Art. 20 II SEuGH, Art. 37 ff. VerfO) mit der Klageerhebung. Sie erfolgt durch die Einreichung einer Klageschrift, Art. 21 SEuGH. Die Klageschrift muss insbesondere den Streitgegenstand sowie eine kurze Darstellung der Klagegründe enthalten, Art. 21 SEuGH, Art. 38 VerfO. Gemäß Art. 40 VerfO hat der Beklagte binnen eines Monats die Klage zu erwidern.[883] Beide Parteien haben die Möglichkeit der Replik, Art. 41 VerfO. Neue Angriffs- und Verteidigungsmittel, die bis dahin nicht vorgebracht wurden, können danach nur ausnahmsweise geltend gemacht werden.

*574*

*mündlicher Teil*

**2.** Der mündliche Teil (Art. 20 IV SEuGH, Art. 55 ff. VerfO) beginnt mit der Verlesung des durch einen Berichterstatter vorgelegten Berichts. Dann erfolgt die Anhörung der Parteien sowie (sehr selten) die Vernehmung von Zeugen und Sachverständigen. Nach dem Schlussantrag des Generalanwalts berät das Gericht und verkündet schließlich das Urteil in öffentlicher Sitzung, Art. 64 VerfO. Urteile des EuGH werden sofort rechtskräftig, Art. 65 VerfO.

*575*

Vor dem EuGH bzw. EuG besteht für Private Anwaltszwang, Art. 19 III SEuGH. Die Mitgliedstaaten und die Organe der Union müssen durch einen Bevollmächtigten vertreten sein, Art. 19 I SEuGH. Verfahrenssprache ist gemäß Art. 29 § 2 I VerfO grundsätzlich die vom Kläger gewählte Sprache. Soweit die Klage gegen einen Mitgliedstaat gerichtet ist, ist die Amtssprache dieses Mitgliedstaates Verfahrenssprache.

*Vorabentscheidungsverfahren Art. 267 AEUV*

**3.** Das Vorabentscheidungsverfahren nach Art. 267 AEUV beginnt mit der Übermittlung des Vorlagebeschlusses eines mitgliedstaatlichen Gerichts, Art. 23 SEuGH. Verfahrenssprache ist die Sprache des Gerichts, das den EuGH anruft, Art. 29 § 2 II VerfO. Soweit keine besonderen Bestimmungen bestehen, gelten die oben für Klagen dargestellten Grundsätze entsprechend, wobei allerdings die Eigenart des Vorabentscheidungsverfahrens zu berücksichtigen ist, Art. 103 § 1 VerfO.

*576*

---

880  Wie z.B. § 40 I VwGO.

881  Erichsen/Weiß, JURA 1990, 528, 529.

882  Art. 258, 259, 263, 265, 268 AEUV.

883  Soweit der Beklagte nicht erwidert, kann ein Versäumnisurteil ergehen, Art. 41 SEuGH.

**hemmer-Methode:** Die Ausführungen zum Verfahren vor dem EuGH bzw. EuG sollen Ihnen nur einen kurzen Überblick über den Ablauf des Verfahrens geben. Die Bestimmungen über den Gang des Verfahrens (SEuGH, VerfO) sind jedoch nicht Gegenstand des „Europarechts als Pflichtfach"! In der Klausur müssen Sie grundsätzlich allein auf die Zulässigkeit und Begründetheit einer Klage nach dem AEUV eingehen. In der Klausur werden für Sie regelmäßig das Vertragsverletzungsverfahren (Art. 258 AEUV), die Nichtigkeitsklage (Art. 263 AEUV) und insbesondere das Vorabentscheidungsverfahren (Art. 267 AEUV) von Bedeutung sein. Von geringerer Bedeutung sind dagegen die Untätigkeitsklage (Art. 265 AEUV) und die Schadensersatzklage (Art. 268 i.V.m. Art. 340 AEUV).

## B) Vertragsverletzungsverfahren gegen Mitgliedstaaten, Art. 258, 259 AEUV

*Vertragsverletzungsverfahren ⇨ Feststellungsklage*

**577** Ein Verfahren zur Ahndung von Vertragsverletzungen der Mitgliedstaaten stellen Art. 258, 259 AEUV in Form einer Feststellungsklage bereit. Sinn des Verfahrens ist es, den gegen das Unionsrecht verstoßenden Mitgliedstaat zu veranlassen, die Vertragsverletzung zu beseitigen.

Das Vertragsverletzungsverfahren kann zum einen von der Kommission (Art. 258 AEUV), zum anderen auch von den übrigen Mitgliedstaaten selbst betrieben werden (Art. 259 AEUV). Gerade durch das Vertragsverletzungsverfahren wird die Kommission immer wieder ihrer Rolle als „Hüterin der Verträge" (vgl. auch Art. 17 I EUV) gerecht.

## I. Zulässigkeit

## 1. Zuständigkeit

*Zuständigkeit ⇨ EuGH*

**578** Sachlich zuständig für Entscheidungen in Vertragsverletzungsverfahren ist mangels einer Zuweisung an das EuG ausschließlich der EuGH (vgl. Art. 256 I AEUV).

## 2. Beteiligtenfähigkeit

*Beteiligtenfähigkeit*

**579** **a)** Das Vertragsverletzungsverfahren kann zum einen von der Kommission (Art. 258 AEUV), zum anderen aber auch von einem Mitgliedstaat eingeleitet werden (Art. 259 AEUV). Kommission wie Mitgliedstaaten sind damit aktiv beteiligtenfähig.

**580** **b)** Das Verfahren richtet sich gegen Mitgliedstaaten, sodass allein sie passiv beteiligtenfähig sind. Unerheblich ist es, durch welche staatliche Stelle der in Betracht kommende Vertragsverstoß begangen wurde.

> **Bsp.:** So ist es ohne Bedeutung, ob es sich um ein verfassungsmäßig unabhängiges Organ wie ein Parlament oder Gericht handelt.[884] Die Mitgliedstaaten als Ganzes sind für alle Stellen, die Staatsgewalt ausüben, verantwortlich (Grundsatz der Allverantwortlichkeit der Mitgliedstaaten). Demnach kommt z.B. eine Vertragsverletzung seitens der Bundesrepublik auch dann in Betracht, wenn ein Landesparlament eine Richtlinie nicht umsetzt oder wenn eine Gemeinde unmittelbar anwendbare Bestimmungen des Unionsrechts außer Acht lässt. Gleiches gilt, wenn Gerichte z.B. unmittelbar anwendbares Unionsrecht nicht anwenden oder gegen die Vorlagepflicht nach Art. 267 AEUV verstoßen.[885]

---

884 EuGH, Slg. 1970, 237, 243; 1970, 961, 966; 1983, 353.

885 Zur Vorlagepflicht nach Art. 267 III AEUV, siehe Rn. 697. Zur Problematik eines Vertragsverletzungsverfahrens wegen Entscheidungen von Gerichten siehe Geiger, Art. 258 AEUV, Rn. 5.

> **hemmer-Methode:** Aktive Beteiligtenfähigkeit bedeutet im Unionsrecht die Fähigkeit, in einem bestimmten Verfahren vor dem EuGH bzw. dem EuG zu klagen. Passive Beteiligtenfähigkeit hingegen bedeutet die Fähigkeit, in einem bestimmten Verfahren Verfahrensgegner und damit Beklagter zu sein.

## 3. Klagegegenstand

*Klagegegenstand: Mögliche Vertragsverletzungen der Mitgliedstaaten*

Klagegegenstand sind mögliche Vertragsverletzungen der Mitgliedstaaten. In Betracht kommen mögliche Verstöße gegen primäres wie sekundäres Unionsrecht, die auf ein Verhalten eines Organs des Mitgliedstaates oder seiner Untergliederungen zurückzuführen sind.    *581*

*Beispiele*

> *Bsp.: Ein Verstoß gegen das Unionsrecht liegt beispielsweise vor, wenn innerstaatliche Rechtsvorschriften den Bestimmungen des AEUV entgegenstehen oder die mitgliedstaatlichen Verwaltungen und Gerichte unmittelbar anwendbares Primärrecht oder Sekundärrecht nicht anwenden und außer Acht lassen (Art. 4 III EUV).*    *582*
>
> *Häufiger Fall eines Verstoßes gegen das Unionsrecht ist die nicht rechtzeitige oder nicht ordnungsgemäße Umsetzung von Richtlinien (Art. 288 III AEUV, Art. 4 III EUV).*

*Klageschrift*

Die **Klageschrift** der Kommission muss genau angeben, durch welches Verhalten der Mitgliedstaat gegen eine bestimmte Norm des Unionsrechts verstoßen hat (Art. 21 SEuGH, Art. 38 § 1 VerfO). Die bloße Bezugnahme auf das erforderliche Vorverfahren genügt nicht und macht die Klage unzulässig.[886] Entsprechendes gilt für Klagen der Mitgliedstaaten.    *583*

*Umfang nach Vorverfahren*

Wichtig ist weiterhin, dass der **Klagegegenstand** durch die begründete Stellungnahme der Kommission, die sie vor Klageerhebung im erforderlichen Vorverfahren abgibt, bestimmt und begrenzt wird.[887] Gegenstand der Klage muss daher das gleiche mitgliedstaatliche Verhalten sein, das auch Gegenstand des Vorverfahrens war.    *584*

## 4. Überzeugung einer Vertragsverletzung

*Überzeugung einer Vertragsverletzung*

Gemäß Art. 258, 259 AEUV ist die Klage nur zulässig, wenn die Kommission bzw. ein Mitgliedstaat der Auffassung ist, ein Mitgliedstaat habe gegen seine vertraglichen Verpflichtungen verstoßen. Voraussetzung ist damit die Überzeugung einer Vertragsverletzung, bloße Zweifel oder ein „für möglich halten" genügen nicht.[888]    *585*

## 5. Ordnungsgemäßes Vorverfahren

*Ordnungsgemäßes Vorverfahren*

Dem Vertragsverletzungsverfahren ist im Interesse des rechtlichen Gehörs ein obligatorisches Vorverfahren vorgeschaltet. Die ordnungsgemäße Durchführung des Vorverfahrens ist Prozessvoraussetzung. Verfahrensfehler wie etwa Mängel der Anhörung der Mitgliedstaaten machen die Klage unzulässig.[889] Die beteiligten Parteien können auch nicht einverständlich auf die Durchführung des Vorverfahrens verzichten.[890]    *586*

---

886   EuGH, EuZW 1992, 446.

887   EuGH, Slg. 1981, 1413; 1986, 1759; Geiger, Art. 258 AEUV, Rn. 11 ff., 18.; siehe sogleich Rn. 588.

888   Grabitz, ex Art. 226 EG, Rn. 39.

889   EuGH, Slg. 1984, 777; 1984, 2793; 1988, 305.

890   EuGH, Slg. 1970, 25, 34 = **juris**byhemmer.

Eines Vorverfahrens bedarf es indes dann nicht, wenn das Unionsrecht ausdrücklich auf dessen Durchführung verzichtet. Solche vereinfachte Vertragsverletzungsverfahren sind durch Art. 108 II UAbs. 2 AEUV und insbesondere Art. 114 IX AEUV vorgesehen. Allerdings kann das Vorverfahren auch in diesen Fällen fakultativ durchgeführt werden.

Hinsichtlich der Ausgestaltung des Vorverfahrens ist zu unterscheiden, ob die Kommission oder ein Mitgliedstaat das Verfahren eingeleitet hat.

## a) Vorverfahren nach Art. 258 AEUV

### aa) Erstes Mahnschreiben

*Vorverfahren der Kommission erstes Mahnschreiben*

Gemäß Art. 258 I HS 2 AEUV hat die Kommission dem betreffenden Mitgliedstaat **„Gelegenheit zur Äußerung"** zu geben.

**587**

Das Vorverfahren beginnt mit dem sog. „ersten Mahnschreiben", das die Kommission an den betreffenden Mitgliedstaat richtet. Das erste Mahnschreiben muss enthalten:

**(1)** die Mitteilung, durch welches Verhalten der Mitgliedstaat gegen den Vertrag verstoßen hat und welche unionsrechtlichen Bestimmungen verletzt worden sind.

Das Mahnschreiben dient in dieser Hinsicht der Umreißung des Verfahrensgegenstands in tatsächlicher und rechtlicher Hinsicht. Nach h.M. muss die Kommission die verletzten unionsrechtlichen Bestimmungen unter Angabe des jeweiligen Artikels mitteilen. Nach a.A. soll es ausreichen, wenn sich die in Frage kommenden Bestimmungen klar aus dem Inhalt des Mahnschreibens ergeben.[891]

**(2)** die Mitteilung, dass ein Vertragsverletzungsverfahren nach Art. 258 AEUV eingeleitet wird.

Die förmliche Mitteilung der Verfahrenseinleitung soll den Mitgliedstaaten deutlich machen, dass eine Klage vor dem EuGH alsbald erfolgen wird, wenn sie den Vertragsverstoß nicht beseitigen, und dient der Abgrenzung zu bloß informatorischen Anfragen und Meinungsäußerungen.

**(3)** die Aufforderung an den Mitgliedstaat, sich innerhalb einer bestimmten Frist zu den erhobenen Vorwürfen zu äußern.

Zwar enthält Art. 258 I AEUV keine Angaben hinsichtlich einer Fristbestimmung, jedoch ist nach h.M. eine angemessene Frist zur Äußerung zu gewähren.[892] Die Mitgliedstaaten müssen im Interesse der Vorbereitung ihrer Verteidigung wissen, wann sie mit der Abgabe einer begründeten Stellungnahme durch die Kommission zu rechnen haben.

### bb) Begründete Stellungnahme der Kommission

*begründete Stellungnahme*

Äußert sich der betreffende Mitgliedstaat oder äußert er sich nicht innerhalb der im ersten Mahnschreiben gesetzten Frist, so gibt die Kommission eine begründete Stellungnahme ab, Art. 258 I HS 1 AEUV.

**588**

---

891 Grabitz, ex Art. 226 EG, Rn. 29 m.w.N.

892 Grabitz, ex Art. 226 EG, Rn. 31; Erichsen/Weiß, JURA 1990, 586, 587.

**(1)** Die begründete Stellungnahme muss ebenfalls erkennen lassen, durch welches Verhalten und gegen welche unionsrechtliche Bestimmung der Mitgliedstaat nach Auffassung der Kommission verstoßen hat.[893]

Wird die Stellungnahme diesen Anforderungen nicht gerecht, so ist eine von der Kommission erhobene Klage nach Art. 258 AEUV mangels Durchführung eines ordnungsgemäßen Vorverfahrens unzulässig.[894] Die begründete Stellungnahme der Kommission legt den Klagegegenstand in tatsächlicher und rechtlicher Hinsicht fest.

*Das Vorverfahren legt den Klagegegenstand fest*

**hemmer-Methode: Der Inhalt der begründeten Stellungnahme ist für den späteren Klagegegenstand und damit für die Zulässigkeit des Verfahrens nach Art. 258 AEUV von Bedeutung. Der Klagegegenstand wird durch den Gegenstand der begründeten Stellungnahme begrenzt. Die Kommission kann daher in ihrer Klage vor dem EuGH den Klagegegenstand weder in tatsächlicher noch in rechtlicher Hinsicht entgegen der begründeten Stellungnahme erweitern.[895] Sollte die Kommission den Streitgegenstand dennoch erweitern, wäre ihre Klage mangels ordnungsgemäßer Durchführung eines Vorverfahrens teilweise unzulässig. Entsprechendes gilt für das erste Mahnschreiben. Erweitert die Kommission die Vorwürfe in ihrer begründeten Stellungnahme entgegen dem ersten Mahnschreiben in tatsächlicher oder rechtlicher Hinsicht, so stellt dies einen Verfahrensfehler dar, der auch nicht dadurch geheilt wird, dass sich der betreffende Mitgliedstaat zur begründeten Stellungnahme in vollem Umfang äußert. Vielmehr ist die spätere Klage in Hinblick auf die Erweiterung mangels ordnungsgemäßer Durchführung eines Vorverfahrens als teilweise unzulässig zurückzuweisen.[896] Als Grundsatz kann man danach festhalten, dass die begründete Stellungnahme in tatsächlicher und rechtlicher Hinsicht nicht über das erste Mahnschreiben und die Klage nicht über die begründete Stellungnahme hinausgehen dürfen. Will die Kommission den Streitgegenstand nach dem ersten Mahnschreiben erweitern, muss sie ein neues Vorverfahren hinsichtlich der neuen Vorwürfe durchführen.**

*angemessene Frist*

**(2)** Weiterhin hat die Kommission in der Stellungnahme dem Mitgliedstaat eine angemessene Frist zur Beseitigung des Vertragsverstoßes zu setzen, Art. 258 II AEUV („Behebungsfrist"). Üblicherweise billigt die Kommission den Mitgliedstaaten eine Frist von zwei Monaten zu, die auch dann gilt, wenn der Vertragsverstoß z.B. nur durch Erlass eines Gesetzes abzustellen ist. Diese kurz bemessene Frist wird vom EuGH gebilligt.[897] Ist die gesetzte Frist im Einzelfall zu kurz bemessen, so ist eine von der Kommission erhobene Klage mangels Durchführung eines ordnungsgemäßen Vorverfahrens unzulässig.

*589*

Das Vorverfahren ist abgeschlossen, wenn die von der Kommission gesetzte Frist fruchtlos verstrichen ist.

*Klageerhebung im pflichtgemäßen Ermessen der Kommission*

Streitig ist, ob die Kommission nach erfolglosem Abschluss des Vorverfahrens verpflichtet ist, eine Klage gegen den nach ihrer Ansicht gegen das Unionsrecht verstoßenden Mitgliedstaat zu erheben. Ausgangspunkt des Streits ist der unterschiedliche Wortlaut der Art. 258 I AEUV und Art. 258 II AEUV. Wie sich aus dem Wortlaut des Art. 258 I AEUV ergibt, muss die Kommission zumindest das Vorverfahren einleiten, wenn ein Mitgliedstaat nach ihrer Ansicht gegen das Unionsrecht verstoßen hat („so gibt sie eine mit Gründen versehene Stellungnahme hierzu ab").

---

893  Geiger, Art. 258 AEUV, Rn. 14; Erichsen/Weiß, JURA 1990, 586, 587.

894  EuGH, Slg. 1984, 777, 793.

895  Geiger, Art. 258 AEUV, Rn. 18.

896  EuGH, Slg. 1984, 2793 = **juris**byhemmer.

897   EuGH, Slg. 1983, 647.

Hinsichtlich der Klageerhebung bestimmt Art. 258 II AEUV dagegen, dass die Kommission den EuGH anrufen „kann". Nach einer Ansicht muss die Kommission entgegen dem Wortlaut des Art. 258 II AEUV grundsätzlich immer Klage erheben, wenn nach ihrer Auffassung ein Mitgliedstaat gegen das Unionsrecht verstoßen hat. Nur hierdurch könne die Kommission ihrer Aufgabe gerecht werden, die Einhaltung des Unionsrechts zu überwachen (Art. 17 I EUV).[898]

Nach der Rechtsprechung des EuGH und der h.M. verfügt die Kommission wegen des Wortlauts des Art. 258 II AEUV hinsichtlich der Klageerhebung über ein Ermessen, das sie pflichtgemäß auszuüben hat.[899]

Wegen ihrer Rolle als „Hüterin der Verträge" (Art. 17 I EUV) wird die Nichterhebung der Klage jedoch nur ausnahmsweise gerechtfertigt sein. In Betracht käme die Nichterhebung der Klage gegebenenfalls dann, wenn der betreffende Mitgliedstaat ankündigt, er werde den Vertragsverstoß alsbald beseitigen.

## b) Das Vorverfahren nach Art. 259 II – IV AEUV

*Vorverfahren, Art. 259 II – IV AEUV*

Vor Einleitung eines Vertragsverletzungsverfahrens durch einen Mitgliedstaat ist das Vorverfahren nach Art. 259 II – IV AEUV durchzuführen.

590

**aa)** Der Mitgliedstaat hat vor der Klageerhebung zunächst die Kommission mit der Angelegenheit zu befassen, Art. 259 II AEUV. Dies geschieht dadurch, dass der Mitgliedstaat einen Antrag auf Abgabe einer Stellungnahme durch die Kommission hinsichtlich der geltend gemachten Vertragsverletzung stellt.[900]

**bb)** Die Kommission führt daraufhin zunächst ein kontradiktorisches Verfahren durch, in dem den beteiligten Mitgliedstaaten Gelegenheit zu schriftlicher oder mündlicher Äußerung gegeben wird, Art. 259 III HS 2 AEUV. Nach Abschluss dieses Verfahrens gibt die Kommission eine begründete Stellungnahme ab, in der sie ihre Auffassung zu den erhobenen Vorwürfen darlegt Art. 259 III HS 1 AEUV. Mit der Abgabe der Stellungnahme durch die Kommission ist das Vorverfahren abgeschlossen.

**cc)** Soweit die Kommission eine Stellungnahme nicht innerhalb einer Frist von drei Monaten nach Antragstellung abgibt, kann der Mitgliedstaat auch ohne vorherige Stellungnahme der Kommission direkt zum EuGH Klage erheben, Art. 259 IV AEUV.

## 6. Klagefrist

*Klagefrist*

Eine Klagefrist ist für das Vertragsverletzungsverfahren nach Art. 258, 259 AEUV nicht vorgesehen. Allerdings kann die Kommission erst dann Klage erheben, wenn die Frist i.S.d. Art. 258 II AEUV, die sie dem betreffenden Mitgliedstaat in der begründeten Stellungnahme zur Beseitigung der Vertragsverletzung gesetzt hat, verstrichen ist.

591

---

898 Geiger, Art. 258 AEUV, Rn. 8 ff.

899 EuGH, Rs. 247/87 (Star Fruit), Slg. 1989, 291; 1989, 4159; EuGH, Slg. 1990, I-1981 = NVwZ 1991, 1169; Mögele, BayVBl. 1993, 129, 137.

900 Erichsen/Weiß, JURA 1990, 586, 587.

## 7. Allgemeines Rechtsschutzbedürfnis

*allgemeines Rechtsschutzbedürfnis*

Wie auch im innerstaatlichen Recht, ist vom Vorliegen des allgemeinen Rechtsschutzbedürfnisses grundsätzlich auszugehen. Nur wenn besondere Umstände vorliegen, kann das Rechtsschutzbedürfnis im Einzelfall fehlen.

*592*

*Beseitigung der Vertrags-verletzung*

Problematisch ist das Rechtsschutzbedürfnis, wenn der Mitgliedstaat während oder nach Durchführung des Vorverfahrens die gerügte Vertragsverletzung beseitigt. Das Vorliegen des Rechtsschutzbedürfnisses bedarf hier einer besonderen Prüfung.[901]

**1.** Hat der Mitgliedstaat den Vertragsverstoß innerhalb der von der Kommission in der begründeten Stellungnahme gesetzten Frist vollständig beseitigt und bestehen darüber auch seitens der Kommission keine Zweifel, ist eine Klage der Kommission nach Art. 258 AEUV mangels Rechtsschutzbedürfnisses grundsätzlich unzulässig. In neueren Entscheidungen führt der EuGH insoweit allgemein aus, dass das Vorliegen einer Vertragsverletzung anhand der Sachlage nach Ablauf der von der Kommission in ihrer Stellungnahme gesetzten Frist zu beurteilen ist.[902]

Im Einzelfall mag aber eine Klage der Kommission dennoch zulässig sein, so etwa wenn das Urteil des EuGH als Grundlage für eine Haftung des Staates gegenüber Dritten (Privaten, Mitgliedstaaten oder der Union) dienen kann[903] oder wenn mit einer Wiederholung des Vertragsverstoßes durch den Mitgliedstaat zu rechnen ist.[904]

**2.** Hat der Mitgliedstaat nach Abschluss des Vorverfahrens und damit erst nach Ablauf der in der Stellungnahme gesetzten Frist die Vertragsverletzung beseitigt, ändert dies an der Zulässigkeit der Klage der Kommission nichts. Denn nach dem Gesagten ist für das Vorliegen einer Vertragsverletzung auf die Sachlage nach Ablauf der von der Kommission in ihrer Stellungnahme gesetzten Frist abzustellen, spätere Änderungen der Sachlage bleiben unberücksichtigt.

## II. Begründetheit

*Verschulden unerheblich*

**1.** Die Feststellungsklage wegen Vertragsverletzung durch einen Mitgliedstaat nach Art. 258, 259 AEUV ist begründet, wenn der geltend gemachte Vertragsverstoß tatsächlich besteht. Auf ein Verschulden der Mitgliedstaaten kommt es nicht an. Entscheidend ist allein die objektive Verletzung einer Verpflichtung aus dem AEUV.[905]

*593*

*Bspe.:*

*1.* Ein Mitgliedstaat kann sich nicht darauf berufen, dass er aus organisatorischen oder verfassungsrechtlichen Gründen gehindert sei, einen Vertragsverstoß abzustellen. Die Mitgliedstaaten sind für jegliches Fehlverhalten staatlicher Stellen in ihrem Hoheitsgebiet verantwortlich. Sollten z.B. der Bundestag oder ein Landesparlament die Umsetzung einer Richtlinie verweigern, wäre dieses Verhalten der Bundesrepublik als Vertragsverstoß anzulasten. Auf ein Verschulden des Mitgliedstaates kommt es nicht an. Das Verhalten Privater gilt nur dann als Vertragsverletzung seitens des Mitgliedstaats, wenn es vom Mitgliedstaat veranlasst oder pflichtwidrig geduldet wurde und diesem daher zuzurechnen ist.[906]

*594*

---

901  EuGH, Slg. 1961, 693, 715 f.; 1970, 565, 577.

902  EuGH, Rs. C-60/96 (Kommission/Frankreich), Slg. 1997, I-3837; Rs. C-316/96 (Kommission/Italien), Slg. 1997, I-7231; Rs. C-355/98 (Kommission/Belgien), DVBl. 2000, 891 ff.

903  EuGH, Rs. 39/72 (Schlachtprämien), Slg. 1973, 101, 112; 1986, 1758; 1990, I-125; siehe auch EuGH, Rs. C-6/90 u. C-9/90 (Francovich), Slg. 1991, I-5357.

904  EuGH, Slg. 1970, 565, 577; Erichsen/Klein, JURA 1990, 586, 587 = **juris**byhemmer.

905  Geiger, Art. 258 AEUV, Rn. 4, 22.

906  Siehe bereits Rn. 424.

*2. Soweit ein Gesetz unmittelbar anwendbarem Unionsrecht entgegensteht, können sich die Mitgliedstaaten nicht darauf berufen, dass eine Anpassung des innerstaatlichen Rechts wegen des Anwendungsvorrangs des Unionsrechts entbehrlich sei. Im Interesse der Rechtssicherheit und des Rechtsschutzes bedarf es vielmehr einer Anpassung des innerstaatlichen Rechts durch eindeutig formulierte Rechtsvorschriften.[907]*

*3. Ein Mitgliedstaat, der eine Richtlinie nicht umsetzt oder eine Verordnung nicht anwendet, kann sich im Verfahren nach Art. 258, 259 AEUV zu seiner Rechtfertigung nicht auf die Rechtswidrigkeit des Rechtsaktes berufen. Zwar besteht in Verfahren vor dem EuGH hinsichtlich Verordnungen und Richtlinien die Möglichkeit einer Inzidentkontrolle nach Art. 277 AEUV.[908] Für Vertragsverletzungsverfahren kann dies jedoch nicht gelten, da sonst die besonderen Zulässigkeitsvoraussetzungen der Nichtigkeitsklage nach Art. 263 AEUV, insbesondere die Klagefrist nach Art. 263 VI AEUV, umgangen würden. Vielmehr hätte der Mitgliedstaat zuvor eine Nichtigkeitsklage nach Art 263 AEUV erheben müssen.[909] Entsprechendes gilt für bestandskräftige staatengerichtete Beschlüsse der Kommission. Der EuGH gestattet den Mitgliedstaaten nur, sich auf die absolute Unmöglichkeit der Durchführung oder besonders schwere und offensichtliche Fehler (inexistenter Unionsrechtsakt) zu berufen, wobei sie nach Art. 4 III AEUV die Pflicht haben, sich mit der Kommission ins Benehmen zu setzen, um gemeinsam nach Lösungen zu suchen.[910]*

*4. Die Mitgliedstaaten können sich ferner zu ihrer Rechtfertigung nicht darauf berufen, dass ein anderer Mitgliedstaat oder Unionsorgane ebenfalls Vertragsverletzungen begangen haben.[911] Denn die vertraglichen Verpflichtungen stehen nicht in einem Gegenseitigkeitsverhältnis. Die aus dem Völkerrecht bekannten Rechtfertigungsgründe der Repressalie oder Retorsion finden im Unionsrecht keine Anwendung.*

*Feststellung einer Vertragsverletzung ⇨ Art. 260 I AEUV*

**2.** Ist die Klage begründet, so stellt der EuGH lediglich fest, dass der Mitgliedstaat gegen seine vertraglichen Pflichten verstoßen hat. Der Mitgliedstaat ist dann aus dem Unionsrecht selbst verpflichtet, die Maßnahmen zu ergreifen, die sich aus dem Urteil ergeben, Art. 260 I AEUV.    *595*

Soweit innerstaatliche Rechtsvorschriften Gegenstand des Verfahrens waren, sind Verwaltung und Gerichte der Mitgliedstaaten verpflichtet, das Urteil des EuGH zu beachten, unabhängig davon, ob der Mitgliedstaat das innerstaatliche Recht bereits angepasst hat. Sie dürfen daher solche Rechtsvorschriften nicht mehr anwenden, die der EuGH als Vertragsverletzung qualifiziert und daher als unvereinbar mit dem Unionsrecht festgestellt hat.[912]

*Zwangsgeld Art. 260 II, III AEUV*

**3.** Kommt der Mitgliedstaat seiner Verpflichtung nach Art. 260 I AEUV nicht nach, so kann die Kommission eine mit Gründen versehene Stellungnahme abgeben und dem Mitgliedstaat eine Frist zum Ergreifen der sich aus dem Urteil des EuGH ergebenden Maßnahmen setzen. Nach Ablauf dieser Frist kann die Kommission den EuGH anrufen, der den betreffenden Mitgliedstaat zur Zahlung eines Pauschalbetrages oder Zwangsgeldes verurteilen kann, Art. 260 II UAbs. 2 AEUV.[913]    *596*

---

907  EuGH, Rs. 167/73 (Französische Schiffsbesatzungen), Slg. 1974, 359, 372; Rs. C-197/96 (Kommission/Frankreich), Slg. 1997, I-1496.

908  Siehe Rn. 634.; ex Art. 241 EG nannte zwar explizit nur die Verordnung als tauglichen Gegenstand einer Inzidentkontrolle, allerdings wurde die Vorschrift auch auf andere allgemein geltende Rechtsakte wie bspw. Richtlinien analog angewandt. Mit der Wortlautänderung i.R.d. Reformvertrages sind nun ausdrücklich alle Rechtsakte erfasst, auf dessen Geltung es in einem Rechtsstreit vor dem EuGH ankommt, vgl. hierzu auch Geiger, Art. 277 AEUV, Rn. 4.

909  EuGH, Rs. C-310/97 (Kommission/Assi-Domän Kraft Products u.a.), NJW 2000, 1933 ff., Geiger, Art. 258 AEUV, Rn. 23.

910  EuGH, Rs. C-404/97 (Kommission/Portugal), DVBl. 2000, 1269 f.; Rs. C-261/99 (Kommission/Frankreich), BayVBl. 2001, 591.

911  EuGH, Rs. 52/75 (Gemüserichtlinie), Slg. 1976, 277, 284 f.; Rs. C-265/95 (Kommission/Frankreich), Slg. 1997, 6959 (Französische Landwirte).

912  EuGH, Rs. 48/71 (Kunstschätze II), Slg. 1972, 529; Verb.Rs. 24 u. 97/80 (Schaffleisch II), Slg. 1980, 1319.

913  Vgl. zum ersten Anwendungsfall EuGH Rs. C-387/97 (Kommission/Griechenland), Slg. 2000, 1270 ff. und zur Berechnung des Zwangsgeldes Rs. C-278/01 (Kommission/Spanien), BayVBl. 2004, 333 f. mit Anm. Lindner 334 ff.

Seit Inkrafttreten des Reformvertrags von Lissabon ist die Verhängung eines solches Pauschalbetrages oder Zwangsgeldes überdies unter bestimmten Voraussetzungen bereits auch im Ausgangsverfahren des Art. 258 AEUV möglich, Art. 260 III AEUV.[914]

Daneben kann es auf Betreiben eines anderen Mitgliedstaates zu einem erneuten Vertragsverletzungsverfahren - dann wegen Verstoßes gegen Art. 260 AEUV - und damit zu einer erneuten Verurteilung des Mitgliedstaates kommen.

## C) Nichtigkeitsklage, Art. 263 AEUV

*Nichtigkeitsklage*
*⇨ Gestaltungsklage*

Die Nichtigkeitsklage nach Art. 263 I AEUV dient der Rechtmäßigkeitsüberprüfung von Rechtsakten der Unionsorgane (Sekundärrecht). Sie ist eine Gestaltungsklage. Das Nichtigkeitsurteil beseitigt den angegriffenen rechtswidrigen Unionsrechtsakt grundsätzlich mit Wirkung ex tunc und erga omnes, Art. 264 AEUV.

**597**

## I. Zulässigkeit

## 1. Zuständigkeit

*Zuständigkeit: EuGH / EuG*

**a)** Zuständig ist der EuGH, soweit es sich um Nichtigkeitsklagen der Unionsorgane und der EZB handelt, Art. 263 II AEUV (vgl. Art. 256 I AEUV, Art. 51 II SEuGH).

**598**

**b)** Nach Art. 256 I AEUV, Art. 51 I lit. a SEuGH ist der EuGH grundsätzlich auch für Nichtigkeitsklagen der Mitgliedstaaten zuständig, die sich gegen Handlungen des Rates und/oder des Europäischen Parlaments richten (mit Ausnahme der in Art. 51 I lit. a SEuGH genannten Bereiche).

**598a**

Für Nichtigkeitsklagen der Mitgliedstaaten gegen die Kommission ist demgegenüber grundsätzlich die Zuständigkeit des EuG gegeben. Art. 51 I lit. b SEuGH behält Klagen, die von einem Mitgliedstaat gegen eine Handlung oder wegen unterlassener Beschlussfassung der Kommission gemäß Art. 331 I AEUV erhoben werden (auf dem Gebiet der verstärkten Zusammenarbeit), der Entscheidung des EuGH vor.

**c)** Soweit natürliche oder juristische Personen (Art. 263 IV, V AEUV) einen Unionsrechtsakt angreifen, ist die Zuständigkeit des EuG gegeben, Art. 256 I AEUV.

**598b**

## 2. Beteiligtenfähigkeit

*Beteiligtenfähigkeit*

**a)** Aktiv beteiligtenfähig sind zunächst die Mitgliedstaaten, das Europäische Parlament, der Rat und die Kommission, Art. 263 II AEUV.

**599**

Auch der Rechnungshof, die EZB und der Ausschuss der Regionen können den EuGH im Wege der Nichtigkeitsklage anrufen, Art. 263 III AEUV. Besonderheiten bestehen für den Rechnungshof und die EZB allerdings unter dem Aspekt der Klagebefugnis.

---

914 Vgl. hierzu Thiele, EuR 2010, 30, 34 ff.; Jäger, **Life&Law 2010, 128, 131**.

*Individualklagen*

Art. 263 IV, V AEUV erkennt ferner natürlichen und juristischen Personen die aktive Beteiligtenfähigkeit zu und eröffnet damit die Möglichkeit einer Individualklage. Für die aktive Beteiligtenfähigkeit ist es ohne Bedeutung, ob die Kläger ihren Wohnsitz bzw. Sitz im Hoheitsgebiet eines Mitgliedstaates haben.[915]

Juristische Personen i.S.d. Art. 263 IV AEUV sind alle rechtsfähigen Vereinigungen. Entscheidend für die Rechtsfähigkeit einer Vereinigung ist allein, dass die Rechtsordnung, der die fragliche Vereinigung untersteht, ihr die Rechtsfähigkeit zuerkennt (z.B. auch OGH, KG).[916] Als aktiv beteiligtenfähig kommen neben rechtsfähigen Vereinigungen auch juristische Personen des öffentlichen Rechts in Betracht (z.B. Gebietskörperschaften).[917]

Der EuGH hat z.B. die aktive Beteiligtenfähigkeit der autonomen belgischen Region Wallonien anerkannt,[918] sodass man davon ausgehen kann, dass auch die Bundesländer aktiv beteiligtenfähig sind.[919]

**b)** Passiv beteiligtenfähig sind als mögliche Beklagte der Rat, die Kommission, das Europäische Parlament sowie die EZB, Art. 263 I AEUV. Soweit gemeinsame Handlungen von Rat und Europäischem Parlament im Streit stehen (z.B. i.R.d. ordentlichen Gesetzgebungsverfahrens, Art. 289, 294 AEUV), sind beide Organe gemeinsam passiv beteiligtenfähig. Seit Inkrafttreten des Reformvertrages von Lissabon ist zudem auch das Europäische Parlament passiv beteiligtenfähig. Gleiches gilt für Einrichtungen und sonstige Stellen, die Handlungen mit Rechtswirkung gegenüber Dritten erlassen, Art. 263 I S. 2 AEUV.

**600**

## 3. Klagegegenstand

*Klagegegenstand: Handlungen, die Rechtswirkung erzeugen*

Da der AEUV ein umfassendes Rechtsschutzsystem geschaffen hat, können Klagegegenstand alle Handlungen der Unionsorgane sein, die dazu bestimmt sind, eine Rechtswirkung zu erzeugen.[920] Auf die Bezeichnung des in Frage stehenden Rechtsaktes kommt es nicht an, entscheidend ist allein dessen Rechtswirkung.

**601**

*Mitgliedstaaten, Rat, Kommission, EP*

**a)** Soweit es sich um eine Nichtigkeitsklage der in Art. 263 II, III AEUV genannten Beteiligten (Mitgliedstaaten, Rat, Kommission, Europäisches Parlament, Rechnungshof, EZB, Ausschuss der Regionen) handelt, kommen als Klagegegenstand die Gesetzgebungsakte (z.B. das ordentliche Gesetzgebungsverfahren, Art. 289, 294 AEUV) sowie die selbstständigen Handlungen des Rates, der Kommission und der EZB in Betracht, soweit es sich nicht um unverbindliche Empfehlungen oder Stellungnahmen handelt (Art. 288 V AEUV). Selbstständige Handlungen des Europäischen Parlaments, des Europäischen Rates und der übrigen Einrichtungen und sonstigen Stellen sind nur dann mit der Nichtigkeitsklage angreifbar, wenn sie Rechtswirkung gegenüber Dritten (auch Unionsorganen) erzeugen, Art. 263 I S. 1 a.E., S. 2 AEUV.

**602**

> *Bsp.: Handlungen i.S.d. Art. 263 I AEUV sind damit vor allem die in Art. 288 II – IV AEUV genannten Rechtsakte (Verordnungen, Richtlinien, Beschlüsse).*

---

915 Erichsen/Weiß, JURA 1990, 528, 530; Geiger, Art. 263 AEUV, Rn. 19.

916 EuGH, Slg. 1958/59, 91, 110; Erichsen/Weiß, JURA 1990, 528, 530.

917 EuGH, Rs. 222/83 (Differdange), Slg. 1984, 2889, 2896.

918 EuGH, Verb.Rs. 62 u. 72/87 (Exécutif régional wallon), Slg. 1988, 1573 ff.

919 Geiger, Art. 263 AEUV, Rn. 19 m.w.N.; Erichsen/Weiß, JURA 1990, 528, 530; Grabitz, ex Art. 230 EG, Rn. 42.

920 EuGH, Rs. 22/70 (AERT), Slg. 1971, 263, 277; Rs. 294/83 (Les Verts), Slg. 1986, 1339, 1365; Rs. 34/86 (Haushaltsverfahren), Slg. 1986, 2155, 2201 ff.; Geiger, Art. 263 AEUV, Rn. 11.

*Außerhalb des Katalogs des Art. 288 AEUV stehen den Unionsorganen weitere Handlungsformen zur Verfügung, die gleichermaßen mit der Nichtigkeitsklage angreifbar sind, soweit sie Rechtswirkung erzeugen (z.B. Haushaltsbeschlüsse des Europäischen Parlaments).[921]*

*Nicht angreifbar sind dagegen mangels rechtlicher Wirkung z.B. vorbereitende Handlungen, informatorische Anfragen, Meinungsäußerungen, innerbehördliche Akte.*

*Individualklagen*

**b)** Soweit es sich um Individualklagen natürlicher oder juristischer Personen handelt, können Klagegegenstand alle unmittelbar an sie gerichteten (z.B. Beschlüsse, Art. 288 IV AEUV) und sie unmittelbar und individuell betreffenden Handlungen der Unionsorgane (z.B. Gesetzgebungsakte wie Verordnungen) sein. Daneben können Individuen im Wege der Individualklage gegen Rechtsakte mit Verordnungscharakter, die sie unmittelbar betreffen und keine Durchführungsmaßnahmen nach sich ziehen, Klage erheben, vgl. Art. 263 IV AEUV.[922] Auch können in den Rechtsakten zur Gründung von Einrichtungen und sonstigen Stellen der Union (bspw. Agenturen) Individualklagemöglichkeiten vorgesehen werden, Art. 263 V AEUV.

*603*

## 4. Klagebefugnis

Vom Erfordernis einer Klagebefugnis spricht man dann, wenn nach der einschlägigen Verfahrensordnung die Gewährung von Rechtsschutz von der Geltendmachung einer individuellen Betroffenheit besonderer Art abhängt.[923]

*604*

Inwieweit eine Klagebefugnis als Zulässigkeitsvoraussetzung der Nichtigkeitsklage erforderlich ist, richtet sich danach, von wem die Klage erhoben wird.

*Mitgliedstaaten, EP, Rat, Kommission*

**a)** Soweit die Nichtigkeitsklage von den Mitgliedstaaten, dem Europäischen Parlament, dem Rat oder der Kommission erhoben wird, erfordert Art. 263 II AEUV keine besondere Klagebefugnis („privilegierte Klagebefugte"). Es handelt sich insoweit um ein objektives Verfahren.[924]

*605*

Dahinter steht der Gedanke, dass die Mitgliedstaaten sowie Europäisches Parlament, Rat und Kommission gemeinsam die allgemeine Verantwortung für die Wahrung des Unionsrechts tragen. Die Mitgliedstaaten, Europäisches Parlament, Rat und Kommission können daher jeden Unionsrechtsakt angreifen, ohne von dem angegriffenen Rechtsakt betroffen zu sein oder ein spezifisches Interesse an seiner Aufhebung geltend machen zu müssen. Dieses wird vielmehr unwiderleglich vermutet,[925] auch wenn sie an der in Frage stehenden Rechtshandlung selbst mitgewirkt haben.[926]

**hemmer-Methode: Zum Kreis der privilegierten Klageberechtigten gehört auch nach dem Reformvertrag von Lissabon weiterhin nicht der Europäische Rat. Begründen lässt sich dies damit, dass dem Europäischen Rat als hochpolitisches Leitorgan der EU (vgl. Art. 15 I EUV) nicht das „Tagesgeschäft" der Union obliegen soll. Praktisch wird es den Staatschefs jedoch nicht verwehrt sein, gegebenenfalls über den Ministerrat ihre Anliegen zu verfolgen.[927] – Neu eingeführt wurde mit dem Reformvertrag zudem eine eigenständige und damit neben der Nichtigkeitsklage stehende Subsidiaritätskontrolle zu Gunsten der nationalen Parlamente, Art. 8 S. 1 des Protokolls (Nr. 2) zum EUV/AEUV über die Anwendung der Grundsätze der Subsidiarität und der Verhältnismäßigkeit.**

*606*

---

921  Erichsen/Weiß, JURA 1990, 528, 531.

922  Zum Begriff „Rechtsakte mit Verordnungscharakter" siehe sogleich Rn. 614 ff.

923  Erichsen/Weiß, JURA 1990, 528, 531.

924  EuGH, Rs. 167/73 (Französische Schiffsbesatzung), Slg. 1974, 359, 369; Rs. 166/78 (Kartoffelstärke), 1979, 2575, 2596.

925  Geiger, Art. 263 AEUV, Rn 16.

926  EuGH, Rs. 22/70 (AERT), Slg. 1971, 263, 278.

927  Vgl. Thiele, EuR 2010, 30, 37.

**Die nationalen Parlamente erhalten damit die Möglichkeit, über ihre Regierungen Klage beim EuGH wegen Verletzung des Subsidiaritätsgrundsatzes zu erheben. Der Grundgesetzgeber hat seinerseits durch Schaffung eines neuen Art. 23 la GG die entsprechenden nationalen Rahmenbedingungen geschaffen. Klagebefugt sind damit Bundestag und Bundesrat. Im Integrationsverantwortungsgesetz (IntVG, Sartorius I Nr. 98) sind die Beteiligungsrechte innerstaatlich näher ausgestaltet.**

*Wahrung eigener Rechte*

**b)** Nichtigkeitsklagen, die vom Rechnungshof, der EZB oder dem Ausschuss der Regionen erhoben werden, müssen auf die „Wahrung der Rechte" der jeweiligen Institutionen abzielen, Art. 263 III AEUV. Der Rechnungshof, die EZB und der Ausschuss der Regionen gehören also nicht zu den privilegierten Klagebefugten. Eine Klage nach Art. 263 AEUV ist daher nur zulässig, wenn die Beeinträchtigung eigener Rechte und Befugnisse durch einen Unionsrechtsakt geltend gemacht wird. In Betracht kommt hier insbesondere die Verletzung institutioneller Befugnisse wie z.B. die fehlende oder unzulängliche Verfahrensbeteiligung.

607

Hält der Ausschuss der Regionen einen Gesetzgebungsakt, bei dessen Erlass die Anhörung des Ausschusses obligatorisch ist, wegen eines Verstoßes gegen den Subsidiaritätsgrundsatz für unionsrechtswidrig, so kann der Ausschuss auch ohne die Geltendmachung einer eigenen Rechtsverletzung Nichtigkeitsklage erheben, Art. 8 S. 2 Protokoll (Nr. 2) zum EUV/AEUV über die Anwendung der Grundsätze der Subsidiarität und der Verhältnismäßigkeit. In diesem Fall rückt der Ausschuss in den Rang eines privilegierten Klagebefugten.

*Individualklage*

**c)** Die Zulässigkeit der Individualklage hängt von einer in Art. 263 IV AEUV näher ausgestalteten Klagebefugnis ab.

608

*Art. 263 IV Alt. 1 AEUV: Adressenstellung*

**aa)** Gem. Art. 263 IV Alt. 1 AEUV können natürliche und juristische Personen gegen an sie ergangene Handlungen Nichtigkeitsklage erheben. In Betracht kommen insofern vor allem Beschlüsse gem. Art. 288 IV AEUV. Gesetzgebungsakte wie Verordnungen werden aufgrund ihres generell-abstrakten Charakters nicht gegenüber Einzelnen erlassen und fallen daher nicht unter diese Alternative.

609

*Art. 263 IV Alt. 2 AEUV: Unmittelbar und individuell betroffen*

**bb)** Natürliche und juristische Personen können aber auch gegen nicht an sie gerichtete Handlungen Nichtigkeitsklage erheben, sofern sie unmittelbar und individuell betroffen sind, Art. 263 IV Alt. 2 AEUV. In Betracht kommen dabei Beschlüsse i.S.d. Art. 288 IV AEUV gegenüber Dritten, aber auch generell-abstrakte Regelungen wie beispielsweise Verordnungen i.S.d. Art. 288 II AEUV oder Richtlinien i.S.d. Art. 288 III AEUV.

610

**hemmer-Methode: Der Begriff der „Klagebefugnis" i.S.d. Art. 263 AEUV darf nicht gleichgesetzt werden mit dem entsprechenden Begriff im deutschen Verwaltungs- und Verfassungsprozessrecht. Die Nichtigkeitsklage nach Art. 263 I, IV AEUV erinnert zwar an die Anfechtungsklage nach § 42 I Alt. 1 VwGO. Während bei der Anfechtungsklage nach § 42 I Alt. 1 VwGO der Kläger im Rahmen der Klagebefugnis eine mögliche Verletzung subjektiver Rechte geltend machen muss, ist bei Art. 263 AEUV weniger ausreichend: die Adressatenstellung oder das Darlegen einer unmittelbaren und individuellen Betroffenheit von der in Frage stehenden Handlung.**

*unmittelbare Betroffenheit bei nicht an den Kläger gerichteten Rechtshandlungen*

**(1)** Unmittelbar betroffen sein kann Kläger auch durch eine nicht an ihn gerichtete Rechtshandlung. Dies gilt dann, wenn deren Auswirkungen ihn zwangsläufig betreffen, ohne dass weitere Umstände hinzutreten müssen, deren Eintritt ungewiss ist.[928] Es muss daher ein hinreichend konkreter Eingriff in die Rechtssphäre des Einzelnen feststellbar sein.

611

---

928 Grabitz, ex Art. 230 EG, Rn. 50 ff.

Das Erfordernis eines staatlichen Durchführungsaktes schließt die Unmittelbarkeit nicht immer aus.[929]

*Pflicht der Mitgliedstaaten zur Durchführung (+)*

Bei staatengerichteten Rechtshandlungen unterscheidet der EuGH hinsichtlich der unmittelbaren Betroffenheit danach, ob der Mitgliedstaat zur Durchführung verpflichtet oder lediglich ermächtigt ist.[930]

Ist der Mitgliedstaat zur Durchführung einer Handlung der Union verpflichtet, so ist die unmittelbare Betroffenheit dessen, auf den sich die Durchführung (!) auswirkt, gegeben.[931] Der Einzelne kann dann unter der weiteren Voraussetzung des individuellen Betroffenseins direkt vor dem EuG die Unionshandlung mit der Nichtigkeitsklage nach Art. 263 AEUV angreifen.

> **Bsp.:** *Die Kommission erlässt auf Grundlage des Art. 108 II AEUV einen Beschluss, nach der die Bundesrepublik zur Rückforderung einer dem Unternehmer X gewährten Beihilfe verpflichtet ist. Zwar bedarf es noch eines deutschen Verwaltungsaktes zur Rückforderung der Beihilfe. Da die Bundesrepublik jedoch zur Rückforderung verpflichtet ist, ist der Unternehmer X bereits durch die Kommissionsentscheidung unmittelbar betroffen.*

*Handlungsspielraum der Mitgliedstaaten (-)*

Wird der Mitgliedstaat durch die Rechtshandlung der Union (bspw. einen Beschluss) dagegen lediglich ermächtigt, belastende Maßnahmen zu treffen, und verbleibt ihm daher ein Handlungsspielraum, liegt keine unmittelbare Betroffenheit des Einzelnen vor. Diese tritt dann erst durch das mitgliedstaatliche Handeln ein.[932]

*individuelle Betroffenheit*

**(2)** Schwieriger kann die Beantwortung der Frage sein, ob der Kläger von einer Rechtshandlung, die nicht an ihn gerichtet ist, auch individuell betroffen ist. Dieses Kriterium stellt zugleich die schwierigste Hürde bei der Erhebung einer Nichtigkeitsklage durch nichtprivilegierte Kläger dar. Nach Rechtsprechung des EuGH ist ein individuelles Betroffensein dann gegeben, wenn die Handlung bzw. der Rechtsakt den Kläger wegen bestimmter persönlicher Eigenschaften oder besonderer ihn aus dem Kreis aller übrigen Personen heraushebender Umstände berührt und ihn daher in ähnlicher Weise individualisiert wie den Adressaten (sog. „Plaumann-Formel").[933]

612

Daran fehlt es, wenn der Kläger in der angegriffenen Handlung nur durch die Zugehörigkeit zu einer Gruppe gekennzeichnet und im Hinblick auf seine Gruppeneigenschaft von der Maßnahme betroffen wird,[934] selbst wenn die einzelnen Personen im Zeitpunkt der Handlung nach Zahl oder Namen bestimmbar sind.[935] Unerheblich ist es auch, wenn der Kläger faktisch der einzige Betroffene der Maßnahme ist.[936]

> **Bsp.:** *Die Kommission richtet an die Bundesrepublik einen Beschluss, nach der die Einfuhr bestimmter Produkte aus einem Drittstaat für einen bestimmten Zeitraum untersagt wird.*

613

Die Importeure, welche die betreffenden Produkte aus dem Drittstaat einführen, sind nicht individuell betroffen i.S.d. Art. 263 IV AEUV, obwohl sie der Zahl nach und wohl auch namentlich bestimmbar sind. Vielmehr sind sie nur aufgrund ihrer allgemeinen Eigenschaft als Importeure bestimmter Waren betroffen.[937]

---

929  Borowski, EuR 2004, 889 f. m.w.N.

930  Geiger, Art. 263 AEUV, Rn. 18; Borowski, EuR 2004, 890 f. m.w.N.

931  EuGH, Slg. 1971, 411, 422; 1979, 1185, 1205.

932  EuGH, Slg. 1972, 1005, 1015; 1979, 17, 25; Rs. 222/83 (Differdange), Slg. 1984, 2889, 2896.

933  EuGH, (Plaumann/Kommission), Slg. 1963, 213, 238; Rs. C-263/02 P (Jégo-Quéré/Kommission), NJW 2004, 2006, 2007; vgl. auch Pechstein/Kubicki, NJW 2005, 1825, 1827.

934  EuGH, Slg. 1988, 219 = **juris**byhemmer.

935  EuGH, Slg. 1978, 845, 852.

936  EuGH, Rs. C-263/02 P (Jégo-Quéré/Kommission), NJW 2004, 2006, 2007.

937  EuGH, Slg. 1983, 2559, 2566.

Diese Tätigkeit kann von jedermann ausgeübt werden und die Zahl der betroffenen Personen kann sich nachträglich erweitern. Unerheblich ist es auch, wenn sich die Entscheidung faktisch nur auf einen einzigen Importeur auswirkt, solange er nur wegen seiner allgemeinen Eigenschaft als Importeur bestimmter Erzeugnisse betroffen ist.

Ein „individuelles Betroffensein" ist indes im obigen „Unternehmerbeispiel" (Rn. 611, Subventionsrückforderung) gegeben. Der an die Bundesrepublik gerichtete Beschluss über die Rückforderung der Beihilfe betrifft hier einen ganz bestimmten Unternehmer, der damit in ähnlicher Weise individualisiert ist wie der Mitgliedstaat als Adressat.

Der EuGH bejaht ein individuelles Betroffensein demnach vor allem dann, wenn die Zahl und die Identität der betroffenen Personen bereits im Zeitpunkt der Handlung feststeht und wegen bestimmter persönlicher - nicht gattungsmäßiger - Eigenschaften danach nicht mehr erweitert werden kann.[938]

> *Bsp.: Eine Maßnahme betrifft nur Personen, die zu einem bestimmten Zeitpunkt einen Antrag gestellt hatten[939] oder im Besitz einer bestimmten Lizenz waren.[940]*

*Art. 263 IV Alt. 3 AEUV: Rechtsakte mit Verordnungscharakter*

**cc)** Gem. dem durch den Reformvertrag von Lissabon neugefassten Art. 263 IV 3. Var. AEUV können natürliche und juristische Personen zudem Klage gegen Rechtsakte mit Verordnungscharakter erheben, sofern diese den Kläger unmittelbar betreffen und keine Durchführungsmaßnahmen nach sich ziehen. Gegenüber der 2. Var. des Art. 263 IV AEUV besteht für die Kläger insofern eine Erleichterung, da kein (oft schwer zu erbringender) Nachweis der „individuellen Betroffenheit" erforderlich ist. **614**

Unklar und insofern problematisch ist aber, was unter Rechtsakten mit Verordnungscharakter zu verstehen ist. Aufgrund der im gescheiterten Verfassungsvertrag vorgesehen Differenzierung zwischen Akten mit Gesetzgebungscharakter und untergesetzlichen Rechtsakten mit Verordnungscharakter wird von der wohl überwiegenden Literaturmeinung angenommen, dass Art. 263 IV 3. Var. AEUV nur solche Rechtsakte erfasst, die nicht in einem Gesetzgebungsverfahren nach Art. 289 AEUV erlassen worden sind.[941] **615**

> *Bsp.: Durchführungsverordnungen der Union, die nach Art. 290 I AEUV ausdrücklich keinen Gesetzescharakter aufweisen.* **616**

*keine Durchführungsmaßnahmen*

Neben der unmittelbaren Betroffenheit[942] ist jedoch erforderlich, dass der Rechtsakt keinerlei Durchführungsmaßnahmen nach sich zieht. Sind solche Durchführungsmaßnahmen erforderlich, so müssen die Betroffenen diese abwarten und anschließend vor den nationalen Gerichten angreifen. Die nationalen Gerichte können den EuGH dann im Wege der Vorlage nach Art. 267 AEUV mit der Streitfrage befassen.[943]

**hemmer-Methode: Der Wortlaut des Art. 263 IV AEUV wurde durch den Reformvertrag von Lissabon wie bereits angemerkt modifiziert. Die tatsächlichen Änderungen lassen sich jedoch auf wenige Hinweise beschränken.** **617**

---

938 Geiger, Art. 263 AEUV, Rn. 32; Grabitz, ex Art. 230 EG, Rn. 53 ff.

939 EuGH, Slg. 1975, 1393, 1403 = **juris**byhemmer.

940 EuGH, Slg. 1977, 709, 726 = **juris**byhemmer.

941 Streinz/Ohler/Herrmann, Der Vertrag von Lissabon zur Reform der EU, 2. Auflage, S. 93 f.; Thiele, EuR 2010, 30, 43 f.; a.A. Everling, EuZW 2010, 572, 574 ff.; s. hierzu auch sogleich Rn. 617 a.E.

942 Siehe hierzu oben Rn. 611.

943 Ein Verfahren, dass dem Einzelnen grundsätzlich die Möglichkeit gibt, die Vereinbarkeit von nationalem Recht und Unionsrecht überprüfen zu lassen, ist wegen der möglichen Inzidentkontrolle bspw. i.R. einer Anfechtungsklage gem. Art. 42 I VwGO nicht erforderlich, EuGH, EuZW 2007, 247 = **Life&Law 2007, 762, 767 (hemmer-background)**.

Auch wenn die Vorgängerregelung des ex Art. 230 IV EG ausdrücklich nur Entscheidungen (jetzt Beschlüsse) und sog. „Scheinverordnungen" nannte, erkannte der EuGH in seiner späteren Rechtsprechung sämtliche Rechtsakte als taugliche Klagegegenstände an, sofern der Kläger unmittelbar und v.a. individuell betroffen war.[944] Die Wortlautänderung führt damit lediglich zu einer Klarstellung. An dem Erfordernis der unmittelbaren und individuellen Betroffenheit ändert die Modifizierung nichts. Scheinverordnungen werden nach der neuen Rechtslage erst recht angreifbar bleiben.[945] Allein im Falle des Art. 263 IV 3. Var. AEUV wird auf das Erfordernis der individuellen Betroffenheit verzichtet, sofern es um Rechtsakte mit Verordnungscharakter geht, die keinerlei weiterer Durchführungsmaßnahmen bedürfen. Darunter dürften wohl aus den bereits dargestellten Gründen lediglich Rechtsakte ohne Gesetzescharakter zu verstehen sein, auch wenn dies dazu führt, dass es nach dem Sprachgebrauch des AEUV Verordnungen gibt, die keinen Verordnungscharakter aufweisen.[946] Der Reformgesetzgeber führt nach dieser wohl überwiegenden Ansicht eine Art abstrakte Normenkontrollklage für untergesetzliche Rechtsnormen ein, wie sie Art. 47 I Nr. 2 VwGO für im Rang unter Landesgesetzen stehenden Rechtsnormen des Landesrechts eröffnet.[947] Die Gegenmeinung[948] sieht vom Begriff der „Rechtsakte mit Verordnungscharakter" auch Gesetzgebungsakte als miterfasst an. Art. 263 IV 3. Var. AEUV würde damit natürlichen und juristischen Personen die Möglichkeit eröffnen, auch ohne individuelle Betroffenheit i.S.d. „Plaumann-Formel" gegen sämtliche allgemein geltenden Rechtsakte der Union Klage nach Art. 263 AEUV zu erheben, sofern eine unmittelbare Betroffenheit des Klägers gegeben ist und keine Durchführungsmaßnahmen erforderlich sind. Für die wohl h.M. fallen Verordnungen hingegen unter Art. 263 IV 2. Var. AEUV; hier bleibt es bei dem Erfordernis der individuellen Betroffenheit. Letztendlich wird es – die hoffentlich baldige – Aufgabe des EuGH sein, diesen Streit zu entscheiden.

## 5. Klagegründe

*Klagegründe Art. 263 II AEUV*

Voraussetzung für die Zulässigkeit der Nichtigkeitsklage ist weiterhin, dass der Kläger mindestens einen der in Art. 263 II AEUV genannten vier zulässigen Klagegründe geltend macht. **618**

Als Klagegründe kommen nach Art. 263 II AEUV in Betracht:

### a) Unzuständigkeit

Die Unzuständigkeit kann zum einen durch die fehlende Zuständigkeit der EU (Verbandskompetenz), zum anderen durch die fehlende Zuständigkeit des handelnden Organs (Organkompetenz) begründet sein. **619**

### b) Verletzung wesentlicher Formvorschriften

Unter den Begriff der „Verletzung von Formvorschriften" i.S.d. Art. 263 II AEUV fällt - in Anlehnung an das französische Verwaltungsprozessrecht - auch die Verletzung von Verfahrensregeln.[949] Erfasst werden demnach neben Vorschriften, welche die äußere Form eines Rechtsaktes regeln (z.B. Art. 296, 297 AEUV), auch solche, die das Verfahren regeln (z.B. Art. 289, 294 AEUV). **620**

---

944 Erfasst waren damit solche Rechtsakte, die ihrer wahren Rechtsnatur nach Entscheidungen (jetzt Beschlüsse) waren. Die Regelung sollte verhindern, dass die Unionsorgane direkte Klagen Einzelner ausschließen könnten, indem sie der Form nach z.B. eine Verordnung wählen, obwohl es sich tatsächlich um eine Einzelfallentscheidung handelt.

945 Geiger, Art. 263 AEUV, Rn. 32.

946 So Thiele, EuR 2010, 30, 44.

947 Streinz/Ohler/Herrmann, Der Vertrag von Lissabon zur Reform der EU, 2. Auflage, S. 94.

948 Everling, EuZW 2010, 572, 574 ff.; so wohl auch Geiger, Art. 263 AEUV, Rn. 32 f.

949 Geiger, Art. 263 AEUV, Rn. 36 f.; Grabitz, ex Art. 230 EG, Rn. 102 ff.; Erichsen/Weiß, JURA 1990, 528, 533.

Weiterhin muss die Verletzung der Formvorschriften wesentlich sein. Wesentlich sind Vorschriften dann, wenn ihre Verletzung den Inhalt eines Rechtsaktes beeinflusst haben kann.[950]

### c) Verletzung des Vertrages oder einer bei seiner Durchführung anzuwendenden Rechtsnorm

Dieser Klagegrund ist dann erfüllt, wenn der Rechtsakt gegen höherrangige Normen des Unionsrechts verstößt. In Betracht kommt neben einer Verletzung des EUV und AEUV insbesondere eine Verletzung der „allgemeinen Rechtsgrundsätze" (z.B. Rechtsstaatsprinzipien). Dem Klagegrund der Verletzung des Vertrages kommt im Prinzip eine Auffangfunktion zu.

*621*

### d) Ermessensmissbrauch

Der Begriff des Ermessens in Art. 263 II AEUV ist anders zu verstehen als der Begriff des „Ermessens" i.S.d. deutschen Verwaltungsrechts.

*622*

Der EuGH unterscheidet nicht zwischen Ermessen als Entscheidungsspielraum auf der Rechtsfolgenseite einer Norm und dem auf der Tatbestandseite durch sog. unbestimmte Rechtsbegriffe eröffneten Beurteilungsspielraum.[951] Ermessen i.S.d. Art. 263 II AEUV meint demnach jeden den Unionsorganen durch Normen eröffneten Entscheidungs- und Beurteilungsspielraum. Der Begriff des Missbrauchs des Ermessens ist eng auszulegen.

Ob einer der geltend gemachten Klagegründe tatsächlich vorliegt, ist eine Frage der Begründetheit der Nichtigkeitsklage. Im Rahmen der Zulässigkeit ist es allein ausreichend, wenn der Kläger einen der genannten Klagegründe plausibel darlegt (Art. 21 SEuGH, Art. 38 § 1 VerfO)

*623*

### 6. Klagefrist, Art. 263 VI AEUV

*Klagefrist*

Die Erhebung der Nichtigkeitsklage ist nur innerhalb einer Klagefrist von zwei Monaten zulässig, Art. 263 VI AEUV. Der Lauf der Klagefrist beginnt je nach Lage des Falls mit der Bekanntgabe bzw. Mitteilung der betreffenden Rechtshandlung (Art. 297 AEUV), oder - soweit Bekanntgabe bzw. Mitteilung nicht erfolgten - mit der Kenntnisnahme des Klägers.

*624*

Der Lauf der Klagefrist beginnt am Tag nach der Bekanntgabe an den Betroffenen oder im Fall einer Veröffentlichung (Verordnungen, Richtlinien) am fünfzehnten Tag nach dem Erscheinen im Amtsblatt der Europäischen Union, Art. 81 § 1 VerfO. Mit Rücksicht auf die räumlichen Entfernungen innerhalb der Union werden die Klagefristen gemäß Art. 81 § 2 VerfO pauschal um zehn Tage verlängert.

### 7. Allgemeines Rechtsschutzbedürfnis

*allgemeines Rechtsschutzbedürfnis*

Vom Vorliegen des allgemeinen Rechtsschutzbedürfnisses ist grundsätzlich auszugehen.

*625*

---

950  EuGH, Slg. 1965, 717, 739; 1980, 2229, 2264 f., 1983, 2191, 2207.
951  Erichsen/Weiß, JURA 1990, 528, 533.

## II. Begründetheit

Die Nichtigkeitsklage nach Art. 263 AEUV ist begründet, wenn mindestens einer der in Art. 263 II AEUV genannten Klagegründe tatsächlich vorliegt.     *626*

*keine Beschränkung auf geltendgemachte Rechtsfehler*

**1.** Der EuGH ist nicht auf die Prüfung der durch den Kläger geltend gemachten Rechtsfehler beschränkt, sondern kann auch von Amts wegen nicht gerügte Mängel aufgreifen.[952] Die Rechtmäßigkeit eines Rechtsakts wird durch den EuGH damit umfassend und vollständig geprüft.[953]     *627*

*Unzuständigkeit (Verbands -/ Organkompetenz)*

**2.** Die Fehlerquelle der Unzuständigkeit kann zum einen gegeben sein, weil der Union als solcher die Zuständigkeit fehlt („Verbandskompetenz") und sie daher in einem Bereich tätig wurde, der in die Zuständigkeit der Mitgliedstaaten fällt. Bei der konkurrierenden Zuständigkeit der Union (z.B. Rechtsangleichung nach Art. 114 AEUV, etc.) ist die Einhaltung des Subsidiaritätsprinzips nach Art. 5 III EUV i.R.d. Zuständigkeit der Union zu prüfen.     *628*

Die Unzuständigkeit kann sich zum anderen auch daraus ergeben, dass das handelnde Organ keine Kompetenz zum Erlass des betreffenden Rechtsaktes hatte und daher im Zuständigkeitsbereich eines anderen Organs tätig wurde („Organkompetenz").

*Verletzung wesentlicher Formvorschriften*

**3.** Die Fehlerquelle der Verletzung wesentlicher Formvorschriften erfasst alle Normen, welche die äußere Form (z.B. Begründung, Veröffentlichung, Bekanntgabe Art. 296, 297 AEUV) sowie das Verfahren (z.B. Beteiligung des Europäischen Parlaments, Mehrheitsverhältnisse) bei Erlass eines Rechtsaktes regeln. Voraussetzung ist jedoch, dass es sich um wesentliche Formvorschriften handelt. Wesentlich ist eine Formvorschrift dann, wenn der betreffende Rechtsakt bei Beachtung der verletzten Vorschrift möglicherweise einen anderen Inhalt hätte[954] (z.B. Fehler im Willensbildungsprozess).     *629*

Eine „wesentliche Formvorschrift" stellt insbesondere die Begründungspflicht bei Verordnungen, Richtlinien und Beschlüssen dar, Art. 296 II AEUV. Zweck der Begründung ist es, dem EuGH die Rechtskontrolle und dem Einzelnen die Wahrnehmung seiner Rechte zu ermöglichen. In der Begründung ist grundsätzlich die Ermächtigungsnorm anzugeben. Das Unterlassen ihrer Angabe stellt nur dann keinen wesentlichen Mangel dar, wenn sich aufgrund anderer Anhaltspunkte die Ermächtigungsnorm eindeutig ermitteln lässt. Bleibt die Ermächtigungsnorm jedoch unklar, stellt dies einen wesentlichen Formverstoß dar, der zur Nichtigerklärung des betreffenden Rechtsaktes führt.[955]

Wesentliche Formvorschriften sind auch die obligatorischen Anhörungspflichten des Europäischen Parlaments. Wird das Europäische Parlament andererseits angehört, obwohl in der einschlägigen Ermächtigungsnorm keine Anhörung vorgeschrieben ist (fakultative Anhörung), so stellt dies keinen Formverstoß dar. Denn zur Anhörung des Europäischen Parlaments ist der Rat immer berechtigt.[956]

---

952 EuGH, Slg. 1960, 481, 500; Erichsen/Weiß, JURA 1990, 528, 534.

953 EuGH, Slg. 1990, I-1545, 1548.

954 EuGH, Slg. 1970, 661, 690; 1980, 2229, 2264; 1983, 2191, 2207.

955 EuGH, Rs. 45/86 (APS) Slg. 1987, 1493.

956 EuGH, Rs. 165/87 (Zollnomenklaturabkommen), Slg. 1988, 5545.

*Verletzung des Vertrags (Auffangtatbestand)*

**4.** Der Fehlergrund der Verletzung des Vertrages oder einer bei seiner Durchführung anzuwendenden Rechtsnorm ist im Prinzip ein Auffangtatbestand, der alle Verstöße erfasst, die nicht unter einen der anderen Klagegründe fallen.[957] Prüfungsmaßstab sind das gesamte primäre und das geschriebene und ungeschriebene Unionsrecht sowie auch sekundäres Unionsrecht, soweit es rangmäßig dem in Frage stehenden Rechtsakt vorgeht. **630**

*AEUV, EGRCh und allgemeine Rechtsgrundsätze*

**a)** In Betracht kommen hauptsächlich Verstöße gegen primäres Unionsrecht und die allgemeinen Rechtsgrundsätze. Hierunter fallen die Bestimmungen des AEUV sowie dessen Zusatzprotokolle, die EGRCh und die im Rang gleichstehenden Unionsgrundrechte und Rechtsstaatsprinzipien. Ein Rechtsakt des Sekundärrechts ist nur dann rechtmäßig, wenn er mit dem Primärrecht und den allgemeinen Rechtsgrundsätzen vereinbar ist. **631**

*richtige Ermächtigungsgrundlage*

**b)** Weiterhin ist stets zu prüfen, ob der in Frage stehende Rechtsakt auf die richtige Ermächtigungsgrundlage gestützt wurde.

Die Bestimmung der richtigen Rechtsgrundlage hängt nicht allein davon ab, welches Ziel nach Auffassung des erlassenden Organs erreicht werden soll. Die richtige Rechtsgrundlage muss sich vielmehr auf objektive, gerichtlich nachprüfbare Umstände gründen, zu denen insbesondere Ziel und Inhalt des Rechtsaktes gehören.[958] Soweit mehrere Rechtsgrundlagen in Betracht kommen, ist der sachliche Schwerpunkt der Maßnahme entscheidend.[959] Sind zwei Politikbereiche untrennbar gleichermaßen betroffen, kann der Rechtsakt ausnahmsweise auf der Grundlage beider einschlägiger Ermächtigungsgrundlagen erlassen werden, soweit die jeweils vorgesehenen Rechtsetzungsverfahren miteinander vereinbar sind.[960] Ansonsten muss doch der sachliche Schwerpunkt ermittelt werden.

Wichtig ist, dass die Wahl einer falschen Ermächtigungsgrundlage nach Rechtsprechung des EuGH nicht immer zur Nichtigkeit des Rechtsaktes führt. Ist ein Rechtsakt auf die falsche Ermächtigungsgrundlage gestützt, so führt dies nur dann zu seiner Nichtigkeit, wenn die zutreffende Ermächtigungsgrundlage andere Verfahrensregeln in Hinblick auf den Rechtsetzungsprozess enthält und sich die Wahl der falschen Ermächtigungsgrundlage damit auf den Inhalt des in Frage stehenden Rechtsaktes hätte auswirken können (z.B. Einstimmigkeits- statt bloßes Mehrheitserfordernis, Mitentscheidung oder Zusammenarbeit des Europäischen Parlaments nach Art. 289, 294 AEUV statt bloßer Anhörung). **632**

Die Wahl der falschen Ermächtigungsgrundlage führt dann nicht zur Nichtigkeit des Rechtsaktes, wenn die verfahrensmäßigen Anforderungen bei der richtigen Ermächtigungsgrundlage identisch sind. Es liegt dann lediglich ein formaler Fehler vor.[961]

*höherrangiges Sekundärrecht*

**c)** Prüfungsmaßstab eines Unionsrechtsakts kann auch höherrangiges sekundäres Unionsrecht sein. So muss z.B. eine Durchführungsverordnung der Kommission (Art. 291 II AEUV) mit der zugrundeliegenden Grundverordnung, ein Beschluss mit der ihm zugrunde liegenden Verordnung vereinbar sein. **633**

---

957 Grabitz, ex Art. 230 EG, Rn. 116.

958 EuGH, Rs. C-300/89 (Titandioxid), Slg. 1991, I-2867, 2898 f.; Rs. C-155/91 (Kommission/Rat), Slg. 1993, I-939; Verb.Rsn. C-164/97 und C-165/97 (Parlament/Rat), Slg. 1999, I-1139; Rs. C-176/03 (Kommission u.a./Rat), NVwZ 2005, 1289.

959 EuGH, Verb.Rsn. C-164/97 und C-165/97 (Parlament/Rat), Slg. 1999, I-1139.

960 EuGH, Verb.Rsn. C-164/97 und C-165/97 (Parlament/Rat), Slg. 1999, I-1139. Vgl. ausführlicher Epiney, NVwZ 2006, 407, 408 m.w.N.

961 EuGH, Rs. 45/86 (APS), Slg. 1987, 1493.

*inzidente Normenkontrolle
Art. 277 AEUV*

Soweit der Kläger einen Beschluss der Kommission angreift, zu deren Erlass eine Verordnung ermächtigt, kann er auch die Rechtmäßigkeit der Verordnung im Rahmen der Nichtigkeitsklage gegen die Entscheidung aus den in Art. 263 II AEUV genannten Gründen bestreiten, Art. 277 AEUV („inzidente Normenkontrolle"). Hinsichtlich der Überprüfung der Verordnung gilt nicht die Klagefrist des Art. 263 VI AEUV.

*634*

Die inzidente Normenkontrolle stellt keine selbstständige Klageart dar, sondern schafft nur die Möglichkeit, eine Verordnung innerhalb eines anderen Verfahrens (insbesondere Schadensersatzklagen nach Art. 268 AEUV, Vorabentscheidungsverfahren nach Art. 267 AEUV) auf deren Gültigkeit hin überprüfen zu lassen. Zweck der Inzidentkontrolle ist es, die Rechtsunterworfenen gegen die Anwendung rechtswidriger Verordnungen zu schützen[962] und einen gewissen Ausgleich dafür zu bieten, dass der Einzelne Verordnungen nicht unmittelbar angreifen kann. Soweit die Inzidentrüge erfolgreich ist, wird der Bestand der rechtswidrigen Verordnung dadurch nicht in Frage gestellt. Folge ist daher nicht die Nichtigkeit „erga omnes", sondern lediglich die Unanwendbarkeit der Verordnung „inter partes".[963]

*635*

*völkerrechtliche Verträge*

**d)** Unionsrechtsakte müssen ferner mit den von der Union nach Art. 216 AEUV abgeschlossenen völkerrechtlichen Verträgen vereinbar sein, da sie die Unionsorgane binden, Art. 216 II AEUV.

*636*

*Ermessensmissbrauch*

**5.** Die Fehlerquelle des Ermessensmissbrauchs ist eng auszulegen. Unter Ermessen versteht das Unionsrecht jeden durch eine Rechtsnorm den Unionsorganen eingeräumten Entscheidungs- und Beurteilungsspielraum.[964] Voraussetzung für die Feststellung eines Ermessensmissbrauchs ist es, dass das handelnde Unionsorgan aus einem schwerwiegenden, einer Verkennung des gesetzlichen Zwecks gleichkommenden Mangel an Voraussicht oder Umsicht andere als diejenigen Ziele verfolgt hat, zu deren Erreichung ihm die im Vertrag vorgesehene Befugnis übertragen wurde.[965]

*637*

*Nichtigerklärung „ex tunc und erga omnes"*

**6.** Ist die Nichtigkeitsklage nach Art. 263 AEUV begründet, so erklärt der EuGH bzw. das EuG den betreffenden Rechtsakt für nichtig, Art. 264 AEUV. Soweit sich der Fehlergrund nur auf einzelne, abtrennbare Teile eines Rechtsaktes bezieht, kommt auch eine Teilnichtigerklärung in Betracht (z.B. einzelne Bestimmungen einer VO). Das Urteil des EuGH ist ein Gestaltungsurteil und wirkt ex tunc und erga omnes.[966]

*638*

**a)** Soweit eine Verordnung für nichtig erklärt wird, kann der EuGH anordnen, dass einzelne Bestimmungen als fortgeltend zu betrachten sind, Art. 264 II AEUV. Die Vorschrift dient dem Interesse der Rechtssicherheit und des Vertrauensschutzes.[967] Allerdings hat der EuGH in jüngerer Zeit entschieden, dass auch Bestimmungen einer Richtlinie, die für nichtig erklärt wurden, als fortgeltend zu betrachten sein können und Art. 264 II AEUV analog angewendet.[968]

*639*

**b)** Gemäß Art. 266 AEUV hat das Organ, dessen Rechtsakt für nichtig erklärt wurde, die sich aus dem Urteil des EuGH ergebenden Maßnahmen zu ergreifen. So sind z.B. aufgehobene Maßnahmen durch neue zu ersetzen.

*640*

---

962  EuGH, Slg. 1962, 1027, 1042.

963  Geiger, Art. 277 AEUV, Rn. 7.

964  Erichsen/Weiß, JURA 1990, 528, 533.

965  EuGH, Slg. 1965, 595, 616; 1982, 245, 266; Grabitz, ex Art. 230 EG, Rn. 126.

966  EuGH, Slg. 1954/55, 133, 147; Rs. 22/70 (AERT), Slg. 1971, 263, 279; Geiger, Art. 264 AEUV, Rn. 3 f.

967  EuGH, Rs. 45/86, („APS"); Slg. 1987, 1493.

968  EuGH, EuZW 1992, 676 („Studentenrichtlinie"); Klein/Haratsch, DÖV 1994, 133, 134.

Die mitgliedstaatlichen Gerichte und Verwaltungen dürfen für nichtig erklärte Unionsrechtsakte nicht weiter anwenden (z.B. Verordnungen). Unter Umständen kommen Schadensersatzansprüche der Betroffenen gegen die Union in Betracht, Art. 268 i.V.m. Art. 340 II AEUV.

**hemmer-Methode: Die Nichtigkeitsklage eignet sich hervorragend, um im Europarecht sowohl Prozessrecht als auch materielles Unionsrecht abzuprüfen; dabei kann die Klage auch als „Annex" eines „nationalen" Sachverhalts vorkommen.**[969]

### D) Untätigkeitsklage, Art. 265 AEUV

*Untätigkeitsklage*
*⇨ Feststellungsklage*

Gemäß Art. 265 AEUV können die Mitgliedstaaten, die Organe der Union (Art. 13 EUV) sowie unter bestimmten Voraussetzungen auch natürliche und juristische Personen (Art. 265 III AEUV) Klage auf Feststellung erheben, dass es das Europäische Parlament, der Europäische Rat, der Rat, die Kommission, die EZB sowie die übrigen Einrichtungen und sonstigen Stellen der Union unter Verletzung des Vertrages unterlassen haben, einen bestimmten Rechtsakt zu erlassen. Es handelt sich demnach um eine Feststellungsklage, die auf Feststellung einer rechtswidrigen Unterlassung gerichtet ist. Unzulässig wäre daher ein Klageantrag, der auf Vornahme der betreffenden Rechtshandlung lautet.

**641**

*subsidiäre Anwendung*

Wichtig ist, dass die Untätigkeitsklage nach Art. 265 AEUV im Verhältnis zur Nichtigkeitsklage nach Art. 263 AEUV subsidiär ist. Die Untätigkeitsklage ist demnach nur dann die einschlägige Rechtsschutzform, wenn kein mit der Nichtigkeitsklage anfechtbarer Rechtsakt vorliegt.[970]

**642**

> *Bsp.: Die Nichtigkeitsklage nach Art. 263 AEUV und nicht die Untätigkeitsklage nach Art. 265 AEUV ist einschlägig, wenn das betreffende Organ einen Antrag auf Erlass eines Rechtsaktes abgelehnt hat.*[971] *Ist die Nichtigkeitsklage gegen die ablehnende Entscheidung begründet, hat das Organ nunmehr die betreffende Handlung vorzunehmen, Art. 266 I AEUV.*

### I. Zulässigkeit

**643**

### 1. Zuständigkeit

*Zuständigkeit: EuGH/EuG*

**a)** Der Gerichtshof ist zuständig für Untätigkeitsklagen, die von einem Unionsorgan (Art. 13 EUV) wegen unterlassener Beschlussfassung erhoben wird (Art. 256 I AEUV, Art. 51 SEuGH).

**b)** Nach Art. 256 I AEUV, Art. 51 I SEuGH ist der EuGH grundsätzlich auch für Untätigkeitsklagen zuständig, die von Mitgliedstaaten wegen unterlassener Beschlussfassung des Parlaments oder des Rates erhoben werden.

Für Untätigkeitsklagen der Mitgliedstaaten gegen die Kommission ist demgegenüber grundsätzlich die Zuständigkeit des EuG gegeben. Art. 51 I lit. b SEuGH behält lediglich unterlassene Beschlussfassungen der Kommission nach Art. 331 I AEUV der Entscheidung des EuGH vor.

---

969  Zum Klausuraufbau einer Nichtigkeitsklage mit Übersicht Hemmer/Wüst, die 23 wichtigsten Fälle Europarecht, S. 136 ff.

970  Erichsen/Weiß, JURA 1990, 528, 534.

971  Geiger, Art. 265 AEUV, Rn. 4; Grabitz, ex Art. 230 EG, Rn. 130 ff.

c) Soweit es sich um eine Untätigkeitsklage natürlicher oder juristischer Personen handelt, ist die Zuständigkeit des EuG gegeben, Art. 256 I AEUV, Art. 51 SEuGH.

## 2. Beteiligtenfähigkeit

*Beteiligtenfähigkeit*

**a)** Aktiv beteiligtenfähig sind die Organe der Union, Art. 265 I AEUV.          **644**

Gemäß Art. 265 III AEUV sind auch natürliche und juristische Personen aktiv beteiligtenfähig (Individualklage).[972]

**b)** Passiv beteiligtenfähig sind explizit das Europäische Parlament, der Europäische Rat, der Rat, die Kommission und die EZB, Art. 265 I S. 1 AEUV, aber zudem auch Einrichtungen und sonstige Stellen der Union, die es unterlassen haben, tätig zu werden, Art. 265 I S. 2 AEUV. Die Klage ist gegen das jeweilige Organ zu richten, das die Maßnahme unterlassen hat.          **645**

## 3. Klagegegenstand

*Klagegegenstand:*
*Unterlassungen der*
*Unionsorgane*

**a)** Soweit es sich um eine Untätigkeitsklage der Mitgliedstaaten oder der Unionsorgane handelt, ist Klagegegenstand das Unterlassen, einen „Beschluss" zu fassen, Art. 265 I AEUV. Nach bisheriger Rechtslage (vor dem Vertrag von Lissabon) umfasste der Begriff des „Beschlusses" anders als derjenige der „Handlungen" in Art. 263 AEUV nach h.M. nicht nur Rechtsakte, die rechtliche Wirkungen erzeugen, sondern darüber hinaus auch unverbindliche Rechtsakte wie Empfehlungen und Stellungnahmen.[973] Dies ergibt sich aus einem Umkehrschluss aus Art. 265 III AEUV, der bei Klagen natürlicher und juristischer Personen unverbindliche Stellungnahmen und Empfehlungen als Klagegegenstand ausdrücklich ausnimmt.[974] Von dieser Auslegung kann wohl auch in Zukunft ausgegangen werden.          **646**

*Individualklagen*

**b)** Bei Klagen natürlicher und juristischer Personen (Individualklagen) können Klagegegenstand nur solche Rechtsakte sein, die nicht Stellungnahmen oder Empfehlungen sind. Es muss sich daher um verbindliche Rechtsakte handeln.          **647**

*Umfang nach Vorverfahren*

**c)** Wichtig ist, dass ebenso wie beim Vertragsverletzungsverfahren nach Art. 258 AEUV der zulässige Klagegegenstand bereits durch das erforderliche Vorverfahren festgelegt wird.          **648**

## 4. Klagebefugnis

*Mitgliedstaaten, Unionsorgane*

**a)** Soweit es sich um eine Untätigkeitsklage durch die Mitgliedstaaten oder die Unionsorgane handelt (Art. 265 I AEUV), ist das Vorliegen einer besonderen Klagebefugnis nicht erforderlich (privilegierte Klagebefugte). Es handelt sich insoweit entsprechend den Ausführungen zur Nichtigkeitsklage um ein objektives Verfahren.          **649**

*Individualklagen*
*⇨ Beschlüsse, Art. 288 IV AEUV*

**b)** Individualklagen nach Art. 265 III AEUV sind hingegen vom Vorliegen einer Klagebefugnis abhängig. Natürliche und juristische Personen können nur insoweit zulässigerweise Untätigkeitsklage erheben, als sie geltend machen, dass der unterlassene Rechtsakt „an sie zu richten ist". Die Klagebefugnis kann daher nur in Hinblick auf die Unterlassung solcher Rechtsakte bestehen, die an Individuen adressiert werden können.[975]

---

972  Zu den juristischen Personen siehe oben Rn. 599.

973  EuGH, Rs. 13/83 (Verkehrspolitik), Slg. 1985, 1513, 1590 ff.; Geiger, Art. 265 AEUV, Rn. 3; Grabitz, ex Art. 232 EG, Rn. 9.

974  Grabitz, ex Art. 232 EG, Rn. 9.

975  Erichsen/Weiß, JURA 1990, 528, 535.

In Betracht kommen dabei grundsätzlich Individualbeschlüsse nach Art. 288 IV S. 2 AEUV.

**650**

*an Dritte zu richtende Beschlüsse (+)*

Nach bisheriger Rechtsprechung des EuGH können – trotz des Wortlauts des Art. 265 III AEUV – Individuen wie bei Nichtigkeitsklagen (Art. 263 IV AEUV) auch die Unterlassung solcher Beschlüsse im Verfahren des Art. 265 AEUV feststellen lassen, die zwar an einen Dritten zu richten sind, den Kläger aber unmittelbar und individuell betreffen würden.[976] Eine solche Auslegung des Art. 265 III AEUV (ex Art. 232 III AEUV) gebiete der einheitliche Charakter der Rechtsbehelfe nach Art. 263 und 265 AEUV. Zudem dürfe die Möglichkeit für den Einzelnen, seine Rechte geltend zu machen, nicht davon abhängen, ob das betreffende Unionsorgan tätig geworden oder untätig geblieben ist.

*Normativakte (-)*

Auch wenn ein entsprechender Klagegegenstand im Rahmen einer Nichtigkeitsklage nicht grundsätzlich unzulässig ist, scheidet eine Untätigkeitsklage von Individuen wegen unterlassener Normsetzung (Verordnungen, Richtlinien) hingegen wegen des Schutzes des normativen Ermessens der Unionsorgane aus.[977]

**c)** Der Kläger muss in seiner Klageerhebung den Klagegrund genau angeben (Art. 21 SEuGH, Art. 38 § 1 VerfO). Die bloße Bezugnahme auf das Vorverfahren reicht nicht.

**651**

**hemmer-Methode:** In der Klausur kann es vorkommen, dass ein einzelner Kläger im Rahmen des Art. 265 AEUV die Kommission mit dem Ziel verklagen möchte, ein Vertragsverletzungsverfahren gegen einen Mitgliedstaat nach Art. 258 AEUV durchzuführen. Eine solche Untätigkeitsklage ist entsprechend den obigen Ausführungen unzulässig.[978] Die von der Kommission im Rahmen des Vorverfahrens nach Art. 258 AEUV erlassenen Akte (erstes Mahnschreiben, begründete Stellungnahme) sind ausschließlich an die Mitgliedstaaten gerichtet. Weiterhin steht der Kommission nach Rechtsprechung des EuGH ein Ermessen hinsichtlich der Einleitung eines Vertragsverletzungsverfahrens zu, das das Recht Einzelner, eine Stellungnahme in einem bestimmten Sinn zu verlangen, ausschließt.[979] Zudem dient das Vertragsverletzungsverfahren nach Art. 258 AEUV nicht dem Individualrechtsschutz, sondern betrifft allein das Verhältnis zwischen den Mitgliedstaaten und der Kommission. Schließlich ist das Verfahren nach Art. 258 AEUV mit seiner besonderen Ausgestaltung hinsichtlich der Anhörung der Mitgliedstaaten spezieller. Gegen die ablehnende Entscheidung der Kommission ist aus den gleichen Gründen auch keine Nichtigkeitsklage des Einzelnen nach Art. 263 AEUV zulässig.[980]

**652**

## 5. Vorverfahren, Art. 265 II AEUV

*Ordnungsgemäßes Vorverfahren ⇨ Prozessvoraussetzung*

Gemäß Art. 265 II AEUV ist die Untätigkeitsklage nur zulässig, wenn das betreffende Organ zuvor zum Tätigwerden aufgefordert wurde.

**653**

Die Durchführung eines ordnungsgemäßen Vorverfahrens ist damit Prozessvoraussetzung. Zudem wird durch das Vorverfahren der Klagegegenstand in tatsächlicher wie rechtlicher Hinsicht festgelegt.

*Aufforderungsschreiben*

**a)** Das Vorverfahren beginnt mit dem „Aufforderungsschreiben" des Klägers.[981]

**654**

**aa)** Der Kläger muss zunächst das betreffende Organ auffordern, tätig zu werden und den begehrten Akt bzw. Beschluss zu erlassen.

---

976 EuGH, Rs. C-68/95 (T. Port GmbH u. Co. KG/Bundesanstalt für Landwirtschaft und Ernährung), EuZW 1997, 61, 64; Geiger, Art. 265 AEUV, Rn. 10.

977 EuGH, Slg. 1971, 797; 1972, 105.

978 EuGH, Rs. 247/87 (Star Fruit), Slg. 1989, 291; Rs. C-107/95 P (Bilanzbuchhalter/Kommission), Slg. 1997, I-957.

979 EuGH, Rs. 247/87 (Star Fruit), Slg. 1989, 291; vgl. auch Rs. C-107/95 P (Bilanzbuchhalter/Kommission), Slg. 1997, I-957.

980 EuGH, Rs. C-107/95 P (Bilanzbuchhalter/Kommission), Slg. 1997, I-957.

981 Siehe zum Ganzen Erichsen/Weiß, JURA 1990, 528, 535.

**bb)** Der Kläger muss im Aufforderungsschreiben den begehrten Rechtsakt genau bezeichnen.

**cc)** Ferner muss das Aufforderungsschreiben genau angeben, aus welchen Gründen das betreffende Organ zum Erlass des begehrten Rechtsaktes verpflichtet ist. Insbesondere sind die einschlägigen Bestimmungen des AEUV zu bezeichnen.

**dd)** Der Kläger muss schließlich die Erhebung einer Klage in Aussicht stellen. Diese Voraussetzung dient der Abgrenzung zu bloßen informatorischen Anfragen und soll dem betreffenden Organ die Gefahr einer Klage vor dem EuGH deutlich machen.

*Das Vorverfahren legt den Klagegegenstand fest*

Das Aufforderungsschreiben dient somit entsprechend der „begründeten Stellungnahme" im Rahmen des Art. 258 AEUV der Festlegung des Klagegegenstands in tatsächlicher und rechtlicher Hinsicht. Soweit der Kläger in seiner Untätigkeitsklage über den Gegenstand des Aufforderungsschreibens hinausgeht, ist die Klage zumindest teilweise unzulässig.

*Abschluss des Vorverfahrens*

**b)** Die Untätigkeitsklage ist nur zulässig, wenn das betreffende Organ binnen zwei Monaten nach Zugang des Aufforderungsschreibens keine Stellungnahme abgegeben hat, Art. 265 II S. 2 AEUV. Hinsichtlich des Abschlusses des Vorverfahrens bestehen indes grundsätzlich drei Möglichkeiten:

*655*

**aa)** Das betreffende Unionsorgan erlässt den begehrten Rechtsakt: eine Untätigkeitsklage nach Art. 265 AEUV ist dann unzulässig.

**bb)** Das betreffende Unionsorgan lehnt den Erlass des begehrten Rechtsaktes ab: es handelt sich dann um eine „Stellungnahme" i.S.d. Art. 265 II AEUV. Die ablehnende „Stellungnahme" ist aber nicht nur Stellungnahme i.S.d. Art. 288 V AEUV, sondern sie entfaltet rechtliche Wirkung. Einschlägige Rechtsschutzform ist dann nicht die subsidiäre Untätigkeitsklage nach Art. 265 AEUV, sondern die Nichtigkeitsklage nach Art. 263 AEUV.[982]

Entsprechendes gilt, wenn das betreffende Unionsorgan einen anderen als den begehrten Rechtsakt erlässt.

**cc)** Das betreffende Unionsorgan gibt innerhalb einer Frist von zwei Monaten nach Zugang des Aufforderungsschreibens keine Stellungnahme ab, Art. 265 II S. 2 AEUV: das Vorverfahren ist dann abgeschlossen, nur in diesem Fall kann der Kläger Untätigkeitsklage zum EuGH bzw. EuG erheben.

## 6. Klagefrist

*Klagefrist*

Gemäß Art. 265 II S. 2 AEUV ist die Klage innerhalb einer weiteren Frist von zwei Monaten nach Ablauf der zweimonatigen Frist zur Stellungnahme zu erheben.

*656*

## 7. Allgemeines Rechtsschutzbedürfnis

*allgemeines Rechtsschutzbedürfnis*

Soweit keine besonderen Anhaltspunkte gegeben sind, ist vom Vorliegen des allgemeinen Rechtsschutzbedürfnisses auszugehen.

*657*

---

982  EuGH, Slg. 1979, 3173; Verb.Rs. 97, 99, 193, 215/86 (Asteris),1988, 2181 = **juris**byhemmer.

## II. Begründetheit

*Feststellung einer Vertragsverletzung ⇨ Art. 266 AEUV*

Die Untätigkeitsklage nach Art. 265 AEUV ist begründet, wenn das beklagte Organ unionsrechtlich verpflichtet gewesen wäre, den begehrten Rechtsakt zu erlassen. Das Unterlassen muss auf einer Verletzung des Unionsrechts beruhen. Keine Unionsrechtsverletzung liegt grundsätzlich vor, soweit den Organen ein Ermessens- bzw. Beurteilungsspielraum zukommt, es sei denn, es läge ein Fall des Ermessensmissbrauchs vor.

**658**

Ist die Untätigkeitsklage begründet, so stellt der EuGH fest, dass es das beklagte Organ unter Verletzung des Unionsrechts unterlassen hat, einen bestimmten Rechtsakt vorzunehmen. Das betreffende Organ hat die Maßnahmen zu ergreifen, die sich aus dem Urteil des EuGH ergeben, Art. 266 AEUV (z.B. Vornahme der Handlung). In Betracht kommen zudem Schadensersatzansprüche gegen die Union, Art. 266 II i.V.m. Art. 340 II AEUV.

**hemmer-Methode: Die praktische und klausurmäßige Bedeutung der Untätigkeitsklage ist eher gering.**[983]

### E) Schadensersatzklage, Art. 268 i.V.m. Art. 340 II AEUV

*Schadensersatzklage nur außervertragliche Haftung*

Gemäß Art. 268 i.V.m. Art. 340 II AEUV ist bei Schadensersatzklagen im Bereich der außervertraglichen (= deliktischen) Haftung der Union der Rechtsweg zur europäischen Gerichtsbarkeit gegeben. Ersetzt werden solche Schäden, die Bedienstete oder Organe der Union in Ausübung ihrer Amtstätigkeit verursacht haben. Es handelt sich um eine selbstständige Klageart in Gestalt einer Leistungsklage.

**659**

*vertragliche Haftung ⇨ nationales Recht*

Hinsichtlich der vertraglichen Haftung der Union sind mangels Zuweisung an die europäische Gerichtsbarkeit die nationalen Gerichte zuständig (Art. 274 AEUV), es sei denn die Zuständigkeit der europäischen Gerichtsbarkeit wurde durch Schiedsklausel in einem öffentlich-rechtlichen oder privatrechtlichen Vertrag ausdrücklich vereinbart (Art. 272 AEUV). Die vertragliche Haftung der Union richtet sich nach nationalem Recht, Art. 340 I AEUV. Soweit es sich um einen privatrechtlichen Vertrag handelt, bestimmt sich das anzuwendende Recht nach den Regeln des Internationalen Privatrechts (Art. 27 ff. EGBGB). Die Union ist rechts- und parteifähig und kann vor Gericht wie eine juristische Person des deutschen Rechts stehen, Art. 335 S. 1 AEUV. Vertreten wird sie durch die Kommission, Art. 335 S. 2 AEUV.

**660**

### I. Zulässigkeit

### 1. Zuständigkeit

*Zuständigkeit: EuGH / EuG*

Für Schadensersatzklagen natürlicher und juristischer Personen oder der Mitgliedstaaten ist die Zuständigkeit des EuG gegeben, Art. 256 I AEUV, Art. 51 SEuGH.

**661**

### 2. Beteiligtenfähigkeit

*Beteiligtenfähigkeit*

**a)** Aktiv beteiligtenfähig sind grundsätzlich alle Personen und Personenvereinigungen, die nach materiellem Recht anspruchsberechtigt sein können.[984]

**662**

---

983  Vgl. dennoch zum Klausuraufbau einer Untätigkeitsklage Hemmer/Wüst, Die 23 wichtigsten Fälle Europarecht, S. 141 f.

984  Erichsen/Weiß, JURA 1990, 586, 588.

In Betracht kommen hauptsächlich natürliche und juristische Personen des Privatrechts. Anspruchsberechtigt können auch die Mitgliedstaaten sein, allerdings nur im fiskalischen, privatwirtschaftlichen Bereich.[985]

**b)** Passiv beteiligtenfähig ist wohl die Union selbst,[986] nicht hingegen das Organ, dem der Schaden zuzurechnen ist.[987] Die Union wird jedoch durch das handelnde Organ vertreten.

*663*

## 3. Klagegegenstand

*Klagegegenstand:*
*Schäden, die in Ausübung*
*einer Amtstätigkeit*
*verursacht wurden*

**a)** Gegenstand der Schadensersatzklage nach Art. 268 AEUV sind allein Ansprüche im Bereich der außervertraglichen Haftung der Union (Art. 340 II, III AEUV). In Betracht kommt die Geltendmachung von Schäden, welche die Bediensteten oder Organe der Gemeinschaft in Ausübung ihrer Amtstätigkeit verursacht haben. Erfasst werden sowohl Fälle „administrativen Unrechts" (rechtswidriges Verwaltungshandeln, wie z.B. rechtswidriges Sekundärrecht i.S.d. Art. 288 AEUV, Schäden bei Ausführung einer Maßnahme) als auch Fälle „normativen Unrechts" (rechtswidrige Normsetzung wie z.B. rechtswidrige Richtlinien oder Verordnungen, Art. 288 II, III AEUV).[988]

*664*

**b)** In seiner Klageschrift (Art. 21 SEuGH, Art. 38 § 1 VerfO) muss der Kläger dartun, dass eine Haftung der Union auf Grundlage des Art. 340 II AEUV in Betracht kommt. Die Höhe des Schadens ist grundsätzlich zu beziffern. Soweit dies noch nicht möglich ist, ist auch ein Feststellungsantrag zulässig.[989]

*665*

*Klagefrist*

## 4. Klagefrist

Art. 268 AEUV enthält selbst keine Klagefrist. Allerdings bestimmt Art. 46 S. 1 SEuGH, dass die Ansprüche aus außervertraglicher Haftung in fünf Jahren nach Eintritt des schädigenden Ereignisses verjähren.

*666*

Nach Rechtsprechung des EuGH handelt es sich hierbei um eine Klagefrist und damit um eine Zulässigkeitsvoraussetzung, die allerdings nicht von Amts wegen zu beachten ist.[990] Die Frist wird durch die Klageerhebung oder die Geltendmachung beim zuständigen Organ unterbrochen. Soweit der Kläger allerdings den Anspruch zuvor bei dem Organ, dem das rechtswidrige Verhalten zur Last gelegt wird, geltend gemacht hat, ist die Klage innerhalb von zwei Monaten zu erheben, Art. 46 S. 3 SEuGH i.V.m. Art. 263 VI AEUV.

## 5. Allgemeines Rechtsschutzbedürfnis

*allgemeines Rechtsschutzbedürfnis*

Das Vorliegen des allgemeinen Rechtsschutzbedürfnisses kann insbesondere in Hinblick auf andere, vorrangig in Anspruch zu nehmende Rechtsschutzmöglichkeiten fraglich sein. In Betracht kommen sowohl unionsrechtliche Rechtsbehelfe als auch Rechtsschutzmöglichkeiten nach nationalem Recht.

*667*

---

985 Ebenso andere juristische Personen des öffentlichen Rechts (z.B. Gemeinden, Bundesländer).

986 EuGH, Slg. 1973, 1229, 1247; Geiger, Art. 340 AEUV, Rn. 6; Erichsen/Weiß, JURA 1990, 586, 588 = **juris**byhemmer.

987 So aber Grabitz, ex Art. 288 EG, Rn. 39 f.

988 EuGH, Rs. C-34/09 (Große Kammer) = NJW 2011, 2033.

989 EuGH, Slg. 1976, 711, 743 f.; Rs. 281/84 (Zuckerfabrik Bedburg), 1987, 49 = **juris**byhemmer.

990 EuGH, Slg. 1982, 85, 105 f.; Slg. 1989, 1553; Erichsen/Weiß, JURA 1990, 586, 589 = **juris**byhemmer.

*Verhältnis zu Art. 263, 265 AEUV*

**a)** Problematisch war früher insbesondere das Verhältnis der Schadensersatzklage zur Nichtigkeitsklage nach Art. 263 AEUV. Der EuGH ging davon aus, dass eine Schadensersatzklage dann nicht zulässigerweise erhoben werden kann, wenn der in Frage stehende fehlerhafte Rechtsakt mit der Nichtigkeitsklage nach Art. 263 AEUV anfechtbar war und noch nicht aufgehoben wurde (bislang v.a. Beschlüsse).[991] Andernfalls würden die Zulässigkeitsvoraussetzungen der Nichtigkeitsklage umgangen. Der EuGH änderte indes seine Rechtsprechung und betont nunmehr, dass die Schadensersatzklage nach Art. 268 AEUV ein selbstständiger Rechtsbehelf mit eigener Funktion im System der Klagemöglichkeiten sei, sodass dessen Zulässigkeit nicht von der Erhebung einer Nichtigkeitsklage abhängt.[992] Die Schadensersatzklage unterscheidet sich von der Nichtigkeitsklage dadurch, dass sie nicht auf die Aufhebung einer bestimmten Maßnahme, sondern auf Ersatz des von einem Organ verursachten Schadens gerichtet ist. Entsprechendes gilt für das Verhältnis zur Untätigkeitsklage nach Art. 265 AEUV.

Das allgemeine Rechtsschutzbedürfnis kann jedoch unter dem Aspekt des Verfahrensmissbrauchs fehlen, wenn die rechtzeitige Erhebung der Nichtigkeitsklage den Schadenseintritt verhindert hätte.

*Bsp.: Die Kommission erhebt von dem Unternehmer X eine Abgabe. X zahlt den Betrag, hält indes den zugrundeliegenden Beschluss für rechtswidrig. Der Beschluss wird bestandskräftig, da X deren Anfechtung nach Art. 263 AEUV unterlässt. Seine danach erhobene Schadensersatzklage auf Zahlung des entsprechenden Betrags ist unzulässig, da er in Wirklichkeit nichts anderes als die Aufhebung des Beschlusses begehrt.[993]*

*Verhältnis zu nationalen Rechtsschutzmöglichkeiten*

**b)** Problematisch und teilweise ungeklärt ist das Verhältnis der Schadensersatzklage nach Art. 268 AEUV zu den nationalen Rechtsschutzmöglichkeiten.

**aa)** Im Bereich des mitgliedstaatlichen Vollzugs des Unionsrechts käme auch eine Haftung der Bundesrepublik grundsätzlich in Betracht (z.B. nach § 839 BGB i.V.m. Art. 34 GG, enteignungsgleicher Eingriff).

Zwar handelt es sich bei der Schadensersatzklage nach Art. 268 i.V.m. Art. 340 II AEUV um einen selbständigen Rechtsbehelf, jedoch lässt der EuGH die Tendenz erkennen, die Haftung der Union im Verhältnis zur mitgliedstaatlichen Haftung als subsidiär zu behandeln.[994] Eine ausschließliche Haftung der Union nach Art. 340 II AEUV ist aber jedenfalls dann anzunehmen sein, wenn allein bei den Organen der Union ein vorwerfbares Verhalten festzustellen ist.[995]

Im Übrigen hat der BGH eine Haftung der Bundesrepublik für den Vollzug rechtswidriger Verordnungen (Art. 288 II AEUV) grundsätzlich ausgeschlossen, da insoweit die tragenden Gründe für den Ausschluss einer Haftung für legislatives Unrecht einschließlich seines Vollzugs „in gleicher Weise und erst recht" zum Tragen kommen.[996]

668

669

---

991  EuGH, Slg. 1963, 215, 239 f.

992  EuGH, Rs. 5/71 (Schöppenstedt) Slg. 1971, 975, 983 f.; 1974, 675, 693; Verb.Rs. 197-200, 243, 245 u. 247/80 (Ludwigshafener Walzmühle), Slg. 1981, 3211, 3243.

993  EuGH, Rs. 175/84 (Krohn), Slg. 1986, 753; Rs. C-310/97 (Kommission/Assi-Domän Kraft Products u.a.), NJW 2000, 1933 ff.

994  Erichsen/Weiß, JURA 1990, 586, 589 mit Nachweisen aus der Rspr. des EuGH.

995  Jarass, NJW 1994, 881, 886; siehe auch EuGH, Slg. 1988, 5515, 5539 f.

996  BGH, DVBl. 1993, 717 f; vgl. zur Begründung des Haftungsausschlusses für legislatives Unrecht nach deutschem Recht oben Rn. 382a = **juris**byhemmer.

**bb)** Die Schadensersatzklage ist im Allgemeinen dann unzulässig, wenn ein Schaden durch eine mitgliedstaatliche Durchführungsmaßnahme verursacht wurde und die Möglichkeit besteht, durch Einlegung von Rechtsbehelfen bei den mitgliedstaatlichen Gerichten (mit der Vorlagemöglichkeit nach Art. 267 AEUV) den Schutz des Einzelnen wirksam sicherzustellen. Dies ist dann der Fall, wenn ein innerstaatlicher Rechtsbehelf zum Ersatz des geltend gemachten Schadens führen kann.[997]

> *Bsp.: Soweit durch die deutschen Behörden eine Abgabe aufgrund einer rechtswidrigen Verordnung erhoben wurde, müsste der Kläger zunächst den zugrundeliegenden Verwaltungsakt mit einer Anfechtungsklage nach § 42 I Alt. 1 VwGO angreifen und die Rückzahlung des Betrags im Rahmen eines öffentlich - rechtlichen Erstattungsanspruchs vor dem VG verlangen. Soweit das VG die VO für rechtswidrig hält, muss es den EuGH nach Art. 267 AEUV anrufen.*

671

Die Verweisung auf den nationalen Rechtsweg ist indes unzumutbar, wenn der Ausgang eines langwierigen Verfahrens trotz der Rechtswidrigkeit des Unionsrechtsakts aus Gründen des nationalen Rechts unsicher ist[998] oder wenn keine geeignete Klagemöglichkeit besteht, die zum Ersatz des Schadens führen kann.[999]

**cc)** Eine Haftung der Union kommt freilich dann nicht in Betracht, wenn der Schaden ausschließlich auf einem rechtswidrigen Verhalten der nationalen Behörden beruht (z.B. Vollzugsfehler bei rechtmäßigen Verordnungen).

672

## II. Begründetheit

Die Schadensersatzklage nach Art. 268 AEUV ist begründet, wenn der vom Kläger geltend gemachte Schadensersatzanspruch tatsächlich besteht. Gemäß Art. 340 II AEUV haftet die Union nach den allgemeinen Rechtsgrundsätzen, die den Rechtsordnungen der Mitgliedstaaten gemeinsam sind. Es gelten demnach eigene unionsrechtliche Haftungsregeln, die aus einem wertenden Vergleich der Rechtsordnungen der Mitgliedstaaten unter besonderer Berücksichtigung der Funktionsbedürfnisse der Union zu gewinnen sind.

673

Nach der Rechtsprechung des EuGH kann ein Schadensersatzanspruch grundsätzlich nur dann bestehen, wenn die den Bediensteten oder Organen zur Last gelegte Amtstätigkeit rechtswidrig ist, ein tatsächlicher Schaden eingetreten ist und zwischen der Handlung und dem Schaden ein ursächlicher Zusammenhang besteht.[1000]

674

*Amtstätigkeit*

**1.** Gemäß Art. 340 II AEUV kommt eine Haftung der Union zunächst nur bei Amtstätigkeiten in Betracht. Es muss ein hoheitliches Handeln vorliegen, das auch in einem Unterlassen bestehen kann. Erfasst wird auch die schlicht-hoheitliche Tätigkeit. Die Organe oder Bediensteten müssen den Schaden in Ausübung ihrer Amtstätigkeit verursacht haben.

675

Eine Amtstätigkeit i.S.d. des Art. 340 II AEUV stellt auch der Erlass von Verordnungen und Richtlinien dar. Demnach kommt grundsätzlich auch eine Haftung der Union für normatives Unrecht in Betracht, obwohl nicht in allen Mitgliedstaaten eine solche Haftung gegeben ist.[1001]

---

997  EuGH, Rs. 175/84 (Krohn), Slg. 1986, 753; Erichsen/Weiß, JURA 1990, 586, 589.

998  EuGH, Slg. 1979, 3657.

999  EuGH, Verb.Rs. 197-200, 243, 245 u. 247/80 (Ludwigshafener Walzmühle), Slg. 1981, 3211, 3244; 1984, 1969.

1000  EuGH, Slg. 1976, 711, 743 ff.; 1990, I-1981.

1001  EuGH, Rs. 5/71 (Schöppenstedt) Slg. 1971, 975 ff.

| | | |
|---|---|---|
| *Rechtswidrigkeit* | **2.** Die betreffende Amtstätigkeit des Bediensteten oder des Organs muss weiterhin rechtswidrig sein. | 676 |

Der bloße Rechtsverstoß genügt aber nicht in jedem Fall, um die außervertragliche Haftung der Union auszulösen. Hinsichtlich des Rechtswidrigkeitsmaßstabs ist vielmehr zwischen der Haftung für rechtswidriges Verwaltungshandeln („administratives Unrecht") und der Haftung für rechtswidrige Normsetzung („legislatives Unrecht") zu unterscheiden.

| | | |
|---|---|---|
| *administratives Unrecht* | **a)** Im Bereich des administrativen Unrechts muss es sich lediglich um die Verletzung einer zumindest auch dem Individualinteresse dienenden Norm höherrangigen Unionsrechts handeln.[1002] Ausreichend ist daher, wenn eine Norm zwar überwiegend den Allgemeininteressen dient, jedoch auch teilweise individuelle Interessen fördert.[1003] | 677 |

| | | |
|---|---|---|
| *legislatives Unrecht* | **b)** Soweit es um den Bereich des legislativen Unrechts geht und den Unionsorganen - wie etwa bei wirtschaftspolitischen Entscheidungen - ein weiter Gestaltungsspielraum belassen ist, genügt die Verletzung einer individualschützenden Norm allein indes nicht. Vielmehr gilt ein qualifizierter Rechtswidrigkeitsmaßstab mit engen Voraussetzungen. Hierdurch soll der Gestaltungsspielraum der rechtsetzenden Unionsorgane geschützt werden. Eine Haftung wegen legislativen Unrechts kommt nach der Rechtsprechung des EuGH nur dann in Betracht, wenn es sich um eine qualifizierte, d.h. eine offensichtliche und schwerwiegende Verletzung einer höherrangigen, dem Schutz des Einzelnen dienenden Rechtsnorm handelt.[1004] Dies ist z.B. bei einer an Willkür grenzenden, erheblichen und offenkundigen Überschreitung der Befugnisse des betreffenden Organs der Fall.[1005] Auch stellt der EuGH auf die Zahl der Opfer und die Höhe des Schadens ab, was zu einer Ablehnung der Haftung führt, wenn eine große Gruppe von Marktteilnehmern betroffen ist.[1006] Die engen Voraussetzungen der Haftung für legislatives Unrecht lassen einen Schadenersatzanspruch nur selten durchgreifen. | 678 |

| | | |
|---|---|---|
| *Schaden* | **3.** Weiterhin muss ein Schaden vorliegen. Inwieweit ein Schaden vorliegt, dürfte nach der Differenzhypothese zu bestimmen sein. Ersetzt wird auch der entgangene Gewinn, doch müssen die Geschäfte, auf die sich der Kläger beruft, schon hinreichend bestimmt sein.[1007] | 679 |

| | | |
|---|---|---|
| *Kausalzusammenhang* | **4.** Schließlich muss zwischen dem Verhalten des Bediensteten/des Organs und dem Schaden ein Kausalzusammenhang bestehen. Der EuGH folgt im Wesentlichen einer weit gefassten Adäquanztheorie und definiert die Kausalität als unmittelbaren ursächlichen Zusammenhang. | 680 |

Der unmittelbare Kausalzusammenhang zwischen einem rechtswidrigen Unionsrechtsakt und dem eingetretenen Schaden wird nicht durch einen vermittelnden mitgliedstaatlichen Durchführungsakt unterbrochen.

| | | |
|---|---|---|
| *kein Verschulden erforderlich* | **5.** Auf ein Verschulden kommt es nach bisheriger Rechtsprechung nicht an.[1008] Bei der Amtshaftung der Union handelt es sich somit um eine verschuldensunabhängige Haftung mit der Rechtswidrigkeit als der entscheidenden Voraussetzung. | 681 |

---

1002  Zur Schutznormlehre (oder auch 'Schöppenstedt-Formel') siehe Geiger, Art. 340 AEUV, Rn. 9 m.w.N.

1003  EuGH, Slg. 1967, 332, 355.

1004  EuGH, Slg. 1971, 985; 1987, 4857; 1992, I-1937; Geiger, Art. 340 AEUV, Rn. 11 ff.; Grabitz, ex Art. 288 EG, Rn. 83 ff.

1005  EuGH, Slg. 1978, 1209, 1224; Rs. 238/78 (Quellmehl-Ireks Arkady), 1979, 2955 = **juris**byhemmer.

1006  EuGH, Slg. 1978. 1209, 1224 f.

1007  Geiger, Art. 340 AEUV, Rn. 7.

1008  Erichsen/Weiß, JURA 1990, 586, 589; Grabitz, ex Art. 234 EG, Rn. 2.

**6.** Soweit die Schadensersatzklage begründet ist, hat die Union den        *682*
Schaden zu ersetzen. Ein etwaiges Mitverschulden ist zu berücksichtigen.

**hemmer-Methode: Auch die klausurmäßige Bedeutung der Schadens-
ersatzklage dürfte im Examen eher gering sein.**[1009]


## F) Vorabentscheidungsverfahren, Art. 267 AEUV

*Vorabentscheidungsverfahren*          Gemäß Art. 267 AEUV können nationale Gerichte den EuGH mit        *683*
⇨ *Antragsverfahren*                   Fragen über die Auslegung und Gültigkeit des Unionsrechts befas-
                                       sen. Es handelt sich nicht um eine Klage, sondern um ein Antrags-
                                       verfahren. Sinn des Vorabentscheidungsverfahrens ist es, die ein-
                                       heitliche Anwendung und Geltung des Unionsrechts zu gewährleis-
                                       ten, indem die Befugnis zur letztverbindlichen Auslegung und Ungül-
                                       tigerklärung von Unionsrecht allein der europäischen Gerichtsbarkeit
                                       zugewiesen ist.[1010]

Art. 267 AEUV erfüllt zudem aber auch eine Rechtsschutzfunktion,
indem der Einzelne in einem Verfahren vor den mitgliedstaatlichen
Gerichten die Vorlage an den EuGH anregen kann.

**hemmer-Methode: Art. 267 AEUV erfüllt zwar in gewisser Hinsicht auch
eine Rechtsschutzfunktion, der Einzelne kann jedoch eine Vorlage an
den EuGH nicht erzwingen. Das mitgliedstaatliche Gericht entscheidet
allein von Amts wegen über die Einleitung des Vorabentscheidungsverfahrens.**

*Bsp.:* In Rechtsstreitigkeiten vor den Gerichten kann es darauf ankom-      *684*
men, in welcher Weise bestimmte Normen des Unionsrechts auszulegen
sind (z.B. ob unmittelbar anwendbares Unionsrecht bestimmten nationalen Regelungen entgegensteht, ob Bestimmungen einer Richtlinie die Voraussetzungen der unmittelbaren Anwendbarkeit erfüllen). Könnten insbesondere die letztinstanzlichen Gerichte der Mitgliedstaaten allein und
letztverbindlich über die Auslegung von Unionsrecht entscheiden, würde
das Unionsrecht unter Umständen von Mitgliedstaat zu Mitgliedstaat einen anderen Inhalt haben, sodass dessen einheitliche Anwendung nicht
mehr gewährleistet wäre.

Entsprechendes gilt für den Fall, dass ein Gericht in einer unionsrechtsre-
levanten Rechtsstreitigkeit an der Gültigkeit eines Unionsrechtsakts zweifelt (z.B. nationaler VA, der auf einer möglicherweise rechtswidrigen VO
beruht). Wären die Gerichte der Mitgliedstaaten befugt, Unionsrechtsakte
für ungültig zu erklären, würde das Unionsrecht unter Umständen nur in
einigen Mitgliedstaaten gelten.

**hemmer-Methode: Das Vorabentscheidungsverfahren nach Art. 267
AEUV ähnelt als prozessuales Zwischenverfahren in gewisser Hinsicht
der konkreten Normenkontrolle nach Art. 100 GG. Für „Europarecht als
Pflichtfach" ist es das wichtigste Verfahren aus dem Rechtsschutzsystem des AEUV. So kann sich in der Klausur die Frage stellen, wie das
Unionsrecht auszulegen ist oder ob ein entscheidungserheblicher
Unionsrechtsakt rechtswidrig und damit ungültig ist. Sofern sie die
Klausur aus Sicht eines Gerichts zu schreiben haben, müssen sie
dann auf die Möglichkeit bzw. Pflicht zur Vorlage an den EuGH eingehen. In der Praxis ergehen die meisten Urteile des EuGH in Vorabentscheidungsverfahren.**

---

1009   Vgl. gleichwohl zum Klausuraufbau einer Schadensersatzklage Hemmer/Wüst, Die 23 wichtigsten Fälle Europarecht, S. 143 f.
1010   Erichsen/Weiß, JURA 1990, 586, 589.

## I. Zulässigkeit des Antrags auf Vorabentscheidung

*Zuständigkeit: EuGH*

### 1. Zuständigkeit

Zuständig für das Vorabentscheidungsverfahren ist allein der EuGH (vgl. Art. 256 I AEUV). **685**

In der Satzung (SEuGH) kann vorgesehen werden, dass das EuG für Vorabentscheidungen in bestimmten Sachgebieten zuständig ist (Art. 256 III AEUV). Von dieser Möglichkeit wurde bislang noch kein Gebrauch gemacht.

*Vorlageberechtigung*

### 2. Vorlageberechtigung

*unionsrechtlicher Gerichtsbegriff*

Vorlageberechtigt sind nach Art. 267 III AEUV nur Gerichte der Mitgliedstaaten. Der Begriff des Gerichts ist unionsrechtlich zu interpretieren und muss demnach nicht notwendig mit dem der nationalen Rechtssysteme übereinstimmen.[1011] Der EuGH hat verschiedene Kriterien entwickelt, anhand derer die Eigenschaft eines Gerichts i.S.d. Art. 267 AEUV zu bestimmen ist. **686**

Nach der Rechtsprechung des EuGH ist ein Gericht ein zur Entscheidung in Rechtsstreitigkeiten berufener Spruchkörper, der sachlich unabhängig in einem rechtsstaatlich geordneten streitigen Verfahren entscheidet, dessen Entscheidungen nach der Rechtsordnung des betreffenden Mitgliedstaates bindende Kraft zukommt und der nicht die Billigkeit, sondern das Recht als Entscheidungsmaßstab verwendet.[1012] Als weiteres Kriterium betrachtet der EuGH zudem die Einbindung der Spruchstelle in das innerstaatliche Rechtsschutzsystem (Zuständigkeitsverweisung kraft hoheitlicher Regelung, Mitwirkung des Staates bei Errichtung des Gerichts und Ausgestaltung der Verfahrensordnung).[1013]

Die staatlichen Gerichte genügen diesen Anforderungen durchweg, grundsätzlich auch Streitschlichtungsinstanzen berufsständischer Organisationen.[1014] Bei Schiedsgerichten verneint der EuGH dagegen regelmäßig deren Gerichtseigenschaft i.S.d. Art. 267 II AEUV unter dem Aspekt der Einbindung in das innerstaatliche Rechtsschutzsystem.[1015] So sind Schiedsgerichte nach §§ 1025 ff. ZPO nicht vorlageberechtigt, da sie nicht der öffentlichen Gewalt zuzuordnen sind.[1016]

*Antragsgegenstand*

### 3. Antragsgegenstand

Die mitgliedstaatlichen Gerichte können Fragen über die Auslegung und Gültigkeit des Unionsrechts an den EuGH richten. **687**

*Auslegung des Unionsrechts*

**a)** Der Gerichtshof entscheidet über die Auslegung des Vertrages (Art. 267 I lit. a AEUV) sowie über die Auslegung der Handlungen der Organe, Einrichtungen und sonstigen Stellen der Union (Art. 267 I lit. b AEUV).

---

1011 EuGH, Rs. 61/65 (Vaasen-Göbbels), Slg. 1966, 583, 601 f.

1012 EuGH, Rs. 61/65 (Vaasen-Göbbels), Slg. 1966, 583, 601 f.; Rs. 246/80 (Broekmeulen), Slg. 1981, 2311, 2326 ff.; Rs. 102/81 (Nordsee), Slg. 1982, 1095 ff.; Grabitz, ex Art. 234 EG, Rn. 15 ff.

1013 EuGH, Rs. 102/81 (Nordsee), Slg. 1982, 1095, 1110; Erichsen/Weiß, JURA 1990, 586, 589.

1014 EuGH, Rs. 246/80 (Broekmeulen), Slg. 1981, 2311; Rs. 109/88 (Danfoss), Slg. 1989, 3199.

1015 Erichsen/Weiß, JURA 1990, 586, 589.

1016 EuGH, Rs. 102/81 (Nordsee), Slg. 1982, 1095, 1110.

*Primärrecht, allgemeine Rechtsgrundsätze*

**aa)** Unter den Begriff des Vertrages i.S.d. Art. 267 I lit. a AEUV fallen neben den Bestimmungen des AEUV auch dessen (Zusatz-)Protokolle sowie die allgemeinen Rechtsgrundsätze (Rechtsstaatsprinzipien), die Grundrechte und sonstige ungeschriebene Rechtsprinzipien der Union, soweit sie im Rang den Verträgen gleichstehen.

**688**

Die Auslegungsfrage nach Art. 267 I lit. a AEUV betrifft demnach das gesamte primäre Unionsrecht mitsamt den allgemeinen Rechtsgrundsätzen.

*Sekundärrecht*

**bb)** Unter „Handlungen der Organe" i.S.d. Art. 267 I lit. b AEUV sind zunächst alle rechtsverbindlichen Maßnahmen der Union (Verordnungen, Richtlinien, Beschlüsse) zu verstehen.[1017] Da jedoch auch unverbindliche Maßnahmen wie Empfehlungen und Stellungnahmen die Mitgliedstaaten zu einem Handeln veranlassen und für die Auslegung und Anwendung des nationalen Rechts von Bedeutung sein können, qualifiziert der EuGH auch sie als Handlungen i.S.d. Art. 267 I lit. b AEUV.[1018] Die Bestimmung betrifft demnach Vorlagefragen über das gesamte sekundäre Unionsrecht.

**689**

*völkerrechtliche Verträge*

Zu den Handlungen i.S.d. Art. 267 I lit. b AEUV zählen zudem die von der Union abgeschlossenen völkerrechtlichen Verträge, da sie integrierender Bestandteil der Unionsrechtsordnung sind, Art. 216 AEUV.[1019] Ebenso werden diejenigen völkerrechtlichen Verträge erfasst, die zwar von den Mitgliedstaaten abgeschlossen worden sind, die Wahrnehmung der Rechte und Pflichten jedoch als Folge der Kompetenzübertragung auf die Union auf diese übergegangen ist (z.B. GATT, nunmehr WTO).[1020]

**690**

*Begriff der Auslegung*

**cc)** Unter Auslegung i.S.d. Art. 267 AEUV ist allein die generalisierende Deutung einer Norm bzw. eines Rechtsaktes des Unionsrechts zu verstehen. Der EuGH kann nicht mit einer Frage nach der Anwendung von Unionsrecht auf einen konkreten Sachverhalt befasst werden.[1021] Unzulässig wären demnach Fragen nach der Vereinbarkeit nationalen Rechts mit dem Unionsrecht[1022] oder nach der rechtlichen Wertung bestimmter Sachverhalte.[1023] Der vorlegende Richter kann jedoch seine Vorlagefrage konkret unter Bezugnahme auf einen bestimmten Sachverhalt und bestimmte nationale Vorschriften formulieren.[1024]

**691**

Das Vorlageverfahren nach Art. 267 AEUV ist nicht unzulässig, wenn das nationale Gericht die Vorlagefrage zwar unzulässig formuliert, der EuGH jedoch die zulässige Vorfrage ohne Schwierigkeiten und eindeutig aus dem vorgelegten Material herausarbeiten kann.[1025]

> **hemmer-Methode: Wichtig ist, dass der EuGH im Verfahren nach Art. 267 AEUV nur generell-abstrakt über die Auslegung des Unionsrechts entscheidet.**

---

1017   Geiger, Art. 267 AEUV, Rn. 8.

1018   EuGH, Slg. 1976, 983; Rs. 90/76 (van Ameyde), Slg. 1977, 1091, 1121 ff.; Rs. C-322/88 (Grimaldi), Slg. 1989, 4407 = **juris**byhemmer.

1019   EuGH, Rs. 181/73 (Haegeman II), Slg. 1974, 449; Rs. 87/75 (Bresciani), Slg. 1976, 129; Rs. 12/86 (Demirel), Slg. 1987, 3719; Streitig ist, inwieweit eine Vorlage bei „gemischten Abkommen" zulässig ist, soweit es um Teile geht, die nicht in die Unionskompetenz fallen. Der EuGH bejaht die Zulässigkeit.

1020   EuGH, Verb.Rs. 21-24/72 (International Fruit Company), Slg. 1972, 1219; Verb.Rsn. 267-269/81 (SPI und SAMI), Slg. 1983, 801.

1021   Geiger, Art. 267 AEUV, Rn. 7.

1022   EuGH, Slg. 1976, 181, 193; 1977, 901, 908; 1982, 583, 595.

1023   EuGH, Slg. 1972, 175, 180 = **juris**byhemmer.

1024   EuGH, Slg. 1984, 3435, 3451; Erichsen/Weiß, JURA 1990, 586, 590 = **juris**byhemmer.

1025   EuGH, Rs. 6/64 (Costa/ENEL), Slg. 1964, 1251, 1268; 1971, 743, 750 f.; 1978, 2347, 2368.

**Es ist allein Sache des nationalen Gerichts, den Sachverhalt unter die vom EuGH ausgelegten einschlägigen Unionsrechtsnormen zu subsumieren und auf den konkreten Sachverhalt anzuwenden.**[1026] **Der EuGH kann jedoch an sich unzulässige Vorfragen umformulieren.**

> *Bsp.: Ein Gericht befasst den EuGH mit der Frage, ob § X des Y-Gesetzes mit Art. 34 AEUV vereinbar sei. Diese Vorfrage ist an sich unzulässig, da sie eine Frage nach der Auslegung nationalen Rechts beinhaltet. Der EuGH kann jedoch unter Umständen die Frage richtig umformulieren: „Ist Art. 34 AEUV dahingehend auszulegen, dass er einer Bestimmung des nationalen Rechts, wonach bestimmte Produkte ..., entgegensteht?"*

In der Rechtsprechung des EuGH fallen auch die richterliche Rechtsfortbildung und Rechtsergänzung unter den Begriff der Auslegung.[1027]

*Gültigkeit von Sekundärrecht*

**b)** Gemäß Art. 267 I lit. b AEUV können die mitgliedstaatlichen Gerichte den EuGH mit Fragen nach der Gültigkeit von Handlungen der Unionsorgane befassen. Erfasst wird das gesamte sekundäre Unionsrecht. Die Überprüfung des primären Unionsrechts - der auf mitgliedstaatlichem Konsens beruhende EUV sowie der AEUV - ist dem EuGH notwendigerweise entzogen, soweit es nicht um Vertragsänderungen nach Art. 48 EUV geht. Vergleichbar mit der Prüfung von verfassungsändernden Gesetzen, insbesondere der Einhaltung der Bestimmungen des Art. 79 II GG durch das BVerfG, kann auch eine Änderung des Primärrechts durch den EuGH, insbesondere auch bezüglich der richtigen Art der Vertragsänderung (ordentlich, Art. 48 II EUV, oder vereinfacht, Art. 48 VI EUV), überprüft werden.[1028]

692

Die Gültigkeit eines Unionsrechtsakts bestimmt sich nach den in Art. 263 II AEUV genannten Nichtigkeitsgründen.[1029] Prüfungsmaßstab ist das gesamte Unionsrecht, soweit es dem in Frage stehenden Rechtsakt im Rang vorgeht (primäres Unionsrecht mitsamt den allgemeinen Rechtsgrundsätzen, höherrangiges Sekundärrecht).

Der EuGH beschränkt die Prüfung grundsätzlich auf die vom vorlegenden Gericht genannten Ungültigkeitsgründe. Wie auch bei der Auslegungsfrage bestimmen damit grundsätzlich die mitgliedstaatlichen Gerichte den Gegenstand des Verfahrens. Jedoch kann der EuGH auch von Amts wegen Ungültigkeitsgründe prüfen, die nicht vom vorlegenden Gericht angeführt worden sind.[1030]

**hemmer-Methode: Eine Gültigkeitsvorlage nach Art. 267 AEUV ist aber nicht zulässig, wenn der betreffende Rechtsakt vom Kläger des mitgliedstaatlichen Verfahrens auch mit der Nichtigkeitsklage (Art. 263 AEUV) hätte angegriffen werden können. Denn sonst würde die Klagefrist des Art. 263 VI AEUV umgangen.**[1031]

## 4. Entscheidungserheblichkeit

*Entscheidungserheblichkeit*

**a)** Gemäß Art. 267 II AEUV ist das Vorabentscheidungsverfahren nur dann zulässig, wenn das vorlegende Gericht eine Entscheidung des EuGH zum Erlass seines Urteils für erforderlich hält. Die Auslegung bzw. Gültigkeit des Unionsrechts muss daher für den nationalen Rechtsstreit entscheidungserheblich sein.

694

---

1026   EuGH, Verb.Rs. 28-30/62 (Da Costa en Schaake), Slg. 1963, 63, 81.

1027   Vgl. dazu Herresthal, EuZW 2007, 396.

1028   EuGH, Rs. C-370/12 (Pringle), NJW 2013, 29.

1029   Siehe Rn. 618 ff., 628 ff.

1030   EuGH, Slg. 1964, 1; Rs. 11/70 (Internationale Handelsgesellschaft), Slg. 1970, 1125.

1031   EuGH, Rs. C-188/92 (TWI Textilwerke Deggendorf/Bundesministerium für Wirtschaft) Slg. 1994, I-833, 853; Rs. C-310/97 (Kommission/Assi-Domän Products AB u.a.), NJW 2000, 1933 ff.; vgl. Pechstein/Kubicki, NJW 2005, 1825 ff.

Entscheidungserheblich ist eine unionsrechtsrelevante Frage dann, wenn der Ausgang des mitgliedstaatlichen Verfahrens von ihrer Beantwortung abhängt.

*aus Sicht des vorlegenden Gerichts*

Die Entscheidungserheblichkeit ist eine Frage der nationalen Rechtsordnung und bestimmt sich damit allein aus Sicht des vorlegenden Gerichts. Andernfalls müsste sich der EuGH mit der Auslegung und Anwendung nationalen Rechts befassen, wozu er indes keine Kompetenz besitzt. Daher ist es dem EuGH grundsätzlich verwehrt, die Frage der Entscheidungserheblichkeit nachzuprüfen.[1032]

*Ausnahmen*

**b)** Allerdings sind drei Fallgruppen anerkannt, in denen der EuGH ein Vorabentscheidungsverfahren ausnahmsweise mangels „Entscheidungserheblichkeit" für unzulässig erklären kann:     **695**

> ⇨ Zwischen der vorgelegten Frage und der Rechtsstreitigkeit besteht offensichtlich kein Zusammenhang, die Entscheidungserheblichkeit wurde offensichtlich irrtümlich angenommen.[1033]
>
> ⇨ Das Verfahren vor dem vorlegenden Gericht war bereits abgeschlossen, als das Vorabentscheidungsersuchen einging.[1034]
>
> ⇨ Es handelt sich um eine offensichtlich fingierte Rechtsstreitigkeit, die nur konstruiert wurde, um den EuGH mit bestimmten Fragen zu befassen.[1035]

## II. Vorlagerecht und Vorlagepflicht

*Vorlagerecht*

**1.** Gemäß Art. 267 II AEUV sind alle Gerichte zur Vorlage zulässiger Fragen berechtigt (Vorlagerecht). Die Vorlageentscheidung ergeht durch einen Beschluss des Gerichts, in dessen Tenor die Fragen zu formulieren sind. Der Vorlagebeschluss ist an den EuGH zu übersenden.     **696**

Art. 267 AEUV steht innerstaatlichen Rechtsmitteln gegen den Vorlagebeschluss nach Rechtsprechung des EuGH nicht entgegen.[1036] Der Gerichtshof ist damit an eine Vorlageentscheidung nur gebunden, wenn diese nicht aufgrund eines im nationalen Recht eventuell vorgesehenen Rechtsbehelfs aufgehoben worden ist.[1037]

Ob nach dem deutschen Verfahrensrecht Rechtsbehelfe gegen ein Vorabentscheidungsverfahren in Betracht kommen, ist strittig. Verschiedentlich wird eine entsprechende Möglichkeit unter Berufung auf die Beschwerde gegen den gerichtlichen Aussetzungsbeschluss z.B. gem. § 252 ZPO oder § 146 VwGO angenommen. Ein Unterschied zu Aussetzungsbeschlüssen, die in direkter Anwendung des § 249 ZPO oder § 94 VwGO ergehen, sei nicht begründbar.[1038]

*Vorlagepflicht*
*⇨ Entscheidungsmonopol EuGH*

**2.** Gemäß Art. 267 III AEUV sind alle Gerichte, deren Entscheidungen mit innerstaatlichen Rechtsmitteln nicht mehr angefochten werden können, zur Vorlage verpflichtet (Vorlagepflicht).     **697**

---

1032   EuGH, Rs. 26/62 (van Gend & Loos), Slg. 1963, 1, 24; Rs. 13/68 (Salgoil), Slg. 1968, 679, 690; Rs. 53/79 (Damiani), Slg. 1980, 273, 281 f.; Rs. C-112/00 (Schmidberger/Österreich), NJW 2003, 3185 ff.

1033   EuGH, Rs. C-231/89 (Gmurzynska-Bscher), Slg. 1990, I-4003; Rs. C-261/95 (Palmisani), Slg. 1997, I-4037; Rs. C-112/00 (Schmidberger/Österreich), NJW 2003, 3185 ff.

1034   EuGH, Rs. 338/85 (Pardini), Slg. 1988, 2041.

1035   EuGH, Rs. 104/79 (Foglia/Novello I), Slg. 1980, 745; Rs. 244/80 (Foglia/Novello II), Slg. 1981, 3045; Mögele, BayVBl. 1993, 129, 138.

1036   EuGH, Rs. 146/73 (Rheinmühlen), Slg. 1974, 139, 147.

1037   EuGH, Rs. 65/81 (Reina), Slg. 1982, 33, DVBl. 1982, 254.

1038   Vgl. hierzu Grabitz, ex Art. 234 EG, Rn. 43 m.w.N.

Gemeint sind damit nur ordentliche Rechtsmittel (z.B. Berufung, Revision). Außerordentliche Rechtsbehelfe wie die Verfassungsbeschwerde nach Art. 93 I Nr. 4a GG bleiben außer Betracht.[1039]

Der EuGH verfügt demnach über ein Entscheidungsmonopol hinsichtlich der letztverbindlichen Auslegung und Ungültigerklärung von Unionsrecht.

Die letztinstanzlichen Gerichte sind zwar nach Art. 267 III AEUV zur Vorlage verpflichtet, jedoch müssen sie einem Parteiantrag auf Vorlage an den EuGH nicht nachkommen. Art. 267 AEUV ist nicht als Rechtsbehelf für die Parteien des nationalen Ausgangsstreits gedacht.

Über die Vorlage haben die mitgliedstaatlichen Gerichte vielmehr von Amts wegen zu entscheiden.[1040]

**hemmer-Methode: Soweit ein Gericht den EuGH entgegen seiner Vorlagepflicht nach Art. 267 III AEUV nicht anruft, stellt dies einen Unionsrechtsverstoß dar. Die Kommission und die anderen Mitgliedstaaten können dann ein Vertragsverletzungsverfahren nach Art. 258, 259 AEUV einleiten.**

Aus innerstaatlicher Sicht kann ein Verstoß gegen die Vorlagepflicht aus Art. 267 III AEUV die Garantie des gesetzlichen Richters nach Art. 101 I S. 2 GG verletzen und eine Verfassungsbeschwerde gegen das betreffende Urteil begründen.[1041]

*Vorlagepflicht bei Auslegungsfragen: Begriff des letztinstanzlichen Gerichts*

**a)** Streitig ist die Reichweite der nach Art. 267 III AEUV bestehenden Vorlagepflicht. Nach einer Ansicht sind nur solche Gerichte zur Vorlage verpflichtet, die an der Spitze der Gerichtshierarchie stehen und deren Entscheidungen generell unanfechtbar sind (abstrakte Betrachtungsweise).[1042] Danach wären in der Bundesrepublik nur die Bundesgerichte vorlagepflichtig (z.B. BGH, BVerwG, BFH, str. bzgl. BVerfG).

**698**

Nach Rechtsprechung des EuGH und herrschender Meinung kommt es indes darauf an, ob konkret gegen die Entscheidung des mit dem Rechtsstreit befassten nationalen Gerichts noch ein Rechtsmittel zur Verfügung steht (konkrete Betrachtungsweise).[1043] Entscheidend ist demnach allein, dass der Rechtszug endet. Diese Auffassung führt zu ihrer Begründung insbesondere den Zweck des Vorabentscheidungsverfahrens an, der auf die Sicherung der einheitlichen Anwendung des Unionsrechts abzielt. Demnach sind in der Bundesrepublik z.B. auch Amtsgerichte vorlagepflichtig, deren Entscheidungen wegen Nichterreichens der Berufungssumme unanfechtbar sind.

*Vorlagepflicht im Berufungszulassungsverfahren*

Relevanz kann die Frage der Vorlagepflicht auch im Rahmen eines Berufungszulassungsverfahrens erhalten.[1044] Im konkreten Fall wies ein Verwaltungsgericht eine Klage ab, ohne ein Vorabentscheidungsverfahren zum EuGH zu bestreiten, obwohl die streitentscheidende Richtlinie mehrere Auslegungsmöglichkeiten zugelassen hatte und eine klärende Rechtsprechung des EuGH bis zu dem Zeitpunkt nicht vorlag. Zur Vorlage war das VG nicht verpflichtet, denn es handelte sich dabei nicht um ein letztinstanzliches Gericht. Das OVG lehnte den Antrag des Klägers auf Zulassung der Berufung mangels grundsätzlicher Bedeutung i.S.d. § 124 II Nr. 3 VwGO ab.

**698a**

---

1039  Das BVerfG kann freilich selbst zur Vorlage nach Art. 267 III AEUV verpflichtet sein.

1040  EuGH, Rs. 283/81 (CILFIT), Slg. 982, 3415 ff.; Rs. C-210/06 (Cartesio), NJW 2009, 569.

1041  Siehe unter Rn. 711. Hierzu mittlerweile etwa auch BayVerfGH, Urt. v. 05.03.2013 – Vf. 123-VI-11 = Life&Law 2014, 746 ff. = **juris**byhemmer.

1042  So wohl noch Dauses, P II., Rn. 177 ff.

1043  EuGH, Rs. 107/76 (Hoffmann-La Roche/Centrafarm I), Slg. 1977, 957; Verb.Rs. 35 u. 36/82 (Morson), Slg. 1982, 3723; Geiger, Art. 267 AEUV, Rn. 17.; Grabitz, ex Art. 234 EG, Rn. 52 m.w.N.

1044  Siehe dazu und zum Folgenden BVerfG, NVwZ 2009, 519 = Life&Law 2009,482.

Der Kläger erhob Individualverfassungsbeschwerde gem. Art. 93 Nr. 4a GG zum BVerfG wegen Verletzung des Rechts auf den gesetzlichen Richter aus Art. 101 I S. 2 GG.[1045] Das BVerfG erachtete die Beschwerde als begründet. Hätte das Gericht die Berufung zugelassen, wäre es zwar wegen der dann möglichen Revision nicht das letztinstanzliche Gericht gewesen und damit auch nicht vorlageverpflichtet i.S.d. Art. 267 III AEUV. Mit Ablehnung des Zulassungsantrags wird das erstinstanzliche Urteil jedoch rechtskräftig, Art. 124a V S. 4 VwGO. Aufgrund der Intention des Art. 267 III AEUV besteht damit prinzipiell eine Vorlagepflicht, wenn das OVG die Berufung nicht zulassen will.[1046] In dem Fall stehen dem Kläger keine weiteren Rechtsmittel zur Verfügung. Allerdings ist eine Vorlage zum EuGH i.R.d. Zulassungsverfahrens nicht möglich.

Dem OVG verbleibt damit lediglich die Möglichkeit, die Berufung wegen grundsätzlicher Bedeutung gem. Art. 124 II Nr. 3 VwGO zuzulassen. Da es dann nicht mehr letztinstanzlich entscheidet, entfällt mit der Zulassung auch die Vorlagepflicht. Dieses auf den ersten Blick widersprüchliche Ergebnis ist die letztendlich logische Konsequenz der Regelungen zum Vorabentscheidungsverfahren.

*Ausnahmen von der Vorlagepflicht*

**b)** Hinsichtlich der Auslegungsfragen sind indes in der Rechtsprechung des EuGH Fallgruppen anerkannt, in denen eine Vorlagepflicht ausnahmsweise entfällt:    *699*

*Entscheidung des EuGH*

**aa)** Eine Vorlagepflicht (und auch ein Vorlagerecht) besteht dann nicht, wenn die aufgeworfene Frage bereits vom EuGH entschieden wurde. Es liegt eine gefestigte Rechtsprechung vor, sodass das Rechtsproblem gelöst ist. Andererseits ist eine erneute Vorlage an den EuGH zulässig und geboten, wenn das vorlegende Gericht daran zweifelt, ob der EuGH an seiner bisherigen Rechtsprechung festhalten will.[1047]

*Auslegung ist offenkundig*

**bb)** In Anlehnung an die französische „acte-claire-Doktrin" entfällt eine Vorlagepflicht (und auch ein Vorlagerecht) dann, wenn die in Frage stehende unionsrechtliche Norm so klar ist, dass vernünftigerweise nur eine einzige Auslegung möglich ist.[1048] Diese Ausnahme ist eng gefasst. Die Auslegung der Norm muss so offenkundig sein, dass keine vernünftigen Zweifel bestehen.[1049]    *700*

Entscheidend ist nicht allein die subjektive Gewissheit des Richters, es dürfen vielmehr objektiv keine Auslegungsprobleme bestehen. Eine objektive Unklarheit ist bereits dann gegeben, wenn die unterschiedlichen sprachlichen Fassungen des AEUV voneinander abweichen oder die Auslegung für die Gerichte desselben oder der anderen Mitgliedstaaten[1050] unklar ist. Auch die Auffassungen bedeutender Vertreter der Literatur sind insoweit beachtlich. Die Ausnahme kommt daher nur selten zum Tragen.

*Problem: Kollegialgerichte*

Fraglich ist das Bestehen einer Vorlagepflicht, wenn innerhalb eines Spruchkörpers Zweifel über die Auslegung des Unionsrechts bestehen (Kollegialgerichte).    *701*

> **Bsp.:** *Ein Senat des BGH ist mit fünf Richtern besetzt, § 139 I GVG. In einem Verfahren haben zwei Richter Zweifel an der Auslegung einer entscheidungserheblichen Unionsrechtsnorm. Für die Mehrheit der Richter ist die Auslegung jedoch klar und eindeutig.*

---

1045   Zu dieser Möglichkeit siehe sogleich Rn. 711 ff.

1046   So auch Geiger, Art. 267 AEUV, Rn. 18.

1047   Siehe Rn. 708.

1048   EuGH, Rs. 283/81 (CILFIT), Slg. 1982, 3415, 3430; Grabitz, ex Art. 234 EG, Rn. 57 f.

1049   Geiger, Art. 267 AEUV, Rn. 19.

1050   Vgl. zur Bedeutung der Rechtsprechung in anderen Mitgliedstaaten BVerfG, NVwZ 2004, 1346 f.

Nach einer Ansicht besteht eine Vorlagepflicht nach Art. 267 III AEUV nur dann, wenn die Mehrheit der Richter Zweifel an der Auslegung des Unionsrecht hat. Der Spruchkörper stelle sich nach außen als Einheit dar. Die wohl h.M. bejaht eine Vorlagepflicht auch dann, wenn die Minderheit der Richter Zweifel an der Auslegung des Unionsrechts hat. Es komme objektiv auf das Vorliegen von Auslegungsunklarheiten an, so dass bei Meinungsverschiedenheiten innerhalb eines Spruchkörpers die Auslegung des Unionsrechts nicht derart offenkundig ist, dass keine vernünftigen Zweifel bestehen. Mit der wohl h.M. ist daher auch in diesem Fall von einer Vorlagepflicht auszugehen.

*Eilverfahren*

**cc)** Eine Vorlagepflicht - wohl aber ein Vorlagerecht - besteht auch nicht in Eilverfahren vor den mitgliedstaatlichen Gerichten (z.B. einstweiliger Rechtsschutz §§ 80 V, 123 VwGO). Ihnen folgt regelmäßig ein Hauptsacheverfahren, sodass die Entscheidung im Eilverfahren keine letztverbindliche Entscheidung ist.[1051]

**702**

Art. 267 III AEUV will verhindern, dass sich in einem Mitgliedstaat eine nationale Rechtsprechung herausbildet, die mit der Auslegung des Unionsrechts durch den EuGH nicht im Einklang steht. Diese Gefahr besteht in Eilverfahren indes nicht, da eine erneute Überprüfung im Hauptsacheverfahren erfolgt und für das dort zuständige Gericht weiterhin die Möglichkeit bzw. Pflicht einer Vorlage an den EuGH nach Art. 267 AEUV besteht.

*Vorlagepflicht bei Gültigkeitsfragen*

**c)** Wichtige Besonderheiten bestehen dann, wenn ein Gericht an der Gültigkeit eines Unionsrechtsaktes zweifelt.

**702a**

*jedes mitgliedstaatliche Gericht ⇨ Verwerfungsmonopol EuGH*

**aa)** Der EuGH hat in richterlicher Rechtsfortbildung über den Wortlaut des Art. 267 III AEUV hinaus entschieden, dass in Hinblick auf die einheitliche Anwendung des Unionsrechts auch unterinstanzliche Gerichte, deren Entscheidungen im konkreten Rechtsstreit noch anfechtbar sind, nicht befugt sind, die Ungültigkeit eines Unionsrechtsaktes festzustellen.[1052]

Dies entspreche auch dem im AEUV angelegten Rechtsschutzsystem (vgl. insbes. Art. 19 AEUV), nach dem die Entscheidung über die Gültigkeit von Unionsrechtsakten ausschließlich dem EuGH übertragen ist (Verwerfungsmonopol des EuGH). Jedes mitgliedstaatliche Gericht, das in einem Rechtsstreit von der Ungültigkeit eines Unionsrechtsakts ausgehen will, ist damit zur Vorlage an den EuGH nach Art. 267 III AEUV verpflichtet.

*auch bei Eilverfahren*

**hemmer-Methode: Anders als bei Auslegungsfragen besteht bei Zweifeln über die Gültigkeit eines Unionsrechtsakts die Vorlagepflicht nach Art. 267 III AEUV für jedes mitgliedstaatliche Gericht. Dies gilt auch in Eilverfahren (z.B. §§ 80 V, 123 VwGO; vgl. Rn. 703 ff.). Die unterschiedliche Handhabung des Art. 267 III AEUV in Bezug auf Auslegungs- und Gültigkeitsfragen müssen sie unbedingt kennen.**

Eine Vorlagepflicht besteht freilich nicht, wenn der in Frage stehende Rechtsakt bereits vom EuGH für ungültig erklärt worden ist.[1053] Die nationalen Gerichte sind dann verpflichtet, den betreffenden Unionsakt nicht anzuwenden.

*einstweiliger Rechtsschutz § 80 V VwGO*

**bb)** Hinsichtlich des Verwerfungsmonopols des EuGH besteht jedoch eine wichtige Ausnahme im Bereich des einstweiligen Rechtsschutzes (§§ 80 V, 123 VwGO).[1054]

**703**

---

1051  EuGH, Rs. 107/76 (Hoffmann-La Roche/Centrafarm I), Slg. 1977, 957, 970 ff.; Verb.Rs. 35 u. 36/82 (Morson), Slg. 1982, 3723, 3734; BVerfG, NVwZ 1992, 360.

1052  EuGH, Rs. 314/85 (Foto-Frost), Slg. 1987, 4199, 4230 f.

1053  Z.B. in einem Verfahren nach Art. 263 AEUV; zum Problem einer Ungültigerklärung im Verfahren nach Art. 267 AEUV siehe Rn. 709.

1054  Siehe bereits Rn. 371 ff.

> *Bsp.: Nach einer Unionsverordnung müssen Weinbauern bestimmte Mengen an Tafelwein destillieren. Die zuständige Behörde erlässt daraufhin einen an den Weinbauern W adressierten VA, den sie nach § 80 II S. 1 Nr. 4 VwGO für sofort vollziehbar erklärt. W hält die Verordnung für rechtswidrig und begehrt nach § 80 V VwGO, die aufschiebende Wirkung seines Widerspruchs wiederherzustellen.*

Geht man von dem vom EuGH festgelegten Grundsatz aus, dass kein innerstaatliches Gericht die Ungültigkeit von Unionsrechtsakten feststellen darf, wäre der Rechtsschutz des Einzelnen unter Umständen erheblich verkürzt. Soweit - wie im Beispielsfall - ein nationaler Verwaltungsakt auf einer Unionsverordnung beruht und sofort vollziehbar ist (z.B. § 80 II VwGO), dürfte ein Gericht nach dem bisher Gesagten nicht den sofortigen Vollzug aussetzen, wenn es an der Rechtmäßigkeit der zugrundeliegenden Unionsverordnung ernsthaft zweifelt. Die inzidente Missachtung des Geltungsanspruchs eines Unionsrechtsakts durch Aussetzung des Vollzugs käme einer Ungültigerklärung gleich und würde die einheitliche Anwendung des Unionsrechts sowie das Verwerfungsmonopol des EuGH gefährden.

Allerdings bestünde dann die Gefahr, dass durch den Vollzug vollendete Tatsachen geschaffen werden, obwohl die Maßnahme möglicherweise rechtswidrig ist.

*Aussetzungskompetenz der Gerichte (+)*

Der EuGH hält eine solche Annahme indes für unvereinbar mit dem unionsrechtlich gewährleisteten Rechtsschutz.[1055] Dem Einzelnen sei unionsrechtlich das Recht eingeräumt, die Rechtmäßigkeit von Unionsrechtsakten in Verfahren vor den mitgliedstaatlichen Gerichten zu bestreiten und eine Vorlage an den EuGH nach Art. 267 AEUV anzuregen.

**704**

Dieses Recht wäre gefährdet, wenn der Einzelne nicht die Möglichkeit hätte, eine Aussetzung des Vollzugs zu erreichen und damit einem Unionsrechtsakt einstweilen die Wirksamkeit zu nehmen. Demnach sind die mitgliedstaatlichen Gerichte befugt, den Vollzug eines auf Unionsrecht beruhenden Verwaltungsaktes auszusetzen, soweit sie an der Gültigkeit der zugrundeliegenden Verordnung zweifeln (Aussetzungskompetenz).

*Voraussetzungen nach unionsrechtlichen Vorgaben*

Im Interesse der einheitlichen Anwendung des Unionsrechts bestimmen sich die Voraussetzungen der Aussetzung allerdings nach unionsrechtlichen Vorgaben. Zugrunde zu legen sind diejenigen Voraussetzungen, unter denen der EuGH den Vollzug von Unionsrechtsakten aussetzen kann (Art. 278 AEUV).

**705**

---

**Das mitgliedstaatliche Gericht ist daher nur dann zur Aussetzung des Vollzugs befugt, wenn:**

⇨ das Gericht erhebliche Zweifel an der Gültigkeit des zugrunde liegenden Unionsrechtsakts hat,[1056]

⇨ die Aussetzung dringlich ist, da dem Antragsteller ansonsten ein schwerer und nicht wieder gut zu machender Schaden droht (Vermögensschäden genügen indessen nicht),

⇨ bei der Abwägung des Gerichts das Interesse der Union am sofortigen Vollzug hinreichend berücksichtigt wurde,

⇨ das Gericht bei der Prüfung aller dieser Voraussetzungen die Entscheidungen des Gerichtshofs oder des Gerichts erster Instanz über die Rechtmäßigkeit der Verordnung oder einen Beschluss im Verfahren des vorläufigen Rechtsschutzes betreffend gleichartige einstweilige Anordnungen auf Unionsebene beachtet.

---

1055   EuGH, Verb.Rs. C-143/88 u. C-92/89 (Zuckerfabrik Süderdithmarschen), Slg. 1991, I-415 ff.

1056   Nach BVerfG, NVwZ 2004, 1346 f. kann auch die Rechtsprechung der Gerichte anderer Mitgliedstaaten Zweifel an der Gültigkeit sekundären Unionsrechts begründen. Verkennt dies ein deutsches Instanzgericht, kann dies im Einzelfall eine Verletzung von Art. 19 IV GG bedeuten.

Soweit das Gericht den Vollzug des Rechtsaktes aussetzt, besteht stets eine Vorlagepflicht nach Art. 267 III AEUV.

Art. 267 AEUV steht einer Zulassung der Beschwerde (§ 146 I, IV VwGO) gegen den Aussetzungsbeschluss im einstweiligen Rechtsschutzverfahren (§§ 80 V, 123 VwGO) nicht entgegen, da durch die Möglichkeit einer Beschwerde die einheitliche Anwendung des Unionsrechts nicht beeinträchtigt wird.[1057] Hebt nämlich das Beschwerdegericht die Aussetzung auf, wird das vom erstinstanzlichen Gericht eingeleitete Vorabentscheidungsverfahren gegenstandslos und das Unionsrecht findet wieder uneingeschränkt Anwendung.[1058] Gegen die Versagung der Aussetzung durch das erstinstanzliche Gericht kann die Beschwerde wohl ebenfalls zugelassen werden, wobei dann das Beschwerdegericht bei Zweifeln an der Gültigkeit des Unionsrechtsakts nach Art. 267 III AEUV vorlagepflichtig ist, wenn es den Vollzug aussetzt.

> **hemmer-Methode:** Die Voraussetzungen, unter denen einstweiliger Rechtsschutz nach §§ 80 V, 123 VwGO zu gewähren ist, können sich im Bereich des mitgliedstaatlichen Vollzugs demnach allein nach unionsrechtlichen Vorgaben richten. Wichtig ist weiterhin, dass anders als bei Auslegungszweifeln eine Vorlagepflicht nach Art. 267 III AEUV auch in Eilverfahren besteht, soweit das Gericht an der Gültigkeit einer Verordnung ernsthaft zweifelt und diese daher unangewendet lassen will. Durch den Reformvertrag von Lissabon wurde im Übrigen auch im Rahmen des Vorabentscheidungsverfahren ein Eilverfahren geschaffen, Art. 267 IV AEUV. Einschlägig ist dieses, sofern inhaftierte Personen betroffen sind. Weitere Eilverfahren schafft Art. 23a SEuGH i.V.m. Art. 104b VerfO-EuGH, z.B. bei Abschiebegefahr in Asylverfahren oder Zuständigkeitsfragen im Sorgerechtsstreitigkeiten.

## III. Sachentscheidung des EuGH

**706**

Ist an den EuGH eine zulässige Auslegungsfrage gerichtet worden, so legt er die betreffenden Normen des Unionsrechts aus.

Auf eine zulässige Gültigkeitsfrage hin prüft der EuGH, ob der in Frage stehende Rechtsakt mit höherrangigem Unionsrecht vereinbar ist.

> **hemmer-Methode:** Achten Sie darauf, im Rahmen des Prüfungsaufbaus nicht von der „Begründetheit" zu sprechen. Das mitgliedstaatliche Gericht stellt keinen bestimmten Antrag, der „begründet" sein könnte, sondern begehrt vielmehr die Auslegung oder Prüfung durch den EuGH. Ist der Antrag zulässig, nimmt der EuGH diese Auslegung oder Prüfung vor.

*Wirkung der Urteile des EuGH*

**1.** Hinsichtlich der Wirkung der im Verfahren nach Art. 267 AEUV ergangenen Urteile des EuGH enthält der AEUV keine Regelung.

**707**

*Bindung des vorlegenden Gerichts*

Ausgehend vom Sinn und Zweck des Vorabentscheidungsverfahrens ergibt sich zunächst, dass das vorlegende Gericht sowie alle anderen Gerichte, die innerhalb des Instanzenweges mit demselben Streitgegenstand zu tun haben, an das Urteil des EuGH gebunden sind („inter partes"-Wirkung).[1059]

Es verpflichtet daher das vorlegende mitgliedstaatliche Gericht, entsprechend der Auffassung des EuGH zu entscheiden.

---

1057   EuGH, Rs. 334/95 (Krüger GmbH u. Co. KG/Hauptzollamt Hamburg-Jonas), Slg. 1997, I-4538.

1058   Vgl. hierzu bereits oben Rn. 696.

1059   EuGH, Slg. 1969, 165, 178; 1977, 163, 183.

**2.** Fraglich ist indes die Wirkung eines Urteils des EuGH auf andere Verfahren und künftige Rechtsstreitigkeiten.    *708*

*Urteile über die Auslegung des Unionsrechts*

**a)** Hinsichtlich der Auslegung des Unionsrechts ist davon auszugehen, dass die Gerichte bei vergleichbaren Sachverhalten zumindest faktisch an die vom EuGH entwickelte Auslegung kraft dessen Autorität gebunden sind, es sich jedoch nicht um eine rechtliche Bindungswirkung „erga omnes" handelt.

Allerdings sind Gerichte in anderen bzw. künftigen Rechtsstreitigkeiten zur erneuten Vorlage befugt bzw. verpflichtet, wenn sie von der bisherigen Auslegung des Unionsrechts durch den EuGH abweichen möchten.[1060]

*Urteile über die Gültigkeit von Sekundärrecht*

**b)** Soweit der EuGH einen Unionsrechtsakt im Verfahren nach Art. 267 AEUV für ungültig erklärt hat, kommt der Entscheidung allgemeine Bindungswirkung zu.[1061]    *709*

Der EuGH spricht zwar nicht ausdrücklich von einer „allgemeinen Bindungswirkung", jedoch sei die Ungültigerklärung ein ausreichender Grund dafür, dass jedes nationale Gericht in laufenden oder künftigen Verfahren ebenfalls von der Ungültigkeit des betreffenden Unionsrechtsakts auszugehen hat.[1062] Entsprechendes muss für die mitgliedstaatlichen Verwaltungen und die Unionsorgane gelten.[1063]

Soweit der EuGH von der Gültigkeit eines Rechtsaktes ausgegangen ist, hindert dies eine erneute Vorlage nicht. Denn die Entscheidung erstreckt sich grundsätzlich nur auf die dem EuGH unterbreiteten Überprüfungsgesichtspunkte.[1064] Es können sich aber in anderen Verfahren neue Aspekte ergeben, die für die Ungültigkeit des in Frage stehenden Rechtsaktes sprechen.

*Wirkung auch für die Vergangenheit*

**3.** Vorabentscheidungsurteile des EuGH wirken grundsätzlich auch für die Vergangenheit („ex tunc").[1065] Gerichte und Verwaltungen haben demnach die Urteile auch in solchen Verfahren zu beachten, die vor der Vorabentscheidung entstanden sind. Aus Gründen der Rechtssicherheit und wegen praktischer Schwierigkeiten, die sich für bereits abgeschlossene Sachverhalte ergeben, kann der EuGH indes die Wirkung seiner Urteile ausdrücklich für die Vergangenheit beschränken.[1066]    *710*

Soweit es sich um die Ungültigerklärung eines Rechtsaktes handelt, ist Art. 264 II AEUV anwendbar.

---

1060   Geiger, Art. 267 AEUV, Rn. 37 f.; Erichsen/Weiß, JURA 1990, 586, 591.

1061   Grabitz, ex Art. 234 EG, Rn. 99.

1062   EuGH, Slg. 1981, 1191, 1214 ff. = **juris**byhemmer.

1063   Grabitz, ex Art. 234 EG, Rn. 99 m.w.N.

1064   Nicht angeführte Ungültigkeitsgründe kann der EuGH aber von Amts wegen prüfen, EuGH, Slg. 1964, 1; 1970, 1125.

1065   EuGH, Slg. 1980, 1237; Rs. C-2/06 (Kempter/Hauptzollamt Hamburg) = **juris**byhemmer, EuZW 2008, 148 mit Anm. Streinz, JuS 2008, 542, wonach die Entscheidung des EuGH nur deklaratorischer Natur ist. Die Antwort des EuGH auf eine Vorlagefrage zeigt somit lediglich die Rechtslage auf, die ohnehin bereits gegolten hat. = **juris**byhemmer.

1066   Geiger, Art. 267 AEUV, Rn. 40.

| Exkurs: Verstoß gegen die Vorlagepflicht nach Art. 267 III AEUV als Verletzung der Garantie des gesetzlichen Richters, Art. 101 I S. 2 GG |
|---|

*Vorlagepflicht und Art. 101 I S. 2 GG*

Die Missachtung der Vorlagepflicht nach Art. 267 III AEUV durch ein deutsches Gericht stellt nicht nur einen Unionsrechtsverstoß dar. Da der EuGH gesetzlicher Richter i.S.d. Art. 101 I S. 2 GG ist, kommt auch eine Verletzung dieser Bestimmung des Grundgesetzes in Betracht.[1067]

**711**

Die Nichtvorlage an den EuGH ist ein Verfahrensfehler, den der Einzelne bei Urteilen vorlagepflichtiger Gerichte durch eine Verfassungsbeschwerde gegen das betreffende Urteil geltend machen kann, Art. 93 I Nr. 4a i.V.m. Art. 101 I S. 2 GG.

**hemmer-Methode: Die Möglichkeit dieser Verfassungsbeschwerde ist gleichsam die Absicherung der „Solange-Rechtsprechung". Das BVerfG kann sich in Kooperation mit dem EuGH aus der Prüfung, ob sekundäres EU-Recht gegen Grundrechte des Grundgesetzes verstößt, zurückziehen, weil es sich darauf verlässt, dass eine vergleichbare Prüfung durch den EuGH durchgeführt wird. Da der EuGH aber durch den betroffenen Bürger nicht unmittelbar angerufen werden kann, funktioniert dieses System nur, wenn sichergestellt ist, dass die nationalen Gerichte ihrer Vorlagepflicht nach Art. 267 III AEUV nachkommen. Genau dies ist über die Verfassungsbeschwerde nach Art. 93 I Nr. 4a GG gewährleistet, mittels derer das Recht auf den gesetzlichen Richter, hier den EuGH, verteidigt wird.**

Das BVerfG qualifiziert indes nicht jeden Verstoß gegen Zuständigkeits- und Verfahrensregeln als eine Verletzung des Anspruchs auf den gesetzlichen Richter. Vielmehr erfordert eine Verletzung des Art. 101 I S. 2 GG nach nicht unbestrittener Rechtsprechung ein willkürliches Verhalten des Gerichts und daher eine Auslegung und Anwendung von Verfahrensnormen, die bei verständiger Würdigung der das Grundgesetz bestimmenden Gedanken nicht mehr verständlich erscheint und offensichtlich unhaltbar ist.[1068]

**712**

Hinsichtlich der Vorlagepflicht deutscher Gerichte nach Art. 267 III AEUV hat das BVerfG die Anforderungen, unter denen ein „willkürliches Verhalten" anzunehmen ist, näher konkretisiert.[1069]

**713**

Die Missachtung der Vorlagepflicht nach Art. 267 III AEUV verletzt die Garantie des gesetzlichen Richters:

⇨ Bei einer grundsätzlichen Verkennung der Vorlagepflicht. Dies ist dann der Fall, wenn ein letztinstanzliches (Hauptsache-)Gericht eine Vorlage nach Art. 267 III AEUV überhaupt nicht in Erwägung zieht, obwohl nach seiner eigenen Auffassung eine Frage des Unionsrechts entscheidungserheblich ist und das Gericht selbst Zweifel hinsichtlich der richtigen Beantwortung der Frage hat.

⇨ Bei einem bewussten Abweichen von der Rechtsprechung des EuGH ohne Vorlagebereitschaft. Das letztinstanzliche (Hauptsache-)Gericht weicht in einer entscheidungserheblichen Frage bewusst von der Rechtsprechung des EuGH ab und legt gleichwohl nicht oder nicht erneut nach Art. 267 AEUV vor.

---

1067   BVerfGE 73, 339, 366 ff.; DVBl. 1990, 984; NJW 2001, 1267, mit Anm. Kube, JuS 2001, 858 = **juris**byhemmer.

1068   BVerfGE 29, 198, 207; BVerfG, EuZW 2008, 679 = **juris**byhemmer.

1069   BVerfG, NVwZ 2007, 937 = **Life&Law 2007, 762**; bestätigend BVerfG, NJW 2010, 1268; deutlich früher bejaht BVerfG, Beschluss vom 25.02.2010, 1 BvR 230/09 = **Life&Law 2010, 639** die Verletzung des Art. 101 I S. 2 GG = **juris**byhemmer.

⇨ Unter Umständen auch bei Unvollständigkeit der Rechtsprechung des EuGH. Liegt eine einschlägige Rechtsprechung des EuGH zur entscheidungserheblichen Frage noch nicht vor, ist die Frage noch nicht erschöpfend beantwortet oder erscheint eine Fortentwicklung der Rechtsprechung des EuGH nicht völlig ausgeschlossen, so wird Art. 101 I S. 2 GG nur dann verletzt, wenn das letztinstanzliche (Hauptsache-)Gericht den ihm in solchen Fällen notwendig zukommenden Beurteilungsrahmen hinsichtlich unionsrechtlicher Fragen in unvertretbarer Weise überschritten hat. Dies ist insbesondere dann der Fall, wenn möglichen Gegenauffassungen zu den entscheidungserheblichen Fragen des Unionsrechts gegenüber der vom Gericht vertretenen Auffassung eindeutig der Vorzug zu geben ist.

⇨ Ein Verstoß gegen die Vorlagepflicht nach Art. 267 III AEUV führt aufgrund der restriktiven Auslegung des BVerfG nur ausnahmsweise zu einer Verletzung der Garantie des gesetzlichen Richters nach Art. 101 I S. 2 GG.

**Exkurs Ende**

**Die Zahlen verweisen auf die Randnummern des Skripts**

# Die wichtigsten Fälle

## FALLSAMMLUNG

## DIE 23 WICHTIGSTEN FÄLLE EUROPARECHT

DIE 23 wichtigsten
FÄLLE nicht nur
für Anfangssemester

**EUROPARECHT**

Hemmer / Wüst

- Einordnungen
- Gliederungen
- Musterlösungen
- bereichsübergreifende Hinweise
- Zusammenfassungen

EINFACH • VERSTÄNDLICH • KURZ

In 23 Fällen und Übersichten haben wir für Sie die klassischen Probleme des Europarechts für Examen, Klausur und Hausarbeit systematisch aufbereitet. Bewusst ist die Fallsammlung einfach, knapp und verständlich gehalten. Das Skript enthält für jeden Fall eine Einordnung, eine Gliederung, eine Musterlösung und eine Stoffzusammenfassung zur Wiederholung. So ermöglicht die Fallsammlung demjenigen, der sich erstmals mit dem Europarecht befasst, einen schnellen und guten Überblick über das Rechtsgebiet und weist den Weg zu einem sicheren Einstieg in die Falllösung. Gleichzeitig kann der fortgeschrittene Jurist mit den 23 wichtigsten Fällen im Europarecht anhand der Gliederungen und Einordnungen schnell die angelegten Probleme erfassen und gezielt die wichtigsten Fallkonstellationen im Europarecht wiederholen. Mit zusätzlichen bereichsübergreifenden Hinweisen vernetzen Sie Ihr Wissen im Europarecht mit anderen Rechtsgebieten. Mit diesem Skript können Sie in kurzer Zeit die wichtigsten Problemfelder des Europarechts anwendungsspezifisch erlernen und wiederholen. Als Profis mit langjähriger Erfahrung wissen wir, was von Ihnen in Prüfungssituationen erwartet wird.

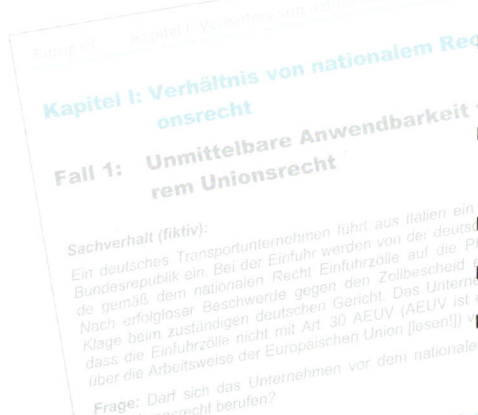

- **Verhältnis von nationalem Recht und Europarecht (insbesondere VwVfG, VwGO)**
- **Einordnung und Wirkung von Primär- und Sekundärrecht**
- **Die Grundfreiheiten**
- **Staatshaftung für Verstöße gegen EuropaR**
- **Rechtsschutzsystem in der Union**

## Das Erfolgsprogramm - Ihr Training für Klausur und Hausarbeit

**hemmer/wüst** Verlagsgesellschaft mbH

Mergentheimer Str. 44  /  97082 Würzburg
Tel.: 09 31/7 97 82 38  /  Fax: 09 31/7 97 82 40
Internet: www.hemmer-shop.de

ISBN 978-3-86193     Auflage/Jahr/Euro

## Grundwissen für Anfangssemester

| | | |
|---|---|---|
| W10 (-344-1) ____BGB-AT Theorieband zu den wicht. Fällen | 7.A/14 · 9,90 |
| W11 (-276-5) ____SchuldR-AT Theorieband zu den wicht. Fällen | 6.A/14 · 9,90 |
| W12 (-457-8) ____SchuldR-BT I Theorieband zu den wicht. Fällen | 7.A/16 · 9,90 |
| W13 (-399-1) ____SchuldR-BT II Theoriebd. zu den wicht. Fällen | 6.A/15 · 9,90 |
| W14 (-357-1) ____Sachenrecht I Theorieband zu den wicht. Fällen | 6.A/15 · 9,90 |
| W15 (-256-7) ____Sachenrecht II Theorieband zu den wicht. Fällen | 5.A/14 · 9,90 |
| W20 (-294-9) ____Strafrecht AT Theorieband zu den wicht. Fällen | 6.A/14 · 9,90 |
| W21 (-301-4) ____Strafrecht BT Theorieband zu den wicht. Fällen | 5.A/14 · 9,90 |
| W30 (-308-3) ____StaatsR Theorieband zu den wicht. Fällen | 6.A/14 · 9,90 |
| W31 (-269-7) ____VerwaltungsR Theorieband zu den wicht. Fällen | 6.A/14 · 9,90 |

## Die wichtigsten Fälle

| | |
|---|---|
| F0 (-198-0) ____Sonderband: Der Streit- und Meinungsstand im neuen Schuldrecht | 5.A/13 · 14,80 |
| F1 (-354-0) ____76 Fälle - BGB AT | 8.A/14 · 12,80 |
| F2 (-386-1) ____55 Fälle - Schuldrecht AT | 9.A/15 · 12,80 |
| F3 (-273-4) ____51 Fälle - Schuldrecht BT - Kauf/WerkV | 8.A/14 · 12,80 |
| F4 (-351-9) ____42 Fälle - GoA/Bereicherungsrecht | 8.A/14 · 12,80 |
| F5 (-345-8) ____45 Fälle - Deliktsrecht | 7.A/14 · 12,80 |
| F6 (-304-5)____ 44 Fälle - Verwaltungsrecht | 8.A/14 · 12,80 |
| F25 (-400-4) ____ 30 Fälle - Verwaltungsrecht BT Bayern | 4.A/15 · 12,80 |
| F7 (-453-0)____32 Fälle - Staatsrecht | 10.A/16 · 12,80 |
| F8 (-362-5)____34 Fälle - Strafrecht AT | 9.A/15 · 12,80 |
| F9 (-350-2)____44 Fälle Strafrecht BT I - Vermögensd. | 9.A/14 · 12,80 |
| F10 (-377-9)____44 Fälle Strafrecht BT II - Nicht-Vermögensd. | 8.A/15 · 12,80 |
| F11 (-263-5) ____50 Fälle - Sachenrecht I | 7.A/13 · 12,80 |
| F12 (-328-1) ____43 Fälle - Sachenrecht II - ImmobiliarSR | 8.A/14 · 12,80 |
| F13 (-346-5) ____40 Fälle - ZPO I - Erkenntnisverfahren | 7.A/14 · 12,80 |
| F14 (-283-3) ____25 Fälle - ZPO II - ZwangsvollstreckungsV | 6.A/14 · 12,80 |
| F15 (-423-3) ____35 Fälle - Handelsrecht | 7.A/15 · 12,80 |
| F16 (-307-6) ____36 Fälle - Erbrecht | 6.A/14 · 12,80 |
| F17 (-274-1) ____26 Fälle - Familienrecht | 7.A/14 · 12,80 |
| F18 (-416-5) ____32 Fälle - Gesellschaftsrecht | 6.A/15 · 12,80 |
| F19 (-341-0) ____39 Fälle - Arbeitsrecht | 6.A/14 · 12,80 |
| F20 (-339-7) ____35 Fälle - Strafprozessrecht | 5.A/14 · 12,80 |
| F21 (-428-8) ____23 Fälle - Europarecht | 5.A/15 · 12,80 |
| F22 (-422-6) ____10 Fälle - Musterkl. Examen ZivilR | 7.A/15 · 14,80 |
| F23 (-079-2) ____10 Fälle - Musterkl. Examen StrafR | 5.A/11 · 14,80 |
| F24 (-391-5) ____ 8 Fälle - Musterkl. Examen SteuerR | 8.A/15 · 14,80 |

## Skripten Basics (110)

| | |
|---|---|
| I/1 (-448-6)____Zivilrecht I - BGB AT u.vertragl. SchuldV | 10.A/16 · 16,90 |
| I/2 (-251-2)____Zivilrecht II - Sachenrecht/gesetzl. SV | 7.A/13 · 16,90 |
| I/3 (-442-4)____Zivilrecht III - FamilienR/ErbR | 8.A/15 · 16,90 |
| I/4 (-364-9)____Zivilrecht IV - ZivilprozessR | 8.A/15 · 16,90 |
| I/5 (-309-0)____Zivilrecht V - Handels-/GesellschR | 7.A/14 · 16,90 |
| I/6 (-258-1)____Zivilrecht VI - ArbeitsR | 5.A/13 · 16,90 |
| II (-122-5)____Strafrecht | 6.A/12 · 16,90 |
| III/1 (-268-0)____Öffentliches Recht I -VerfassR/StaatsHR | 6.A/14 · 16,90 |
| III/2 (-388-5)____Öffentliches Recht II - VerwaltungsR | 7.A/15 · 16,90 |
| IV (-403-5) ____Steuerrecht - EstG & AO | 9.A/15 · 16,90 |
| V (-314-4) ____Europarecht | 8.A/14 · 16,90 |

## Skripten Zivilrecht (120)

| | | |
|---|---|---|
| 1 (-415-8) | ____BGB-AT I, Ensteh.d.Primäranspruchs | 14.A/15 · 19,90 |
| 2 (-296-3) | ____BGB-AT II, Scheitern des Primäranspr. | 13.A/14 · 19,90 |
| 3 (-343-4) | ____BGB-AT III, Erlösch.d. Primäranspruchs | 13.A/14 · 19,90 |
| 4 (-278-9) | ____Schadensersatzrecht I | 8.A/14 · 19,90 |
| 5 (-109-6) | ____Schadensersatzrecht II | 6.A/12 · 19,90 |
| 6 (-293-2) | ____Schadensersatzrecht III (§§ 249 ff.) | 11.A/14 · 19,90 |
| 7 (-342-7) | ____Verbraucherschutzrecht | 4.A/14 · 19,90 |
| 51 (-443-1) | ____Schuldrecht AT | 10.A/15 · 19,90 |
| 52 (-359-5) | ____Schuldrecht BT I | 9.A/15 · 19,90 |
| 53 (-379-3) | ____Schuldrecht BT II | 9.A/15 · 19,90 |
| 8 (-318-2) | ____Bereicherungsrecht | 14.A/14 · 19,90 |
| 9 (-321-2) | ____Deliktsrecht I | 12.A/14 · 19,90 |
| 10 (-203-1) | ____Deliktsrecht II | 9.A/13 · 19,90 |
| 11 (-447-9) | ____Sachenrecht I | 13.A/15 · 19,90 |
| 12 (-264-2) | ____Sachenrecht II | 10.A/14 · 19,90 |
| 12A (-378-6) | ____Sachenrecht III | 12.A/15 · 19,90 |
| 13 (-333-5) | ____Kreditsicherungsrecht | 11.A/14 · 19,90 |
| 14 (-259-8) | ____Familienrecht | 12.A/13 · 19,90 |
| 15 (-266-6) | ____Erbrecht | 12.A/14 · 19,90 |
| 16 (-313-7) | ____Zivilprozessrecht I | 12.A/14 · 19,90 |
| 17 (-317-5) | ____Zivilprozessrecht II | 11.A/14 · 19,90 |
| 18 (-433-2) | ____Arbeitsrecht | 15.A/15 · 19,90 |
| 19A (-155-3) | ____Handelsrecht | 10.A/12 · 19,90 |
| 19B (-360-1) | ____Gesellschaftsrecht | 13.A/15 · 19,90 |
| 31 (-450-9) | ____Herausgabeansprüche | 7.A/16 · 19,90 |
| 32 (-254-3) | ____Rückgriffsansprüche | 7.A/13 · 19,90 |

## Skripten Strafrecht (120)

| | | |
|---|---|---|
| 20 (-295-6) | ____Strafrecht AT I | 12.A/14 · 19,90 |
| 21 (-385-4) | ____Strafrecht AT II | 12.A/15 · 19,90 |
| 22 (-355-7) | ____Strafrecht BT I | 12.A/14 · 19,90 |
| 23 (-392-2) | ____Strafrecht BT II | 12.A/15 · 19,90 |
| 30 (-374-8) | ____Strafprozessordnung | 11.A/15 · 19,90 |

## Skripten Öffentliches Recht (120/130)

| | | |
|---|---|---|
| 24 (-285-7) | ____Verwaltungsrecht I | 12.A/14 · 19,90 |
| 25 (-380-9) | ____Verwaltungsrecht II | 12.A/15 · 19,90 |
| 26 (-347-2) | ____Verwaltungsrecht III | 12.A/14 · 19,90 |
| 27 (-300-7) | ____Staatsrecht I | 11.A/14 · 19,90 |
| 28 (-287-1) | ____Staatsrecht II | 9.A/14 · 19,90 |
| 29 (-240-6) | ____Europarecht | 11.A/13 · 19,90 |
| 40 (-335-9) | ____Staatshaftungsrecht | 4.A/14 · 19,90 |
| 33 (-369-4) | ____Baurecht/Bayern | 11.A/15 · 19,90 |
| 33 (-086-0) | ____Baurecht/Nordrhein-Westfalen | 8.A/11 · 19,90 |
| 33 (-435-6) | ____Baurecht/Baden-Württembg. | 4.A/15 · 19,90 |
| 33 (-331-1) | ____Baurecht/Hessen | 2.A/14 · 19,90 |
| 33 (-847-0) | ____Baurecht/Saarland | 1.A/08 · 19,90 |
| 34 (-327-4) | ____Polizei- u. Sicherheitsrecht/Bayern | 10.A/14 · 19,90 |
| 34 (-097-6) | ____Polizei- u. Ordnungsrecht/NRW | 5.A/12 · 19,90 |
| 34 (-432-5) | ____Polizeirecht/Baden-Württembg. | 4.A/15 · 19,90 |
| 34 (-417-2) | ____Polizei- u. Ordnungsrecht/Hessen | 2.A/15 · 19,90 |
| 34 (-028-0) | ____Polizei- u. Ordnungsrecht/Rheinl.-Pfalz | 1.A/11 · 19,90 |
| 34 (-877-7) | ____Polizei- u. Sicherheitsrecht/Saarland | 1.A/09 · 19,90 |
| 35 (-371-7) | ____Kommunalrecht/Bayern | 10.A/15 · 19,90 |
| 35 (-076-1) | ____Kommunalrecht/NRW | 8.A/11 · 19,90 |
| 35 (-261-1) | ____Kommunalrecht/Baden-Württembg. | 4.A/13 · 19,90 |

**hemmer/wüst**
Verlagsgesellschaft mbH

Mergentheimer Str. 44 / 97082 Würzbur.
Tel.: 09 31 /7 97 82 38 / Fax: 09 31/7 97 82 4
Internet: www.hemmer-shop.de

**ISBN 978-3-86193**

Auflage/Jahr/Euro

### Lexikon/Definitionen

| | | Auflage/Jahr/Euro |
|---|---|---|
| D1 (-288-8) | Definitionen Strafrecht - schnell gemerkt | 4.A/14 · 19,90 |
| D2 (-065-5) | Legal terms für Juristen - Fachwörterbuch Englisch - Deutsch | 1.A/11 · 19,90 |

### Skripten Schwerpunkt (120)

| | | |
|---|---|---|
| P1 (-429-5) | Kriminologie | 7.A/15 · 21,90 |
| P2 (-245-1) | Völkerrecht | 8.A/13 · 21,90 |
| P4 (-349-6) | Kapitalgesellschaftsrecht | 5.A/14 · 21,90 |
| P7 (-243-7) | Rechtsgeschichte I | 3.A/13 · 21,90 |
| P8 (-119-5) | Rechtsgeschichte II | 2.A/12 · 21,90 |
| P11 (-085-3) | Rechts- und Staatsphilosophie sowie Rechtssoziologie | 2.A/11 · 21,90 |
| P12 (-183-6) | Insolvenzrecht | 3.A/12 · 21,90 |
| P13 (-805-0) | Wasser- und ImmissionsschutzR | 1.A/08 · 21,90 |

### Skripten Steuerrecht (120)

| | | |
|---|---|---|
| 42 (-173-7) | Abgabenordnung | 8.A/12 · 21,90 |
| 43 (-267-3) | Einkommensteuerrecht | 8.A/14 · 21,90 |

### Skripten für BWL´er, WiWi & Steuerberater

| | | |
|---|---|---|
| W1 (-430-1) | PrivatR f. BWL'er, WiWi & Steuerberat | 8.A/15 · 19,90 |
| W2 (-102-7) | Ö-Recht f. BWL'er, WiWi & Steuerberat | 4.A/12 · 19,90 |
| W3 (-480-9) | Musterkl. für´s Vordiplom PrivatR | 2.A/04 · 19,90 |
| W4 (-197-6) | Musterkl. für´s Vordiplom Ö-R | 1.A/00 · 19,90 |
| WF1 (-250-5) | Die 74 wicht. Fälle (BGB AT, SchuldR AT/BT) | 4.A/13 · 19,90 |
| WF2 (-247-5) | Die 44 wicht. Fälle (GoA, BerR, GesR, ...) | 2.A/13 · 19,90 |

### Skripten Fachbegriffe & Erläuterungen

| | | |
|---|---|---|
| G1 (-146-1) | Mikroökonomie & Makroökonomie | 1.A/12 · 19,90 |
| G2 (-147-8) | Buchführung/Jahresabschl./Rechnungsw. | 1.A/12 · 19,90 |
| G6 (-151-5) | HandelsR/GesellschaftsR/WirtschaftsR | 1.A/12 · 19,90 |
| G7 (-152-2) | Öffentl. Recht/EuropaR/VölkerR | 1.A/12 · 19,90 |

### Basics Karteikarten

| | | |
|---|---|---|
| BK1 (-329-8) | Basics - Zivilrecht | 6.A/14 · 16,90 |
| BK2 (-441-7) | Basics - Strafrecht | 4.A/15 · 16,90 |
| BK3 (-320-5) | Basics - Öffentliches Recht | 4.A/14 · 16,90 |

### Karteikarten Zivilrecht

| | | |
|---|---|---|
| KK1 (-408-0) | BGB-AT I | 9.A/15 · 16,90 |
| KK2 (-305-2) | BGB-AT II | 7.A/14 · 16,90 |
| KK3 (-340-3) | Schuldrecht AT I | 9.A/14 · 16,90 |
| KK4 (-271-0) | Schuldrecht AT II | 7.A/14 · 16,90 |
| KK5 (-252-9) | Schuldrecht BT I (Kauf-u.WerkVR) | 7.A/13 · 16,90 |
| KK6 (-201-7) | Schuldrecht BT II | 6.A/13 · 16,90 |
| KK7 (-202-4) | Arbeitsrecht | 4.A/13 · 16,90 |
| KK8 (-413-4) | Bereicherungsrecht | 7.A/15 · 16,90 |
| KK9 (-306-9) | Deliktsrecht | 6.A/14 · 16,90 |
| KK11 (-286-4) | Sachenrecht I | 8.A/14 · 16,90 |
| KK12 (-244-4) | Sachenrecht II | 7.A/13 · 16,90 |
| KK13 (-947-7) | Kreditsicherungsrecht | 3.A/10 · 16,90 |
| KK14 (-336-6) | Familienrecht | 4.A/14 · 16,90 |
| KK15 (-188-1) | Erbrecht | 4.A/13 · 16,90 |
| KK16 (-225-3) | ZPO I | 6.A/13 · 16,90 |
| KK17 (-168-3) | ZPO II | 5.A/12 · 16,90 |
| KK18 (-358-8) | Handelsrecht | 5.A/14 · 16,90 |
| KK19 (-383-0) | Gesellschaftsrecht | 6.A/15 · 16,90 |

**ISBN 978-3-86193**

Auflage/Jahr,

### Die Shorties (Minikarteikarten) inkl. Box

| | | |
|---|---|---|
| SH1 (-373-1) | **Box 1:** BGB AT, Schuldrecht AT | 8.A/15 · 2 |
| SH2/I (-326-7) | **Box 2/1:** vertragliches Schuldrecht | 5.A/14 · 2 |
| SH2/II (-316-8) | **Box 2/2:** gesetzliches Schuldrecht | 5.A/14 · 2 |
| SH3 (-405-9) | **Box 3:** Sachenrecht, ErbR, FamR | 7.A/15 · 2 |
| SH4 (-368-7) | **Box 4:** ZPO I/II, GesellschaftsR, HGB | 6.A/15 · 2 |
| SH5 (-446-2) | **Box 5:** Strafrecht | 9.A/15 · 2 |
| SH6 (-382-3) | **Box 6:** Grundrecht, StaatsOrgR, BauR, u.a. | 7.A/15 · 2 |

### Karteikarten Strafrecht

| | | |
|---|---|---|
| KK20 (-324-3) | Strafrecht AT I | 8.A/14 · 16 |
| KK21 (-376-2) | Strafrecht-AT II | 8.A/15 · 16 |
| KK22 (-275-8) | Strafrecht-BT I | 8.A/14 · 16 |
| KK23 (-410-3) | Strafrecht-BT II | 8.A/15 · 16 |
| KK24 (-409-7) | StPO | 6.A/15 · 16 |

### Karteikarten Öffentliches Recht

| | | |
|---|---|---|
| KK25 (-315-1) | Verwaltungsrecht I | 8.A/14 · 16 |
| KK26 (-348-9) | Verwaltungsrecht II | 6.A/14 · 16 |
| KK27 (-352-6) | Verwaltungsrecht III | 6.A/14 · 16 |
| KK28 (-389-2) | Staats- u. Verfassungsrecht | 9.A/15 · 16 |
| KK29 (-161-4) | Europarecht | 3.A/12 · 16 |

### Überblickskarteikarten

| | | |
|---|---|---|
| ÜK I (-337-3) | BGB im Überblick I | 11.A/14 · 30 |
| ÜK II (-282-6) | BGB im Überblick II (Nebengebiete) | 7.A/14 · 30 |
| ÜK III (-312-0) | StrafR im Überblick | 8.A/14 · 30 |
| ÜK IV (-325-0) | Öffentl.-R im Überblick | 9.A/14 · 19 |
| ÜK V (-289-5) | Öffentl.-R im Überblick II Bayern | 7.A/14 · 19 |
| ÜK VI (-787-9) | Öffentl.-R im Überblick II NRW | 2.A/08 · 19 |
| ÜK VII (-242-0) | Europarecht | 5.A/13 · 19 |

### Assessor-Basics/Theoriebände (410)

| | | |
|---|---|---|
| A IV (-401-1) | Die zivilrechtl. Anwaltsklausur/Teil 1 | 11.A/15 · 19 |
| A VII (-372-4) | Das Zivilurteil | 11.A/15 · 19 |
| A VIII (-270-3) | Die Strafrechtskl. im Assessorexamen | 7.A/14 · 19 |
| A IX (-412-7) | Die Assessorklausur Öffentl. Recht | 6.A/15 · 19 |

### Assessor-Basics/Klausurentraining

| | | |
|---|---|---|
| A I (-281-9) | Zivilurteile | 16.A/14 · 19 |
| A II (-298-7) | Arbeitsrecht | 14.A/14 · 19 |
| A III (-411-0) | Strafrecht | 12.A/15 · 19 |
| A V (-396-0) | Zivilrechtl. Anwaltsklausuren/Teil 2 | 11.A/15 · 19 |
| A VI (-390-8) | Öff.rechtl. u. strafrechtl.Anwaltskl. | 6.A/15 · 19 |

### Assessorkarteikarten

| | | |
|---|---|---|
| AK I (-353-3) | Zivilprozessrecht im Überblick | 6.A/14 · 19, |
| AK II (-272-7) | Strafprozessrecht im Überblick | 7.A/14 · 19, |
| AK III (-384-7) | Öffentliches Recht im Überblick | 5.A/15 · 19, |
| AK IV (-195-9) | Familien- und Erbrecht im Überblick | 2.A/13 · 19, |

**Lieferung erfolgt in aktueller Auflage**

## hemmer/wüst
### Verlagsgesellschaft mbH

**Mergentheimer Str. 44 / 97082 Würzburg**
**Tel.: 09 31 /7 97 82 38 / Fax: 09 31/7 97 82 40**

**Internet: www.hemmer-shop.de**

## Sonderartikel | Euro

### Lernkarteikartenbox (28.01)

LB _____ Die praktische Lernbox für die Karteikarten — 1,99

810 _____ Din A4, 80 Blatt 10er Pack — 17,50

61 _____ **Der Referendar (70.01)**
24 Monate zwischen Genie und Wahnsinn ( Format A6) — 9,80

62 _____ **Der Rechtsanwalt (70.02)**
Meine größten Rein-) Fälle ( Format A6) — 9,80

63 _____ **Der Jurist (70.03)**
Ein Lehrbuch für Leader ( Format A6) — 9,80

65 _____ **Coach dich! (70.05)**
Psychologischer Ratgeber — 19,80

66 _____ **Lebendiges Reden (70.06)**
Psychologischer Ratgeber inkl. Audio-CD — 21,80

67 _____ **NLP für Einsteiger (71.01)**
Psychologischer Ratgeber — 12,80

68 _____ **Prüfungen als Herausforderung (70.08)**
Psychologischer Ratgeber — 14,80

_____ **Wiederholungsmappe (75.01)** — 9,90
Intelligentes Lernen
inkl. Handbuch und Kurzskript

_____ **Ordner hemmer.group (88.20)** — 2,50
Ringbuchmappe für Einlagen, DIN A4

(100.201) **AudioCards auf CD:** BGB AT I - III — 59,95
Das Frage-Antwort-System der hemmer-Skripten zum Hören

-200-0) ____ **Die wahren Paradiese** - 15 traumhafte Gärten — 39,80
Gebunden (Hardcover) mit Schutzumschlag, 208 Seiten
(275 x 255 mm)

Dieses Buch begleitet Sie durch 15 wunderschöne Gärten in Deutschland und Österreich. Die beschreibenden Texte wurden von den Gartenbesitzern selbst verfasst. So individuell wie die Gartengeschichten sind auch die gezeigten Gärten. Vom eleganten Landhausgarten und überbordende Rosengärten bis hin zum verwunschenen Waldgarten - den Leser erwartet eine lustvolle grüne Reiseroute.

## Life&Law | Euro

_____ Einzelheft der Life&LAW — 6,80

AboLL_____ Abonnement der Life&LAW
Life&Law 3 Monate kostenfrei,
danach erhalten Sie die Life&Law zum Preis von — 5,80

LLJ _____ Life&LAW Jahrgangsband 1999 - 2013
_____ bitte Jahrgang eintragen — je 50,00

LLJ14 _____ Life&LAW Jahrgangsband 2014 — 80,00

LLE _____ Einband für Life&LAW Jahrgang — je 6,00

## Die AnwaltsBasics
### Herausgeber: hemmerVerlag für Anwälte GmbH

978-3-9813969-0-4 _____ **Die AnwaltsBasics Erbrecht**
1. Auflage, November 2010, 429 S. — 39,90

978-3-9813969-5-9 _____ **Die AnwaltsBasics Mediation**
erweiterte 2. Auflage, November 2013, 237 S. — 23,90

978-3-9813969-4-2 _____ **Die AnwaltsBasics Mietrecht**
1. Auflage, November 2013, 401 S. — 39,90

### Endsumme:

Lieferung erfolgt in aktueller Auflage

Kundennummer: **D** | | | | |

Name: _____  Vorname: _____

Adresse: _____

Telefon: _____  e-mail-adresse: _____

**Buchen Sie die Endsumme von meinem Konto ab:**

Konto-Nr.: _____  Bankleitzahl: _____

Bank: _____  BIC: _____

IBAN: | | | | | | | | | | | | | | | | | | | | | |

Ort, Datum: _____  Unterschrift: _____

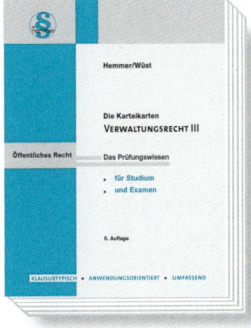

# hemmer/wüst Verlag

## UNSER LERNSYSTEM IM ÜBERBLICK

VERSANDKOSTENFREI IN UNSEREM SHOP: www.hemmer-shop.de

---

## NEU UND MODERN: UNSERE DIGITALEN PRODUKTE

### ■ DIE EBOOKS (je 9,90 €)

#### FÜR IHR IPHONE, IPAD, KINDLE-READER BZW. IHREN PC:

In den ebooks, die mit unseren Hauptskripten identisch sind, werden die für die Prüfung nötigen Zusammenhänge umfassend aufgezeigt und wiederkehrende Argumentationsketten eingeübt. Nutzen Sie die ebooks als Ihre ortsunabhängige Bibliothek - vom 1. Semester bis zum 2. Staatsexamen Ihr ideales Nachschlagewerk. Sie ersetzen das gute alte Lehrbuch. Sie sind - anders als das typische Lehrbuch - klausurorientiert. Beispielsfälle erleichtern das Verständnis. So wird Prüfungswissen auf anspruchsvollem Niveau vermittelt. Die studentenfreundliche Preisgestaltung ermöglicht den Erwerb als Gesamtwerk.

---

### ■ DIE APPS (Einführungspreis: je 6,99 €)

#### IN FÜNF STUNDEN ZUM ERFOLG:

Das Frage-Antwort-System der hemmer-Skripten als app. Das moderne Frage-Antwort-System für Ihr Handy oder Tablet:

Ideal zum Erlernen, Vertiefen und Wiederholen des prüfungsrelevanten Stoffs, auch für sog. Leerlaufphasen (z.B. in der Bahn ...).

Die Lernfragen eignen sich zur Kontrolle, ob Sie richtig gelernt haben. Automatisches, gezieltes Wiederholen schafft Sicherheit und reduziert langfristig den Lernaufwand.

---

### ■ DIE AUDIOCARDS (zum Download: ab 19,95 €)

#### AUDITIVES LERNSYSTEM ZUM DOWNLOAD:

Das Frage-Antwort-System der hemmer-Skripten zum Hören
Ganz nach dem Motto „Geht ins Ohr, bleibt im Kopf" verhelfen wir Ihnen mit unserem auditiven Lernsystem zu einer optimalen Prüfungsvorbereitung.

- auditiv: Der examensrelevante Stoff zum auditiven Lernen von erfahrenen Repetitoren. Ideal für schnelles Repetieren der hemmer-Skriptenreihe.
- modern: Frage-Antwort-System für Ihren i-Pod oder mp3-Player
- effektiv: Auditives Lernen optimiert die Wiederholung, im mp3-Format jederzeit verfügbar.
  Nutzen Sie Leerlaufphasen (z.B. im Auto, in der U-Bahn ...) zum Wiederholen und Vertiefen des gelernten Stoffs.

---